스티븐 그린블랫
Stephen Greenblatt

스티븐 그린블랫은 하버드 대학교 인문대학 존 코건 대학의 교수로 재직하고 있으며, 미국 근대문학연구회의 회장직을 역임했다. 그는 신역사주의의 주창자이자 세련된 실천자로서 현대 문학 연구에 현저한 영향을 끼쳤을 뿐 아니라 『노튼 영문학 개관(The Norton Anthology of English Literature)』, 『노튼 셰익스피어(The Norton Shakespeare)』의 편집을 담당했다. 20만 부 넘게 팔린 『세계를 향한 의지』로 《뉴욕 타임스》 베스트셀러에 9주 동안 이름을 올렸으며 『1417년, 근대의 탄생(The Swerve: How the World Became Modern)』으로 전미도서상과 퓰리처상을 받았다. 2017년 『아담과 이브의 모든 것(The Rise and Fall of Adam and Eve)』, 2018년 『폭군(Tyrant: Shakespeare on Politics)』을 출간했으며, 2016년에는 "오늘날 가장 중요한 셰익스피어 연구자"라는 찬사를 받으며 인문·사회 과학 분야의 노벨상이라 불리는 홀베르그상을 수상했다.

옮긴이 박소현

성균관대학교에서 프랑스어문학과 영어영문학을 전공했고, 서울대학교 대학원 영어영문학과에서 영미 시를 공부했다. 현재 전문 통역사 및 번역가로 활동 중이다. 옮긴 책으로 스티븐 그린블랫의 『세계를 향한 의지』, 엘리자베스 길버트의 『빅매직』, 나오미 앨더만의 『불복종』, 하닙 압두라킵의 『재즈가 된 힙합』, 캐서린 맨스필드의 『뭔가 유치하지만 매우 자연스러운』, 다시 스타인키의 『완경 일기』, 애나 캐번의 『아이스』, 김주혜의 『작은 땅의 야수들』 등이 있다.

세계를 향한 의지

WILL IN THE WORLD
: How Shakespeare Became Shakespeare
by Stephen Greenblatt

Copyright © Stephen Greenblatt 2004
All rights reserved.

Korean translation edition is published by arrangement with
Stephen Greenblatt c/o CALLIGRAPH, LLC through KCC.

Korean Translation Copyright © Minumsa 2024

이 책의 한국어판 저작권은 KCC를 통해
CALLIGRAPH, LLC와 독점 계약한 (주)민음사에 있습니다.

저작권법에 의해 한국 내에서 보호를 받는 저작물이므로
무단 전재와 무단 복제를 금합니다.

세계를 향한 의지

셰익스피어는 어떻게 셰익스피어가 됐는가

스티븐 그린블랫 박소현 옮김

민음사

다시 한 번
나의 아들 조시와 애런
그리고 해리에게
이 책을 바친다.

일러두기

- 인·지명 및 작품명은 대체로 외래어 표기법을 따랐으나 몇몇 예외를 두었다.
- 본문에 인용한 셰익스피어의 작품 내용은 모두 옮긴이가 새로 번역한 것이다.

추천사

《뉴욕 타임스》베스트셀러
전미도서상 최종 우승 후보작
전미비평가협회상 최종 우승 후보작
《로스앤젤레스 타임스》도서상 최종 우승 후보작
《뉴욕 타임스》올해 최고의 책 10권에 선정
《타임》올해 최고의 논픽션 도서 1위 선정
《워싱턴 포스트 북 월드》극찬
《이코노미스트》올해 최고의 책 선정
《샌프란시스코 크로니클》올해 최고의 책 선정
《시카고 트리뷴》올해 최고의 책 선정
《크리스천 사이언스 모니터》올해 최고의 책 선정
《피츠버그 포스트가제트》올해 최고의 책 선정

장엄한 성취. ◆ 데니스 도노휴, 《월 스트리트 저널》

눈부시게 황홀하고 섬세한 전기. ◆ 리처드 라케이요, 《타임》

　훌륭한 논픽션 도서가 우후죽순 쏟아져 나오는 행복한 상황에서 『세계를 향한 의지』는 내가 '올해 최고의 작품'으로 추천하고 싶은 책이다. 이 책은 감히 다른 작가와 견줄 수 없는, 바로 그 특출한 스트랫퍼드 출신 시인의 전기며 (……) 그린블랫의 놀라운 통찰로 가득 찬 이 책은 특유의 솔직하고 우아한 필치로 셰익스피어가 남긴 영광스러운 인본주의적 예술에 경의를 표한다. ◆ 모린 코리건, 라디오 방송 프로그램

「프레시 에어」 진행자, 문학 비평가, 『그래서 우리는 계속 읽는다』의 저자

마침내 셰익스피어에게 걸맞은 책이 등장했다. 어떻게 한 극작가가 자신을 둘러싼 세계와 인생에서 얻은 파편들을 모아 예술로 승화할 수 있었는지를, 마치 바로 옆에서 모든 걸 지켜본 목격자처럼 생생하게 써낸 탁월한 책이다. ♦ 찰스 미, 극작가, 컬럼비아 대학교 연극학 교수

뛰어난 이야기꾼이 능숙하게 풀어낸 이야기, 대단히 흥미진진해서 끊임없이 페이지를 넘길 수밖에 없다. ♦ 로버트 허윗, 《샌프란시스코 크로니클》

그린블랫은 우리가 아는 사실들을 가져와 먼저 셰익스피어가 속한 엘리자베스 시대를 철저히 고증한 뒤, 그것을 양분으로 정보들의 싹을 부드럽게 틔워 낸다. 그리하여 시인의 작품을 해석하는 우리의 관점이 더욱 풍성하게 피어나도록 한다. (……) 예술의 진가를 알아보는 사람이라면 당연히 이 책에 설득당하고 말 것이다. ♦ 로라 밀러, 《살롱》

생생한 문체로 쓰였고 세부적이며 풍부한 내용으로 가득하다. 첫 장부터 마지막 장에 이르기까지 통찰력이 넘친다. 모든 작가들 중 가장 위대한 인물, 즉 셰익스피어를 이해하는 데 필수적인 연구서 중 하나가 될 것이다. ♦ 리엄 E. 케인, 《보스턴 선데이 글로브》

완벽히 사로잡혔다. 명석하고 명쾌한 이 책의 등장은 그저 환영하고 말 정도의 사건이 아니다. 널리 기념하고 경축해야 할 일이다.
♦ 댄 크라이어, 《뉴스데이》

『세계를 향한 의지』는 경이로울 정도로 탁월하다. 이 책은 내가 읽어 본 책들 중에서 가장 치밀하게 지성적이며 고도로 정교하고, 더불어 가장 예리하면서도 열광적으로 셰익스피어의 생애와 작품을 하나로 엮어 낸 연구서다. 저자 스티븐 그린블랫은 위대한 작가 셰익스피어의 삶과 그가 살았던 시대를 깊이 있게 통찰한다. 더불어 그는 셰익스피어의 작품을 하나하나 차례로 살피면서 아름다운 문장과 시구 사이에 깃든 대작가의 일생을 아주 절묘하고 섬세하게, 게다가 설득력 있게 이끌어 낸다. ◆ 애덤 고프닉,《뉴요커》

아주 즐거운 독서 경험을 제공한다. 그린블랫은 벤 존슨이나 다크 레이디보다도 셰익스피어에 대해 더 많이 알고 있다. ◆ 존 레너드,《하퍼스》

그린블랫은 독보적인 재능을 지녔다. 그는 박식하며 엄청난 양의 세부 정보들을 한 권의 책 속으로 불러 모았다. 또 엘리자베스 시대의 사회 구조를 그려 내며, 편집증적 광기나 축제적 흥겨움까지 매우 설득력 있게 묘사했다. 그는 능숙한 이야기꾼이다. 그의 문체는 우아하며 절묘하다. 그리고 그의 상상력은 풍부하고 흥미롭다. 스티븐 그린블랫은 정녕 탁월한 평론가다. ◆ 아서 커쉬,《워싱턴 포스트 북 월드》

『세계를 향한 의지』는 세심하게 배치된 자료들의 편린 사이로 민첩하고 명료하게 활보한다. ◆ 마리나 워너,《로스앤젤레스 타임스》

한 쪽마다 끊임없이 드러나는 저자의 통찰력이 돋보인다. 『세계를 향한 의지』의 서술 구조는 셰익스피어의 경험과 환경에서 비롯한 정보의 편린들과 작품의 세부 사항들 사이를 매끈하게 가로지른다.
♦ 조너선 베이트, 《보스턴 선데이 글로브》

그린블랫은 간결하게 그리고 생생하게 엘리자베스 시대의 세계를 소환해 냈다. ♦ 미치코 가쿠타니, 《뉴욕 타임스》

『세계를 향한 의지』는 이제 하나의 기준이 되는 표식이다. 영어로 쓰인 모든 작품 중 으뜸의 상상력을 보여 준 셰익스피어가, 스티븐 그린블랫이 선보인 신선한 관점으로 더욱 탁월하게 가시화됐다. 그린블랫의 박학다식함, 작가로서의 기량 그리고 이 모든 걸 자유자재로 운용하는 그의 능력(그는 거창한 수준을 넘어섰다.)은 셰익스피어의 위대한 작품과 이 책을 동일 선상에 오르게 했다. 연구에 깊이 몰입하고 뛰어난 재능을 지닌 학자가 이처럼 매력적이고, 창의적이면서 절묘하고 흥미진진한 책을 써낼 수 있다는 건 일종의 기적이다. 이것은 셰익스피어가 이룩한 위대한 기적을 그대로 반영한다. ♦ 로버트 핀스키, 미국의 전(前) 계관 시인, 만해대상 수상자

『세계를 향한 의지』는 한번 손에 잡으면 마지막 장까지 강제로 읽을 수밖에 없을 정도로 강한 흡인력과 상상력으로 넘친다. 대단히 뛰어난 공감력을 가지고 쓰였으면서도, 셰익스피어가 살아 낸 삶의 경험이 그가 남긴 작품에 대해 말해 주는 방식을 잘 드러낸 학술적 연구다. ♦ 스탠리 웰스, 「옥스퍼드 셰익스피어」 편집 주간

읽기 쉽고 독자의 호감까지 이끌어 낸다. 내가 읽은 셰익스피어의

삶과 경력을 다룬 책 중에서 가장 설득력 있게 재구성된 전기다.
♦ 데이비드 월튼, 《상트페테르부르크 타임스》

스티븐 그린블랫이 쓴 이 책은 뛰어난 역작이다. 그의 산문이 갖춘 직관성과 박력은 세밀한 질감의 진실성으로 엘리자베스 시대의 영국을 재탄생시킨다. 셰익스피어의 마음을 읽어 내는 그의 시도는 놀라우면서도 고무적이고, 모든 창조적인 인물들이 본능적으로 이해하는 방식으로 삶과 예술의 연결점을 강화한다. 예술가나 평범한 사람, 학자나 학생 들을 가릴 것 없이 진실로 모든 이들을 위한 책이다. ♦ 티나 패커, 셰익스피어앤드컴퍼니 예술 감독 겸 단장

스티븐 그린블랫의 뛰어난 학식과 명석한 분별력이 어우러진 이 책은 우리가 이제껏 알지 못했던 한 남자에게 보내는 아름다운 연서다. 정녕 셰익스피어를 향한 애틋한 그리움으로 가득 차 있다. 그야말로 멋진 작품이다. ♦ 사이먼 러셀 빌, 배우

유례없이 뛰어난 셰익스피어 안내서. 다른 이와 비길 수 없는 스티븐 그린블랫은 수수께끼에 둘러싸인 천재와 그의 유명한 작품들에 뼈와 살과 피를 불어넣었다. ♦ 마빈 헌트, 《랠리뉴스 앤드 옵저버》

우리 시대의 가장 훌륭한 셰익스피어 전문가 스티븐 그린블랫은, 스트랫퍼드 장갑 장수의 아들에 대한 아주 매혹적인 전기를 써냈다. 그린블랫은 셰익스피어가 어떻게 배웠고, 사랑했고, 또 사랑을 잃었고, 위험을 감수했고, 성공을 위해 얼마나 신중했고, 활동적이었으

며 분투했는지 그리고 특히나 그가 어떻게 그토록 놀라운 작품들을 썼고 발전해 나갔는지 우리가 생생히 상상하도록 도와준다. 통찰력과 유머를 겸비한 스티븐 그린블랫이 묘사한 이 초상화를 통해 우리는 한 가지 사실을 깨닫게 된다. 셰익스피어의 위대함은 그의 모든 창작물로부터 가까이 또 멀리 떨어져 있을 수 있는 그의 능력에 깃들어 있다는 사실을! ◆ 내털리 지먼 데이비스, 토론토 대학교 역사학과 명예 교수

오늘날 생존해 있는 셰익스피어 학자들 중 가장 저명한 인물인 스티븐 그린블랫의 고전 연구서 『세계를 향한 의지』는 셰익스피어 연구뿐 아니라 문학 전반에 걸친 연구의 지평을 재정립했다. 이 책은 놀랍도록 새로운 통찰력을 제공한다. 그린블랫은 역사의 어둠 속에 남은 흔적들의 새로운 측면을 독자에게 전달하며, 평범함 속에서 비범함을 발견해 내고 창조한 셰익스피어의 정신을 새롭게 갱신한다. 이 책을 읽은 사람들은 경외감에 사로잡히리라. ◆ 디앤 윌리엄스, 《내셔널 포스트》

스티븐 그린블랫은 우리에게 영리하고 생기 넘치는 책을 선사했다. 『세계를 향한 의지』는 우리로 하여금 신선한 비전을 안고 셰익스피어의 작품으로 되돌아가게 한다. 메마른 사료와 추측이 난무하는 자료의 무더기를 헤쳐 가며 위대한 작가의 생생한 형상을 발굴해 낸다. ◆ 찰스 매슈스, 《산호세 머큐리 뉴스》

셰익스피어 400주기 기념사
한 시대가 아니라 영원히 남을 작가

1616년 4월 23일에 일어난 셰익스피어의 죽음은, 그와 아주 가까운 몇몇 동시대인들에게만 알려졌을 뿐 거의 주목받지 못한 채 지나갔다. 스트랫퍼드(Stratford)의 홀리트리니티 교회(Holy Trinity Church)에 그의 유해가 안식을 찾아 누웠을 때 온 세계가 애도하며 전율하는 일 따위는 생기지 않았다. 아무도 그가 웨스트민스터 사원(Westminster Abbey)의 초서나 스펜서 가까이에(그의 동료 극작가 프랜시스 보몬트(Francis Beaumont)가 같은 해에 묻힌 곳이며, 벤 존슨(Ben Jonson) 역시 몇 년 후 묻힌 곳이었다.) 매장되어야 한다며 들고일어나지도 않았다. 셰익스피어의 죽음이 당시의 외교 서신이나 유럽을 떠도는 소식지에 언급된 적도 없었다. 고전 애가(哀歌)들에서나 찾아볼 수 있을 법한 "그의 숨결의 스러짐"을 애통해하는 표현을 담은, 격식 차린 라틴어 추도문이 물밀듯이 밀려오지도 않았다. 유럽에서 두각을 나타낸 그의 동시대 작가들 중 어느 누구도, 그의 천재적 재능에 존경 담긴 헌사를 바치지 않았다. 셰익스피어의 상실은 전적으로 영국의 국지적 사건에 그쳤고, 심지어 그 테두리 안에서도 거의 알려지지 않은 것처럼 보인다.

1619년 유명 배우 리처드 버비지(Richard Burbage)의 죽음은 곧바로 그리고 멀리 퍼져 폭발적인 비탄을 이끌어 냈다. 영국은 확실히 위대한 인물을 잃었던 것이다. "그는 떠났다." 한 익명의 애가 시인은 이렇게 통탄했다.

> 그리고 그와 함께, 한 세계도 죽었구나
> 그가 되살렸으나, 이제 다시는 되살아나지 못할지니
> 젊은 햄릿, 나이든 히에로니모,
> 친절한 리어, 슬픔에 빠진 무어인, 그리고 또 다른 인물들
> 그의 안에서 살아 숨 쉬던 그들이 이제 영영 죽고 말았다.

펨브로크 백작 윌리엄 허버트(William Herbert, the Earl of Pembroke)는 배우의 죽음에 지독히 상처받은 나머지, 몇 달이 지난 후에도 극장으로 발걸음하지 못했다. "내 지인 버비지를 잃고 난 뒤 얼마나 되었다고." 윌리엄 허버트와 그의 동시대인들이 대중적으로 주목했던 건 바로 이 배우의 죽음이었다. 버비지가 그토록 관객들의 기억에 남도록 생생하게 읊었던, 그 대사들을 썼던 저자의 상실보다 훨씬 더 말이다.

버비지를 향한 애가를 살펴보면, 셰익스피어의 동시대인들 중 일부는, 어쩌면 대부분은 연극의 등장인물들과 거기에 담긴 진정한

"삶"은 희곡의 글자들에 있는 것이 아니라, 그 문장을 직접 연기하고 공연하는 데에 있다고 믿었던 듯싶다. 종이에 적힌 글자들은 재능 있는 배우의 힘으로 "되살아나기" 전에는 그저 죽어 있는 문자들에 불과했다. 이 믿음은 우리를 별로 놀라게 하지 않을 것이다. 왜냐하면 그것이 바로 요즘 대부분의 관객들이 연극들과 영화에 반응하는 방법이기 때문이다.

또 그 당시에는 특정한 사회적 차원이 존재했다. 윌리엄 허버트 같은 대귀족은 버비지처럼 유명 대중 배우(그의 아버지는 목수였지만)와는 안면을 트고 지냈지만, 사회적으로 별 볼 일 없는 사람 — 중산층 사업가이자 극작가이며 옥스퍼드 학위도 없고 가문의 명성도 없는, 즉 셰익스피어 같은 사람과 지인이라는 사실을 드러내는 것은 상대적으로 덜 기꺼워했다. 물론 숨겨진 연결 고리가 있었을 수도 있다. 윌리엄 허버트는 소네트를 헌정받은 "W. H. 씨"의 실제 주인공일 수도 있는, 영원토록 가장 유력한 후보이니까. 하지만 그 점을 대외적으로 드러내는 일은 없었을 터다.

셰익스피어가 극장에서 보여 준 예술가적 기교는 즐거움을 주었음에도 불구하고, 그것은 문화적 차이를 음미하는 사람들에게 수여되는 종류의 즐거움은 아니었다. 그는 대중오락 분야의 뛰어난 대가였다. 지상층 구덩이의 흙바닥에 서서 공연을 보는 문맹 관객부터, 푹신한 방석을 깐 특별석에 안락하게 자리 잡은 엘리트들에 이르기까지 모두가 그의 공연에 쉽게 다가갈 수 있었다. 그의 연극들은 기존 관념의 카니발적 파격 속에 신분의 높고 낮음과 부귀빈천을 한데 뒤섞었다. 그는 규칙들에 무관심했고, 예술적 취향의 경계를 준수하도록 종용하는 시도에는 적대적이었다. 그의 글쓰기가 아주 정교하게 잘 짜인 고상한 아름다움의 절정에 도달했다면 또한 그것은 매우 간단히 야한 말장난과 대중가요 들로 내려앉을 수 있는 여유를 보였다.

『십이야(Twelfth Night)』를 보면 시끄럽고 흥이 넘치는 술주정뱅이, 얼간이, 그리고 직업 광대로 이루어진 삼인조가 한 대중가요를 열창하는데, 이는 비판적이고 까다로운 성미를 지닌 집사 말볼리오(Malvolio)의 화를 돋운다. "당신들한테는 장소나 사람들이나 시간에 대한 존중이 전혀 없습니까?" 그는 분연히 떨쳐 묻는데, 이에 상스러운 대꾸를 듣는다. "입이나 닥쳐!" 그리고 유명한 구절이 이어진다. "그대가 그렇게 도덕적이고 잘났으니까, 남들도 케이크랑 에일을 먹으면 안 된다는 거야, 뭐야?"(2.3.85-86, 87, 106-7) 셰익스피어 시대의 케이크와 에일은 글로브 극장(Globe Theater)에 모인 군중이 열광적으로 즐겨 먹던 음식이었을 것이다. 하지만 그것들은 경건함이나 점잖음에 어울리는 식사는 아니었다. 그것들이 제공하는 식도락의 달콤한 기쁨을 언급하는 건 미묘하게 전복적이다.

셰익스피어가 죽고 7년이 지났을 무렵 그의 친구들인 존 헤밍(John Heminges)과 헨리 컨들(Henry Condell)은 셰익스피어의 희극, 역사극 그리고 비극 들을 한군데 모아 값비싼 편집본으로 출간했다. 그들은 이 책을 윌리엄 허버트와 그의 형제에게 헌정했다. 벤 존슨이, 그가 쓴 추천시에서 셰익스피어의 경력이 갖는 중요한 의미를 이해하게 해 주는 더 넓은 지평을 도입했던 건 바로 그때였다. 즉 이 놀라운 대중 연극들을 써낸 중산층 작가의 재능을 알아보고 인식하는 것을 귀족들에게 적합한 일로 만든 것이다. "그리고 비록 그대가 라틴어 실력이 좋지 않고 그리스어는 그보다 못하더라도" 존슨은 이렇게 썼다. "나는 이름을 굳이/ 찾아보진 않겠지만 우레 같은 아이스킬로스,/

에우리피데스 그리고 소포클레스를 떠올려 본다." 존슨은 이 불멸의 존재들이 비극 작가로서 셰익스피어가 지닌 위대함을 훌륭하게 증언하리라 쓰고, 그의 희극들에 대해서는 "무례한 그리스나 오만한 로마가/ 내보낸 것들"을 훨씬 능가한다고 덧붙였다.

    셰익스피어를 세계적인 예술가로 만든 사람은 존슨이었다. 물론 셰익스피어의 작품이 영국 밖에서도 유명하다거나 설혹 그렇게 될 날이 오리라고 존슨이 상상했다는 건 아니다. 하지만 그는 인류 문학의 역사상 당시까지 최고의 기량에 이르렀다고 거론되던 작품들과 무명의 셰익스피어가 나란히 비교될 수 있다고 주장하면서, 그의 가치를 전 지구적 범주로 끌어올렸다. 셰익스피어의 개인적 환경에 속한 그 어떤 것도, 즉 그의 출생지와 직계 혈통, 교육 수준, 소속된 일파 등의 것들은 통상적으로 당당히 내세울 만한 수준에 하나도 미치지 못했다. 그럼에도 존슨이 주장한 바에 따르면, 그는 조국의 보물 같은 존재였다. "승리로다, 나의 영국이여." 존슨은 선언한다. "그대는 오직 한 사람을 지녔구나/ 유럽의 그 모든 문단들이 그에게 빚지고 있으니." 이 자부심 넘치는 허풍 끝에, 그는 오늘날 너무도 유명해진 한 구절을 덧붙였다. "그는 한 시대가 아니라, 영원히 남게 될 인물이로다!(He was not of an age, but for all time!)"

    셰익스피어 작품이 끊임없이 세계적 성공을 이룰 수 있었던 것은, 그가 욕망한 대상이 무엇이든, 한 발짝 물러나 그것을 기꺼이 자유롭게 해 주는 관점 덕이었으리라. 자발성을 중시하는 이런 태도는 『좋으실 대로(As You Like It)』, 『헛소동(Much Ado About Nothing)』, 『당신이 원하는 것 무엇이든(What You Will)』(『십이야』의 부제) 그리고 『끝이 좋으면 다 좋다(All's Well That Ends Well)』와 같은 제목들에서도 우러나온다. 그것은 마치 자신의 정체성과 소유권을 주장하기를 거절하는 듯한 모습이다. 셰익스피어는 자신이 건드린 모든 것들에 독자적 흔적을 남긴 천재적 재능의 보유자였다. 하지만 그는 자신의 인물이나 줄거리를 붙잡고 창조해 낸 만큼, 역으로 그것들에 사로잡힌 듯한 묘한 인상을 준다. 한편 지금까지 오랜 세월이 흘렀는데도 셰익스피어와 동시대 극작가들이었던 위대한 크리스토퍼 말로(Christopher Marlowe)와 벤 존슨 모두 자신들의 작품을 통해 직접적이고 개인적으로 존재감을 드러내는 데 비해, 셰익스피어에게서는 그러한 측면을 찾아볼 수 없다. 존슨의 경우에는 ─ 그의 원전 위에 더해진 자신의 학자적 경륜을 지나치게 과시하고 싶어 하는 점, 개인적 삶에서 벌어진 극적 상황들에 지나치게 고착되어 있는 점 그리고 자신의 작품들을 다루는 데 절대적인 통제권을 유지하기 위해 지나치게 예민하게 구는 점 ─ 그러한 자아의 흔적들이 다양한 서문, 프롤로그 그리고 저자로서 작품에 개입하는 순간 속에 명확히 공언되어 있다. 그 결과 그의 작품은 훌륭한 성취를 보임에도, 특정 시대와 장소 그리고 저자에 묶인 한계점을 강하게 드러내는 것처럼 보인다.

반면 셰익스피어는 자신을 알리려고 하거나 자기가 만들어 낸 최종 작품에 집요하게 매달리려는 욕구를 그다지 느끼지 않은 듯하다. 따라서 셰익스피어의 연극들을 이해하거나 사랑하기 위해 그의 삶을 속속들이 알 필요는 없다. 물론 셰익스피어가 자기 작품의 모든 행간에서 자신의 존재를 완전히 없앴다는 건 아니다. 오히려 그는 집필을 위해 반드시 자신의 개인적 경험을 살려야만 했다. 그가 기존의 원전들을 그토록 잘 활용했다는 것은, 결국 그가 원전의 절묘한 분량만 취해 자신이 직접 읽고 관찰하고 소화해 낸 것들과 완벽히 뒤섞어 내는 데에 능숙했다는 것을 의미한다. 그는 전문가였다.(아마 이 분야에선 세상에 알려진 가장 위대한 전문가일 것이다.) 영국의 훌륭한 인류학자 앨버트 겔(Albert Gell)이 "분포된 인간성(distrubuted personhood)"이라고 불렀던 존재 양상을, 셰익스피어보다 탁월하게 보여 준 사람은 없었다. 겔의 관심은 주로 회화나 조소와 같은 시각적 표상들에 치중돼 있지만, 폴리네시아의 문신이나 파푸아뉴기니 부족 들이 남긴 말란간 조각품 분석에서 그가 발견해 낸 것의 핵심은 문학의 영역에서도 찾아볼 수 있을 것이다. 바로 예술가가 무언가를 꾸며 내는 능력은(겔은 그것을 "지표(index)"라고 부른다.) 그 자신과 타인들의 대행성(agency)을 입은 채 예술 행위를 실행하거나 혹은 그 행위를 실행받는 세계로 나아간다는 것이다. 창조자가 지닌 인간성의 한 부분은 그의 몸에서 떨어져 나와 창조자가 물리적으로 사라진 뒤에도 계속해서 살아남는다. 종종 알아볼 수 없을 만큼 변형되기도 하고, 두려움이나 공격 또는 숭배의 대상이 되기도 하면서 곳곳에 심긴 인간성의 파편들은 계속 살아 나간다. 그것들은 새로운 경험을 탄생시키고 추론의 도화선이 되며, 마주한 대상들에게 상해를 입히거나 혹은 보상을 내리면서 사랑을 불러일으킨다.

셰익스피어는 자신에게서 수백 명의 부차적인 창조 대행자들, 즉 등장인물들을 창조해 냈다. 그들 중 일부는, 심지어 자신들에게 할당된 역할을 수행하게 하는 특정한 서술 구조에서 벗어나 자유롭게 부유하며, 마치 우리가 보통 생물학적 인간들에게만 할애하는 대행성을 부여받기라도 한 듯 생생히 다가오기도 한다. 예술가로서 그는 문자 그대로 자신의 삶을 우리에게 주었다.

우리는 셰익스피어의 작품들을 두고 마치 그것들이 작가의 본래

의도를 견고하게 담아 낸 반영물처럼 여긴다. 그러나 정확히 말하자면, 그의 작품들은 대단히 고분고분하게 감상자에 맞춰 변형돼 왔기 때문에 시대를 넘어 계속해서 이 세상에 얼굴을 드러내는 것이다. 위대한 작품들은 창조자 셰익스피어가 원래 존재했던 시대를 떠나 우리의 세계로 전해졌고, 우리의 일부가 되었다. 그리고 우리가 사라지더라도, 아마 그의 작품은 우리의 삶과 운명이 끼친 미세한 색채를 머금은 채로 여전히 계속 존재할 것이다. 또 그의 작품들은 앞으로 영원히 셰익스피어가 전혀 짐작할 수 없었고 우리가 상상조차 할 수 없는 방식으로, 또 다른 사람들의 일부가 될 것이다.

2014년 4월 23일 — 셰익스피어 탄생 450주년 기념일 — 런던의 글로브 극장(엘리자베스 시대의 극장을 현대에 와서 재건축한 것) 출신의 배우들이 전 세계 모든 나라에서 『햄릿(Hamlet)』을 공연하겠다는 포부를 가지고 2년간의 순회공연에 나섰다. 이 프로젝트는 이미 오래전부터 일어나고 있던 현상을 생생하게 보여 준다. 셰익스피어의 작품들은 대략 100여 개가 넘는 언어로 번역되어 왔으며, 영국에서뿐 아니라 미국 그리고 독일, 러시아, 일본과 인도, 이집트, 남아프리카처럼 다양한 나라들의 문예와 문화에도 심오한 틀을 제공해 주었다.

수년 동안 아프가니스탄에서 이어져 온 유혈 사태와 혼돈이 한두해 전 다행스럽게도 다소 경감했을 때, 그곳의 젊은 시인 카이스 아크바르 오마르(Qais Akbar Omar)는 한 가지 생각에 사로잡혔다. 그는 탈레반이 사람들의 생명과 생계뿐 아니라 문화까지도 무자비하게 공격하고 있다고 곱씹어 생각했다. 탈레반이 바미안 석불을 다이너마이트로 날려 버린 사건이야말로 그러한 문화 폭력을 국제적으로 보여 준 대표적 사례였다. 그런데 그 피해는 회화, 음악, 무용, 소설, 영화 그리고 시까지 미쳤다. 이러한 문화적 유산은 한 문화를 다른 문화로, 영토의 경계를 넘어 매개하는 미세한 관계망으로 확장돼 왔으며, 세계 각지에 이르면서 우리 모두가 더 큰 인류의 한 부분이라고 느끼게 하는 것이었다. 이는 동시대적 현상일 뿐만 아니라 현대 기술과도 연관돼 있으며 문화 자체만큼이나 오래되었고, 특히 고대부터 문명의 교차로였던 아프가니스탄에서는 끝없는 외세 침략의 역사와 맞물려 더욱 조밀하고 활기찬 양상을 보이는 '이야기의 관계망'이었다.

오마르는 문명 사회의 회복을 기록하고, 그동안 일어난 문화적 손상의 일부를 보수할 때가 되었다고 생각했다. 그는 카불의 유서 깊은 정원에서 남녀 배우 모두가 무대 위에 출연하는 연극을 공개적으로 선보이기를 원했다. 그는 셰익스피어의 연극을 선택했다. 물론 이 결정은 한때 아프가니스탄을 점령했던 영국이 남긴 제국주의적 흔적과 일부 관련돼 있겠지만, 오직 특정한 역사적 맥락에서만 기인한 선택은 아니었다. 셰익스피어는 한 국가의 좁은 경계선 안에 머무르거나 특정 당파에만 속한 대상으로 한정되거나, 일부 집단을 대변하는 성향으로도 국한시킬 수 없는, 위대한 창조적 성취의 범세계적 상징이다. 그는 너그럽지 못한 편협과 광신의 안티테제다. 그는 스트랫퍼드에서 카불로, 영어에서 다리어(Dari)로의 도약도, 별다른 어려움 없이 우아하게 해낼 수 있는 존재인 것이다.

오마르는 비극을 공연하고 싶지는 않았다. 그의 나라는 이미 충분히 비극을 겪었기 때문이다. 공연할 만한 희극들을 검토하면서, 그는 남녀가 의상을 뒤바꿔 입는 장면이 묘사되는 작품들은 조심스럽게 제외했다. 단순히 남녀 배우가 한 무대에 올라 함께 공연하는 것만으로도 상당한 위험을 감수하는 일이었다. 마침내 그는 『사랑의 헛수고

(Love's Labour's Lost)』를 골랐다. 일단 이 희극은 줄거리상 남성 집단과 여성 집단이 따로 분리된 채로 진행되었다. 더불어 공공연히 범죄를 감행한다거나 적나라한 성애가 연출되는 장면도 상대적으로 적었다. 등장인물의 욕망이 최종적으로 실현되는 동침의 순간 역시 무대에서 벗어난, 즉 극이 끝난 뒤에 이뤄지는 방식으로 점잖게 암시됐다. 오마르는 시인으로서 셰익스피어의 작품이 지닌 풍부한 언어에 매료되었다.(이는 다리어로도 수월히 옮겨질 수 있는 언어였다.)

이 연극 공연을 실현하기까지의 과정을 담은 복잡한 이야기는 2015년에 오마르가 자신이 겪은 실화에 소설적 측면을 넣어 스티븐 랜드리건(Stephen Landrigan)과 공동 집필한 책『황제의 정원에서의 하룻밤(A Night in the Emperor's Garden)』에 자세히 묘사돼 있다. 그 공연이 불러일으킨 흥분감을 감안해 보면, 이『사랑의 헛수고』공연은 그야말로 대성공을 거두었다. 초연한 밤에 몰려든 관객 수는 계속해서 밀려드는 더 큰 규모의 군중에게 기록을 내주었고, 이들의 무대는 전 세계에 보도되었다.

하지만 그러한 주목을 받고 난 뒤에는 큰 대가를 치러야 했다. 탈레반은 셰익스피어의 작품을 카불에서 공연한다는 것이 의미하는 바를 알아차렸다. 연극이 끝나자마자, 대부분의 공연 관계자들은 협박 메시지를 전달받았다. 배우의 배우자, 아이들 그리고 친·인척들도 괴롭힘과 경고의 대상에서 제외되지 않았다. 이러한 위협은 빈말이 아니었다. 공연자 중 한 사람의 남편은 어느 날 밤 문을 두드리는 소리에 길을 나섰다가 영영 돌아오지 못했다. 그의 시체는 다음 날 아침에 훼손된 채로 발견되었다.

아프가니스탄에서 새롭게 피어올랐던 왕성한 문화 부흥은 빠르게 사라졌고 아예 죽어 버렸다. 탈레반이 다시 집권한 뒤 셰익스피어의 맛깔난 희극을 (무모한 용기를 가지고) 사람들에게 보여 주려 했던 카이스 아크바르 오마르와 다른 관계자들은 끔찍한 일을 겪었다. 현재 그들은 모두, 단 한 명의 예외도 없이 세계 여러 나라로 망명한 상태다.

정말로 '사랑의 헛수고'다. 하지만 오마르의 이야기를 다룬 책의 부제는 ─ "아프가니스탄에서 벌어진 진정한 사랑과 회복의 이야기" ─ 조금도 아이러니하지 않다. 인간적이고 끊임없이 흘러넘치는 상상력을 보여 주는 이 희극은, 400년도 더 전에 세계의 어느 한 작은 구석에서 탄생했다. 나는 이 책에서 그것을 쓴 극작가의 흐릿하고 비밀스러운 삶을 추적해 보려고 했다. 모든 억압과 압제적 힘을 한데 모아 셰익스피어를 저지하려는 시도보다, 그의 삶은 더욱 강력하다. 『십이야』의 마지막 부분에 등장하는 광대 페스티(Feste)는 작별의 단가를 부른다.

> 아주 오래전에 이 세상이 시작되었지
> 헤이, 호, 바람과 비와 함께
> 하지만 이게 전부, 우리의 연극은 끝났다.

찰나의 순간에, 모든 것이 다 끝났다는 말처럼 들린다. 그때 노래가 이어진다. "그리고 우리는 매일같이, 여러분을 즐겁게 해 드리고자 열심이라네."(5.1.391-93) 즐거움의 적들이여, 조심할지어다.

스티븐 그린블랫
2015년 11월

서문

세계 최고의 작가가 된 시골 청년

　작은 시골 마을 출신의 한 젊은이가 있다. 독자적인 재산도 없고, 강력한 가문 출신의 인맥도 없으며, 대학 교육도 받지 못한 이 젊은이가 1580년 후반에 런던으로 상경한다. 그리고 아주 짧은 시간 안에, 그 자신의 시대뿐 아니라 인류 역사상 모든 시대를 아우르는 가장 위대한 극작가가 된다. 그의 작품은 학식 있는 사람들과 문맹자들, 도심의 세련된 감상자들과 난생처음으로 극장 구경을 나온 시골 촌부들을 동시에 매료시킨다. 그는 관객들을 웃기고 울린다. 그는 무거운 정치적 주제를 우아한 시로 바꿔 읊는다. 그는 천박한 어릿광대짓 속에 철학적 섬세함을 과감하게 버무린다. 그는 제왕들과 걸인들의 생동감 넘치는 삶의 모습을 어느 한쪽에 편향되는 일 없이 공정하게 통찰한다. 그는 어느 한순간에 법학에 통달한 학자처럼 보이다가, 다음 순간에는 신학 부문에서 조예를 나타내고, 그다음 순간에는 고대사적 지식을 드러낸다. 동시에 그는 무지한 촌뜨기의 시골 억양을 아주 능숙하게 흉내 내고, 노파들 사이에서 흔히 떠도는 어리석은 미신이나 잡설을 묘사하는 일도 굉장히 즐겁게 받아들인다. 이렇게 드넓은 범위를 망라하는 위대한 성취를 도대체 어떻게 설명할 수 있을까? 셰익스피어는 어떻게 셰익스피어가 됐는가?

우리 시대에나 셰익스피어의 시대에나, 연극이란 현실과 동떨어진 추상 개념들을 놓고 겨루는 놀이가 아니라 매우 사회적인 예술이다. 엘리자베스와 제임스 시대에는 대중에게 그 면전을 드러내지 않는 드라마도 있긴 했다. 서재극(closet drama)이라고 불리는 이 희곡들은, 배우가 연기하는 일도 없었으며 심지어 정식 출판을 목적으로 하지도 않았다. 이들은 애초에 공연을 목적으로 한 것이 아니라, 창문도 내지 않은 작고 사적인 규방에서 조용히 읽히길 바라는 작품들이었다. 하지만 셰익스피어의 작품들은 늘 그러한 작은 서재로부터 단호하게 뛰쳐나왔다. 그의 작품들은 우리가 사는 넓은 세상 속에 존재했으며 또한 이 세상에 대해 이야기해 왔다. 셰익스피어는 치열한 경쟁 속에 있는 연예 산업 종사자로서 상업성에 입각한 대본들을 집필하고 연기했을 뿐만 아니라, 당대의 사회적이고 정치적인 현실이 강렬하게 반영된 대본들도 함께 썼다. 그것 말고는 다른 방법이 거의 없었을 것이다. 그 자신이 주주로 참여한 극단이 도산하지 않고 현상을 유지하기 위해서는, 적어도 하루에 1500명에서 2000명에 달하는 유료 관객을 매일같이 원형 극장의 목재 벽 안쪽으로 끌어들여야 했으며, 경쟁 극단들의 맞불 또한 매우 극심했다. 극단의 유지 비결은 당대의 화제나 시사 문제를 과하게 드러내는 것이 아니라 관객의 본질적 흥미를 강력하게 포착하는 것이었다. 정부의 검열이 있고, 같은 대본을 수년간 성공적으로 재활용하는 레퍼토리 극단들이 존재하는 상황에서 지나치게 시사적인 시도는 위험 요소가 될 수 있었다. 셰익스피어는, 일시적 화젯거리가 아니라 자신의 극을 보러 오는 관객들의 깊은 내면적 욕망과 두려움에 대해 다루어야 할 필요성을 느꼈다. 그 결과 그는 그 자신의 시대에 좀처럼 보기 힘든 성공 가도를 달렸고, 이는 그가 얼마나 눈부신 역량을 지닌 극작가였는지를 시사해 준다. 사실상 그와 경쟁 관계에 있던 동시대의 극작가들은 모두 자신들이 굶주림에 이르는 배고픈 예술의 길에 들어섰다고 느꼈다. 반면 셰익스피어는 극작가 생활을 통해 고향 동네에서 가장 훌륭한 집을 장만했고, 50대 초반에 은퇴해 고향 자택에서 여유로운 여생을 보낼 만큼의 돈을 벌었다. 명실공히 자수성가에 성공한 것이다.

『세계를 향한 의지』는 설명이 불가할 정도로 엄청난 한 사람의 성공담을 풀어 놓은 책이다. 이 책은 지난 천 년 동안 순수 문학 영역에서 가장 중요한 위치에 놓이는 작품들을 써낸 한 인물을 실질적으로 조명해 보고자 한다. 혹은 인물의 실재성은 문서로 입증된 공적 기록으로만 가늠할 수 있는 문제이므로, 그의 실제 생애로부터 그가 창조한 문학 작품으로 이어지는 불명확한 길을 따라가 보는 것을 이 책의 목표로 삼았다.

시와 희곡 작품 자체를 제외하고 나면, 셰익스피어의 삶에 대해 말해 주는 기록들은 양적으로 많으나 질적으로는 얇은 단편들에 머문다. 여러 세대에 걸쳐서 집요하게 이루어진 당대 기록의 대조와 발굴의 노고를 통해 셰익스피어라는 인물과 연결된 동시대적 흔적들이 종종 모습을 드러내고 있는데, 그중에는 상당한 수의 재산 거래 내역, 결혼 허가 증서, 세례 기록, 그가 연기자로 참여했던 공연의 출연자 목록, 세금 고지서, 사소한 법률 각서, 영수증 그리고 특히 흥미를 돋우는 마지막 유언장 등이 포함되어 있다. 하지만 그토록 광범위한 작가로서의 창의력이 과연 어디에서 기인했는지, 그의 위대한 신비를 풀어 줄 만한 즉각적이고 분명한 실마리는 전혀 드러나지 않는다.

우리에게 이미 알려진 부분들은 수세기 동안 계속 되풀이되며 시연되어 왔다. 19세기에 이미, 그와 관련한 증거 자료들을 충분히 포함하고 있으며 세부적으로도 풍부한 기술을 담은 훌륭한 셰익스피어 전기들이 등장했다. 매년 이 자료들에는 새롭게 수확된 소소한 낟알들이 덧붙여지며, 때로는 고된 조사 끝에 어렵게 쟁취한 굵직한 부스러기 한두 점이 자료의 질을 한층 보강하기도 한다. 이러한 최상의 자료들을 면밀히 검토하고, 유효성 있는 흔적들을 고운 체로 거르듯 참을성 있게 조사하고 나서도, 연구자들은 극작가 셰익스피어의 위대한 성취가 도대체 어디서 온 것인지를 이해하기 어렵다고 느낀다. 오히려 흔적을 추적할수록 셰익스피어라는 인물은 아무런 개성을 찾아볼 수 없는 따분한 대상처럼 비칠 때가 많으며, 그의 예술을 피워 낸 내적인 원천은 점점 더 미궁 속에 가려지는 듯하다. 설령 조사자들의 노력을 통해 셰익스피어의 편지, 일기, 당대에 쓰인 회고록이나 면담 기록, 책의 여백에 상세히 남겨진 주석, 쪽지, 초기 습작 같은 자료들이 널리 밝혀진 상태라 하더라도, 작가로서 그의 창작 원천이 무엇이었는지 이것들을 통해 짐작해 보는 일은 상당히 어려운 작업일 것이다. 그런데 심지어 그런 자료들은 실제 전혀 남아 있지 않다. 시공을 초월하여 인류에게 보편적인 감동을 주는 예술 작품들과 당시의 단조로운 관료 기록 속에 자잘한 흔적으로 남아 있는 한 개인의 삶을 이어 주는 명확한 연결 고리가 될 만한 자료들이 하나도 없는 것이다.

한편 그가 남긴 작품은 너무도 훌륭하고 그 성취 또한 너무도 찬란해서, 그저 여느 사람이 아닌 신처럼 위대한 존재가 써 내려간 듯한 인상을 준다. 그런데 심지어 그런 여느 사람 중에서도, 작은 시골 출신의 소박한 학력을 가진 필부의 손에서 탄생한 것들이라니.

물론 압도적으로 강렬한 상상력에서 발현되는 마법을 보여 준 작품이라면, 그것은 한 개인의 일생이 얼마나 '흥미로운' 자질을 지니고 있는지에만 기대고 있지 않다는 주장도 충분히 맞는 말이다. 그의 희곡에 드러나는 증거들이 말해 주듯 분명히 셰익스피어가 개인적으로 읽어 보았을 것으로 짐작되는 책들을 통해 학자들은 그러한 상상력의 변화 과정을 오랫동안 성과 있게 연구해 왔다. 작가로서 그는 빈손으로 집필을 시작한 적이 거의 없었다. 그는 이미 유통되던 소재들을 개성적으로 선택했고 여기에 지대한 창의력을 더하여 그 소재들을 혼합했다. 때때로 이 재작업 과정은 너무도 정확하고 세부적이어서, 그가 수단 좋게 어디선가 빌려왔을 책들을 여전히 집필용 탁자에 펼쳐 둔 채로, 깃털 펜을 들고 나는 듯이 빈 종이를 채워 나갔던 순간도 많았을 것이다. 하지만 셰익스피어의 예술에 열정 어린 반응을 보이는 사람이라면 누구라도, 그의 희곡과 시 들이 오직 그의 독서 활동에서 나온 것이라는 말을 믿기 어려워한다. 최소한 셰익스피어가 읽었던 책들의 내용만큼이나 한 청년으로서 부딪혔던 다음과 같은 주된 문제 의식들이, 그가 예술을 틀 잡아 가던 상황에서 꾸준히 제기된다. "나는 인생을 어떻게 살아가야 하는가? 무엇에 대한 믿음을 가질 수 있을까? 나는 누구를 사랑하는가?"

셰익스피어의 작품이 갖는 주된 특성 중 하나는 바로 현실감이다. 생전의 목소리는 이미 오래전에 침묵 속에 잠기고 실제의 육신도 모두 스러져 버린 작가들이 모두 그렇듯이, 우리에게 남겨진 것은 오로지 책장 속에 자리한 그의 언어들뿐이다. 하지만 재능 있는 배우들이 이 언어들에 직접 생동감을 불어넣는 작업을 거치기도 전에, 이 언어들 자체에 이미 실제 삶에서 오는 경험들이 생생하게 담겨 있다. 시인 셰익스피어는 추격을 당해 떠는 산토끼가 "이슬 송송히 맺혀(dew-bedabbled)" 있다는 것을 알아차렸고, 자신의 얼룩진 명성을 "염색장이의 손"에 비유하기도 했다. 극작가로서의 셰익스피어는, 한 남편이 부인에게 "터키산 태피스트리로 덮인/ 책상 속에" 지갑이 있다고 말하는 장면을 쓰기도 했고, 한 왕자가 자신의 가난한 친구에겐 단 두 벌의 실크 스타킹밖에 없으며 그중 하나는 복숭아 빛이라고 기억하는 장면을 묘사하기도 했다. 이 예술가는 자신을 둘러싼 이 세계를 굉장히 개방적으로 받아들였으며 또한 그 현실 세계를 자신의 작품 속에 녹여 내는 수단들을 발견했다. 그가 어떻게 이것을 그토록 효과적으로 해냈는지 이해하려면 그의 언어 예술적 기교들, 다시 말해 수사적 표현을 다루는 능력, 기묘할 정도로 뛰어난 복화술, 사실상 언어 전반에 대한 집요함 등을 주의 깊게 살펴보는 것이 중요하다. 셰익스피어가 어떤 사람이었는지를 이해하려면 그가 자신의 실제 삶에 남겨 놓은 언어의 흔적을 따라가 봐야 한다. 그리고 셰익스피어가 자신의 삶을 작품으로 변화시키는 과정에서 어떻게 상상력을 사용했는지를 이해하려면, 우리 또한 상상력을 사용할 필요가 있다.

감사의 말

이 책을 쓰면서 진 많은 빚조차 대단히 감사할 거리가 된다는 것은, 셰익스피어가 모든 것에 부여한 특별한 기쁨이라 할 것이다. 하버드 대학교의 재능 많은 동료들과 학생들은 지적 자극과 도전 의식의 끝없는 원천이 되어 주었으며, 대학의 탁월한 자원들, 무엇보다 훌륭한 도서관 자료들과 유능한 직원 여러분 덕분에, 나는 가장 대답하기 어려운 질문들의 답을 추적해 나갈 수 있었다. 멜론 재단은 내게 시간이라는 소중한 선물을 선사해 주었고, 베를린 고등연구소는 이 책을 탈고하기 위한 완벽한 환경을 지원해 주었다. 미국 셰익스피어 협회, 배스 셰익스피어 축제, 뉴욕 대학, 컬럼비아 대학교의 라이어널 트릴링 세미나, 레오 뢰벤탈 메모리얼 컨퍼런스, 보스턴 컬리지, 웰슬리 컬리지, 헨드릭스 컬리지, 아인슈타인 포럼 그리고 말보로 컬리지와 말보로 음악 축제를 통해 나는 아이디어를 착상하고 실현할 수 있었다. 이런 기회를 준 데에 감사한다.

　이 책을 집필한 계기는 수년 전 마크 노먼과 나누었던 대화에서 시작되었다. 그 당시에 그는 셰익스피어의 삶에 대한 영화 각본을 하나 쓰고 있었으며, 그것은 「셰익스피어 인 러브(Shakespeare in Love)」라는 널리 알려진 영화의 기초가 되었다. 하지만 나의 프로젝트는 한동안 고요히 잠들어 있었으며, 나의 아내 라미 타고프의 한결같은 지적, 감정적 지지에 힘입어 다시 착수하기까지 좀 더 시간이 걸렸다. 질 크니림에게서 중요한 조언과 도움을 받았으며, 나의 친구들 호미 바바, 제프리 크납, 조셉 쾨르너, 찰스 미, 로버트 핀스키는 내가 다 갚을 수 없을 정도로 자신들의 시간과 지식 그리고 지혜를 쏟아 주었다. 마셀라 앤더슨, 레너드 바르칸, 프랭크 비다, 로버트 브루스타인, 토머스 라쾨, 애덤 필립스, 레귤러 라프, 모셰 사프디, 제임스 샤피로, 드보라 슈거 그리고 지금은 고인이 된 버나드 윌리엄스를 포함한 다른 많은 친구들도 내게 도움이 되는 세심한 질문들을 던져 주었다. 비어트리스 키칭어, 에밀리 피터슨, 케이트 필슨, 홀거 쇼트, 구스타보 세키 그리고 필립 슈비저는 성실하고 슬기로운 조교로서 수고가 많았다. 모범이 되는 인내심과 통찰력의 소유자인 내 편집자 앨레인 메이슨은 임신 기간 내내 계속해서 이 책의 원고를 교정해 줬으며, 신비로운 기적과도 같이 그녀의 예정일에 꼭 맞춰 작업을 완료했다.

　나는 가장 깊고 기쁜 감사의 빚을 가족들에게 받았다. 나의 아내와 세 아들 조시, 애런 그리고 해리에게. 막내 해리만 아직 기어 다니는 아기였기 때문에, 그 외 다른 가족들이 해 준 것처럼 나와 함께 셰익스피어에 대해 끝도 없이 대화를 나누는 상황을 면제받을 수 있었고, 따라서 내게 직접적으로 셰익스피어에 대한 의견을 주지는 못했다. 하지만 자기와 똑같은 이름을 가진 나의 아버지보다 딱 104년 후에 태어난 우리 해리는, 첫눈에는 매우 동떨어진 것처럼 보이는 인생들이 실제로는 얼마나 숨 막히도록 가까이 존재하는지를 내게 가르쳐 주었다.

독자에게

셰익스피어가 아직 초기 활동을 하던 1598년경, 애덤 덜몬스 (Adam Dyrmonth)라는 남자가 자신이 베껴 쓴 연설문이나 편지들의 모음 목록을 작성해 남겨 두었다. 이 남자에 대한 다른 내용은 전혀 알려지지 않았다. 조심성 없는 낙서처럼 아무렇게나 남겨진 기록을 보면 그의 마음은 좀처럼 집중하지 못하는 상태였던 것 같다. 한 면을 가득 채운 낙서 같은 글귀 사이에는 "리처드 2세(Rychard the second)" 나 "리처드 3세(Rychard the third)" 같은 문구가 등장하고, 반쯤 기억에 의존해 쓴 『사랑의 헛수고』와 『루크레스의 겁탈(The Rape of Lucrece)』의 내용 일부도 인용되어 있다. 무엇보다도 이 필경사는 "윌리엄 셰익스피어"라는 문구를 되풀이해서 써 놓았다. 마치 그 문인의 이름을 자신의 이름인 양 써 보면 기분이 어떨까 궁금해하기라도 한 듯이. '내가 셰익스피어라면 어떨까?' 하는 궁금증을 기록으로 남긴 사람은 어쩌면 덜몬스가 처음일지 모르지만, 이런 궁금증에 사로잡힌 사람은 수없이 많았으리라.

덜몬스가 남긴 기록이 보여 주듯 셰익스피어는 이미 그 자신의 시대에 유명한 인물이었다. 셰익스피어가 죽고 난 뒤 불과 몇 년 지나지 않아 벤 존슨은 그를 "우리 연극계의 경이" 그리고 "시인들의 우상"이라고 칭하며 찬사를 보냈다. 하지만 이 시대만 해도 그러한 문학계의 총아들에 대해서 전기를 남겨야겠다는 생각이 곧이어 일어나지 않던 때였다. 그래서 동시대인 중 누구도 셰익스피어에 대한 기억이 아직 생생할 때 그에 대한 자료를 모아 놓는 것이 유용하리라는 생각을 하지 않았던 것 같다. 공교롭게도 당시 활동하던 전문 작가들 중 셰익스피어에 대한 자료가 가장 많이 남아 있는 것은 사실이지만, 이 자료들은 16세기 후반과 17세기 초반 영국이 이미 공적인 기록들을 보존해 두던 사회였으며 따라서 그중 많은 기록들이 남겨져, 이후 열정적인 학자들에 의해 샅샅이 추려졌다는 사실에 기인한 결과일 뿐이다. 심지어 이렇게 비교적 풍족한 양의 자료들이 있음에도, 셰익스피어의 전기적 측면을 연구한 자료들로 그의 일생 전면을 추측하려면 엄청난 간극을 극복해야 한다.

가장 중심이 되는 것은 작품들이다. (시를 제외하고) 대부분의 작품들은 셰익스피어의 오랜 동료이자 벗이었던 존 헤밍과 헨리 컨들에 의해 조심스럽게 모아졌다. 그들은 극작가가 사망하고 7년 후인 1623년에 최초 2절판(First Folio)을 출간한 장본인들이다. 이 두꺼운 판본에 실린 서른여섯 개 중 열여덟 개의 극들은 이전에 출간된 적이 없는 초판본으로 나왔는데, 『줄리어스 시저(Julius Caesar)』, 『맥베스

(Macbeth)』, 『안토니와 클레오파트라(Antony and Cleopatra)』 그리고 『태풍(The Tempest)』과 같은 위대한 걸작들이 이에 속한다. 이들이 출간한 최초 2절판이 없었다면 이 작품들은 영영 빛을 보지 못한 채 사라져 버렸을 것이다. 헤밍과 컨들은 이 세상에 엄청난 공헌을 했다. 하지만 그들은 셰익스피어가 "자기가 생각한 것들"을 매우 수월하게 써냈다는 것을 우리에게 알려 주면서도, "그처럼 글을 쉽게 써 내려갔기에 그가 남긴 잉크 자국에서 그 자신에 대한 흔적은 거의 추출할 수 없다."라고 말한다. 이 편집자들은 셰익스피어의 전기적 측면을 밝혀 나가는 것에는 큰 관심이 없었으며, 작품들을 장르별로 배치하기로 결정했다. 희극, 역사극 그리고 비극으로 나누고, 셰익스피어가 각 작품을 언제 그리고 어떤 순서로 썼는지는 굳이 밝히지 않았다. 수십 년간 연구를 반복한 끝에, 학자들은 꽤 설득력 있고 탄탄하게 정리된 극작 순서에 동의하게 되었지만, 셰익스피어의 전기 집필에 결정적으로 중요한 자료가 되는 이 연대표조차, 어쨌든 추정적 성격을 띨 수밖에 없다.

인생의 수많은 세부점들도 마찬가지다. 스트랫퍼드의 목사였던 존 브레츠거들(John Bretchgirdle)은 1564년 4월 26일 "존 셰익스피어의 아들 윌리엄(*Gulielmus filius Johannes Shakspere*)"의 세례를 교구 명단에 기록했다. 거의 모든 면에 있어서 이 자료의 신빙성에 의문을 던지는 것은 타당한 일이지만, 출생과 세례 사이에 보통 사흘의 간격을 둔다는 점에 근거하여 셰익스피어의 생일이 4월 23일일 거라고 결정한 학자들은 결국 이런 종류의 과감한 추측을 하고 있는 것이다.

또 다른 인과적 가능성이 있는 예시는 독자들에게 이 문제를 더욱더 체감하게 해 줄 것이다. 1571년부터 1575년 사이에 스트랫퍼드 문법 학교의 학사 담당관으로 있던 사람은 사이먼 헌트(Simon Hunt)였으며, 이 사람은 1568년에 옥스퍼드에서 문학사 학위를 받았다. 그렇다면 그는 일곱 살부터 열한 살 때까지 어린 셰익스피어를 가르쳤다는 말이 된다. 1575년 7월경에 사이먼 헌트는 프랑스에 있는 가톨릭 계열 두웨 대학에 입학했으며 1578년에 예수회 수사가 되었다. 이 사실은 셰익스피어의 유년기 교사가 가톨릭교도였다는 점을 보여 주고 있으며, 실제 셰익스피어의 어린 시절 경험이 남겨 둔 흔적들과도 일치한다. 하지만 정작 셰익스피어가 스트랫퍼드 문법 학교를 다녔다는 확고한 증거는 존재하지 않는데, 그 시기의 기록들이 남아 있지 않은 탓이다. 게다가 이름이 같은 또 다른 사이먼 헌트가 1598년이나 그 이전에 스트랫퍼드에서 사망한 기록이 있는데, 오히려 예수회 수사가 된 사람보다 이쪽이 스트랫퍼드 학교의 교사였을 가능성도 높다. 물론 셰익스피어가 그 학교에 다닌 것 자체는 사실일 것이다. 그렇지 않다면 어디서 유년기의 교육을 받았겠는가? 그리고 날짜들이 겹치는 상황이나 그의 경험이 남긴 흔적으로 미루어 볼 때 1571년에서 1575년에 교사직을 맡았던 사람은 가톨릭교도인 헌트였을 가능성이 높다. 하지만 이런 세부 사항들은 셰익스피어 인생에서의 다른 많은 사항들과 마찬가지로, 절대적으로 확정할 수 있는 상태에 있는 게 아니다.

차례

추천사　7

셰익스피어 400주기 기념사 ―한 시대가 아니라 영원히 남을 작가　13

서문 ―세계 최고의 작가가 된 시골 청년　25

감사의 말　31

독자에게　35

1　원색 장면들　41
2　재건의 염원　93
3　거대한 공포　151
4　연애, 결혼식, 후회　203
5　다리를 건너며　255
6　도시 근교에서의 삶　297
7　무대를 흔들다　347
8　주인/애인　393
9　사형대에서 터진 웃음소리　445
10　망자와의 대화　507
11　왕에게 마법 걸기　563
12　일상적인 것의 승리　617

참고 문헌　673

1   원색 장면들

어릴 적부터 단어들이 지닌 마술에 사로잡힌, 그래서 언어에 잔뜩 매료된 소년 셰익스피어를 한번 상상해 보자. 그의 초기 작품에는 이러한 집착을 뒷받침해 주는 강렬한 증거들이 널려 있으므로, 그가 일찌감치 언어에 매료되었으리라 보는 것은 비약이 아닌 안전한 추정일 것이다. 어쩌면 어머니가 귓가에 나지막이 동요를 불러 주던 그 첫 순간부터 시작되었을지도 모른다.

필리콕, 필리콕, 언덕 위에 앉았네,
떠나가지 않았다면 ─ 여전히 앉아 있네.

(이 특정한 동요는 수년이 지난 후 『리어 왕(King Lear)』에서 광인 톰(poor Tom)이 "필리콕이 필리콕 언덕 위에 앉았다."라고 외쳐 대는 장면(3.4.73)을

쓸 때도 그의 머릿속을 떠돌았다.) 그는 단어들이 내는 서로 다른 울림에서 다른 이들이 듣지 않는 것을 듣고, 다른 이들이 미처 잇지 않고 지나가는 것들을 서로 연결해 내면서 무한한 재미와 기쁨을 느꼈다.

이것은 엘리자베스 시대의 영국 사회가 불러일으키고, 진한 만족감을 주고 포상까지도 내렸던, 당대의 문화적 수혜에 힘입어 발생한 화려한 웅변 능력에 대한 사랑과 기쁨이었다. 설교자와 정치인 들의 호화로운 달변과 필력을 통해 취향의 발전이 이루어졌고, 심지어 문학적으로는 그리 큰 성취 능력이 없거나 더없이 무뚝뚝한 감성을 지닌 사람들까지도 일상적으로 시를 쓰던 시대였다. 초기 작품 『사랑의 헛수고』에서 셰익스피어는 우스꽝스러운 학교 교사 홀로페르네스를 등장시켰는데, 그의 태도는 대부분의 관객들이 바로 자신의 경험을 통해 알아차렸을 당시의 교실 분위기를 패러디한 것이었다. 홀로페르네스는 가지에 매달린 사과 하나가 떨어지는 것을 지칭할 때도 다음과 같이 말을 줄줄이 덧붙이는 인물이다. "실로(*caelo*), 하늘, 천국, 곧 천당의 귓가에 걸린 보석처럼" 매달려 있는 사과가 "테라(*terra*), 토양, 대지, 지구의 얼굴에"(4.2.4-6) 떨어진다고. 이는 당시 학생들이 에라스무스의 『풍부한 어휘에 대하여(On Copiousness)』라는 책을 필수 교과서로 삼아, 일례로 "편지 잘 받아 보았습니다."라는 일상적인 어휘를 150가지 라틴어 표현으로 바꿔 말하는 법을 배워야 했던 교과 과정을 코믹하게 보여 주는 전형이다. 셰익스피어는 이 광신적인 단어 바꾸기 교과목을 솜씨 좋게 풍자하는 한편, 소네트 129편에서 욕망이 "위증적이고, 살인적이고, 피범벅인 상태로, 단죄받아 마땅하며/ 야만적이고, 극단적이고, 무례하며, 믿을 수 없다."(3-4행)라고 썼듯이 그 자신도 자신만의 목소리와 언어를 사용하여 이 게임에 굉장히 능숙하다는 점을 보여 주기도 했다. 이 열정적으로 폭발하는 달필 그 뒤편 어딘가에는, 학교 책상 앞에 앉아서 끝없이 이어지는 라틴어로 된 동의어 목록을 작성하느라 여러 시간을 보냈던 어린 소년 셰익스피어가 숨어 있다.

엘리자베스 여왕의 개인 교사였던 로저 애스컴(Roger Ascham)은 "모든 이들은, 자기 자녀들이 라틴어를 하게 되기를 간절히 원한다."라는 기록을 남겼다. 여왕은 라틴어를 할 줄 알았다. 왕국에서 그러한 성취를 이룬 여성은 몇 안 됐는데, 이는 국제 관계에서 매우 중요한 문제였다. 그러므로 여왕의 외교 사절과 참사관, 신학자, 성직자, 의료진, 변호사 들도 라틴어를 했다. 하지만 이 유서 깊은 언어를 구사할 능력이 실제로 그 말을 실용적이고 전문적으로 쓰는 사람들만에게만 묶여 있던 것은 아니다. "모든 이들은, 자기 자녀들이 라틴어를 하게 되기를 간절히 원한다."라는 말에서 알 수 있듯이, 16세기에는 공식적인 교육을 받은 적이 없거나 라틴어는 고사하고 영어조차 제대로 읽고 쓰지 못했던 사람들 — 벽돌공, 양모 상인, 장갑 제조업자, 부유한 소작농 같은 사람들 — 까지도 자기 아들들이 고상한 탈격 독립어구(ablative absolute)의 대가가 되기를 원했다. 라틴어는 곧 상류층의 문화, 문명, 신분 상승을 의미했다. 그것은 부모 세대의 야망을 담은 언어였고, 사회적으로 인정받고자 하는 욕구가 투사된 보편적인 통화 수단이었다.

당연히 윌의 아버지와 어머니도, 아들이 적절한 고전 교육을 받기를 원했을 것이다. 존 셰익스피어(John Shakespeare)의 글을 읽고 쓸 줄 아는 능력은 불완전한 수준에 머물렀던 것으로 보인다. 스트랫퍼드어폰에이번(Stratford-upon-Avon)의 중요한 관청 업무를 담당하는 사람이었으므로 아마도 글은 읽을 수 있었을 테지만, 생애 내내 그는 철자가 아닌 기호로만 자필 서명을 남겼다. 영국의 가장 위대한 작가를 낳은 어머니 메리 셰익스피어(Mary Shakespeare)도 생전에 공식 문서들에 남긴 기호 서명으로 미루어 짐작건대, 자기 이름을 쓸 줄 몰랐다. 물론 그녀도 최소한 몇 자 정도는 읽을 수 있었을지 모른다. 하지만 그들은 결국 이러한 수준이 자신들의 장남에게는 충분하지 않다고 판단했다. 아이는 당연히 '글자판(hornbook)' — 글자들과 주기도문이 양피지에 인쇄되어 있고, 그 위로 글자를 베껴 쓸 수 있도록 투명하고 얇은 뿔판이 덮인 나무판 — 과 기본적인 기초 학습 교재였던 『교리 문답 ABC(The ABC with the Cathechism)』를 가지고 배움의 첫 운을 뗐을 것이다.(『베로나의 두 신사(Two Gentlemen of Verona)』에서 연인은 "그의 ABC 속에서 길을 잃은 어린 학생처럼"(2.1.19-20) 한숨을 내쉰다.) 이 정도는 아직 그의 아버지나 심지어 어머니도 가지고 있었을, 간신히 문맹에서 벗어난 정도의 능력을 얻는 수준에 불과했다. 하지만 아마도 일곱 살쯤부터, 그는 스트랫퍼드 무료 문법 학교로 보내진 듯한데, 이 학교의 중점적인 교육 방침은 본격적으로 라틴어에 몰입하는 것이었다.

이 학교는 '왕립 신축 학교(King's New School)'라고 불렸는데, 사실 신축 건물도 아니었고 또 왕립이라는 말이 의미하는 것처럼 엘리자베스의 요절한 이복형제 에드워드 6세가 설립한 학교도 아니었다. 엘리자베스 시대의 많은 기관들이 그랬듯이, 이 학교 역시 태생적으로 안고 있는 로마 가톨릭과의 부적절한 연관성을 감추기 위해서 가면을 쓰고 있었던 것이다. 15세기 초반에 마을의 성십자가회(Guild of Holy Cross)에 의해 설립된 학교는, 1482년부터 학교에 부임한 가톨릭 사제에 의해 무료로 운영되기 시작했다. 학교 건물은 거의 원형 그대로 보존되었는데, 집회소 위의 큰 강당 하나가 바로 교실이고, 타일을 깐 지붕까지도 한 번에 오르락내리락하며 다닐 수 있는 외부 계단들이 있었다. 서로 공간을 나눈 칸막이들도 있을 수 있는데, 특히나 보조 교사들이 아주 어린 아이들에게 ABC를 가르칠 경우에 필요했을 것이다. 하지만 대다수의 학생들은 — 대략 마흔두 명의 남학생들, 나이 대는 일곱 살에서 열넷, 열다섯 살 정도에 이르기까지 다양한 — 딱딱하고 긴 벤치에 나란히 앉아서, 방 앞쪽에 놓인 큰 의자에 앉아 있는 교사와 마주 보았을 것이다.

법적으로 스트랫퍼드 교사는 그 어떤 학생에게든 교습 비용을 청구할 수 없었다. 그는 기준에 달하는 남학생이 오면 — 즉 기본적인 읽기와 쓰기를 뗀 아이라면 —"그 부모가 얼마나 가난하든지 그리고 소년이 얼마나 부적당한지 따지지 않고" 무조건 교습해 줄 의무가 있었다. 이 직무를 통해 그는 학교 사택을 무료로 제공받았고 연봉 20파운드를 받았는데, 이는 엘리자베스 시대의 학교 교사들이 받을 수 있는 최상의 수준이었다. 스트랫퍼드 마을은 아이들에 대한 교육열이 높았는데, 가정 형편은 어렵지만 장래가 촉망되는 학생들이 무료 문법 학교를 졸업한 대학에 진학할 수 있도록 특별 장학 제도를 마련해 놓고 있었다. 물론 이것은 누구에게나 평등하게 적용되는 보편적인 기회는 아니었다. 다른 곳에서와 마찬가지로 여자아이들은 문법 학교든 대학교든 배움의 장에서 제외되었다. 인구 중 비율이 높은 극빈층 가정의 아들들도 학교에 가지 않았는데, 그들은 어릴 때부터 노동을 하도록 기대되었기 때문이다. 또한 교육비 자체는 없었지만, 학교에 다니려면 어느 정도의 비용이 필요했다. 학생들은 펜을 대체해서 쓰는 뾰족한 깃털과 깃털 촉을 날카롭게 벼리는 데 쓰는 칼, 겨울에 쓰는 양초 그리고 — 값비싼 물자인 — 종이를 각자 준비해서 다녀야 했다. 하지만 어느 정도 평범한 중산층이면서도 나름 형편이 되는 가정의 아들들은, 이러한 학교에서 고전 중심의 엄격한 교육을 받을 수 있었다. 비록 이 당시의 스트랫퍼드 학교 기록은 남아 있지 않으나, 아들이 라틴어를 배우게 되리라는 부모의 욕망을 충족시키면서 윌은 이 학교에 다녔을 것이 거의 확실하다.

여름에는 새벽 6시에 수업이 시작되었고, 겨울에는 어두움과 추위 때문에 아침 7시에 시작되었다. 11시에는 점심 식사를 위한 휴식 시간이 주어졌다. 윌은 아마도 300미터 내외로 떨어져 있었을 집으로 곧장 달려와서 점심을 먹고 다시 학교로 돌아갔을 것이다. 그러고 나서는 다시 오후 수업이 시작되어 5시 30분이나 6시 정도까지 계속되었다. 학사 과정은 일주일에 엿새, 1년 열두 달 내내 진행되었으며, 교과목들에는 인간적인 흥미를 느낄 수 있는 범주가 거의 허락되지 않았다. 역사나 문학은 배우지 않았고 생물, 화학, 물리학 과목도 없었다. 경제학이나 사회학도 배우지 않았고 산술은 수박 겉 핥기식으로 조금 배웠다. 기독교 신앙에 대한 기초 항목들이 몇 가지 있긴 했으나, 그 역시 라틴어의 기초 교습과 뗄 수 없이 맞물려 있었다. 라틴어 교습은 만만하지가 않았다. 무조건적인 암기, 무자비한 훈련, 끝없는 반복 과정, 매일 하는 작문 분석, 문장 따라 하기와 다양한 수사를 익히는 정교한 연습들이, 폭력적인 체벌의 협박 아래에서 행해졌다.

라틴어는 당연히 매를 맞아 가며 배워야 하는 것이라고 모두가 생각했다. 심지어 당시의 한 교육 이론가는 사람의 엉덩이란 라틴어를 쉽게 배우기 위해 만들어진 것이라고 해설하기까지 했다. 좋은 교사의 정의는 곧 엄격한 교사였고, 교육자의 평판이라는 것도 그 교사가 얼마나 매질을 정력적으로 잘하느냐에 따라 입소문을 타기도 했다. 체벌은 견고한 전통 아래서 수행되었다. 케임브리지의 졸업 시험에서는, 중세 후반 문법학을 전공한 학생이 자신이 교육자로서 적합한 자질을 갖고 있다는 것을 검증받기 위해 어리숙하거나 반항기가 있는 소년을 매질하는 실례를 보여 주어야 하기도 했다. 이 당시에 라틴어를 배운다는 것은, 한 현대 학자가 표현했듯이 남성들에겐 사춘기 진입 의식과도 같았다. 아무리 언어에 재능이 있는 학생이라도, 이러한 사춘기적 의식은 유쾌한 경험이 될 수 없었다. 왕립 신축 학교에서 받은 교육이 어린 윌에게 지루함과 고통이라는 양면의 척도를 안겨 주었을 것은 분명하지만, 그럼에도 이는 분명히 언어를 향한 윌의 무한한 갈망을 일깨우고 그것을 채워 주었다.

    학교에서 보내는 기나긴 하루 동안 윌은 또 다른 면에서 기쁨을 느꼈을 것이다. 사실상 모든 교사들은 고대 연극을 읽고 연기하는 것이 학생들에게 라틴어를 주입시키는 가장 좋은 방법 중 하나라는 데 동의했는데, 테렌스(Terence)와 플라우투스(Plautus)의 희극이 특히 적합한 자료였다. 당시 고위 성직자이던 존 노스브룩(John Northbrooke)은 1577년에 "주사위 놀이, 춤, 허랑방탕한 연극이나 막간극 같은 쓸데없는 취미"를 신랄하게 비난한 글을 출판한 적도 있는, 재미라곤 전혀 모르는 근엄한 위인이었다. 그러한 그조차도 학교에서 라틴어 연극을 공연하는 것은, 적절한 검열만 거친다면 용인될 수 있는 일임을 인정했다. 노스브룩은 그 연극이 영어가 아닌 라틴어 원문 그대로 공연되어야 하며, 학생들이 아름다운 의상을 입어서는 안 되고, 무엇보다 "허망하고 음란한 사랑 놀음"이 나와서는 안 된다는 점을 강박적으로 강조했다. 옥스퍼드의 학자 존 레이놀즈(John Rainolds)의 지적에 따르면, 이러한 연극의 가장 큰 위험은 바로 줄거리 전개상 남자 주인공을 맡은 소년이 여자 주인공을 맡은 소년에게 키스를 하게 될 수도 있는데, 그 키스가 바로 두 소년이 타락하는 계기가 될지도 모른다는 점이었다. 아름다운 외모를 가진 소년의 키스는 "특정한 거미들의" 키스와도 같아서 "그들은 입술로만 남자들을 어루만져도 남자들을 황홀한 고통에 빠뜨리고, 그들을 미치게 만들기" 때문이라는 것이다.

사실상 테렌스와 플라우투스의 연극을 적절하게 검열한다는 것은 거의 불가능한 일이었다. 반항적인 자녀들과 영악한 하인들, 기생충 같은 인물들, 사기와 협잡꾼들, 창녀들 그리고 멍청한 아버지들, 섹스와 돈을 향한 열정적인 추구를 다 들어내고 나면 사실상 거의 남는 것이 없는 그런 내용이었으니 말이다. 그러니까 학생들에게는 교과 과정상 반복적으로 돌아오는 극장 무대에서의 해소가, 교육 체제의 강압적인 무게감으로부터 우스꽝스러운 일탈을 꾀할 수 있는 기회였던 셈이다. 이러한 일탈의 자유를 최대한 온전히 누리기 위해서 학생에게 요구되었던 것은, 연극 무대에 오를 수 있는 재능과 함께 대사를 전달할 수 있는 정도의 라틴어 실력이었다. 아마도 열 살이나 열한 살쯤 되었을 때, 어쩌면 그보다도 일찍, 윌은 분명 이 두 가지 기준을 모두 충족하는 수준에 도달했을 것이다.

윌이 학교에 다니는 동안 스트랫퍼드의 교사들이 얼마나 자주 학생들에게 연극 공연을 허용했는지, 혹은 그들이 어떤 연극을 무대에 올렸는지를 보여 주는 기록은 없다. 윌이 학교를 떠나기 한두 해 전쯤, 옥스퍼드 출신의 교사 토머스 젠킨스(Thomas Jenkins)가 쌍둥이를 소재로 하는 플라우투스의 정신 없는 희극 『두 명의 메나에크무스

(The Two Menaechmuses)』를 공연하도록 해 줬을 수도 있다. 그리고 이 기회에, 그의 학생 중 하나가 작가이자 배우로서 조숙한 재능을 지녔다는 것을 눈치챈 젠킨스가 윌 셰익스피어를 주연으로 임명했을지도 모른다. 셰익스피어의 생애를 보면 나중에 그가 이 특정한 연극이 가졌던 논리 구조와 어지러운 혼동의 조합, 등장인물들이 계속 직접적인 대면을 놓치는 상황 그리고 점점 절정에 달하는 혼란을 해소하는 최종 설명이라는 극적 장치를 무척 사랑했다는 사실이 명백히 드러난다. 런던의 젊은 극작가가 되어 희극의 줄거리를 고안하고자 할 때, 그는 간단히 이 『두 명의 메나에크무스』의 구조를 가져와서 혼란을 두 배로 가중시키는 쌍둥이 한 쌍을 더 집어넣은 『실수 연발(The Comedy of Errors)』을 써냈다. 이 희극은 큰 성공을 거두었다. 런던의 법률 학교 중 한 곳에서 공연을 했을 때는 학생들 사이에서 관람석을 쟁탈하느라 소란이 일기도 했다. 하지만 왕립 신축 학교의 재능 있는 학생 시절만 해도, 윌 자신이 미래에 거두게 될 이러한 성공이란 연극 중에 묘사되는 정신없는 일들만큼이나 엉뚱하고 믿기 힘든 일로 느껴졌으리라.

플라우투스의 연극에서는 막이 오르자마자, 메나에크무스 에피담누스가 자신의 아내와 옥신각신 다투다가 정부인 매춘부 에로시엄을 만나러 가는 장면이 나온다.(남성 역할과 마찬가지로 여성 역할도 윌의 동급생이 맡아 연기했을 것이다.) 메나에크무스가 그녀의 집 문을 두드리기도 전에, 문이 활짝 열리면서 에로시엄이 메나에크무스의 시선을 사로잡는 모습으로 등장한다. "*Eapse eccam exit!*(이것 봐, 그녀가 자발적으로 나오는데!)" 그리고 이 황홀경의 순간에 — 그녀의 아름다운 육체가 내뿜는 광채로 태양마저도 흐려진다고 그는 말한다. — 에로시엄이 그를 환영한다. "*Anime me, Menaechme, salve!*(나의 사랑하는 메나에크무스, 어서 와요!)"

이것이 바로 노스브룩이나 레이놀즈 같은 도덕주의자들이 가장 두려워하고 혐오하던 순간이다. 바로 거미 소년의 키스 장면. "아름다운 소년들이 키스를 하게 되면"이라고 레이놀즈는 썼다. "그 키스는 쏘인 듯이 아플뿐더러 그들에게 일종의 독 같은 것, 무절제라는 독을 비밀스럽게 부어 넣게 된다." 그저 웃어 넘길 만한 과장된 히스테리적 반응이었을 수도 있지만 이것이 완전히 터무니없는 말이었던 것은 아니다. 무대 위에서 이러한 경험을 할 때마다, 사춘기의 셰익스피어는 극적인 연기와 성적으로 고양된 상태의 흥분이 서로 뒤섞이며 엮어 내는 강렬한 열정을 느꼈을 수 있다.

학교에서 공연을 하기 훨씬 전부터, 윌은 자신에게 연기를 향한 열정이 있다는 것을 깨달았을지도 모른다. 1569년 그가 다섯 살이었을 때 마을 공무관, 즉 스트랫퍼드어폰에이본의 시장을 맡고 있던 그의 아버지가 전문 배우를 둔 극단 두 곳, 퀸스멘(Queen's Men) 극단과 얼오브우스터스멘(Earl of Worcester's Men) 극단에게 순회공연비를 지불하도록 명령한 기록이 남아 있다. 이러한 순회 극단들의 모습은 보통 그리 인상적이지 않았다. 여섯 명에서 열두 명 정도 되는 "떠돌이 행색"들이 의상과 소품을 수레에 담고 생업에 쫓겨서, 당시의 한 관찰자가 표현했듯이 "무거운 말발굽을 끌며 마을에서 마을로, 약간의 치즈와 버터밀크를 얻어서 각자 입에 풀질을 하려고 돌아다니는" 모습에 지나지 않았다. 실제로 공연비는 그보다 많이 지급되었고, 운이 좋을 경우 현금으로 1~2파운드를 얻기도 했지만, 거기에 더하여 치즈와 버터밀크까지 구걸하여 얻어 낼 수 있다면 굳이 사양하지 않을 만큼 빠듯한 금액이기도 했다. 하지만 대부분의 어린 소년들에게는 이런 극단의 방문이라도 말할 수 없이 흥분되는 사건이었다.

극단이 시골 마을에 도착하는 사건은 대부분 일정한 순서로 진행되었다. 울려 퍼지는 트럼펫, 둥둥거리는 북소리와 함께 배우들은 가문 문장이 찍힌 색색의 제복, 선홍빛 망토 그리고 진붉은 빛깔의 벨벳 모자를 쓰고 거드름을 피우며 마을 대로를 활보하며 들어왔다. 그들은 시장의 집까지 행진하여 거기서 밀랍 인장이 찍힌 추천서를 내보였는데, 그 추천서에는 그들이 떠돌이 부랑자가 아니며 어느 힘 있는 가문의 후원자가 그들을 지원해 주고 있다는 내용이 담겨 있었다. 1569년 스트랫퍼드에 도착한 그들은 소년 셰익스피어의 집이 있는 헨리 스트리트(Henry Street)로 향했을 것이다. 그리고 거기서 윌의 아버지에게 방어적인 태도로 대화를 청했을 것이다. 그 이유는 바로 그가, 그들이 도로 짐을 싸서 마을을 떠나야 할지 아니면 마을에서의 연극 공연비를 청구할 수 있게 될지를 결정할 인물이었기 때문이다.

첫 공연은 '시장의 연극(Mayor's Play)'이라고 불렸는데, 보통은 아무나 와서 볼 수 있는 무료 공연이었다. 스트랫퍼드의 시장 격인 공무관은 당연히 이 연극의 관객으로 초청을 받았으며, 공연을 보고 난 후 시의 재정에서 극단에게 얼마만큼의 금액을 지불해야 할지 그 수준을 정하는 특권을 지니고 있었다. 따라서 극단은 그를 접견할 때 대단히 정중한 태도를 유지했을 것이며, 특별 공연 무대가 꾸며진 마을 회관에서 가장 좋은 관람 좌석을 지정해 주었을 것이다. 이러한 상황이 주는 흥분이 어린 소년들에게만 한정된 것은 아니었다. 스트랫퍼드와 그 외 다른 곳에서도 순회 극단이 다녀간 시기의 지방 관청 기록에는, 좋은 자리에서 연극을 보기 위해 관객이 창문이나 의자, 벤치를 부수었다는 내용이 남아 있다.

극단의 순회공연은 틀에 박힌 일상을 탈피하는 축제 같은 행사였다. 그러한 해방감은 일정한 선을 넘어 위반 행위로 번지는 순간과 언제나 아슬아슬하게 맞닿아 있었다. 그 때문에 엄격한 집행관들의 경우에는 때때로 마을에 찾아온 배우들을 그냥 돌려보내기도 했다. 특히나 마을이 기아, 질병 혹은 무질서에 가까워져 위험한 상태에 있는 경우에는 더욱 그랬다. 그리고 마찬가지 이유로 일요일이나 사순절에는 극단 공연을 할 수 없었다. 하지만 아무리 청교도적으로 깐깐한 시장이나 시 의회 의원들이라 해도, 극단의 공연을 거절함으로써 그 배우들이 자랑스럽게 몸에 걸친 제복에 찍힌 문장의 주인들을 언짢게 할 수도 있다는 점은 심사숙고해야 했다. 어쨌든 이러한 시골 마을의 무대에 올리는 공연이 끝날 때마다 배우들은 엄숙한 태도로 무릎을 꿇고, 자신들이 모시는 훌륭하신 귀족과 주인 나리를 위해 — 퀸스멘 극단의 경우에는 위대하신 엘리자베스 여왕을 위해 — 관객들도 함께 기도해 줄 것을 요청했다. 그러므로 극단의 공연을 금지하는 경우에도 시장은 종종 극단에게 그냥 조용히 물러가 줄 것을 기대하며 뇌물조의 사례금을 주기도 했다.

기록에서 보듯이 존 셰익스피어는 배우들을 돌려보내지 않았다. 그는 배우들의 공연을 허가했다. 그가 다섯 살 난 자기 아들을 공연 관람에 동반했을까? 다른 아버지들의 경우에는 흔히들 그랬다. 윌리스(Willis)라는 사람은 윌과 같은 해에 태어났는데, 그가 노년에 남긴 기록에는 어린 시절에 본 『안정의 요람(Cradle of Security)』이라는 연극을 추억하는 대목이 나온다.(그 극본은 현재 소실되었다.) 그는 스트랫퍼드에서 60킬로미터 떨어진 글로스터(Gloucester)에서 이 연극을 봤다. 윌리스는 배우들이 마을에 도착하면서 전형적인 절차를 밟았다고 기록했다. 그들은 시장 앞으로 나아가 자신들을 소개했고, 자기들이 어떤 귀족을 섬기는지를 말했고, 그런 다음 대중 앞에서 공연을 해도 좋다는 허가증을 요청했다. 시장은 허가를 내주었고, 부시장들과 다른 마을 위원들 앞에서 그들의 첫 공연을 하도록 임명했다. 윌리스는 이렇게 회상한다. "그 연극이 공연되었을 때, 우리 아버지는 나를 데려가셨다. 그리고 무대 위 상황이 잘 보이고 잘 들리는 높은 벤치에 앉아서, 어린 내가 아버지의 앉은 다리 사이에 서서 공연을 보도록 해 주셨다." 그러한 경험은 윌리스에게 굉장히 강렬한 인상을 남겼다. "거기서 본 무대의 광경은 나에게 깊은 인상을 주어서 내가 성년기에 이른 후에도 그 연극을 생각하면 머릿속에 새롭게 공연이 펼쳐지는 듯 기억이 생생했다."라고 그는 썼다.

이것은 연극이라는 것을 처음 접한 월의 경험일 수도 있다. 시장 존 셰익스피어가 마을 회관으로 들어왔을 때, 모인 사람 모두가 그를 환영하며 한두 마디씩 인사를 건넸을 것이다. 그리고 그가 자리에 앉았을 때, 관객들은 이제 막 흥미롭고 재미있는 무언가가 시작되려 한다는 기대감에 숨을 죽였을 것이다. 그리고 연극 구경을 하러 아버지를 따라온, 영리하고 재빠르고 섬세한 감성을 지닌 시장의 어린 아들이, 아버지의 다리 사이에서 일어선 채로 무대 위를 바라보았을 것이다. 윌리엄 셰익스피어가 태어나서 처음으로 연극 관람을 하게 된 것이다.

그렇다면 1569년 퀸스멘 극단이 스트랫퍼드에 가져온 연극은 무엇이었을까? 기록은 남아 있지 않지만, 그것은 중요한 게 아닐지도 모른다. 연극이라는 것 자체의 순전한 마법만으로도 — 무대 위에 상상의 공간을 꾸며내는 것, 교묘한 인격 묘사, 정교한 의상들, 폭포수처럼 몰아치는 고조된 언어들의 향연 — 그 어린 소년은 영원히 사로잡히고도 남았을 것이다. 이러한 주문을 걸 기회는 한 번 이상으로 돌아왔다. 극단들은 스트랫퍼드를 지속적으로 방문했는데, 예컨대 윌이 아홉 살이던 1573년에는 얼오브레스터스맨(Earl of Leicester's Men) 극단이 공연을 했고, 그가 열한 살이던 1575년에는 얼오브워릭스맨(Earl of Warwick's Men) 극단과 얼오브우스터스맨 극단이 공연을 했다. 연극을 관람하면서 느낀 흥분, 일단은 자신의 아버지가 중요하고 힘이 있는 인물이라는 점에 대한 어린아이다운 자각으로 시작되었을 그 흥분은 이후 매번 공연을 관람할 때마다 보다 새로워지고 강화되었을 것이며, 기발한 연극적 장치들에 대한 경탄은 인생의 소중한 추억으로 남았을 것이다.

셰익스피어와 동시대 인물인 윌리스의 경우에는, 자기가 글로스터에서 본 연극의 내용을 평생 동안 기억했다. 왕이 세 숙녀의 유혹에 빠져 진솔하고 충직한 신하들에게서 멀어지는 내용이었다. 그는 이렇게 기억한다. "마지막 부분에서 그들은 그를 무대 위에 장치한 요람 속에 눕게 했다. 그리고 그 세 숙녀들은 달콤한 노래를 부르며 요람을 흔들어 왕을 잠들게 했는데, 그러자 왕이 코고는 소리를 냈다. 그리고 그가 덮고 누운 천 아래쪽에서부터, 돼지의 코처럼 꾸며진 가면이 머리 위로 조심스럽게 운반되어 왔다. 가면에 이어진 세 개의 가느다란 철사 사슬을 이 숙녀들이 하나씩 매달아 잡고 있었다. 그들은 다시 노래를 부르면서 왕의 얼굴을 가면으로 덮었다. 관객의 눈으로 볼 때 왕이 그들의 손에 의해 돼지로 변하는 것 같았다." 관객들은 이 연출에 매우 흥분하면서 재미있게 받아들였을 것이다. 나이 든 관객 중 일부는 생김새가 어딘가 돼지와 닮은 구석이 있는 헨리 8세의 얼굴을 떠올렸을 것이고, 관객 모두는 이러한 특별한 상황에서만 지엄한 왕실 가문을 돼지와 연관시켜 상상할 수 있는 자유를 공공연히 누릴 수 있다는 사실을 알았다.

어린 윌 역시 비슷한 것을 봤을 가능성이 높다. 1560년대와 1570년대 연극의 주된 레퍼토리는 대부분 '도덕극' 또는 '교훈적인 막간극'이었다. 이는 세속적 훈계를 담아 불복종, 게으름, 방탕함이 가져오는 끔찍한 결과를 보여 주었다. 전형적으로 '인류'나 '청춘'이라는 이름으로 추상화된 주인공이 '정직한 오락'이나 '고결한 삶'이라는 적절한 인도자로부터 벗어나 '무지', '돈만 밝히는 자', '폭동' 같은 인물들과 시간을 보내게 된다는 내용이다.

> 이봐, 이봐! 누가 나를 찾고 있나?
> 내 이름은 폭동, 떠들썩함으로 가득하신 분이지.
> 내 심장은 바람처럼 가볍고,
> 내 마음은 온통 난폭하다네.
> ―『청춘의 막간극(The Interlude of Youth)』

여기서부터 일은 빠르게 내리막길을 걷는다. '폭동'은 '청춘'을 그의 친구인 '오만'에게 소개하고, '오만'은 그를 자기의 화려한 누이인 '호색'에게 소개한다. '호색'은 그를 술집으로 유혹하고, 상황은 좋지 않게 끝날 것처럼 보인다. 가끔 이런 도덕극들은 실제로 나쁜 결말을 보여 주기도 했다. 윌리스가 본 연극에서, 돼지로 변한 왕은 나중에 사악한 영들 앞으로 끌려가 벌을 받는다. 하지만 좀 더 전형적인 결말은, 어떤 사건이 일어나 주인공의 잠들어 있는 양심을 제때 깨워 준다.『청춘의 막간극』에서 '자선'은 예수님의 위대한 선물인 죄 사함을 받았던 죄인을 주인공에게 상기시키며, 그를 '폭동'의 영향력으로부터 풀어 주고 '겸손'의 동반자가 되도록 이끌어 준다.『인내의 성채(The Castle of Perseverance)』에서 '속죄'는 자신의 검으로 '인류'의 심장을 건드려서 그의 사악한 친구들인 '7대 죄악'으로부터 스스로를 구한다.『재치와 이성(Wit and Science)』에서는 주인공인 '재치'가 '나태'의 무릎 위에서 잠이 드는데, 깨고 보니 광대 모자를 쓰고 종까지 단 천치의 모습으로 변해 있었다. 하지만 그는 자신의 모습이 비친 거울을 보고 "이거 꼭 머저리 같구먼!"이라며 깨닫는 순간 구원을 받는다. '수치'에게 흠씬 매질을 당하고 '지침', '학습', '성실'과 같은 엄격한 교사의 무리로부터 가르침을 받은 후에야 '재치'는 그 본연의 모습을 되찾고 '이성의 숙녀'와의 결혼을 자축할 수 있게 된다.

쉴 새 없이 교조적이고 때로는 서투르게 쓰인 이러한 도덕극들은 점차 구시대적이고 조잡하게 느껴지게 되었다. 어떤 도덕극이든 그 줄거리를 요약해 보면 김빠지고 지루하게 보였다. 하지만 그들은 오랜 기간 대중들의 사랑을 받았고, 셰익스피어가 청년기를 맞을 때까지도 계속해서 인기를 누렸다. 점잔 빼는 주제 의식과 함께 버무려진 생생한 연극적 활기는 까막눈에서 고학력 계층에 이르기까지 광범위한 관객층을 만족시켰다. 이러한 연극들이 개별 인물의 심리적 특성이나 그들을 둘러싼 사회적 구조에는 거의 혹은 전혀 관심을 나타내지 않았다고 해도, 그들은 종종 민간에서 전해지는 친숙한 지혜와 함께 체제 전복적인 유머의 강력한 관철을 보여 줄 수 있었다. 그 유머라는 것은 돼지의 코를 씌운 국왕이라는 형태로 나타나기도 했지만, 보다 더 자주 묘사된 방식으로는 보통 '악덕(the Vice)'이라는 별명을 지닌 주요 악당의 모습으로 나타났다. 이 익살스럽고, 수다스러우며, 어딜 가든 사건 사고를 몰고 다니는 인물은 — 때로 다른 막간극에서는 '폭동', '부정', '방종', '나태', '실정', '이중인격' 그리고 심지어 눈에 띄는 한 경우에는 '촌뜨기를 비웃는 자'라는 이름으로도 불린다. — 사악함과 동시에 장난스러운 재미의 영을 상징하는 인물이었다. 관객은 그가 종래에는 패배를 당하게 된다는 것, 터지는 불꽃놀이 효과를 받으며 무대에서 끌어 내려질 것이라는 점을 알았다. 그러나 그 전까지는 무대를 마음껏 활보하며 어수룩한 촌뜨기들에게 창피를 주고, 거룩과 경건의 엄숙한 사자들을 거침없이 모욕하며 예상하지 못했던 자들에게 장난을 선사하고, 말썽을 꾸미고, 순진한 자들을 술집과 사창굴로 끌어들이는 역할을 했는데, 관객들은 바로 그 점 때문에 이 악당을 엄청나게 좋아했다.

    셰익스피어가 런던 무대를 위한 극본을 쓰기 시작했을 때, 그는 어린 시절에 즐거움을 주었던 이러한 투박한 오락성을 떠올려 이용했다. 그가 자신의 인물들에게 전형적으로 상징적인 이름을 붙인 것도 이런 도덕극에서 배운 바다. 『헨리 4세(Henry IV)』 2부에 나오는 '침대보가 찢겨 나가는 예쁜이' 돌 티어시트(Doll Tearsheet), '밤일 잘하는' 제인 나이트워크(Jane Nightwork) 그리고 병장 '올가미(Snare)'와 '송곳니(Fang)', 『십이야』에 등장하는 술꾼 '트림쟁이' 토비 벨치 경(Sir Toby Belch)과 금욕주의적인 말볼리오(Malvolio)('불의(ill will)')가 이러한 전형을 따르고 있다. 흔치 않은 경우지만 그는 때때로 한 걸음 더 나아가 그의 무대에 의인화된 추상 인격들을 직접 내보내기도 했다. 『헨리 4세』 2부에는 혀가 가득 그려진 의복을 입은 '소문'이 나오고, 『십이야』에는 모래시계를 손에 든 '시간'이 등장한다. 하지만 대부분의 경우 그가 도덕극에 빚진 건 보다 간접적이고 미세한 형태로 드러난다. 그는 그러한 연극의 영향력을 일찍이 흡수했고, 그것들의 도움을 받아서 그의 극작 표면 아래에 잘 감추어진 기초적 틀을 짰다. 그의 작품은 보통 도덕극을 보는 관객이 기대하는 두 가지 결정적인 요소에 기반하여 이루어졌다. 첫째, 볼만한 가치가 있는 연극이란 인간의 운명을 다루는 그 어떤 내용이어야 하며 둘째, 교육 수준이 높은 소수의 엘리트 집단뿐 아니라 평범한 대중도 충분히 공감할 수 있는 내용이어야 한다는 것이다.

셰익스피어가 도덕극에서 흡수한 또 다른 점은 그의 연출 기법 중 특정한 요소에서 드러난다. 바로 인물들의 심리적이고 도덕적이고 정신적인 부분뿐 아니라 외적으로 드러나는 부분을 통해서도 극적인 강조를 보여 주었던 것이다. 예를 들어 리처드 3세(Richard III)의 뒤틀린 마음을 표현하기 위해 셰익스피어는 그 인물에게 메말라 시든 팔과 곱사등이라는 육체적 결함을 부여했다. 도덕극들은 주인공의 영혼이 고군분투하는 과정을 담아낼 수 있도록 구성하는 방법을 익히게 해 주었다. 진지하고 상념이 많고 신중하게 계산적인 아버지와 무책임하고 유혹적이고 매사에 거리낌 없이 무분별하게 행동하는 폴스타프(Falstaff) 사이에 놓인 할 왕자(Prince Hal)나 혹은 『잣대엔 잣대로(Measure for Measure)』에서 공작 나리에게 시험받으며 결국 제 손에 권력을 쥐게 되는 부관 앤젤로(Angelo) 그리고 하늘처럼 옳고 순수한 데스데모나(Desdemona)를 향한 믿음을 갖고 있으면서도 악마처럼 혀를 놀리는 이아고(Iago)의 외설스러운 암시 사이에서 갈팡질팡하는 오셀로(Othello)가 그렇다. 무엇보다 도덕극은 셰익스피어에게, 무대 위에서 관객의 관심을 한 몸에 받을 수 있고 주제적으로 전복성을 드러낼 수 있는 사악한 악당의 원형을 제공했다.

도덕극의 위대한 전복적 인물인 '악덕'은 셰익스피어의 창의성으로부터 그리 멀리 떨어져 있지 않았다. 애정과 경계심이 뒤섞인 감정으로 할은 폴스타프를 "그 '악덕'의 목사님, 그 '부당함'의 늙다리"(『헨리 4세』 1부. 2.5.413)라고 일컫는다. 비꼬는 유머 감각을 지닌 악당 리처드 3세는 자신을 "전직 '악덕'과 '부당함'"(3.1.82)에 비유한다. 그리고 햄릿(Hamlet)은 교활하게 왕위를 찬탈한 삼촌을 두고 "왕들 중의 악덕"(3.4.88)이라고 묘사한다. '악덕'이라는 단어를 대놓고 들먹이지 않더라도 그만한 효과를 보여 줄 수도 있었다. 예를 들어 '정직한 이아고'는 주인공에게 다정하게 다가와 친밀하게 기분을 맞춰 주는 분위기나 음흉한 농담, 나쁜 짓을 하는 것에 대해 솔직하게 인정하는 자유 등의 태도를 볼 때 옛 도덕극에서 보여 준 '악덕'이라는 인물의 원형에 상당 부분을 빚지고 있다. 오셀로와 데스데모나의 파멸을 노리는 그의 악마적인 계획이 사실상 짓궂은 장난의 형태를 띠고 있는 것은 우연이 아니다. 하지만 옛 도덕극의 '악덕'이 치는 장난에 비해 이아고는 훨씬 더 잔인하다.

호감이 가고 사랑스러운 폴스타프가, 클로디어스(Claudius)나 이아고처럼 냉혈한 살인자들 사이에 끼어 있다는 것이 처음에는 이상하게 느껴질지 모른다. 하지만 셰익스피어는 자신의 예술 세계에서 가장 중요하게 다루어지는 어떤 요소를 도덕극에서 배웠는데, 그것은 바로 희극과 비극의 경계선이 놀라울 정도로 서로 투과적이라는 것이다. 『타이터스 앤드러니커스(Titus Andronicus)』에 등장하는 악당 '무어인 아론(Aaron the Moor)', 리처드 3세 그리고 『리어 왕』에 나오는 사생아

에드먼드(Edmund)와 같은 인물들에서, 셰익스피어는 어린 시절 『안정의 요람』이나 『청춘의 막간극』에 등장한 '악덕'을 처음 보면서 느꼈던 어떤 특정한 종류의 전율을 상기시킨다. 그것은 곧 악당이 환기하는 두려움과 일탈의 쾌락이 뒤섞인 흥분감이다. 사악함을 의인화한 '악덕'은 연극의 결말에 가서는 적절한 처벌을 받지만, 연극이 진행되는 내내 관객의 주의를 사로잡으며, 그에 이입한 관객의 상상력을 통해 뒤틀린 쾌감과 재미를 경험하게 한다.

도덕극의 작가들은 인물들에게서 부수적인 특정성을 걷어 냄으로써 그들의 보다 본질적인 성격을 보여 주고, 자기들이 추구하던 보편적인 비유로서의 효과를 향상시킬 수 있다고 생각했다. 그렇게 함으로써 그들은, 관객들이 별로 중요하지도 않은 인물의 개인적 특징의 세부점들에 정신을 빼앗겨 주의가 산만해지는 일이 없을 것이라고 생각했던 것이다. 하지만 셰익스피어는 인간의 운명을 보여 주는 광경을 연출하는 데 보편화된 추상적 인물이 아니라 특정하게 이름이 붙여져서 전례 없는 강렬한 개성이 부여된 인물들이, '청춘(Youth)'이 아니라 할 왕자가, '여느 사람(Everyman)'이 아닌 오셀로가 사실상 관객에게 훨씬 더 강력하게 작용한다는 것을 인식했다.

이런 수준에 이르기까지, 셰익스피어는 구시대적인 도덕극의 틀을 가져와 자신의 작품으로 적응시켜 갔던 것만큼 또 한편 거기서부터 자유롭게 떨쳐 나올 필요가 있었다. 그는 도덕극의 기준에 부합하는 많은 부분들을 재량껏 없애거나 원저자들이 도무지 상상하지 못했을 방식으로 변형하기도 했다. 때때로 그는 공포를 극단적으로 강조했다. 이아고는 도덕극에 나오는 '질투'나 '폭동'과는 비교할 수 없을 정도로 훨씬 더 충격적이고 효과적이다. 또 다른 경우에 그는 웃음 효과

를 극대화했다. '악덕'의 장난스러움과 혼란을 자아내는 유쾌함이라
는 특성은 『한여름 밤의 꿈(A Midsummer Night's Dream)』의 퍽(Puck)
으로 나타나는데, 이 경우 인물의 사악함은 전적으로 걸러지고 오직
익살스러움만 남는다. 당나귀 머리를 뒤집어쓴 바텀(Bottom)의 모습
에서도 도덕극에서 왕의 얼굴에 씌인 돼지코 가면과의 유사성이 현
저하게 두드러진다고 할 수 있지만, 이때는 도덕극이 부과하던 훈계
의 무게감은 전적으로 사라진 상태다. 바텀은 당연히 어리석고 우스
꽝스럽지만 단순히 그 사실을 드러내기 위해 이러한 마법적인 변형
이 일어난 것만은 아니다. 사실상 드러나는 것은 그의 어리석음이 아
니라 — 그는 단 한순간도 당황이나 수치를 느끼지 않으며, 그의 친
구들은 그를 비웃지 않는다. — 오히려 그의 호탕함이다. "이건 뭐, 내
가 당나귀가 돼 버렸네."라고 당나귀 머리를 쓴 바텀은 단호하게 말한
다. "날 놀리려면, 마음대로 하라지. 하지만 뭘 하든지, 난 여기서 떠
나지 않을 것이야."(3.1.106-8) 그의 친구들은 그의 모습을 보고 두려
움을 느껴서 모두 달아나 버린다. 그는 요정 여왕의 열정적인 사랑 고
백에 놀라지만, 그 나름의 당당한 방식으로 이를 받아들인다. "내 생
각에는, 여주인님, 당신께서 제정신이 아니신 듯합니다. 하지만 진실
하게 말하자면, 제정신과 사랑이 같이 어울리는 경우는 요즘에 거의
없지요."(3.1.126-28) 그리고 그는 자신의 새로운 몸조차 수월하게 받
아들인다. "내 생각에 나는 건초 한 더미를 먹고 싶어 난리인 것 같소.
좋은 건초, 달콤한 건초는 어디 비할 데가 없지."(4.1.10-31) 결국 그에
게서 당나귀의 머리가 떼 내진 후에도, 그는 도덕적인 깨달음을 경험
하는 것이 아니다. 오히려 퍽의 표현대로, 그는 다시 자신의 천치 같
은 눈으로 이 세상을 흘깃흘깃 훔쳐볼 뿐이다.

이 지점에서 그리고 극작 활동을 하는 내내, 셰익스피어는 자신이 어린 시절에 보았던 도덕극에서는 가장 중요하게 다루어지던 독실함의 교조적 정서를 모두 폐기해 버린다. 옛 도덕극의 내부 구조는 종교적인 성격을 띠었다. 이런 이유로 도덕극은 주인공의 회개를 나타내는 환상의 순간을 종종 극의 절정으로 삼았고, 그 환상이 강조하고자 하는 것은 일상과 친숙한 것들을 뛰어넘고 인간의 이해를 넘어서는 신적인 진실을 보여 주는 것이었다. 사도 바울이 고린도인들에게 보낸 편지에 등장하는, 셰익스피어와 그의 동시대 인물들에게는 교회에서 귀가 닳도록 들어 아주 익숙한 구절을 빌려 말하자면, 하느님께서 준비하신 것들은 "눈으로 본 적도 없고, 귀로 들은 적도 없으며, 사람의 마음에 들어온 적도 없는" 것들이다.(「고린도전서」 2장 9절) 다시 사람의 형태로 돌아오고 나서 바텀은 "나는 무지하게 희한한 환상을 보았네."라며 말문을 연다. 그리고 더듬더듬 말을 이었다 멈췄다 하면서, 그는 그 환상을 다시 이야기하려고 노력한다.

나는 자기가 꾼 게 어떤 꿈이었는지 말할 수 있는 인간의 지혜를 넘어서는 꿈을 꾸었네. 이 꿈을 설명하려고 하면 사람은 멍청한 당나귀가 되어 버려. 내 생각에 나는 — 아니 이걸 말할 수 있는 사람은 없을 거야. 내 생각에 나는, 내 생각에는 내가 — 아니 내가 겪은 일을 말하려고 한다면 그 사람이야말로 바보 머저리일걸. 내 꿈이 어떤 꿈이었느냐면, 사람의 눈으로 들은 적도 없는, 사람의 귀로 본 적도 없는, 사람의 손으로 맛볼 수도 없는, 그의 혀로 상상조차 할 수 없는, 그의 심장으로 말할 수도 없는 그런 꿈이었다네.

(4.1.199-207)

이것은 성스러운 꿈을 대중적인 오락으로 교묘히 바꿔 놓은 작가, 곧 성과 속의 갈림길에서 단호히 세속의 길을 택한 극작가의 농담이었다. "피터 퀸스를 불러다가 이 꿈에 대한 노래를 쓰라고 해야겠어. '바텀의 꿈'이라고 불러야지. 왜냐하면 이 꿈은 너무 깊고 심오해서 밑천(bottom)이 드러날 일이 없으니까. 그리고 막간 사이에 내가 그 노래를 부를 거야."(4.1.207-10) 이 농담은 매우 광범위한 대상을 겨냥하고 있다. 엄숙한 설교자들, 셰익스피어가 어린 소년일 때 지방 순회공연을 다니던 전문 극단들, 이러한 연극의 더 조잡한 형태를 공연하곤 하던 아마추어 배우들 그리고 아마도 어리숙하고 젊은 셰익스피어 자신을, 그의 혀로 미처 상상할 수 없는 환상으로 가득 차서 연극의 모든 역할들을 열정적으로 맡으려 하던 그 자신까지도 말이다.

어린 시절 윌의 삶에서는 그런 순간들이 매우 많았을 것이다. 아주 어렸을 때부터 그는 스트랫퍼드 마을 회관 무대 위에서 봤던 것들, 순회공연하는 배우들이 탄 수레에서 봤던 것들을 흉내 내며 가족들과 친구들을 즐겁게 해 주었을 수 있다. 성장하여 좀 더 독립적으로 돌아다닐 수 있게 된 다음부터는, 마을 바깥에서도 연극을 볼 수 있었다. 순회 극단들은 중부 지방의 마을들을 교차 방문했으며, 이웃한 마을과 영지 저택에서도 공연을 했다. 무대에 매료된 젊은이라면, 집에서 말을 타고 하루 정도 걸리는 거리를 왕복하면서 당대 유명 배우들의 연기를 거의 볼 수 있었을 것이다.

지역 내의 연극과 관련한 생활이 전문 극단 공연에만 의존했던 건 아니다. 스트랫퍼드와 이웃한 마을들에서는 영국의 다른 곳과 마찬가지로 계절마다 축제가 열렸고, 그때마다 지역 상공민 조합이나 협회 구성원들이 연극 의상을 입고 전통극을 공연했다. 축제 기간의 어느 오후가 되면 목수나 땜장이, 피리장이 등과 같은 평범한 인물들이 왕과 여왕, 광인과 악마로 분장하고 자신의 이웃들이 보는 앞에서 행진을 했다. 30킬로미터 떨어진 코벤트리(Coventry)는 특히나 이런 쪽으로 활기가 넘치는 곳이었는데, 윌은 어린 시절 어쩌면 가족과 함께 그곳으로 혹축절(Hock Tuesday) 연극을 보러 갔을 수도 있다. 부활절 다음에 다가오는 두 번째 화요일인 혹축절은 전통적으로 시골에서의 여름 반절을 시작하는 날로 기념되었고, 많은 지역에서는 마을 여자들이 지나가는 행인을 붙잡아 밧줄로 묶고 자선금을 요구하는 방식의 민간 전통을 따랐다. 코벤트리에서는 남자들과 여자들이 모두 이 축제를 특별한 방식으로 기념했는데, 그들은 고대 영국이 데인인들을 상대로 싸운 전투에서 승리와 대학살을 자행하는 장면을 무대 위에 재현했다. 이 역사적 사건에서는 영국의 여자들이 특히나 용맹함을 드러냈다고 전해진다. 해마다 코벤트리에서 펼쳐지는 이러한 무대는 주변 지역에서 유명세를 얻었고 이를 구경하기 위해 온 관람객들 중 셰익스피어의 가족이 있었을 수도 있는 것이다.

5월 말이나 6월은 낮이 길어져 해가 기우는 시간이 길고 달콤한 순간이 이어지는 시기였다. 이때 셰익스피어 가족은 해마다 공연되는 유명한 성체 축일 야외극(Corpus Christi pageants)을 보러 갔을 수도 있다. 이런 연극은 창조에서 타락 그리고 회개에 이르는 인류의 운명 전체를 보여 주었다. 소위 신비극 연작이라고 불리는 이러한 연극들은 중세 드라마가 거둔 위대한 성취로, 16세기 후반의 코벤트리와 그 외 영국 다른 여러 도시들의 전통으로 살아남았다. 본래는 영성체 성사를 기리는 장대한 행진과 연관된 신비극 공연은 주된 마을 행사였으며 수많은 인적 자원과 상당한 경비가 소요되는 작업이었다. 도시의 다양한 장소에서, 보통은 특별히 지어진 소형 무대나 수레에서, 신비극 연작의 한 부분 — 노아의 이야기나 수태 고지 천사, 나사로의 부활, 십자가에 매달린 예수, 무덤을 찾아간 세 명의 마리아 등 — 이 독실한(혹은 단순히 연극조의 활기가 넘치는) 마을 사람들에 의해 공연되었다. 특정한 조합마다 맡은 일이 있어 경비를 계산하거나 개별 연극들에 대한 운영을 책임졌는데, 때로는 조합별로 특정한 적합성에 맞게 일을 진행했다는 사실이 드러나기도 했다. 조선공들은 노아를 맡았고, 금세공인들은 동방박사를, 제빵인들은 마지막 만찬을 담당했고 핀과 바늘을 만드는 조합에서는 십자가 장면을 맡았다.

    신교도 개혁가들이 이에 적대적이었던 것은 이해가 가는 일이다. 그들은 이러한 야외극들이 상기시키는 전통적인 가톨릭 문화와 의례들을 타파하기 원했고 이러한 공연의 중단을 요구하는 운동을 강력하게 펼쳤다. 하지만 이 연극들 자체만으로는 전적으로 가톨릭에 속한다고 말할 수 없었고, 그 연극들을 통해 마을 사람들이 얻는 자부심과 즐거움도 신교도의 주장 못지않게 강렬했으므로 이 연극들은 사나운 반대에도 불구하고 1570년대와 1580년대까지 이어졌다. 1579년 윌이 열다섯 살이었을 때, 그와 가족은 여전히 코벤트리에서 이러한 연극을 볼 수 있었을 것이다. 그 연극들이 갖는 어떤 힘, 예를 들면 지켜보는 관객들 사이의 공동체 의식을 불러일으키는 방식, 성서에서 말하는 하늘과 땅에 묘사된 모든 것들을 무대 위에 재현해 낼 수 있다는 자신감, 일상의 잔잔한 소박함과 신을 향한 드높은 고양이 아주 적절하게 버무려진 광경은 그에게 잊을 수 없는 흔적을 남겼다.

    이러한 사건들은 특별히 화려한 계절 축제의 순간들로, 한 해를 구상하는 윌의 시간적 감각을 빚어 주었고 이후 그가 극장의 생리를 이해하는 데도 도움이 되었다. 이와 같은 많은 전통 축일들의 영향력은 점차 퇴색되었는데, 축일들이 너무 많아 노동자들이 근로 시간을 연극과 여흥에만 쏟고 있다고 생각하는 사람들과 또 이러한 연극에서 입는 특정한 의상들이 가톨릭이나 이교도 신앙을 나타낸다고 생각했던 사람들 양쪽으로부터 공격을 받았기 때문이다. 하지만 도덕주의자나 종교 개혁가 들도 아직까지 이러한 축일들을 가차없는 금욕의 상태로 억제하는 수준까지는 이르지 못했다. "나는 런던에서 집으로 돌아가는 여정 중에 어떤 마을에 들렀는데" 1549년 유명한 신교의 주교 휴 래티머(Hugh Latimer)는 이렇게 기록했다.

> 밤사이에 마을에 전갈을 보내어 아침에 내가 도착할 테니 거기서 설교를 해 주마고 했다. 왜냐하면 그다음 날이 성스러운 주님의 날이었기 때문이다……. 내 눈앞에 교회가 나타나 나는 말과 동반자들을 멈추게 한 뒤 그리로 다가갔다. 나는 교회에 많은 인파가 모여 있을 것으로 생각했다. 그런데 내가 갔을 때, 교회 문은 단단히 잠겨 있었다. 나는 거기서 반 시간이나 기다렸고 마침내 열쇠를 찾긴 했는데, 한 교구민이 다가와서 이렇게 말하는 것이었다. "나리, 오늘은 저희가 좀 바쁜 날입니다요. 나리 말씀을 들을 수가 없겠습니다. 로빈 후드의 날이거든요. 모든 마을 사람들이 로빈 후드 때문에 자리를 비웠습니다……." 그곳에서 나는 로빈 후드에게 당연히 밀리는 존재였다.

그 마을이 전통적인 5월 축일을 기념했다면 아마 당일엔 한창 바빴을 것이다. 사람들은 오래도록 '5월의 날(May Day)'에 로빈 후드의 전설을 기념해 왔는데, 시끌벅적하고 종종 외설적인 의례도 포함되곤 했다.

34년 후, 필립 스텁스(Philip Stubbes)라는 한 성마른 논객은 이러한 불평을 되풀이했다.

5월제, 오순절, 혹은 다른 시간이라도, 모든 청년들과 처녀들이, 나이 든 남자들과 그 부인들이 숲으로 달려가 밤을 새워 가며 어슬렁댄다……. 거기서 그들은 야밤 내내 기분 좋은 시간을 보내고 아침에 돌아올 때는 나무껍질과 가지들을 온통 뜯어 갖고 온다……. 하지만 그들이 거기서 가져오는 중심 보물이라 할 만한 것은 5월제의 기둥(Maypole)인데, 아주 엄청난 숭배의 태도를 보이며 집으로 떠받들어 오는 것이다. 그들은 스무 마리에서 마흔 마리 황소들에게 굴레를 씌우고, 황소마다 그 뿔 사이에 달콤한 꽃다발을 하나씩 얹어 주고, 이 황소들이 이 5월제 기둥(고약한 우상이라고 하는 편이 더 맞을 것이다.)을 집까지 끌어오는데, 이 기둥은 꽃들과 약초들과 덩굴로 맨 위부터 아래까지 촘촘이 얽혀 뒤덮여 있으며 때로는 다양한 색깔로 칠해져 있기도 하다. 200명 또는 300명의 남자들, 여자들, 그리고 아이들이 이를 뒤따라오는 태도가 아주 열정적이다. 그리고 손수건이나 깃발을 머리 위로 열심히 흔들면서, 그들은 기둥 주변에 둥글게 흙을 뿌려 대고, 초록 가지들을 묶고, 그 옆에 여름 정자를 짓고 그늘과 쉼터를 마련하느라 난리도 아니다. 그리고 나서 그 옆에서 춤을 추는데, 우상을 숭배하던 이교도들이 그랬을 법한 모습이므로 이러한 행태가 완전한 귀감이 되는 모습인지 아니면 우상 그 자체인지는 모를 일이다.

스텁스는 1583년에 이 글을 썼고 그 당시 윌의 나이는 열아홉 살이었다. 고대로부터 전해 내려오는 민속 전통의 충만함이나 활기에 대해서 ─ 그의 경건한 놀라움에도 불구하고 이러한 전통에 사람들의 마음을 끄는 매력이 존재했다는 것은 이해할 수 있다. ─ 스텁스가 다혈질적 태도로 과장했을지는 몰라도, 없는 일을 지어서 쓴 것은 아니었다. 전통적인 축일 분위기는 지속적으로 공격을 받으면서도 16세기 후반 이후까지 남아 있었다.

윌은 스트랫퍼드와 주변 시골 지역에서 자라면서 어떤 종류의 행사에 참여했을까? 남자들과 여자들과 어린이들이 환희에 찬 얼굴을 하고, 리본과 화환으로 꾸며진 5월제의 기둥을 둘러싼 채 춤을 추는 광경 속에 그도 함께 있었을까? 주정뱅이 터크 수사와 도발적인 매리언 아가씨가 등장하는 끈적한 로빈 후드 연극도 있을 수 있다. 5월의 여왕으로 꾸며진 젊은 여성이 화관으로 단장을 하거나 주교 의상을 입은 어린 소년이 짐짓 익살스럽게 점잔을 빼는 태도로 거리를 누비며 행진을 하기도 했을 것이다. 트림을 하고 방귀를 뀌는 '악정 나리(Lord of Misrule)'가 등장해서 잠시 동안 관객의 눈에 보이는 세상을 뒤집어 놓았을 수도 있다. 여자가 남자에게 집적대고 학생이 교사를 교실에서 쫓아내는, 그 당시의 상식을 뒤엎는 뒤죽박죽 세상을 표현한 순간들도 있을 것이다. 남자들이 환상 속에 등장하는 동물이나 '야만인'이나 거인들로 꾸미고 걷는 횃불 행진도 있었다. 펄쩍펄쩍 뛰어다니는 모리스 춤꾼들 ─ 그들의 견해로는 무어인에게서 유래한 춤이었다. ─ 은 양 무릎과 발목에 종을 달고, 목마상 모양의 고리버들 장치를 허리춤에 단 채 신이 나서 이리저리 흥청거렸다. 백파이프 연주자들과 북 연주자들이 지나갔고 요란한 무늬가 섞인 의상을 입은 광대들은 싸구려 방울과 돼지 오줌보를 들고 다녔다. 술 마시기 대회, 음식 먹기 대회 그리고 가창 대회가 양털 깎기 축제나 추수 축제 시기마다 열렸다. 가장 흥미로운 것은, 아마도 크리스마스 시기의 무언극이었을 것이다. 이 극에는 광인과 그의 다섯 아들들이 등장하며 — '정어리 절임', '파란 풀떼기', '후추 풀떼기', '생강 풀떼기' 그리고 '온갖 양념 씨' — 그리고 '미나리'라고 불리는 여자도 같이 나온다.(어떤 때엔 메리언 아가씨라고 불리기도 한다.) 광인은 목마와도 싸우고 '야만의 벌레'와도 싸우는데, 바로 용을 말한다. 아들들은 자기 아버지를 죽이기로 결심하고 아버지의 목 주변으로 한꺼번에 검을 겨냥하고는, 아버지의 무릎을 꿇리고 유언장을 받아 낸 뒤에 그를 보내 버린다. 그리고 아들 중 하나인 '정어리 절임'이 땅 위에 발을 굴러서 아버지를 다시 살아나게 한다. 연극의 마지막에서 — 혹은 계절적 상황과 원시적인 박자 감각이나 비현실적인 전개 구조로 미루어 볼 때, 차라리 의식이라고 불러야 할 것이다. — 아버지와 아들들이 모두 '미나리'에게 함께 구애하고, 기괴한 칼춤과 모리스 춤으로 요동치듯 끝이 난다.

이러한 민속 전통은 모두 영국 중부 지방에 기원을 두고 있는데, 지역을 방문하는 순회 극단들의 도덕극 공연보다도 심지어 더 많은 부분에서 셰익스피어의 극작 감각을 틀 잡아 주면서 상상력에 지대한 영향을 끼쳤다. 민간 문화의 흔적은 그의 작품과, 짜여진 암시들과 내적 구조 그 어디에서나 드러난다. 『한여름 밤의 꿈』에서 아테네 숲에서 만나기로 한 연인들은 5월제의 연인들을 떠오르게 하며, 『좋으실 대로』에 등장하는 아덴 숲 속의 퇴위 대공작은 로빈 후드를 닮았다. 술꾼 토비 경과 폴스타프는 사물의 질서를 뒤죽박죽으로 흐트러뜨리는 '악정 나리'이며, 『겨울 이야기(The Winter's Tale)』에서 연회의 여왕이자 화관을 쓴 퍼디타(Perdita)는 시골의 양털 깎기 축제에서 볼 수 있었던 모습이고, 춤추는 청춘 남녀의 모습이나 약삭빠르고 손버릇이 나쁜 행상인도 마찬가지다.

『겨울 이야기』의 저자는 많은 부분에서 자신이 만담 작가가 아니라는 것을 확실히 보여 주었다. 글로브 극장에서 공연된 양털 깎기 축제 이야기는 정교하게 다듬어진 희비극으로서 사실상 양털 깎기 축제에 대한 이야기가 아니라 목가적 생활에 대한 도시의 환상이 투사된 작품이었다. 현실적인 측면의 정보들을 담고 있긴 했지만 근본적인 뿌리로부터는 조심스럽게 거리를 두었다. 셰익스피어는 이렇게 거리를 두는 기법에 있어 진정한 대가였다. 그는 시골의 민간 풍습에 대해서는 충분히 공감하는 태도를 보였지만, 동시에 자신이 그러한 토박이스러운 요소들 속에 계속 머물러 있지만은 않다는 것을 명확히 보여 주었다. 아테네의 연인들은 사실 5월제를 축하하기 위해 숲속에 온 것이 아니다. 대공작은 로빈 후드와 실제적인 면에서는 유사한 점이 거의 없었다. 양털 깎기 축제의 여왕은 양치기의 딸이 아니라 왕의 딸이다. 그리고 늙고 미친 아버지가 자기 자녀들의 손에 잔인하게 살해당하는 대상이 된다면, 그것은 무언극에 묘사되는 기괴한 희극으로서가 아니라 『리어 왕』의 숭고한 비극 속에서다. 아무도 땅바닥을 굴러서 리어(Lear)나 그의 딸 코델리아(Cordelia)를 다시 살려 낼 수 없다. 토비 경과 폴스타프는 '악정 나리'의 기능과 사실상 비슷하게 겹치는데, 한정된 시간 동안 진지함과 존엄성과 점잖음을 전복시킨다는 점에서 그렇다. 하지만 셰익스피어는 무질서한 치세 기간이 지나고 난 후에 놓인 그들의 모습을 묘사함으로써 한 발짝 더 나아간다. "뭐가, 지금이 익살과 장난을 부릴 때라는 말인가?"라고 할 왕자는 분노에 차서 외치며, 폴스타프에게 포도주 병을 내던진다.(『헨리 4

세』1부, 5.3.54) 매를 맞고 숙취에 시달리는 토비 경은 "난 술에 취한 불한당은 질색이야."라고 신음한다.(『십이야』 5.1.193-94)

하지만 셰익스피어가 자신의 출신이나 문화에 거리감을 둔다고 해서 자기방어적인 태도를 보인 것은 전혀 아니다. 그는 자신의 새로운 교양이나 배움의 정도를 자부하며 목에 잔뜩 힘을 준 채 자기 견해를 강요하지 않았고, 도시나 궁정 생활에 대해서도 자의식적인 도취를 보이지 않았다. 그는 시골에서의 생활상에 깊이 뿌리를 내리고 있었다. 사실 그의 가까운 친지들은 모두 농부였으며, 어린 시절에 그는 그 친척들의 과수원과 장터에 내다 팔 먹거리를 키우는 정원에서, 주변을 둘러싼 들판과 숲에서 그리고 전통적인 계절 축일과 민속 풍습을 간직한 작은 마을에서 많은 시간을 보냈을 것이다. 성장하면서 그는 이 전원 세계의 모든 것들을 자신의 일부로 기꺼이 수용한 듯하고, 나중에라도 이러한 문화를 자신에게 속한 것이 아닌 이질적인 것처럼 속히 떨쳐 내거나 거부하려고 하지 않았다. 엘리자베스 시대의 고명한 문학 비평가 조지 퍼튼햄(George Puttenham)은 눈먼 하프 연주자나 술집의 음유 시인들이 부르는 옛 로망스 노래들에 기쁘게 귀를 기울이고, 크리스마스 만찬이나 '혼례장'이라고도 하는 구식 결혼 연회장에서 불리는 캐럴들을 즐거이 따라 부르곤 하는 "촌티 나는 젊은이들"에 대해 속물적인 어조로 글을 썼다. 윌은 아마도 이러한 시골 출신 젊은이 중 하나였을 것이다. 그는 그러한 부류의 시골스러운 취향이 곧 비웃음의 대상이 되는 사회 집단으로 점점 편입되었지만, 자신이 시골 젊은이다운 기쁨을 추구한다는 사실에 별로 위축되지 않았던 것 같다. 그는 시골 생활에서 흡수하고 받아들인 것들을 자신의 정체성으로 보유한 채 런던으로 갔다. 마치 그 정체성이 자신의 재산인 것처럼, 자신의 작품에 충분히 반영하든 그렇지 않든, 결국 자기가 내키는 대로 쓰기 위하여.

셰익스피어는 사람들에게 자신이 신분이 높은 신사처럼 받아들여지는 것 자체에는 거의 관심이 없었다. 하지만 인생에서 거쳐야 할 단계들에 대한 관심, 사회적 성공을 거두고 싶은 열망 그리고 귀족과 왕가에 매료되었던 것은 분명한데, 그렇다 해도 자신의 출신 세계를 지워 버릴 필요는 없었다.(아마 이 세상을 너무도 사랑해서, 그는 이 세상에 속한 것이라면 그 어떤 부분도 쉽게 내버리고 싶어 하지 않았던 것 같다.) 그 대신에, 그는 소년 시절의 경험을 떠올려서 ─ 사실상 그의 모든 경험들을 가상적으로 이용했듯이 ─ 무한한 비유의 근원을 마련했다.

그의 초기 역사극 중 하나인 『헨리 6세(Henry VI)』 1부(1591년경 집필)에서, 셰익스피어는 넘치는 야심으로 음모를 꾸며 대는 요크 공작(Duke of York)이, 고집불통인 켄트인 촌뜨기 잭 케이드(Jack Cade)를 꾀어서 봉기를 일으키는 데 성공했음을 설명하는 대목을 쓴다. "아일랜드에서 나는 이 완강한 케이드를 보았지." 그가 군인 한 무리와 맞붙어 싸우는 장면을 묘사하면서, 요크 공작은 이렇게 말한다.

> 그토록 오랫동안 싸웠기에 그의 허벅지에는 화살이 꽂혀
> 날카로운 가시가 돋친 고슴도치의 모양새와 같았네.
> 그리고 마지막엔 구조를 받게 되었으니, 내 눈에 비친
> 그는 야생의 무어인처럼 힘차게 위로 뛰어올라,
> 마치 무어인 춤꾼이 종을 울리듯 피 묻은 화살들을 흔들어 떨어냈네.
> (3.1.360, 362-66)

셰익스피어는 전쟁 통에 복무를 해 봤을 가능성이 거의 없으며, 실제 화살이 군인의 허벅지를 관통하는 장면도 본 적이 없었을 것이다. 고슴도치라는 동물에 대해서도 글로 읽은 게 전부일 가능성이 높다.(당시 런던탑 근처의 작은 동물원에서 한 마리를 보유하고 있었으므로, 지나가다가 한 번쯤 스쳐 봤을 수 있다.) 하지만 소년일 때, 그는 무어인 춤꾼의 모습만큼은 확실히 본 적이 있을 것이다. 일종의 황홀경 속에서 훌쩍 뛰는 동작으로 춤을 추는 '야생의 무어인들'을. 그러한 광경에서 그는 아무도 막을 수 없는 케이드라는 강력한 인물의 놀라운 이미지를 구상해 냈다. 더 중요한 것은 그러한 광경, 음향, 의식으로부터 연극 무대의 마법에 관한 감각을 키워 나갔다는 점이다.

하지만 이런 전통 민간 의례만이 환상적이면서도 시간을 초월하는 보편적인 분위기를 안고서 그에게 강력한 공상적 감각을 심어 주는 영향력을 발휘한 것은 아니었다. 그 당시에 널리 알려져 있던 어떤 사건, 주변 지역에서 일어난 어떤 특정한 사건 또한, 극장 무대에 대한 그의 비전에 강한 흔적을 남겼다. 1575년 여름, 윌이 열한 살이었을 때 여왕이 중부 지방에 왕림한 적이 있었다. 이러한 왕실 여행은 대규모의 수행원단을 이끌고 이루어졌으며, 여왕은 비잔틴 성상처럼 보석으로 한껏 치장한 채 백성들에게 자신의 모습을 드러냈고, 왕국의 영토를 감찰하며 조공품을 받았는데, 주로 그녀를 초대한 주최자들의 재정을 완전히 파산시키곤 했다. 이미 1566년에 이 지역을 방문한 적이 있고 1572년에도 다시 들렀던 엘리자베스는 이러한 행사의 중심을 이루는 패권 군주였으며 그녀를 만나는 사람들에게 흥분과 함께 두려움을 안기는 대상이었다. 1572년에 그녀는 워릭(Warwick)의 지방 판사인 에드워드 애글리온비(Edward Aglionby)에게서 공식적인 환영을 받았는데, 아마 셰익스피어도 이 지방 고관의 존재를 알았을 것이다. 애글리온비는 학식이 높고 풍채가 좋은 인물이었으나, 여왕을 대면한 자리에서는 긴장으로 몸을 떨었다. 여왕은 "가까이 오게, 작은 판사님."이라고 말하며, 그가 입을 맞출 수 있도록 손을 앞으로 뻗었다. "자네가 나를 마주 보거나 대담하게 말하는 것을 두려워한다고 들었네. 하지만 내가 자네 앞에서 긴장한 것에 비하면, 자네는 별로 긴장하지 않았구먼." 아무도, 최소한 '작은 판사님'조차도 헨리 8세의 딸로부터 이렇게나 깍듯하게 예의를 갖춘 말을 들으리라곤 예상치 못했을 것이다.

   1575년에 있었던 방문의 절정은, 7월 9일부터 27일까지 여왕이 케닐워스(Kenilworth)에 머문 19일간의 일정이었다. 케닐워스는 여왕이 총애하던 레스터 백작 로버트 더들리(Robert Dudley, the Earl of Leicester)가 소유한 성이었다. 성은 스트랫퍼드에서 북동쪽으로 20킬로미터쯤 떨어진 곳에 있었는데, 근방 지역 일대가 전부 여왕의 방문을 준비하는 열기로 들떠 있었을 것이다. 그 당시 스트랫퍼드 시 의회 의원을 맡았던 존 셰익스피어는, 여왕이 "자신의 두 눈"이라고 표현한 사람이 정교하게 준비한 여흥 객석에 자리 하나를 얻어 함께 구경하기에는 지나치게 소소한 인물이었지만, 아들 윌을 현장에 데려가서 이러한 장관을 눈에 담기는 대로 대충 훑어보게 해 주었을 가능성은 있다. 여왕이 위엄 있게 도착하는 순간이 오자 무녀 시빌라, 헤라클레스, 호수의 여인 마법사 비비안 그리고 라틴어로 상징적인 시구를 부릴 줄 아는 시인의 이름으로 쓴 감사와 환영의 연설문이 읊어졌으리라. 더불어 불꽃 폭죽들이 쏘아 올려지고, '야만인'과 '메아리의 정령 에코'의 대화가 공연되고, 곰 싸움(작은 마스티프 개가 사슬에 묶인 곰을 공격하는 당시의 '스포츠')이 벌어지고, 더 많은 불꽃놀이가 펼쳐지고, 이탈리아인 곡예사가 재주를 부리고, 축제의 핵심으로서 공들인 물놀이 야외극이 무대에 올려졌다.

여왕에게서 받는 총애가 조금씩 식어 가던 상황이라 레스터는 여왕을 만족시키기 위해 모든 수단을 동원했다. 그래서 그는 고유의 지방색이 느껴지는 일련의 연극 공연들을 기획했는데, 이것들은 마치 오늘날의 우리가 고위 관료를 만났을 때 받는 접대나 부유한 관광객으로서 관람하는 정교한 문화 재현 예술 공연과 흡사한 것이었다. 그 공연에는 전통 혼례 의식과 모리스 춤도 있었고, 퀸튼(창으로 과녁을 찌르는 중세식 경기), 전통의 코벤트리 혹축절 연극도 있었다. 이러한 민속 여흥이 도덕주의자와 엄격한 개혁론자 들에게 공격받아 왔다는 것은 레스터도 매우 잘 알았다. 하지만 그는 또한 여왕이 그러한 종류의 여흥을 좋아한다는 것을 알았고, 이를 타파하고자 하는 금욕주의적 비판론자 들에게 적대감을 갖고 있다는 것도 알았으며, 이러한 민속 풍습을 계속 이어 가고자 호소하는 목소리에 공감하리라는 것을 알았다.

윌은 이토록 중요한 방문객들을 위해 준비된, 자신의 출신 지역색이 담긴 연극들을 직접 관람했을 것이다. 아니면 최소한 이런 행사의 세부 내용을 자세히 전해 듣기라도 했을 것이다. 또한 이 행사와 관련해서 로버트 랭엄, 또는 레인엄(Robert Langham, or Laneham)이라고 하는 어떤 하급 관리인 '대회의장 서기'가 남긴 엄청나게 긴 편지 속에 공들여 쓰인 당시의 생생한 기록을 구해 읽었을 수도 있다. 이 편지는 저렴한 가격으로 출력되어 광범위한 지역으로 퍼져 나가면서 당시의 많은 독자들이 읽었던 기록물인데, 왕실 여왕의 여흥과 이에 관한 접대 업무를 익히려는 사람들에게 매우 유용했다. 그리고 셰익스피어도 곧 그러한 사업에 뛰어들 예정이었다.

 랭엄의 편지는, 그날의 혹축절 연극 공연이 조심스럽게 조립되어 무대에 올려진 문화 정치학의 한 단면이라고 단언했다. '콕스 대위'라고 불리는 석공이 이끄는 한 무리의 "친절한 코벤트리 주민들은", 그들의 이웃인 레스터 백작이 여왕을 접대하게 되었다는 것을 알았다. 백작은 당신이 모시는 주군을 "즐겁고 유쾌하게" 해 드리기 위해 온갖 열과 성을 다해야만 하는 입장이었고, 그것을 알았던 코벤트리의 장인들은 그들이 늘상 공연하던 연극을 새롭게 정비하면 어떻겠느냐고 청원을 넣었다. 그들은 여왕께서 고대의 대학살을 기념하는 이 연극을 특히나 즐기실 것이라 생각했는데, 왜냐하면 그 연극이 "우리네 영국의 여인들이 얼마나 용맹하게 조국을 사랑하는 마음으로 행동했는지"를 보여 주기 때문이었다. 랭엄이 다음과 같이 편리하게 요약한 바에 따르면, 이처럼 여왕의 특별한 취향이나 관심사를 짐작하여 노리는 것은 일종의 상세한 방어 전략이었다. "그들은 말하기를, 그 연극은 실제 일어났던 이야기이고, 또 지난 시간 동안 우리 마을에서 해마다 공연되면서 과하게 예의를 벗어나거나 가톨릭적인 면이 드러나거나 미신적으로 부적절하다는 인상을 준 적이 없었다고 했다. 또한 가끔 남들보다 우울한 감상에 젖곤 하는 사람들도 이 연극만큼은 잘 받아들였다고 말했다." 여기서 말하는 이러한 조건들은, 이후 셰익스피어가 살아가는 동안 반복적으로 등장하면서 그의 특정한 연극들이 갖는 자격을 정당화하고, 나아가 무대 공연 자체를 변호해 주는 요건들이기도 했다. 문제의 연극은 역사적인 뒷받침이 있어야 하고("실제 일어났던 이야기"), 전통적인 형태의 여흥이어야 하고, 편향된 사상이나 비도덕성의 문제에서 자유로워야 하고 "우울한 감상", 즉 머릿속에 들러붙는 위험한 생각들을 부채질하는 것이 아니라 편히 식혀 주는 성격을 지녀야 했다. 이를테면 만일 이 연극을 보지 않았다면 그 자신이 직접 나쁜 일을 꾸밀 법한 — 예를 들어 구종교를 그리워하여 부정한 생각을 품거나 반역을 일으킬지도 모르는 — 그런 관람자들이, 고대 데인인들이 당한 학살 광경을 목도하면서 눈앞에 펼쳐진 재연에 사로잡혀 그들의 위험한 정신을 안전하게 소강시킨다는 것이다.

그렇다면 뭐가 문제였을까? "고대로부터 시작되어 긴 전통을 가지고 이어진" 혹축절 연극이 애초에 왜 변호를 받아야 하는 것일까? 왜냐하면 그것이 "최근에 와서는 내려져야 했기 때문에", 즉 금지되었기 때문이라고 장인들은 알고 있으며, 그들은 짐짓 각자 머리를 긁으며 잘 이해가 가지 않는다고 이야기했다. "그들은 왜 그렇게 되었는지 이유를 몰랐다." 그리고 나서 그들은 갑자기 생각났다는 듯이 설명을 이끌어 낸다. "혹시 설교자 분들 중 몇몇 분의 열정 때문이 아니었을까……. 태도와 배움이 아주 뛰어나고 매우 달콤하고 좋은 설교 말씀을 선포하는 분들이지만, 여가 시간의 유흥을 꾸짖을 때는 조금 지나치게 엄격하신 그런 분들." 여기서 보듯이 케닐워스에서의 공연은 여왕을 즐겁게 하기 위한 수단 그 이상의 의미를 담고 있었다. 사실 여왕을 즐겁게 하기 위한 시도에는 언제나 반쯤 숨겨진 목적과 전략이 들어가 있는 법이다. 그리고 이번 경우에는 여왕이 그 지방 교구의 성직자를 압박하게 해서, 주민들이 사랑하는 지역 축제를 없애 버리려는 그의 운동을 멈추게 하려는 의도가 감추어져 있었다. "그들은 여왕 폐하 앞에 나아가, 자기들의 연극을 다시 공연할 수 있게 해 달라는 겸손한 청원을 드릴 요량이었다."

혹축절 공연을 되살리기 위한 주의 깊은 작전에도 불구하고, 그 공연은 여왕의 시선을 끌지 못했다. 조심스럽게 얻은 기회가 헛되이 사라지고 만 것이다. 너무 많은 것들이 한꺼번에 진행되었다. 혼례식과 춤이 여왕의 주의를 끌었고, 그녀는 안뜰로 들어오는 것을 허가받은 군중의 "엄청난 인파와 시끌벅적한 소란"에 정신을 빼앗겼다.(아마도 그 군중 속에 열한 살의 한 소년이 섞여 있었을지도 모른다.) 엘리자베스는 연극의 일부분만 잠깐 보았을 뿐이다. 그토록 예행 연습을 하고 작전을 세웠던 코벤트리 주민들은 매우 속이 상했을 것이다. 하지만 그때 아무도 생각지 못한 계기로 모든 것이 구원받았다. 여왕은 그다음 주 화요일에 연극을 다시 공연하라고 명했고, 그때의 결과는 대성공이었다. "여왕 폐하께서는 즐겁게 웃으셨다." 배우로 출연한 주민들은 연회 요리의 재료로 수사슴 두 마리를 하사받았고, 은 다섯 냥을 수여받았다. 다들 기뻐서 정신이 나갈 지경이었다. "이럴 수가, 풍족한 상에 기뻐하고, 또 이럴 수가, 좋은 평가를 받았다는 승리에 도취하여, 그들은 자기들의 공연이 이토록 큰 영광을 입은 적은 없었으며 지금까지 그 어떤 배우들도 이처럼 행복에 겨웠던 순간은 없었을 거라고 스스로의 업적을 자랑했다." 그리고 코벤트리 역사에 기록된 바 그다음 해에는 그들에게 더욱 크고 의미 있는 승리가 선언되었다. "토머스 니클린 시장……. 위에 거론된 시장은, 과거 이 도시 주민들의 손으로 데인인들을 굴복시켰던 역사의 혹축절을 올해부터 다시 지정하고 앞으로 지켜 나가려는 바이다."

"여왕 폐하께서는 즐겁게 웃으셨다." 이 말이 갖는 가치를 위해 레스터는 하루에 1000파운드에 달하는 엄청난 금액을 쏟아부어야 했다. 케닐워스에서 열린 축제 전체는 이 나라를 다스리는 그 경이롭고,

쉽게 예측하기 어렵고, 위험한 여성의 웃음소리를 — 그리고 그와 함께 드러나는 감탄, 놀라움, 그리고 즐거움을 — 이끌어 내기 위해 고안된 거대한 장치였다. 무대 위에서 펼쳐진 광경은 매우 화려하고 흡입력이 넘쳤지만, 레스터 백작의 주된 관심사는 — 그리고 의심의 여지 없이 군중 속 다른 많은 사람들의 경우에도 — 오직 한 인물의 일거수일투족에만 강력하게 집중되어 있었을 것이다. 만일 스트랫퍼드에서 온 눈이 휘둥그레진 어린 소년이 그녀를 보았다면, 정교하고 화려한 예복을 입고 특출난 외모를 기준으로 선발된 근위대의 어깨 위에 올려진 가마를 타고 옮겨 다니며 눈이 번쩍 뜨이게 잘 차려입은 수행 가신들을 거느린 여왕의 모습을 보았다면, 그는 사실상 당대의 가장 위대한 극적 광경을 눈으로 직접 확인한 셈이다. 한번은 여왕 스스로 이렇게 꾸밈없이 말하기도 했다. "우리 왕족들이란 모든 세상이 눈으로 보게끔 연극 무대 위에 세워진 존재들이라오."

셰익스피어는 그의 작품 세계 전반에 걸쳐 왕족이라는 계층이 갖는 카리스마적 힘 — 그 존재가 군중 사이에서 불러일으키는 흥분, 나름대로 권력을 가진 사람들이 왕족 앞에서 겪는 위축, 경외감을 동반하는 위대함에 대한 감각 — 에 계속해서 매료되었다. 한참이 지나 이 힘의 어두운 측면을 깨닫게 된 후에도 그 힘이 불러일으키는 자만심, 잔인성과 야망, 그것이 야기하는 위험한 계략들, 그로부터 불어나고 살찌워지는 탐욕과 폭력성을 포착하고 난 후에도, 셰익스피어는 왕족이라는 계층이 환기시키는 중독적인 쾌감과 흥분을 여전히 놓지 않은 채로 남겨 두었다. 창의력 넘치는 일생이 저물어 갈 무렵, 그는 원제는 『모든 것은 진실되다(All Is True)』라고 불렸고 오늘날에는 『헨리 8세(Henry VIII)』로 알려진 작품에서 자신이 1575년 케닐워스에서 최초로 그 모습을 스치듯 봤을지도 모르는, 빛나는 여왕의 탄생 장면을 상상하며 여전히 이 흥분감을 고조시켰다. 설령 어린 시절 케닐워스에서 그녀를 보지 못했더라도, 여왕의 다른 행차에서 혹은 큰 연회장이나 궁정에서, 언제든 한 번은 여왕의 모습을 멀리서나마 처음 목격한 순간은 당연히 존재했으리라. 그리고 직접 눈으로 봤던 것으로부터 그의 상상력은 불이 번지듯 더욱 웅장하게 발현했을 것이다. 여하튼 케닐워스에서 벌어진 일들은 어린 윌이 그 광경을 실제로 직접 봤든, 아니면 그렇게 본 사람들의 말을 전해 들었든, 그것도 아니면 단순히 랭엄의 편지들을 읽었든 간에, 그의 작품에 분명한 흔적을 남긴 것처럼 보인다.

  레스터가 여왕의 긴 체류 기간 동안 그녀를 위해 마련한 무대 장치 중에서, 가장 값비싸고 화려한 것은 바로 7미터에 달하는 기계 돌고래 장치였다. 이 돌고래는 성채와 바로 이어진 호수의 수면 위로 솟아오르도록 작동되었으며, 돌고래의 배에는 관악기 장치가 감춰져 있었고 그 등에는 전설적인 그리스의 음악가 아리온의 형상이 앉아 있었다. 이 음악가는 랭엄의 표현에 따르자면 "즐거움이 넘치는 단가"를 여왕에게 불러 주었는데, "그 율격이 노래하기에 매우 적절하게 지어져 있었다."라고 랭엄은 상기했다.

  그리고 그렇게 아름다운 목소리로 노래를 부르고 난 후였다. 그 노래는 재주 많은 예술가가 상당히 적절하게 분절을 끊어서 나누었는데, 악기로 연주하는 각 부분들이 너무나 깔끔하고 예리하게 처리되었다. 모든 종류의 악기들이 매우 훌륭하게 조화를 이루었고, 저녁 해가 질 무렵의 잔잔한 물가로 그 음악이 울려 퍼지는데, 존엄하신 여왕 폐하께서 친히 듣고자 하시니 모든 소음과 시끄러운 소리들이 완전히 잦아들었다. 모든 화음이 시간, 선율, 감정으로 녹아드니 비교할 수 없이 듣기 좋은 음악으로 어우러졌다. 그 어떤 기쁨이라야…… 그 어떤 영리한 비유라야, 그 어떤 생생한 환희라야 그 순간의 감상을 듣는 이들의 심장에다 찔러 넣을 수 있을까. 나는 그저 독자 스스로 가능하다면 상상을 해 보시라 빌 뿐이다. 하느님께 맹세코 내가 가진 모든 지혜와 계책을 끌어모아도, 약속하건대 결코 나는 그것을 표현할 수 없기 때문이다.

수년 후에 셰익스피어는 이 빛나는 순간의 광경을 떠올려 자신의 작품 『십이야』에 집어넣었던 것 같다. 선장은 바이올라(Viola)에게, 그녀의 쌍둥이 형제가 난파의 순간에 익사하지 않았을지도 모른다고 안심시키면서 이렇게 말한다. "마치 돌고래 등에 탄 아리온처럼, 그가 파도들 사이로 안정적으로 넘나드는 것을 보았소."(1.2.14-15)

더욱 놀랍게도 셰익스피어가 서른 살 정도에 이른 1590년 중반에 쓰인 『한여름 밤의 꿈』에서, 엘리자베스를 겨냥해 멋진 찬사를 써 내려가는 극작가의 상상력은 그 옛날 케닐워스에서 있었던 한 장면에 머무른다. 여왕은 아마도 이 희극이 처음으로 공연되기 시작했을 시기에 직접 관람을 했을 것이다. ― 많은 학자들이 생각하는 것처럼 어쩌면 여왕이 정말 이 연극의 초연을 관람했을 수도 있는데, 그 이유는 이 연극이 어느 귀족 가문의 결혼식을 위해서 쓰였고 그녀가 그 예식에 직접 참석하여 자리를 빛내 주었기 때문이다. ― 그리고 극단은 분명히 관객석에 있을 여왕에게 몇 마디 아첨의 찬사를 보내야 한다고 느꼈다. 하지만 셰익스피어는 배우들이 무대 위의 극적 환상을 단숨에 깨 버리고 갑자기 현실의 여왕을 관객들 앞에 들먹이게끔 단순하게 만들지 않았다. 그 대신에, 그는 회상의 형태로 왕족들이 좋아할 만한 신화의 한 대목을 집어넣었다. 회상 속에서 큐피드가 "서쪽에서 왕위를 받은 아름다운 베스타의 처녀"에게 화살을 겨누는데, 이 대목은 분명히 20여 년 전 레스터가 여왕의 마음을 사로잡으려고 했을 당시의 시도를 연상시킨다. "그대 기억하는가?"라고 요정왕 오베론(Oberon)은 그의 일등 수행원 퍽에게 묻는다.

> 어느 날 내가 곶 위에 앉아 있을 때
> 돌고래의 등을 탄 인어의 노래를 들었던 것을
> 참으로 달콤하고 조화로운 숨결로 부르는 그 소리
> 거친 바다도 그녀의 노래에 온화해지고
> 어떤 별들은 그들의 천구에서 온통 떨어져 내려
> 바다 여인의 음악을 듣고자 했던 것을?
>
> (2.1.148-54)

"달콤하고 조화로운 숨결 소리"의 정교한 예시를 완벽하게 드러내 주는 마지막 세 줄의 원문은 큰 소리를 내어 낭독해 볼 만하다. 소름 끼치도록 아름다운 이 시구는, 시간의 간극을 뛰어넘어 그 옛날 눈앞에서 아득히 터지던 폭죽의 불꽃들을 상기시킨다. 한 관찰자에 따르면, 30킬로미터 정도 떨어진 거리를 두고 떨어지던 폭죽의 불빛들과 함께 떠오른 것은 그날의 환상적인 물놀이 야외극 공연일 것이다. 오베론의 연설은 점점 나이가 드는 엘리자베스의 순결에 대하여 의식적이고 우아하게 경의를 표한다. 큐피드의 화살은 그만 빗나가 버렸기에 "제왕이자 성스러움의 숭배자인 그녀는 계속해서/ 자유로운 처녀로서 명상에 잠기셨다."(2.1.163-64) 눈에 띄게 아름다운 이 찬사를 여왕에게 돌린 뒤에, 연극은 잠시 멈춰 두었던 줄거리를 다시 전개한다. 오베론은 퍽에게 설명하기를, 아름다운 베스타의 처녀를 겨냥했던 큐피드의 화살은 빗나갔지만 대신 자그마한 서쪽의 꽃에 떨어졌다. 그리고 잠들어 있는 남자나 여자의 눈꺼풀에 이 꽃의 즙을 바르면, 그 사람이 잠에서 깨어났을 때 처음으로 보는 생물을 사랑하게 된다. 이 극적 장치, 즉 사랑의 묘약이 잘못된 대상의 눈꺼풀에 실수로 발라진다는 설정이 바로 이 연극에 격렬한 혼돈을 야기한다.

『한여름 밤의 꿈』에서 돌고래의 등을 언급한 것은 사실 개별적이고 장식적인 수식 묘사에 불과하다. 그러나 인어의 노래에 대한 대사들은 줄거리와 그다지 연결점은 없지만, 연극과 극작가의 상상력 속에 존재하는 보다 중요하고 깊이 있는 무언가에 대해 이야기한다. 케닐워스에서의 기억을 통해 셰익스피어는 그날의 노랫소리가 지녔던 힘을, 즉 관중 모두를 숨죽이게 하는 질서를 만들어 냄과 동시에, 거의 넋이 나갈 듯한 흥분을 불러일으켰던 노래의 힘을 떠올렸다. 예술이 인간 정신의 안정된 평온과 뿌리 깊은 소란 양쪽 모두의 근원이 될 수 있다는 이 역설은, 셰익스피어의 작품 활동 전반에서 가장 중요한 요소가 되었다. 극작가로서 그리고 작가로서 그는 당대 사회의 문명과 문화의 정수를 대표하는 대리인인 동시에, 굳은 사고의 틀을 뒤엎는 전복의 대리인이기도 했다. 그가 자신의 내부에 이 이중의 관점을 최초로 새긴 순간은, 바로 그 옛날 열한 살 소년이던 시절에 집 근처 동네에서 목격한 놀라운 광경에서 유래했는지도 모른다. 바다처럼 드넓게 퍼져서 거대하고 소란스럽던 군중의 해일이 여왕이라는 존재 앞에서 고요해지고, 태고의 시인 아리온의 노래를 듣기 위해 모두들 자세를 똑바로 하고 경청하던 그 순간에.

셰익스피어가 『한여름 밤의 꿈』에서 표현하는 것은, 과거 레스터의 연회가 아주 값비싼 돈을 들여 구현하려 했던 문화 예술적 환상이었다. 마술적 아름다움을 지니고 있는 세계의 환상, 겉으로 드러나지 않고 숨겨져 있는 힘으로 스며드는 환상이며, 자유롭게 떠다니는 강렬한 성애적 에너지들이 모든 피조물들을 대상으로 뿜어져 나오게 하되, 오직 한 사람 — "서쪽에서 왕위를 받은 아름다운 베스타의 처녀" — 의 만족을 목적으로 하는 환상이었다. 실제의 상황은 이러한 꿈같은 수준에 결코 다다를 수 없었다. 폭죽의 불꽃을 천구에서 떨어져 내리는 별의 모습으로 보기엔 무리가 있었으며 실제로는 망망한 바다도 없었고, 보이는 것이라고는 성채 호수 옆에 모인 시끄러운 군중의 바다뿐이었다. 아름다운 베스타의 처녀라 불리는 인물은 사실상 썩어 가는 치아를 가진 중년 여성이었다. 기계 장치 돌고래는 수면 위를 떠도는 값비싼 부유물 이상으로는 보이지 않았다. 그리고 돌고래의 등에 타고 있던 형상은 아리온이나 인어가 아니라, 해리 골딩엄(Harry Goldingham)이라 불리는 가수였다. 그 축제를 기록한 당대의 어떤 미출간 문서에 따르자면, 그 가수의 목소리도 별로 좋은 상태가 아니었다.

물가를 배경으로 엘리자베스 여왕 앞에서 공연된 광경에서, 여러 다른 이들 가운데 해리 골딩엄이 돌고래의 등을 타고 아리온을 재현했으나, 연기를 시작했을 때 그의 목소리가 너무나 거칠고 듣기에 좋지 않아서, 그는 자신의 의상을 찢어 버리며 자기는 아리온의 발끝에도 미치지 못하는 그저 정직한 해리 골딩엄일 뿐이라고 맹세했다. 이 무뚝뚝하고 직설적인 고백이 여왕을 즐겁게 했고, 정석대로 공연을 펼친 것보다 오히려 더 나은 결과를 가져왔다.

비록 누가 봐도 실패한 공연이 분명한 상황이었지만, 여왕의 자애로운 반응 덕분에 오후의 황홀감은 구사일생으로 계속 이어져 갔다. 『한여름 밤의 꿈』의 공연 실황도 이와 비슷했으리라 말할 수 있을 것이다. 관객들은 아테네 근처의 달빛 비치는 숲을 날아다니는 환상적인 요정들을 보는 것이 아니다. 실제로는 누가 봐도 인간이 분명한 배우들이 떼를 지어 무대 위에서 깡충깡충 뛰어다니는 모습을 보고 있다. 하지만 환상과 현실의 간극을 드러내어 환멸의 위험을 감수하는 이러한 연출이, 오히려 신비의 경험을 더 드높여 주는 결과로 다가왔다.

레스터는 원하던 효과를 얻기 위해 엄청난 자본을 투자했다. 셰익스피어는 그에 비해 훨씬 돈이 적게 드는 마법을 제공한다. 『한여름 밤의 꿈』에 출연하는 배우들은 매일 공연을 할 때마다 고작 6펜스의 수당을 탈지도 모른다는 희망을 안고 연기를 했다. 극작가가 지닌 수단은 정교하고 값비싼 기계 장치가 아니라 언어일 뿐이었는데, 영어를 모국어로 하는 그 어떤 관객도 난생처음 들어 보았을 만큼 아름답게 쓰인 대사들이었다.

> 나는 야생 백리향이 흩날리는 둑방을 알지,
> 앵초와 다소곳이 고개를 숙인 제비꽃이 자라는 곳,
> 감미로운 인동덩굴이 그물처럼 짜인 지붕을 덮고,
> 달콤한 사향 장미들, 들장미도 함께 피어 있지.
> 그곳에 티타니아가 어느 밤 잠들어 있다,

춤과 기쁨의 꿈을 꾸며, 이 꽃들 사이에서.

(2.1.249-54)

이 당시 이미『말괄량이 길들이기(Taming of the Shrew)』와『리처드 3세(Richard III)』를 썼던 셰익스피어는 이보다 훨씬 더 강렬하고 날카로운 느낌을 주는 전혀 다른 종류의 극적 대사 역시 충분히 써낼 수 있었다. 하지만『한여름 밤의 꿈』에서는, 그 자신이 이 구절에 쓴 형용사를 인용하자면, '감미로운' 시구들을 쓰는 일에 전적으로 투신했다.

셰익스피어의 연극 중『한여름 밤의 꿈』은, 학자들이 작품의 주된 줄기를 이루는 문학적 원형을 찾아내지 못한, 그의 몇 안 되는 작품 중 하나다. 달빛 비치는, 요정이 드나드는 숲의 환상은 분명히 보다 특별하고 개인적인 상상의 뿌리에서 기원했을 터였다. 셰익스피어는 "느릅나무의 나무껍질로 뒤덮인 손가락들"이나 "엉겅퀴꽃 위에 앉은, 허리에 붉은 띠를 두른 호박벌"(4.1.41, 11-12) 등에 그 자신이 직접 가까이 다가가 꼼꼼히 살펴본 적이 있었을 것이다. 또한 어린 시절의 일화들에 대한 추측이 유효하다면, 그는 5월제나 혹축절의 어지럽고 유쾌한 분위기에서 느낀 직접적인 경험이나 레스터가 왕가의 내빈을 접대하기 위해서 꾸몄던 화려하고 장대한 여흥들에 대한 기억도 되살릴 수 있었을 것이다.

연극 무대가 만들어 내는 환영이 갖는 변신의 힘에 대한 셰익스피어의 감각이, 그가 1575년 케닐워스에서 직접 보거나 들었던 경험으로부터 발현한 것이라면, 이 환영 뒤에 가려진 거친 실재에 대한 그의 감각 또한 동일한 축제의 순간에서 파급된 것일 수 있다. 사실상『한여름 밤의 꿈』의 마지막 장 전체는 그러한 아마추어들이 만들어 낸 무대 공연, 서투른 기량과 순진한 실수들 그리고 설득력 있는 극적 환영을 계속 유지하지 못한 채 그만 붕괴되어 버리는 실패담에 대한 유쾌한 패러디에 할애되었다. 여왕과 그의 가신들 앞에서 코벤트리 장인들이 공연한 혹축절 연극은, 극 중에서 아테네의 장인들이 두 귀족 연인들의 결혼식을 기념하여 공연을 펼친 "피라무스와 그의 연인 티스베가 등장하는/ 따분하기 그지없는 짤막한 연극: 매우 비극적인 웃음거리"(5.1.56-57)라는 설정으로 바뀌어 있다. 신혼 부부가 된 연인들과 『한여름 밤의 꿈』의 관객들은, 이 극중극이 보여 주는 기괴한 우스꽝스러움과 그것을 공연하는 배우들, "여기 아테네에서 일을 해 온 거친 손의 일꾼들은/ 그들의 머리를 쓰는 일이라곤 해 본 역사가 없었다."(5.1.72-73)라는 이들의 무능함에 웃음을 터뜨리며 희극적인 재미를 느낀다. 『한여름 밤의 꿈』의 실수투성이 장인 중 하나인 소목장이 스너그(Snug the Joiner)는, 심지어 해리 골딩엄이 스스로 그 자신의 정체를 밝혔던 "무뚝하고 직설적인 고백"을 흉내 내는 듯이 보이기도 한다. 우둔한 인물인 스너그는 극중극에서 사자 역할을 맡았는데, 처음부터 내내 자신의 역할을 잘 해낼 수 있을지 걱정에 휩싸였고, 다른 배우들 역시 그가 숙녀들을 겁주지나 않을까 염려했다. 이런 이유로 그가 자기 역할을 맡아 연기를 하게 되었을 때, 그는 해리 골딩엄의 전철을 밟는다.

여러 숙녀분들께서는 마음이 부드럽고 연약하여
바닥 위를 기어 다니는 가장 조그만 쥐새끼조차 두려워하시죠,
그러니 어쩌면 크게 놀라고 부들부들 떨실지도 모르겠어요
거친 사자가 야생 그대로 분노에 찬 포효를 지른다면 말입니다.

그러면 미리 알아 두십쇼, 저 소목장이 스너그가
여기 떨어진 사자랍니다…….

(5.1.214-19)

    물론 이러한 희극적인 서투름은 그 자리에 참석한 통치자를 웃게 만들었다. "매우 예의 바른 야수로구나."라고 테세우스 공작(Duke Theseus)은 말한다. "양심이 있는 짐승일세."(5.1.222) 극중극의 배우들은 이러한 공연들의 궁극적인 목표인, 위정자의 웃음을 성취해 내는 데 성공한 것이다. "여왕 폐하께서는 즐겁게 웃으셨다."

    케닐워스에서 벌어진 축제로부터 20여 년이 지난 후에 쓰인『한여름 밤의 꿈』은 성인이 된 극작가가 유년기에서 가장 기억에 남는 몇 장면을 빌어 온 흔적을 보여 주는 동시에, 그가 그만큼 최초의 고향으로부터 멀리 왔다는 것을 보여 준다. 1595년에 셰익스피어는 극작가라는 직업의 앞날이, 시골 마을의 전통적인 아마추어 공연들이 아니라 런던의 전문적인 연예계 산업에 기반을 두고 있다는 것을 분명히 알고 있었다. 그의 위대한 희극은 대가만이 성취해 낼 수 있는 훌륭한 작품성을 보여 주는 동시에 일종의 탈피를 개인적으로 기념하는 작품이기도 했다. 무엇으로부터의 탈피라는 말인가? 바로 구태의연하고 지리멸렬한 연극들, 셰익스피어가 그 한심한 제목을 패러디하기도 했던 토머스 프레스턴(Thomas Preston)의『페르시아의 왕 캄비세스의 삶을 이야기하는, 유쾌한 소동을 함께 곁들인 한탄의 비극(A Lamentable Tragedy Mixed Full of Pleasant Mirth, Containing the Life of Cambises, King of Percia)』같은 연극으로부터의 탈피다. 셰익스피어는 이런 연극들이 흔히 보여 주는 거친 대사, 지루한 율격, 열정을 가장하여 질러 대곤 하는 고함으로부터 탈피했으며, 덤벙대느라 자기 대사를 외우지도 못하는 비전문 배우들, 숫기가 부족해서 용맹한 연기를 제대로 보여 주지 못하는 배우들, 혹은 최악의 경우 허영으로 가득 차서 그들 자신의 뒤틀린 자의식 말고는 그 어떤 것도 연기하지 못하는 배우들로부터의 탈피를 감행한 것이다. 극중극인 "피라무스와 티스베"의 공연을 맡게 된 장인들은 ― 방직공인 닉 바텀(Nich Bottom), 풀무장이 프랜시스 플루트(Francis Flute), 땜장이 톰 스노트(Tom Snout), 소목장이 스너그, 재봉사인 로빈 스타벨링(Robin Starveling) 그리고 그들의 감독을 맡게 된 목수 피터 퀸스(Peter Quince) ― 모두 연극 무대에서 벌어질 수 있는 온갖 재앙들의 집합이라고 할 수 있었다.

『한여름 밤의 꿈』 5장은 셰익스피어가 쓴 것 중에서 가장 오랫동안 익살스러운 재미가 이어지는 장이다. 거기서 터져 나오는 웃음은 무대 위의 상황에 대해 관객이 느끼는 우월감에서 비롯되는데, 그 우월감이란 지성 수준, 훈련의 정도, 문화 배양 능력, 기술 숙련의 차이 때문에 느껴지는 것이다. 관객들은 무대 위에서 일어나는 우스꽝스러운 상황을 조롱하는, 세련된 상류 무리의 일원으로 참여하도록 권유받는다. 순진하고 촌티 나는 아마추어 수준의 성취로부터, 세련된 취향과 전문적인 기술로의 전이를 보여 주는 부분에서 젊은 극작가는 이러한 조롱의 관점을 확연하게 보여 주고 있다. 하지만 이 장면에서 터져 나오는 웃음은 어리숙함에 대한 조롱임에도 신기하게도 신랄하지 않고 부드러우며, 심지어 애정 어린 태도까지 내포하고 있다. 아마추어리즘에 대한 조롱이 너무 잔혹한 수준까지 가지 않도록 막아 주는 장치, 그리고 사실상 이 장면에 유쾌함을 부여해 주는 것은 바로 장인들의 침착함이다. 비웃음에 직면하면서도 그들은 전혀 동요하지 않고 건재하다. 여기서 셰익스피어는 이중의 효과를 만들어 내고 있다. 먼저 그는, 가장 기본적인 극적 관습 — 자기가 맡은 역할에 충실해야 하며 무대 위에선 관객의 존재를 보거나 들을 수 없는 것처럼 꾸며야 한다는 것 — 조차 제대로 이해하지 못한 아마추어들의 모습을 보여 주며, 그들이 관객의 눈에 유쾌한 조롱의 대상이 되게 한다. 하지만 이어서 그는 바텀과 그의 동료들에게 기묘하고 예상치 못한 존엄성을 부여하는데, 그들이 보여 주는 이 뜻밖의 품위는 극 중에서의 귀족 계급 관중의 냉소적인 무례함과 대조를 이루며 오히려 관객의 호감을 자아낸다.

자신의 출신과 시골 배우들로부터 일정한 거리감을 둔 상태임을 보여 주긴 했지만, 셰익스피어는 다시 한 발짝 돌아가서, 아마추어리즘에 대한 일종의 공감과 연대 의식도 표명한다. 구시대의 도덕극과 민간 문화에서 온 요소들을 도입하면서, 그는 자신이 기존의 것들과는 다른 새로운 시도를 하고 있다는 것과 함께, 또한 그 원천에 자신이 일정 정도 빚을 지고 있다는 것을 알았다. 아테네의 장인들에게 그가 설정해 준 직업들은 되는대로 고른 것이 아니었다. — 셰익스피어의 런던 극단이 의존하는 관객들이 바로 소목장이, 방직공, 목수, 재단사 들이었다. — 그리고 그들이 극중극에서 공연하는 비극과 비운의 연인들, 치명적인 실수들, 자살과 같은 소재 역시, 극작가로서 셰익스피어 본인이 깊이 매료되었던 것들이다. 『한여름 밤의 꿈』에 들어갈 "피라무스와 티스베" 패러디를 쓰고 있던 바로 그 시기에, 셰익스피어는 또한 그와 굉장히 비슷한 내용으로 전개되는 『로미오와 줄리엣(Romeo and Juliet)』을 같이 쓰고 있었다. 어쩌면 그의 집필 책상

위에는 두 개의 원고가 나란히 놓여 있었을 수도 있다. 좀 더 자기방어적인 예술가라면 두 작품에서 서로 비슷하게 보이는 흔적들을 지워 없애려고 더욱 꼼꼼한 노력을 기울였을 것이다. 하지만 셰익스피어의 웃음은, 작품적 성찰을 위축하거나 은폐하는 태도에서 나오는 것이 아니었다. "이건 내가 들어 본 중에 가장 바보 같은 얘기로군." 히폴리타(Hippolyta)가 논평을 하고, 테세우스가 이에 대답한다. "이런 종류의 짓거리에서 가장 나은 점이라야 결국 실재하지 않는 그림자에 지나지 않는다는 거지. 가장 나쁜 점은 상상력이 뒷받침되지 않는다면 그마저 더 최악일 것이라는 거야." "그럼, 그건 당신의 상상력이겠네, 그들의 것이 아니라."(5.1.207-10)라고 그녀는 응수한다. 필요한 것은 배우들의 상상력이 아니라 관객의 상상력이라는 것 — 이것이 바로 중요하게 짚어 낸 점이다. 결정적인 차이를 만들어 내는 것은 배우의 전문성 여부가 아니다. 전문 배우든 비전문 배우든 그들은 모두 관객의 상상력에 의존하고 있기 때문이다. 그리고 이 논의의 귀감이 되는 예시를 이끌어 내기라도 하듯, 잠시 후에 피라무스가 자살하기 직전 터무니없을 정도로 서투르게 쓰인 대사를 읊는 장면에서,

> 다가오라, 쏟아져라, 그대 분노들이여.
> 오 운명의 여신들아, 오라, 오라,
> 실과 오라기를 자르거라,
> 겁 주고, 찌부러뜨리고, 끝내고, 꺼라.
>
> (5.1.273-76)

히폴리타는 자신이 말할 수 없이 감동을 받았음을 느낀다. "내 마음이

왜 이러지? 하지만 저 남자가 너무 가엾구나."(5.1.279)

『한여름 밤의 꿈』이, 갓 서른 살이 된 셰익스피어가 그 자신의 개인적인 경험을 깊이 끌어오면서 극작가로서의 자아를 성찰하는 작품이라면, 거기서 그는 연극 무대라는 것을 두 가지 측면으로 나누어서 받아들였다. 마술적이고 비인간적인 요소를 지닌 것으로서 상상력의 힘을 활용하여 현실의 구속으로부터 자유롭게 풀려나는 측면이 있고, 동시에 또 너무나 지나칠 정도로 인간적인 요소, 그가 장인들의 직업에서 연결 짓듯이 건물, 잘 짜인 무대, 의상, 악기 등과 같은 현실에서의 공연 행위에 필요한 물질 구조를 만들어 내야 하는 측면이 있다. 이 물리적 구조들이 바로 마술적 상상력이 깃들 수 있는 공간과 이름을 부여한다. 그는 연극 공연이 이루어지는 극장이라면, 관객에게 이처럼 환상적인 일탈의 체험을 줄 수 있어야 하며 동시에 아주 견고하고 일상적인 현실의 토질도 갖고 있어야 한다는 것을 이해했고, 또한 관객도 이를 이해하기 원했다.

그 현실의 건강한 토질이 바로 그의 창조적 상상력의 기반이 되는 부분이었다. 그는 자신이 살다 온 작은 시골 마을의 소박한 세계와 고대 시인 아리온의 가면 뒤에 여느 평범한 필부의 얼굴이 있었다는 것을 결코 잊지 않았던 것이다.

2 재건의 염원

1680년 무렵 독특하고 수다스러운 전기 작가 존 오브리(John aubrey)는, 스트랫퍼드에 전해 내려오는 이야기에 따르면 윌 셰익스피어가 자기 아버지의 뒤를 이어 도축업자가 되기 위해 수습받는 과정에 있었고, 때때로 직접 짐승들을 도살할 차례를 맞곤 했다는 글을 남겼다. "송아지를 죽일 때면, 그는 아주 고상한 태도로 그 일을 해냈고, 장문의 연설을 하곤 했다고 한다." 젊은 셰익스피어가 어떻게 자신의 직업 문제를 해결하고 작가라는 천직을 찾게 되었는지를 조사하는 과정에서, 사소한 뜬소문에도 상당한 흥미를 가졌던 오브리는, 그가 학교를 떠난 시점인 1570년대 후반에서 1580년대 초반의 시간대와 런던에서 처음으로 전문 배우이자 극작가로 이름을 알린 1590년대 초반의 시간대 사이에 그의 삶에 무슨 일이 일어났는지를 알고 싶어 했다.

이 기간에 셰익스피어가 무슨 일을 했는지는 끝내 밝혀지지 않은 채 베일에 싸여 있다. 학자들은 이를 '잃어버린 시기'라고 부르며 — 기록을 남기고 보관하기로 유명한 사회에서 그는 이 기간 동안 철저히 자취를 감추고 그 어떤 공문서에도 흔적을 남기지 않았다. — 이 시기에 대해 무수한 추측을 낳았다. 사후 대략 75년쯤 뒤부터, 그의 생애에 관한 여러 종류의 입소문들이 생겨나기 시작했다. 이는 실제로 셰익스피어를 개인적으로 알고 지낸 사람들은 모두 죽어 사라졌지만, 그보다 어린 시절에 그의 동시대 지인들을 만났거나 아니면 그에 대한 정보를 전해 들었을 만한 사람들이 생존해 있었을 정도의 기간이다. 도축업에 대한 오브리의 이야기는 신빙성이 한참 떨어지지만 — 존 셰익스피어는 도축업자가 아니었으며, 당시의 교역법상 짐승 도살 허가도 받지 못했을 것이다. — 그가 소년 시절부터 아버지의 일을 도와 가업에 참여한 기간이 있었으리라는 것은 꽤 타당한 추측이다. 셰익스피어 가족의 가업은 헨리 스트리트에 있는 그 멋진 가택 중 일부를 차지한 가게에서 장갑을 만들어 파는 일이었다.

가끔 짬이 날 때면 시를 쓰며 시간을 보낸 것은 분명해 보이지만, 이러한 여가를 지원하기 위해 그의 가족들은 상당한 노동을 해야 했을 것이다. 종이는 비싼 물자였기 때문이다. 깔끔하게 접히고 재단된 작은 종이 50장 정도를 사려면 최소한 4펜스 정도가 들었는데, 이는 맥주 500밀리리터 정도를 사는 것과 비슷하고, 건포도 500그램이나 양고기 500그램과 쇠고기 500그램, 달걀 스물네 개나 혹은 빵 두 덩어리를 사는 것보다는 비싼 금액이었다. 아마 어린 윌은 『좋으실 대로』에 나오는 올랜도(Orlando)처럼 자신의 시구를 종이 대신 나무에 새겼을지도 모른다. 어쨌든 그 역시 일을 해야 했다.

그러고 보면, 시인으로서의 특출난 재능이 어느 한 장갑 거래에서 발휘되어 기이한 흔적으로 남아 있기도 하다. 1582년 알렉산더 아스피날(Alexander Aspinall)이라는 사람이 왕립 신축 학교의 교장으로 스트랫퍼드에 왔다. 이즈음 윌은 이미 그곳에서의 학교 생활을 마친 직후였으나 어린 동생들은 아마도 아직 그 학교에 다니고 있었을 것이다. 17세기에 어떤 사람이 쓴 평서문집 — 기억할 만한 문구나 궁금한 것들을 적곤 하던 작은 수첩 — 에 남아 있는 기록에 따르면, 아스피날 선생은 당시 구애하던 여성에게 장갑 한 켤레를 선물하면서 이러한 시구절을 덧붙였다고 한다.

선물은 약소하나, 모든 의지(will)를 담아서.
— 알렉산더 아스피날

장갑은 아마도 존 셰익스피어의 가게에서 구매한 물건이었을 것이다. 함께 보낸 꽃다발에 이 유명한 시인의 흔적이 엿보였던 것이다. "선생께서 사랑하는 여인분께 보내 드리는, 장갑 한 켤레(Shaxpaire)입니다." 연극 대본을 쓰는 직업에 뛰어드는 대신, 윌은 자신의 고향에 머물러 고객의 목적에 맞는 글귀들을 대필해 주면서 그 사이에 교묘히 자신의 이름(Will)을 집어넣을 줄 아는 재치 있는 작가로서 근근히 생계를 꾸려 갔을 수도 있다.

사실 그가, 그 모든 것들을 완전히 뒤로하고 의식적으로 봉인해 버린 것은 아니다. 장갑, 외피, 가죽은 셰익스피어의 연극에 종종 등장하는 소재며 작가 본인이 이쪽 계열 사업에 꽤 사리가 밝고 친숙하다는 느낌을 준다. 로미오(Romeo)는 줄리엣(Juliet)의 뺨을 어루만질 수 있도록, 자신이 그녀의 손에 끼워진 장갑이라면 좋겠다고 이야기한다. 『겨울 이야기』에 나오는 행상인은 그의 짐 꾸러미 속에 든 향취 가공된 장갑이 "다마스크 장미처럼 향기롭다."라고 말한다.(4.4.216) "양피지는 양의 가죽으로 만드는 것이잖는가?" 햄릿이 묻자 "그렇습니다, 저하. 그리고 송아지 가죽으로도 만들지요." 호레이쇼(Horatio)가 대답한다.(5.1.104-5) 『실수 연발』의 관리는 송아지 가죽으로 된 제복을 입는데, 그는 "가죽으로 지은 악기 케이스에 담긴 베이스비올"을 연상시킨다.(4.3.22) 『말괄량이 길들이기』에 나오는 페트루치오(Petruchio)는 양가죽으로 만든 안장을 가지고 있다. 『줄리어스 시저』에 나오는 구두 수선공은 소가죽 재질의 구두 밑창을 가는 사람이다. 『겨울 이야기』에 따르면, 땜장이들은 돼지가죽으로 만든 가방을 갖고 다닌다. 『한여름 밤의 꿈』에서 요정들이 날아다니는 환상적인 세계를 표현하고자 했을 때, 셰익스피어는 이 장갑 제조업의 세계를 축소해서 반영하는 듯한 묘사를 보여 주었다. 뱀들의 "에나멜을 씌운 피부"는 "한 요정을 감쌀 수 있을 만큼 충분히 널찍했고" 요정 여왕의 추종자들이 박쥐들을 대상으로 벌인 전투는 "그들의 가죽 날개를 얻기 위함이었다./ 내 작은 요정 외투를 만들 수 있도록."(2.1.255-56, 2.2.4-5)

셰익스피어에게, 가죽이라는 소재는 생생한 세부적 현실성을 보여 주기 위한 수단이었을 뿐만 아니라 은유를 담은 상징물이기도 했다. 그것은 그가 자신의 세계를 조립하려 할 때 자연스럽게 머릿속에 떠오르는 중심 이미지였다. "재치를 보여 주려는 문장이란, 새끼 염소 가죽(cheverel)으로 만든 장갑 같은 거지."라고 『한여름 밤의 꿈』의 광대 페스티는 언어가 얼마나 쉽게 왜곡될 수 있는지를 지적하며 빈정댄다. "밖으로 나와선 안 될 쪽이 얼마나 금방 뒤집혀 드러나게 되는

지."(3.1.10-12) 장갑 가게에서 아버지의 사업을 돕던 소년 윌은, 좋은 '새끼 염소 가죽'이 갖는 특성들을 분명히 살펴본 경험이 있었고 특출난 탄력성과 유연성 덕에 값지게 취급되던 그 가죽의 특성에 강한 인상을 받았을 것이다. "오, 이건 마치 새끼 염소 가죽 같은 재치로군." 머큐쇼(Mercutio)는 이렇게 로미오를 놀린다. "1인치 폭에서 1엘 넓이에 달할 정도로 잘 늘어나는 재치야.(1엘은 45인치기 때문에, 이는 상당한 수준의 증대다.)"(『로미오와 줄리엣』, 2.3.72-73)『헨리 8세』의 앤 볼린(Anne Boleyn)은 노파에게서 "부드러운 새끼 염소 가죽 같은 당신의 양심"이 왕의 선물을 받아들일 것이라는 말을 듣는다. "아가씨께서 기꺼이 그것을 잘 잡아 늘리기만 하신다면."(2.3.32-33)

존 셰익스피어는 가죽과 마찬가지로 양털도 사고팔았다. 양모 상인들에게만 권한이 전적으로 위임되어 있는 상거래 법칙을 어겼던 것이다. 하지만 '양털 낚기'라고 불리던 밀수 거래는 꽤 수익성이 있는 사업이었기 때문에, 그는 마을 내부와 지역 전반에 걸쳐 넓은 범위의 거래처를 두고 위험을 감수하면서 일을 감행했던 것 같다. 거래를 성사시키기 위해 존은 양을 치는 농장과 시골 시장을 돌아다니면서 외부 출장을 자주 다녔을 테고 큰아들 윌을 이런 사업상의 여행에 종종 동반했을 터다. 이런 경험에서 얻은 기억들은 오랜 시간이 지난 뒤 다시 윌의 상상력 속에 자리를 잡은 것처럼 보인다.『좋으실 대로』의 양치기는 자기네들이 꾸준히 "암양들을 취급하고 있다."라고 말하며, 그와 자기 동료들은 예절 바른 궁정 가신들처럼 상대방의 손을 붙들고 손등에다 입을 맞추지 않는다고 설명한다. "그리고 그 깎아 낸 털 뭉치들은, 아시겠지만 기름기에 절어 있거든요."(3.2.46-47) 그리고『겨울 이야기』의 시골 사람은 깎은 양털 값으로 얼마나 받을 수 있을지를 주의 깊게 가늠하면서, 생식 기능을 없앤 숫양을 뜻하는 '거세양(wether)'이나 양털 28파운드를 세는 단위인 '동(tod)' 등 전문적인 단어들을 사용하는데, 이는 아마도 윌이 어린 시절에 아버지 곁에서 함께 들었을 법한 단어들이다. "어디 봐유. 전부/ 거세 양털이 열한 동이고, 한 동마다 1파운드랑 몇 실링이니께. 1500을 깎았으면, 양털은 어떻게 되나?"(4.3.30-32) 존 셰익스피어의 가게로 쓰였던 집의 한쪽 건물이 19세기에 한 층 더 신축되었을 때, 마룻장 아래 땅에 양털 몇 뭉치가 묻혀 있었던 것이 발견되었다.

그의 연극과 시에는, 헨리 스트리트에 자리했던 가게와 주변 시골 풍경의 흔적들도 보존되어 있다. 윌이 태어난 해인 1564년보다 3년 앞선 날짜로 기록된 한 법적 문서에는 그의 아버지가 '아그리콜라(agricola)', 즉 라틴어로 농부라고 기입되어 있다. 스트랫퍼드에 정착하고 나서 한참의 시간이 흐른 뒤, 존 셰익스피어는 농산물 거래를 넘어서서 스트랫퍼드 일대의 경작지를 사고파는 일에도 손을 댔다. 틀림없이 윌은 항상 아버지, 어머니를 따라 주변의 시골길을 돌아다녔을 것이다.(엘리자베스 시대의 스트랫퍼드는 고작 2000명 정도가 사는 마을이었고, 주변의 가까운 농장이나 숲은 모두 한 바퀴 산책하며 들를 만한 거리에 옹기종기 모여 있었을 것이다.) 그의 상상력이 갖춘 가장 아름답고 설득력 있는 측면은, 작품 속에서 동물들의 삶에 대해 언급하거나 기후의 갑작스러운 변화를 이야기하거나 꽃과 약초의 세부 사항을 설명하거나 자연의 순환에 대해서 말할 때, 참으로 용이하고 섬세하면서도 정확한 묘사를 한다는 점이다. 그는 전원 세계의 실무적인 요소들을 다룰 때도 마찬가지로 교묘하게 진입한다. "나는 다른 사람의 양치기요."라고, 『좋으실 대로』의 코린(Corin)은 말한다. 그는 자신을 방문한 손님들을 당장 물질적으로 극진히 대접할 수 없는 이유를 이렇게 설명한다. "내가 치는 양들의 털을 내가 갖게 되는 건 아닙니다." 이것은 귀리를 꺾어 만든 피리로 목가의 노래를 연주하는 양치기들에 대한 도시인들의 환상이 아니라, 완전히 현실적인 세계다. "제 주인은 아주 막돼먹은 기질이라." 양치기가 덧붙인다.

> 그의 오두막도, 양 떼도, 양 치는 계약도
> 모두 돈으로 팔리고 있는 형편이라, 양의 우리를 보셔도
> 주인이 안 계신 이유로 그 무엇도
> 손님들께 드시라고 내드릴 게 없습니다.
>
> (2.4.73-75, 78-81)

양치기의 '오두막' 내부도 구경해 본 적이 있었고, 또한 양을 방목할 권리, 즉 양 치는 계약도 양 떼와 함께 임대할 수 있다는 것을 알았을 만큼 윌리엄 셰익스피어에게 시골 환경에 대한 지식은 많았다. 하지만 그는 결코 시골의 농경 생활자가 아니었다. 또한 자신의 출신에도 불구하고 아버지 또한 그런 유형은 아니었다. 물론 아들은 아버지가 갖고 있던 시골 사람 특유의 지혜보다는 그가 다루던 대금업 쪽에 — 그는 이 일로 1570년에 두 번이나 법정에 출두해야 했다. — 그리고 아버지의 무역 거래에서 언급되던 현실 세계의 반영물, 훗날 자신의 연극에 그토록 자주 등장시키는 지도, 증서, 양도 같은 것에 더 강렬한 인상을 받았다. 시인 셰익스피어가 성인이 된 후, 그의 생애를 짚어 볼 수 있는 핵심적인 전기적 기록물들은 바로 부동산 증서들이다. 전기 작가들은 종종 그의 생애에 보다 인간적이고 사적인 내용 대

신, 이러한 종류의 사무적인 공증서들만 넘쳐 나는 상황을 보고 진한 아쉬움을 표현해 왔다. 하지만 인생 내내 보였던 부동산 투자에 대한 깊은 관심은, 그의 동료 극작가들에게서는 전혀 찾아볼 수 없는 종류였고, 어쩌면 그래서 누구나 쉽게 이해할 수 있는 계시보다도 그의 인간적 세부 사항을 더욱 잘 말해 주기도 한다.

어쨌든 윌의 유년기는 그의 아버지가 내보인 인상적인 사업가적 기질과 활력, 야망의 흔적들로 강하게 채색되었을 것이다. 스니터필드(Snitterfield)의 작은 마을에서 소작농의 아들로 태어난 존 셰익스피어가 본격적으로 출세길에 오른 시기였다. 1550년 후반 그는 사회적 신분 상승을 위해 결정적인 한 발을 처음 떼어 놓는데, 바로 아버지에게 소작을 주던 주인의 딸 메리 아덴(Mary Arden)과 결혼을 한 것이다. 아덴 집안의 이름은 그 자체로 상당한 의미를 갖는 사회적 자본이었다. 아덴은 워릭셔(WarwickShire)에서 가장 유명한 전통 명문가 중 하나였고, 그들의 가계는 1086년 정복왕 윌리엄(William the Conqueror)이 편찬했던 중세의 중요한 인구 재산 내역 기록서인 토지대장(Domesday Book)에도 그 이름을 올렸다. 아덴 가문의 재산 내역은 그 대장에서 네 개의 칸을 차지할 만큼 대단했으며, 스트랫퍼드 북쪽과 서쪽으로 펼쳐진 드넓은 숲은 셰익스피어 시절까지도 아덴 가문의 숲이라고 불렸다.

하지만 메리의 아버지인 로버트(Robert)가, 이 위대한 가족원 사이에서 결정적으로 중요한 위치에 있었다고 하기는 어렵다. 그는 그저 암소 일곱 마리와 안장을 씌운 수소 여덟 마리, 수송아지 두 마리, 이제 막 젖을 뗀 어린 송아지 네 마리를 소유한 나름 여유로운 농부였을 뿐이다. 사망 당시의 재산 목록을 참고한다면, 그의 집안에는 테이

블 나이프나 포크, 도자재 그릇도 없었다. 이러한 것들은 사회적인 계층의 지표로 이해할 수 있는 생활용품들이었는데, 당시 평범한 집에서는 나무로 된 접시에 음식을 담아서 손으로 집어먹었기 때문이다. 또한 그의 집에는 책들도 없었다. 아덴 가정에서, 문화적으로 가장 눈에 띄는 살림살이는 '그림이 그려진 장식 천'이었다. 이것은 색실로 그림을 짠 태피스트리의 저렴한 대체물로, 그림과 함께 훈계조의 격언이 들어 있는 것이 보통이었다. 재산 목록에 따르면 이러한 장식 천들이 홀에 두 개, 거실에 다섯 개, 침실에 네 개가 있었다.(『루크레스의 겁탈』을 쓸 때, 셰익스피어는 고향 집에서 봤을 법한 이런 격언의 기억을 아이러니한 어조로 집어넣었다. "문장 또는 노인의 톱을 두려워하는 자는/ 그림이 그려진 장식 천 속의 경이로 갇히게 되리.") 가족 중 이러한 그림 장식 천 위의 격언을 실제로 읽을 수 있는 사람이 있었는지는 확실하지 않다. 어쩌면 그들은 그저 벽에 글씨로 된 문양이 걸려 있는 분위기를 좋아했던 것인지도 모른다.

친족 관계를 매우 중요하게 고려하던 세계에서는, 비록 먼 혈연이라고는 해도 버밍엄(Birmingham) 근처의 위풍당당한 저택 파크 홀(Park Hall)의 주인 에드워드 아덴(Edward Arden)처럼 유명하고 부유한 사람을 친척으로 두고 있다는 사실이 큰 의미가 있었다. 아덴이라는 가문의 이름은 사회적 야망이 있는 사람이라면 누구라도 유력하게 받아들일 만한 이름이었고, 메리가 결혼하면서 가져온 풍요로운 지참금은 단지 그 이름만이 아니었다. 여덟 명의 딸 중 막내로 태어났지만, 메리는 아버지가 가장 사랑했던 자식이었다. 1556년에 사망하면서 — 독실한 가톨릭교도처럼 "전능하신 하느님과 우리의 성모 마리아님과 그리고 천국에서 함께하는 그 모든 신성한 영들에게" 그의 영혼을 의탁하며 — 그는 막내딸에게 꽤 많은 액수의 돈을 남겨 주었고, 가장 값진 재산인 윌름코트(Wilmcote) 마을의 애스비즈 농장과 함께 다른 영지도 물려 주었다. 존 셰익스피어로서는 상당히 이득을 보는 결혼을 한 것이다.

정확히 존이 언제 스니터필드의 농장을 떠나서 스트랫퍼드로 이주하기로 결심했는지를 말해 주는 기록은 없다. 스트랫퍼드에서 그는 장갑 제작을 배우는 수습공이 되었고, 이웃들 사이에서 곧 인정받는 인물로 떠올랐다. 1556년 아직 20대였을 무렵에, 그는 마을 자치구를 대표하는 양조 감식장이 되었다. 생산되는 빵과 술의 맛을 보고 품질을 관리하는 이 직위는 "유능하고 신중하다."라는 평판을 받는 사람에게 주어지는 자리였으며 "사사로운 이해관계에 좌우되지 않고, 자기 이성과 양심에 따라 공정하게 상벌을 처리할" 것이 기대되는 자리였다. 그다음 수년간 그는 꾸준히 공직에 올라 마을의 공무를 담당했다. 1558년에서 1559년 사이에는 마을의 평화 유지를 담당하는 치안대장과, 법령에 명시되지 않은 위약금의 액수를 정하는 벌금 사정관을 맡았으며, 1561년에서 1565년 사이에는 조합원장을 맡아서 세입 추심과 부채 납입, 건물 보수와 개조 감독 등 조합의 재산을 관리하는 일을 담당했다. 1565년에는 시 의회 의원이 되었고, 1568년에서 1569년에는 시장을 맡았고 그리고 1571년에는 시 의회장을 역임했다.

이것은 탄탄한 모범을 갖춘 시민의 전형이자, 그 지역 유지로서 활발히 활동하며 대중의 호감과 신뢰를 받는 한 공적 인물의 기록을 유감없이 보여 준다. 튜더 왕조 시대의 가부장적인 스트랫퍼드라는 세계에서, 나라 공무원들이 갖는 권위는 결코 가볍지 않았다. 존 셰익스피어가 업무를 맡았을 무렵의 치안대는 가톨릭과 개신교 사이에서 폭력 발발의 의혹과 위험성이 매우 강하게 두드러지던 시대의 사회 질서를 유지하기 위해 상당히 고군분투하고 있었다. 시 의회 의원들은 "부도덕하게" 살고 있다는 의혹을 받는 주민들의 생활상을 들여다볼 권한을 갖고 있었으며, 주인에게서 도망친 하인들이나 저녁 9시 통금 이후에 허락없이 집의 문밖을 나선 수습생들을 체포하라는 명령을 내릴 수도 있었다. 그들은 "잔소리를 쨍쨍거린다."라고 고발된 아내가 "징벌 의자"에 묶인 채로 에이번의 강물 아래로 처박히게 될지 말지를 결정하기도 했다. 그리고 엘리자베스 시대의 시장직은, 현재 우리가 생각하는 시장의 직위와 업무로는 상상하기 힘든 종류의 권한까지도 지니고 있었다. 시장의 허락 없이는 어느 주민도 외부인을 집 안에 들일 수 없었던 것이다. 존 셰익스피어의 업무 중 많은 부분은 지역 거물과의 정기적인 연락이 포함되어 있었다. 중세 봉건 시대부터 스트랫퍼드를 봉토로 삼아 온 유서 깊은 가문의 영주 워릭 백작(Earl of Warwick), 찰코트(Charlecote) 근처의 자택에 여왕을 모시기도 했던 영지 내의 부유한 귀족 토머스 루시 경(Sir Thomas Lucy), 위세가 높고 박학다식한 우스터의 주교 에드윈 샌디스(Edwin Sandys) 등이 바로 그러한 인물들이었다. 물론 이런 원로들이 스트랫퍼드를 직접적으로 다스린 것은 아니었다. 스트랫퍼드는 1553년에 왕립 자치구로 인증되어 독립성을 갖춘 마을이었지만, 이러한 거물들 또한 그 명성만큼 상당한 권력과 영향력을 행사했기 때문에 지역 관리들은 이들의 권리를 상호 유지해 주기 위해 교묘한 요령과 계책을 부릴 줄 아는 정치적 기술을 보유해야만 했다. 존 셰익스피어는 이러한 업무에 능수능란했던 것이 틀림없다. 그렇지 않았다면 그 많은 공직을 역임하며 신뢰를 받기가 어려웠을 것이다.

그러다 윌이 열세 살쯤 됐을 무렵, 그토록 자신감 넘치게 출세길을 달리던 아버지의 상황이 내리막길을 타기 시작했다. 열네 명으로 구성된 스트랫퍼드 시 의회 의원 중 하나이던 존 셰익스피어가 공직을 맡은 13년 동안 마을 의회 회의에 불참한 것은 단 한 번뿐이었다. 그러다 갑자기 1577년부터 그는 회의에 전혀 나가지 않았다. 그는 아마 의회에 좋은 친구들을 많이 두었던 것 같다. 왜냐하면 나머지 의원들이 계속해서 그의 불참 벌금을 면제해 주고, 납세액을 줄여 주고, 공무 기록에 계속 그의 이름을 올려 주었기 때문이다. 한때는 그가 형편이 어려운 마을 사람들에게 자비를 베푸는 입장이었으나 이제는 상황이 달랐다. 1578년에 마을 조합은 투표를 통해서 시 의회 의원들은 매주 4펜스씩 빈곤층을 위해 복지 세금을 내도록 하는 법안을 통과시켰는데, 현직 의원 중 '존 셰익스피어 씨'만은 이 세금을 면제받았다. 이 면제 혜택은 셰익스피어에 대한 마을의 전례 없는 호의적 제스처를 보여 주는 것이었다. 아무리 재정난을 겪고 있다고 해도, 시 의회 의원이 이렇게 특별한 열외로 취급되는 일은 거의 없었다. 그가 마을 치안대에 필요한 미늘창 담당 네 명, 창 담당 세 명, 활과 화살 담당 한 명의 인력과 장비 지원비에 대해서 극도로 낮게 책정된 세금을 부과받았을 때도 이러한 호의는 반복되었다. 이로 미루어 짐작해 보면 존 셰익스피어는 참으로 흔치 않은 매력과 유용한 능력을 겸비한 사람이었던 듯하다. 곁에서 지켜보는 동료들이 계속해서, 어떻게든 그가 자신을 추슬러 다시 공직에 복귀하기를 바라게 하는 그런 사람 말이다. 하지만 여전히 그는 회의에 참석하지 않았고, 밀린 자금을 갚는 일에 어려움을 느낀 듯 보였다. 심지어 금액을 줄여 준 세금까지도 말이다. 결국 1586년까지 불참 상태가 이어진 끝에, 셰익스피어의 이름은 시 의회 의원 명단에서 지워졌다. 이쯤 되자 그는 이제 더 이상 스트랫퍼드의 중요한 유지로 인정을 받지 못하게 되었다. 공적인 인물로서의 경력뿐 아니라, 사적인 상황도 분명히 악화되었다.

존 셰익스피어는 돈이 필요했다. 어찌나 돈이 급했던지, 1578년 11월에는 대다수의 엘리자베스 시대 가정들이 끔찍하게 여기며 차마 하지 못하는 일을 감행하기까지 했다. 바로 집의 재산을 팔고 저당을 준 채 돈을 빌린 것이다. 재산의 일부만 건드린 것도 아니다. 불과 몇 년 사이에 그는 아내가 아버지로부터 물려받은 재산을 거의 다 탕진했다. 바로 쓸 수 있는 현금을 꾸어 오느라 메리가 결혼하면서 이 집에 가져온 재산들은 남편의 무절제한 손가락 사이로 술술 빠져나갔다. 그녀의 아버지가 경작했던 스니터필드 땅에서 들어오는 수입은 4파운드에 팔렸다. 애스비즈는 아마도 대량의 선납금을 조건으로 명목뿐인 헐값의 임대료를 받으며 세를 주었을 것이다. 그리고 1579년에는 윌름코트의 또 다른 집과 56에이커의 경지가, 바턴온더히스(Barton-on-the-Heath)에 사는 그의 동서 에드먼드 램버트(Edmund Lambert)에게 40파운드를 빌리고 잡힌 담보로 들어갔다. 이렇게 빌려 온 현금은 꽤 빠르게 동이 나고 말았다. 이듬해 빌린 돈을 갚아야 하는 시간이 오자, 존은 그것을 갚지 못해 재산을 잃게 되었다. 몇 년 후 그는 두 번이나 이 땅을 되찾기 위해 소송을 제기하면서, 지불금을 납입한 사실이 있다고 주장했지만 법정은 램버트의 손을 들어 주었다. 윌의 어머니 메리가 가져온 결혼 지참금 중 남아 있는 것은, 이제 아덴이라는 가문의 이름뿐이었다.

존 셰익스피어의 재정 상황에 대한 가장 충격적인 단면을, 당시 여왕의 칙명을 수행하던 정부 행정관들의 깐깐한 조사 결과를 통해 일별해 볼 수 있다. 정부는 종교의 통합을 달성하기 위해서 강박적으로 힘을 쏟고 있었다. 비록 여왕 본인은 국민 각 개개인의 영혼을 갈라서 그들의 사적인 신념을 일일이 추궁하고 싶지 않다고 선언했지만, 사실상 자신이 지켜볼 수 있는 한 가능한 많은 수의 신민들이 공식 개신교를 외적 신앙의 형태로 채택하기를 원했다. 최소한 한 달에 한 번씩 모든 국민은 영국 국교회의 일요 예배에 참석하도록 기대되었는데, 이 예배에서는 영국 국교회 기도서가 사용되었으며 예배를 이끄는 성직자들은 중앙 정부의 종교 지도자들이 작성해서 보낸 국가 제정 설교문의 골자대로 강론을 하게 되어 있었다. 예배 참석은 법으로 강제되었고, 이를 어길 경우에는 벌금과 기타 처벌의 대상이 되었다. 1581년까지는 벌금의 액수가 적어 납부자의 부담이 크지 않았으나, 그 이후 종교 반체제 인사들에 대해 조직적인 엄중 단속이 이루어지면서, 벌금의 액수는 천문학적으로 커졌다.

 1591년 가을, 정부는 국토 내 모든 주의 의원들에게 공문을 내려 월간 예배에 불참하는 사람들의 명단을 추리도록 지시했다. 존 셰익스피어의 이름도 지역 공무원들이 작성한 목록에 올라가 있긴 했는데, 다음과 같은 주석과 함께 따로 추려졌다. "다음 아홉 명은 처리되는 과정의 염려로 인하여 불참하고 있습니다." 몇 달 후에 의원들은 최종 보고서를 제출하면서 이 설명을 다시 반복하여 썼다. "위의 최종 아홉 명은 채무에 대한 염려로 인하여 교회에 오지 못하고 있다고 합니다." 이 설명이 종교적 반동을 은폐하려는 시도가 아니라 말 그대로 정직한 내용이라면, 과거 스트랫퍼드의 대표자로서 마을의 치안과 판결을 담당하던 이 전직 시장은 마을 사람들이 모두 교회에 모이는 일요일에도 — 그리고 짐작하자면, 다른 날들도 마찬가지로 — 체포당하는 것을 피하기 위해 집에서 두문불출했다. 한때 출세가도를 걷던 공공 인물이 지금은 더없이 은밀한 사적 인물이 된 것이다.

존 셰익스피어가 죽은 듯이 칩거 중이던 1591년에, 그의 장남은 이미 집에서 자취를 감춘 상태였을 것이다. 그가 런던에 사는 극작가로 언급되는 것이 바로 그다음 해이기 때문이다. 하지만 아버지의 치욕적인 몰락은 그동안 내내 이어져 오던 집 안에서의 감정적 드라마의 마지막 장면이었을 테고, 윌의 청소년기 전체 또한 틀림없이 그 내용을 따라 전개되었을 것이다. 조금씩 나이를 먹어 가면서, 윌은 무엇인가 심각하게 잘못되어 가고 있다는 것을 예민하게 느꼈을 것이다. 눈앞에 펼쳐지는 상황들에 무관심할 수는 없었다. 이 세상에 버티고 서 있던 아버지의 입지가 무참히 가라앉고 있었다. 그 아버지의 장남이자 후계자인 자신이, 성인으로서 세상에 발을 디디려 하는 바로 그 순간에.

이 같은 몰락의 원인은 무엇이었을까? 지금과 마찬가지로 그때도 사업이 잘되는 경기가 있고 안 되는 경기가 있었다. 16세기 후반은 중부 지방의 경제가 특히 어려운 시기였고, 형편이 어려운 시기에는 사람들이 우아한 장갑 같은 고가의 사치품을 소비하는 경향이 현저히 낮아졌을 것이다. 하지만 비슷한 규모와 상황에 있던 다수의 다른 상인들은 이렇게 한순간에 무너지지는 않았다. 스트랫퍼드의 동료 행정 위원이었던 에이브러햄 스털리(Abraham Sturley)는 1594년 9월 22일 마을 거리 몇 군데를 휩쓴 화재로 인해 집을 잃고 재정적으로는 원상태를 회복하지 못했지만, 어찌어찌 장남 헨리를 옥스퍼드 대학에 진학시켰고 차남 리처드도 그다음 해 옥스퍼드에 보냈다. 또 다른 스트랫퍼드의 중산층 시민이었던 윌리엄 파슨스(William Parsons)도 같은 화재로 집을 잃고 재산을 잃었지만, 그 역시 아들을 옥스퍼드로 진학시켰고 마을 시 의회 의원과 치안 판사라는 공직에 계속 머물렀다. 존 셰익스피어의 빚, 담보, 벌금, 손실 그리고 그렇게 갑작스럽고 황망하게 전직 공인 생활로부터 완전히 사라져 버린 것은, 장갑 사업의 경기 위축 이상의 무엇인가가 원인으로 작용했으리라는 점을 암시한다.

가장 가능성이 높아 보이는 원인은 그의 주된 수입원에 대해 정부 차원에서 가해진 날카로운 철퇴였다. 1570년대 중반부터 시장에 유통되는 양털이 부족해지자 정부 당국은 그 원인을 존 셰익스피어 같은 "양털 낚이꾼"들의 탓으로 돌렸는데, 당시 존 셰익스피어는 이미 두 번이나 불법 거래자로 당국에 고발된 상태였다. 1576년 10월 여왕의 주된 자문 위원회인 추밀원(Privy Council)에서는 양모 상인들을 소환하여 조사를 시행했으며, 11월에는 일시적으로 모든 양모 거래를 금지시켰다. 그리고 그다음 해에는 적발된 모든 양털 낚이꾼들을 대상으로, 이후 불법 거래를 하지 않겠다는 보증금으로 엄청나게 큰 금액인 100파운드씩 국가에 지불할 것을 요구했다. 존 셰익스피어에게는 모두 끔찍한 소식이었다.

또 다른 재정 문제가 발생하면서 상황은 더욱 악화되었다. 1580년에 여왕의 이름으로 발행된 200명이 넘는 매우 긴 명단의 공문이 내려왔고, 이름이 언급된 자들은 모두 6월 정해진 날짜에 웨스트민스터에 있는 여왕의 재판 법원에 출두하여 "여왕과 그의 신민 간의 평화를 공고히 하도록" 서약을 하라고 요구하는 내용이었다. 존 셰익스피어의 이름도 명단에 올라 있었다. '서약을 한다는 것'은 근신 명령을 받는 것과 대략 비슷한 의미인데, 16~17세기에 필수적으로 활용되던 저수위의 감찰 활동 및 범죄 예방 방식이었다. 누군가, 어떤 사람을 대상으로 그가 자기 개인의 생명이나 복지에 해악을 끼치거나, 전체 공동체의 복지에 해악을 끼치고 있다고 맹세하는 고발을 하면, 법원에서는 그 고발된 피의자에게 법정에 출두하여 여러 수단으로 자신의 무해한 의도를 증빙하고 이에 따른 보증 또는 보석을 지불하도록 요구하는 소환 명령서를 발행할 수 있었다. 남아 있는 기록으로는 누가 존 셰익스피어를 고발했는지, 혹은 그 이유가 무엇인지는 알 수 없다. 그의 불법 양모 거래 때문이었을까, 아니면 맹렬한 공격의 말이 오가던 어느 술자리에서의 말다툼 때문이었을까, 그것도 아니면 그가 옳지 않은 종교적 신념을 갖고 있다는 의심을 받았던 것일까? 그는 그와 함께 법원에 출두해 줄 네 명의 보증인을 어찌어찌 준비하긴 했다. 그리고 그중 한 사람에겐 자기 자신이 다시 그의 보증인을 서 주겠다고 약속하기도 했다. 하지만 정해진 6월 그날에는 존도, 그의 보증인들도 법정에 출두하지 않았으며, 그들의 불참 이유는 여전히 밝혀지지 않은 상태다. 그들은 법원으로부터 벌금을 부과받았는데, 존은 그 자신을 위해 20파운드를 내야 했고, 그가 보증을 서 주기로 했던 노팅엄의 모자 제조인 존 오들리(John Audley) 앞으로도 20파운드를 내야 했다. 다른 여러 곤경들이 한꺼번에 밀려오는 가운데, 이것은 그가 도저히 마련할 수 없는 금액이었다.

그의 가족에게 닥친 여파는 가혹했던 것 같다. 스털리와 파슨스의 아들들과 달리, 윌은 옥스퍼드 대학으로 진학하지 못했고 존 셰익스피어의 다른 아들들도 마찬가지였다. 이는 비슷한 생활 환경에 있던 다른 집 또래 자제들과 비교해도 결정적인 차이라 할 수 있었다. 18세기 초기에 셰익스피어의 전기를 편찬한 니컬러스 로(Nicholas Rowe)는 존 셰익스피어가 자신의 큰아들을 스트랫퍼드 문법 학교에 보내서 라틴어를 배우도록 했으나 "형편이 빈약해진 탓에 가정에서 도움을 요구하는 관계로, 그의 아버지는 거기서 그를 빼내어 애석하게도 장차 이뤄질 라틴어 숙달을 막아 버렸다."라고 썼다. 로는 존 셰익스피어가 열 명의 자녀를 두었다고 잘못 알고 있었으니, 나머지 세부 사항들도 부정확할 가능성이 있다. 하지만 집안 일손으로 활용하기 위해 아들을 학교에서 자퇴시켰다는 이야기는, 1570년 후반 기록으로 남아 있는 셰익스피어의 궁핍한 가정 경제 상황과도 맥락이 맞아떨어진다. 어느 시점에 와서는, 장남이 라틴어 문장이나 읊고 있다는 사실이 상황에 맞지 않는 터무니없는 사치로 보였으리라.

"아버지께서는 나에게 좋은 교육을 해 주라는 유언을 형의 손에 맡기셨는데." 목가적 배경의 희극인『좋으실 대로』에서 올랜도는 그의 나쁜 형에게 항의한다. "형은 나를 시골 무지랭이처럼 만들었어. 신사다운 모든 교양들은 내게서 감춰 버리고 숨겨 뒀지."(1.1.56-59) 신사와 시골 무지랭이의 차이를 만드는 것은 좋은 교육을 받았는지의 여부였다. 하지만 셰익스피어는, 모든 관점에서 보더라도, 옥스퍼드나 케임브리지 대학으로 진학하지 못한 데 대해 그 어떤 후회나 아쉬움도 드러내지 않으며, 좌절된 학자의 꿈에 대한 그 어떤 징후도 보여 주지 않는다. 그의 작품의 어떤 부분에서도, 그는 학교에 대해 지극히 감상적인 시각을 제시하지 않는다. "책가방을 들고 흐느껴 칭얼대는 학생 아이/ 달팽이 기어가는 것처럼, 번들거리는 아침의 얼굴/ 학교에 가기가 싫어서"라는 『좋으실 대로』에 나오는 자크(Jaques)의 묘사는 상실된 행복에 대한 추억과는 거리가 멀다.(2.7.144-46) 『윈저의 즐거운 부인들(The Merry Wives of Windsor)』에 나오는 라틴어 강습 장면은 분명, 셰익스피어 본인이 왕립 신축 학교를 다니며 겪었던 직접적인 기억과 굉장히 유사한 내용임에 틀림없다. "우리 남편은 우리 아들이 책을 들여다봤자 생기는 게 아무것도 없대요."라고 페이지 부인(Mistress Page)이 웨일스인 교사 휴 에번스 경(Sir Hugh Evans)게 불평하고, 에번스는 꼬마 윌리엄(William)과 학습 진도를 나가는데 그의 웨일스 억양이 영국 사람들의 귀에는 재미나게 들렸을 것이다.

에번스: '라피스(*lapis*)'란 무엇이라지, 윌리엄?
윌리엄: 돌멩이요.
에번스: 그럼 '돌멩이'란 무엇이라지, 윌리엄?
윌리엄: 자갈이요.
에번스: 아니야, 그건 '라피스'야. 부디 머리에 잘 정리해 부려라.
윌리엄: '라피스'요.
에번스: 윌리엄이 아주 잘하는구나야.

(4.1.11-12, 26-32)

암기식 학습의 지루했던 기억이 잘 드러나는 가운데, 말장난도 — 가급적이면 외설적인 의미를 담은 말장난일수록 — 학생 시절의 셰익스피어가 이 고된 과정의 지루함을 덜기 위해 차용한 주된 심리적 유희였을 것이다. 언어 학습 도중에 소유격(genitive)은 생식기(genitals)를 의미하는 말처럼 슬쩍 바뀌고, '이것'을 뜻하는 라틴어 단어는 '창녀(whore)'를 뜻하는 단어처럼 들리게 된다.

에번스: 너의 복수형 소음경(genitive case plural)은 무엇이라지, 윌리엄?

월리엄: 소음경(Genitive case)이요?

에번스: 그래.

월리엄: 소음경 순서: "인연의, 쌍연의, 인연의."(*Genitivo: "horum, harum, horum."*)

퀴클리 부인: 떼끼, 제니 얘기를 하다니! 창피하게도! 그 창녀는 입에도 올리지 말거라, 애야.

(4.1.49-54)

라틴어 수업을 떠올릴 때마다, 심지어 그냥 언어 수업을 떠올릴 때도 셰익스피어의 머릿속에서는 저속한 말장난이 늘상 풍부하게 넘쳐 흘렀다. "'발(*les pieds*)'과 '옷(*la robe*)'을 뭐라고 하나요?"라고 『헨리 5세』에 등장하는 프랑스 공주가 '발(feet)'과 '옷(gown)'을 뜻하는 영어 단어를 물었을 때, 가정 교사의 대답은 그녀를 당황시킨다. "'시발(de foot)'과 '보옷(de cown)'이라고 합니다, 마담." '시발'이라는 단어에서, 그녀와 관객들은(관객 중에 최소한 농담을 알아들은 사람들은) 프랑스어로 '성교하다.'라는 뜻을 가진 단어 *foutre*를 듣게 되고, '옷'이라는 발음을 살짝 뭉개 '보옷'이라고 발음할 때 '여성의 성기'를 뜻하는 단어 *con*을 듣게 된다.

캐서린: '시발(de foot)'과 '보옷(de cown)'이라고요? 오, 하느님 주여! 정말 악마 같은 소리의 단어들이네요. 쉽게 오해받고, 상스럽고, 품위 없어, 조신한 숙녀들이 쓸 만한 말이 아니군요!

(3.4.44-49)

이러한 것들은 사실상 대단한 재미까지는 몰라도 400년이 흐른 지금에 와서도 여전히 키득대는 웃음소리를 자아낼 수 있으며, 길고 지루한 학교에서 하루를 보낼 때 마음의 짐을 조금 덜어 주는 역할은 해냈을 것이다. 하지만 이것을 학자가 되지 못한 현실에 대한 아쉬움의 표현이라고 보기는 힘들다. 벤 존슨이 로마를 배경으로 한 자신의 연극과 고풍스러운 고전 문체로 쓴 가면극에다 심각하고 학술적인 주석을 달았던 반면, 셰익스피어는 웃음을 터뜨리며 실없는 야한 농담을 끄적거렸다.

학교 생활이 공식적으로 끝났다는 것은 윌에게 있어 장갑 사업을 관리하는 데 더 많은 시간을 할애하게 되었다는 것을 의미했을 것이다. 새끼 염소 가죽과 사슴 가죽의 특징에 대해 알아 가게 되는 것 말이다. 셰익스피어 가정의 모든 자녀들이 아마도 이 가족 사업을 도왔을 것이다. 하지만 1570년 후반 이후에는 도와야 할 사업 자체가 별로 남아 있지 않았을지도 모른다. 1566년에 태어난 윌의 남동생 길버트는 마을 기록상으로 '바느질 도구 판매상'으로 남아 있고, 1580년에 태어난 에드먼드는 윌을 따라 런던으로 가서 배우가 되었다. 1574년 태어난 셋째 남동생 리처드의 경우에는 40년 남짓한 인생을 어떻게 보냈는지 말해 주는 기록이 남아 있지 않다. 하지만 그 역시 장갑 제작을 하진 않았던 것 같다. 만약 그가 아버지의 사업을 이어 갔고, 나름의 성공을 거두었다면 어떤 흔적이라도 남아 있을 텐데, 그런 흔적이 없기 때문이다.

햄릿은 호레이쇼에게, 사람에게는 가끔 "자연의 잔혹한 기질"이 나타난다고 말한다.(1.4.18.8) 사람에게는 선천적인 경향이나 약점이 있어서, 어쩌면 완전히 존경받을 만한 인생을 될 수도 있었을 것을 망쳐 버린다는 것이다. 햄릿이 우울하게 주목하는 그 특정한 약점은 바로 덴마크의 국민적인 습관이라 할 수 있는 과음인데, 그의 말에 따르면 "적정량에 맞춰 절제하기보다 그것을 위반하는 데 더 명예가 있다고 간주되는 것"이다.(1.4.18) 다른 나라에서는 우리를 술주정뱅이라 부른다고 한탄하면서, 햄릿은 이러한 비난으로 인해 우리의 평판이 훼손된다고 말한다.

> 그리고 또한 그것은
> 드높은 성취를 이끌어 낸 우리의 찬란한 성과로부터
> 우리 본연의 속성의 핵심과 골수를 빼앗아 가네.
>
> (1.4.18.4-6)

이 약점을 보다 깊이 고찰하는 햄릿의 이 대사는 다소 생경하게 느껴진다. 마치 머릿속에 떠오른 생각들이 그 자신을 말로 풀어내고 있는 듯이 이례적으로 강렬한 이 대사들은 동시에 좀 엉뚱하기도 한데, 그의 교활하고 계산적인 숙부나 동료들도, 이 비극의 그 어떤 장면에서도 딱히 술주정뱅이로 묘사된 적이 없기 때문이다. 『햄릿』의 이 부분은 마치 셰익스피어가 밀고 나가지 않기로 결정한 생각이나 잘못 짚어 낸 시작을 보여 주기라도 하는 것처럼 갑자기 단칼에 끝나 버린다.

혹시 이것이 아버지가 몰락한 원인을 설명하는 좀 더 심층적인 단서는 아닐까? 1556년에는 그 자신이 자치구 대표 양조 감식장을 맡기도 했던 그 남자가, 개인적인 문제들로 인해 깊은 술독에 빠지고 말았던 것일까? 17세기 중반에 와서 대중이 이 위대한 극작가의 생애에 대해 호기심을 갖기 시작할 때쯤, 로체스터(Rochester)의 부주교로 있던 토머스 플룸(Thomas Plume)은 스트랫퍼드의 장갑 장수에 대해 들었던 얘기를 기록해 두었다. 이 "두 뺨에 기분 좋은 홍조가 든 노인"의 가게에서 그를 본 누군가가, 그의 유명한 아들에 대해 물었다고 한다. "윌은 착하고 성실한 녀석이었지." 아버지는 이렇게 대답했으며, 이어서 마치 도전이라도 받은 것처럼 덧붙였다고 한다. "하지만 수시로 그놈에게 장난을 쳐서 웃기곤 했던 건 나였어." 이 일화는 실제 이를 직접 눈으로 본 증인의 목격담이라기엔 너무 늦은 시기에 등장한 것이라 신빙성이 떨어지지만, 실제로 존재하던 한 사람의 인성을 느낄 수 있는 흔적을 표현해 주고 있긴 하다. 싹싹하고, 사람 좋고, 자기 아들을 자랑스럽게 여기면서도 동시에 살짝 경쟁심을 드러내며, 그리고 단지 쾌활한 기분이나 고령을 넘어선 또 다른 원인으로 인해 "두 뺨에 기분 좋은 홍조가 든" 사람을 말이다.

극작 경력에서, 셰익스피어는 음주벽에 관한 주제를 꾸준히 염두에 두었다. 그는 햄릿의 달변을 통해 자신에 대한 혐오감을 드러낸 바 있다. 하지만 그는 또한 이 유쾌한 바보짓에 매료되기도 했다. 활기 넘치는 농담들의 폭주, 애교 섞인 헛소리, 예의나 격식을 따지지 않는 담백함, 취중에 번득이는 통찰력, 이 세상의 걱정거리들을 마법처럼 지워 버리는 것…… 심지어 알코올이 가져올 수 있는 파멸적인 결과에 대해 묘사하는 중에도, 셰익스피어는 결코 사람들에게 절제를 훈계하는 설교문 같은 어조를 차용하지 않았다. 『십이야』에서 술주정뱅이에 무모한 성미를 가진 토비 벨치 경은 금욕적인 도덕주의자 말볼리오에게 결정적으로 한 방 먹이는 대사를 읊는다. "그대가 그렇게 도덕적이고 잘났으니까, 남들도 케이크와 에일을 먹으면 안 된다는 거야 뭐야?"(2.3.103-4) 위대한 비극 중 하나인 『안토니와 클레오파트라』에서는 아주 강렬하고 멋진 장면이 나오는데, 이 세계를 다스리는 군주들이 술에 취해서 손을 맞잡고 "이집트의 술잔치"를 즐기는 춤판을 벌인다.(2.7.98) 엄숙하고 신중한 시저(Caesar)조차도 그의 뜻과 달리 이 혼돈이 흥청대는 잔치에 뒤섞여 버린다. "내 뇌를 씻어 내리는 것이 끔찍하게도 힘겨웠다./ 그리고 그것은 더 엉망진창이 되어 갔다." "충실한 경들이여, 이만 헤어집시다." 그는 그 주변에 있는 얼굴들을 보고 그 자신의 달아오른 얼굴을 느끼며 말한다. "우리 뺨이 벌겋게 불타올랐으니 말이오."(2.7.92-93, 116-17)

시저의 냉정한 절제 상태는 권력 투쟁에서는 우위를 확보하게 해 주는 특징으로 자리 잡을지 몰라도, 시끌벅적하고 호탕한 성품의 안토니(Antony)와 비교하면 훨씬 매력이 떨어지는 인물로 보이게 한다. 『안토니와 클레오파트라』의 진정한 고결함이란 ─ 혈통적 고결함뿐 아니라 인물의 성격 본연에서 오는 ─ 절제에 있는 것이 아니라 과잉 성향에 더 가깝다. 이는 셰익스피어의 작품 중 상당수에게 적용되는 특성으로, 삶의 생동감을 담고 있는 결론적 관점으로서 그 효력을 작품 전반에 미치고 있다. 존 셰익스피어가 불타오르는 듯 붉게 물든 뺨을 하고 손에 술잔을 쥐고 있는 모습은 관찰력과 상상력이 뛰어난 자식의 눈에 칼 같은 자제력을 갖춘 귀족층처럼 보이지 않았을 것이다.

하지만 작품들에서 과음은 얼간이 광대, 익살꾼, 인생의 패배자들뿐 아니라 제왕들과도 연관되어 있다. 초기작인 『말괄량이 길들이기』는 크리스토퍼 슬라이(Christopher Sly)라는 시끄럽고 쓸데없이 호전적이며 자신이 깬 유리를 변상할 의사가 전혀 없는 인물을 통해 음주벽이 빚어내는 단면 하나를 통렬하게 보여 준다. 술집의 여주인이 그를 악당이라고 부르며 순경을 부르겠다고 위협하자, 술에 취한 거렁뱅이는 꽤나 거창한 태도로 가족의 명예를 변호한다. "슬라이 가문의 사람들은 악당이 아니야. 연대기를 살펴보라고. 우리는 정복자 리처드 왕이랑 같이 온 사람들이야."(서장 1, 3-4) 그러고 나서는 곧장 잠에 빠져 버린다. 얼마 후 귀족 한 사람이 이 거렁뱅이가 깨어났을 때 스스로를 귀족 영주로 생각하도록 만드는 장난을 치기로 한다. 혼란에 빠진 슬라이는 본래 그 자신이라고 생각했던 정체성의 소박한 감각들을 붙잡으려 안간힘을 쓴다. "아니 이거, 날 화나게 하려는 건가? 내가 크리스토퍼 슬라이가 아니라고? 버튼 히스에 사는 슬라이 영감의 아들이며, 방물장수 어미에게서 태어나, 받은 교육이라곤 양털 빗기는 게 다고, 곰 부리는 이로 변신도 했다가, 지금은 땜장이 일로 먹고사는 그 크리스토퍼 슬라이? 윈코트 주막의 뚱보 여주인인 마리안 하켓에게 물어봐요, 나를 모르는가!"(서장 2, 16-20)

셰익스피어는 이 희극을 런던으로 자리를 옮긴 지 얼마 지나지 않은 시점에 썼고, 이 작품에는 스트랫퍼드 근교 주민들의 생생한 흔적이 담겨 있다. 그의 사촌들인 램버트 가족이 살았던 바턴온더히스, 아마도 그와 실제 아는 사이였을 하켓 가족들이 거주하는 윈코트(Wincote), 그리고 슬라이라는 인물 자체도, 스트랫퍼드에 스티븐 슬라이(Stephen Sly)라는 인물이 있었기 때문에 어쩌면 실존 인물이었는지도 모른다. 촌스러운 시골 사람들의 특성을 묘사하면서 내적인 현실성을 덧붙이기 위해, 개인적으로 친숙한 고향 지역의 사소한 세부점들이 대도시의 무대 위에서 언급되도록 슬쩍 끼워 넣는 것은 셰익스피어에게 분명히 즐거운 일이었을 것이다. 아마도 희극 속의 다른 인물들처럼, 그 역시도 자신이 최근에 겪은 변신으로 정신이 멍해지

2 재건의 염원 117

는 것을 느꼈을 것이다. 평범한 무명 시골 청년이었다가 다음 순간 대도시 런던의 무대 위에서 전문적으로 연기를 하고 극을 쓰는 배우 겸 극작가가 되었으니, 그는 자신이 누구였는지를 기억하기 위한 수단으로 이러한 고향의 세부점들을 작품 속에 집어넣었을지 모른다. 스트랫퍼드 마을 출신, 존 셰익스피어 영감의 아들이었던 자신을 잊지 않기 위해서 말이다. 크리스토퍼 슬라이라는 인물을 통해 그가 자신의 아버지를 표현했다고 보기는 어렵다. 그의 아버지가 이룬 성취와 사회적 위치는 이보다 훨씬 높았으므로. 하지만 슬라이의 음주벽이나 가족에 대한 자부심, 늘어 가는 외상, 그리고 그에게 물건 값을 치를 의지나 능력이 없다는 점은, 바턴온더히스나 윈코트 같은 익숙한 장소의 이름들과 마찬가지로 그의 고향집을 상기시키는 요소들이었을지도 모른다.

셰익스피어가 음주벽이라는 소재를 가장 잘 그려 낸 대상은 존 폴스타프 경이다. 기사 신분이지만 뒤룩뒤룩 살찐 모습이 기이한 분위기를 자아내는 이 인물은 입만 열었다 하면 스페인과 카나리 제도에서 수입된 백포도주를 달라는 말을 되풀이한다. "셰리주 한 잔 내와 봐."라는 대사는 사실상 그의 인생 철학을 담은 좌우명으로 작용한다. 『헨리 4세』 2부에서 폴스타프는 안달루시아 헤레스 지역에서 생산되는 포도주인 '셰리주'의 미덕에 대해 열정적인 찬양의 광시곡을 늘어놓는데, 항간에 그걸 마시면 사람의 재치와 용기가 북돋아진다는 이야기가 있다며 과학적인 근거가 있는 양 엉터리 분석을 해 댄다.

좋은 셰리주라는 건 두 부분으로 나뉘어 작용하지. 일단 첫째로, 그 술은 내 머릿속을 타고 올라가서 뇌 속에 있는 모든 어리석고 덜떨어지고 우둔한 증기들을 끌어모아 날려 버리는 거야. 그건 내 머리를 날카롭고 재빠르고 창조적이고 재치가 넘치고 열정적이고 아주 매력이 넘치는 형태로 만들어서, 목소리를 통해 그것들이 나오게 해 주는데, 곧 탁월한 재치가 혀끝에서 탄생하게끔 이끌지. 이 훌륭한 셰리주가 가져오는 두 번째 작용은 피를 데워 준다는 거야. 차갑게 식은 피는 간을 창백하게 하고, 이는 소심함과 비겁함의 대표적인 징후가 되지. 하지만 셰리주가 피를 데워 주면 몸 안으로부터 각 기관의 신경 끝까지 구석구석 빠지는 곳 없이 순환이 돼. 그것은 얼굴에 밝은 빛을 더해 줘서 이 작은 왕국의 모든 나머지 부분들에 등대처럼 빛을 비추며 무장을 하라고 경고한다네. 그리고 나면 활력 넘치는 일반 혈구들과 숨어 있던 작은 기력들마저 다 튀어나와서 나의 모든 것들을 다 그러모아 그들의 대장인 심장에게로 이끌어 가는 거야. 이 심장은 이런 수행원들의 지원으로 잔뜩 의기양양해져서 그 어떤 결이 있는 행동이라도 하게 되지. 이 용기가 바로 셰리주에서 나오는 거라니까.

(4.2.86-101)

물론, 이 애주 찬가의 원형이 되는 표현들은 극작가가 선술집에서 간접적으로 들은 것일 수도 있고, 순수하게 지어낸 것일 수도 있다. 하지만 한때 전도유망하던 전직 마을 시장이 빚쟁이들과 마주치는 것을 피하느라 자기 집에 틀어박힌 술주정뱅이가 되어 버린 실패담의 궤적을 고려해 보면, 이 연설의 마지막 부분은 눈길을 끈다. "만약 내가 아들 1000명을 두었다면, 내가 걔네들한테 가르칠 인생 첫 교훈이 뭐냐? 한 모금씩 찔끔거리며 나눠서 들이키는 건 때려치우고 그냥 흠뻑 중독되어 마시라는 거야."(4.2.109-11) 아마도 가족의 재정이 쇠퇴하기 시작할 무렵에, 이것은 곧 윌이 자기 아버지를 보며 느꼈던 아버지의 인생 철학이었거나, 혹은 사업에 실패하여 생활고에 직면한 장갑 제조인이 아들에게 남긴 나름의 유산이었는지도 모른다.

하지만 그렇다고 해서 윌이 이 유산을 그대로 받아들여야 했던 것은 아니다. 셰익스피어에 관한 초기 일화 중 하나는 그가 명랑한 술자리 친구이긴 했지만, "술자리 친구들을 만드는 유형"은 아니었다고 말해 준다. 그는 "방탕하게 과음하지 않으려 했고, 그런 요청을 받는 상황에 처해지는 걸 고통스러워했다." 오브리가 이 일화를 기록한 것은 극작가가 죽고 난 뒤 수십 년의 시간이 흐른 1680년쯤이긴 하나, 이 이야기에 사실성이 암시되어 있다고 본다면 충분히 기이한 표현이다. "그는 고통스러워했다." 머메이드 태번(Mermaid Tavern)에서 벌어지곤 하던 술꾼들의 술 마시기 대회나 술 취한 상태서 벌이는 설전, 혹은 그의 매력에 푹 빠진 귀족들이 바쳐 대던 1000파운드짜리 고가의 선물들에 대한 요란한 이야기들은 사실보다는 전설에 더 가까우며, 사실 그는 그저 예의 바른 변명으로 술자리의 초대를 거절하고 집에 머무는 성향이 강한 사람이 아니었을까 하는 관점이 더 온건한 추측일 것 같다. 이 둘 중 어느 쪽이 진실이었든 그에게 착실한 꾸준함이라는 성향이 존재했던 것만은 사실이다. 조용히 칩거하면서 꾸준히 개인 시간을 갖지 않았다면, 셰익스피어가 도대체 어떻게 그런 업적들을 성취할 수 있었는지를 도무지 짐작하기 어렵다. 대사들을 외우고, 무대에서 연기하며, 극단 운영을 돕고, 시골 지역의 부동산과 식료품을 구매하고, 지극히 아름답고 정교한 소네트와 장시들을 쓰고, 그리고 거의 20년간 빠짐없이 1년에 평균 두 편씩은 엄청나게 위대한 연극을 써냈으니 말이다.

셰익스피어는 술고래들을 묘사할 때 아주 가까이에서 관찰한 모습을 근거로 했다. 그는 술을 잔뜩 퍼 마신 주정뱅이들의 다리가 불안하게 이리저리 움직이는 것, 그들의 코와 뺨에 터진 핏줄, 꼬인 발음으로 늘어놓는 장황한 연설에 주목했고, 그리고 거기에 더하여 특별한 이해심, 즐거움, 심지어 애정을 가지고 그들을 묘사했다. 하지만 그들을 향한 공감과 감정 이입은 또 다른 요소와 함께 엮이기도 했는데, 햄릿의 목소리를 빌어 이야기하던 압도적인 허망감도 섞여 있었다. 그는 토비 벨치 경이 조카에게 의탁해서 살아가는 기생충 같은 인간이라는 것, 그의 친구라고 말하는 앤드루 경(Sir Andrew)을 무자비하게 등쳐 먹는 것, 그리고 자기가 괴롭히고 협박할 수 있을 거라고 생각했던 비리비리한 소년에게서 역으로 흠씬 두들겨 맞아도 싼 인간이라는 것을 보여 주었다. 그는 폴스타프에게서도 비슷한 것을 보는데, 바로 진흙탕을 뒤집어쓴 신사의 모습과 비슷하지만 그보다 더 어둡고 더 깊은 형상을 띤다. 그것은 타락한 천재, 심오한 냉소가, 거부할 수 없이 현란한 사기꾼, 병들고 비겁하며 유혹적이고 사랑스러운 괴물, 그리고 신뢰할 수 없는 아버지의 모습이다. 토비 벨치 경과 폴스타프 양쪽 모두에서 나타나는 이 음주벽은 무해한 흥겨움, 즉석에서 터지는 재치, 그리고 귀족층의 무분별한 유쾌함과 연결되어 있는 것처럼 보이면서도, 동시에 교활하고 타산적인 전략으로 다른 사람들을 가차 없이 착취하는 측면도 있음을 드러내어 불안감을 가중시킨다. 그런데 이 전략은 언제나 실패하는 전략이다. 위대한 계획, 상상의 부, 무한한 미래라는 환상은 모두 공허한 결과로 이어지며, 상징적인 아버지의 실체에 실망한 성인 아들의 경멸 속에서 조금씩 시들어 간다. "하느님이 그대를 축복하시길, 내 사랑스러운 아들아!" 런던으로 승리의 입성을 하는 할을 보며 폴스타프는 외친다. "나는 그대를 모른다, 늙은이여." 할은 이렇게 대답하는데, 이 부분은 셰익스피어가 쓴 것 중 가장 싸늘하고 충격적인 대사 중 하나이다.

> 그대의 축복들은 모두 나가떨어지라 이르라.
> 저 하얗게 센 머리로 광대놀음이나 하는 모습이 얼마나 보기 싫은지!
> 나는 오랫동안 저 사람을 꿈속에서 그려 왔지,
> 저 탐닉으로 살찐 몸, 먹을 대로 먹은 나이, 불경한 태도를.
> 하지만 이제 잠에서 깨고 보니, 내가 꿨던 그 꿈을 나 경멸하노라.
> ─『헨리 4세』(2부, 5.5.41, 45-59)

이것들은 새로이 왕위에 오른 영국 왕이, 유별나게 재미있으면서도 위험하기로 소문난 그의 친구에게 하는 말이며 역사극에서의 줄거리 구도와 맥락을 따라 장중하게 쓰인 대사들이다. 하지만 할과 폴스타프의 관계가 보여 주는 강한 유대감과 그 유대가 깨진 순간의 엄청난 비애감을 받아들일 때, 역사성의 경계를 넘어서서 그들 사이에 존재하는 보다 특별한 친밀감과 사적인 기운을 느끼게 되는 것은 필연적이다.

사업에 실패한 장갑 장수의 아들이 어떻게 연극계로 흘러들었을까? 문서로 남은 기록 흔적들이 없는 가운데, 열렬한 셰익스피어 숭배자들이 찰나의 단서라도 발견하기 위해 여러 세대를 거쳐 읽고 또 읽는 주된 증거 자료는 바로 셰익스피어가 남긴 엄청난 양의 작품들이다. 셰익스피어의 연극과 시 들은 일차적으로 그의 삶이 담고 있던 내적 관심과 흥미를 보여 주고, 그가 몸담았을 수 있는 여러 직업들에 대한 감질나는 힌트들을 제공한다.

그의 연극과 시들에서 강렬한 존재감으로 드러나는 법적인 상황과 용어들은 — 대부분 정확하게 활용되고 있으며, 그러한 것이 나오리라고는 전혀 예상치 못한 장면들에서도 이러한 법적인 색채의 침투가 느껴진다. — 아마도 그가 소소한 소송이나 부동산 공증 같은 일을 처리하는 지역 변호사의 사무실에서 일했을 것이라는 반복적인 추측을 가능하게 한다. 그런 종류의 일은 틀림없이 대부분 지루한 작업이었을 테지만, 일단 생계 해결의 수단이 되었을 것이고 또한 새로운 단어들과 기발한 은유들을 발견하는 그의 언어적 욕구를 채워 주었을 것이다. 산더미 같은 서류에 도장을 찍어 봉인하는 단조로운 업무를 처리 중인 변호사 사무실 직원 윌이, 머릿속으로 이런저런 공상을 펼치면서 — 학교 다니던 시절 라틴어 수업 시간에 그랬듯이 — 외설적인 환상을 떠올리는 모습을 우리는 쉽게 상상해 볼 수 있다. 몇 년 후에, 이 환상은 아마도 그들이 발현되던 순간의 소박한 흔적들을 여전히 간직한 채, 아름다운 젊은 사냥꾼을 격렬하게 좇는 사랑의 여신의 형태로 드러난다. "순결한 입술이, 내 부드러운 입술에 향기로운 인장을 찍어 주었구나."라고 숨이 찬 비너스(Venus)는 다시 이어질 입맞춤을 애원하며 이렇게 말한다.

> 이 인장을 지속하기 위해서 내가 어떤 대가를 치러야 하는가?
> 나 자신을 팔라고 한다면 기꺼이 그리할 수 있네,
> 그러니 그대는 사고, 값을 치르고, 정직하게 거래하리니
> 구입을 할 때마다, 혹 위조된 화폐일까 두려워 않도록
> 그대의 인장을 나의 붉은 밀랍 입술에 찍어 체결하라.
> ─『비너스와 아도니스(Venus and Adonis)』(511-16)

셰익스피어의 삶에서의 이러한 측면을 비추어 보면 이 시에서 밀랍 인장을 찍는다고 표현된 심상은, 시인의 상상력이 동원된 가상의 입맞춤을 연상시킬 뿐만 아니라, 실제로 몇 개월 또는 몇 년간을 법조계 사무원으로 보냈을 시기의 강렬한 흔적도 함께 보여 주는 건지도 모른다.

아마도 그럴 것이다. 하지만 가죽 사업에서 유래한 용어들이 그의 작품에 많이 등장하는 것은, 윌이 아버지 가게에서 일했다는 객관적 가능성 때문에 전기적 설득력을 띤다. 그나마 확실한 사실일 가능성이 높은 것에 속하는 이 사례를 넘어가고 나면, 우리는 정말 엄청나게 광범위한 분야에서 유래한 전문 어휘들을 흡수하여 활용하고, 기술적인 분야의 용어들을 인간의 내면 사고와 심리 전개에 꼭 들어맞는 방식으로 전광석화처럼 변환시켜 구사하는, 셰익스피어의 무시무시할 정도로 신비로운 능력과 맞닥뜨리게 된다. 이 어휘의 흡착이 어떤 분야에서나 보편적으로 일어난 것은 아니다. 예를 들자면 그의 삶에서는 집을 사고판 기록이 남아 있지만, 그의 작품에서 건축이나 건물 거래와 관련한 용어들은 상대적으로 적게 등장한다. 하지만 전반적으로 보면 다양한 용어들을 수집해서 쓰는 이 현상은 그의 작품 세계에 폭넓게 드러난다. 그러한 다양한 언어 습관이나 용어들이 모두 실제 그가 공식적으로 몸담았던 직업들을 보여 주는 단서가 된다는 가설을 받아들이기엔 너무나 그 범위가 넓고 강렬하다. 그가 실제 자신의 삶과 관계가 있을지도 모르는 법적인 용어들과 개념을 작품의 요소로 가져온 것은 분명해 보인다. 하지만 그는 또한 신학에도, 의학에도, 군사 용어와 개념에도 매우 익숙한 모습을 보인다. 그가 이러한 모든 직업들에 다 직접적으로 연관되었던 적이 있는 것일까? 앞날에 대해 이렇다 할 희망이 없는 젊은이로서, 그는 네덜란드에서 끔찍한 전투를 벌이고 있는 군대로 달아나듯 자원입대를 했을 수도 있다. 적어도, 그의 연극에서 통솔력 있게 묘사되는 군사 용어들에 매료된 몇몇 연구자들은 그렇게 짐작하기도 했다. 작품들에서 항해 여행에 대한 매료와 관심이 눈에 띄게 드러나고 있음을 볼 때, 어쩌면 그는 아메리카 대륙으로 향하는 배 한 켠에 탔던 경험이 있을지도 모른다. 월터 랠리 경(Sir Walter Raleigh)이 표현한 대로, "새로운 세계를 찾아서, 부와, 찬사, 영광을 찾아서." 하지만 실제로 그러한 신대륙에의 항해 모험을 경험하고 난 셰익스피어가 다시 고국으로 돌아왔을 가능성은 극도로 적다. 그리고 그가 경험했을지도 모르는 이 직업들 중 어느 것도, 스트랫퍼드에서 런던으로 이동한 그의 물리적 궤적과는 잘 맞지 않는다. 어쨌든 각 직업들 모두가 종국에는 그의 삶에서 가장 중요한 장소인, 극장으로 그를 이끈 과정에 지나지 않았던 것으로 보인다.

재능 있는 젊은 남자가 극단에 입단하는 가장 확실한 방법은 기존 배우의 도제나 수습 단원이 되는 것이었다. 하지만 윌의 결혼 신고 기록은 그가 1582년 11월에 18세의 나이로 결혼하면서 그때까지 스트랫퍼드에 있었음을 보여 준다. 그리고 자녀들의 유아 세례 기록을 보면 — 1583년 5월 26일 자로 영세를 받은 수재너(Susanna)와 1585년 2월 2일 자로 영세를 받은 쌍둥이 자녀 햄넷(Hamnet)과 주디스(Judith) — 그가 여전히 스트랫퍼드에 살고 있었거나 혹은 지속적으로 계속 그곳을 방문했음을 강하게 짐작할 수 있다. 도제들은 보통 청소년기에 수습 경력을 쌓기 시작했고 도제 시절에는 결혼하는 것이 허락되지 않았다.(하물며 10대 후반에 자녀를 둔 아버지가 되는 것은 당연히 허락되지 않을 일이었다.) 그럼에도 극단 수습 단원들에게 요구되던 기술들은 당시의 젊은 청년 셰익스피어가 배웠던 것들이 무엇이었는지를 암시하고 있으며, 학교를 떠난 뒤의 그가 어떻게 생계를 꾸려 갔는지에 대해서도 일부분 짐작하게 해 준다.

셰익스피어의 동료 배우, 극장 동업자, 그리고 친구 중 하나였던 어거스틴 필립스(Augustine Phillips)가 죽기 전에 남긴 유언장의 기록을 살펴보면 이러한 기술이 어떤 종류의 것들이었는지를 조금 살펴볼 수 있다.(그는 '동료'인 셰익스피어에게 '금화 30실링'을 남겼다.) "나는 나의 지난 수습 단원인 새뮤얼 길본에게 40실링의 돈과, 내 쥐색 벨벳 스타킹, 흰색 태피터 더블릿 상의, 검정 태피터 정장, 내 보라색 망토, 검, 단검, 그리고 내 베이스비올을 남긴다. 나의 수습 단원인 제임스 샌즈에게는 40실링의 돈을 남기며, 계약서상으로 그의 수습 기간이 만료되는 날에는 시턴, 반도라, 류트가 하나씩 그의 앞으로 지불되도록 명한다." 돈은 유산의 일부에 불과했다. 이전의 수습 단원 길본과 현재의 수습 단원 샌즈는 둘 다, 이 업계에서 가치 있게 여겨지는 도구인 의상, 무기, 그리고 악기를 유산으로 받았다. 제임스 샌즈가 상속물을 받기 위해서 계약 기간이 다할 때까지 기다려야 했다는 것은, 필립스가 자기 극단의 이익을 가장 염두에 두었다는 것을 의미한다. 그는 현재 본인의 극단에 속한 젊은 배우가 돈과 악기를 손에 쥐고, 곧장 경쟁 관계에 있는 극단으로 가 버리는 상황을 원치 않았던 것이다.

필립스의 유언장에 있는 용어들은 극단의 배우들에게 기대되는 능력들이 대략 어떤 것이었는지 보여 준다. 먼저, 배우들은 음악적인 재능이 있어야 했으며, 필립스 본인이 분명히 연주했을 다양한 범위의 현악기를 다룰 줄 알아야 했다. 기타와 비슷한 시턴, 만돌린을 닮은 반도라(이 단어에서 '밴조'라는 단어가 유래했다.), 대중적으로 엄청난 인기가 있었던 류트, 그리고 베이스비올이 그러한 악기들이다. 둘째로, 그들은 검과 단검을 이용해 격투를 할 줄 알아야 했다. 아니면 최소한 그럴듯하게 흉내라도 낼 수 있어야 했다. 전반적으로, 그들은 몸놀림이 민첩해야 했다. 엘리자베스 시대의 연극에서는 검투만큼이나 춤추는 장면도 많았고, 비극이든 희극이든 모든 종류의 연극 공연은 복잡한 군무로 끝났다. (『햄릿』이나 『리어 왕』의 배우들이, 마지막 장면이 끝난 무대 위에 흩뿌려진 가짜 피를 닦아 내고, 손을 맞잡고, 복잡한 춤 동작들을 선보이며 공연을 마무리하는 장면은 상상하기가 어렵지만, 아무튼 그랬다고 한다.) 셋째로, 유언장의 어조가 강하게 암시하듯이, 배우들은 의상을 맵시 있게 입어야 했다. 필립스의 '쥐색 벨벳 스타킹'은 당연히 그 바지를 입은 배우의 늘씬한 다리를 과시하기 위한 의상이었다. 여자들이 긴 드레스를 입고 다니던 이 시기에, 사람들의 시선을 끄는 대상은 바로 몸에 붙는 바지를 입은 남자들의 다리였다.

음악적인 능력과 검투 기술, 그리고 무엇보다 돈이 많이 드는 벨벳과 실크 의상(이 시기의 태피터 옷감은 평직으로 짠 실크를 의미했다.), 이 모든 것들은 엘리자베스 시대에 배우가 되기 위한 훈련 과정에서 무엇이 가장 중요한 측면이었는지를 보여 준다. 배우들은 바로 상류층 신사 숙녀들의 삶과 태도를 설득력 있고 실감 나게 모방해서 연기하는 능력을 갖춰야 했던 것이다. 그것은 곧, 전체 인구의 98퍼센트에 속하는 '상류층'이 아니었던 평민 계층 출신의 소년들과 남성들이, 상위 2퍼센트에 해당하는 이 사회적 계급의 예의범절을 어림짐작으로 흉내 내야 했다는 의미이다. 물론 연극에 나오는 모든 인물들이 상류층이었던 것은 아니고, 몇몇 배우들은 분명히 하층민 역할만을 전담하며 그것을 자신의 전문 연기로 발전시켰을 것이다. 하지만 대부분의 경우 일정한 레퍼토리를 가진 이런 극단들에서는 대부분의 배우들이 다양한 범위에 속한 사회 계층 유형을 연기해야 했다. 그리고 극단들이 남겨 놓은 예산 기록을 살펴보면, 상류층 역할을 설득력 있게 표현하기 위해 그들이 상당한 돈을 투자했다는 사실이 분명하게 드러난다. 단일 항목 중 그들이 가장 많은 금액을 지출하는 것은, 물리적인 건물에 대한 비용을 제외하면, 의상을 조달하는 비용이었다. 화려하고 정교한 의상들은, 관객들이 기대하는 주된 눈요깃거리이자 귀족 고관들과 그 부인들의 역할을 맡은 배우들의 몸을 무대 위에서 우아하게 드러내 주었다.

여기에는 역설이 있다. 배우들은 공식적으로 떠돌이 부랑자들처럼 분류되었으며, 그들이 직업적으로 몸담고 있는 활동은 종종 사람들로부터 지탄과 경멸을 받았다. 확실한 거주지도 없고, 고정 직업이나 연고지도 없는 사람들을 일컫는 "주인 없는 자들"로 고려되면 체포되거나 채찍질을 당하거나 감금되거나 몸에 낙인을 찍히기도 했다.(바로 이 이유 때문에 그들은 스스로를 유명한 귀족이나 조합원을 주인으로 모신 하인들이라고 표현했다.) 본질적으로는 이렇게 천한 신분으로 취급되었는데도, 그들이 몸담고 있는 예능 사업의 핵심은 바로 자기들과 가장 거리가 먼 상류층의 문화와 생활을 충분히 실감나게 연기하여 보여줌으로써, 평소에는 그들 집단을 계층적으로 차별하는 대중 관객들에게, 그리고 그 사이에 속한 실제 상류층의 신사 숙녀 관객들한테까지도 즐거운 오락거리를 제공하는 것이었다. 어거스틴 필립스는 수습 단원들에게, 이 시대가 배우들에게 요구하던 것, 즉 실제 자신보다 상위 계급에 있는 사람들처럼 보이고 행동하는 방법을 배우도록 요구하는 이 연예 사업의 도구를 유증하는 셈이었다. 필립스 본인은 분명히 이 상류층의 연기를 극장 벽 너머 자신의 현실 생활에까지 이어 가기를 원했던 것 같다. 그는 자신과 개인적으로는 아무 관계가 없는 어느 가문의 문장이 들어간 겉옷을 구입한 적이 있으며, 이 행동으로 인해 문장원(College of Heralds)의 한 적룡관보(Red Dragon Pursuivant)에게서 거센 비난을 받았다. 문장관의 관리들은 문장원의 상징인 붉은 용 문장이 웅장하게 들어간 휘장을 달고 다녔으므로 그러한 이름으로 불렸던 것이다.

400년 전에 살았던 셰익스피어뿐 아니라, 오늘날에도 우리는 사람들이 특정한 직업을 갈망하게 되는 계기가 무엇인지를 사실상 알지 못한다. 언어에 대한 사랑, 화려한 눈요깃거리에 대한 감수성, 그리고 가상의 세계에서 발산되는 에로틱한 흥분감, 이러한 측면들 모두가 그를 무대 위로 이끄는 데 일조했을 것이다. 하지만 셰익스피어의 가정 환경을 생각해 볼 때 — 파크 홀의 명문가인 아덴 가문과 혈연적으로 친족 관계인 어머니, 이 세상에 이름을 알리는 출세길에 올랐다가 다시 곤두박질쳐 버린 아버지 — 엘리자베스 시대의 극장 예술에서 가장 중요하게 고려되는 부분이 바로 상류 계층과 귀족적 정서의 포착과 모방이라는 점은, 극장을 천직으로 택한 그의 심리적 배경을 보여 주는 어떤 암시로 다가온다. 윌은 이 시대에서의 연기란 바로 상류층의 삶을 모방하는 것에 핵심을 둔 활동이기 때문에, 바로 그 이유로 무대에 이끌렸을 수 있다. 현실적인 관점에서 보면 이것은 물론 터무니없는 판단이었다. 배우가 되거나 심지어 극작가가 되는 것은, 사회적 신분 상승의 길을 모색하는 입장에서 상상할 수 있는 가장 최악의 노선이었다. 비유하자면, 귀족 부인이 되려는 목적으로 창녀의 길을 선택하는 것과 비슷한 경로인 것이다. 하지만 실제로 창녀에서 귀부인이 되는 것에 성공한 사람들의 전설적인 이야기들이 전해 내려오듯이, 특정한 직업들에는 아주 강력한 모사적 마법이 작용하는 경우가 있다. 무대 위에서 셰익스피어는 어린 시절 어머니와 아버지가 장차 그가 되리라고 여겼던 그 사람, 그리고 그가 스스로 되고 싶었던 그런 인물이 될 수 있었다.

공식적인 수습 단원 시절을 겪지 않았더라도, 윌은 스트랫퍼드에서 보낸 청소년기에 이미 배우로서 필요한 대부분의 기술을 대충 습득한 상태였을 것이다. 고향에서 미리 닦을 수 있었던 재능은 넘쳐 났다. 매일 풍부한 어휘력과 화려한 공상으로 머리를 가득 채운 상태로, 윌은 기량이 뛰어난 주변의 이웃에게서 류트 연주를 배웠을 수도 있고, 또 이웃과 춤을 추거나 검투 기술을 연마했을 수 있다. 유리창이나 벽에 비친 자신의 그림자를 관찰하면서, 그는 장엄한 연설문들을 외우거나 궁정 귀족들의 몸짓을 연습했을 수 있다. 그리고 파크 홀의 아덴 가문으로 이어지는 어머니의 혈연과, 다소 시들긴 했어도 한때 주목받는 공직에 있었던 아버지의 이름을 이용하여, 상류층으로의 편입이 가능하기만 하다면 자신에게 주어진 신사 계층의 역할을 실수 없는 태도로 이어 갈 수 있다고 믿으며, 그렇게 부모님의 꿈을 이룰 수 있으리라 생각했을지도 모른다.

존 셰익스피어는 한때 위대한 꿈을 품은 적이 있었다. 그것은 바로 세속적 성취를 통해 획득된 가족의 부와 행운이, 더 크고 영광스러운 미래를 가리킬 것이라는 바람이었다. 그의 재산과 명성이 절정에 달하던 1575년 혹은 1576년, 그의 내리막길이 시작되기 바로 직전이던 그때에, 그는 문장원에다 신규 가문의 문장 발행을 신청한 적이 있다. 이것은 한 개인이 그 자신뿐 아니라, 자녀들과 손자들에까지 해당되는 사회적 명예를 수여받는 아주 돈이 많이 드는 과정이었다. 필립스가 시도했듯이 스리슬쩍 남몰래 문장을 사는 것이 아니라 공인된 문장을 갖는 가문으로서 승인을 받는다는 것은, 단순히 상류층처럼 사는 것 이상으로 실제적이고 위대한 도약을 보여 주어야 함을 의미했다.

엘리자베스 시대의 사회는 극심한 계급제와 신분 의식이 대놓고 만연하던 시대였다. 남자가 여자보다 위에 있었고, 어른이 어린이보다 위에 있었고, 노인이 젊은이보다 위에 있었고, 부자가 가난한 자보다 위에 있었고, 명문가 태생이 천민 태생보다 단연 위에 있었다. 이러한 사회적 규칙을 어기는 자들, 즉 자기보다 위에 있는 사람에게 먼저 길을 비켜 주는 것을 잊거나, 자기보다 신분이 높은 사람들을 앞서서 문을 통과하려 하거나, 교회나 저녁 식탁에서 자신이 속하지 않은 계층의 자리에 아무 생각 없이 앉는 사람들에게는 거센 비난과 재앙이 따랐다. 스트랫퍼드 근처 마을의 대지주였던 윌리엄 쿰(William Combe)은 "자신이 나타났을 때 자기가 받으리라 기대했던 만큼의 존경심을 표하지 않는 태도를 보였다."라는 이유로 히콕스(Hicox)라는 사람을 워릭 감옥으로 보내 버리고 그의 보석금을 내주는 것을 거절했다. 사회적 엘리트 계층은 서로 간 예의범절의 정도를 아주 상세한 눈금으로 기록 측정하고 재단하는 세계에서 살았다. 그들은 자기보다 신분이 낮은 사람들과 자신들의 차이를 보여 주는 지표들을 끊임없이 반복적으로 요구했다. 허리를 굽히는 인사, 무릎을 꿇는 인사, 모자를 드는 인사, 어깨를 움츠리는 인사. 노동에 대한 존경심은 사실상 아예 없었다. 오히려 일을 하지 않는 것을 영예로 여겼다. 의복 문화는 민주 사회화의 과정과 정반대 위치에 있었다. 셰익스피어의 세계에서는 상류층의 거물과 노동자가 가끔 같은 옷을 입는 문화는 상상조차 할 수 없었다. 이는 단순히 돈의 문제가 아니었다. 왕명에 의해서, 실크와 새틴은 공식적으로 오직 상류층에게만 허락되었다. 배우들의 의상만큼은 이 제한 조치를 면제받았으나, 극장 밖에서는 법적으로 이러한 의상을 입을 수 없었다. 전반적으로, 상류층에 속한 사람들을 대하는 정부 관리나 법적 판결의 태도는 그렇지 않은 계층을 대하는 태도와 아주 극적인 차이를 보였다. 심지어 사형 방식조차 구별되었다. 하층민들은 교수형에 처해졌고, 상류 계층의 죄인은 참수를 당했다.

공식적으로 존 셰익스피어의 신분을 가리키던 말은 자작농(yeoman)이었는데, 그가 농작지를 떠나 사업가로 자수성가를 한 후에도 이 칭호는 그대로 쓰였다. 자작농에서 신사(gentleman)가 되는 것은 상징적으로 대단히 큰 한 걸음이었으며, 기존의 사회적 신분에서 완전한 변신을 꾀하는 시도였다. 엘리자베스 시대 사회의 신분 계층은 아주 자잘하게 나뉠 수 있었으나, 핵심적인 구분은 상류층과 '평민' 또는 '천민' 사이에 놓여 있었다. 이 구분은 혈연의 문제, 불변성과 세습성과 같은 특징을 통해 절대 침범할 수 없는 것인 양 관례적으로 신비화되었다. 하지만 동시에 이 구분선을 넘어가는 것도 가능했으며, 모든 사람들이 이 장벽을 뛰어넘는 방법을 알고 있었다. 당대의 약삭빠른 관찰자인 토머스 스미스 경(Sir Thomas Smith)은 이렇게 쓰고 있다.

신사의 경우에는, 영국에서는 꽤 싼값으로 만들어질 수 있다. 나라의 법을 공부하거나, 대학에서 연구를 하거나, 교양 학문 강의를 하는 교수가 되거나, 혹은 간단히 말해서 손으로 하는 노동을 하지 않고 유유자적하게 살아가면서 신사다운 외양, 책임, 표정을 유지할 수 있는 사람이라면, 향사나 다른 신사 계급에게 주어지는 '마스터'라는 호칭으로 불릴 수 있다. …… 그리고, 필요하다면 문장원에서는 돈을 받고 그에게 새로 발행된 문장을 줄 것인데, 작위는 상기에 거론된 문장원이 예전 등록부를 샅샅이 검토하여 찾아낸 것으로 꾸며내게 된다.

"대학에서 연구를 하는"이라는 구절은 자작농이자 장갑 장수이던 존 셰익스피어 본인으로서는 상상도 할 수 없었으나, 그의 장남은 하게 될지도 모른다고 기대를 걸었다가 결국 실패에 이른 부분이기도 했다. 하지만 모든 것을 다 잃어버린 것은 아니었다. 만일 당신이 상류층으로의 신분 상승을 꿈꾸고 있다면, 필수적인 조건은 바로 신사처럼 살아야 한다는 것이다. 다시 말해서 "유유자적하게 살아가"되 어느 정도의 품위 유지비를 조달할 수 있어야 했다. 그다음으로 요구되는 조건은 자신이 딛고 올라온 사다리를 숨기는 것이다. 즉 원래부터 이 계층에 속했던 사람처럼 가장해야 한다. 스미스는 그러한 가장을 꾸밀 수 있는 방법이 바로 공식 기관에서 발행한 문장을 획득하는 것이라고 쓰고 있다. 사실상 문장원은 과거를 재창조함으로써 사회적 신분의 기동성을 감춰 주는 요상한 업무를 담당하는 기관이었다. 문장 가격으로 돈을 받고 그에 대한 대가로, 오래전의 등록부를 뒤져서 발행인과 관계가 있는 상류층의 호적을 찾아낸 척 가장해 주는데, 사실상 존재하지 않는 가문의 뿌리를 그와 발행인이 날조하는 셈이었다.

이는 스미스의 냉소적인 글이 말해 주는 것처럼 간단한 문제는 아니었다. 자작농과 귀족 기사 사이에 위치하며 가문의 고유 문장 발행이 허용된 "갑옷 시종(armiger)" 신분이 되기 위해서는, 문장관의 최고 기관장인 가터 문장관(Garter King-of-Arms)을 필두로 하여 거대한 관료 체계의 검토를 거치는 특정한 요구 조건을 만족시켜야 했다. 존 셰익스피어의 경우 적합성을 인정받는 데 도움이 되었던 주된 요소는 그의 공직 생활이었다. 이 검토 과정과 관련하여 한 전문가는 이런 기록을 남겼다. "만일 어떤 사람이 공무 행정의 영예 또는 사무에 진출해 있고 그 분야가 성직, 군인, 혹은 민간 공무 중 어느 한 곳에 해당된다면…… 문장원은 그의 즉각적인 요청과 의사에 의거하여 그러한 공직의 사람에게 흠 없는 동일한 문장을 발행해 주는 것을 거절해서는 안 된다." 스트랫퍼드의 시장직은 딱 그러한 '공직의 사람'을 보여 주는 위치였고, 따라서 문장원에다 자신이 직접 스케치한 문장의 발행 요청 서류를 접수하면서 존 셰익스피어는 자신의 신청서가 승인을 받으리라고 믿었을 것이다. 이처럼 아무리 돈이 있더라도 문장원에서 마음에 드는 문장을 단순히 사 올 수는 없었지만 ─ 신청자와 신청자의 후손들까지도 공식 인증받는 권리로써 자랑스럽게 가질 수 있는 그런 문장을 발행받으려면 돈 이상의 것이 필요했다. ─ 일단 요구 조건을 만족시키고 난 뒤에는 어쨌든 또 돈을 지불하고 문장을 사야 했다. 문장원의 수수료는 꽤 비쌌다. 재정 상황이 악화된 시점에서 신사의 지위로 신분을 상승하려던 과거의 꿈은 희망 없는 사치나, 왕관을 꿈꾸는 거렁뱅이를 연상시키는 조롱처럼 보였을 것이다. 수수료를 지불하지 못한 존 셰익스피어의 신청서는 결과가 보류된 서류들을 모아 두는 선반에 올려진 채, 잊혀 갔다.

하지만 그의 큰아들은 이를 잊지 않았던 모양이다. 수십 년이 지난

1596년 10월, 이 문장을 발행하는 신청이 새롭게 갱신되었다. 오래전에 제출되었던 스케치가—"금장. 검정 사선 위에 은으로 된 촉을 끼운 강철 창이 놓여 있음. 문장의 상징은 매로, 은빛 날개를 펼치고 있음. 가문과 같은 색의 화환 위에 서서 금색 창을 들고 있음. 상술한 문장 위에는 장식과 술이 함께 있는 투구가 있음."—먼지 쌓인 선반을 벗어났다. 존 셰익스피어의 요청 사항은 재검토되었고, 이번에는 최종 승인되었다. 이 신청서를 다시 접수하고, 필요한 정보를 제공하고, 탐욕스럽고 오만하며 불같은 성미로 악명 높은 런던 문장원의 수장 윌리엄 데딕 경(Sir William Dethick)에게 수수료를 지불한 사람은 누구였을까? 나이 든 장갑 장수 존과 그의 부인은 아니었다. 그들의 재정 상황은 그다지 나아지지 않았다. 시골에서 쌈지 장수로 사는 길버트나, 이렇다 할 존재감을 드러내지 않는 리처드나, 성공하지 못한 배우인 에드먼드나, 결혼도 하지 않은 조앤이 했을 리는 더욱 만무했다. 누구나 짐작할 수 있듯이 이 일을 한 사람은 이미 당대 런던 극장가에서 꽤 이름을 날리고 있던 윌리엄이었다.

그는 왜 이토록 수고로운 일을 해야 했을까? 아버지가 접수했던 과정을 완성하도록 도움으로써, 극작가는 신중하고 사리에 밝은 투자를 감행하여 사실상 그 자신과 자녀들에게 신사의 신분을 수여한 것이었다. 이 시점에서의 윌은 틀림없이 무대 위에서 신사 역할의 연기를 선보였을 것이고 극장 바깥에서도 그러한 고상한 태도를 유지할 수 있었지만, 그 자신을 포함한 사람들은 모두 그가 자신의 신분과 맞지 않는 누군가를 흉내 내고 있다는 것을 언제나 인식했을 것이다. 그는 이제 아버지가 한때 몸담았던 공직이라는 자격 요건을 통해, 오직 극장 무대 위에서만 연기할 수 있었던 이 역할을 합법적으로 손에 넣었다. 그는 자신이 무대 위에서 입었던 상류층의 의상들을 극장 밖에서도 당당하게 입을 수 있었다. 사회 계급의 구조를 몹시도 기민하게 인식하고 있던 남자에게 — 셰익스피어는 그의 직업 경력에서 대부분의 시간을 왕들과, 귀족 계층과, 신사 계층에 대해 상상하는 것에 할애했다. — 이러한 특권을 갖는다는 전망은 꽤 구미가 당겼을 것이다. 그는 마지막 유언장에 이렇게 서명했다. "윌리엄 셰익스피어, 워릭 카운티의 스트랫퍼드어폰에이번에 거주하는 신사." 그의 후계자들과 자손들은 장갑 가게와는 거리가 멀었으며, 극장과도 꽤 거리가 있었다. 그들은 자신들이 상류층 신분으로 태어난 것을 원래부터 그런 것인 양 당연히 받아들이면서, 누군가가 — 아마도 윌 자신이었을 가능성이 높다. — 방패 문장에 같이 첨부하도록 신청한 격언 "무권불가(無權不可, Non sanz droit)"조차도 아무런 역설 없이 순수하게 자신들의 가훈으로 받아들이는 호사를 누렸을 것이다.

'권리가 없으면 안 된다.'라는 뜻의 격언에서, 방어적인 성향이 조금이라도 드러난다고 볼 수 있을까? 신분 상승을 추구하는 행위가 사람들에게 지탄받지 않을까 염려하는 미세한 지점이 발견된다고 볼 수 있을까? 만약 그렇다면, 이 불안감은 많던 재산을 몽땅 잃어버린 장갑 장수가 아니라 그의 성공한 극작가 아들에게서 오는 것일 터였다. 존 셰익스피어의 문제가 무엇이었든 — 음주벽이든 무분별한 빚이든 혹은 다른 무엇이었든 간에 — 그는 스트랫퍼드에서 국가 공무원으로서 근무했던 경력을 통해 신사의 신분을 정식으로 요청할 수 있는 자격을 얻었을 만큼, 사회적으로 인정받는 지위에 있었다. 그의 아들은 별로 그렇지 못했다. 교육받은 사람이 배우라는 직업을 택하는 것은 사회적 지탄을 받을 수 있는 매우 굴욕적인 일이었다. 셰익스피어가 이 오명에 대해 명백하게 인식하고 있었다는 점은 그가 쓴 소네트의 구절을 통해 추측해 볼 수 있다. 거기서 그는, 염색장이의 손이 안료에 물들듯이 자신의 생업 수단으로 인해 본인도 얼룩지고 말았다고 털어놓았다. 그러한 사회적 수치심에 대한 의식 ─ 사회적 위치가 올라갔다 내려왔다 하면서, 이를 지켜보는 남의 눈에는 우스꽝스러운 잡인처럼 비치는 것이 어떤 것인지를 아는 감각 ─ 으로, 그는 반쯤 반항적이고 반쯤 방어적인 가훈을 만들어 냈는지도 모른다.

이 문장 초안에 적혀 있는 가훈을 베껴 쓰던 직원은 아주 상징적인 실수를 했다. 그것이 정말 무의식적인 실수였든, 혹은 의도된 빈정거림이었든, 두 차례나 '무권, 불가(Non, sans droit.)'라고 잘못 쓴 직원의 오타는 교정될 필요가 있었다. 잘못된 자리에 들어간 쉼표는 사실상 이 격언을 공식 부결 선언으로 만들어 버리고 말았던 것이다. "안 됨. 권한 없음." 수정을 거쳐서 격언은 결국 올바르게 쓰였으며 셰익스피어 가문의 문장은 결국 승인을 받아 발행되었다. 하지만 윌에게 있어서 이 불안감은 ─ 혹은 억지로 끼워 맞추려 하는 불일치성에 대한 감각은 ─ 당장 감쪽같이 사라질 것 같지 않았다. 사람들은 이 일에 대해 농담을 했고, 불편한 기억은 여전히 남아 종종 그의 머릿속에 떠올랐다. 이와 같은 신분 승격 시도에 대해 윌의 지인들이 드러냈을 사회적 판단의 징후들 ─ 눈썹을 치켜 올리거나, 얼굴을 찡그리거나, 반어적인 재치를 담아 빈정거리거나, 놀려 대는 일 ─ 은 결국 짧은 시간 안에 사그라들었을 것이며, 하물며 400년이 지난 지금에 와서라면 더욱 사라진 지 오래인 상태였을 것이다. 하지만 이 경우에는, 가해진 모욕의 정도가 상당했고 또 당대에는 윌이 꽤 잘 알려진 공인이었기 때문에, 이 비웃음의 흔적이 남아 있다. 1599년 로드챔벌린스멘(Lord Chamberlain's Men) 극단은 새롭게 지어진 글로브 극장에서 『심기가 불편한 사람들(Every Man Out of his Humour)』이라는 풍자극을 공연했는데, 이 작품의 작가 벤 존슨은 극 중에서 소글리아도라는 이름의 촌뜨기 인물이 30파운드의 거금을 내고 우스꽝스러운 문장을 사는 부분을 집어넣었다. 소글리아도의 지인은 그를 조롱하면서 "무개불가(無芥不可): 겨자가 없으면 안 된다."라는 굴욕적인 가훈을 문장에 붙여 준다. 셰익스피어 본인도 로드챔벌린스멘 극단의 일원이었기 때문에, 윌은 연습과 공연 과정에서 계속 자신을 겨냥해 쓰인 이 모욕을 들었을 것이다. 어쩌면 그는 짐짓 불편하다는 듯 웃어 보였을지도 모른다. 그것 외에 이런 놀림에 대처할 수 있는 방법이 또 무엇이겠는가.

1602년, 랠프 브룩(Ralph Brooke)이라는 불만에 가득 찬 족보학자이자 요크의 전령 사무관이, 문장원 대표직인 가터 문장관을 맡고 있는 윌리엄 데딕 경에게 정식 항의서를 제출했을 때 윌은 다시 한 번 심기가 불편했을 것이다. 여기서 브룩은 데딕 경이 하층민 출신의 사람들을 데려다가 그들과 맞지 않는 신분으로 상향시켜 줌으로써 가터 문장관의 권한을 남용하고 있다고 고발하면서 이러한 사례를 보여 주는 스물세 명의 명단을 제출했는데, 이 명단에 네 번째로 이름을 올린 인물이 '배우 셰익스피어'였다.

셰익스피어는 남들의 허세를 재치 있게 지적하며 놀려 대는 분야에 그 본인부터가 일가견이 있었으므로, 자기 자신도 이러한 부끄러운 상황에 노출될 것이라는 사실을 알았을 것이다. 아마도 그는 사회적으로 보다 공고한 신분을 갖는 것은 이러한 당혹스러움을 감내할 만큼의 가치가 있다고 느끼고, 이를 감행했을 것으로 보인다. 하지만 그의 주된 동기는 어쩌면, 아버지 존 셰익스피어를 대신하여 갱신한 옛 신청서가 승인될 때 초본 서류 위에 데딕이 작성해 넣는 특정한 평가란에 걸려 있던 것일지도 모른다. 이 평가란에 적힌 의견은 신청인의 수수료 지불자가 제공하는 정보를 기반으로 쓰이는데, 담당 기록관들이 책임을 다하는 경우라면, 이 평가란에 적힌 말은 곧 문장원에 의해 그 사실을 공증받는 정보가 되는 셈이었다. 물론, 여기에는 장갑 제조 가게나 불법 양모 또는 다른 물건 거래와 같은 얘기는 나오지 않는다. 데딕은 청원인의 주장대로 그의 가문 조상들이 헨리 7세를 "충직하고 용맹하게 섬겼다."라고 애매하게 언급했다. 비록 이 조상들의 봉사에 대한 역사적 증언이나 포상에 대한 기록은 나와 있지 않지만, 데딕은 "상기된 바 존은 윌름코트의 로버트 아덴의 상속녀이자 딸과 결혼했다."는 점을 기입해 두었으며, 그가 스트랫퍼드의 시 의회 의원이자 시장을 역임했다는 것과 시가 500파운드의 재산에 해당하는 "토지와 주택을 가진 부유한 자산가"라고도 써 넣었다.

    1596년에 이러한 진술은 크리스토퍼 슬라이의 "우리는 정복자 리저드 왕과 함께 온 사람들"이라던 말과 비슷하게, 다소 허황한 것이었다. 존 셰익스피어가 최하의 극빈층이 되었던 것은 아니지만—비록 실패하긴 했지만 그는 여전히 약간의 소유물들을 지니고 있었다.—그는 더 이상 이 신청서에서 주장하는 대로 "부유한 자산가"는 아니었다. 윌이 가터 문장관에게 풀어 놓았을 이야기는, 가문 대대로 왕을 섬기던 조상들을 두었고, 명망 있는 가문의 상속녀를 아내로 맞았으며, 고위 공직에 올랐던, 요컨대 배경과 재력과 능력을 갖춘 부유한 인물로서의 아버지 존 셰익스피어에 대한 것이었다. 그리고 이 관점에서의 이야기는, 자기 아내의 가산을 모두 저당 잡혀 탕진해 버린 인물, 갚지 못한 채무 때문에 체포될까 두려워서 집 밖으로 나가지도 못했던 인물, 그리고 마을 사람들과의 관계도 나빠질 대로 나빠져서 1582년에는 이웃 네 명에게서 "생명의 위협과 사지 절단의 공포를 느끼고" 그들에게서 법적으로 보호받을 수 있는 안전 보증 요청서를 제출하는 지경에 이르렀던 그 인물에 대해서는 지워 버리거나 무효화시켰다. 적어도 이 신청서상에서, 존 셰익스피어는 상실된 위치를 복원받았을 뿐만 아니라 생전에 누려 보지 못한 지위로까지 상승했다.

복구의 염원은 셰익스피어의 생애 내내 그를 뒤쫓았다. 『실수 연발』에서, 시라쿠사의 상인은 잃어버린 쌍둥이를 찾는 도중에 자신의 출신지와 맞수 관계에 있는 도시 에베소에서 체포당하고 엄청난 벌금을 내지 않으면 죽음을 면치 못할 것이라는 협박을 받는다. 뒤바뀐 정체성으로 인해 엉뚱하게 꼬여 가는 상황 끝에, 빚을 갚지 못한 그의 아들 중 하나가 가죽옷을 입은 관리(시장이던 존 셰익스피어도 이러한 수행원을 두었을 것이다.)의 손에 붙들리는데, 아버지는 쌍둥이와 재회하게 되고 33년 전에 조난 사고로 인해 헤어졌던 어머니까지도 극적으로 다시 만난다. 상인은 목숨을 부지한 채 풀려나고 그의 벌금은 면제되고 아들의 빚도 청산되면서, 이 가족은 마법처럼 다시 재건되는 결말을 맞는다. 『베니스의 상인(The Merchant of Venice)』에서, 부유한 상인은 연속된 난파 사고를 당해 모든 재산을 잃고 무자비한 유대인 채권자로부터 살점을 발리는 위기에 처했다가 영리한 법조문 해석을 통해서 잃어버렸던 것들을 모두 되찾고 채권자의 돈까지도 얻어 낸다. 『십이야』에서 귀족의 아들과 딸은 서로의 생사를 모른 채 일리리아 해변에 난파되는데, 아들은 꿈속을 걷는 듯 그의 삶에 이어지는 일들을 겪게 되고 딸은 새로운 정체성을 도입하여 젊은 남자 세자리오(Cesario) 행세를 한다. 이 새로운 정체성을 가장하면서 그녀는 자신의 사회적 신분이 하인으로 가파르게 추락하는 것을 감내한다. 하지만 이렇게 자신을 숨기면서도 그녀는 자신의 본래 신분에 대한 의식을 잊지 않았다. "자네는 출신이 어떻게 되지?" 하고 거만한 백작 부인이 물었을 때, 하인인 그녀는 이렇게 대답한다. "제 혈통은 지금의 제 처지보다는 더 높은 곳에 있습니다만, 그래도 저는 괜찮습니다./ 저는 신사의 신분입니다." 뒤통수를 세게 맞은 것처럼 백작 부인은 그에게 홀딱 반해 버린다.

> 내가 보니 과연 그대는 틀림없는 신사일세.
> 그대의 말씨, 그대의 얼굴, 그대의 팔다리, 몸짓, 태도에까지
> 다섯 부문에서 모두 확실하게 그렇다고 새겨져 있구먼.
>
> (1.5.247-49, 261-63)

비록 의복이나 직업은 기준에 미달할지라도, "다섯 부문에서 모두 확실하게," 즉 그의 담화와 표정과 움직임에서 세자리오는, 신사로 구분되는 문장을 지니고 있는 것이다. 그리고 쌍둥이 남매가 마침내 우연히 서로 만나게 되었을 때, 그들은 자신들의 잃어버린 정체성을 다시 복원하여 주장한다.

> 세바스찬: 나와 같은 나라에서 왔소? 이름은 무엇이지? 부모님의 성함이 어떻게 되오?
> 바이올라: 난 메살린에서 왔습니다. 아버지의 성함은 세바스찬이었고.
>
> (5.1.224-25)

그들은 본래 자신들의 적법한 사회적 신분을 다시 복원했을 뿐만 아니라, 각자 자신의 처지보다 더 나은 상태에 있는 인물과 결혼하는 결말을 맞는다. 바이올라는 일리리아의 공작과 결혼을 하고, 세바스찬(Sebastian)은 부유한 상속녀와 결혼하게 된다.

이 세 경우에서 보이는 복구의 모습은 모두 전적으로 모순 없이 간단하게 수습되기는 힘든 성격을 지니고 있다. 시라쿠사의 상인은 가족을 되찾지만, 과거에 일어났던 처참한 조난 사고 때문에 사실상 이들이 정말 가족으로서 살았던 순간은 없었다. 베니스의 상인은 고리대금업을 경멸하지만, 해양 무역에서 본 손해를 만회할 뿐만 아니라 유대인 대금업자가 모은 재산의 반액을 "사용하도록" 받는다. 쌍둥이 남매는 각자 새로운 배우자와 교차적으로 연결되는데, 바이올라는 오랫동안 백작 부인을 사랑해 왔던 공작과 결혼을 하고, 공작의 구애 상대였던 백작 부인은 세바스찬의 부유한 신부가 된다. 이 관점에서 본다면 사실 남매 사이의 유대 관계도 그들 자신의 본연의 정체성도 사실상 크게 복원되지 않은 셈이다. 그리고 몰락한 사회적 신분을 상승시키려는 시도에서 이들이 거둔 성공은 백작 부인의 시종장인 말볼리오라는 인물에 의해 기묘한 그늘이 드리워지는데, 세바스찬이 획득하는 데 성공한 바로 그 백작 부인의 새신랑 자리를 말볼리오 역시 노리고 있었기 때문이다.

말볼리오는 신사의 신분을 얻고 싶어 하는 셰익스피어 본인의 집착과 그 어두운 부면을 나타내는 인물로 기능한다. 백작 부인을 수행하는 역할을 하는 상류층 부인 마리아는 그를 싫어하며, 그가 "책에서 본 것들로 제 신분을 꾸며내고 낫으로 풀을 베어 나가듯 뜨문뜨문 말을 주워섬기는 음흉한 작자"라고 이야기한다. 즉, 그는 그보다 나은 계층의 사람들이 사용하는 품위 있고 거창한 언어를 달달 외운 후에 암송하는 것에 지나지 않는다는 것이다. 그리고 그는 자기도취에 빠진 사람이다. "그 자신에 대해 스스로 생각해서 착각하기를, 자신이 엄청나게 잘난 줄로 알고, 자기를 보게 되는 모든 사람은 저를 사랑하리라고 단단히 믿고 있죠."(2.4.132-35) 그는 셰익스피어가 소네트에서 그 자신의 습관이라 특징짓고 있는 "자기 성애라는 죄악"에 시달리고 있는 것이다. "그 어떤 얼굴도 나처럼 아름답진 않은 것 같다./ 이토록 참된 형상도 없고, 그토록 완전한 것도 없으니."(62.1, 5-6) 이러한 특성들 때문에, 말볼리오의 적들은 그를 "흔해 빠진 웃음거리"로 만들고자 복수를 꾀하게 된다.(2.3.121)

그렇다면 말볼리오를 향한 조롱은, 단순히 그의 사악한 본성이나 금욕주의적인 혹독함이 아니라 오히려 그가 기회를 봐서 신사 행세를 하려고 한다는 점에서 나온다. 그리고 이 조롱의 말은 셰익스피어 본인을 포함한 그 어느 배우라도 무대에 서기 위해서 전문적으로 익히고 겪었을 과정에 대한 설명과 매우 유사하다. 마리아는 동료 공모자들에게 이렇게 말한다. "그는 저기 햇살 속에서 자신의 그림자를 상대로 반 시간이나 흉내 내기 연습을 하더라고."(2.5.14-15) 그가 혼잣말하는 소리가 그들에게 가까이 들릴 정도로 다가왔을 때, 이 조롱자들이 귀로 직접 듣게 되는 것은 어떤 환상에 대한 가상 예행 연습이었다. "난 말볼리오 백작님이 될 것이다!" 이를 들은 공모자 중 하나가 속삭인다. "못 말리게 깊이도 빠져들었군. 허무한 상상이 그를 어떻게 후려치고 있는지 좀 봐."(2.5.30, 37-38) 그리고 나서 관객들은 그가 이 환상의 역할로 등장하여 — "깊이 빠져들어서" — 즉석에서 상황을 꾸며내고, 의상과 소품, 대화, 그리고 배우들이 배경 설정이라고 부르는 이야기를 갖춰 가는 모습을 흥미진진하게 지켜본다.

그녀와 결혼한 지 어언 석 달이 되어 가고, 나는 내 자리에 위풍당당하게 앉아 있겠지……. 올리비아가 잠들어 있는 침대 겸 소파로부터 막 일어나 나와서, 수를 놓은 무늬의 벨벳 겉옷을 걸치고, 나의 하인들을 불러들이면서……. 그리고 난 아주 공식적이고 엄숙한 표정을 지을 거야. 아주 고고한 시선으로 좌중을 휙 둘러본 뒤에, 그들에게 당부해야겠지. 나는 내 위치를 잘 아니까, 그들도 자기들의 위치를 잘 알라고 말이야. 그리고 내 친척인 토비를 불러오라고 해야지……. 말 잘 듣는 하인들로 일곱 명을 뽑아서 보내야지. 나는 곧 얼굴을 찌푸리고, 어쩌면 시계 태엽을 한 차례 감거나, 아니면 나의 (그의 체인을 매만지며) 값비싼 보석이라도 만지며 시간을 보내고 있을 거야.

(2.5.39-54)

말볼리오는 자기 앞에 놓인 함정에 곧 빠질 것이다. 노란색 각반을 차고, 부적절한 미소를 보이다가 광인으로 취급되어 감금되고, 잔혹하게 창피를 당하게 되는 그런 함정에 말이다. 셰익스피어의 모든 작품 중 가장 위대한 희극 줄거리의 하나인 이 이야기는 어쩌면 극작가 자신의 깊은 내면을 보여 주고 있는데, 더 높은 신분에 대한 권리를 주장하고자 하는 그 모든 계획 — 자신의 것과 부모가 시도했던 것 — 에 내포된 냉소적이고 자조적인 웃음이 강렬하게 포착된다는 점에서 그렇다.

셰익스피어는 복구의 환희와 역설이라는 측면에 엄청나게 매료되었으며, 심지어 그의 비극이나 희비극에서도 이러한 흔적들을 찾아볼 수 있다. 『리어 왕』의 절정 부분에서 늙은 왕의 사악한 딸들은 패배하고, 그의 모든 손해와 끔찍한 고통을 겪고 난 이후에 왕은 다시 '절대 권력'을 되찾는다.(5.3.299) 하지만 이미 너무 늦어 버린 것이다. 그가 사랑하는 딸 코델리아는 그의 팔 안에서 죽어 있고, 그는 여전히 그녀가 살아있을지도 모른다는 망상적인 희망과 뒤섞여 버린 절망의 비통함 속에서 죽는다. 비슷한 운명이 아테네의 타이먼(Timon)에게도 닥친다. 재산을 잃고 나서 자신에겐 진정한 친구가 아무도 없다는 것을 깨닫고 그는 고독한 여생을 보내기 위해 숲 속으로 가는데, 식량으로 먹을 나무뿌리를 캐려고 땅을 파다가 전혀 원하지도 않은 황금을 발견한다. 그리고 그 자신으로선 매우 지긋지긋하게도 다시 엄청난 부자가 된다. 그리고 『겨울 이야기』에서 레온테스(Leontes) 왕은 16년이 지난 후에, 그의 피해망상증적 질투로 인해 파괴해 버린 듯한 아내와 딸을 되살린다. 하지만 오랜 시간의 간극은 쉽게 지워지지 않는다. 레온테스의 반응에 따르면 그의 아내는 그가 되살린 여자처럼 "이토록 주름살이 지지 않았고/ 이렇게 나이 들지도 않았었는데." (5.3.28-29) 그리고 그의 질투가 낳은 또 다른 희생자들인 그의 유일한 아들 마밀리우스 왕자(Prince Mamillius)와, 그의 충실한 자문관인 안티고누스(Antigonus)의 경우, 이들은 무덤에서 기적적으로 살아 돌아오지 않는다. 이 장면의 복원이 감정적으로 강렬하게 느껴지는 것은 사실이다. 연극의 독자와 관객은, 다시는 되찾을 수 없다고 여겨지던 것이 모든 희망과 기대조차 없는 상황에서 재생되어 돌아왔다는 것을 이 장면의 감정 분출을 통해 충분히 느끼게 된다. 하지만 이 회복은 눈에 보이는 그대로의 모습이 아니다. 회복된 과거는 급하게 날조된 것이거나 또는 망상이거나, 최악의 경우 오히려 상실의 상태를 더욱 뼈저리게 느끼게 해 주는 것으로 드러난다.

극작가로서의 경력이 거의 끝나 갈 즈음 셰익스피어는 한 번 더 이러한 복원식 줄거리의 구조로 돌아와서, 변형 없이 거의 순수하게 이러한 구성 틀에 맞춰서 전개되는 『태풍』을 썼다. 공작의 지위에서 쫓겨난 군주가, 어린 딸과 함께 물이 새는 배 하나에 몸을 의탁한 채 망망대해로 쫓겨나서, 이상한 섬에 난파되고, 수년이 지난 후에, 그동안 연마한 마법의 힘으로 적들을 물리치고 잃었던 영토를 되찾는다. 이러한 전개는 사실 익숙하고 매우 전통적으로 변주되는 주제이지만, 잃어버린 재산이나 지위 혹은 정체성을 다시 되찾는 환상을 셰익스피어가 이처럼 반복적으로 열렬하게 지지하고 포섭한다는 것은 꽤 의미 있는 특징으로 보인다.

다양한 형태의 복구를 무대 위에 올린 윌의 연극들과, 그가 신사로서의 신분을 요구하는 신청서를 갱신했다는 사실 사이에 직접적으로 언급된 관계가 있는 것은 아니다. 예술 창작물이 실제 삶의 상황으로부터 그처럼 바로 가감 없이 발현되는 경우는 거의 없으며, 만일 그렇다고 한다면 그 예술 작품이 내포하는 내적 의미는 훨씬 떨어질 것이다. 셰익스피어는 자신의 일을 하는 과정에서 수천 명의 사람들과 부대꼈지만, 사실 그 많은 사람들 중 누구도 스트랫퍼드에 사는 장갑 장수의 사업상 업무나 사회적 신분에 흥미를 보일 이유는 가지고 있지 않았다. 하지만 그가 자신의 관객들에게 무슨 이야기를 어떻게 전달하고 싶어 했는지, 그리고 왜 특정한 이야기의 전개 방식에 그처럼 매료되었는지 — 이러한 주제가 사람들에게 공감을 얻을 것이라는 예감과 나아가서 그 자신이 이러한 주제를 다루고 싶어 한다고 느꼈던 자각 — 사이의 관계가 전적으로 무작위한 우연의 결과는 아닐 것이다. 그의 상상력은 아주 먼 곳까지 나래를 펼쳤지만, 그의 상상력을 북돋아 준 환상들은 종종 그가 삶에서 겪었던 실제적 측면들에서 발아했거나, 혹은 이러한 상황들을 통해 빚어진 기대, 열망, 그리고 좌절감에 깊은 뿌리를 두고 있는 것처럼 보입니다. 이런 이유로, 『한여름 밤의 꿈』의 신화적인 고장 아테네, 『겨울 이야기』의 낭만적인 보헤미아처럼 현실과 동떨어진 배경에도, 그 행간에는 스트랫퍼드의 헨리 스트리트에서 자라며 스스로를 신사로 꿈꾸었던 어느 소년의 모습으로 우리를 자꾸만 되짚어 끌어당기는 지점들이 있다. 청소년기가 저물어 갈 즈음의 어느 시점에서, 어머니의 재산과 아버지의 사회적 위신이 사라지는 것을 지켜본 이 젊은이는 문득 그 꿈이 모두 함께 날아가 버렸다는 것을 깨달았다. 하지만 우리가 본 것처럼 그는 이후 삶에서나 예술에서나 그것을 복구하려는 열망을 포기하지 않았다.

그의 작품들에는 계속적으로 미처 사전에 예측하지 못한 큰 재앙이라는 전개가 나타난다. 그가 가장 즐겨 쓴 설정은 난파선이었는데, 이는 지금까지 더없이 행복한 발전, 번영, 순조로운 항해처럼 보이던 것을 갑작스럽게 끔찍한 참사, 공포, 그리고 상실로 뒤바꿔 놓는다. 이 상실은 외견적으로 그리고 즉각적으로는 물질적인 것이지만, 또한 정체성의 상실이라는 점에서 더욱 압도적인 성격을 지닌다. 낯선 해변에 떨어져서, 친구들이나, 습관적으로 어울리는 동료들이나, 친숙한 인적 연결망이라곤 전혀 없는 고립무원의 상황. 이 재앙은 종종 의도적인 이름의 변형이나 소실과, 그로 인한 사회적 신분의 변형 또는 소실이라는 장치를 통해 더욱 전형화된다. 셰익스피어의 인물들은 계속해서 자신의 상류 혈통이나 신분을 적극적으로 발화하고 주장해야 하는 상황에 처하는데, 그들의 정체성을 알려 주는 모든 관례적인 지표들이 거친 파도에 쓸려 떠내려간 탓에 그들의 적법한 상태가 즉각적이고 명명백백하게 드러나지 못하고 있기 때문이다.

월의 상상력 속에서 아버지의 실패는 난파선처럼 그려졌지만, 셰익스피어 가족 자체로 보자면 사실 그 시작부터 상류 신사의 신분을 단단히 움켜쥐고 있던 것이라 할 수는 없다. 이 가족은 기껏해야 아버지의 문장 신청을 통해 상류층으로 진입하는 신분을 이제 막 얻으려고 발돋움을 하던 참이었다. 물론 어머니가 장남인 윌을 데리고 위풍당당한 파크 홀의 아덴 가문에 대한 이야기나, 심지어 아덴 가문의 옛 조상인 아덴 숲의 대영주 터칠(Turchill)에 대한 이야기를 들려줬을 가능성은 있다. 토지 대장에 그의 땅이 네 개의 칸에 걸쳐서 기록되었을 정도로, 전설적인 전통과 부를 갖춘 유서 깊은 집안에 대한 이야기를 말이다. 그렇다면 윌은 아버지의 공직 업무를 계기로, 한때 아덴 가문 사람들에게는 생득적으로 보장되었던 사회적 입지를 그의 가족이 복권하게 된 것이라고 상상했을 수도 있다. 이 꿈 역시 그에게 머물러 있었던 것 같다. 1599년, 가문의 문장 발행을 요청하는 신청 서류가 갱신되고 3년이 지난 후에, 아마도 그 자신이 직접 착수하고 수수료를 지불한 것이 분명한 상황에서, 문장원에다 또 다른 문장 관련 요청 서류를 접수하고 다시 성공적인 승인을 받은 신청자의 정체가 월이었을 가능성이 매우 높다. 이번에는 기존 문장에다 추가적 요소를 더하는 것이 목적이었는데(구체적인 용어로는 '찔러 넣다.(impale)'라는 말로 표현된다.), 이때 아덴 가문의 문장을 더해 재발행한 것이 요즘 우리가 셰익스피어의 '구문장(the Ancient coat of Arms)'이라고 부르는 것이다. 결국 나중에는 셰익스피어 가문의 문장만이 그의 비석에 새겨졌지만, 그 상징이 선언하는 바는 다음과 같이 분명하다. "나는 누군가 돈을 주고 고용한 하인처럼 취급하거나 부랑자처럼 채찍질할 수 있는 사람이 아니다. 나는 무대 위에서만 신사를 가장하여 연기하는 사람이 아니다. 나는 진정한 신사이며, 여왕과 국가를 위해 봉사한 아버지의 훌륭한 공직 생활과 어머니의 명망 있는 가문의 이름, 이 양쪽을 근거로 하는 상류 가문의 문장을 적법하게 갖도록 허가받았다." 한편 여기에는 반쯤은 가려진 또 다른 상징적 선포도 포함되어 있다. "나는 내 노동과 상상력의 결실로 내 가족을 재건하여, 모든 것들이 무너지기 전의 순간으로 되돌려 놓았다. 나는 어머니의 명성을 기리고 아버지의 명예를 회복했다. 나는 잃어버린 내 유산을 다시 찾아왔다. 내가 바로 그 유산을 창조해 냈다."

3 거대한 공포

설령 윌이 10대 후반이나 20대 초반에 배우라는 직업을 갖기로 확고히 결심을 했다 하더라도, 곧바로 무대 위에서 자신의 운명을 시험해 보고자 길을 떠나 노상에서 노래와 저글링으로 식사와 숙소 비용 몇 푼씩을 벌어 가며 최종 목적지인 런던으로 향했을 가능성은 사실상 적다. 엘리자베스 시대의 영국에서 자기 가족과 공동체로부터 떨어져 나온 사람은 보통 곤경에 빠진 사람이었으며, 당대 사회는 근본 없는 떠돌이들에게 마뜩잖은 의심의 눈초리를 보냈다.(나중에 셰익스피어는 여러 작품에서, 자신의 뿌리를 잃어버렸거나 보호받지 못하는 사람들이 겪는 박해에 대해 상당 부분을 할애한다.) 원정 임무를 수행하는 기사들이나 방랑하는 음유 시인들의 시대는 사라졌다, 마치 환상 속에서가 아니면 아예 존재한 적조차 없던 것처럼. 순회 여행을 하는 수사들이나 순례자들은 분명히 동시대에도 그리고 사람들의 기억 안에서도 여전히 존재했지만, 수도회 단체들은 국가에 의해 해체되었으며 순례지들은 과격한 종교 개혁가들에 의해 폐쇄되거나 파괴당했다. 노상을 떠도는 방랑자들은 있었으나 그들은 각종 위험에 굉장히 취약한 상태로 노출되어 있었다. 보호 수단이 없는 상태로 혼자서 여행하는 여자들은 공공연한 공격과 강간의 대상이 되기 쉬웠으며, 이러한 경우 가해자들은 거의 처벌받지 않았다. 혼자 여행하는 남자들은 상대적으로 이러한 위협을 받는 일이 적었으나 그럼에도 가능한 최대한의 보호 수단을 갖출 필요는 있었다. 여행이 필요한 사업들은 엄격하게 규제되었다. 모든 행상인과 땜장이는 자신이 거주하는 지역 주의 담당관 두 사람의 허가를 받은 면허가 필요했으며, 그러한 허가증이 없는 사람은 공식적 혹은 비공식적인 공격의 희생자가 되었다. 신체가 멀쩡한데 구걸을 하거나 목적 없이 배회하는 부랑자는 체포당해서 그 지역의 치안 판사에게 넘겨지고 심문과 처벌을 받았다. 노래와 춤을 추거나 저글링을 하거나 연설문을 암송해서 돈벌이를 한다고 해도 소용이 없었다. 1604년 통과된 부랑자법(Vagabond Act)에서는 기존의 법적 기준에 더하여 막간극을 연기하는 배우, 검술사, 곰 재주꾼, 음유 시인, 시주를 받으러 다니는 학생과 선원, 손금쟁이, 점쟁이 등도 부랑자로 분류되었다. 만일 떠돌이가 자작농 신분으로 본인 소유의 영토가 있다거나 그가 섬기는 상급 신분의 주인이 있음을 증명하지 못한다면, 그는 기둥에 묶여서 공개적으로 채찍질당하는 형벌을 받았다. 그리고 난 뒤에 그는 자신의 고향으로 돌아가서 태어날 때부터 그의 봉직으로 정해져 있는 일을 하거나 누군가 그를 하인으로 삼겠다는 사람이 나올 때까지 공공 노동을 하거나 차꼬를 찬 채 갇혀 있어야 했다.

지극히 소수의 사람들만이 일을 하지 않아도 되는 특권적이고 한가로운 삶을 살았으며, 대다수의 사람들은 물자가 충분하지 않은 사회, 셰익스피어가 표현하듯이 고통스러운 노동에 전적으로 투신하지 않는 사람들에 대한 참을성이라곤 전혀 없는 사회의 일원으로서 자리를 잡고 있었다. 그리고 적어도 이론적으로 그 노동의 결실은 자신의 신분을 알고 그 경계 안에 머무는 사람들의 것이어야 했다. 사회적 규제는 놀라울 정도로 혹독했다. 채찍질이나 차꼬를 채우는 형벌이 너무 관대한 것으로 보일까 봐, 16세기 중반부터 선포된 법령은 부랑자들에게 인두 낙인을 찍고 강제 노동을 하게 했다. 그런 가혹한 법령 자체가 실제로도 엄격하게 시행된 것은 아니었다 해도 ─ 잔존 증거가 너무 빈약해서 이 법률의 시행 여부는 확신하기 어렵다. ─ 이러한 전후 사정을 고려할 때, 미래가 불확실한 시골 젊은이가 갓 결혼한 아내와 어린 세 자녀를 내팽개치고, 디킨스의 소설에 나오는 낙천주의자 미카버 씨처럼 뭐든 기회가 나타나겠지 하는 희망 하나를 안고 대도시로 자유롭게 훌쩍 떠나 버릴 만한 시대는 분명히 아니었다.

온갖 소문에 귀를 기울이던 17세기의 셰익스피어 전기 작가 존 오브리는, 윌이 스트랫퍼드에서 런던으로 바로 구직 활동을 하러 떠났거나 곧바로 극단에 들어간 것은 아니라는 견해를 강하게 드러내는 사항을 하나 끄적거려 두었다. "그는 청년 시절에 다른 지역의 학교 교사로 근무한 적이 있었다." 오브리가 모은 소문의 대부분은 조금씩 사실을 가감해 들어야 하지만, 이 정보만은 유달리 사실적인 권위를 지니는데, 그 이유는 이 소문의 원천이 배우 윌리엄 비스턴(William Beeston)이라고 기록하고 있기 때문이다. 비스턴은 셰익스피어와 함께 로드챔벌린스멘 극단에 있었던 크리스토퍼 비스턴(Christopher

Beeston)의 아들이었다. 그러므로 이것은 실제로 셰익스피어를 알았던 사람에게로 직접 연결될 수 있는 전기적 정보인 것이다.(기록에 따르면 그들은 1598년에 공연된 『각인각색(Every Man in His Humour)』에서 함께 연기했다.) 셰익스피어가 어느 '지역의' 교사로 있었는지 확실하게 말할 수 있는 사람은 아직 없지만, 많은 학자들은 1937년에 처음 제기되어 계속 논쟁이 되고 있는 다음 주장을 사실 가능성이 높은 것으로 고려하고 있다. 곧 셰익스피어가 아마도 2년간을 랭커셔(Lancashire)에서 부유한 가톨릭 신사인 알렉산더 호턴(Alexander Hoghton)에게 고용되어 일했고, 그러고 나서 호턴의 사망 이후에는 러포드(Rufford) 근처에 거주하는 호턴의 친구 토머스 헤스켓 경(Sir Thomas Hesketh)에게 고용되었다는 것이다.

학교를 갓 나온 이 사춘기 소년이 왜 영국의 중부 지역에서 북부로의 원거리 여행을 감내했으며, 어떻게 그곳의 강력한 가톨릭 가정과 친분을 맺었으며, 그리고 왜 그 가정에서는 옥스퍼드나 케임브리지 출신자로서 공식 교사 자격증을 가지고 있는 사람 대신 굳이 윌과 같은 청년을 고용했는지를 설명하려면 당시 튜더 왕가의 종교 갈등이 가져온 잔인하고도 어두운 세계에 대한 이해가 먼저 필요하다.

왕국의 다른 지역들과 마찬가지로, 스트랫퍼드도 1533년 헨리 8세가 — 본인의 이혼을 수리하고 국가 내의 가톨릭 수도원들이 보유한 엄청난 부를 차지하려는 목적으로 — 스스로를 "영국 국교회의 수장"으로 선언하면서 명목상 개신교가 되었다. 공식적으로 영국은 로마의 정치적 영향력에서 단연코 분리되어 나온 것이다. 하지만 종교적인 신념의 문제에서는, 16세기 초반의 영국 가정들은 균열된 양상을 겪었으며 많은 개인들도 내적으로 비슷한 균열을 경험했다. 대부분의 가정에는 여전히 구교를 지지하는 일부 가족과 친지들이 있었고, 신교 개종자이면서도 여전히 잔존하는 가톨릭 신앙에서 오는 가책을 종종 느끼지 않는 경우는 드물었다. 한편 구교를 버리지 않은 가톨릭 평신도 중에도 조국의 국왕 헨리 8세가 교황의 권위에 정면으로 맞선 것을 두고 은근히 국가적 자부심과 충성심을 느끼는 이들도 있었다. 이 양가적 감정은 1547년에서 1553년까지 헨리의 아들인 에드워드 6세가 통치하는 기간에도 이어졌으며, 이때 영국의 지배 계층은 기회를 봐서 개신교의 교리와 실례를 적극적으로 받아들이고자 했다. 하지만 이 기간에는 가톨릭으로의 가상적 회귀마저도 어렵게 하는 중요한 단계들이 이어졌다.

새로운 영국 국교회 지도자들의 말에 따르면, 구원이란 미사나 그 외 다른 로마 가톨릭의 정례를 통해서 받는 것이 아니라 오직 믿음을 통해서만 가능한 것이었다. 이제 덕망 높은 수도원이나 유명한 순례 장소만 공격을 당하는 게 아니라, 성당 내부를 채운 제단화, 조각상, 십자가와 프레스코화들도 모두 사람들을 무지와 미신으로 현혹하도록 만들어진 우상으로 선포되었다. 그것들은 훼손되고, 하얗게 덧칠되고, 산산이 부서졌다. 그리고 신교를 따르는 광적인 파괴자들은 전통 의례, 가장 행렬, 그리고 연극 등 예로부터 사람들이 각자의 종교적 믿음을 공공연하게 표현해 오던 방식에도 공격의 손길을 뻗었다.

가톨릭 미사에서 가장 드높이 여겨지는 순간은 성체 거양이다. 화려한 예복을 갖춰 입은 사제가 회중에 등을 돌리고 거대한 십자가로 덮인 막 뒤에 자신의 몸 일부를 가린 채 서서, 축성된 제병을 들어 올린다. 그 순간에 종이 울리면 믿음이 충실한 자들은 저마다 기도를 올리던 눈을 뜨고, 하느님의 피와 살로써 기적적으로 변형된 그 빵 조각을 보기 위해 애를 쓴다. 개신교 지지자들은 이 성체에 적대적인 별명을 한가득 붙여 주었다. "돌려 먹기", "깜짝 노리개", "사체 고기" 등 그리고 미사 자체도 이와 비슷하게 모욕적인 용어를 붙여 부르곤 했는데, 그중에는 "교황님의 연극"이라는 말도 포함되어 있었다.

미사는 인상적인 의식임에 분명하나, 연극적으로 과장된 허구이며, 거짓과 환상으로 얇게 가린 사기극일 뿐이라고 그들은 말했다. 연극조의 분위기는 전달 면에서는 가치가 있을지 모르나 그것이 개인의 신앙심에 영향을 미치는 것은 전혀 아니라고, 본인이 반가톨릭 연극을 쓰기도 했던 과격한 신교 개혁가 존 베일(John Bale) 같은 사람은 분명히 그렇게 생각했다. 성체 거양은 가톨릭에서 주장하듯이 빵의 실체를 정말 기적적으로 바꾸어 놓는 것도 아니고, 결국 엄숙하게 신을 기억하는 의식에 지나지 않는데 그렇다면 이는 제단이 아니라 식탁 위에서 행해져야 마땅하다고 신교 지지자들은 주장했다. 믿음은 현란한 볼거리가 아니라 하느님의 말씀에 의지해야 하고, 매혹적인 상들이 아니라 글을 기본으로 삼아야 하며, 확실히 따를 수 있는 유일한 인도자는 성경뿐이었다. 하느님의 말씀인 성경이 평범한 남녀 신도들의 손에서 의도적으로 빼앗기고(영어로 된 번역본은 이단으로 여겨졌으며 가톨릭 권위자들에 의해 모두 소각되었다.) 사제들이 입으로 중얼거리는 라틴어 번역의 구절로만 속박되어 있는 것은 있을 수 없는 수치라며 종교 개혁가들은 지속적으로 불만을 터뜨렸다. 1520년대에, 인쇄기의 도움을 받아 개신교도들은 영어 성경을 출판하는 작업을 시작했다. 종교 개혁의 원칙에 맞도록 다듬어진 이 텍스트는 최대한 널리 퍼져 사람들이 쉽게 접할 수 있고, 대중의 문맹률을 개선하는 데 도움을 줘서, 평범한 사람들도 소위 그들이 말하는 아무런 덧붙임

없는 단순한 진리를 접할 수 있게 해 줄 것이었다. 그들은 예배서의 말들도 영어로 번역했으며 성공회 기도서도 발간하여, 개신교를 믿는 자 모두가 모국어인 영어로 된 예배와 기도를 이해할 수 있게 했다.

이것은 영어의 언어 발전사에 있어서 아주 결정적인 순간이었다. 깊이 있는 추상들, 인간 영혼의 운명을 좌우하는 생각들이 이제 평범하고 친근한 일상의 언어로 표현될 수 있게 된 것이다. 이 시대의 여러 사람들 중 단연 그 업적을 기려야 할 두 사람, 윌리엄 틴들(William Tyndale)과 토머스 크랜머(Thomas Cranmer)가 이 중요한 임무를 맡아 수행했다. 만약 이들이 없었다면, 그리고 이들이 남긴 영문판 신약 성경과, 낭랑한 음률이 돋보이는 성공회 기도서가 없었다면, 윌리엄 셰익스피어라는 인물은 등장하기 어려웠을 것이다.

이들의 성취는 쉽게 이루어진 것이 아니었다. 교조적인 보수주의자였던 헨리 8세에게 틴들의 이러한 시도는 지나치게 진보적인 감이 있었기에, 그는 1520년대에 유럽 대륙으로 쫓겨 가게 되었고 그곳에서 가톨릭 권위자들에게 붙잡혀 교수형에 처해졌다. 에드워드 6세의 재임 기간 동안 크랜머는 캔터베리의 대주교를 맡아 개신교의 개혁을 이끌었지만, 병약한 에드워드가 1533년에 사망하자 왕좌는 그의 자매이자 가톨릭교도인 메리 튜더의 차지가 되었다. 메리는 곧바로 역습에 들어갔고, 크랜머는 독일이나 제네바로 제때 피신하지 못한 다른 개신교도들과 함께 1556년 옥스퍼드에서 말뚝에 묶여 화형당했다. 이 일련의 처형에 대한 기억은 존 폭스(John Foxe)가 남긴 『순교자들의 책(Book of Martyrs)』의 핵심 내용이 되었으며, 이후 16세기 후반에 활동하던 과격한 개혁가들이 잔존하는 로마 가톨릭 의식들을 난폭하게 탄압하며 이를 갈게 만든 원인이 되었다.

1558년에 메리가 후사 없이 죽으면서 시국의 방향은 한 번 더 전환되었다. 스물다섯 살의 엘리자베스는 곧바로 자신의 아버지, 그리고 오빠의 통치 아래 시작되었던 종교 방침으로 나라를 되돌릴 것임을 분명히 했다. 그러나 여전히 극단적인 개혁 조치를 단행하는 것에 대해서는 신중을 기하면서, 여왕은 대관식 바로 전날인 1559년 1월 14일에 했던 도심 입성 행렬에서 개신교도적 관점을 표명했다. 칩사이드(Cheapside)의 리틀컨듀이트(Little Conduit)에서, 그녀는 '진리'의 우의적 상징물로서 자신에게 바쳐진 영문판 성경을 받아 들고, 책에다 입을 맞춘 뒤 높이 들어 보였다가 품에 끌어안았다. 며칠이 지난 후에 웨스트민스터 사원에서 향료와 성수와 촛불을 들고 나온 수도사들이 그녀에게 축복을 빌어 주러 가까이 다가가려 하자 그녀는 거칠게 그들을 떨쳐 버렸다. "그 횃불들은 치워라." 그녀는 명령했다. "한낮의 빛으로도 밝기만 하니 충분히 잘 보이는구나." 그 이후 몇 달 사이에, 메리의 통치 기간 동안 다시 세워 올려졌던 제단화들과 조각상들은 또다시 내려졌다. 제단은 단순한 탁자로 교체되었고, 오래된 가톨릭 예배서는 성공회 기도서로 대체되었다. 에드워드 6세 치하에서 잠시 악몽 같던 기간들을 경험했다고 생각하며 다시 모습을 드러냈던 가톨릭 사제들은 이제 개신교 신앙으로 개종하거나 아니면 또다시 몸을 숨겨야 하는 상황에 처했다. 그들은 외국으로 망명하거나, 신분을 감추고 변장을 한 채로 몰래 자신들의 뒤를 봐주는 가톨릭 상류층의 저택에 은신했다.

처음에는 그래도 탄압이 심하지 않았다. 엘리자베스 여왕은 자신의 제일 관심은 이단자들을 추궁하여 종교적 신앙의 순수성을 확보하고자 하는 것이 아니라, 전체 신민들의 순종과 국가 통합에 뜻을 두고 있음을 확실히 했다. 프랜시스 베이컨(Francis Bacon)은 여왕이 "사람들의 마음과 비밀스러운 생각까지도 들여다보는 창문을 내는 것"을 추구하는 게 아니라고 말했다. 그녀가 원했던 것은 자신의 권위와 공식적인 종교적 합의를 받아들이고 고수한다는 의사를 적어도 외적으로 드러내는 행동이었다. 구체적으로 말하면, 국가에서 허가한 교회 예배에 국민이 정기적으로 출석하는 것을 원했는데, 종교 지도자들은 그 예배에 참석하러 온 신도들에게 다음과 같은 문답을 던져서 내면적 구교도를 걸러 내고 싶은 것을 꾹 참아야 했다. "당신은 구 가톨릭 성례 의식을 속으로 그리워하는가? 당신은 연옥이 있다고 믿는가? 당신은 사제들이 죄를 사면해 줄 능력이 있다고 생각하는가? 만약 어떤 생쥐가 축성된 성체를 갉아먹었다면, 당신은 그 생쥐가 그리스도의 살과 피를 먹었다고 생각하는가?" 여왕의 집행관들은 대체적으로 탄압을 최소화하라는 그녀의 뜻을 따랐으며, 때로는 마지못해서 어금니를 꽉 깨물고, 이 외적인 종교적 합의가 최종적으로 위반되고 있다고 느껴지는 순간이 올 때까지 참았다.

그리고 그 순간은 윌리엄 셰익스피어가 여섯 살이 되던 해에 왔다. 1570년 5월에 부유한 가톨릭교도인 존 펠튼(John Felton)이 런던 주교의 집 대문에다 엘리자베스 여왕을 파문한다는 내용의 교황 칙령 문서를 못 박아 걸었던 것이다. 교황 비오 5세는 또한 여왕의 신민들 중 가톨릭교도들에게 명하기를 그들 역시도 파문을 피하고 싶다면 "여왕에게 그리고 그녀의 경고, 권한, 법령에 순종하지 말 것"을 명령했다. 펠튼은 고문을 받았고, 반역죄를 선고받아 처형당했으며 이 일을 계기로 영국의 가톨릭교도들은 이전보다 훨씬 강화되고 험악해진 의심의 시선을 받게 되었다.

교황은 — 이 일 직후 곧바로 시복되어 성자의 반열에 올랐다. — 왜 자신의 충실한 교도들에게 그처럼 불가능하고 곤란한 명령을 내린 것일까? 그것은 그를 포함하여 다른 많은 이들이, 제멋대로인 탕자 영국이 가톨릭 신앙으로 다시 회귀하는 데 장애가 되는 것은 오직 엘리자베스뿐이라고 생각했기 때문이다. 그는 대다수의 평범한 영국인들은 오래된 구교에 대해 여전히 충성심을 갖고 있다고 자신했다. 그가 거느린 수행 요원들이 1567년에 조사한 결과에 따르면 영국민의 52퍼센트가 가톨릭의 지조를 고수하거나, 로마 가톨릭교회에 은근히 신앙을 두고 있었으며, 오직 15퍼센트만이 공공연한 개신교 신도로 확인되었다. 문제는 이 종교적인 충성심이 정치적 성격으로 전환될 수 있느냐는 것이었는데, 교황은 그것이 가능하다고 결정했던 것이다. 이 교황의 칙령으로 인해 엘리자베스의 오랜 집권 기간은 음모와 박해, 계략과 대항책이 악몽처럼 이어지는 종교 갈등의 전개로 가득 차게 된다.

스트랫퍼드 역시 16세기 영국 전반을 뒤흔들었던 이 갑작스러운 변화와 긴장, 불확실성을 겪어 나갔다. 이 지역에 있던 수도원들과 수녀원들은 1530년대와 1540년대에 약탈당해 사라졌고, 일부 지역 주민들 — 찰코트의 루시 가문이 그들 중 하나였다. — 은 그 약탈품들로 자신들의 부를 채웠다. 그러고 나서 1550년대에 존 셰익스피어가 스트랫퍼드로 이사를 왔을 즈음엔, 메리 여왕의 집권으로 되살아난 가톨릭교도들의 득세로 인해 이 주변 일대가 개신교 지도자들 — 코벤트리의 로렌스 선더스(Laurence Saunders), 글로스터의 존 후퍼(John Hooper), 옥스퍼드의 휴 래티머 등 그 외에도 여러 명 — 의 시체들을 화형시키는 장작더미들로 가득했다. 엘리자베스가 즉위하고 나자, 이제는 가톨릭 지도자들이 심각한 위기에 처할 차례였다. 그러나 여왕으로서의 치세가 시작된 첫해, 그녀는 본래 성격상의 기질과 정책상의 관점 양쪽 모두에 의거해 그들을 무거운 사법 재판이나 처형에 처하기보다 벌금이나 해고, 구금 정도로 끝내는 쪽을 선호했다. 스트랫퍼드 교구에서는 가톨릭 사제이자 존 셰익스피어의 첫아이인 조앤에게 세례를 주기도 했던 로저 다이어스(Rover Dyos)가 자리에서 밀려났고, 신념이 대단히 뚜렷한 개신교도인 존 브레츠거들이 대신 부임해 왔다. 1564년 4월 26일에 셰익스피어의 첫 아들인 '존 셰익스피어의 아들 윌리엄'에게 세례를 준 것이 바로 이 브레츠거들이었다. 종교적 격변은 차치하더라도, 이때는 세상에 태어나기엔 그리 적당해 보이지 않는 시기였다. 7월에는 도시 전체에 흑사병이 창궐했으며, 겨울 전까지 마을 인구의 6분의 1이 사망했다. 셰익스피어가 태어난 해에 스트랫퍼드에서 출생한 아이 중 거의 3분의 2는 만으로 한 살이 되기 전에 죽었다. 아마 메리 셰익스피어는 전염병이 도는 거리들을 피해 부리나케 짐을 꾸린 뒤 신생아 아들을 데리고 나와서 몇 달간은 다른 곳으로 떠나 있었던 듯하다.

존과 메리 세대의 부모가 볼 때, 그들의 자녀가 태어난 이 세상은 이상하고 불안정하며 위험했다. 그리 먼 과거도 아닌 사람들의 기억 속에, 영국의 종교는 매우 보수적인 로마 가톨릭 신앙에서부터 — 1520년대에 헨리 8세는 루터를 강력하게 비난했고 이로 인해 교황으로부터 "믿음의 수호자"라는 칭호를 얻었다. — 가톨릭 신앙와 동일하되 단지 교황이 아닌 국왕을 수장으로 하는 국교회로 바뀌었고, 거기서 또 조심스럽고 실험적인 형태의 개신교로 변화했고, 좀 더 과격한 개신교가 되었다가, 메리 여왕의 치세하에 판도가 뒤집혀 전투적인 태세를 갖춘 로마 가톨릭교로 부활했다가, 엘리자베스가 즉위함에 따라 다시 한 번 개신교로 전환되었다. 이러한 정권들 중 그 어디에서도, 현재 자신이 믿는 것과 다른 신앙에 대한 적극적 포용이나 관용의 자세는 찾아볼 수 없었다. 정권이 바뀔 때마다 매번 음모와 박해의 물결이 휘몰아쳤으며, 각종 고문대와 고문 기구들이 자리했고, 참수형의 도끼날과 화형의 횃불이 번뜩였다.

대부분의 사람들은 머리를 움츠리고 묵묵히 자신에게 주어진 일을 함으로써, 그리고 교리와 실행에서 일어난 변화들을 맞닥뜨릴 때 각자의 양심을 그에 적응시킴으로써 이 사태가 그어 놓은 공식적인 마지노선 안에 머무르는 것이 가능하다는 걸 알아냈다. 생존을 위한 순응 과정의 일환으로 사람들은 신교와 구교 양측의 강력한 주장으로부터 효과적으로 벗어난, 애매하고 회의적이며 무심한 태도를 길러 갔다. 양측 종교의 주장들은 둘 다 사랑이라는 명분으로 제기되지만 고문과 처형이라는 방식으로 재현되었기 때문이다. 하지만 영혼의 운명이란 것이 특정한 형태의 숭배 방식의 실천 여부에 달려 있다고 믿는 사람들에게는 — 그리고 바로 그 점이 양측에서 대립하고 있는 쟁점이기도 했다. — 공식적인 신앙 고백 예식의 변화 또는 그 방식에 통제를 받게 되는 것은 끔찍하도록 괴로운 일이었다. 지역 공동체는 무너졌으며, 벗들 간의 우정은 깨졌고, 가족들의 관계는 산산이 갈라졌으며 — 부모와 자녀가 대립했고, 아내와 남편이 대립했다. — 개인들의 내면은 자신과 타인에 대한 연민과 공포로 극심한 고통을 받았다.

주어진 상황에 타협하며 머리를 숙이고 있는 것이 어렵다고 느낀 사람들은 신앙이 독실한 자들만이 아니었다.(이 경우에는, 머리를 숙이고 있다기보다 머리를 부지하고 있다는 것이 더 정확한 표현일 것이다.) 정치적인 야심가들 역시 이러한 상황에 압박감을 느꼈다. 강력한 귀족들, 중요한 거물들, 여왕의 자문단 구성원들과 같은 당대의 주요 인물들은 자신의 입장을 확고히 보여 주는 명명백백한 행동을 취하도록 기대되었고, 이는 소규모 자치구를 이끄는 지도적 위치에 있는 존 셰익스피어 같은 사람들에게도 적용되었다. 1558년에서 1559년 사이에 마을의 치안 유지를 담당하면서, 그는 가톨릭 신앙을 가진 메리의 치세에서 개신교 신앙을 가진 엘리자베스로 정권이 바뀌는 아주 긴장된 격동의 시기에 마을 내의 가톨릭교도와 개신교도 간의 평화적 관계를 유지해야 했다. 분명히 힘겨운 순간들을 보내야 했을 테지만, 최소한 그는 세심하게 신경을 써서 중립적 분위기를 이끌어 내기를 바랐을 것이고, 또 그렇게 유지할 수 있었다. 하지만 조합원장, 시 의회 의원, 그리고 시장을 역임하면서는 왕국의 정책을 공식적으로 지지할 필요가 있었고, 그러기 위해서는 양쪽을 달래 가며 치안을 유지하는 것 이상의 행동을 해야 했다.

윌이 태어나기 몇 달 전에, 그리고 이어지는 몇 해 동안 존 셰익스피어 조합원장은 스트랫퍼드에 있는 훌륭한 조합 성당의 '보수 작업'을 감독했다. '보수 작업'이라는 것은 완곡한 표현이었다. 그것은 바로 그가 일꾼들에게 임금을 지불하여 백토가 든 양동이를 들고 성당 안으로 들어가 중세화들을 훼손하는 작업을 맡겼다는 의미이다. 성 헬레나와 십자가의 발견, 성 조지와 용, 성 토머스 베케트의 살해 그리고 아치 위에 그려진 최후 심판의 날과 같은, 성당을 뒤덮고 있던 성화들이 모두 훼손되었다. 그들의 작업은 거기서 끝난 게 아니었다.

일꾼들은 높이 솟은 제단을 부서뜨렸고, 그 자리에 대신 단순한 모양의 탁자를 가져다 놓았다. 그리고 성단 후면에 전시된 거대한 십자가, 즉 신도석과 성가대석을 구분하는 용도로 세워지고, 십자가에 못 박힌 하느님의 모습을 믿음 있는 자들에게 시각적으로 보여 주기 위한 그 상을 끌어 내렸다. 마을의 권위자들은, 가톨릭 사제들이 한때 미사의 신비로움을 드러내기 위해 입었던 화려한 예복들을 팔아 넘기게 했다. 이러한 행동들을 고려해 볼 때 잠시 짚고 넘어갈 만한 부분이 있을 것이다. 존 셰익스피어는 이 행위 중 그 어떤 것도 자신의 손으로 직접 하지 않았으며, 이러한 일들을 시행하도록 지시한 것도 십중팔구 그의 독단적인 결정이 아니었다. 하지만 그는 이러한 행위에 대한 책임을 지고 있었고, 행정적으로나 ― 1564년 1월 10일, 1565년 3월 21일, 1566년 2월 15일 날짜로 제출된 공문서라는 형태로 ― 윤리적으로나 이러한 상황에 대해서 해명을 요구당할 수 있는 입장이었다.

그가 값을 치른 이러한 변화에는 어떤 의미가 있었을까? 그것들은 새로 개혁된 종교를 선택한다는 물리적 의사 표시였으며, 전통 가톨릭 종교 의례에 가하는 상징적 폭력을 드러내기 위한 목적으로 잘 계산된 행위였고, 공동체가 새로운 질서의 도래를 인식하고 이제는 그 새로운 관례들을 따르도록 강요하기 위한 방법들이었다. 그러한 행위의 내면에는 신학과, 현묘하고 섬세한 교리, 그리고 냉철한 지식인들이 주고받는 철학적인 논쟁이 자리했다. 하지만 스트랫퍼드에서 조합원장의 허가를 받은 예산으로 집행된 일은 현묘하지도 섬세하지도 않았다. 망치와 송곳, 갈고리 닻을 들고 모인 남자들은 난폭하게 성당 외부의 모습과 그 안에서 행해지던 숭배의 형태마저도 완전히 뒤바꿔 버렸다.

이와 같은 정치적 폭도들에게 그들의 행위의 대가로 돈을 지불함으로써 존 셰익스피어는, 자신이 공식적으로 독실한 개신교도이자 스트랫퍼드의 개혁을 주도하는 당국 관리자의 위치에 있음을 분명히 드러낸 것이다. 시의 운영 회의에서, 그는 가톨릭교도 간사인 로저 에지워스(Roger Edgeworth)를 해고하고 기존 가톨릭 부목을 대신하여 개신교도인 브레츠거들을 고용하는 것에 투표권을 행사했다. 브레츠거들은 대단히 학식이 높은 인물이었으며, 그의 서가에는 신학뿐 아니라 인본주의적 고전들도 꽂혀 있었다. 존 셰익스피어가 이러한 행위들을 얼마나 열심히 총괄했는지는 그 정도를 측정하기 어렵다. 그가 단순하고 과격한 개신교도의 열정에서 자발적으로 이런 일들을 추진했을 수도 있겠지만, 보다 전체적인 상황을 지켜보면 그의 태도는 좀 더 복잡한 것으로 드러난다.

새로운 목사로 개신교도 브레츠거들을 고용한 시 의회에서는 또 왕립 신축 학교에서 근무할 학식이 뛰어난 교사들도 연속으로 고용했는데, 이들은 놀랍게도 가톨릭과의 강한 연계점을 지니고 있었다. 교사들은 공식적으로 영국 국교회 신앙에 따른다는 선언을 해야 했는데, 그러한 맹세는 대단히 충실한 개신교도인 워릭 백작과 윈체스터 주교에 의해 공식 인가받았다. 하지만 각 개인들은 마음속에 분명히 구교 신앙을 향한 충성심을 여전히 감추고 있었다. 존 셰익스피어와 그의 동료들이 내린 선택을 통해 판단해 보자면, 그들은 구교 신앙을 가지고 있는 사람들을 색출해 내는 일에도, 그리고 스트랫퍼드의 아이들을 가르칠 사람들의 사상을 검증하는 일에도 결코 열의를 보였다고 할 수 없다. 오히려 그들은 알고도 모른 척했든 아니면 의도적으로 사전에 공모했든, 한때 성자나 성모를 추종하던 잔재가 남아 있는 사람들 정도가 아니라 누가 봐도 명백히 독실한 가톨릭 신앙을 가지고 있는 사람들의 손에 아이들의 교육을 맡겼다. 구교 신앙을 가장 끈질기게 고수했던 영국 북부 랭커셔 출신의 사이먼 헌트는 윌이 일곱 살 때부터 열한 살 때까지 그의 교사로 있었으며, 1575년에는 스트랫퍼드를 떠나 프랑스 드웨의 가톨릭 신학 대학으로 진학하기 위해 유럽으로 향했고 결국에는 예수회 수사가 되는 극단적인 진로를 택했다. 이러한 결정이 극단적이라고 표현한 것은 곧 남은 여생을 이국 땅에서 망명자로 살아가든지, 아니면 정부 당국이 열성적으로 자신을 붙잡아 치안 방해 반역죄를 물어 처형하려 한다는 사실을 알면서도 영국으로 몰래 돌아오든지 둘 중 하나를 선택해야 한다는 의미였기 때문이다. 스트랫퍼드에서 교사로 재직하는 동안, 헌트는 분명히 이 반역의 기미를 혼자서만 간직하지는 않았다. 그는 학교 학생들 중 최소한 한 사람을 — 윌보다 일고여덟 살 정도 연상인 로버트 뎁데일(Robert Debadale) — 드웨로 향하는 여정의 동반자로 삼았던 것 같다. 쇼터리(Shottery) 근처의 뎁데일 가문은 가톨릭교를 믿는 가정이었다. 그리고 헌트는 아마도 당국의 종교 정책에 저항할 조짐을 가진 집안 출신의 아이들을 주로 눈여겨봤을 것이다. 어쩌면 윌리엄 셰익스피어에게도 관심을 두었을 가능성이 있다. 윌의 어머니는, 비록 가까운 친지는 아니라 해도 이 지역의 주요 가톨릭교 가문과 혈족 관계였고, 어쩌면 뎁데일 가족들과 친족 관계에 있었을 수도 있다.

헌트와 뎁데일이 남긴 이러한 오점에도 불구하고, 스트랫퍼드의 지도자들은 그다음 후임 교사를 선택하는 데 있어서도 별로 거리낌이 없었던 것으로 보인다. 옥스퍼드의 세인트존스 컬리지(St. John's College)를 졸업한 연구원 토머스 젠킨스가 그 인물이었는데, 그는 세인트존스 컬리지의 설립자이자 가톨릭교도인 토머스 화이트 경(Sir Thomas White)의 추천서를 갖고 있었다. 다른 모든 옥스퍼드와 케임브리지 대학들과 마찬가지로, 세인트존스 컬리지는 공식적으로 개신교를 표방했다. 교육 기관에 소속된 일부로서, 개신교 외의 다른 종교를 가진 재단은 어차피 당국의 허가를 받지 못했을 것이다. 하지만 세인트존스 컬리지는 개신교의 수칙과 타협하고 여왕에게 충성을 맹세할 의사가 있는 가톨릭교도라면 적극 수용한다는 평판을 받고 있었다. 이 이중적인 의식은 — 내적으로는 과거 가톨릭 신앙의 끈을 끈질기게 붙들고 있되 외적으로는 공식 종교적 합의에 충실하게 따르는 것 — 영국인들의 의식과 태도에 매우 널리 퍼져 있어서, 수많은 사람들이 소위 '교회에 나가는 가톨릭교도'라는 말로 불리고 있었다. 이처럼 섬세하게 균형 잡힌 처신에 능숙했을 젠킨스는, 당대의 걸출한 가톨릭 신학자로 유명하고 그 역시 세인트존스 컬리지의 연구원이었던 에드먼드 캠피언(Edmund Campion)과 같이 공부를 했던 동기였는지도 모른다. 독실한 가톨릭교도였던 캠피언도 몇 년간은 이 외석 타협의 경계선 안에 머물렀으며, 이 기간에 그는 탁월한 학문적 성취를 달성하여 레스터 백작과 엘리자베스 여왕 본인에게도 좋은 인상을 주었다. 하지만 1572년 그는 가톨릭 사제직을 서품받기 위해 드웨로 향하는 배에 몸을 실었고, 예수회 수사가 되었으며, 그 이후 프라하에 잠시 머물며 교단을 이끌다가, 고국에서의 비밀 선교 사업을 주재하기 위해 몰래 영국으로 돌아오게 된다.

토머스 젠킨스는 스트랫퍼드에서 1575년에서 1579년까지 4년 동안 교사직을 맡았으므로, 사이먼 헌트와 함께 윌의 인생에서 중요한 역할을 담당했을 것이다. 그리고 나서 윌이 왕립 신축 학교를 떠날 즈음에 젠킨스도 교사직을 사임했으며 또 다른 옥스퍼드 졸업생인 존 커탬(John Cottam)이 그의 뒤를 잇는다. 사이먼 헌트와 마찬가지로 랭커셔 토박이였던 커탬은 셰익스피어의 남동생들을 가르쳤을 것이고 따라서 윌과도 당연히 아는 사이로 추정된다. 그 또한 가톨릭과 강한 연관성을 갖고 있었는데, 그의 남동생 토머스는 옥스퍼드를 졸업한 뒤 해외로 나가서 가톨릭 사제가 된 인물이었다.

1580년 6월 커탬의 남동생 토머스는, 캠피언과 그의 동료 예수회 수사인 로버트 파슨스(Robert Parsons)의 주재로 시행되는 선교 임무의 일환으로 비밀리에 영국 땅을 밟았다. 그는 스트랫퍼드와 밀접한, 구체적으로 말하면, 쇼터리 마을에 가려던 참이었다. 그는 친밀한 벗이자 동료 사제이며, 5년 전만 해도 이곳 스트랫퍼드 문법 학교의 학생으로 있던 로버트 뎁데일이 써 준 편지를 지니고 있었다. 뎁데일은 가톨릭 메달, 로마의 동전, 금장 십자가, 그리고 묵주 등 자신의 가족들에게 전해 줄 종교 물품들을 커탬에게 맡겨 두었고, 그리고 이 물건을 전달하러 온 사람에게 "아주 중요한 일들에 대한 자문을 받을 것"을 가족들에게 당부하는 내용을 편지에 썼다.

커탬은 쇼터리까지 들어가 보지도 못했다. 그는 유럽에서 슬레드(Sledd)라는 이름의 동료 영국인 사제에게 비밀을 털어놓았는데, 사실 슬레드의 정체는 비밀 정보원이었고 그는 정보 당국에다 커탬의 정확한 인상착의를 제공했다. '수색자들'이라고 불리던 자들이 항구마다 깔려서 그를 노렸으며, 도버에 상륙하자마자 그를 곧 체포했다. 벌을 피할 잠깐의 기회가 있긴 했다. 런던으로 압송될 예정이던 그의 구금 담당관이 은밀한 가톨릭교도였으며, 그는 이 죄수를 도망치게 해 주었다. 하지만 1580년 12월에, 이 담당관이 이 일로 감옥에 갇히게 될 것이라는 협박을 받자 토머스 커탬은 정부 당국에 자수했다.

커탬의 가장 내밀한 비밀까지도 짜내기로 결심한 런던탑 고문 기술자들은 그들의 가장 끔찍한 장치 중 하나인 '스캐빈저의 딸'을 데려왔다. 이 고문 기구는 철로 된 원형 굴레였는데, 죄수의 등뼈를 서서히 조여서 몸을 거의 두 부분으로 꺾어 버리는 기구였다. 이 심문만으로는 정부가 커탬의 즉결 처형을 보장할 만한 정보를 얻어 내지 못한 것이 분명하다. 그 대신 그들은 이 비밀 임무의 다른 요원들을 마저 붙잡을 때까지 커탬을 거의 1년 동안 런던탑에 가두었다. 그러고 난 뒤에 1581년 11월이 되어서야 커탬은 다른 이들과 함께 반역자 혐의로 기소되었다. 그리고 1582년 5월 30일, 그는 정부 당국의 맹렬한 분노를 만민에게 시사하기 위해 고안된 가장 소름 끼치고 무시무시한 방식으로 처형되었다. 죄수는 나무판에 몸이 매어진 채 진흙탕 길에 질질 끌리면서 야유하는 군중들을 지나쳐서 사형 집행장인 타이번(Tyburn)에 도착했다. 그는 교수대에 목이 매달렸고, 아직도 숨이 붙어 있을 때 끌어 내려져 거세를 당했다. 그의 복부는 칼로 베어 할복당했고 그는 죽어 가는 두 눈으로 자신의 내장들이 밖으로 꺼내져 불에 타는 모습을 지켜봐야 했다. 마지막으로 그는 참수되었고 사지가 절단되었으며, 이 조각난 사체들은 경고의 의미로 대중에게 전시되었다. 몇 년 후 로버트 뎁데일도 같은 운명을 맞았다.

스트랫퍼드 시 의회는 토머스 커탬의 체포 소식을 듣고 크게 동요했을 것이다. 가톨릭 성향의 교사들을 세 명씩이나 연속으로 고용하며 이를 묵인한 것까지는 그럴 수도 있는 문제였지만, 왕권에 도전한 반역자 혐의를 받고 있는 가톨릭 서품 사제가, 지역 주민인 뎁데일 가족과 그의 교사 형제를 방문하려고 스트랫퍼드 근처로 향하려다 붙잡혔다는 것은 차원이 다른, 심각한 문제였다. 1581년 12월, 토머스가 반역죄로 기소된 지 한 달 후에, 존 커탬은 왕립 신축 학교의 교사직을 사임했으며 북부로 돌아갔다. 시 의회가 비공식적으로 그에게 떠날 것을 제안했을 수도 있지만, 혹은 그에 대한 대안으로, 존 커탬 본인이 보다 가톨릭 세력이 강한 고향 랭커셔로 돌아가길 원했는지도 모른다. 당시 워릭셔의 보안을 담당하던 토머스 루시 경 또한 은폐 중인 사제들과 그들의 비밀 반정부 조직들을 찾아내 소탕하는 일에 열성적이었으며 결코 경계를 늦추지 않았기 때문에, 존 커탬은 그로부터 안전한 거리를 두어야 할 필요를 느꼈을 것이다.

왜 당국에서는, 이제 막 옥스퍼드를 졸업한 앳된 사제들이 자기 꾸러미에 묵주를 지닌 채 좀 돌아다니는 것 정도를 두고 그토록 경계했을까? 가톨릭의 관점에서는, 그러한 사람은 영웅적인 이상주의자였다. 자신에게 주어졌을 수도 있는 평정, 직업, 명예, 안온함과 가족까지 모두 버리고, 성스러운 전장이 펼쳐지는 신실한 사람들의 공동체를 위해 매일같이 자신의 삶을 내던지면서 위험을 불사하며 봉사하는 영웅이었다. 유럽의 수도원에서 사제로 임명을 받고, 자신의 신앙을 위협하는 절체절명의 적이 되어 버린 왕국으로 몰래 진입한 커탬과 같은 사제는, 곳곳에 놓인 정보원들의 함정을 무사히 피하면서 어느 동정심 많은 가톨릭교도의 저택에 몰래 은신할 수 있기를 바랐을 것이다. 그곳에서, 집의 하인이나 어린 자녀의 가정 교사로 가장한 채 숙식하면서, 그는 비밀리에 세워진 제단 위에서 설교를 하고, 영성체를 주재하고, 고해성사를 듣고, 죽어 가는 자들의 마지막 의식을 집전했을 것이다. 그리고 어쩌면 로버트 뎁데일이 그랬던 것처럼, 악령을 쫓는 구마식을 집행했을 수도 있다. 개신교의 관점에서 이러한 자는 아무리 잘 봐줘야 불쌍하고 망상에 빠진 얼간이자 위험한 광신도였고, 외국 정부의 앞잡이인 내란 음모자였다. 곧 로마에 있는 음험한 주인들의 명령을 쫓아서, 교황과 그 일당의 손에 조국을 갖다 바치기 위해 무엇이든 할 준비가 되어 있는 반역자인 것처럼 여겨진 것이다.

개신교 입장에서의 이러한 두려움은 근거가 없는 게 아니었다. 로마의 가톨릭교회는 영국 가톨릭교도들이 당국에 반기를 들도록 장려했는데, 1580년에 교황 그레고리 13세가 영국의 이단 여왕을 암살하는 것은 가톨릭 교리상의 대죄가 아니라고 선포하면서 이러한 요청의 의미는 명명백백히 드러났다. 이 선포는 분명히 여왕 살해에 대한 공식 허가였다. 그리고 바로 이 시기에 토머스 커탬 사제가 가톨릭 물품이 든 작은 꾸러미를 든 채로 스트랫퍼드 근교에서 붙잡힌 것이다. 이런 상황에서 토머스 커탬의 형 존이 마을 학교 교사직을 금방 내놓은 것도 사실 놀라운 일은 아니다. 존 셰익스피어와 그의 동료 의원들은—그리고 특히나 가까운 가톨릭 친척을 둔 이들은—틀림없이 엄청난 불안을 느꼈을 것이다. 정부 당국의 조사와 의혹이 그들에게도 미칠 수 있었기 때문이다.

사실 교사 존 커탬은 전혀 잘못한 내용이 없었기 때문에, 이러한 두려움은 사실상 불합리한 것으로 비칠지도 모른다. 하지만 이 위험한 격동의 시기에 넘쳐흐르던 피해망상의 분위기에서, 실제적으로 위협이 돌아올 가능성을 마냥 우습게 볼 수만은 없었다. 즉위한 지 얼마 되지 않은 시기에 만일 엘리자베스가 암살당했다면 영국의 종교적 환경은 모든 것이 달라졌을 것이다. 당시에는 수천 명의 개신교도들이 프랑스의 위그노 교도들처럼 하룻밤 사이에 모두 학살당할까봐 전전긍긍했다. 지나고 보니 그렇게까지 두려워했던 것이 좀 불합리했다는 생각이 들더라도, 뒷전에서 벌어지는 음모에 대해 의혹을 갖는 것은 전혀 불합리한 것이 아니었다. 실제로 많은 음모가 있었으니까. 또한 외세에서 영국을 침략하는 사태가 발생할 경우엔 영국의 가톨릭교도들이 오히려 이를 환영하고 지지할 것이라는 공포도 널리 퍼져 있었는데, 가톨릭교도에 대해 가해지는 광범위한 박해는 이러한 심적 지원을 거의 불가피한 것으로 만들었다. 이 시점에서 한 발짝 물러서서 보면, 어떻게 그 많은 독실한 영국 가톨릭교도들이 사실상 자기들을 희생타로 삼아서 끝장내 버리려고 작정한 체제에 그처럼 충심을 다할 수 있었는지가 오히려 기이하게 생각되기도 한다.

영국 국교회 교리로 제정된 법령에 따라, 이미 미사는 법으로 금지되었다. 성공회 기도서에 실린 것을 제외하고는 법적으로 그 어떤 예배도 주최할 수 없었다. 교구 교회에 정기적으로 출석하지 못하는 사람에겐 1실링의 벌금이 부과되었다. 1571년에, 여왕을 파문한 교황 칙서가 발행된 이후, 국회는 왕국 안으로 그 어떤 칙서를 들여오거나 여왕을 이단이라고 부르는 것을 반역 행위로 규정했다. 사제 서품을 받기 위해 해외로 나가거나, 영국 내로 가톨릭 신앙과 관련된 물건들, "기념품, 십자가, 성화, 묵주나 기타 로마의 주교와 관련 있는 그런 종류의 허황된 물건들"을 들여오거나 주고받는 것 역시 불법이었다. 1581년에는 예수회 수사들의 비밀 임무의 존재가 드러나면서, 국회는 왕실을 향한 충성을 파괴할 목적으로 가톨릭교회와 직접 내통하거나 혹은 그런 내통에 참여하도록 만드는 것 또한 반역으로 규정했다. 1585년에 와서는 가톨릭 사제인 것 자체가 반역이었으며, 이 사제들을 숨겨 주거나, 의도적으로 도움이나 숙식을 제공하는 것도 법에 어긋나는 불법 행위가 되었는데 1585년 이후에는 이 역시 사형죄로 다스려졌다. 지역 교구에서 개최되는 개신교 예배에 불참할 시 부과되는 벌금은 한 주당 20파운드라는 어마어마한 액수로 커졌다. 실제로 이 벌금이 그렇게 자주 부과될 수 있는 것은 아니었으나, 이는 당국 교회에서 멀어지면 누구라도 바로 파산에 이를 수 있다는 위협으로 작용했다. 그러한 벌금을 지불할 능력이 있었던 소수의 사람들조차 실제보다도 가난한 가톨릭 가정인 것처럼 꾸몄다. 자녀들이 자라 이 벌금 부과 대사 연령인 열여섯 살에 이르면, 부모들은 상대적으로 당국의 탄압이 약한 지역으로 자녀들을 보내곤 했다.

만약 토머스 커탬이 스트랫퍼드에서 체포되었다면, 집집마다 보안관의 지휘 아래 가택 수색이 있었을 것이다. 런던에서의 처형 소식을 듣자 지역 내 가톨릭 인구는 전면적인 공포에 떨었다. 하지만 1580년의 예수회 수사들이 지속적으로 행했던 임무와 그다음 해 내내 이리저리 뒤얽혀 진행된 음모 탓에 당국은 계속해서 소문을 퍼뜨리고, 감시하고, 의혹을 받고 있는 반정부 가족들을 급습하여 공격하는 일들을 더욱 강화했다. 대부분 마을의 많은 가정들은 바짝 털면 조금씩 떨어져 나올 만한 먼지들을 감추고 있지 않은 경우가 드물었고, 헨리 스트리트에 있는 셰익스피어의 집도 예외는 아니었다. 예컨대 만약 윌의 어머니 메리가 친정 아버지처럼 독실한 가톨릭교도였다면, 그녀 역시도 현장에서 붙들린 사제가 지니고 있었을 법한 묵주, 메달, 십자가 같은 종교적인 성물들을 간직하고 있었을 것이다. 그리고 수색자들이 정말로 세밀하게 조사한다면 — 때때로 그들은 정말로 악명이 높을 정도로 깐깐해서, 모든 방에 있는 모든 물건을 다 뒤집어 꺼내 놓았다. — 그들은 존 셰익스피어가 자신의 이름을 써넣은 매우 불온한 문서를 발견할지도 몰랐다. 이 독실한 가톨릭 '영성문("spritual testament")'은 공식적인 자리에서는 개신교를 지지하던 그의 입장을 완전히 뒤집어 놓을 만큼 뜻밖의 것이었다.

　이 문서의 원본은 소실되었으며 그 내용은 원문을 옮겨 쓴 기록으로만 알려져 있다. 하지만 그러한 신앙 선언서를 간직하는 것이 얼마나 위험한 일이었는지를 생각한다면, 이 문서의 흔적이 남아 있다는 사실 자체가 매우 놀라운 일이다. 18세기에 한 벽돌공이 한때 셰익스피어 가족의 소유였던 이 집의 타일을 다시 깔다가, 서까래와 타일 사이에서 실로 엮인 여섯 장짜리 필사본을 발견했다. 이 필사본은 첫 장이 분실된 상태로 당대의 위대한 셰익스피어 편집자였던 에드먼드 멀론(Edmund Malone)의 손에 들어갔는데, 그는 즉시 이를 출간했다가, 곧바로 필체와 철자법에 드러난 몇 군데의 변칙성을 감지하면서 이 문서의 진위에 의심을 품었다. 문서의 진위 여부는 여전히 논쟁이 되고 있지만, 20세기에 들어서 이 문서의 원전이 이탈리아 정계인이자 학자였던 카를로 보로메오(Carlo Borromeo) 추기경의 문집으로 밝혀지면서 아마도 진본일 가능성이 좀 더 강화되었다. 예수회 수사였던 캠피언과 파슨스는 영국으로 향하던 도중에 밀라노에서 보로메오와 함께 머물렀고, 그때 보로메오로부터 이 글귀를 직접 얻었을 수 있다. 영어로 번역되고 인쇄되어, 위 칸에 독실한 신도의 이름을 적어 넣을 수 있도록 공간을 비워 둔 이 문서의 복사본은 영국으로 밀반입되어 비밀리에 유포되었다. 캠피언 본인이 중부 지역을 지나치면서, 스트랫퍼드에서 30킬로미터 떨어진 랩워스(Lapworth)에 들러서 이 문서를 몰래 나눠 줬을 수 있는데, 그곳에서 캠피언을 초청하여 머물 곳을 제공한 사람은 충실한 가톨릭교도였던 윌리엄 케이츠비 경(Sir William Catesby)으로, 아덴 가와의 결혼으로 맺어진 친지였다. 존 셰익스피어가 자신의 영성문 복사본을 얻은 경로는 바로 이 예수회 수사들을 지지하는 비밀 조직망, 즉 보안관인 루시 경과 다른 워릭셔 관리들이 찾아 때려 부수려고 하던 비밀 종교 공동체에 속해 있던 사람들 중 누군가를 통해서였을 것이다.

이 '영성문'의 존재는 조합원장 존 셰익스피어가 직접 허가하고 예산까지 내준 성당에서의 성상 파괴 사건과 거세게 충돌한다. 이것이 상징하는 바는 바로 윌이 자라면서, 스트랫퍼드의 종교 개혁을 활발하게 이끈 공직자인 아버지와 골수 가톨릭교도인 어머니 사이의 분열뿐 아니라, 아버지 내부에서도 분열이 일어나는 모습을 목격했다는 의미다. 한쪽에서 본 윌의 아버지는 스트랫퍼드의 구교 사제를 내보내고 신교도 목사로 대체하는 데 투표를 던지는 의회 의원이었고, 오래된 프레스코 성화들에 회칠을 하고 제단을 부수도록 명령하는 공문서를 발행하고, 마을 대표자로서 토머스 루시 같은 열혈 개신교도들과 웃는 낯으로 안건을 협의하는 사람이었다. 그러나 다른 한쪽으로는, 가톨릭교도로서의 '영성문'에 자신의 이름을 써넣고, 성모 마리아와 그의 개인 성인인 성 위니프리드에게 특별한 보호를 구하는 기도를 올리고, "성스러운 가톨릭 신앙의 일원으로서" 느끼는 자신의 무가치함에 대한 강렬한 인식을 표현하는 사람이었다. 아마도 헌트, 젠킨스, 커탬 같은 가톨릭 출신 교사들을 학교에 고용하도록 도운 것은 아마도 이 두 번째 면에 해당하는 사람이었을 것이다. 심지어 어쩌면 그는 채무를 갚지 못해 체포될까 봐 두렵다는 이유로 자신의 불참을 변명해 줄 것을 의회 친구들에게 대신 부탁하여, 사실은 의도적으로 개신교 예배로부터 거리를 두려고 했던 반정부주의자였을지도 모른다.

어쩌면 이 비밀 가톨릭교도가 존 셰익스피어 내면의 진실한 모습이었고, 개신교도이자 국가 공무원의 모습은 그저 세속적이고 야망을 가진 외형상의 인물이었을 수도 있다. 혹은, 성인이 되고 난 후엔 대부분의 생애를 안정된 개신교도로서 살아왔던 존 셰익스피어가, (몸이 아파 약해졌거나 혹은 단순히 아내의 마음을 기쁘게 해 주기 위해서) 일시적으로 옛 신앙인 가톨릭으로 회귀했던 것일 수도 있다. 존 셰익스피어의 큰아들 윌은 진실이 어느 쪽이었는지 알았을까? 그는 어느 쪽이 '진짜' 아버지인지 확실히 구분하고 있었을까? 이 세상의 원칙을 따라 야심차게 쫓아 오르는 사람, 아니면 가정의 평화를 지키기 위해 노력하면서 어쩌면 자신의 내면에 있는 오래된 공포와 그리움에 굴복하여 감상적이 되는 사람 중에서? 그는 아버지가, 그 자신도 사실과 허구의 경계선이 어디쯤 위치해 있는지 정확하게 알지 못하는 상태에서 조심스럽게 어떤 역할을 연기하는 중이라는 것을 감지했을 것이다. 그는 아버지와 어머니가 속삭이며 논쟁하는 것을 같이 듣거나, 비밀스러운 종교 행위들이 행해지는 것을 관찰했을지도 모른다. 그리고 곰곰이 이러한 추측을 이어 간 결과, 이상하지만 꽤 타당해 보이는 결론에 도달했을 것이다. 아버지는 가톨릭교도이자 개신교도라고. 존 셰익스피어는 두 상충하는 신앙 체계 사이에서 최종적인 선택을 내리는 것을 그냥 거절해 버렸다. 윌이 접했던 많은 사람들은 — 학교의 교사였던 사이먼 헌트, 토머스 젠킨스, 그리고 존 커탬이 모두 예시가 될 수 있다. — 모두 이중적인 삶을 살고 있었다. 그들은 겉으로는, 최소한 그들의 직장을 확보할 수 있을 만큼은 공식적인 개신교 신앙 교리에 순응했지만, 내적으로는 구교에 대한 믿음을 전적으로 고수했다. 하지만 아들이 관찰한바, 아버지 존 셰익스피어는 좀 다르게 생각되었다. 그는 자신의 선택지 양쪽을 다 열어 두고 싶어 했던 것이다. 어쨌든 그는 언제 또다시 극단적인 변화가 불어닥칠지도 모른다는 것을 알 만큼, 충분히 이 세상을 겪으며 살아온 인물이었다. 그는 현생과 내세 양쪽 모두에서 자신의 기반을 확보할 수 있기를 바랐다. 그는 이 양가적인 위치가, 겉으로는 서로 양립할 수 없어 보일지 몰라도, 사실은 동시에 점유될 수 있다고 납득했다. 그는 이중적인 삶을 살았다기보다, 아예 이중의 의식 구조를 가지고 있던 것이다.

그렇다면 윌은 어땠을까? 1579년에서 1580년 사이 열다섯이나 열여섯 살쯤 되어 학교를 떠날 당시에, 그 역시 이와 비슷한 이중적 의식을 갖게 되었을까? 셰익스피어의 연극들은 이 종교에 대한 이중성을 다루고 있는 지점들을 풍부하게 보여 주고 있다. 그는 어떤 순간에는 ―『햄릿』이 가장 적절한 예시다.― 가톨릭교도처럼 보였다가 개신교도처럼 보였다가, 그리고 동시에 양쪽 모두에게 깊은 회의를 느끼는 사람처럼 보인다. 하지만 성인 셰익스피어의 작품 속에는 종교적 갈등이 깊이 드러나는 반면, 청소년기의 윌이 어느 쪽을 믿었는지는(그가 스스로의 믿음이 어느 쪽이라는 인식이나마 있었는지도) 전혀 알려지지 않았다. 소문, 징후, 그리고 불확실한 단서 속에서 떠오르는 흐릿한 자취를 그려 볼 수 있긴 하지만, 그것은 오래된 벽에 남은 얼룩들로 어떤 형상을 짐작해서 일별해 보는 행위와 비슷할 것이다.

스트랫퍼드의 교사들 중 여러 명이 그 고장에서 멀리 떨어진 랭커셔 지역과 연관성을 가지고 있었다는 것은 특이하고 놀라운 일이다. 랭커셔는 영국 내에서 구 가톨릭교에 대한 고착이 특히나 강하게 남아 있던 지역이었다. 랭커셔에서 존 커탬의 가족들이 살던 지대는, 지역 내의 유지로서 부유하고 영향력 있는 가톨릭교도 알렉산더 호턴의 주거지와 겨우 15킬로미터 안에 있었다. 언스트 호닉맨(Ernst Honigman)을 비롯하여 다른 학자들이 주장한 것처럼, 커탬은 호턴에게서 자녀들의 교사가 되어 줄 똑똑한 젊은이를 추천해 달라는 부탁을 받았을지도 모른다. 교원 자격증을 발급받으려면 지역 교구의 주교로부터 개신교도로 인증을 받는 과정이 필요했는데, 호턴은 그런 공식 자격 요건을 갖춘 사람이 아니라 그들의 대저택에서 함께 숙식하며 공부를 시켜 줄 개인 가정 교사를 찾았던 것이다. 커탬은 윌 셰익스피어를 추천했을지 모른다. 그는 이제 막 학교를 떠난 상태였고, 아버지의 재정난으로 인해 대학 진학이 어려워진 상황에서 일자리를 찾던 참이었다. 커탬은 학문적으로 충분한 성취를 이룬 사람뿐 아니라 — 그러고 보니, 그는 전 왕국에서도 가장 놀랍도록 위대한 재능을 가졌던 젊은이를 생각해 낸 셈이다. — 동시에 믿음 있는 가톨릭 교도를 신중하게 찾고 있었다. 독실한 가톨릭 가정으로서 호턴의 저택에는 불법적으로 은거 중인 사제들이 존재했을 것이 거의 확실하고, 예배에 쓰이는 불법 성물들이나 나라에서 금서로 지정된 불온 서적들도 상당히 많았을 것이다. 그러므로 그들은 자신들의 위험한 비밀들을 발설하지 않고 함께 지켜 주리라고 신뢰할 수 있는 가톨릭 고용인들을 필요로 했다.

셰익스피어가 랭커셔에 머물렀을 것이라고 추측되는 작은 단서 하나는, 가톨릭이나 개신교 등 종교와는 외적으로 관계가 없으며, 오히려 연극과 관련이 있다. 1581년 8월 3일 임종을 앞둔 알렉산더 호턴은 유언장에서 자신의 모든 "음악과 관련된 악기, 그리고 모든 연극 의상들"을 형제인 토머스에게 남겼으며, 만약 토머스가 배우들을 계속 두지 않기로 선택한다면 토머스 헤스켓 경에게 넘긴다고 밝혔다. 여기 이어지는 유언에는 이러한 대목이 나온다. "그리고 나는 앞서 말한 토머스 경에게 따뜻한 마음으로 요청하건대, 현재 나의 집에 식객으로 와 있는 퍼크 길롬(Fulk Gyllome)과 윌리엄 셰익스셰프트(William Shakesshafte)에게 친절을 베풀어 그들을 나 대신 거두어 주기를, 그렇지 못할 경우엔 그들이 기거할 수 있는 좋은 주인을 찾는 것을 도와주기를 부탁드린다." 회의론자들은 여기 나온 '셰익스셰프트'가 말 그대로 '셰익스피어'는 아니며 그 지역의 많은 사람들이 셰익스셰프트라는 성을 썼다는 사실을 지적했다. 하지만 이름의 철자를 대중 없이 쓰기로 악명 높았던 당시 세계에서 — 여러 기록상에서 말로(Marlowe)는 또한 Marlow, Marley, Morley, Marlyn, Marlen 그리고 Marlin이라고도 나타난다. — 커탬과 호턴의 관계성, 셰익스피어가 장차 갖게 될 직업으로 이어지는 과정, 그 외 작은 단서들을 고려해 볼 때 많은 학자들은 이것이 스트랫퍼드 출신의 윌과 동일 인물이라고 받아들인다.

지적이고 충분한 교육을 받았고, 신중하고, 믿을 수 있는 가톨릭교도 젊은이로 커탬의 추천을 받은 그 조숙한 사춘기 소년은, 1580년에 교사가 될 요량으로 북부에 도착했을 것이다. 호턴이 남긴 유언장의 어구들을 보면 그가 호턴의 집에 머무르기 시작한 지 얼마 지나지 않아서 곧, 알렉산더 호턴이 데리고 있던 배우들과 함께, 처음에는 심심풀이로 시작했으나 곧 진지함을 더해 간 공연 활동에 참여했음이 시사된다. 교사로서의 업무 능력이 어떠했든, 그가 연기자로서 지닌 재능은 곧 온 집안 식구들과 그 가장인 호턴의 특별한 주목을 받았을 것이다. 그리고 이 젊은 배우의 카리스마 넘치는 매력은, — 마치 『십이야』의 세자리오처럼 — 다른 식객들이나 근무 연차가 오래된 하인들까지도 금방 뛰어넘어서, 가정 내에서 매우 큰 신뢰와 호의를 받는 위치로 그를 격상시켰을 것이다. 1581년 8월 호턴이 죽고 난 뒤, 셰익스피어는 호턴이 부탁했던 대로 일시적으로 헤스켓의 도움을 입었다가, 추천을 받아 곧 다른 이에게로 인도된다. 셰익스피어의 새로운 주인이 되었을 가능성이 높은 후보는, 헤스켓보다 연극이라는 취미에 더 깊이 빠졌던 그의 재력가 이웃이었다. 바로 제4대 더비 백작인 헨리 스탠리(Henry Stanley)와 스트레인지 경(Lord Strange)인 그의 아들 퍼디난도(Ferdinando)였는데, 이들은 로드스트레인지스멘(Lord Strange's Men)이라는 이름으로 추밀원에게서 극단 인가를 받은 재능 있고 전문적인 야망이 투철한 배우들을 고용하여 두고 있는 상태였다. 이 극단의 주요 배우들은 — 윌 켐프(Will Kempe), 토머스 포프(Thomas Pope), 존 헤밍, 어거스틴 필립스 그리고 조지 브라이언(George Bryan) — 이후에 셰익스피어가 함께 엮이게 되는 런던 로드 챔벌린스멘 극단의 핵심 인물이 된다. 셰익스피어가 이 배우들과 각자 어떻게 연결되는지는 연대적으로 확정할 수 없지만, 이들과의 관련성은 결과적으로 그의 전문적인 경력의 구심점이 되었으며, 이후 매우 중요한 인연으로 발전하게 될 이들의 첫 만남이 아마도 1581년 영국 북부에서 이루어졌을 것이라는 점만큼은 최소한 짐작해 볼 수 있다.

그가 정말로 북부에 체류했다면, 그곳에서 윌의 삶은 연극적 요소와 위험이 함께 뒤섞인 독특함을 지녔을 것이다. 다른 한편으로 그는 개방적이며 활기가 넘치는 시간을 보냈다. 처음으로 윌의 재능이 — 개인적인 매력, 음악적 기량, 즉흥적인 애드리브, 역할 연기 능력 그리고 어쩌면 작가로서의 재능까지도 — 고향의 가족과 친구들이라는 좁은 범주를 벗어나 실질적으로 힘차게 피어나고 있었다. 그의 무대 연기가 대중을 대상으로 한 것은 아니었겠지만, 그렇다고 여느 저녁 만찬 후의 사적인 가족 여흥에 머무는 수준도 아니었다. 헤스켓은 엄청나게 부유한 가문이었고, 호턴과 스탠리는 봉건 영주의 지위를 가진 지역 공동체의 거물들이었다. 그들은 중앙 집권적 위계 질서로 다져진 튜더 왕조로 아직 완전히 동화되기 이전, 봉건 시대의 부와 권력과 문화의 세계를 대표하는 위치에 있었으며, 마찬가지로 종교적인 측면에서도 튜더 왕조의 국교로 완전히 동화되기 전이었다. 오래된 가신들과 충복들로 구성된 소규모 개인 사병 조직들, 동맹 관계에 있는 무리들, 친지들, 영지에 거느리고 있는 소작인들 등을 위해서, 그리고 이러한 주변인들에 둘러싸여 아첨 비슷한 존경을 받을 때마다 뿌듯해지는 자부심을 가지고, '저택을 가진 영주'로서의 체면을 유지하고 싶어 하는 소망에서 발현한 후한 배포를 뽐내며, 그들은 자주 많은 수의 하객들을 연회장에서 초대하여 여흥을 베풀었는데 이는 실제 극장의 역할이나 다를 바 없었다. 이 연회장에서 공연된 연기가 훌륭하다면 이는 영주의 은공으로 치하되었다. 퍼크 길롬이 지녔던 배우로서의 순발력과 재능은 알려진 바가 없으나, 윌리엄 셰익스피어는 몇 년 후에 런던의 주요 극단 중 하나에 자리를 잡기에 충분했던 연기자적 재능을 증명해 보였다. 작가로서의 상상력은, 랭커셔의 부유한 상류 계급 신사들의 연회장에서는 아직 매우 작은 일부만이 돋아나기 시작했지만, 죽어 가는 호턴이 그를 특별히 언급하며 베풀었던 호의의 정도를 고려해 본다면 그의 작가적 재능 역시 일부라도 충분히 두각을 나타내지 않았나 짐작해 볼 수 있다.

다른 한편으로, 이 시기 윌의 삶은 더없이 비밀스러웠다. 가장 지체 낮은 하인조차도 뭔가를 알고 있었다. ─ 성배, 서적, 예복, 그리고 미사를 드리는 데 필요한 다른 성물들을 넣고 자물쇠를 채운 보관장, 스코틀랜드 여왕인 메리나 스페인 군대들에 대해 불길한 소문을 품고 온 정체 모를 낯선 자들, 음모를 꾸미는 낮은 중얼거림들 ─ 만약 밖으로 새어 나간다면 가족 전체를 파멸시킬 그런 비밀들 말이다. 이 시기의 랭커셔는 은밀한 기대와 의혹, 그리고 불안감으로 터져 나갈 듯했다. 윌이 그곳에 머물렀을 기간은 바로 예수회 수사인 캠피언이 그 지역으로 향하고 있었을 때와 일치한다. 캠피언은 여왕의 신민 중 그나마 가장 완강한 가톨릭교도들이던 그들 속에 섞여서 상대적인 안전을 확보하려 했던 것이다. 추밀원의 관점에서 볼 때 랭커셔는 "가톨릭교의 온상으로, 왕국 내 영토 내에서 그 어느 지역보다 더 많은 불법 행위가 저질러지며 그 어디보다도 더 많은 불법자들이 비밀을 가지고 있"었다. 1581년 8월 4일, 알렉산더 호턴이 셰익스셰프트를 그의 친구 토머스 헤스켓에게 추천하고 난 바로 다음 날에, 추밀원은 캠피언의 문서들을 찾아내려는 목적으로 알렉산더의 사촌인 '리처드 호턴의 집'을 수색하라는 명령을 내렸다. 그리고 같은 해 후반, 윌이 그의 집에서 머물렀을지도 모르는 그 기간에 헤스켓은 본인의 가정 내 일원들이 국교회를 기피하는 것을 제때 막지 못했다는 이유로 투옥되었다. 윌이 연기를 펼치던 그 연회장의 분위기는 시끌벅적한 축제 느낌과 동시에 편집증적인 불안이 뒤섞여 있었을 것이다.

캠피언과 로버트 파슨스가 이끌던 은밀한 복원 운동은 남아 있는 가톨릭교도들 사이에 독실한 정신을 불어넣었고, 이는 정부 당국에게 깊은 우려를 안겼다. 교황이 엘리자베스 여왕의 암살을 공식적으로 용인했을 뿐만 아니라, 최근에는 영국인 가톨릭교도인 니컬러스

샌더스(Nicholas Sanders)가 원정 파견한 부대가 아일랜드 식민지에 상륙하여 그곳의 개신교 지배층을 상대로 봉기를 일으키려고 시도한 사건도 벌어졌다. 이 시도는 참담한 실패로 돌아갔다. 1580년 11월에 무조건 항복을 선언한 이후, 600여 명의 스페인 이탈리아 군인들과 그들의 아일랜드 동맹군은, 함께 있던 여러 명의 여자들과 사제들을 포함하여, 전원 모두 월터 랠리가 이끄는 영국 군대에 의해 학살되었다. 영국에서는 이렇게 피도 눈물도 없는 잔혹한 대처를 통해 향후에 또 있을지 모르는 외세 침략에 대해 강한 경고를 보내려는 심산이었지만, 교황과 그의 동맹들 역시 무슨 수단을 써서라도 엘리자베스 정권을 뒤엎어 버리고 영국을 그들의 영향력 아래 다시 두고자 굳게 결심했음은 아무도 의심할 수 없었다. 심지어 엘리자베스에게 계속해서 충성심을 가졌던 영국 가톨릭교도조차 — 이런 사람들의 수도 꽤 많았다. — 그들의 믿음을 대상으로 천천히 목을 조르듯 가해지는 당국의 종교적 압박이, 예수회 수사들의 독실한 복원 운동과 영웅적인 투지로 인해 어떻게든 역전될 날이 올 것이라는 일말의 희망을 분명히 갖게 되었을 것이다.

이 당시에 나라 전역에 걸쳐 가톨릭교도들이 몰래 돌려 가며 읽었던 아주 주목할 만한 소책자가 하나 있었는데, 한때 옥스퍼드의 교수직에 있다가 현재는 국가에게 아주 맹렬히 쫓기고 있는 수배자가 자신이 맡은 사명에 대해 설명하는, "캠피언의 허풍(Campion's Brag)"이라고 불리는 글이었다. "이 바쁘고 조심스럽고 수상쩍은 세상에서"라는 거의 쾌활하게 느껴질 만큼 밝은 체념의 어조로, 그는 자신이 결국 당국에 잡힐 것이고 이런 일을 벌이는 목표가 무엇인지 대라는 명령을 받을 가능성이 높다고 말한다. 그러므로 모두의 수고를 덜어 주기 위해, 이렇게 미리 자신의 자백서를 제공한다는 것이다. 그는 자신이 당국의 정치에 끼어들어 관여하라고 보내진 것이 아니라고 주장했다. 그의 목표는 "복음을 전파하고, 성찬식을 주재하고, 배우지 못한 자를 인도하고, 죄인을 회개시키고, 잘못된 오류에 논리적으로 반박하는 것"이다. 그는 물론 현 시국에서 가톨릭 사제 신분으로 이러한 활동을 벌인다는 것은, 그 자체가 곧 당국의 정치에 관여하는 행위라는 것을 알고 있었으며, 그 결과 당국이 매우 난폭하게 반응하리라는 것도 알았다. 하지만 그와 그의 동료들은 "당신들의 믿음을 절대 포기하지 않기로 결심했으며, 당신들에게 천국을 안겨 주거나 혹은 당신들의 꼬챙이에 찔려 죽거나 이 둘 중에 하나가 되리라."라고 굳게 다짐했음을 밝혔다. 영국을 침략하여 정복하려는 음험한 '세력'인 국외자들의 사주를 받아 매국 음모를 꾸민다는 혐의에 대해서, 그는 배짱 넘치게 재치 있는 답변을 내놓는다.

그리고 우리의 조직에 대해서는, 우리가 무슨 상호 이득을 위한 동맹을 이루고 있다고들 아신다는데, 전 세계의 모든 예수회 수사들은 영국 전역에서 활동하는 해당 구성원의 인원수를 연쇄적으로 또 군집적으로 훨씬 넘어서는 조직이며, 당신들이 우리에게 십자가를 지라고 하면 그 모두가 기쁜 마음으로 질 것이라는 것을 알아 두도록 하십시오. 당신들의 사형 교수대를 즐기거나, 당신들의 고문에 열심히 시달려 주거나, 당신들의 감옥 칸칸마다 들어가 채워 드릴 수 있는 마지막 한 사람이 남아 있는 한은, 우리가 당신들의 신앙을 회복시키기를 포기하는 일은 없을 것입니다. 우리가 어떤 값을 지불하게 될지는 이미 다 계산되어 있고, 그런 연후에 이 사업이 시작된 것입니다. 하느님께서 하시는 일이므로 아무도 이에 저항할 수 없습니다. 그러므로 씨 뿌려졌던 믿음이 다시 회복될 것입니다.

이렇듯 뿜어져 나오는 캠피언의 숭고한 자신감은, 그의 소책자를 일컫는 별명의 계기가 되기도 한, 그가 당국을 상대로 공공연하게 제기한 도전 부분에서도 뚜렷이 드러난다. 그는 자기 자신도 "건방진 허풍"처럼 들리는 말은 정말 하고 싶지 않지만, 그 어떤 개신교도가 와서 논쟁을 요청하더라도 이를 가톨릭 신앙의 명명백백한 진리로 반박해 줄 자신이 있다고 단언했다. 그의 이러한 말들은 좀 엉뚱한 분위기를 풍긴다. 마치 자신이 살고 있는 세계가 은밀한 계략, 첩자들, 그리고 끔찍한 고문실로 가득한 세계가 아니라, 학자들이 자신의 연구 서적을 타고 올라가, 중세 기사들끼리 마상 시합을 겨루듯, 각자의 학술적 수준을 우아하게 겨루는 그런 형이상학의 세계라도 된다는 듯한 분위기를 풍기는 것이다. "나는 가장 겸손한 태도로 그들 각자 모두에게 즉각 결투에 나오기를 도전하는 바입니다. 그리고 고려되어야 할 원칙은 바로 이것이니, 이 도전에 참가하는 분들이라면 누구든 자신의 논거를 투철하게 준비하고 나오실수록 더욱 큰 환영을 받으실 것입니다."

캠피언의 관점에서 보면, 영국 개신교 지도층이 보이는 이토록 잔인한 반응은 곧 그들이 교리상의 토론으로 정정당당히 맞붙는 것을 꺼린다는 징후였고, 따라서 그들의 절망을 의미했다. 그는 토론을 제안한 것에 이어서 「열 가지 이유들(Ten Reasons)」이라는 제목의 더 길고 보다 학술적인 내용의 라틴어 논문을 덧붙였는데, 이 글의 원제는 「절망에 빠진 이단(Heresy in Despair)」이었다. 이 글은 그가 몇 달에 걸쳐서 자신을 붙잡으려고 나타나는 추적자들을 피해 달아나고,

변장을 계속 바꿔 가며, 한 집에서 다른 집으로 자주 거처를 옮겨 다니고, 섬뜩한 경고를 받고, 거의 붙잡힐 뻔했다가 간신히 탈주에 성공한 순간들을 경험하는 와중에 구상해 낸 것이었다. 그는 개인 시간을 충분히 활용하고, 안전하게 보호를 받으며, 책들에 접근하기 용이한 장소에서 자리에 앉아 원고를 집필할 수 있었던 유일한 시기에 이 글을 썼을 것이고, 그렇다면 아마도 그 시기와 장소는 1581년의 늦겨울에서 초봄에 이르는 때, 랭커셔에서였을 것이다. 그리고 심지어 그 북부에서조차, 그는 정부의 첩자들과 정보원들에게 혼란을 주기 위해서 그의 은신처를 며칠 단위로 바꿔 가며 지내야 했다. 하인처럼 가장하고, 그는 바로 앞서서 머무르며 강론을 베풀었던 집의 주인 부부의 인도를 받으며 한 저항자의 집에서 다른 집으로 종종걸음으로 치달았다. "그즈음에는," 19세기에 캠피언의 훌륭한 전기를 쓴 작가인 리처드 심슨(Richard Simpson)은 이렇게 기록했다. "그는 워딩턴(Worthington), 탤벗(Talbot), 사우스워스(Southworth), 헤스켓, 추기경의 형수가 되는 앨런 부인(Mrs. Allen), 호턴, 웨스트비(Westby) 그리고 릭메이든(Rigmaiden)의 집들로 인도되어, 부활절과 성령 강림절(4월 16일) 사이에는 이들의 집에서 시간을 보냈다."

여기 헤스켓과 호턴의 이름이 언급된 것을 보면, 이 저택들 중 어느 집에서든 경계가 투철한 공간 속에서 윌이 당국의 수배를 받고 있는 그 위대한 선교사와 직접 대면했을 수도 있다. 물론 캠피언의 방문은 은밀하게 이루어졌을 테지만, 그렇다고 한두 사람만 아는 완전히 사적인 종류의 행사도 아니었을 것이다. 그들은 수십 명, 심지어 수백 명에 달하는 신도들과 함께 다녔고 그들 중 많은 수의 사람들은 캠피언이 이른 아침에 일어나 강론하는 것을 듣고 그의 손으로부터 직접 영성체를 배령받기 위해 그가 머무는 숙소 근처의 헛간이나 건물에서 잠을 잤다. 하인의 복장에서 성직자의 예복으로 갈아입은 그 사제는, 심야 시간의 절반 정도는 신도들의 고해성사를 듣고, 그들의 도덕적인 딜레마를 해결해 주려고 시도하며, 조언을 하는 데 시간을 할애했을 것이다. 그가 이처럼 속삭이며 함께 대화를 나누었던 사람들 중의 하나가 혹시 스트랫퍼드어폰에이번 출신의 한 젊은이는 아니었을까?

그 두 사람이 마주 앉아 있는 장면을 한번 상상해 보자. 열여섯 살의 햇병아리 시인 겸 배우와, 마흔한 살의 예수회 수사. 셰익스피어는 캠피언이 흥미롭고 매력적인 사람이라고 느꼈을 것이고 — 그의 숙적들조차 그에게는 놀라운 카리스마가 있다고 인정했으니까 — 캠피언과 자신이 심적으로 통하는 구석이 있다고 생각했을 수 있다. 하지만 그게 꼭 신실함 쪽은 아니었던 게, (만약 이러한 가정이 사실이라면) 윌이 그 당시만 해도 이들의 위험한 비밀들을 믿고 공유할 만큼 든든한 가톨릭교도의 입장에 있긴 했지만, 훗날 그가 쓴 많은 작품 속 어디에서도 종교적 신념의 좌절로 인해 겪는 심리적 징후가 드러나지는 않기 때문이다. 윌보다 25년 정도 연상인 캠피언은 상대적으로 수수한 가정 출신으로 오직 그의 달변, 지성 그리고 기민함으로만 대중의 주목을 받은 사람이었고, 책 속에 펼쳐진 형이상학의 세계를 사랑하면서도 동시에 이 세상에서의 삶에도 이끌리는 인물이었다. 그는 박식했지만 독창적인 정신을 갖고 있지는 않았다. 오히려 그는 전통적인 관념들을 그의 언어로 명쾌하고 우아하게 포장하고, 거기에 자신의 존재감을 더해 감동을 일으켜서 새로운 생명력으로 되살리는 일에 능숙했다. 재치 있고, 상상력을 자극하고, 그리고 즉흥적인 웅변에 탁월한 재능을 갖춘 그는, 묵상적이고 진지한 주제와 강렬하게 번뜩이는 연극조의 달변술을 하나로 혼합해 냈다. 만일 사춘기 소년 윌이 수사 캠피언 앞에 무릎을 꿇고 그와 접촉한 적이 있었다면, 아마도 그는 자신과 어딘가 기묘하게 닮은 구석이 있는 그런 사람을 보았을 것이다.

그 예수회 수사도 어쩌면, 짤막하게 스쳐 가는 만남이었다고 하더라도 이 젊은이에게 뭔가 눈에 띄는 점이 있다는 것을 감지했을 것이다. 캠피언은 평화롭던 시절에는 교육에 대한 담론까지 쓴 적이 있는 재능 있는 교사였다. 캠피언은 이상적인 학생의 조건으로 먼저 가톨릭 부모에게서 태어나야 한다는 점을 들고 나서, "섬세하고 열렬하고 명쾌한" 정신을 가져야 하며, "만족스러운 기억력을 가져야 하고, 음역 폭이 넓고 듣기 좋고 낭랑한 목소리를 지녀야 한다. 그의 걸음걸이와 모든 몸짓들은 활기차고 신사적이고 부드러워야 한다. 그리고 전반적으로 그의 모든 인격은, 지혜가 들어와 머무르기에 적절한 궁전과도 같아야 한다."고 썼다. 캠피언의 관점에서 좋은 학생이란 학교에서 보내는 시간에는 고전에 푹 빠져 있어야 하며 "베르길리우스의 장엄함, 오비디우스의 유쾌한 품격, 호라티우스의 운율 그리고 세네카의 고상한 연설문"에도 조예가 깊어야 한다. 따라서 그는 고상한 문화를 수동적으로 받아들이는 역할에 그치지 않는다. 그는 기량이 뛰어난 음악가이며, 이제 막 재능의 싹을 틔운 달변가이며, 그리고 매력적인 시인이어야 한다. 한마디로, 캠피언이 묘사하는 이상적인 학생상이란 — 다급한 도망자의 입장에 있던 캠피언이 그를 찬찬히 지켜볼 기회가 있었다면 — 바로 젊은 셰익스피어 그 자체였던 것이다.

전혀 들어맞지 않는 부분도 있다. 셰익스피어는 캠피언이 구상했던 학사 과정에 포함된 심화 과목들 — 철학, 수학, 천문학, 히브리어, 그리고 무엇보다도, 신학 — 을 더 깊이 공부할 의지도 계획도 갖고 있지 않았다. 그에 더해서, 결정적으로 어느 특정한 지점에서 그는 이미 캠피언의 학문적 정신을 위반한 상태였고, 그리고 이 분야에 대해서는 가능한 전적으로 계속해서 위반하고자 하는 생각을 가지고 있었다. 캠피언이 말하는 이상적 학생이란 시를 공부하고 쓰는 학생이었으나, 여기엔 중요한 예외 분야가 뒤따랐다. 캠피언의 이상적 학생은 절대로 연애시를 읽거나 써서는 안 되었던 것이다.

월의 입장에서 보면, 그가 캠피언을 실제로 만난 적이 있거나 아니면 1580년과 1581년 내내 자자하던 소문으로만 들었거나 간에, 그에게 존경과 감탄을 느끼는 동시에 강렬한 내적 저항감을 같이 느꼈을 수 있다. 캠피언은 용감하고, 카리스마가 넘치고, 설득력 있고, 그리고 매력적이었다. 그와 만나 본 사람들이 모두 인정했던 이러한 특징들은 심지어 지금도 그가 남긴 글을 통해 빛나고 있다. 하지만 그는 자신이, 어떤 범우주적이고 영원 유일의 진리를 알고 있다는 상념에 빠져 있었다. 이 진리는 생사의 가치를 지닌 것이며, 이 진리를 위해서는 그가 자신을 포함하여 남들까지도 기꺼이 희생할 의지를 가지고 있는 그런 절대적인 관념이었다. 확실히 짚고 넘어가자면, 그가 순교 자체를 의도적으로 추구한 것은 물론 아니었다. 영국으로 돌아오는 것은 원래 자신의 바람이 아니며 그저 교회를 위해 가치 있는 임무를 수행했을 뿐이라고 그는 프라하에서 교단을 꾸리던 당시 윌리엄 앨런 추기경에게 말한 적이 있었다. 하지만 그는 전투를 위해 조직된 종교적 위계 질서 내에서는 헌신적으로 자신에게 주어진 일을 수행하는 군인의 정신을 가졌고, 그래서 그의 상관이 그에게 이 터무니없이 거친 역경을 뚫고 싸움터에 투신하라고 명령한다면 그는 아무런 저항도 하지 않고 고요하게 진군해 나갈 터였다. 그는 젊은 셰익스피어든, 혹은 그럴 만한 가치가 있다면 그 누구든 함께 이끌고 죽음에 이르는 싸움에 뛰어들 자세가 되어 있었다. 한마디로 그는 광신도였고, 더 정확하게 표현하자면, 성자였다. 그리고 셰익스피어가 살아오면서 내내 이해한 바에 따르면, 성자들이란 매우 위험한 존재들이었다.

어쩌면 오히려 셰익스피어는 평생 성자들이라는 존재에 대해 완전히 이해하지 못했다고 이야기하는 게 더 나을지도 모른다. 그리고 이해한 일부분에 한해서, 그는 그 관념을 전혀 좋아하지 않았다. 그의 연극에 등장하는 그 많은 인물들을 통틀어 봐도 성자의 전형에 대충이라도 맞아떨어지는 인물은 놀랍도록 드물다. 초기 역사극에서 잔 다르크가 나오긴 하지만, 그녀는 마녀인 동시에 창녀로 묘사된다. 헨리 6세는 성자다운 기질을 가지고 있긴 하지만 —"그의 모든 정신은 성스러움으로 굽어져서/ 묵주를 꼽으며 아베 마리아를 부르는 횟수를 세는 것에만 기울어진다."(『헨리 6세』 2부, 1.3.59-60) — 그라는 인물은 애처로울 정도로 나약하고, 그 나약함은 영토에 큰 혼란을 가져온다. 『사랑의 헛수고』에 나오는 나바르 궁정의 우아한 젊은이들은 "고요하고 명상적인" 존재로 살기로 맹세하면서 "이 세상이 욕망이 갖춘 거대한 군대"(1.1.14.10)와 맞서 전쟁을 치르는 금욕적인 군인의 삶을 살겠다고 다짐하지만, 금방 프랑스의 공주와 그녀의 시중을 돕는 숙녀들의 매력에 푹 빠져 버리는 모습을 보여 준다. 『잣대엔 잣대로』에 나오는 엄격한 안젤로는 "그의 혈기가 이끄는 대로/ 고해할 일도 거의 없는"(1.3.51-52) 남자였지만, 곧 수녀원의 신입 수녀인 아름다운 이사벨라(Isabella)에게 자신과의 동침을 강요할 계략을 꾸미는 처지가 된다. 이사벨라의 경우에는 순수한 소명에 의례적으로 진실하지만, 순결을 간직하려는 굳은 결심 때문에 심지어 자기 형제의 생명까지도 저버린다는 것은 인간적으로 다소 납득하기 어려운 구석이 있다.

 셰익스피어의 작품 속에는 많은 형태의 영웅주의가 나타나는데, 그럼에도 이념적인 영웅주의 — 하나의 관념이나 체제에 맹렬하고, 자기희생적으로 고착하는 것 — 같은 것은 전혀 눈에 띄지 않는다. 그의 작품 중 어떤 것도, 가시적인 교회나 그 일원에 대해 깊은 숭배나 경탄을 보낸 적이 없다. 그가 묘사한 몇몇 눈에 띄는 가톨릭 종교인들 — 예를 들어 『로미오와 줄리엣』의 로렌스 수사(Friar Laurence) — 은 본질적으로 호감이 가게 그려진 인물들이지만, 교회의 위계상 중요한 인물로 묘사되지는 않는다. 그와는 반대로, 셰익스피어의 연극에서는 강력한 힘을 가진 고위 성직자들이 거의 언제나 불쾌한 성미를 가진 인물로 묘사되고 있으며, 많이 알려지지 않은 그의 역사극 『존 왕(King John)』에서는 극 중 배경이 13세기 초반임에도, 사실상 시대 배경과 맞지 않는 개신교적 관념으로 아주 신랄하게 교황을 공격한다. 존 왕은 교황의 특사에게 잔뜩 분개한 어조로, 어떻게 교황이 감히 "신이 내린 왕"에게 그의 뜻을 강제로 부과하려고 하는지를 묻는다.

> 추기경이여, 그대가 주워섬기는
> 그토록 경미하고, 무가치하고, 터무니없는
> 교황이라는 이름으로, 내게 대답을 요구할 수는 없다.
> 그에게 이 얘기를 전하라, 그리고 영국 전역에서 입을 모아
> 이와 같이 덧붙여지리라. 그 어떤 이탈리아의 사제도

우리의 영토에서 십일조나 통행세를 걷어 가지 못하리.
하느님 아래서는 짐이 수장이니
그의 아래엔 그의 신민들이 있을 것이다.
짐이 다스리는 곳은 짐이 홀로 지킬 것이며
다른 필멸의 손의 도움을 받는 일은 없을 것이다.

(3.1.74-84)

거칠고 노골적으로 쓰인 이 장면은 철저히 개신교적 입장에서 교황을 약올리는 관점이다. 물론 이 관점이 곧 젊은 나이부터 오래 몸담아 왔던 가톨릭에 대해서 셰익스피어가 최종적으로 갖게 된 태도를 종합해서 보여 준다고는 말할 수 없다. 그리고 또한 당국으로부터 쫓기는 예수회 수사 캠피언 앞에 섰을 때 젊은 셰익스피어가 무엇을 느꼈을지도 이것으로는 전혀 판단할 수 없다. 하지만 셰익스피어가 일생 동안 아주 열정을 다해 지지한 것처럼 보이는 유일한 성자적 성격은, 역설적으로 캠피언이 그 어떤 대가를 치르고라도 그의 학생들이 피하기를 기원했던 바로 그 주제와 감정에 자리하고 있다. 바로 에로틱한 성자들의 모습인 것이다.

로미오: 오 그러면, 친애하는 성자여, 손이 하는 일을 입술도 하게 하세요.
기도하도록 그대 허락하소서, 믿음이 절망으로 돌아서지 않도록.
줄리엣: 성인들은 움직이지 않아요, 기도는 허락하겠지만.
로미오: 그렇다면 내가 기도의 결과를 받을 때까지 움직이지 말아요.
[그가 그녀에게 키스한다.]

그대의 입술이 닿자 나의 죄가 내 입술에서 씻어졌군요.

줄리엣: 그러면 내 입술에 그 죄가 묻어 있겠네요.

로미오: 내 입술의 죄가? 그토록 달콤하게 서둘러 침범하다니!

내 죄를 내게 다시 돌려주시오.

[그가 그녀에게 키스한다.]

줄리엣: 당신은 키스를 아주 제대로 하는데요.

(1.5.100-107)

여기 이 장면에는 가톨릭교에서 유래한 흔적이 산재해 있다. 캠피언이라면 바로 알아차렸을 가톨릭의 신학 교리나 의례들이, 아주 재치 있게 욕망과 충족의 문법으로 변환되어 쓰여 있는 것이다.

『로미오와 줄리엣』의 아름다움과 장난스러움이 넘치는 대사들은 셰익스피어가 캠피언을 만났을지도 모르는 순간으로부터 15년 정도 시간이 흐른 후인 1590년대 중반에 쓰였다. 하지만 서로 다른 관념들을 교묘하게 치환하고 운용하면서 보여 주는 배합의 묘미, 전통적인 종교적 소재들을 세속적인 실행 수단으로 개조해 버리는 의외성, 그리고 성스러운 것과 신성 모독적인 것을 한꺼번에 뒤섞어서 이끌어 내는 당혹스러운 매력은, 극작가이자 시인으로서 셰익스피어가 이룬 업적 전반에 걸쳐 드러나는 놀라운 특징들이다. 그의 경력 중 비교적 초반에 쓰인 『한여름 밤의 꿈』에서는, 신혼 부부의 침상이 축복을 받는 장면이 나오는데 이는 개신교에 의해 불법으로 금지된 적 있는 대중적인 가톨릭 의례였다. 하지만 요정들은 그들에게 가톨릭의 성수가 아니라 "축성된 들판 이슬"을 뿌려 축복한다.(5.2.45) 그리고 그의 경력이 거의 끝나 갈 무렵에 쓰인 『겨울 이야기』에는, "천상의 의복들"을 정제한 사제들이 인도하는 엄숙한 의례가 황홀하게 묘사된다. 하지만 그러한 의상을 "위엄 있게 입고 있는 자들"은 가톨릭의 미사를 집전하는 것이 아니며, 이 장면이 묘사하는 것은 오히려 고대 그리스 델포이의 신탁이다.

> 나는 말하건대,
> 가장 나의 시선을 끈 것은, 천상의 의복들이었다 —
> 그렇게밖에 말할 수 없을 것 같구나 — 그리고 경이로워라
> 그것을 위엄 있게 입고 있는 자들이란. 오, 희생이여 —
> 어찌나 장엄한 의식이며, 엄숙하고, 신묘한가
> 그 번제를 바치는 것이!
>
> (3.1.3-8)

이것은 개신교도의 입장에서 가톨릭의 미사를 우스꽝스럽게 패러디한 것도 아니지만, 그렇다고 검열의 눈을 피해 남몰래 가톨릭을 기리는 의뭉스러운 찬가라고 하기도 어렵다. 오히려 이러한 대사들이나 그 외 셰익스피어의 작품에 나오는 비슷한 대사들은 모두, 그가 얼마나 완벽하게 가톨릭이라는 신앙을 자신의 시적 목적을 위해 흡수하여 재활용했는지를 보여 준다. 그것은 캠피언이 품었던 종교적 사상이나 관점과는 몇 광년이나 떨어진 종류이며, 이러한 캠피언과 셰익스피어의 내면적 거리감은 이미 1581년 랭커셔에서, 특히나 그 성자를 직접 대면한 시점에 더욱 가시화되었는지도 모른다.

이는 비단 윌의 기질적 문제 — 종교적 신념의 부족, 순교자의 절대적 믿음으로부터 거리감을 두고 있는 회의적 관점, 그리고 그 자신

의 육체적 욕구에 대한 사춘기의 자각 — 만은 아니었다. 저택에서의 그는 어린 하인에 지나지 않았지만, 윌은 그가 거주하게 될 이상하고 위험한 세계에서 단순한 종교적 신념을 뛰어넘는 무엇인가를 쉽게 감지했을 것이다. 북부는 예로부터 왕권의 중앙 집권형 권력 행사에 강하게 저항한 역사가 있는 지역이었고, 그가 살고 일하던 저택에 거주하는 가족들은 언제나 반역의 가능성을 에둘러 말하곤 했다. 셰익스피어의 모든 초기 역사극들 — 그가 1590년대 초반에 런던에서 명성을 쌓게 된 그 연극들 — 은 반란에 대한 이야기를 다루고 있는데, 이 가족들 사이에서의 경험이 그에게 지속적인 영감을 주었을 수도 있다. 연극들의 설정 자체는 안전하게 과거 15세기 영국을 배경으로 하고 있으며 극 중 사건들은 실제 역사에서 따왔지만, 자신의 인물들에게 현실감을 더하기 위해서 셰익스피어는 단순히 역사책을 읽고 조사하는 것 이상의 무언가를 이용해야 했다. 그의 상상력은, 권력을 둘러싸고 벌어지는 위험한 게임에 뛰어들며 극단적인 도박까지도 감행할 의지를 갖춘, 강력하고 공격적이며 야심 넘치는 남녀들로 채워져 있는데, 이러한 사람들에 대한 그의 이미지는 바로 그가 북부에서 잠시 체류하면서 가까이에서 관찰했던 그 가족들의 모습에서 온 것일 수도 있다.

이것이 의미하는 바는, 곧 정말 1581년에 캠피언을 만났다 해도 셰익스피어는 그와 적극적으로 교류하기보다, 아마도 어깨를 한번 들썩이고는 뒤돌아섰을 가능성이 높다는 것이다. 그 성자와의 만남을 통해 은밀하게 암시되었든, 아니면 직접적이고 열정적으로 권유를 받았든 간에, 함께 십자가를 지고 가톨릭 신앙을 위한 독실한 투쟁에 참여하자는 그의 초대를 받은 적이 있다면, 그는 그것을 사뭇 거절한 것처럼 보인다. 호턴의 유언장이 말해 주듯이, 윌은 이제 막 — 아마도 그의 생애 최초로 — 배우로서 남들의 주목을 받기 시작한 참이었다. 그는 자신이 어떤 일을 해낼 수 있으며, 자신이 어떤 재능을 타고났는지를 깨닫기 시작했다. 그러니 영광스럽고, 반역적이며, 자살이나 다름없는 십자가 행군에 끼어들어 체포될 생각은 추호도 없었다. 아버지의 정체성이 가톨릭교도와 개신교도 양쪽 모두였다면, 윌리엄 셰익스피어는 그 둘 중 어느 쪽도 아닌 인물이 되어 가고 있었다.

셰익스피어는 — 그가 호턴의 유언장에 언급된 셰익스셰프트와 동일 인물이라고 가정한다면 — 최소한 1581년 8월까지는 랭커셔에 머물렀다가 다시 스트랫퍼드로 돌아왔다. 캠피언은 그보다 일찍 그 지역을 떠났다. 「열 가지 이유들」의 비밀 출간 상황을 지켜보기 위해 런던 근교로 돌아오라는 파슨스의 명령을 받고 움직인 것이다. 엄청난 위험 속에서 서둘러 작업한 끝에, 인쇄공들은 옥스퍼드 대학이 개강하는 6월 27일에 맞춰서 일을 제시간에 마칠 수 있었다. 개강일에 세인트메리 교회로 줄지어 들어간 학생들과 연구원들은, 각자의 의자 위에서 자신들을 기다리던 수백 부의 불법 소책자를 발견했다. 몇 주 후 랭커셔로 돌아가던 길목에서 캠피언은 함정에 빠졌고, 체포되어 런던탑으로 이송되었으며, "옴짝달싹 방"이라는 별명이 붙은 아주 좁은 감방에 갇혔다. 나흘간의 고통스러운 감금 후 — 이 감방은 너무도 작아서, 여기 들어간 죄수는 완전히 일어서지도 평평히 눕지도 못하는 공간에서 웅크린 채 버텨야 했다. — 그는 갑자기 감방에서 꺼내져서 경비병에게 이끌려 어느 배에 태워졌다. 그리고 당대의 엄청난 권력가였던 레스터 백작의 저택에 도착했는데, 레스터 백작은 수년 전 그가 예수회 수사의 길을 선택하기 전에 그의 후원자가 되기로 거의 결정되었던 인물이다. 레스터 백작의 곁에는 베드포드 백작(Earl of Bedford)과 국정관 두 명이 더 참관하고 있었으며, 그보다 더 놀랍게도 엘리자베스 여왕 본인이 그 방에 자리하고 있었다. 그들은 그에게 왜 영국에 왔는지를 물었고, 그는 영혼들을 구원하기 위해서라고 대답했다. 그러자 엘리자베스는 직설적으로 그에게 자신을 그의 군주이자 여왕으로 인정하는지를 물었다. "제 여왕이실 뿐만 아니라," 캠피언은 대답했다. "가장 합법적인 통치자이십니다." 여왕은 '합법적'이라는 말을 그냥 흘려듣지 않았다. 그녀는 교황이 그녀를 파문시킬 수 있다는 게 '합법적인지'를 물었다. 그가 그녀의 신민들을 대상으로 불복종을 명령할 수 있는가? 이러한 질문들은 캠피언이 "불쾌한 질문들, 바리새인들처럼 매우 현학적이고 독선적이며, 내 인생의 가치를 무너뜨린다."라고 묘사한 종류의 것들이었다. 그는 곧 그녀가 요구하는 그 답변을 자신은 할 수 없다는 사실을 깨달았다. 그 답변들을 입 밖에 내게 될 경우 그는 자유의 몸이 될 뿐만 아니라 여왕이 분명히 약속했듯이 부와 명예를 얻게 될 것이었다. 하지만 그는 다시 런던탑으로 보내졌고, 그곳에서 심문을 받고 고리에 걸려 고문을 받았으며, 반역 혐의로 재판을 받고, 그러고 나서 토머스 커탬과 다른 이들과 함께 처형당했다.

월은 이러한 끔찍한 사건들의 경과를 입소문을 통해서, 그리고 어쩌면 정부의 왜곡된 관점에서 발행 유포된 사건 보고서를 통해서 접할 수밖에 없었을 것이다. 그는 당연히 캠피언이 잡혔다는 얘기를 들었을 것이다. — 그것은 국가적인 소식이었다. — 그리고 분명 어떤 특별한 불안감과 함께, 고문을 받은 캠피언이 그를 은밀히 대접해 주었던 많은 가문의 이름들을 밝혔다는 사실도 들었을 것이다.(그의 자백은 당국 관계자들에게 매우 큰 수확이었으나 그가 얼마나 많은 것을 밝혔는지는 여전히 논란이 되고 있다. 그러나 이후 랭커셔와 다른 지역들에서 동시다발적으로 일어난 체포는, 캠피언 본인이 교수대에서 남긴 말과 함께, 그가 사전에 각오했던 것보다 좀 더 많은 것을 털어놓았음을 나타내 준다.)

셰익스피어는 또한 이 예수회 수사의 체포와 그의 처형 사이에 개최되었던 흔치 않은 행사에 대해서도 들었거나 읽었을지 모른다. 당국의 권위자들은 분명히 캠피언의 "허풍" ─ 그 누구와도 토론으로 맞붙어 가톨릭 신앙의 우월함을 증명해 보이겠다는 그의 도전 ─ 과, 이어서 비밀리에 출간된 「열 가지 이유들」에 대해 솟구치는 짜증을 감추지 못했다. 8월 말로 치닫던 어느 날, 캠피언은 사전 경고 없이 감방에서 끌려 나와 런던탑의 예배당으로 소환되었다. 거기서, 경비병들과 다른 가톨릭 정치범 죄수들과, 그리고 일부 특권 계층의 대중이, 장소가 허락하는 한 꾸역꾸역 모여들어 지켜보는 가운데, 그는 두 사람의 개신교 신학자들과 대면하게 되었다. 책과 노트가 높이 쌓인 탁자에 앉아 있는, 세인트폴 성당의 주임 사제인 알렉산더 노웰(Alexander Nowell)과 윈저의 주임 사제인 윌리엄 데이(William Day)는 모두 명성이 높은 토론가들이었다. 또 다른 탁자에는 두 사람의 또 다른 인물이 있었는데, 유명하지만 결코 중립적이라고 할 수 없는 그레이즈인 법학원의 윌리엄 차크(William Chark), 그리고 케임브리지 디비니티 대학의 흠정 강좌 교수인 윌리엄 휘터커(William Whitaker)가 공증인 역할을 맡고 있었다. 죄수의 도전대로 논쟁할 기회가 주어졌으나, 그 무대와 규칙은 정부가 정한 것이었다.

캠피언은 이 토론을 사전에 준비할 시간이 없었으며, 자신에게 주어진 노트와 책도 없고, 또한 "지옥 같은 고문"을 당해 왔다고 항의하면서 이 제안을 반대하려 했다. 그러자 런던탑의 총독인 오언 홉튼(Owen Hopton)은 뻔뻔하게도 죄수는 "거의 꼬집히지도 않았으며 고문보다는 그냥 쥐가 난 정도라고 해야 할 것"이라고 선언했다. 그러자 캠피언은 존엄성을 유지한 채, 그 자신이 사실을 "가장 잘 알려 줄 수 있을 것이며 가장 진실된 판단자가 될 것이니, 그 이유는 본인이 예리한 고통을 느낀 당사자이기 때문"이라고 받아치면서, 어쩔 수 없이 이 지독하게도 불공정한 상황에서의 토론을 수락했다. 수락하는 것 외에는 사실 선택의 여지가 없었다. 그리고 나서 그는, 거의 보편적인 의견 일치를 받아 가며 적들을 논박하여 논리적으로 몰살시켜 나가기 시작했다. 이를 지켜보던 권위자들은 원통함으로 몸을 떨었다. 그리고 이어지는 몇 주 동안, 캠피언의 대답의 범주와 형태를 날카롭게 제한할 수 있도록 새로운 토론자를 데려오면서, 그들은 세 번의 토론을 다시 개최했으며 — 이번에는 가톨릭교도 방청객의 입장은 허락되지 않았다. — 관계자들이 이쪽에서 자신들의 승리를 선언할 수 있다고 만족할 때까지 일방적인 토론을 이어 갔다. 그리고 나서 그들은 캠피언을 사형장의 교수대로 데려갔고, 그의 목을 매달고, 엄청난 군중이 지켜보는 가운데 그의 시체를 조각내어 도륙했다. 구경꾼 중에는 헨리 월폴(Henry Walpole)이라는 개신교도가 있었는데, 그는 교수형 집행인이 캠피언의 몸뚱이 조각들을 끓는 솥단지에 집어넣을 때 이를 매우 가까운 곳에서 보고 있었다. 캠피언의 피와 뒤섞인 끓는 물이 그의 옷 위로 튀었고, 그 순간 월폴은 곧바로 자신이 가톨릭교로 개종해야 한다는 계시를 느꼈다고 한다. 그는 유럽으로 가서 예수회 수사가 되었고 다시 영국으로 보내졌다. 그리고 그 역시 체포되어 반역 혐의로 처형되었다. 그런 게 바로 성인들과 순교자들이 하는 일이었다.

당연히 셰익스피어는 캠피언에 대한 공공연한 언급을 삼갔다. 아마도 도망자 신분이었던 사제와 그의 동료 선교사들에 대한 숨겨진 기억이, 『리어 왕』에서 사생아 형제에 의해 사악하게 중상모략을 당하고 쫓겨나 변장한 모습으로 일생 동안 도망자로 살아야 했던 순수한 에드거(Edgar)라는 인물로 드러난 것인지 모른다. "나 자신이 수배되었다는 소식을 들었다."라고 도망자 에드거는 말한다.

> 그리고 다행하게도 나무둥치 구멍에 숨어
> 사냥을 당하는 것을 면했지. 어떤 항구도 비어 있지 않네. 어떤 장소도,
> 나를 지켜 주지 못하며 아무리 비범한 경계를 갖춰도
> 내 몸을 놀릴 때는 부족해지고 만다. 하나 내가 도망치는 한은
> 나 자신을 살려 둘 수 있을 것이다.
>
> (2.3.1-6)

하지만 에드거는 선교사가 아니다. 그리고 아마 셰익스피어는 그 어떤 것보다도, 1581년 초겨울과 초봄에 처했던 상황이 자신에게 가까운 위협으로 느껴질 때마다, 그 시기로부터 철저히 거리감을 두고 싶은 욕구를 느끼고, 그에 대한 세부 사항들은 최대한 배제했을지도 모른다. 또한 무엇보다 자신이 박해와 고문과 죽음으로 이어지는 악몽 같은 현실로 끌려들어가지 않았다는 사실에 엄청난 안도감을 느꼈을 것이다.

그다음 해에 윌은 스트랫퍼드로 돌아왔다. 어쨌든 그는 단 한 번

의 작은 위험 부담을 안아야 하는 부탁을 받고 이에 동의했던 것 같다. 이는 불행한 운명을 맞은 토머스 커탬과 관계가 있거나, 스트랫퍼드로부터 3킬로미터 떨어진 쇼터리 마을의 로버트 뎁데일 가족에게 전달되어야 할 그 어떤 '중요한 일'에 대한 것이었다. 고향으로 돌아온 지 얼마 지나지 않아서, 윌은 쇼터리 쪽의 들판으로 이어지는 길을 따라 걷기 시작했다. 그는 도망자 사제의 부모에게 전해야 할 비밀 메시지를 가지고 있었을까? 그에 대해서는 전혀 밝혀진 바가 없다. 하지만 열여덟 살의 소년 윌이 그 마을에 있었다는 사실은 분명한데, 바로 거기서 아버지의 옛 지인인 독실한 개신교도 농부 리처드 해서웨이(Richard Hathaway)의 큰딸을 만났기 때문이다. 리처드 해서웨이는 한 해 전에 이 세상을 떠났고, 그의 딸 앤 해서웨이(Anne Hathaway)는 스물여섯 살이었다. 그리고 캠피언이니, 독실한 신앙이니, 반역의 속삭임이니, 스캐빈저의 딸 같은 고문 기구나 끔찍한 처형대니 하는 것들로부터 절대적으로 거리를 두겠노라고 굳게 마음먹은 것을 보여 주기라도 하듯, 1582년 여름의 윌은 그녀와 몸을 섞으며 사랑을 속삭이고 있었다. 하지만 이 은밀한 삶의 측면에도 중대한 결과가 뒤따랐는데, 그건 매우 다른 종류의 것이었다. 같은 해 11월에 그들은 결혼하여 부부가 되었고, 6개월 후에 딸 수재너가 태어났다.

4 연애, 결혼식, 후회

만약 윌이 1582년에 랭커셔에서의 긴장된 체류를 마치고 스트랫퍼드로 돌아온 것이 맞다면, 그리고 그해 여름에, 외부에 들키면 위험에 처할 수도 있는 메시지나 비밀스러운 종교 성물을 남몰래 뎁데일 가족에게 전달하기 위해 쇼터리에 가기로 했던 거라면, 그가 그곳에서 앤 해서웨이를 상대로 연애를 시작한 것은 바로 공포의 제국에 대한 저항이었음이 명백하다. 앤의 세계는 그가 지금까지 노출되어 있던 위험한 세계와 완전히 정반대에 있었다. 사이먼 헌트에 의해 만들어진 강력한 남학생들만의 유대, 자신의 학생 로버트 뎁데일과 함께 수도원으로 떠나 버린 학교 교사, 캠피언, 파슨스, 커탬과 그 외 다른 예수회 수사들을 보호하기 위한 모의, 독실한 신앙심으로 똘똘 뭉쳐 자신의 목숨까지도 기꺼이 내놓으려 하던 젊은 청년들의 비밀 모임과 같은 것들이, 그가 경험해 온 것들이었다. 하지만 만일 실제로는 상황이 그렇게까지 심각하지 않았다고 해도, 윌은 그저 스트랫퍼드 출신의 미숙한 사춘기 소년일 뿐이었으며 그에게 미친 주된 사회적 영향이란 그의 가족과 왕립 신축 학교의 또래 소년들에서 오는 것들뿐이었다고 해도, 앤 해서웨이는 여전히 그에게 놀라운 신세계적 대안을 열어 준 장본인일 수 있다. 윌의 가족이 보유한 종교적 신념이 가톨릭 쪽으로 기울어져 있었다는 것은 거의 확실했는데, 앤의 경우에는 거의 그 반대였다. 앤의 아버지 리처드는 유언장에서, 자신을 "정직하게 묻어 달라."라고 요청했는데 이것은 주로 청교도들이 선호하던 단순하고 의례 없는 매장 방식을 의미하는 관례적 표현이었다. 앤의 형제인 바살러뮤 역시 그러한 매장을 요청했는데, "마지막 심판의 날 일으킴을 받아 주 하느님의 선택받는 자가 되는 특권을 누리기를 희망"한다고 밝혔다. "주 하느님의 선택받는 자"라는 표현은, 이들이 캠피언이나 혹은 그 점에 있어서 셰익스피어의 어머니의 친척들인 아덴 가문의 가톨릭교도들과도 전혀 다른 신앙을 가진 사람들이었음을 보여 준다.

앤 해서웨이는 또 다른 관점에서도 기존 질서로부터의 탈피를 의미했다. 자기 자신에 대한 결정권을 스스로 가진 여성이라는 흔치 않은 입장에 있었던 것이다. 엘리자베스 시대에 자신의 인생을 스스로 운영할 수 있는 통제력을 가진 젊은 미혼 여성의 수는 극히 드물었다. 줄곧 감시의 눈을 떼지 않는 아버지와 어머니가 딸의 인생에서 중요한 결정들을 대신 내려 주었고, 이상적인 가정에서는 종종 딸의 동의를 구하기도 했으나 언제나 꼭 그런 것만은 아니었다. 하지만 앤은 20대 중반의 나이에 부모를 모두 잃은 상태에서, 아버지의 유언에 따라 자기 앞으로 남겨진 약간의 재산도 갖고 있었으며, 결혼을 할 경우 받도록 정해진 유산도 좀 더 준비되어 있었다. 그러므로 당시의 표현에 따르면 그녀는 "전적으로 스스로를 통치하는" 상황에 놓여 있었던 것이다. 그녀의 독립적인 성격은 사실상 젊은 남자에게 있어서 성적인 관심을 불러일으키는 부분이었으며, 또한 그녀는 자기 스스로 판단하고 결정을 내리는 것에도 자유로웠다. 셰익스피어는 일생 동안 이러한 자율성과 독립성을 갖춘 입장에 있는 여성 인물에 매료되었는데, 그것은 앤 해서웨이가 그에게서 일깨운 자유의 감각에 뿌리를 두고 있을지 모른다. 그는 앤과 어울리면서 가족들의 억압으로부터 풀려난 듯한 해방감을 느꼈으며, 그리고 또 어쩌면 엘리자베스 시대의 도덕론자들이 연극 공연의 해악으로 트집을 잡아 오던 일종의 성적 혼란과 모호성으로부터의 해방감도 느꼈을지 모른다. 만약 무대 위에서 플라우투스의 희극을 공연하던 감수성 예민한 남학생이, 무대를 내려와 현실에서까지 이어지는 그 어떤 상응을 발견했다면 — 만일 월이 다른 소년과의 성애 장면을 연기하면서 불안한 성적 흥분을 느끼고 동요한 적이 있다면 — 앤 해서웨이는 그의 성적 지향성이 겪었을 혼란스러운 감정을 덮을 수 있는, 사회 관례적이고 안도감을 준다고 느껴지는 해결책을 제공해 주었던 것이다.

이러한 가상의 논리를 떠나서라도, — 임시적이기는 하지만 그렇다고 이러한 측면이 과소평가되어서는 안 될 것이다. — 앤은 셰익스피어에게 연애 관계에서 발현하는 쾌락의 환상을 느끼게 해 주었다. 최소한 셰익스피어의 작품에서 『베로나의 두 신사』나 『말괄량이 길들이기』, 『겨울 이야기』 그리고 『태풍』과 같이 연애를 중심 주제로 쓰인 작품을 보면 이러한 감정적 환희가 잘 드러난다. 이때 연애의 행위는, 단순한 연인 간의 성관계에 고착된 의미가 아니라 보다 고풍스러운 관점에서의 강렬한 구애와 애원과 그리움이라는 과정으로 드러나며, 이는 그가 작품 속에서 계속해서 심취하여 표현하던 주제인 동시에 이 세상의 누구보다도 깊게 이해하고 표현할 줄 알았던 것들 중 하나였다. 물론 그의 이해와 표현이, 실제 자신이 결혼했던 여자와의 관계에서 온 것은 전혀 아닐 수도 있고, 그리고 최소한 이론적으로 말하자면 사실상 자신의 생애에서 경험한 것 자체와도 아무런 연관이 없을 수 있다. 하지만 셰익스피어의 삶을 살펴보고자 하는 충동의 대전제는, 그의 연극과 시들을 구성하는 내적 원리가 오직 텍스트상으로 다른 연극과 시들을 통해서뿐 아니라, 육체와 영혼으로 직접 체득하여 알게 된 것들을 통해서도 발현되고 있으리라는 설득력 있는 추측에 기인한다.

성인이 된 후의 셰익스피어는 시골 청춘들의 불장난을 굉장히 익살스럽게 표현하고 있다. 예를 들면 『좋으실 대로』에서, 그는 우유 짜는 하녀가 좋아서 어쩔 줄 모르는 청년을 놀려 대면서 그가 "그녀의 어여쁘고 튼 살 가득한 손이 주물거리며 스쳐 갔던 소의 젖통에다 대고" 입을 맞추고 있다고 쓰고 있다.(2.4.44-45) 하지만 이 웃음 뒤에는, 셰익스피어 본인이 어설픈 사춘기 시절에 지폈던 연애 행각과 그에 수반되었던 노력에 대한, 그의 뒤틀리고 자조적인 기억이 도사리고 있는지도 모른다. 그리고 이 노력은 그가 예상했던 것보다 훨씬 더 무거운 포상을 받게 되었다. 여름이 끝날 무렵, 앤 해서웨이는 임신했다.

19세기의 위대한 애서가였던 토머스 필립스 경(Sir Thomas Phillipps)이 우스터 지역 주교의 등록부 사이에서 특별한 문서 하나를 발견한 이래로, 셰익스피어의 결혼은 광기에 가깝도록 열렬한 관심의 대상이 되어 왔다. 1582년 11월 28일 자로 기록된 그 문서는,

그 당시에는 상당히 많은 금액의 돈이었던 40파운드(스트랫퍼드 교사가 받는 연봉의 두 배에 해당하는 금액이자, 런던 직물공의 연봉의 여덟 배에 달하는 금액)의 액면가를 지닌 채권 증서로 "윌럼 셰그스피어(Willam Shagspere)"와 "우스터 교구에 속한 스트랫퍼드의 처녀 앤 해스웨이(Anne Hathwey of Stratford in the Dioces of Worcester maiden)"의 결혼식의 신속 용이한 허가를 받기 위한 금액 지불서였다.

이 커플, 혹은 이들과 가까운 누군가가, 이 결혼식이 지체되는 일 없이 빨리 진행되기를 원했던 것이다. 이렇게 서두르는 이유는 증서 상에 명시되어 있지 않지만, 문서로 적절하게 기록되어 있는 설명을 찾아볼 수는 있다. 여섯 달 후, 1583년 5월 28일이라는 정확한 날짜로, 그들의 딸 수재너의 유아 세례가 기록되어 있다. 증서에 기입되어 있는 말과는 달리, 우스터 교구에 속한 스트랫퍼드의 앤 해서웨이는 결혼식 당시 분명히 "처녀"가 아니었던 것이다.

보통 신랑 신부는 결혼식을 앞두고 3주 연속으로 일요일마다 지역 교구 교회에서 공식적으로 신도들 앞에 발표하는 결혼 공고 기간을 가지게 되며, 그 이후 결혼식을 올렸다. 이 과정에서 으레 수반되는 3주라는 시간의 간극은, 교회 연간 일정 중 특정한 기간 동안에는 공고를 발표할 수 없도록 금지하는 기독교 규례상 교회법의 변덕스러운 변화와 잘못 맞물릴 수도 있었다. 1582년 11월 후반에는 그 공고 금지 기간이 빠르게 다가오는 상황이었다. 공고를 발표하는 데 있어서 일체의 장애가 없을 것이라는 확약서를 발행받기 위해서는 수수료가 들었지만, 그 대신 결혼 허가서의 즉시 발급이 가능한 특별 허가를 얻는 셈이었다. 하지만 이 확약서를 뒷받침하기 위해서, 일이 잘못될 경우 교구의 담당자들에게 배상할 것을 보증하고, 예상치 못한 여러 가지 일들 — 예를 들어, 결혼 이전의 중혼 계약이라든가, 미성년의 배우자를 얻는 것에 대한 한쪽 부모의 반대라든가, 수습 도제 계약 기간이 끝날 때까지는 결혼을 하지 않기로 약조되어 있는 사항이라든가 — 이 발생해서, 엄숙한 혼인의 맹세에도 불구하고 전 사태가 법정 소송으로 전개되는 일이 생기지 않도록 보증하는 수단이 필요했다. 그렇기 때문에 작성된 이 40파운드짜리 보증 채권은, 앞서 설명한 장애가 발생하지 않을 시에는 자동으로 금액 지불의 의무가 무효화되는 문서였다.

열여덟 살 난 아들이 스물여섯 살의 임신한 신부를 아내로 맞이하여 결혼하는 것을 윌의 부모가 과연 긍정적으로 받아들였는지는 알려져 있지 않다. 지금과 마찬가지로 그 시절에도 영국에서 열여덟 살의 남자는 아직 결혼하기엔 이른 나이였다. 1600년 기준으로, (신뢰할 수 있는 수치로 나타나는 통계 기록 중 가장 빠른 해이다.) 스트랫퍼드의 남성들이 결혼식을 올리는 평균 나이는 스물여덟 살로 나타난다. 그리고 남자가 자기보다 그렇게나 나이가 많은 여자와 결혼하는 일도 드물었다. 이 시대의 아내들의 나이는 평균적으로 남편보다 두 살 정도씩은 적었기 때문이다. 상류층에서는 종종 나이 차가 이 평균치를 벗어나는 경우도 있었는데, 그들에겐 결혼이 사실상 가문의 재산을 상호 거래하는 방편이었으므로 매우 어린 아이들이 훨씬 나이가 많은 연장자와 약혼하는 경우도 왕왕 있었다.(그 경우에는 결혼 예식이 지나고 수년 후에야 초야를 치렀으며, 신혼부부들은 실제 같이 살며 결혼 생활을 하게 되기까지 오랜 시간을 기다리곤 했다.) 앤 해서웨이의 경우에는, 신부가 상속받을 유산이 조금 마련되어 있긴 했으나 그렇다고 엄청나게 부유한 상속녀였다고 할 수는 없었는데, — 그녀의 아버지가 남긴 유언장에서는 그녀가 결혼을 할 경우 6파운드 13실링 4펜스를 받게 된다고 명시되어 있다. ― 재정적으로 곤란한 상태에 있던 지역 유지로서 존 셰익스피어는 막연히 그의 아들과 결혼할 신부가 장차 그보다는 많은 지참금을 가져오리라고 기대하다가 좌절을 느꼈을지도 모른다. 만약 셰익스피어의 부모가 격렬하게 반대하는 입장이었다면, 그들은 법적으로 소송을 제기할 수도 있었다. 왜냐하면 그들의 아들이 미성년이었기 때문이다.(법률상의 성년은 스물한 살이었다.) 하지만 그들은 그렇게까지는 하지 않았는데, 그 이유는 아마도 법적 기록이 보여 주듯이, 셰익스피어의 아버지가 앤의 아버지와 서로 알고 지내던 사이였기 때문이었을 것이다. 그럼에도 존과 메리 셰익스피어의 눈에는 윌이 그다지 결혼을 잘하는 게 아닌 것처럼 보였을 가능성이 높다.

그렇다면 윌 본인은 어땠을까? 어느 세기를 막론하고 윌과 같은 상황에 처한 열여덟 살 소년이, 한시라도 빨리 식장으로 달려 들어가 결혼 맹세를 하고 싶어 하는 경우는 그렇게 흔하지 않을 것이다. 물론 윌은 특별한 예외였을 수도 있다. 극작가로서 그는 충분히 그러한 청춘의 조급증에 대해 그려 낼 수 있었다. "언제 그리고 어디서 그리고 어떻게/ 우리가 만났고, 사랑을 얻고, 서약을 나누었는지는/ 함께 지나가면서 말씀드리지요." 로미오는 캐풀릿 무도회가 열린 다음 날 아침에 로런스 수사를 찾아가 말한다. "하지만 내가 부탁드리니,/ 우리가 오늘 결혼하도록 허락해 주십시오."(2.2.61-64)

『로미오와 줄리엣』에서 묘사되고 있는 이 무모한 연인들의 정신없는 다급함은 익살, 아이러니, 신랄함, 그리고 반대에 부딪히며 뒤섞여 가지만, 여기서 무엇보다 셰익스피어가 전달하고 있는 것은 바로 그가 어느 젊은이의 심정, 한시라도 빨리 결혼하고 싶어서 안달이 난 기분과, 그 순간이 지연될수록 고문을 받는 듯 애가 타들어 가는 느낌을 매우 정확하게 이해하고 있다는 것이다. 그 유명한 발코니 장면에서, 사실상 이제 막 서로를 만난 지 얼마 되지도 않은 로미오와 줄리엣은 "사랑의 충실한 서약"을 나눈다. "그대의 사랑의 의도가 명예롭고/ 그대가 결혼하고자 하는 의사도 그러하다면," 셰익스피어가 쓴 글 중 가장 열정적인 사랑의 장면이 마무리될 무렵 줄리엣은 로미오에게 말한다. "내일 기별을 주세요." "어디서 그리고 어느 때에 그대가 예식을 치를 것인지" 알게 되었을 때, 그녀는 이렇게 선언한다. "내 모든 가진 행운을 그대의 발밑에 뉘이고/ 나 그대를 따르리라, 내 사람이여, 이 세계의 모든 곳까지."(2.1.169-185-86, 188-90)

이런 이유로 로미오가 그다음 날 새벽같이 수도사를 찾아가 불같이 채근을 하게 된 것이고, 이런 이유로 줄리엣은 로미오의 회신을 받아 오라고 보냈던 유모가 돌아왔을 때 걷잡을 수 없이 열망을 터뜨렸던 것이다. "늙은이들이란, 꼭 이미 죽은 것처럼 엄살을 부려 댄다니까." 하고 소녀는 불평한다. "거참 거추장스럽고, 느려 터지고, 무겁고, 납빛처럼 창백해서는." 유모가 마침내 굴러 들어오듯 등장하자, 줄리엣은 그녀에게 달려들어 그 중대한 소식을 캐내느라 여념이 없다.

유모: 저는 피곤해요. 숨이나 좀 돌리자고요.
아이고, 내 뼈마디가 쑤시는구나. 어찌나 종종 뛰어왔던지!
줄리엣: 내 뼈를 대신 끼워라도 줄 테니까 자네는 어서 내게 소식을 다오.
아니, 부디, 내가 이리도 부탁하니 그대는 어서 말해 보게, 우리 착한,

좋은 유모, 말해 봐.

유모: 주여, 뭘 이렇게 서두르시나요! 조금이라도 기다리실 수 없어요? 제가 숨이 차올라 쉴 수 없는 것도 보이시지 않으신가요?

줄리엣: 자네가 내게 숨이 차서 쉴 수 없다 말할 만큼 이미 숨을 쉬고 있으면서 어떻게 지금 숨이 차서 쉴 수 없다는 말을 하고 있는 거야? 이렇게 질질 끌면서 변명을 늘어놓을 시간이 자네가 얘기를 술술 끌러 놓을 시간보다 더 길겠구먼.

(……) 그가 우리 결혼에 대해 뭐라고 하고 있나 — 그게 어떻게 됐다고?

(2.4.16-17, 25.46)

안달이 나다 못해 짜증을 주체 못하는 젊은이의 감정이 이처럼 능숙하고 애정 넘치게 묘사된 적도 없을 것이다.

두 연인 중에서 로미오의 채근은 상대적으로 듬성듬성하게 그려지고 있다. 보다 자세하게 펼쳐지는 범주에서 더 강렬하게 묘사되는 것은 줄리엣 쪽이다. 이와 비슷하게, 어린 윌보다는, 임신 3개월에 접어든 앤 쪽이 훨씬 더 결혼식을 서두르도록 보증 채권까지 걸게 만든 근원이었을 가능성이 높다. 여기서 짚고 넘어가자면, 당시는 빅토리아 시대의 영국이 아닌 엘리자베스 시대의 영국이었다. 1580년대의 미혼모는, 만일 1880년대였다면 지속적으로 대면하게 되었을 가차 없고 격렬한 사회적 박해와 오명을 덮어쓰지 않았다. 하지만 셰익스피어의 시대에도 일말의 수치와 사회적 불명예는 충분히 실재했다. 사생아를 낳는 일은 충분히 마을 사람들의 눈살을 찌푸리게 할 만한 일이었으며, 태어난 아이를 먹이고 입히는 돈도 필요할 텐데 앤의 결혼 대비 유산인 6파운드 13실링 4펜스는 그녀가 남편을 맞이해야만 받을 수 있었다.

결혼의 빠른 진행을 추진하기 위한 이 상당한 금액의 채권은 스트랫퍼드의 농부 두 명, 퍼크 샌델스(Fulke Sandells)와 존 리처드슨(John Rychardson)에 의해 발행되었다. 이들은 고인이 된 신부의 아버지와 친구 사이였다. 어린 신랑 겸 곧 한 아이의 아버지가 될 윌은 이후한 도움에 감사를 느꼈을지도 모른다. 하지만 그는 사실상 마지못해서, 어쩌면 굉장히 억지로 떠밀리듯 이 도움의 수혜자가 되었을 가능성이 훨씬 높다. 극작가의 상상력이 가장 먼저 발휘된 것이 결혼을 하고 싶어 어쩔 줄 모르는 참을성 없는 젊은 로미오라는 형태였다면, 이어서 그가 마법처럼 소환하는 것은 바로 동침했던 여인과 결혼하는 것에 수치심과 압박감을 느끼면서 있는 대로 늑장을 부리는 신랑들의 모습이다. "그녀는 임신 2개월이랍니다."라고 광대 코스타드(Costard)가 최근에 한 시골 소녀를 유혹했던 적이 있는 허풍쟁이 알마도(Armado)에게 이야기한다. "도대체 무슨 얘기인가?" 알마도는 짐짓 발끈 화를 내면서 이 상황을 모면해 보려고 하지만, 코스타드는 계속해서 주장한다. "그녀는 빠르기도 합니다요. 벌써 그녀의 배 속에 아이가 들어앉아 떠들어 대고 있으니까요. 바로 당신 아이지요."(『사랑의 헛수고』 5.2.658-63) 알마도는 낭만적인 영웅이 아니다. 『잣대엔 잣대로』의 루시오(Lucio)나 『끝이 좋으면 다 좋다』의 버트럼(Bertram)처럼, 그는 아이러니와 불쾌감, 그리고 경멸 어린 관점에서 다루어진다. 하지만 이것들은 셰익스피어가 그 자신의 결혼을 돌이켜 볼 때 느끼던 바로 그 감정이었을지도 모른다.

초기 작품 중 하나인 『헨리 6세』 1부에서, 그는 상황에 못 이겨 강제로 하게 되는 결혼과 자발적으로 행해진 결혼을 서로 비교하는 인물을 등장시킨다.

> 등 떠밀려 하는 혼인은 곧 지옥이니,
> 지속된 갈등과 불화의 시기로다.
> 그 반대의 경우는 축복을 가져오며,
> 하늘이 내린 평화의 모범이 되는 것이다.
>
> (5.7.62-65)

이 인물은 어느 백작인데, 그는 냉소적인 어조로 왕에게 어울리지 않는 혼인을 치르도록 설득하고 있다. 하지만 축복을 받고자 하는 소망은 충분히 타당한 선택의 요소가 되며, 또한 "등 떠밀려 하는 혼인"은 거의 확실히 불행을 제조하는 길이라는 의식이라는 점도 고려되고 있다. 어쩌면 이 대사를 썼던 1590년대 초반에, 셰익스피어는 자신의 결혼이 가져온 불행의 근원을 곰곰이 유추해 보고 있었는지도 모른다. 어쩌면 또 글로스터 공작 리처드의 교활한 관찰이 드러나는 "그러나 서두른 결혼은 거의 잘 풀리지 않는다."(『헨리 6세』 3부, 4.1.18)라는 대사나, 『십이야』에서 올시노 백작(Count Orsino)이 남기는 충고에는 그의 개인사적인 부분이 반영되어 있을 수도 있다.

> 여자는 그 자신보다
> 나이가 든 자를 택하도록 하라. 그리하여 그녀가 그에게 맞추어 가고
> 그녀의 남편의 마음 속에서 언제나 같은 자리를 차지하도록.
>
> (2.4.28-30)

4 연애, 결혼식, 후회

물론 이 모든 대사들은 각자 특정한 극적 맥락에서 쓰인 것이다. 하지만 그것들은 모두, 열여덟의 나이에 자신보다 나이가 많은 여자와 서둘러서 결혼식을 올리고, 그러고 나서 그녀를 계속 스트랫퍼드에 남겨 둔 한 사람에 의해 쓰였다. 그가 어떻게 자신의 인생과 실망과 좌절과 외로움을 전혀 염두에 두지 않은 채로 이 대사를 써 내려갈 수 있었겠는가?

윌이 마지못해서 결혼식장에 끌려오다시피 했을 것이라는 의심은 또 다른 서류에 의해 더욱 강화된다. '윌럼 셰그스피어'와 '앤 헤스웨이'의 결혼 허가증은 11월 28일 자로 되어 있지만, 우스터 기록 보관소에서는 이보다 하루 전날인 11월 27일 날짜로, '윌리엄 섹스피어(William Shaxpere)'와 템플 그래프턴(Temple Grafton)의 '앤 와틀리(Anne Whatley)'의 결혼 허가증도 발견되었기 때문이다. 워릭셔에는 셰익스피어라는 성을 가진 다른 사람들도 있었기 때문에, 이날 혹시 다른 동명이인의 윌리엄이 결혼을 하지 않았을까 하는 상상도 해 볼 수 있다. 그런 우연의 중첩은 가능성이 낮아 보이지만, 도대체 스트랫퍼드 서쪽으로 8킬로미터 정도 나타나는 마을 템플 그래프턴의 앤 와틀리는 누구라는 말인가? 양쪽에서 단단히 팔짱을 낀 샌델스와 리처드슨에게 이끌려서, 그의 아이를 임신한 앤 해서웨이와의 결혼을 강요받기 직전까지 윌이 진정으로 사랑했고 따라서 서둘러 결혼을 했던 사람이었을까?

이 일말의 가능성은 소설처럼 해석되기도 했다. "그리고 그는 추운 11월의 날씨에 템플 그래프턴으로 여전히 말을 달리고 있었다."라고 잔뜩 상상의 나래를 펼치며 앤서니 버지스(Anthony Burgess)는 쓰고 있다. "겨울의 첫 전조들이 물어뜯듯이 아려 왔다. 길 위에는 말발굽

소리가 차다차게 울려 퍼졌다. 쇼터리에 매우 가까워졌을 때 두 남자가 그를 붙잡아 세웠다. 그들은 그의 이름을 부르며 말에서 내리도록 요청했다." 하지만 대부분의 학자들은 조셉 그레이(Joseph Gray)가 광범위한 연구 끝에, 이들의 결혼 증명서에 이름을 기입하던 직원의 단순 혼동으로 해서웨이(Hathaway) 대신 와틀리(Whatley)를 쓰게 된 것이라고 1905년에 내린 결론에 동의했다. 대부분의 학자들은 월도 어느 정도는 결혼에 대한 의지가 있었을 것이라고 상상한다. 하지만 결혼식이 거행되던 당시 그의 감정 상태는 알려지지 않았으며, 이후 결혼한 상태로 34년을 보내면서 그가 아내에게 어떤 태도를 취했는지는 오직 추측만이 가능할 뿐이다. 결혼 증명서와 마지막 유언장 사이에, 셰익스피어는 아내와의 관계를 짐작할 수 있게 해 주는 그 어떤 직접적이고 사적인 흔적도 남기지 않았으며, 설령 그러한 흔적을 남겼더라도 현재 남아 있는 자료는 하나도 없다. 언어 구사 능력으로는 세상 어디에도 비할 바 없던 이 남자가 앤을 상대로 쓴 연애편지는커녕, 둘 사이의 기쁨이나 슬픔을 나눈 흔적도, 조언의 말도, 심지어 금융 거래에 대한 문서조차도 남기지 않은 것이다.

19세기에 그려진 어느 감상적인 그림에는 셰익스피어가 스트랫퍼드 집에서, 가족들을 앞에 두고 자신이 쓴 연극을 읊조리는 풍경이 묘사되어 있다. 그의 아버지와 어머니는 조금 떨어진 자리에서 이를 경청하고, 그의 발치에는 개 한 마리가 자리 잡고 있으며, 그의 주변에는 세 자녀들이 옹기종기 모여 있고, 그의 아내는 손에 든 바느질감에서 시선을 들어 존경의 눈빛으로 그를 바라보는 그림이다. 하지만 그런 순간이 실제로 존재한 적이라도 있었다면, 그것은 거의 한두 번에 그칠 정도로 정말 드문 광경이었을 것이다. 결혼한 이후 셰익스피어는 내내 런던에서 생애를 보냈고, 앤과 아이들은 잘 알려져 있다시피 쭉 스트랫퍼드에 남아 있었다. 그 자체만으로 그들이 반드시 소원한 사이였다고 말하기는 어렵다. 남편과 아내가 종종 여러 사정에 의해 오랜 기간을 꽤 멀리 떨어져 살 수밖에 없는 경우도 많으니까. 하지만 셰익스피어의 시대에는 이 거리를 좁혀 주는 적절한 수단을 찾거나 멀리 떨어져 있는 부부가 친밀한 관계를 유지하는 일은 굉장히 어려웠을 것이다. 그에 더해서 상황을 더 어렵게 만든 것은, 그의 아내 앤이 글을 읽거나 쓸 줄 몰랐을 가능성이 높았다는 점이다. 물론 이 시대 여성들의 문맹률은 전반적으로 높았다. 여성들은 글을 읽고 쓰는 능력을 지녔다 해도 그리 높지 않거나, 아니면 아예 없는 경우가 대부분이었다. 하지만 그만큼 흔한 상황이라고 해서 이 사실이 가져오는 파장이 달라지는 것은 아니다. 셰익스피어의 아내 된 이가, 자기 남편이 쓴 글귀의 단 한 글자도 읽지 못했을 수 있다는 말이다. 런던에서 그가 그녀에게 써 보낸 모든 것들은 이웃의 누군가가 대신 읽어 주어야 했을 것이고, 그녀가 그에게 하고 싶은 말들은 ― 마을의 소문, 부모님의 건강, 아들의 치명적인 투병 ― 모두 글이 아닌 다른 심부름꾼의 입을 빌어 전달되어야 했을 수도 있다.

물론 낙관론을 펼치는 학자들의 주장대로 그들의 관계가, 그 오랜 별거 생활에도 불구하고, 좋았을 수도 있다. 셰익스피어가 나름 괜찮은 결혼 생활을 했다고 보길 원하는 전기 작가들은 그가 극장을 통해 돈을 벌었을 때, 아내와 가족들을 위해서 스트랫퍼드에 뉴플레이스(New Place)라는 이름의 훌륭한 집을 사서 '새로운 거처'를 마련했다는 점을 강조했다. 또한 그가 자주 그곳을 방문했다는 점, 그리고 그의 때이른 죽음이 닥치기 몇 년 전에 조기 은퇴해서 스트랫퍼드로 영원히 돌아왔다는 점 역시 이와 같은 맥락에서 강조되는 부분들 이다. 어떤 사람들은 한 발짝 더 나아가서, 그가 앤과 아이들을 런던에 데려와서 꽤 장기간 함께 지낸 사실이 있을 거라고 추측하기도 한다. 저명한 고서 연구가 에드거 프립(Edgar Fripp)은 『코리올라누스(Coriolanus)』의 일부분을 가리키며 "부부간의 '동숙 생활'이 가져다 주는 정직한 기쁨에 대해 그 누구도 이처럼 솔직하고 당당하게 얘기한 적은 없었다."라고 썼다.

> 나는 내가 결혼한 그 여자를 사랑했다. 그 어떤 남자도
> 이보다 더한 진심을 토하진 못했으리. 하지만 내가 그대를 여기서 보니,
> 그대 이 고귀한 것이여, 내 기쁨에 찬 심장이 춤추는구나.
> 처음으로 내가 혼인한 그 연인이
> 내 문턱에 벌려 앉는 모습을 봤던 때보다 더 거칠게.
>
> (4.5.113-17)

하지만 프립이 생각했던 것처럼 이 대사들이 곧 수년 전 극작가 본인이 느꼈던 황홀한 감정을 회고하면서 나온 거라면, 이 회고는 감상적이기보다 오히려 쓰라림을 안겨 준다. 이 대사를 하는 인물은 전사 아우피디우스(Aufidius)인데, 그의 심장은 그가 오랫동안 죽이기를 고대해 왔던 증오의 대상과 맞닥뜨린 것이 기뻐서 춤을 추고 있기 때문이다.

어쩌면 셰익스피어가 어떤 일들을 했는지만큼이나 그가 어떤 것들을 쓰지 '않았는지'가, 그의 결혼 생활에 무엇인가 심각하게 잘못된 것이 있었다는 것을 보여 줄지도 모른다. 이 사람은 사실상 자기 앞에 나

타나 스쳐 가는 것이라면 무엇이든지 작품의 영감으로 사용하던 예술가였다. 그는 지극히 소수의 예외들을 제외하고는, 자신의 일생에 족적을 남기고 간 사상, 직업, 그리고 개인적인 인간관계들의 측면을 깊이 채굴해 나갔다. 그는 희롱과 연정을 주고받는 연애시 부면에서 가장 뛰어난 달인이었다. 언뜻 떠올리기만 해도 그의 작품엔 중년의 소네트 작가와 아름다운 청년, 숨 가쁜 비너스와 주저하는 아도니스(Adonis), 올랜도와 로절린드(Rosalind), 페트루치오와 케이트(Kate), 심지어 뒤틀리고 병적으로 왜곡된 리처드 3세와 레이디 앤(Lady Anne)에 이르기까지 다양한 연인들의 모습과 관계들이 등장한다. 그리고 그는 가족의 문제 역시 매우 잘 다루는 시인이었다. 그가 특별하고 심오한 관심을 가지고 조명했던 측면은 주로 형제 간의 살인적인 경쟁과, 아버지와 딸 사이에서 만들어지는 복잡한 관계 구도였다. 이지어스(Egeus)와 허미아(Hermia), 브라반티오(Brabantio)와 데스데모나, 리어와 무시무시한 세 딸들, 페리클레스(Pericles)와 마리나(Marina), 프로스페로(Prospero)와 미란다(Miranda)를 생각해 볼 수 있을 것이다. 하지만 그의 희극에 등장하는 남녀 주인공들이 추구하는 목표의 땅은 곧 결혼이었고 또 그의 비극에서 강박적으로 자주 나타나는 주제는 곧 가족의 분열이었음에도, 셰익스피어는 실제 결혼해서 산다는 게 어떠한 것인지에 대해서는 이상할 정도로 묘사를 삼갔다.

확실히 하자면, 그는 몇 가지 흥미로운 지점들을 보여 주긴 했다. 그의 작품 속 기혼 부부들 중 몇몇은 서로를 증오하는 사이가 되어 버렸다. "오 고너릴!" 하고 있는 대로 너더리를 내며 『리어 왕』의 올버니(Albany)는 자기 아내에게 울부짖는다. "당신은 당신 면상에 불어 젖히는/ 거친 바람의 먼지만도 못한 존재야." "졸렬한 사내 같으니!" 그녀는 남편에게 되받아친다. "얻어맞기 딱 좋게 생긴 볼따귀를 갖고, 잘못된 길로 머리를 들이밀면서…… 어디 당신을 남자답게 해 주는 것에나 가서 매달려 봐! 입 닥치고!"(4.2.30-32, 51-69) 하지만 대부분의 경우, 그들은 더 섬세하고 복잡한 유리 상태에 있었다. 그리고 대개 방치되거나 차단되었다고 느끼는 것은 남편이 아닌 아내 쪽이었다. 『헨리 4세』 1부에서 케이트 퍼시(Kate Percy)는 남편인 해리(Harry: 핫스퍼(Hotspur)로 더 잘 알려져 있다.)에게 이렇게 묻는다. "내가 무슨 잘못을 했기에, 2주 동안이나 / 내 해리의 침상에서 밀려난 여자의 신세가 되었나요?" 자신이 아무런 잘못을 저지르지 않았다는 그녀의 말은 일리가 있지만 — 핫스퍼는 반역을 모의하는 데에만 온 신경을 쏟고 있었다. — 그녀가 소외감을 느끼는 것에도 전혀 틀린 바가 없었다. 핫스퍼는 자신의 아내를 어둠 속에 남겨 두기로 선택한 것이다.

그러나 잘 들으시오, 케이트.
나는 이제부터 당신이 내게 질문하는 것을 용납하지 않을 거요.
내가 어딜 가든지, 행방도 이유도 묻지 마시오.
가야 할 곳에 가는 것이니. 그리고 결론을 내자면,
오늘 저녁 당신 곁을 난 반드시 떠나야 하오, 온화한 케이트여.

(2.4.32-33, 93-97)

반역은 가족이 얽혀 있는 일이었다. 핫스퍼 본인도 아버지와 숙부에 의해서 이 일에 엮여 들었다. 하지만 아내의 운명 또한, 이 일의 결과에 당연히 연루되어 있을 텐데도, 그녀가 그 일에 대해 아는 지식이란 남편이 불안하게 중얼거리던 잠꼬대 몇 마디가 전부였다. 허세스럽게 거드름을 피우며, 겉으로는 상냥한 듯 포장하고 있으나 사실 내적으로는 여성을 깔보는 태도를 가지고 있다. 한마디로 핫스퍼는 자기 아내를 믿지 않았다고 설명한다.

> 난 당신이 현명하다는 것을 알아요, 하지만
> 이 해리 퍼시의 아내에 걸맞을 만큼은 아니겠죠. 지조가 있지만,
> 그래도 여자일 뿐이고, 비밀에 대해서는
> 그 어떤 귀부인이라 해도 예외가 없다고, 나는 굳게 믿소,
> 그대가 알지 못하는 것은 그대가 발설하지 않을 것임을.
> 그래서 내가 딱 거기까지 그대를 믿는 거라오, 온화한 케이트여.
>
> (2.4.98-103)

이 문장은 핫스퍼의 대사들이 대부분 그렇듯이 익살스럽고 웃음을 자아내는 어조로 쓰였다. 하지만 그들이 그려 내는 결혼 풍경의 핵심은, 서로에 대한 고립 상태다.(같은 연극『헨리 4세』1부는 그러한 결혼 풍경의 또 다른 예시를 보여 주는데, 에드먼드 모티머(Edmund Mortimer)와 웨일스 출신 아내의 모습이다.) "이것은 내 화를 돋우는 치명적인 단점이다./ 내 아내는 영어를 하지 못하고, 나는 웨일스어를 못 하니." (3.1.188-89)

셰익스피어는『줄리어스 시저』에서도 이 주제로 회귀했다. 브루투스(Brutus)의 아내 포샤(Portia)는, 자기가 남편의 내면으로부터 의도적으로 차단당해 온 것에 대해 항의한다. 케이트 퍼시와 달리, 포샤는 남편과의 침상에서마저 밀려나지는 않았다. 하지만 그의 마음으로부터 존재감이 배제되면서 포샤는 자신이 마치 창녀가 된 것 같은 느낌이라

고 말한다.

> 내가 당신의 일부라는 것이
> 어느 제한된 범주들에만 해당하는 건가요?
> 당신과 함께 식사를 하고, 당신의 침소에 함께 들고,
> 가끔씩 당신에게 말이나 붙이는 그런 거요? 나는 그저
> 당신의 기쁨 언저리에만 적당히 머무는 존재인가요? 만일 그 정도밖에
> 못 된다면,
> 포샤는 브루투스의 창녀일 뿐, 그의 아내라고 할 순 없죠.
>
> (2.1.281-86)

여기서 그리고 다른 작품들에서 제기되는 이 질문은, 결혼 생활에서 남편과 아내가 이룰 수 있는 친밀함의 정도를 묻는 것이었다. 그리고 이에 대해 셰익스피어는 언제나 충분한 답변을 주지 못한다.

당시 세계에서, 결혼한 부부 사이의 친밀한 관계가 전적으로 완벽한 상태에 이른 것을 묘사하거나 심지어 상상하는 것에서조차 어려움을 느낀 것은 비단 셰익스피어만이 아니었다. 결혼한 부부들에게 상호 동반자로서의 의식을 강조하는 청교도적 입장이, 결혼 생활에 대한 사회적, 문화적, 그리고 심리적 지평을 바꾸기까지는 수십 년이 걸렸다. 1667년에 밀턴이 『실락원(Paradise Lost)』을 출판했을 무렵에 와서 그 지평은 결정적으로 달라졌다. 그 시점에서 결혼은 더 이상, 금욕적인 독신주의의 고결한 소명에 이르지 못한 자들에게 아쉬운 대로 주어지는 패자의 포상이나, 간음의 죄를 피하기 위해 반강제로 교조적인 승인을 받는 장치가 아니었으며, 심지어 후손을 생산하고

재산을 물려주기 위한 일차원적 수단이라는 주된 인식에서조차 벗어나 있었다. 결혼은 장기적인 사랑이 꿈꾸는 결실로서의 이미지를 갖게 되었다.

하지만 적극적이었든 주저하면서였든 간에, 앤 해서웨이와 결혼하기로 동의했을 때, 윌이 과연 그 사랑의 결실의 정도를 얼마나 예상했는지는 확실하지 않다. 결혼이라는 관념에 대해서 새로운 지평을 열었던 밀턴이, 동시에 이혼의 가능성을 지지하고 옹호하는 중요한 소고를 여러 건 쓴 것은 우연이 아니다. 결혼 생활에서 얻어지는 감정적 만족에 대한 추구는 곧 이혼의 자율성에 기대고 있었던 것이다. 이러한 가능성이 아직 존재하지 않았던 세계에서, 대부분의 작가들은 그저 꾹 참고 버티는 생활에 대한 농담을 지어내고, 대부분 결혼에 대해 떠벌리기보다는 신중하게 입을 다물고, 배우자가 아닌 다른 대상에게 연애시를 써서 바치는 것이 상황 정리를 위해 더 나은 일이라고 공통적으로 생각했던 것 같다. 단테는 열정적인 문집 『새로운 생(La Vita Nuova)』을 그의 아내 제마 도나티(Gemma Donati)가 아니라 그가 어린아이였을 때 스쳐 봤던 비어트리스 폴티나리(Beatrice Portinari)에게 헌정했다. 아마 페트라르카도 사제로 임명받은 몸이었을 텐데, 유럽의 결정판 연애시선 — 위대한 소네트 연작들 — 을 자신의 두 자녀 지오바니와 프란체스카를 낳은 무명의 아내가 아닌, 아름다운 라우라(Laura)에게 바쳤다. 그리고 영국에서 필립 시드니 경(Sir Philip Sydney)이 소네트 연작 『아스트로필과 스텔라(Astrophil and Stella)』에서 그리움으로 쳐다보던 별의 이름 스텔라는, 그의 아내 프랜시스 월싱엄(Frances Walsingham)이 아니라 다른 누군가의 부인이었던 퍼넬러피 데브루(Penelope Devereux)를 지칭하는 것이었다.

결혼 생활을 통해 안정과 안락을 바라는 것은 합리적인 태도로 여겨졌지만, 그 이상의 무언가를 원하는 것은 난감한 일이었다. 그리고 만일 결혼에서 자신이 원했던 그 어떤 것도 찾을 수 없는 상황이 와도, 부부간의 관계가 악화되어 비통한 파국을 맞게 되었다고 해도, 이 당시에는 결혼 생활을 끝내고 새롭게 시작할 수 있는 방법이 없었다. 이혼이란 — 실용적이기는커녕 그저 상상에 지나지 않은 해결책으로 생각되었던 것 — 1580년대 스트랫퍼드어폰에이번에서는 존재하지 않았다. 셰익스피어의 계층에 속한 사람들 중에서는 아무도 이혼을 하지 않았으며, 사실 아주 소수의 사람들을 제외하면 계층을 막론하고 그 누구에게든 거의 존재하지 않았다. 그 당시에 결혼을 한 모든 이들과 마찬가지로, 그에게도 결혼은 한평생 이어지는 것이었다. 그가 고른 사람이(혹은 그를 고른 사람이) 한두 해가 지나도 계속해서 그의 마음속에 자리 잡고 있든지, 아니면 지긋지긋한 혐오감으로 그를 채우는 사람이 되었든지 간에 말이다.

하지만 셰익스피어가 그의 작품 속에 결혼을 표현하는 것을 꺼리거나 제대로 표현하지 못한 것에 대해서는 이러한 사회적 기대감의 감소뿐 아니라, 내적인 측면도 고려되어야 한다. 그는 배우자와의 친밀한 관계를 애타게 갈망했으나 그것이 좌절되고 만 상태에 대해서도 어느 정도 포착하고 있다. 그러한 갈망을 거의 여성 주체하고만 연결 짓고 있긴 하지만 말이다. 케이트 퍼시와 포샤에 이어서, 소외를 겪는 아내에 대한 셰익스피어의 가장 신랄한 묘사는 『실수 연발』의 아드리아나(Adriana)에서 나온다. 『실수 연발』이 본래 웃음에 집중하는 익살극이고, 이 작품이 기반으로 삼고 있는 로마 유래극의 원형에서는 이 아내라는 인물에 대한 감정적 고려가 전혀 없다는 점 — 원작자인 플라우투스는 연극 막바지에 와서 농담조로 그녀를 판매의 대상으로 만들기까지 했다. — 을 생각해 본다면, 셰익스피어가 그녀의 비통함을 그토록 강렬하게 포착하고 있다는 것은 놀랍고도 주목할 만한 일이다.

> 어찌 이러는가, 내 남편이여, 오 어쩌면 이리도
> 그대가 그대 자신으로부터 낯설게 되었는지?
> 그대 '자신'이라 말함은, 내게도 낯선 이가 되었으니
> 나눌 수 없이, 그대와 하나가 된 나는
> 소중한 그대의 가장 나은 부분보다 더 나은 부분이라네.
> 아, 그대 자신을 내게서 찢어 버리지 말라.
> 내 사랑, 그대도 알기를, 그대는 쉽게 물 한 방울을
> 거친 항만에 떨어뜨리는 것인지도 모르나
> 이에 더함도 빠짐도 없이
> 섞이지 않은 그 물 한 방울을 그대로 다시 길어 올리는 것은
> 그대 자신을 내게서 떼어 가는 것과 같으니, 내게서 나 자신을 떼어 내지 못하는 것과 마찬가지다.
>
> (2.2.119-29)

이 대사들이 나오는 장면은 희극적으로 처리되고 있다. 왜냐하면 아드리아나는 상대가 사실 자신의 남편이 아니라, 남편이 오래전에 잃어버린 쌍둥이 형제인 줄도 모르는 상태에서 이야기하고 있기 때문이다. 하지만 이 독백은 생각보다 길이가 길고, 대사에서 묘사하는 고통은 그저 한바탕의 웃음으로 넘겨 버리기에는 석연치 않은 강렬

함을 남긴다.

비록 희극은 곧 빠르고 정신없는 혼돈으로 치달으며, 또 끝 무렵에서는 아드리아나가 남편의 산만한 상태에 대해서 책임이 있는 것으로 비난을 받게 되지만(결국에는 이 또한 잘못되었던 것으로 드러난다.) — "질투하는 여인네의 독설이 섞인 악다구니는/ 미친 개의 이빨보다도 더 치명적인 독과 같다네."(5.1.70-71) — 그녀의 비통함에는 기묘한 진실의 그림자가 눌어붙어 있는 듯하다. 이 인물이 처한 상황은 셰익스피어의 상상력을 매우 강렬하게 사로잡고 있다. 마치 소외당하고 버림받은 배우자가 갖는 고통의 감정이란 것이, 그가 개인적으로 너무도 잘 아는 종류인 것처럼. 극이 절정에 달함에 따라 새로이 정체성을 인식하게 된 인물들 간의 야단법석 속에서, 이 연극에서는 최종적으로 부부간의 화해 장면이 나올 법한데도 결국 나오지 않는다. 대다수의 다른 작품들과 마찬가지로, 『실수 연발』에서도 그러한 화해의 주된 의미에 대한 고찰은 — 부부가 삶을 함께 나눈다는 것이 과연 무엇을 의미하는지 — 셰익스피어를 교묘히 비껴갔다.

가끔은 여기 『겨울 이야기』에 나오는 것처럼, 친밀감을 향한 갈망과 그 좌절 이상의 또 다른 무언가가 포착되는 경우도 있다. 임신 9개월째인 허마이어니(Hermione)가 남편 레온테스에게 가벼운 장난을 거는 장면에서, 그녀가 보여 주는 밀고 당기는 장난은 그저 강박적인 의존을 넘어선 부부간의 감정을 드러내고 있다. 레온테스는 이미 오랫동안 자신의 집에 머물러 있다가 이제 떠나려 하는 친구에게 아예 좀 더 머물기를 권유해 왔지만, 그를 충분히 설득하지 못했기에 아내에게 도움을 청하던 참이었다. 아내가 친구를 설득하여 그의 방문 기간을 늘리는 데 성공하자, 레온테스는 그녀에게 다소 과장된 찬사를 보내는데 그 말 속에 내포된 어색한 뉘앙스를 허마이어니는 즉시 감지하고 잡아챈다.

> 레온테스: 그가 넘어왔소?
>
> 허마이어니: 그는 머무를 거예요, 내 주인이여.
>
> 레온테스: 내가 부탁할 땐 안 그랬을 거요.
>
> 허마이어니, 내 소중한 이여, 그대가 이보다 더 말을 잘했던 적이란 단 한 번도 없구려!
>
> 허마이어니: 한 번도 없다고요?
>
> (1.2.88-91)

대사들을 뱉는 억양에 따라 환상적인 다각성을 드러내는 연극 특유의 성향에 걸맞게, 이 단순한 대사들은 적어도 표면적으로는 그 어떤 것도, 뭔가 잘못되어 가고 있다는 인식을 드러내지 않는다. 하지만 아마도 허마이어니는 레온테스의 반응에서 아주 약간의 불안감을 감지했던 것 같고, 본능적으로 그것을 기혼 부부 사이의 재치 있는 희롱으로 치환하고 있다.

> 허마이어니: 한 번도 없다고요?
>
> 레온테스: 딱 한 번만 빼고.
>
> 허마이어니: 아니, 그럼 내가 딱 두 번만 말을 잘한 건가? 그땐 그럼 언제였지?
>
> 어디 말 좀 해 줘 봐요. 칭찬은 가득 채워서 해야 제맛이고, 맛나는 건

잔뜩 먹여야 길이 들지.

(1.2.91-94)

여기 나오는 대사는 보통 남편과 아내의 대화가 그렇듯이, 별 내용 없는 얘기인 동시에 모든 내용이 다 들어간 얘기이기도 하다. 관례에 걸맞게 허마이어니는 레온테스를 그녀의 주인으로 높여 칭하고 있지만, 그녀가 그에게 말을 붙이는 방식은 곧 편안하고 대등한 관계에서, 성적인 농담과 온화한 조롱을 뒤섞어 가며, 남편이 해 준 칭찬을 기꺼이 받아들이면서도 이를 우습게 놀려 댈 수 있는 여유를 포함하고 있다. 말이 헛 나왔다는 것을 인식하면서, 레온테스는 재빨리 자신이 먼저 했던 말을 수정한다. '단 한 번도 없'었다는 것을 '딱 한 번만 빼고'라고 고치고 나서, 그는 임신한 아내에게 그녀가 듣고 싶다고 재촉하는 말을 해 준다.

아, 그때는 바로
여름날의 세 달이 죽음으로 시들어질 때
내가 그대의 하얀 손을 펼치고
그대 자신이 내 사랑이라고 손뼉 치도록 만들 수 있기 전이었소. 그때 그대는 말했었지.
"나는 영원히 당신의 것이에요."

(1.2.103-7)

이것은 셰익스피어가 쓴 부부간의 대화 중 가장 심화된 확장성을 가진 경우라 할 것이다. 그리고 다소 격식을 차린 분위기를 포괄하고 있긴 하지만 — 남편과 아내는 어쨌든 그들의 가까운 친구와 그 외 다른 인물들 앞에서 공적인 대화를 나누고 있는 것이므로 — 뒤섞이고 꼬여 버린 사랑에 대한 암시, 팽팽하게 당겨진 감정적 긴장감, 그리고 가볍고 장난스러운 뉘앙스까지 모두 내포하고 있다는 점에서, 부부 사이에 발생하는 대화로서 매우 적절한 설득력을 갖춘 예시가 된다. 레온테스와 허마이어니는 자신들이 공유하고 있는 과거를 재미있게 회고할 수 있다. 그들은 서로 놀려 대는 것을 겁내지 않으며, 서로가 생각하고 느끼는 것에 대해 관심을 가지고 있다. 그들은 여전히 서로에 대해 성적 욕망을 간직하고 있는데, 가정을 이루고 손님들을 접대하는 와중에도 이 점을 내비친다. 하지만 바로 이 일말의 날선 친밀감이 느껴지는 순간에, 레온테스는 곧 아내의 부정에 대해 편집증적인 두려움에 사로잡힌다. 이 편집증이 가져온 재앙과 같은 사건들의 끝에는 감동적인 화해의 장면이 나오지만, 그 시점에서 허마이어니의 대사는 잃어버린 딸을 되찾은 것에만 전적으로 집중되어 있다. 남편 레온테스를 포용하긴 하지만, 그에게 직접적으로는 아무것도 얘기하지 않는다.

『겨울 이야기』는 레온테스와 허마이어니의 결혼이, 한때 그토록 서로를 만족스럽고 불안하게까지 하면서 그들 사이에 존재했던 상호 간의 감정적이고 성적이고 심리적인 친밀감을 지속시킬 수 없음을 — 그리고 확실히 회복할 수도 없음을 — 제안하고 있다. 『겨울 이야기』와 상당히 밀접한 관련성을 보이는 비극 『오셀로』에서도 마찬가지다. 데스데모나는 자신의 결혼을 다음과 같이 강하고 대담하게 표현했다.

나는 그와 함께 살겠다고 할 정도로 그 무어인을 사랑했어요,
나의 더할 수 없는 난폭한 선택과 폭풍 같은 지난 삶이
이 세상에 나팔 소리처럼 울려 퍼지도록 말이죠.

(1.3.247-49)

바로 이 선언이 그녀의 남편을 살인까지 이르는 질투에 사로잡히게 만든 것처럼 보인다. 하지만 어쩌면 이들의 특정한 관계를 결혼이라고 말하는 것조차 잘못일 수 있다. 이들의 결혼은 산산이 무너지기 전까지 겨우 하루 반나절 정도밖에 지속되지 않았기 때문이다.

최소한 이들은 커플로 존재하기라도 한다. 많은 경우, 셰익스피어의 작품에 등장하는 주요 인물들의 결혼 상태는 연극이 시작하기 오래전에 이미 사별한 것으로 설정된다. 여자 쪽이 사라진 경우가 대다수다. 그의 극에는 볼링브로크 부인도, 샤일록 부인도, 리어나토 부인도, 브라반티오 부인도, 리어의 부인도, 프로스페로의 부인도 존재하지 않는다. 매우 드물지만 아주 희미한 흔적이 남아 있는 경우가 있긴 하다. 샤일록(Shylock)의 아내는 리아(Leah)라는 이름을 가지고 있었고, 그녀는 남편에게 터키석 반지를 남겼는데 그들의 딸 제시카(Jessica)는 원숭이를 갖기 위해 무심하게도 이 유품을 팔아 버린다. 그보다 더 흔치 않은 경우로, 『한여름 밤의 꿈』에는 이처럼 여자라는 존재가 극 중 세상에서 사라지게 된 원인에 대해 아주 작은 단서를 제공하는 부분이 나온다. "하지만 그녀는, 필멸의 몸이었기에, 그 소년을 낳다가 죽었다."(2.1.135) 하지만 대부분의 경우에 셰익스피어는 굳이 이러한 설명조차 하지 않고 넘어간다.

인구 통계학자들은 엘리자베스 시대의 영국에서 출산 시 산모

사망률이 높았다는 것을 보여 준다. 하지만 셰익스피어의 연극 전반에 걸쳐 배우자들의 모습이 거의 자취를 감춘 것을 충분히 설명해 줄 만큼 절대적인 정도는 아니었다.(셰익스피어의 어머니는 아버지보다 7년을 더 살았고, 그의 아내도 연상이었음에도 불구하고 그보다 7년을 더 살았다.) 분명히 셰익스피어는 의도적으로 『말괄량이 길들이기』에 미놀라 부인이 등장해서 딸들의 구혼자들을 어떻게 생각하는지 자기 나름의 의견을 보태거나, 『리어 왕』의 늙은 왕에게 왕비가 있어서 그의 은퇴 후 계획에 대해 이러쿵저러쿵 간섭하는 것을 원하지 않았던 것이다.

모든 문학에서 이로움과 선량함보다는 그 반대의 경우가 더 자주 보이는 것처럼, 행복한 결혼 생활이라는 요소도 그다지 자주 그려지는 것은 아니다. 하지만 대부분의 18세기 — 그리고 19세기 — 소설들은, 낭만적인 젊은 커플이 등장하는 작품은 주로 그들의 결혼으로 마무리될 것이며, 작품에서 이야기의 형식으로 묘사되는 대다수의 다른 결혼 생활은 모두 굉장히 단조롭거나 절박한 상태에 있음에도 작품의 주인공들은 결혼을 통해 서로에게서 가장 깊은 충족감을 발견하게 될 것임을 받아들이도록 독자를 설득해 왔다. 제인 오스틴의 『오만과 편견(Pride and Prejudice)』에서 베넷 씨와 베넷 부인은 아주 형편없는 관계에 놓여 있으며, 샬럿 루카스와 얼간이 같은 콜린스 씨 역시 마찬가지다. 하지만 엘리자베스 베넷과 다아시는 반드시 이 법칙에서 벗어난 환상의 커플이 될 것이라고 독자는 막연히 확신하면서 책을 덮는다. 하지만 셰익스피어에게서는, 가장 명랑하게 쓴 희극에서조차, 관객들에게 이런 비슷한 종류의 설득을 보여 주려고 노력하는 모습이 전혀 드러나지 않는다.

"연애할 때 남자들은 꼭 4월 같지요, 그리고 결혼할 땐 12월 같아지고요."라고 『좋으실 대로』의 로절린드는 말한다. "처녀들은 처녀일 땐 5월 같은데, 아내가 되고 나면 그 하늘이 달라지지요."(4.1.124-47) 로절린드는 자신이 말하는 것을 본인 자신도 믿지 않고 있을 수 있다. — 그녀는 젊은 소년으로 변장하여, 올랜도가 자신을 사랑하는지 시험해 보는 중이다. 하지만 그녀가 입 밖에 내고 있는 것은 이 세상 이치를 잘 아는 관점에서 우러나오는 냉소적인 현명함이다. 『윈저의 즐거운 부인들』에서도, 이와 비슷하게 거칠고 진실된 정서가 팔푼이 슬렌더(Slender)의 입을 통해 무심코 흘러나온다. "처음부터 위대한 사랑 같은 건 없는데도, 하늘은 친분이 생길수록 그 사랑마저도 닳아빠지게 하죠. 우리가 결혼을 하고 서로를 알 기회가 많아지면 말이오. 난 누구와 친밀해질수록 미움도 같이 커지는 거라고 기대해요."(1.1.206-10) 여기에서 예상되는 것은 『헛소동』에서 비어트리스(Beatrice)의 간결한 공식으로 요약되며, 거의 피해 갈 수 없는 일의 진행 순서다. "연애, 결혼식, 그리고 후회."(2.1.60)

셰익스피어의 상상력은, 오래도록 행복한 미래를 가꾸어 갈 커플을 쉽게 만들어 내지 않았다. 『한여름 밤의 꿈』에서, 라이샌더(Lysander)와 허미아의 사랑은 한순간에 증발해 버리며, 드미트리어스(Demetrius)와 헬레나(Helena)는 그들의 눈꺼풀에 사랑의 묘약이 남아 있는 한에서만 서로를 소중히 받아들일 것이다. 『말괄량이 길들이기』에서 배우들의 연기 전달력이 훌륭하다면, 관객들은 페트루치오와 케이트 사이에서 벌어지는 말다툼 속에는 서로에 대한 강렬한 성적 이끌림이 반쯤 숨겨져 있다는 것을 느낄 수 있다. 하지만 연극의 결말은 두 사람의 미래에 대해 양쪽 모두 결코 바람직하다고 할 수 없는 두 가지 결혼 생활을 제시하는데, 그중 하나는 커플이 지금까지처럼 계속해서 쉬지 않고 다투는 것이고, 다른 하나는 아내의 뜻이 일방적으로 꺾이고 마는 것이다. 『좋으실 대로』의 결말이 성공적인 것처럼 먹혀드는 이유는, 아무도 로절린드와 올랜도, 또는 터치스톤(Touchstone)이 부르듯 나머지 "예비 신랑 신부들"의 미래의 가정생활을 곰곰이 생각해 보도록 강요하지 않기 때문이다.(5.4.53) 바이올라는 변장을 위해 걸치고 있던 남성의 의복을 계속 입고 있는 상태이므로, 『십이야』는 그녀를 원래대로 얌전하고 어린 여자의 입장으로 재차 받아들여야만 하는 관객의 부담을 덜어 버린다. 심지어 연극이 끝나 갈 때조차 올시노는 실제 여성 아내를 맞이한다기보다 여자처럼 나긋나긋하게 생긴 남자 애인과 약혼을 하는 것처럼 보인다. 연극이 진행되는 동안 그들의 관계에 대한 그 무엇도, 그들이 서로 잘 맞는 운명의 짝이라거나 혹은 엄청난 행복이 그들 앞에 놓여 있으리라는 전망을 제시해 주지 않는다. 『베니스의 상인』에서 제시카와 로렌초(Lorenzo)는 제시카의 아버지 샤일록에게서 훔친 돈을 함께 써 버리면서 쾌락을 느끼지만, 그들의 희롱 섞인 농담에는 일말의 불안감이 뚜렷하게 드러난다.

 로렌초: 바로 그런 밤에
 제시카는 부자 유대인에게서 돈을 훔쳤지.
 그리고 방탕한 사랑을 달고 베니스에서부터
 벨몬트까지 멀리 달아나 버렸다네.
 제시카: 바로 그런 밤에
 젊은 로렌초는 그녀를 사랑한다 맹세했지.

수많은 믿음의 서약으로 그녀의 영혼을 훔치며

하지만 그 어떤 것도 진실된 것은 없었다네.

(5.1.14-19)

여기서 비치는 불안감은 — 아버지의 재산을 털어 간 것에 대한 두려움과, 나쁜 믿음, 그리고 배신과 함께 뒤섞이는 — 포샤와 바사니오(Bassanio) 그리고 심지어 그들의 희극적인 보조 역할인 네리사(Nerissa)와 그라치아노(Graziano)에게까지 확대된다. 그리고 『헛소동』의 히어로(Hero)와 미숙하고 잔인한 클라우디오(Claudio)에 비하면, 적어도 이들은 희망찬 미래라도 갖고 있는 신혼부부인 것이다. 『헛소동』을 비롯한 초기 희극의 모든 커플들에서는 오직 비어트리스와 베네딕(Benedick)만이, 계속해서 지속되는 애정의 가능성을 보여 주는 것처럼 보이는데, 그 또한 관객들이 그들이 서로에게 가한 수많은 모욕을 눈감아 주고, 애초에 그들이 서로 속아서 연애 관계에 진입하게 된 것을 잊어 주고, 또한 그들이 내내 입으로 주장하는 바와는 반대로 사실은 진정으로 서로 사랑하고 있다고 넘겨짚어 주는 조건 하에서만 가능하다.

여기서 잠시 쉬어 가면서 짚고 넘어가 볼 만한 것들이 있다. 1590년대 후반에 셰익스피어가 썼던 위대한 희극 연작들, 인간의 욕망에 대한 놀라운 묘사와, 인물들 간의 결혼이라는 결말을 향해서 끈질기고 흥미롭게 전개되는 밝은 돌파력이 돋보이는 이 낭만적 명작들 중에서, 서로에 대해 깊이 있는 통합성이나 서로의 마음이 꼭 들어맞는 적합성을 가진 연인들은 거의 존재하지 않는다. 연인들 사이에 서로에 대한 애타는 그리움이나, 서로에게 추파를 던지는 장난과, 서로를 추구하는 갈망은 끝도 없이 이어지지만, 서로를 진정으로 이해하는 장기적 관계의 가능성은 놀라울 정도로 적게 드러난다. 성실하고 점잖으며 살짝 둔감하기까지 한 올랜도가 어떻게 로절린드를 받아들일 수 있겠는가? 얼빠진 자아도취에 찌든 올시노가 정작 바이올라를 이해할 수 있을 것인가? 공식적으로 잘된 결혼이라는 극적 인정을 받아, 인생의 기쁜 항해를 막 시작하려는 커플들의 상태가 사실은 이러한 취약점을 가지고 있는 셈이다. 셰익스피어 본인도, 자신이 낭만 희극에 부과하고 있는 문제점에 대해서 인식하고 있었다는 놀라운 징표가 있다. 이 연극들이 나온 뒤 몇 년이 지난 1602년에서 1606년 사이에, 그는 이 모든 행복한 부부들에게 사실상 잠복해 있는 갈등 요소들을 표면 아래로 감추지 않고 대놓고 드러내 보이는 희극을 두 편 썼다.

『잣대엔 잣대로』의 결말에서 마리아나(Mariana)가 자신의 결혼 상대로 삼겠다고 주장하는 안젤로는 혐오스러운 인물로, 그는 정체를 들키기 직전까지도 계속해서 거짓말을 하고 나쁜 일을 방조하고 중상모략을 일삼는다. 이 동일하고 이상한 절정에서, 빈센티오 공작(Duke Vincentio)은 이사벨라에게 자신과 결혼해 달라고 청하는데, 사실 이사벨라 본인이 원하는 것은 엄격한 수녀원에 들어가서 수녀의 소명을 받드는 것임을 충분히 밝혀 왔었다. 그리고 이 정도만으로도 관객이 충분히 불편함을 느끼지 못할까 봐 염려라도 됐는지, 이에 더하여 공작은 불량배 루시오에게 그가 임신시킨 여자와 결혼할 것을 명령하면서 그것을 곧 그의 처벌로 삼는다. "제발 간청하건대, 공작 전하, 절 창녀와 결혼시키지 말아 주십시오." 루시오는 애원하지만 공작의 반응은 확고하다. 이는 곧 자신의 아이를 가진 여자와 결혼하는 것이 "사형, 채찍질, 교수형의 집행"과 동일한 수준의 형벌처럼 다루어지는 괴상한 지점을 관객이 느낄 수 있도록 강조한다.(5.1.508, 515-16) 『끝이 좋으면 다 좋다』 역시 불편한 상황을 선보인다. 아름답고 재주 넘치는 헬렌(Helen)은 매우 불가해하게도 막돼먹은 버트럼 백작에게 마음을 빼앗긴다. 그리고 결말에 와서는 버트럼 백작의 강렬한 저항에도 불구하고, 그 지저분한 거래를 성사시킨다. 이 어울리지 않는 한 쌍의 경우에는 사실상 그들 앞에 황홀한 장밋빛 미래가 있는 것처럼 짐짓 꾸며 내기도 힘든 실정이다.

『잣대엔 잣대로』와 『끝이 좋으면 다 좋다』에서는, 묘사되는 거의 모든 결혼의 형태가 어느 한쪽에서 다른 쪽으로 일방적으로 부과되는 것처럼 보이며, 하늘이 내린 평화의 모범이란 게 대단히 멀리 떨어져 있는 것처럼 느껴진다. 관객에게 불편한 감상을 남기기로 유명한 이 연극들의 결말이 주는 씁쓸함은 ― 이들은 때로 "문제극들"이라고 불리기도 한다. ― 극작의 부주의함에서 오는 결과가 아니라, 오히려 행복한 결혼 생활의 장기적 전망에 대한 깊은 회의감의 표현으로 보인다. 연극 내에서는 결혼이라는 것이 인간 욕구에 대해서 합법성과 만족감을 가져다주는 유일한 해결책으로 주장되고 있는데도 말이다.

이처럼 셰익스피어는 지속적인 애정과 친밀감이 있는 부부 관계를 표현하는 것에 수동적이거나 혹은 그 불가능함을 드러내고 있지만, 여기서 제외되는 두 커플이 있다. 하지만 어딘가 석연찮게 기괴한 성격을 지닌 그 두 쌍은 바로 『햄릿』의 거트루드(Gertrude)와 클로디어스 그리고 맥베스 부부다. 이들의 결혼 유대는 그들만의 독특한 방식으로 강력하게 나타나지만, 그들이 서로에게 진정으로 갖고 있는 끈적한 애정 상태를 일별할 경우 거기서는 일말의 불쾌함이나 심지어 두려움까지도 느껴진다. 악랄한 성품의 클로디어스는 입을 열 때마다 거의 모든 것에 대해 야비한 어조로 부정한 거짓을 일삼는 사람이지만, 아내에 대한 감정을 이야기할 때는 이상하게도 설득력 있는 온화함을 내보인다. "그녀는 내 삶과 영혼에 너무도 꼭 달라붙어서"라고 그는 레어티스(Laertes)에게 말한다. "별이 그의 궤도를 떠나지 않듯이,/ 나 역시 그녀의 곁을 떠날 수가 없네."(4.7.14-16) 거트루드 역시 똑같은 헌신을 보인다. 그녀는 햄릿을 그 자신의 아들로서 받아들이려 하는 클로디어스의 시도를 적극 비준해 줄 뿐만 아니라 ─ "햄릿, 그대는 그대 아버지의 심기에 누를 끼쳤구나." ─ 햄릿이 숙부의 양심 변화를 알아보기 위해 극중극을 꾸미자 그를 준엄하게 꾸짖는다.(3.4.9) 하지만 더 강력하게 시사하는 점은, 성이 난 레어티스가 궁전에 들이닥쳤을 때 그녀가 자신의 목숨까지 걸 정도로 용맹하게 남편을 감싸고 돈다는 것이다. 살해당한 폴로니어스(Polonius)의 복수에 온통 집중하여 살기등등해진 레어티스를 두고, 셰익스피어는 종종 결정적인 순간에 그러듯이, 무대가 어떻게 연출되었으면 좋겠다고 바라는 장면을 극본에다 직접 지문으로 써 넣었다. 거트루드는 자신의 몸뚱이를 남편과 복수자 사이에 내던지며 그를 막아서는데, 정말로 그녀는 분노에 찬 레어티스를 물리적으로 제지하고 있음에 틀림없다. 클로디어스는 두 번이나 이렇게 말한다. "그를 놔줘, 거트루드." 레어티스가 "내 아버지는 어디 있나?"라고 대답을 요구했을 때, 클로디어스는 단도직입적으로 짤막하게 대답한다. "죽었다." 여기에 거트루드가 즉시 덧붙이는 말은 다음과 같다. "하지만 그가 죽이진 않았네."(4.5.119, 123-25)

학자들의 주석으로 포화 상태에 이른 작품치고, 네 단어로 된 이 대사는 상대적으로 관심을 적게 받아 왔다. 거트루드는 레어티스의 살인적인 분노를 남편으로부터 살며시 돌려 다른 누군가에게로 향하게 하고 있다. 폴로니어스의 실제 살인자인 햄릿 왕자에게. 그녀는 자신의 사랑하는 아들을 죽게 만드는 계략을 직접 고안하고 있을 뿐만 아니라, 남편을 살리려는 압도적인 충동에 굴복하고 있는 것이다. 그렇다고 이것이 그녀가 클로디어스와 공동으로 음모를 꾸몄다는 의미는 아니다. 이 연극은 클로디어스가 햄릿의 아버지를 살해한 사실을 그녀가 알았는지 아닌지에 대한 질문에 결코 정확한 답을 주지 않는다. 클로디어스가 이 죄를 자백했을 때 그는 아내에게 고백한 것이 아니라 홀로 옷장 속에 들어가 기도로써 양심을 정화하려고 시도하면서 혼잣말을 중얼거린 것이었고, 이 시도는 실패로 돌아갔다.

햄릿이 경악과 혐오를 느끼며 판단하듯이, 거트루드와 클로디어스의 깊은 유대 관계는 부부 사이에 공유되는 비밀들이 아니라 서로에게 강렬하게 이끌리는 성적 궁합에 기인한다. "그걸 사랑이라 부를 수는 없어요."라고 아들은 중년 어머니의 성적 생활에 대해서 떠올리는 것조차 역겨워하며 선언한다. "어머니의 나이는/ 혈기의 왕성함도 가라앉는 때라고요." 하지만 그는 거트루드의 혈관 속 욕구가 가라앉지 않았다는 것을 알았고, 어머니와 숙부가 "얼룩진 침대 위의 시큼한 땀내 속에서/ 부패로 뭉근히 끓어올라, 달큰한 신음을 내뿜으며 서로 관계하는" 모습을 상상하기에 이른다. 기름 또는 정액이 묻어서 얼룩진 시트에 대해 음란한 강박적 상상을 멈추지 못하던 와중에 아버지의 환각이 나타나서 — 혹은, 실제 유령이 출몰한 것일까? — 일시적으로 그의 주의를 다른 쪽으로 돌리게 하지만, 유령이 모습을 감추자 아들은 다시 상상에 빠져들며, 어머니를 대상으로 "오늘 밤은 자제하세

요."라고 분노에 찬 애원을 한다.(3.4.67-68, 82-83, 152)

『햄릿』에서 드러나는 부부간의 친밀감이 일종의 멀미처럼 역겨운 종류라면, 『맥베스』에서 그려지는 부부의 합일은 끔찍하고 무시무시한 것이다. 셰익스피어 작품으로서는 매우 드물게도, 남편과 아내는 진정한 영혼의 한 쌍인 양 서로에게 다정하고 장난스럽게 대화를 나눈다. "내 사랑스러운 부인", 맥베스(Macbeth)는 애정을 담뿍 담아 아내를 부르면서, 자신이 꾸미던 일 — 때마침 그의 친구 뱅쿠오(Banquo)의 살해를 교사하던 것 — 에 대해서는 그녀에게 일부러 이야기하지 않는데, 이는 일을 완수한 후 그녀에게 알려 더 큰 칭찬을 받기 위해서다. 그들이 주최했던 저녁 만찬에서, 자신에게만 보이는 뱅쿠오의 망령이 식탁 자리에 앉아 있는 것을 보고 맥베스가 갑자기 비명을 지르면서 상황이 엉망진창이 되어 버리자, 충실한 아내는 남편을 감싸며 대신 이 상황을 수습하려고 노력한다. "앉으시오, 존경하는 친구들이여." 그녀는 잔뜩 놀란 내빈들에게 권한다.

> 우리 주인께서는 가끔 저러신답니다.
> 젊을 때부터 원래 저러셨죠. 부디, 자리에 앉아 계세요.
> 저 발작은 금방 지나가니까요. 한순간에 금방
> 그는 다시 괜찮아질 거예요.
>
> (3.4.52-55)

그런 다음 숨을 낮춰서 남편이 제정신을 차리게 하며 낮게 속삭인다. "당신이 그러고도 남자야?"(3.4.57)

이 대사에 반쯤 드러나는 성적인 비아냥은 레이디 맥베스(Lady

Macbeth)가 계속해서 연타하는 결정적인 음색이다. 그것은 그녀가 흔들리고 주저하는 남편의 손을 이끌어서 왕을 살해하도록 만드는 주된 수단인 것이다.

> 당신이 그 일을 대담히 해냈을 때, 그때 당신은 남자였지.
> 그러니 그 일보다 더한 일을 해낸다면, 당신은
> 그보다 훨씬 더 남자다운 사내가 되는 거야.
> (1.7.49-51)

이 성적 도발이 맥베스에게 먹혀든다면, 그것은 남편과 아내가 서로의 가장 깊은 두려움과 욕망을 잘 알고 있으며 그것들로 유희를 할 수도 있다는 의미이다. 그들은 의지와 야망을 불태우고, 흉포한 정서를 공유하며, 그 감정을 기반으로 일심동체의 상태에 있는 것이다.

> 나는 아이에게 젖을 빨려 보았으니,
> 내 젖을 빨고 있는 어린애를 애끓게 사랑하는 심정이 어떤 것인지 알지.
> 하나 그것이 내 얼굴을 향해 미소 짓는 그때라도,
> 나는 그 이가 돋지 않은 잇몸에서 젖꼭지를 빼내 버리고
> 바로 그의 머리를 집어던져서 뇌수를 터뜨려 버리리라,
> 당신이 이 일을 하겠다고 했던 결단을 만일 내가 했던 입장이라면.
> (1.7.54-59)

맥베스는 이 폭력적인 환상에 기묘한 경탄과 흥분을 느낀다.

> 그대는 오직 아들만을 이 세상에 낳아 주겠구나,
> 그대의 이토록 대담하고 의연한 기개는
> 오직 남성다운 성질만을 빚어 내는 것이니.
>
> (1.7.72-74)

이 대화는 이들이 맺고 있는 결혼 관계의 심연까지 관객을 이끌고 간다. 레이디 맥베스가 묘사하는 저 피비린내 나는 장면을 상상하게 만든 그 무언가와 그녀의 환상에 대한 반응으로 맥베스가 느끼는 그 무언가 — 공포, 성적 흥분, 질투, 영혼의 타락, 악행의 공범 — 는, 바로 셰익스피어의 관점에서 상상한, 결혼 관계에서 남달리 투철한 유대감을 공유하는 부부의 핵심에 놓인 내적 단면이다.

이 장면이 가져다주는 충격에서, 그리고 맥베스와 그 아내의 관계 전반에서 놀라운 점은, 그들이 얼마나 널리 상대방의 정신 세계를 점거하고 있는가 하는 것이다. 처음 등장하는 장면에서, 레이디 맥베스는 남편이 보낸 편지를 읽고 있는데, 그 편지는 그가 장차 왕이 될 것이라고 예언한 마녀들과 맞닥뜨린 일에 대해 묘사하고 있다. "이는 내가 그대에게 전해 주기에 좋은 일이라 생각했소. 위대함을 함께 나누는 나의 사랑하는 동지여, 내 앞에 어떤 위대함이 약속되어 있는지를 그대 미처 알지 못해서, 그대가 기뻐할 계기를 잃고 마는 일은 없어야 하니까." 그는 집으로 돌아와서 그녀에게 직접 얘기하는 순간이 올 때까지 마냥 기다릴 수 없으며, 그녀도 그와 함께 이 환상을 바로 당장 나눠야 한다고 느낀다. 그리고 아내 쪽에서도, 남편이 전해 준 환상 속으로 즉시 빠져들 뿐만 아니라 거의 같은 숨을 쉬듯 바로 동시에, 그동안 세심하게 지켜본 결과에 따라 남편의 본성을 분석하고 고찰하기 시작한다.

> 인간적인 친절함이 넘치다 못해 유약하여
> 가장 빠른 길로 치고 나가지 못한다.
> 그대는 위대해지기를 원하고,
> 야망도 없는 것은 아니나,
> 일을 치르는 데 드는 사악함이 없구나.
> 그대는 드높아지기를 원하지만,
> 그대는 성스럽게만 되길 원하지.
> 그대는 속임수를 쓰지 않으려 하나,
> 그릇된 승리는 가지려고 한다.
> 위대한 글래미스의 영주여, 그대는 해야 한다
> '그러니 그대는 해야 한다.'라고 외치는 그것을
> 그대가 하기 두려워하는 그 일을
> 하지 않았기를 바라는 것보다
> 차라리 해 버리는 것이 더 나으리라.
>
> (1.5.9-11, 15-23)

이 대사가 주는 풍성함과, 현기증이 나도록 복잡한 어떤 대상에 대해 서술하면서 일단 단순한 관찰로 포문을 여는 방식은, 그녀의 남편이 갖고 있는 내적 성향의 구불구불한 굴곡까지 따라잡으며 그 배우자의 내면을 정확히 분석하고 있는 아내의 놀라운 능력을 보여 주는 생생한 증거이다. 그리고 남편을 속속들이 잘 아는 그녀의 친밀한 인식은, 그의 내면으로 침범해 들어가고 싶어 하는 욕망의 분출로까지 이어진다. "어서 서둘러 와요./ 내가 나의 기운을 그대의 귓속으로 불어넣어 줄 테니."(1.5.23-24)

　이처럼 셰익스피어의 작품들에는 결혼에 대한 두 가지 측면이 섞여 있다. 하나는 결혼 자체를 묘사하는 것에서 느껴지는 전반적인 난항이고, 다른 하나는 공을 들여서 묘사한 두 결혼에서 풍기는 악몽 같은 인상이다. 긴 결혼 생활 동안 대부분의 기간을 아내에게서 떨어져 살기로 한 결정과 그에 얽힌 맥락을 배제하고 그의 작품을 읽어 내기란 어렵다. 아마도 어떤 이유에서건 셰익스피어는 배우자 또는 다른 누구에 의해서라도 자신의 존재가 완전히 예속되는 것을 두려워했을지 모른다. 혹은 그 자신이 누군가를 그토록 전적으로 받아들일 수 없었는지도 모른다. 그렇지 않으면 단순하게, 아마 그는 열여덟 살 때 원치 않은 실수를 저질렀던 것이고, 그 이후 돌아온 결과를 한 여자의 남편이자 한 사람의 작가로서 감내하며 살아야 했던 것인지도 모른다. 대부분의 커플들은, 심지어 사랑으로 결혼하는 연인들이라 할지라도, 서로 맞지 않는 결합이라고 믿으며 그는 혼자 이렇게 생각했던 것 같다. 절대 서둘러 결혼해서는 안 되며, 젊은 남자라면 연상의 여자를 피해야 할 것이고, 압박 속에 행해지는 결혼 —"등 떠밀린 혼인"— 은 곧 지옥이다. 이런 관점에 더하여 『햄릿』과 『맥베스』, 『오셀로』, 『겨울 이야기』를 떠올려 보면 그가 한 술 더 뜨고 있음을 알 수 있다. 부부의 밀착된 친밀감은 위험한 것이며, 그들이 꿈꾸는 이상이란 곧 위협이다.

　셰익스피어는 또한 자신과 앤의 결혼은 처음부터 잘못된 결합이었다고 생각했을 수 있다. 분명히 그는 관객들에게 혼전까지 동정을 간직하는 것이 매우 중요하다는 관점을 반복적으로 제시했었다. 줄리엣의 경우, 어둠 속에서 로미오와 나눈 맹세들을 "혼약"이라고 칭하면서도, 그녀는 자기가 볼 때 이 혼약이 결혼과 동일시되지는 않는다고 확실히 밝힌다.(당대에 일부 사람들은 혼약이 곧 결혼이 될 수 있다는 관점을 지지하기도 했다.) 그렇기 때문에 그녀는 그날 밤에 로미오를 "불만족한" 상태로 놔둘 수밖에 없었다. 일단 수도사의 주례에 의해 성사된 결혼의 보호를 받고 나서야 — 사회적으로 흔한 의례는 아니었으나 『로미오와 줄리엣』에서는 서로 반목하는 양가의 눈을 피해 행해진 예식이었다. — 비로소 줄리엣은 어린 처녀들에게서 기대되던 내숭 섞인 거절을 벗어던질 수 있었다. 젊은 연인들은 자신들의 욕망에 대해서 눈부시도록 솔직하고 자신감이 넘치며 부끄러움이 없다. 줄리엣이 이렇게 표현하듯이, 그들은 "진실한 사랑을 순수한 행동으로 옮기는"(3.2.16) 것이 가능하다. 하지만 그들의 솔직함은 그러한 욕망을 실현시키기에 앞서서 두 사람이 서로와 결혼을 하기 위해 모든 것을 헌신하는 데서 나온다. 비록 무분별하고 비밀스럽긴 하지만 그러한 헌신은 그들의 사랑에 어떤 숭고한 순수성을 부여한다. 마치 첫날밤을 치르는 조건을 실행에 옮기는 데 있어서 결혼이라는 공적 예식이 거의 마법과 같은 약효를 발휘하는 것과 같다. 더럽혀지거나 수치가 될 수도 있는 욕망과 그 실현이, 완벽하게 겸손하고 정상적인 것이 되게 하는 것이다.

『로미오와 줄리엣』 이후 8년 정도 후에 쓰인 『잣대엔 잣대로』에서, 셰익스피어는 자신이 사춘기 시절에 처했던 것과 아주 비슷해 보이는 상황을 묘사한다. 클라우디오와 줄리엣은 사적으로 서로에게 엄숙한 맹세를 하고 — "진실한 혼약"이라고 클라우디오는 칭한다. — 공적인 예식 없이 자기들만의 초야를 치른다. 이제 그의 아내는 눈에 띄게 임신한 상태다. ─"우리 서로 나누었던 여흥의 비밀이 / 줄리엣에게 커다란 문자로 쓰여 있네."(1.2.122, 131-32) 국가에서 '간음'에 대한 무자비한 처벌 조치를 감행하기 시작하자, 클라우디오는 체포되어 사형을 선고받는다. 놀라운 것은 그가 이미 그런 관점을 인정하는 것처럼 보인다는 것이다. 공적인 예식 없이는 그의 "진실한 혼약"도 무가치한 것으로 드러나며, 이어서 자기혐오로 얼룩진 대사 속에서 그는 제어하지 못한 성욕의 결과로 자신에게 닥친 불행한 운명을 이야기한다.

> 우리네 본성은 추구한다,
> 제가 죽을 독약을 먹어 치우는 쥐새끼들처럼
> 목마른 사악함을. 그리고 마시면, 우리는 죽는다.
>
> (1.2.108-10)

결혼이라는 울타리 안에서는 그토록 솔직하고 편리하게 인식되던 본능적 욕망이, 그 울타리 밖에서는 모든 것을 파괴하는 독이 되는 것이다.

혼전 성관계와 그 결과에 대하여 비관적인 관점이 강화되는 것은, 셰익스피어가 또한 자라나는 두 딸의 아버지였다는 사실과도 많은 관련이 있을 것이다. 혼전 관계의 위험성에 대해서 그가 주는 가장 분명한 경고는 『태풍』에서 한 젊은 청년이 자기 딸에게 애정을 표현할 때 보이는 아버지의 완고한 반응이라는 형식으로 전해진다. 그러나 가장 늦은 시기에 쓰인 이 작품에 나오는 프로스페로의 대사는, 마치 셰익스피어 본인이 그 자신의 불행한 결혼을 모든 것이 잘못되기 시작한 지점인 것처럼 그 무수한 세월을 거슬러 짚어 가고 있는 듯한 느낌을 전한다. 프로스페로는 퍼디난드에게 "내 딸을 데려가거라." 하고 말하며, 저주인지 예견인지 모를 애매한 말을 덧붙인다.

> 하나 모든 독실한 예식과 절차들이
> 그 무엇도 빠짐없는 신성한 의식으로 행해지기도 전에
> 만일 그대가 저 아이의 순결한 매듭을 푼다면
> 하늘은, 이 혼약을 자라게 할 그 어떤 은총의 성수도
> 내어주지 않으리라. 오직 황폐한 증오만이,
> 씁쓸한 눈빛의 경멸만이, 그리고 불화만이
> 그대들의 잡초 무성한 부부 침상에 혐오스럽게 흩뿌려져
> 그대 두 사람 모두 지독히도 그곳을 싫어하게 되리라.
>
> (4.1.14-22)

극의 흐름상 필요한 수준 이상으로 강렬하고 생생하게 표현된 이 대사들은, 불행한 결혼으로 인해 한이 가득 맺힌 상태를 연상시킨다. 만일 성적인 관계가 "독실한 예식과 절차들"보다 앞선다면, 부부의 연합은 은혜로운 축복("은총의 성수")은커녕 염병을 피할 수 없게 될 것이라고 프로스페로는 경고한다. 이것이 바로 윌 셰익스피어와 앤 해서웨이의 결혼 상황이었다.

이렇게 암울한 대사 속에 자신의 결혼 상태를 요약하여 반영하고 있긴 하지만, 그렇다고 셰익스피어가 사랑 없는 삶의 나락으로 떨어져 버린 것은 아니었다. 그는 비통함, 신랄함, 그리고 냉소에 대해 잘 알았지만, 그렇다고 아예 그러한 것들 속으로 움츠러들지도 않았으

며, 욕망이란 것을 단념하면서까지 그것들로부터 도피하려 하지도 않았다. 욕망은 그의 작품 어디에나 드러나 있다. 그러나 사랑에 대한 상상력 및 그 모든 경험들은 결혼이라는 경계선 바깥에서 피어난다. 셰익스피어의 작품에 등장하는 연인들 가운데 가장 위대하다 할 수 있는 안토니와 클레오파트라는, 다시 말하면 불륜의 대표적 상징이다. 그리고 그가 쓴 사랑의 시, 영어로 쓰인 역대 문학 중 전무후무하다 할 정도로 가장 복합적이고 강렬한 작품이라 할 수 있는 소네트 연작은 그의 아내에 대한 것도 혹은 아내 후보가 될 누군가에게 구애하는 것도 아니라, 아름다운 한 청년과 성적으로 성숙한 다크 레이디(Dark Lady)의 뒤얽힌 관계를 보여 준다.

앤 해서웨이의 존재는 셰익스피어의 소네트에 나오는 동성애와 불륜에 관한 이야기로부터 완벽하게 배제되어 있었다. 아니면 '거의' 완벽하게. 많은 비평가들이 제안했듯이, 145번 소네트 ─ "사랑이 제 손으로 빚은 저 입술이" ─ 는 마지막 2행에서 그녀를 암시하고 있다. 시의 화자는 언젠가 그가 사랑하는 사람이 그에게 "싫어요."라는 끔찍한 말을 했지만, 그 말이 가져올 비운의 결말을 곧바로 취소해 줬던 일을 회상한다.

"싫어요." 해서 웬 미움인가 했더니
애인은 이런 말로 내 인생을 구원해 주었다. "당신은 말고."

기존에 나왔던 지적대로 "웬 미움인가(hate away)"가 해서웨이를 의도한 말장난이라면, 이 시는 셰익스피어가 남긴 작품 중 매우 초기작에 해당할 것이다. 그가 앤에게 구애하던 시기에 썼던 시가 무심코 소네트 연작에 들어간 것이라면 아마도 기록상 남아 있는 작품 중에서 가장 처음으로 쓰인 것일 수도 있다. 이 시의 기원이 그러하다면 이 시에 이례적으로 나타나는 변칙적 운율이나, — 이 시는 전체 연작에서 유일하게 10음절이 아닌 8음절로 쓰인 소네트이다. — 다른 시에 비해 기량이 유달리 처지는 것도 정황상 설명이 가능할 것이다.

그는 도무지 헤어날 수가 없었다. 결혼 절차를 서둘러 밟게 만든 것은 그 압도적인 유대감이었다. 하지만 3년이라는 시간을 보내고 나서, 그는 아내와 같이 살지 않는 길을 택했다. 스트랫퍼드에서 꼬박 이틀 동안 말을 몰아야 할 만큼 떨어진 곳에 당도하여, 아내가 있는 헨리 스트리트와 이후 뉴플레이스에서 적당히 안정 거리를 유지한 채, 그는 놀라운 작품들과 재산을 쌓아 갔다. 런던의 셋방을 전전하면서 그는 사적인 삶을 이어 가고자 노력했다. — 그것이 아마도 오브리가 쓴 글에서 셰익스피어가 "친구들을 불러다 노닥거리는 사람"이 아니었다거나 "방탕하고 거나하게 놀자는 초대들을 거절했다"는 말의 의미일 것이다. 술집에 자주 얼굴을 비치는 단골 명사도 되지 않고, 주위 패거리 친구들 사이에 자주 끼는 일원도 되지 않으면서, 그는 혼자만 아는 몇몇 이름들하고 조용히 친교를 나누고 욕망과 사랑을 나누었다. 소설 『율리시스(Ulysses)』에서는 주인공이자 저자 제임스 조이스의 자전적 분신인 스티븐 디댈러스가 셰익스피어의 결혼 생활에 대해 깊이 고찰하는 대목이 나온다. "그가 데려온 여자들이란! 얌전하고 부드러운 사람들, 발랑 까진 바빌론의 창녀, 정의로운 숙녀분들, 양아치 같은 술집 급사의 마누라들, 한 마리 여우가 거위 떼를 모는 꼴처럼 각양각색이었겠지. 그리고 뉴플레이스에는, 늘어지고 소박맞은 한 몸뚱어리가 있다. 한때는 어여쁘고 감미롭고 계피처럼 싱그러웠을 적도 있었는데, 이제 그녀의 잎새들은 떨어지고 모두 메말라서, 혼자 몸으로 묻히는 걸 두려워하며, 용서하지 못한 채로."

1610년쯤에 많은 투자금을 지닌 부자가 된 셰익스피어는 런던에서 은퇴하여 스트랫퍼드로, 그가 도외시하던 뉴플레이스의 아내 곁으로 돌아갔다. 그가 마침내 그녀와 친근한 애정 관계를 회복했다는 의미일까? 이 시기에 쓰인 『겨울 이야기』는 서로를 영영 잃어버린 듯했던 남편과 아내의 감동적인 화해라는 결말로 이야기가 끝난다. 아마 이것은 정말로 셰익스피어가 자신의 인생에 대해 품었던 환상이었을 것이다. 하지만 이러한 환상은 실제로 일어났던 일과는 일치하지 않았던 듯하다. 1616년 1월, 분명히 위독한 상태였을 셰익스피어는 유언장을 작성하는데, 말 그대로 그가 가진 모든 것을, 뉴플레이스의 집과 모든 "헛간, 마구간, 과수원, 정원, 토지, 공동 주택 건물", 그리고 스트랫퍼드 근교의 토지를 포함한 전부를 큰딸 수재너에게 남겨 주려고 신경을 썼다. 그의 또 다른 딸 주디스와 유일하게 남은 동기인 조앤, 그리고 그 외 다수의 친구들과 친지들을 위해서 연거푸 조항을 추가했고, 마을의 가난한 사람들을 위하여 소소한 기부도 했으나 자산의 대부분은 큰딸 수재너와 사위인 존 홀(John Hall) 박사에게 넘어갔다. 이 두 자녀야말로 임종을 앞둔 말년의 셰익스피어가 가장 애정과 신뢰를 보낸 대상이었던 것이다. 세상을 떠날 때조차, 그는 자신의 재산이 아내에게로 가는 것을 원치 않았다. 그는 자신이 쌓은 부가 큰딸에게로, 또 아직 태어나지는 않았지만 그녀가 낳을 손주에게로, 그리고 또 그 아들의 아들에게로 세대를 거쳐 이어져 가는 것을 상상하고 싶어 했다. 그리고 이 계획에 그 어떤 간섭이나 훼방도 용납하려 하지 않았다. 수재너와 그녀의 남편이 유언 집행자였던 것이다. 셰익스피어가 고안한 그대로, 자기들에게 압도적으로 이익이 되는 유언 내용을 바로 그들이 실행할 터였다.

34년간 결혼 관계에 있던 자신의 아내에게 그는 아무것도 남기지 않았다. 일부 학자들은 이처럼 아내를 대놓고 생략해 버린 것을 두고 좀 더 부드럽게 생각해 볼 수 있는 여지가 있다며 논쟁했다. 즉 당시 법에 따라 그 어떤 경우라도 남편을 잃은 과부는 죽은 남편의 자산 중 3분의 1을 평생 지급받을 자격이 주어진다는 것이다. 하지만 사실상 이 자격은 언제나 보장되는 것이 아니었기에, 다른 학자들은 사려 깊은 남편이라면 종종 유언장에 이 조항을 분명히 명시해 놓았다며 반박하기도 했다. 일생 동안 조심스럽게 쌓아 온 물품들의 마지막 배분을 위해 친구들과 친지들의 몫까지 기억하여 다룬 이 문서에서, 실질적으로 그의 인맥 관계를 보여 주는 마지막 흔적이라 할 수 있는 유언장에서, 셰익스피어는 아내의 몫에 대해서는 놀라울 정도로 침묵을 지킨다. 단순히 남편과 아내 사이에 관례상 지속적인 유대감을 드러내는 데 쓰였던 "나의 사랑스러운 아내", "내 사랑하는 앤" 등의 다정한 표현조차 한마디 없다는 게 문제가 되는 것은 아니다. 셰익스피어의 유언장은 상속자로 언급된 그 누구에게도 그러한 표현을 사용하고 있지 않다. 아마도 셰익스피어 본인이나 담당 변호사가 비교적 감정을 배제하고 객관적으로 보이는 공식 문서를 작성하기로 했는지도 모른다. 문제는 셰익스피어가 유언장 초본을 작성했을 때도, 앤 셰익스피어는 전혀 언급되지 않았다는 점이다. 마치 그녀가 완전히 지워져 버리기라도 한 것처럼.

누군가가 — 아마도 딸 수재너나 그의 변호사가 — 이러한 말소 상태, 인식의 총체적 부재 상태를 지적하여 그의 주의를 끌기는 했던 것 같다. 아니면 조금씩 기력이 쇠진해 가는 상태로 침대에 누워 있는 동안, 셰익스피어 본인이 자신과 앤의 관계에 대한 상념에 빠져들었는지도 모른다. 한때 그를 그녀에게로 이끌었던 성적인 흥분, 그녀에게서 자신이 원하는 것을 발견하지 못했던 실패한 결혼 생활, 그 자신의 부정과 아마 그녀의 경우에도 비슷하게 존재했을 것들, 그가 다른 곳에서 키워 나간 친교, 그들이 함께 땅에 묻은 어린 아들의 죽음, 그녀를 볼 때마다 내적으로 깊이 느꼈던 이상하게 사라지지 않는 불쾌감까지. 3월 25일에 와서야 유언장에 추가된 일련의 조항들 사이에서 — 이 대부분의 조항들은 셰익스피어가 그의 딸 주디스에게 남기는 돈을 두고 사위가 마음대로 손대지 못하도록 하는 데 주력하고 있다. — 그는 마침내 아내의 존재를 언급한다. 세 쪽짜리 유언장의 마지막에 와서, 일이 제대로 실행되기만 한다면 그의 장녀 수재너에게로 대부분의 재산이 확실하게 돌아갈 수 있도록 상속자 순위를 주의 깊게 밝힌 부분과 주디스에게는 "넓은 은도금 그릇"을 그리고 모든 나머지 "동산 일체, 임대차 계약, 접시, 보석 그리고 집의 물건들"을 수재너에게 증여한다는 조항 사이에, 새로운 조항이 추가된 것이다. "내 아내에게는 나의 두 번째로 좋은 침대와 비품 일체를 남긴다."

학자들과 또 다른 작가들은, 이 말을 좋게 해석할 수 있는 관점을 끌어내고자 무던히도 애썼다. 가령 이 시기에 쓰인 다른 유언장 중에도 가장 좋은 침대를 아내가 아닌 다른 사람에게 남겨 준 경우가 있다. 이러한 증여는 앤이 그들의 결혼 침상을 가질 수 있도록(가장 좋은 침대는 아마 중요한 손님들을 위해 남겨 뒀을 수 있다.) 하는 조치였다. '비품 일체'라는 것은 침대에 딸린 물건들로 침대보와 커튼 등을 말하는데, 이것들이 의외로 값나가는 것일 수 있다. 심지어 조셉 퀸시 애덤스(Joseph

Quincy Adams)는 "두 번째로 좋은 침대라고 하는 게 가격은 덜 비쌀지 몰라도 아마 더 편안한 침대였을 것"이라며 희망을 품기도 했다. 한마디로 말해서, 1940년에 한 전기 작가가 해맑은 어조로 자신을 설득하던 바에 따르면 "그것은 한 남편이 해 줄 수 있는 따뜻한 배려였다."

만일 이것이 셰익스피어의 따뜻한 배려였다면, 도대체 그가 주는 모욕은 어떤 모습을 하고 있었을지 궁금하지 않을 수 없다. 이것을 배려라고 받아들이는 것은 분명히 말도 안 되는 희망 사항일 것이다. 셰익스피어라는 인물은 인간관계에서 비롯되는, 소름 끼치도록 정교한 감정의 음영 차이를 상상하고 표현하는 데 일생을 바친 인물이다. 아내가 상속받게 될 단일 물품을 구체적으로 밝힘으로써 사실상 이 유언자는 오히려 과부에게 관례적으로 주어지던 재산 소유권 3분의 1을 박탈하려 했던 것일까? 물론 이 점은 법사학자들이 논의할 몫이다. 하지만 이 교묘하게 적대적으로 쓰인 제스처가 노골적인 감정을 섞어 시사하는 것은 바로 그의 믿음, 행복, 친밀감을 받아들이는 능력, 즉 셰익스피어는 자신의 '가장 좋은 침대'를 아내가 아닌 다른 곳에서 발견했다는 점이다.

존 던(John Donne)은 떠오르는 태양을 두고 노래한다. "여기 우리에게 비추면서/ 그대는 모든 곳에 편재하는구나./ 이 침대는 그대의 중심이요, 이 벽들은 그대의 영역이라." 던은 아마도 르네상스 시대의 소네트 시작 법칙에서 어긋나는 위대한 예외자일 것이다. 그는 가장 열정적인 사랑의 시들 중 상당한 분량을 아내에게 쓴 것으로 보이기 때문이다. 「장례식(The Funeral)」에서, 그는 자신이 사랑했던 여자의 소중한 육체적 정표를 부장품 삼아 땅에 묻히는 장면을 상상한다.

그 누구든 내게 수의를 덮으러 오는 자가 있거든,

망치지도 말고 무엇인가 묻지도 말라,

내 팔에 왕관처럼 끼워진, 저 신비로운 머리칼 화환을.

그리고 「유물(The Relic)」에서는 이 환상을 다시 떠올린다. ─ "밝은 빛 머리칼로 엮은 팔찌가 뼈에 걸려 있네." ─ 그리고 누군가 시신을 하나 더 넣으려고 그의 무덤을 열고 들어왔다가, "사랑하는 연인이 잠들어 있는 것"이라 생각하며 원래 있는 그대로 남겨 둘 것이라고 상상한다. 그의 영혼과 그가 사랑했던 사람이 "마지막 바쁜 날에" "이 무덤에서 만나, 잠시 머무르는 것"이 가능해지는 게 곧 던이 꿈꾸는 이상적인 상태였던 것이다.

셰익스피어의 위대한 연인들 ─ 사춘기 열정의 달콤한 광란에 들뜬 로미오와 줄리엣이나, 정교한 아이러니의 강렬함을 보여 주는 중년 커플 안토니와 클레오파트라 ─ 또한 이와 비슷한 환상을 품고 있다. "아, 사랑하는 줄리엣", 눈앞의 상황을 잘못 이해하고 있는 가엾은 로미오는 캐풀릿 가의 무덤 속에서 깊은 상념에 빠진다.

그대는 어찌 아직도 이리 아름다운가?

허울뿐인 죽음도 육욕을 즐긴다고 내 믿을까?

그 앙상하고 혐오스러운 괴물이 그대를 여기

어둠 속에 그의 연인 삼아 가둔 거라고?

나 그것이 두려워 앞으로 그대와 함께 계속 머물런다.

그리고 이 흐린 밤의 초라한 침상에서 절대로

다시는 떠나지 않으리라.

(5.3.101-8)

줄리엣이 깨어나 로미오가 죽은 것을 발견했을 때, 그녀 또한 서둘러 영원히 그의 뒤안길을 따르고자 한다. 클레오파트라 역시 "꺼지지 않는 열망"을 그녀 안에서 느끼면서, 내세에서 안토니와 만나 결혼하기 위해 성장을 갖춘다. — "남편이여, 내가 갑니다."(5.2.272, 278) — 그리고 승리를 거둔 시저는 이를 두고 어떤 조치가 취해져야 하는지를 인식한다.

> 그녀의 침상을 정리하고,
> 그녀의 시녀들을 무덤 밖으로 운반하라.
> 그녀는 자기 안토니 곁에 묻힐 것이다.
> 이토록 유명한 한 쌍을
> 함께 담아낼 그 어떤 무덤도 또 없으리라.
>
> (5.2.346-50)

이상적으로 보면 사랑은 이처럼 대단한 것이다. 하지만 셰익스피어가 죽음을 목전에 두고 누워 있을 때 그는 아내를 잊으려고 애썼고, 그다음에는 두 번째로 좋은 침대와 함께 겨우 그녀를 기억해 냈다. 그리고 내세를 생각해 볼 때 그가 가장 사양하고 싶었던 일은 자신이 결혼했던 여자와 함께 묻히는 것이었다. 스트랫퍼드 교회 성단소에 있는 그의 비석에는 다음 네 줄이 새겨져 있다.

좋은 친구여 주님의 이름으로 참아 주시게,

> 여기 묻혀 있는 흙을 파내지 말도록 하게
> 이 비석을 보호하는 자에게 복이 있으리,
> 내 뼈를 움직이는 자에게 저주 있으리.

1693년에 셰익스피어의 무덤을 방문했던 사람은 이 비문이 "그가 죽기 바로 전에 본인이 직접 주문한" 것이라 들었다고 한다. 만일 그렇다면 이것은 거장 셰익스피어가 생전에 남긴 마지막 글귀일 것이다. 어쩌면 그는 단순히 누군가 자신의 뼈를 파내어 근처의 납골당으로 던지게 될 것을 두려워했던 것인지도 모른다. ― 그는 사후에 그러한 운명이 되는 것을 매우 공포스럽게 여긴 것처럼 보인다. ― 하지만 다른 무엇보다도 그는 언젠가 앤 셰익스피어의 시신을 함께 안치하기 위해 자신의 무덤이 열리는 일을 가장 두려워했던 듯하다.

5 다리를 건너며

1583년 여름, 열아홉 살의 윌리엄 셰익스피어는 기혼 남성의 삶에 안착하는 중이었다. 이제 막 딸이 태어났으며, 그는 따로 분가하지 않고 부모님과 누나 조앤, 남동생 길버트, 리처드, 에드먼드 그리고 헨리 스트리트에 있는 넓은 집에서 능력껏 고용한 하인들 몇 명과 함께 살고 있었다. 그는 장갑 가게에서 일했을 수도 있고, 어쩌면 교사나 변호사의 조수로 일하면서 약간의 돈을 벌었을 수도 있다. 시간이 날 때마다 계속 시를 썼을 테고 류트를 연습하고, 펜싱 기술도 다듬었을 것이다. 말하자면 신사의 생활 방식을 모방하는 능력을 계속 배양하고 있었을 것이다. 북부에서의 체류와 거기서 겪은 일들은, 실제 있었던 일이라고 가정한다면 이제 다 지난 일이었다. 랭커셔에서 전문 배우로서 경력을 시작했던 거라면, 최소한 지금은 당분간 그 일을 옆으로 제쳐 둔 상태였다. 그리고 만약 그가 가톨릭 신앙을 둘러싼 비밀

모의, 성자들과 순교의 길이라는 어두운 세계를 살짝 맛봤다면 — 캠피언을 교수대로 보낸 그 세계 — 그는 어깨를 들썩이며 그 세계로부터 결정적으로 나와 버린 것이 틀림없었다. 대신 그는 일상의 세계를 끌어안으며 받아들였다. 혹은 일상의 세계가 그를 끌어안으며 받아들였거나.

그러다 1580년 중반의 어느 때쯤에(정확한 날짜는 알려지지 않았다.), 그는 가족에게서 벗어나 스트랫퍼드어폰에이번에서 런던으로 걸음을 옮겼다. 그가 어떻게 혹은 어떤 이유로 이 기록적인 발걸음을 내딛게 되었는지는 확실하지 않다. 하지만 최근까지 전기 학자들은 17세기 후반에 리처드 데이비스(Richard Davies)라는 성직자에 의해서 처음으로 기록된 이야기에 대체적으로 동의했다. 데이비스는 셰익스피어가 "참으로 운수 나쁘게도, _____ 루시 경에게 속한 사슴 고기와 토끼를 훔치고 말았고, 그리하여 나리에게서 종종 채찍질을 당하고 때로는 옥에 갇히기까지 하자 결국엔 고향을 떠나 도망치면서 위대한 출세의 길로 들어서게 되었다."라고 기록했다. 18세기 초반의 전기 작가이자 편집자인 니컬러스 로도 책에서 셰익스피어가 "그가 살아왔던 고향과 생활 방식으로부터 모두 벗어나게" 만들고 만 "사치"에 대해 비슷한 이야기를 했다. 로의 이야기에 따르면, 윌은 좋지 않은 동료들과의 교제에 빠지게 되었다. 습관적으로 사슴 밀렵을 하던 젊은이들과 어울리기 시작한 것이다. 그들과 함께 다니면서, 그는 스트랫퍼드에서 6킬로미터 정도 떨어진 찰코트에 위치한 토머스 루시 경의 장원에 한 번 이상 밀렵을 하러 갔다.

이 일로 인해 그는 그 신사분에게 핍박을 받았으며, 그의 생각에는 그

처벌의 정도가 필요 이상으로 엄격하다고 느꼈다. 그래서 그러한 좋지 않은 대접에 대한 복수로, 그는 그 신사를 두고 발라드를 하나 지었다. 아마도 그의 첫 공식적인 시구였을 이 발라드는 비록 소실되었으나, 그 내용은 매우 신랄했다고 전해진다. 그래서 이를 두고 그에게 가해지는 핍박이 두 배로 가중되었으며, 그는 워릭셔에 있는 생업과 가족을 당분간 떠나서 런던에 몸을 숨기지 않으면 안 될 상황에 처했다.

18세기 중반에 이르자 새뮤얼 존슨(Samuel Johnson) 박사가 이 이야기에 속편을 덧붙였다. "범죄자로 처형될까 두려워서" 자신의 집에서 도망친 윌은 돈도 아는 사람도 없이 런던에 혼자 남겨졌다. 그는 입에 풀칠을 하기 위해서 극장 문지기로 일하며 하인을 동반하지 않은 손님들의 말을 지켜봐 주는 일을 하게 되었다. "이 일을 하게 되면서 그의 주의력과 민첩함이 매우 돋보였기에"라고 존슨은 쓰고 있다. "짧은 시간 안에 곧 극장을 찾아와 말에서 내리는 모든 사람들이 '윌 셰익스피어'를 찾게 되었다. 그리고 '윌 셰익스피어'만큼 믿고 말을 맡길 수 있는 마부는 그 어디에서도 찾아보기 힘들다는 평을 들었다. 이것은 그의 운이 트이기 시작한 서막이었다." 주차 요원들의 수호성인이 된 셰익스피어를 상상하는 것은 매력적이지만, 최근 2세기 동안 이 이야기를 진지하게 받아들인 전기 작가는 몇 되지 않는다. 이 이야기의 부분적인 문제점은, 고문서학자들이 밝혀낸 바에 따르면 셰익스피어의 가족이 아버지가 재정적 쇠퇴를 겪은 시기에도 친지들과 친구들로 이루어진 인간관계의 조직망을 계속 유지했으며, 그의 아버지도 결코 돈 한 푼도 쥐지 못한 극빈에 처한 적이 없었다는 점에 있다. 그러므로 고향을 떠나온 혈혈단신의 젊은이가 철저한 빈곤과 고독에 시달리며 극장 문 앞에서 말을 지키는 모습은, 사실상 상상하기 어렵다.

사슴 밀렵 이야기도 마찬가지인데, 17세기 후반까지는 네 종류나 되는 서로 다른 형태의 이야기가 돌았지만 아무래도 최근의 전기 연구자들은 이러한 회의적 관점에서 살핀다. 첫째로, 토머스 루시 경은 해당 시기에 찰코트에 사슴 장원을 두고 있지 않았다. 그리고, 이 시기에 채찍질은 밀렵에 대한 적법한 처벌이 아니었다. 한편 셰익스피어가 밀렵을 하다 잡혔을 그 시기에 루시 경은 울타리로 가로막힌 장원은 아니어도, 토끼와 다른 사냥감, 어쩌면 사슴도 포함되었을 수 있는, 동물의 번식장 및 사육장으로 쓰이는 폐쇄형 사유지는 가지고 있었다. 그리고 그는 분명히 자신의 재산권을 행사하는 일에 무관심하지 않았다. 그는 사냥감을 보호하고 밀렵꾼들을 감시할 목적으로 관리인들을 고용했고, 1584년에 국회에 밀렵 금지 법안을 제출하기도 했다. 채찍질에 대해서는, 법적으로 정당한 체벌은 아니었을지 몰라도 지역의 치안을 유지하는 입장에서 이 젊은 악동을 한번 단단히 혼쭐내 줘야겠다고 생각했을 수 있다. 특히 밀렵꾼과 그의 부모가 어쩌면 몰래 구교 신앙을 갖고 있는 반종교 분자인지도 모르는 상황에서는 더더욱 말이다. 지역의 치안 판사로서 토머스 루시 경이, 스스로 사건의 피해자 입장에서 동시에 판결을 내리는 주체가 된다는 것은 틀림없이 부적절한 일이었겠으나, 지역의 거물 유지들이 항상 법령을 그대로 준수하며 그 범위 안에 머무른다거나 혹은 이해관계가 겹치면서 생겨날 수 있는 갈등의 요소들을 모두 사전에 주의 깊게 피했을 것이라고 생각한다면 그것은 지나치게 순진한 발상일 것이다. 어쨌든 이 이야기들은 셰익스피어 본인이 받은 부당한 대접의 인지에 대해 언급하고 있다. 즉, 그는 자신이 저지른 일로 인해 받을 거라고 느꼈던 처벌의 정도보다 훨씬 가혹한 취급을 받았던 것이다.

그렇다면 문제는, 실제 남겨진 증거 자체보다도 이 사건이 가져온 상상력의 파급, 셰익스피어의 인생과 작품에서 이 일이 어떤 중요한 요소들과 이어져 있는가 하는 것이다. 그가 받은 특정한 처벌은 이제 큰 의미를 갖고 있지 않으며, 이를 둘러싼 일화 역시 전기 연구자들의 관심으로부터 조금씩 멀어져 가고 있다. 하지만 셰익스피어의 시대와 18세기로 접어드는 시기에 사슴 밀렵이라는 것은 특별한 사회적 울림을 가진 행위였다. 따라서 이 행위의 의미에 대해 좀 더 생각해 보는 것은, 젊은 셰익스피어가 스트랫퍼드를 떠나게 만든 일련의 사건들의 인과 관계를 다시 꿰맞춰 보는 데 강력한 도구가 될 수 있다.

엘리자베스 시대에 사슴 밀렵은 굶주림과 관련되어 있지 않았다. 그것은 절박함이 아니라 위험을 둘러싼 도박과 관련이 있었다. 옥스퍼드의 학생들이 이 무모한 장난질로 유명했다. 우선 그것은 대담함을 겨루는 승부였다. 강력한 실권을 가진 사람의 땅에 몰래 침입해서, 커다란 들짐승을 죽이고, 그 지역을 계속해서 순찰하는 경비대에게 걸리는 일 없이 성공적으로 그 짐승을 끌고 나오려면 실질적인 기술은 물론이고 대담한 용기가 필요했다. "아니, 그대는 가끔 암사슴을 때려눕힌 적도 없단 말이오?" 셰익스피어의 초기극에서는 누군가 이렇게 묻는다. "그리고 감시자가 지켜보는 코 아래로 그것을 몰래 깔끔히 밀어 온 적도?"(『타이터스 앤드러니커스』, 2.1.93-94) 그것은 위정자의 사유 재산에 가해지는 기술적 공격이었으며, 사회 계층 구조에 대한 상징적 위법 행위였고, 권위에 대한 도전 정신을 보여 주는 행동이었다. 그 도전은 일정한 분계선 내에서 이루어져야 했다. 이 승부에 참여하기 위해서는 수완이 좋아야 했으며 그 한계에 대해서도 잘 알아야 했다. 어쨌든 도전자가 경비대를 때려눕히는 일은 없어야 했다. ─ 그랬다간 절도가 목적이었던 경범죄가 자칫 살인 미수라는 중범죄로 변해 버릴 터였다. ─ 그리고 도전자는 잡혀서는 안 되었다. 사슴 밀렵은 사냥과 도살의 쾌락을 주었지만 잠행과 속임수의 재미를 주기도 했으며, 이는 얼마나 잡히지 않고 오래 버틸 수 있는지 그리고 어떻게든 위기 상황을 모면하여 용케 빠져나갈 수 있는지를 겨루는 승부였다.

셰익스피어는 극작가로서의 경력을 쌓아 오면서 위대한 밀렵꾼의 면모를 보여 왔다. 그는 다른 이들이 미리 점거한 영역에 솜씨 좋게 잠입하여, 원하는 것들을 재빠르게 채취하고, 감시자가 지켜보는 와중에도 그의 코 밑으로 자신이 획득한 포상품을 안고 유유히 빠져나왔다. 그는 상류층의 문화나 음악이나 몸짓이나 언어들을 장악하여 자신의 지적 재산으로 만드는 일에 특히 능숙했다. 이것은 물론 은유일 뿐이다. 젊은 윌이 실제로 밀렵에 연루되었다는 증거는 찾아볼 수 없으니까. 우리가 아는 것은, 그리고 애초에 이 일화를 전설처럼 맴돌게 만들었던 사람들이 알았던 것은, 그가 권위에 대해 복잡한 태도를 지니고 있었다는 점이다. 사회적 권위 앞에서 그는 일견 교묘하고 사근사근하며 순종적이나, 미세하게 도전적이기도 했다. 그는 권위에 대해서 충격적일 만큼 신랄한 비판을 할 수 있었고, 권위가 내포하는 거짓말과 위선과 왜곡을 간파했다. 그는 세속적 힘을 가진 자들이 그들 자신을 위해 세운 그 모든 주장과 입장을 사실상 무너뜨리기 일쑤였다. 하지만 그러면서도 그는 태평했고, 유머가 넘쳤으며, 부담 없을 만큼 간접적이었고, 미안해하는 듯한 모습을 보이기까지 했다. 권위에 대한 이렇듯 복잡한 감각이 그에게 단순히 내재되어 있었던 게 아니라면, 만일 그가 어떤 일을 계기로 이런 관점을 갖도록 배웠던 것이라면, 이러한 배움을 만들어 낸 경험은 곧 그가 살았던 지역에 있는 주된 권위자들과의 불쾌한 접촉으로부터 나왔을 가능성이 있다.

세간에 떠도는 모든 일화에서는 공통적으로, 무언가 일이 잘못된 방향으로 틀어진다. 셰익스피어는 붙잡혔고 자신이 적당하다고 느끼는 수준보다 가혹한 처벌을 받았다.(그리고 이는 아마 법적으로 허락되는 범위를 벗어났을 것이다.) 그가 신랄한 발라드를 지어 이에 대응했다고 전해지는데, 이 발라드의 모든 버전은 예상대로 그저 그런 수준이며 그 어떤 판본도 셰익스피어의 실제 시구들에 버금갈 만큼 시적인 흥미나 신뢰성을 주지 않는다. 오히려 흥미로운 것은 "어떤 이가 잘못 말하듯, 누추하게 시든 것이 루시라면/ 그러면 그 어떤 일이 벌어지든 루시는 누차 시들지." 등 셰익스피어가 루시 경의 성격이나 아내의 정절을 공격하는 내용으로 모욕적인 글을 써서 이 가혹한 대접에 대응했다는 의견이다.

현대의 전기 작가들은 대체로 이 발라드에 회의적인데, 그 이유는 일단 셰익스피어가 이런 일을 벌일 만한 사람이 아니었다고 믿었기 때문이며 루시 경 역시 이렇게 공개적인 중상을 당하기에는 너무나 강력한 권력자이자 사람들의 존경을 받는 인물이었기 때문이다. "대중적으로는 두려움과 존경의 대상이었던 토머스 경은, 그의 내정을 처리함에 있어 불친절한 모습을 보이지 않아 왔다."라고 셰익스피어의 전기 작가들 중 가장 정감 있고 훌륭한 연구자였던 새뮤얼 숀바움(Samuel Schoenbaum)은 이야기한다. "그는 정직한 부인과 역경에 빠진 하인에게 추천서를 써 준 적도 있었다." 하지만 17세기 후반에 이 일화를 이야기하기 시작한 호사가들은 그 세계를 더 통찰력 있게 이해했는지도 모른다. 그들은 루시 경 같은 위치에 있는 사람이라면 겉으로 보이는 친절한 온정과 공인다운 공공심을 — 찰코트를 방문한 여왕을 접대하고, 일련의 배우들을 본인 소속의 극단에 고용하고, 흑사병이 도는 시절에는 대담하고 결단력 있게 행동하는 — 그 뒤에 감추어진 무자비한 폭력성과 혼합할 수 있다는 것을 깨달았다. 그들은 어떤 형식으로든 그러한 권위를 가진 사람의 명예를 실추시키는 글을 쓴다는 것이 매우 위험하다는 것을 알았다. 그것은 "스캔달리움 마그네이텀(*scandalium magnatum*)", 즉 공무 집행관 비방 혐의로 체포될 수 있는 일이었다. 동시에 그러한 글쓰기는 권력을 갖지 못한 자의 주된 무기이기도 했다. 어쨌든 그들은 무언가 셰익스피어를 스트랫퍼드 밖으로 뛰쳐나가게 만든 심각한 사건이 발생했다고 믿었는데, 그것은 셰익스피어 자신의 시적 환상과 연기 기술 이상의 어떤 것 또는 그가 결혼 생활에서 느낀 불만 이상의 것, 그리고 그 일대 지역에서 경제적 수입을 얻을 수 있는 기회를 제한당한 일 이상의 심각하고 중대성을 갖는 요인일 것이라고 생각했다.

바꿔 말하면, 그들은 셰익스피어가 단순히 새로운 기회를 잡으려는 차원에서 런던을 배회했으리라고는 생각하지 않았다는 것이다. 그가 사양길에 접어든 아버지의 사업을 이미 돕고 있었든, 법률 사무실의 가난한 공증 사무원(때때로 '서기보'라 불리는)으로 일했든, 아니면 학생들에게 기초 라틴어 문법을 가르치고 있었든, 그들은 어떤 충격적인 계기가 없었다면 셰익스피어가 자기 앞에 준비된 틀에 박힌 생활을 지속해 갔으리라고 믿었다. 가족 소유의 땅은 저당잡혀 있고, 그의 교육 과정은 끝이 났고, 특별한 전문 직업도 없고, 아내와 세 아이들을 부양해야 하는 상황에서, 그는 벌써 그 틀에 박힌 생활에 반쯤 파묻혀 가기 시작했다. 소문을 만들어 내기 좋아하는 사람들은, 그를 고향에서 몰아낸 주된 요인이 권력자와의 갈등일 것이라는 납득이 갈 만한 무엇인가를 듣게 되었고, 그 문제의 권위자는 바로 토머스 루시 경이라고도 했다. 그들은 또한 셰익스피어가 썼던 어떤 글이 이 갈등의 주된 요소로 들어가 있다고 생각했다.

초기 전기 작가들은 실종된 풍자시의 존재를 찾아 나섰을 뿐만 아니라, 초창기 시절 이 성난 치안 판사와 대면한 경험이 녹아 있는 자취를 찾아 출간된 셰익스피어의 작품을 샅샅이 살폈다. 수세기 전에 로와 데이비스는 모두『윈저의 즐거운 부인들』의 시작 장면을 지적하는데, 여기서 셰익스피어는 거만한 저스티스 셜로(Justice Shallow)라는 인물을 등장시키며, 폴스타프가 그의 사슴을 죽였다고 불평하면서 그를 성실청에 고소하겠다고 협박하는 모습으로 그려 내고 있다. 셜로는 그의 위엄을 거푸 강조하는데, 그의 조카 슬렌더가 말하듯이, 그는 "신사로 태어났으며," "그 어떤 청구서나 보증서나 채무 탕감서나 각서에도 자기 자신을 일컬어 '문장 보유자(Armigero)'라고 서명하는" 인물이다. "그래, 난 그렇다네, 그리고 300년 동안 내리 이렇게 해왔지."(1.1.7-11) 가문의 문장을 보유하고 있는 사람이라는 의미로 라틴어를 흉내 내어 붙인 이름인 '문장 보유자'를 계속해서 반복적으로 말하면서, 셜로의 자부심이 확고히 드러나는 지점이 바로 관객의 웃음을 자아낸다. 이 조소는, 자신들의 출생 혈통을 과도하게 자랑하며 그들이 천부적으로 상속받은 위치와 그저 벼락출세한 것에 불과한 신흥 일족의 위치를 철저히 구분하고자 애쓰는 상류층 전반을 대상으로 퍼져 나간다.(이 시기에 일부 사람들은 최소한 3대에 걸쳐 가문 문장을 보유한 경력이 있어야 진정한 문장 보유자의 신분으로서 확실히 인정받을 수 있다고 주장했다.) 하지만 로와 데이비스는 셜로가 사슴 밀렵을 계기로 월에게 가혹한 처벌을 내렸던 토머스 루시 경을 비웃기 위해 의도적으로 만들어진 인물이라고 본다.

뒤이어 루시 가의 문장에 나타나는 창꼬치(luce)라는 물고기에 대한 농담들이 정신없이 이어지면서, 셜로가 루시를 반영하고 있다는 주장에는 확실히 신빙성이 더해졌다. 그 자신을 '문장 보유자'라고 서명하는 사람이 셜로만은 아니라고 슬렌더는 덧붙인다. "그보다 앞선 모든 후계자들이 그렇게 했고, 그의 뒤를 따르는 조상들도 그렇게 할 것이다. 그들은 문장에 열두 마리의 흰색 창꼬치를 더할 거야." (1.1.12-14) 그리고 이어지는 대화는 지금에 와서는 그 의미를 거의 알 수 없고, — 현대 공연에서는 대부분 생략되는 부분이다. — 심지어 셰익스피어의 시대에도 그 의미를 짐작하기가 쉽지 않았을 것이다. 그것은 휴 에번스 경에 의해 의도치 않게 생성되는 동음이의어를 둘러싼 말장난 부분인데, 에번스 경은 웨일스인이라 '창꼬치(luces)'를 '머릿니(louses)'라고 발음하며 '문장(coat)'을 '대구(cod)'라고 발음하는데, 이는 엘리자베스 시대에 '음낭'을 가리키는 속어였다. 같은 연극의 교실 장면에서처럼, 외설적인 농담이 존경의 표현 속에 함께 휘갈겨진다. 이 대화는 완벽하게 순수함을 가장하면서, 문장 보유자의 신분인 루시를 깎아내리기 위한 장면이었던 것이다.

하지만 이것이 맞다면, 한때 그를 위법 또는 여타의 이유로 창피를 주고 박해했던 어느 자만심 높은 사람에게 셰익스피어가 상징적인 복수를 한 것이었다면, 그렇다면 이 복수는 너무나 고요하고, 지연되고, 반쯤 숨겨진 형태에 지나지 않는다. 『윈저의 즐거운 부인들』

은 1597년에서 1598년 사이에 쓰였는데, 셰익스피어가 스트랫퍼드에서 빠져나온 계기가 되었을 사건으로부터 최소 10년은 지난 시점이다. 오히려 실제 이 사건들과 더욱 가까운 시기에는 마치 자신을 박해한 사람을 달래기라도 하듯, 초기 연극 중 하나인 『헨리 6세』 1부에서, 루시의 조상이 되는 윌리엄 루시 경을 꽤 호감이 가는 인물로 묘사하기도 했다.

'문장 보유자'를 두고 쓴 풍자는 난폭하지도 신랄하지도 않았다. 그것은 풍자로 인해 고통을 받을 수 있는 심리적 상처가 이미 아물어 안전하게 닫힌 사람들에게 보내는 잔잔한 놀림의 웃음에 가까웠다. 그리고 그것은 연극의 환상적인 테두리 바깥에서 그 실제 비유 대상을 찾아보도록 강요하는 웃음이 아니었다. 이 연극을 보면서 워릭셔의 실제 권력을 암시하는 특징을 눈치챌 수 있는 관객은 몇 명 없었을 것이다. 만일 루시를 겨냥하는 의도가 최소한 있기라도 했다면, 그것은 순전히 극작가 본인과 몇 명의 지인들만을 위한 내부적 농담에 머물렀다. 그리고 그 자신의 문장을 자랑스러워하는 사람을 두고 조롱하면서, 극작가는 또한 자신에게 이 비웃음을 조용히 돌리는 셈이었다. 『윈저의 즐거운 부인들』은 셰익스피어 본인이, 신사 신분을 얻기 위해 일전에 아버지가 접수했던 신청서 갱신에 성공하여 이제 막 그 자신도 '문장 보유자'라고 선언할 수 있게 된 시점에 쓰였기 때문이다. 어쩌면 다른 것보다도 본인이 문장을 소유하게 된 이 사건을 통해서, 루시를 떠올리며 그를 조롱하는 장면을 썼을 수 있고, 또 동시에 그 자신도 자신의 사회적 욕구로부터 분리해서 바라볼 수 있게 하는 계기가 되었을지도 모른다.

셰익스피어는 이중 의식의 대가였다. 그는 가문의 문장 발행에 돈을 쓰면서도 그러한 요청에 내포되어 있는 허세욕을 조롱했고, 부동산에 투자를 하면서도 『햄릿』에서는 자신의 모습과 똑같은 사업가에게 조소를 보냈으며, 인생과 가장 깊은 에너지를 극장에 쏟아부었으면서도 동시에 극장을 비웃고 그 자신을 무대 위의 구경거리로 삼아 온 것을 후회했다. 셰익스피어는 그가 접한 모든 단어들, 그가 만난 모든 사람들, 그가 겪은 인생의 모든 경험을 계속해서 재활용한 것처럼 보이지만 — 그렇지 않고서야 그의 작품이 갖는 엄청난 풍부함을 설명할 길이 없다. — 동시에 그는 타인의 관점으로부터 자신을 숨기고, 자신의 약점을 차단하고 특정한 누군가와 친밀한 관계를 맺는 것을 영영 포기했다. 그리고 토머스 루시와의 사이에서 벌어진 사건의 경우, 그는 1590년 후반에 이처럼 가벼운 대중의 웃음을 자아내는 장면을 쓰면서 그 속에 한때 그를 사로잡았던 강력한 공포의 흔적을 깊이 묻어 놓은 것인지도 모른다.

런던으로 와서 배우 겸 극작가로 자리 잡은 후에도, 셰익스피어는 젊은 시절에 워릭셔의 유력한 거물과 충돌한 적이 있었다는 사실을 완전히 숨길 수 없었을지 모른다. 하지만 무엇 때문에 짐을 싸서 야반도주를 했든, 그는 그 경험에서 불쾌한 부분들을 도려내고 새롭게 재구성해야 할 이유를 충분히 가지고 있었다. 토머스 루시의 사슴 장원 전설에는, 사슴 밀렵이라는 일화가 실제로 일어난 사건이었는가의 여부를 떠나 그 일화의 일면으로 상징되고 또 가려지게 된 더 심각한 문제가 감추어져 있을지도 모른다. 『윈저의 즐거운 부인들』에서 단서들을 흘려보내기 오래전에, 셰익스피어는 고향 스트랫퍼드를 떠나온 것을 설명하는 사적인 대화 속에서 조금 우스운 요소가 가미된 불운의 사고 이야기를 했을 수도 있다. 그 이야기는 편리한 가림막 역할을 해 주었을 것이며, 최소한 약간의 사실적 요소만 기반했더라도 훨씬 편리하게 맞아 들어갔을 것이다. 그것은 루시 경에게 할애된 어떤 역할이 있다고 말해 주지만, 그 역할은 저스티스 셜로처럼 미약한 불안감을 주는 인물로 패러디되는 정도에 그치고 만다. 그 이야기 속에 나오는 셰익스피어에게 문제가 발생했지만, 거센 박해보다는 옥스퍼드 학생들에게 그렇듯이 짐짓 못 본 체 넘어가 줄 수 있는 종류의 문제가 발생한 것처럼 인식되고 있다. 사실상 루시 경이 가했던 더 심각한 위협은 자신의 사냥감을 지키는 재산 수호자로서보다는 도처에 숨어 있는 구교도들과 그 신앙에 대한 끈질긴 탄압자의 역할에서 오는 것이었다. 하지만 이 부분은 살며시 지워졌으며, 셰익스피어의 이야기 속에서 고향 스트랫퍼드는 평화로운 색채를 띤 나른한 시골 마을로 남아 있었다.

실제 1580년대 스트랫퍼드의 일상은, 다른 곳이 다 그랬듯이 평화와는 거리가 멀었다. 캠피언과 다른 예수회 선교사들의 체포, 재판, 그리고 처형은 결코 영국의 종교 갈등을 해결해 주지 못했다. 이것은 국제적인 책략과 위대한 인물들의 야망으로 마무리될 일이 아니었다. 순교의 환상에 전혀 감동을 받지 못했더라도, 시골 마을의 일상을 살아가는 평범한 가장의 삶에 빠져들었더라도, 셰익스피어 역시 종교적 믿음에 대해 아무런 의문을 떠올리지 않으면서 살아갈 수는 없었다. 그 시대에는 생각이 있는 사람이면 누구라도 그랬을 것이다.

영국의 많은 남자들과 여자들은 — 급진적인 개신교도가 조금 더 많았으나, 그에 못지않게 가톨릭교도의 수도 많았다. — 국가의 종교적 합의 상태에 대해 만족하지 못했고, 자신들이 원하는 방식대로 예배를 할 수 없다고 느꼈다. 셰익스피어도 당연히 그러한 사람들에 대해 알았는데, 바로 그들 중 일부가 자신의 가족 구성원이었기 때문이다. 남들에 비해 좀 더 독실한 신자들의 경우에는 이러한 경험이 상당한 고통과 불안을 안겨 주었을 것이다. 그들은 자신과 친지와 동료 국민의 구원이 올바른 예배 형태와 또 그것을 통해 표출되는 믿음에 달려 있다고 믿었다. 바로 이러한 이유로, 예를 들면 젊은 워릭셔의 신사였던 에드스턴의 존 서머빌(John Somerville of Edstone)은, 1583년 여름 장인의 영지 저택에서 곁에 있던 정원사와 아주 오랜 시간 집중적으로 대화를 나누었던 것이다. 이들의 대화 내용은 꽃에 관한 것이 아니었다. 정원사의 복식을 입고 있던 남자는 휴 홀(Hugh Hall)이라는 가톨릭 사제로, 그의 장인에게서 은신처를 제공받고 있었다.

이 시점에서 윌 셰익스피어는 사실상 아무도 개의치 않는 무명의 존재였다. 기울어 가는 장갑 장수네 집의 익살쟁이 아들 정도랄까? 반면 존 서머빌은 옥스퍼드에서 교육받았고 부자에 명문가 출신이었으며, 인맥도 있었다. 하지만 워릭셔 출신의 이 두 젊은이 사이에는 멀게나마 인척 관계가 존재할 가능성도 있었다. 서머빌은 파크 홀의 에드워드 아덴의 딸과 결혼했는데, 에드워드는 가족의 수장이었으니 아마 셰익스피어의 어머니인 메리 아덴과 먼 친척 관계였을 것이다. 그리고 이 먼 사촌들은 둘 다 어린 시절부터, 영국을 옛 신앙으로 되살리고 싶어 하는 동일한 바람을 주입받으면서 자라 왔을 수 있다.

하지만 윌이 이 바람으로부터 멀어졌던 것과 달리, 존 서머빌은 점점 더 가까이 그리고 더욱 위험하게 그 바람이 갖는 힘에 이끌리고 있었다. 휴 홀 사제 — 검사의 기록에 따르면, 홀과 서머빌의 재판에서 밝혀진 내용이다. — 는 그에게 영국 가톨릭교회가 처한 역경에 대해 말을 건넸고, 추문 탓에 부당한 대접을 받고 쫓겨난 아름다운 스코틀랜드의 여왕 메리와 그녀에게 걸린 희망에 대해 이야기했다. 그리고 헨리 8세의 사생아로 태어난 딸이자 로마 교황으로부터 파문당한 엘리자베스 여왕의 윤리적 결함에 대해서도 설득했다. 그는 여왕이 총애하는 로버트 더들리와 그녀 사이에 도는 외설스러운 소문 몇 가지를 예시로 들었으며, 분명히 교황께서는 그녀에게 복종할 신민의 의무로부터 모든 영국인들을 자유롭게 풀어 주셨다는 사실을 이 젊은이에게 깨우쳐 주었고, 최근 스페인 가톨릭교회에서 개신교도인 오렌지 공(Prince Orange)의 암살을 기도했다는 것을 시인하기도 했다.

같은 시기에, 아마 우연의 일치로 서머빌의 누이가 그에게 스페인 수사 루이스 데 그라나다(Luis de Granada)가 쓴 『기도와 명상에 대하여(Of Prayer and Meditation)』라는 책의 영역본 한 권을 건네주었다. 1582년 파리에서 인쇄된 이 책은 번역자 리처드 해리스(Richard Harris)의 편지로 시작하는데, 영국에서 일어나고 있는 종파 분립과 이단, 신앙에 대한 배신, 그리고 무신론 현상을 안타까워하며 통탄하는 내용이었다. 해리스는 이 악의 증가가 세상이 종말에 가까워지고 있음을 보여 주는 어둠의 전조라고 주장했고, 사탄이 마지막 승리를 거두기 위해 미친 듯이 날뛰고 있다고 썼다. 그는 특히 젊은 귀족들과 신사들을 겨냥하여, "불분명한 혈통과 낮은 계급에 속한 이들에 비해서, 고결한 계층에 속한 그대들이야말로 선한 미덕으로 향할 수 있는 얼마나 위대한 성향을 가지고 태어났는지를 기억할" 의무가 있다고 썼다.

서머빌은 깊은 감동을 받았다. 이 책은 그 젊은이가 어떤 절박한 다짐을 하기까지 그를 잔뜩 밀어붙이고야 만 것 같았다. 그는 혼자 몸으로라도 이 나라를 위해서, 국왕의 자리에 앉아 있는 그 독사를 제거하기로 마음먹었다. 1583년 10월 24일, 곧 돌려보낼 하인 하나만 데리고 그는 아내와 어린 두 딸의 곁을 떠나 런던으로 향했다. 하지만 그는 그리 멀리까지 가지 못했다. 밤을 보내기 위해 6킬로미터 정도 떨어진 여관에 묵었는데, 거기서 혼잣말로 여왕에게 총을 쏠 것이라 외치는 소리를 다른 사람이 듣고 말았다. 그는 즉시 신고당해서 체포되었으며, 며칠이 지난 후엔 런던탑에서 심문을 받는 처지가 되었다.

당국 관계자들은 이 젊은이가 정신 착란 상태에 있다는 것을 분명히 깨달았다. 하지만 내심 구교도들에게 원한을 갚는 본보기로 삼으려고 그의 위험한 협박의 말들을 짐짓 심각하게 받아들이면서, 즉시 그의 아내와 누이와 장인, 장모, 휴 홀 사제 그리고 기타 다른 이들까지 모두 잡아들였다. 반역자로서 유죄를 선고받고, 서머빌과 그의 장인은 사형을 선고받았다. 젊은이는 사형 집행일 바로 전날에 감방에서 스스로 목을 매다는 데 성공했지만, 그럼에도 당국 관계자들은 경고의 의미로 그의 시신을 끌어와 머리를 참수했다. 에드워드 아덴은 사실 독실한 가톨릭 신앙을 가지고 있었다는 것과 어쩌다 광증이 있는 사위를 맞은 것 말고는 달리 죄라고 할 만한 것이 없었지만, 국가 반역자로서 소름 끼치는 처형을 받고 형장의 이슬로 사라졌다. 그들의 절단 난 머리들은 꼬챙이에 꿰여 런던 다리 위에 전시되었다.

스트랫퍼드어폰에이번에서 윌은 끊임없이 전해져 오는 이 사건에 대한 이야기를 최소한 들은 적이 있을 것이다. 그리고 아덴과 먼 친척 관계라는 것이 그에게 어떤 의미로 다가왔다면 — 그리고 그가 결과적으로 셰익스피어 가문의 문장에다 아덴 가문의 상징물이 "꿰뚫고 있는" 장식을 넣으려고 했다는 사실은, 그가 아덴과 자신의 연관성을 충분히 인식하고 있었다는 것을 암시한다. — 분명히 이들이 처한 운명에 관심을 가졌을 것이다. 그는 예전에도 맞닥뜨린 적 있던 가톨릭 모의로부터 적절한 거리감을 둬 온 것에 대해 단순히 안도감을 느꼈을 수도 있다. 하지만 그보다는 더 복잡한 태도를 보여 주는 몇 가지 기묘한 단서들이 존재한다.

셰익스피어 역시 서머빌에게 치명적인 영향을 미치고 말았던 그 가톨릭 서책을 읽고 또 거기에 몰두했음이 분명하다. 무덤가에서 보이는 햄릿의 우울한 명상 뒤에는 ─ "그대는 알렉산더 대왕도 이와 같은 꼴로 땅속에 누워 있을 거라 생각해? …… 그리고 냄새도 이리 나고? 파하!"(5.1.182-85) ─ 아마도 루이스 데 그라나다의 무덤의 공포에 대한 명상이 자리 잡고 있었을 것이다. "살아 생전에는 왕자의 육체보다 더 귀히 대접받는 게 무엇인가? 그런데 죽고 나면 바로 그 육체처럼 경멸스럽고 불쾌하게 느껴지는 것이 또 무엇인가? 그러니 땅에다 7자나 8자 넓이로 구멍을 파도록 하라.(전 세계도 버텨 내기 어려웠던 알렉산더 대왕의 육체도 이 이상 크지는 않았을 것이므로.) 그러고 나면 그 작은 공간만으로도 그 육체는 만족하리라." 여기 나온 부분 외에도 많은 다른 부분의 반향들을 볼 때, 이 두 워릭셔 젊은이들이 그들의 성격과 운명은 그토록 달랐으나, 생전에 그들이 같은 문헌에서 유래한 문화적 참조 내역을 공유한 적이 있었음을 알 수 있다.

서머빌과 셰익스피어의 관련성에서 더욱 흥미로운 점은 공유된 책이 아니라 동일한 박해자다. 서머빌이 체포되고 난 후 그 일대를 싹 쓸어버린 지방의 주요 정부 요원은 ─ 의심이 가는 가톨릭교도의 가택들을 대상으로 체포와 수색, 하인들을 심문하느라 눈코 뜰 새 없이 바빠진 치안 판사 ─ 바로 토머스 루시 경이었다.

1532년에 태어난 루시는 그 지역에 오랫동안 상당한 영향력을 끼친 인물이었다. 열네 살의 나이에 부유한 상속녀와 결혼하여, 찰코트에다 대저택을 지었다. 1572년에는 엘리자베스 여왕 본인이 직접 행차하여 왕림하기도 한 바로 그곳에서 그는 (왕실에서 내린 선물들 중에 주의 깊게 골라 엮은 조합으로) 에나멜을 입힌 두 송이 데이지꽃 사이에 자리한 나비 장식으로 자신의 딸을 꾸며 여왕에게 알현시켰다. 루시의 장부에 기록된 내역을 보면 그는 40명의 하인을 고용했고, 한 무리의 배우들로 구성된 극단도 두었는데 이들은 코벤트리 지역 기록부에 "토머스 루시 경의 배우들"이라고 언급되었다.

루시는 개신교도로서 강력한 자질을 입증한 인물이었다. 소년 시절에는 잠시 존 폭스에게서 교육을 받았는데, 폭스는 교사 생활을 접고 나서 그 즉시 개혁파의 고전 『행위들과 기념비들(Acts and Monuments)』 혹은 폭스의 『순교자들의 책』으로 더 잘 알려진, 진정한 개신교에 봉사하다가 목숨을 바친 사람들의 역사를 기술했다. 모든 영국 교회들이 구매해야 했던 이 책은 최근 메리 튜더의 정권하에서 장작더미에 불타 숨진 거의 동시대 사람들에서부터 그들보다 앞선 선구자들까지, 말하자면 1417년 처형당했던 최초의 종교 개혁가 카범의 영주 존 올드캐슬 경(Sir John Oldcastle, Lord Cobham)까지 포함하고 있었다.

폭스가 찰코트에 가정 교사로 머무르던 기간은 이 영향력 있는 역사책이 아직 쓰이지도, 어쩌면 구상되지도 않은 시기였다. 하지만 그것의 바탕이 되는 깊은 신념 — 영국이 하느님의 선택을 받은 땅이며, 적그리스도와 그의 마귀 대리인인 로마 가톨릭교회를 상대로 일어난 묵시록적인 전투에서 본분을 다해 활약해야 한다는 믿음 — 은 이미 그 내면에 충분히 새겨져 있었고 그의 어린 제자에게도 강한 영향력을 주었던 것으로 보인다. 성장한 토머스 루시는 전국에서 가장 전투적인 개신교 도당의 열혈 요원이 되었다. 레스터 백작에게서 기사 작위를 받고 나서, 그는 국회에서도 잠시 업무를 보았는데, 거기서는 하인으로 가장하여 가택에 숨어 있는 사제들을 잡아내는 법안을 제창하여 두각을 나타냈으며, 보다 일반적으로는 종교 개혁의 이상에 대한 맹위를 떨침으로써 현저한 존재감을 드러냈다.

서머빌이 체포될 즈음에, 루시는 예수회 수사들의 활동을 눈치채고 이에 맞서 가톨릭 음모자들을 소탕하기 위해 설립되어 이제 막 힘을 얻기 시작한 위원단의 주요 인물이었다. 그는 위험한 사람이었다. 기만적이거나 악의적이라서 그런 게 아니라, 하느님의 뜻이라 여기는 것들을 집행하는 데 더없이 거칠고, 지독하게 완강하고, 무자비했기 때문이다. 그는 에드워드 아덴의 친척에게 특별한 관심을 기울였다. ― 정부의 관점에서는 이것을 가족 모의의 소행이라고 판단하는 것 같았다. ― 그리고 그는 존 셰익스피어의 아내 메리가 에드워드 아덴의 아내 메리와 친인척 관계라는 소문도 들었다. 존 셰익스피어는 그가 스트랫퍼드의 시장으로 있던 시기에 루시를 알았고 또 그가 어떤 능력을 가진 인물인지도 잘 이해하고 있었을 것이다. 만약 셰익스피어 가족들이 가톨릭 신앙에 대한 동질감을 남몰래 품고 있었다면, 이러한 상황은 그들에게 불안의 경종을 울렸다.

그 지역의 가톨릭 공동체들은 겁에 질렸고, 가지고 있던 이적물이나 종교 성물들을 서둘러 숨겼다. 추밀원 관장은 런던에 있는 상급자들에게 이렇게 썼다. "서머빌, 아덴, 사제 홀, 서머빌의 아내와 그의 누이 입에서 직접, 여러분께서 발견하길 원하는 것들이 어디에 있는지를 실토하게 하지 못하신다면, 여기에서 저희가 현재 발견한 것 이상의 것을 찾아내는 일은 불가능할 것입니다. 이 나라의 가톨릭교도들은 의심스러워 보이는 것들을 집에서 정리하는 데서 오는 이점을 얻고 있으니까요." 이 말은, 서류상으로 자세히 보고된 적이 거의 없으나 실제로는 충분히 자주 일어나던 상황의 한 장면을 언뜻 떠올리게 한다. 정부에서 보낸 요원들이 한시라도 빨리 수색을 시작하려고 안달하며 현관문을 두드릴 때, 집 안의 가톨릭교도들이 불법적 증거물들 — 묵주, 가족이 공유하던 십자가, 가장 좋아하는 성인의 그림 같은 것들 — 을 태우거나 묻으려고 바삐 서두르는 장면 말이다. 스트랫퍼드 헨리 스트리트의 셰익스피어 일가도 "의심스러운 것들"을 숨기느라 바빴을지 모른다.

그들의 두려움은 서머빌과 아덴의 죽음으로 끝나지 않았다. 1585년에 토머스 루시는 1년간의 국회 활동을 마치고 워릭셔로 돌아왔다. 그는 뽐낼 만한 새로운 업적을 가지고 있었는데, "예수회 수사들, 선교 사제들, 이와 유사한 다른 불복종자들"에게 불리한 법안을 통과시키는 데 일조한 것이다. 이 법안은 만장일치로 가결되었으나, 제3독회에서 윌리엄 패리(William Parry)라는 국회 의원이 일어나더니 "반역 행위를 오히려 음미하는 수단으로써 피비린내 나고, 위험성이 높고, 영국의 신민들에게 절망을 안겨 준다. 이 법안에 빼곡히 들어차 있는 벌금과 몰수형은 결국 여왕 폐하가 아닌 개인의 사리사욕을 채우는 데 쓰인다."라는 말로 탄핵했다. 그는 즉시 체포되었고 조사를 받았다. 패리가 여왕을 노리는 가톨릭 모의에 일부나마 연루되어 있을지도 모른다는 점이 애매하게 암시되자, 루시는 그를 반역자로서 처형하고자 하는 청원을 제출하는 데 가장 앞장섰다. 패리는 1585년 3월 2일 교수형에 처해졌고 할복당했다. 나라 안의 모든 목사들은 하느님께서 정해 주신 통치자인 엘리자베스 여왕을 암살하려는 시도를 저주하고, 사악한 반역자의 손길로부터 그녀가 무사히 탈출했음을 축하하는 내용의 설교를 하도록 지시받았다.

이러한 성공을 거둔 루시는 전에 없이 전투적이고 삼엄한 경계심을 드러냈다. 게다가 1580년대 중반은 어쨌든 여왕을 죽이고, 감옥에 갇힌 그녀의 가톨릭교도 이복 자매 메리, 즉 스코틀랜드 여왕을 왕좌에 앉히려는 음모와 관련한 이야기가 계속해서 흘러나오던 때라 투철한 경계심을 드러내는 것은 이해할 만한 일이었다. 추밀원의 관리들과 나라 전역에 이르는 수백 명의 개신교도들은, 엘리자베스가 암살당할 경우 왕좌에 대한 권리를 주장하며 일어나는 가톨릭 일당을 모조리 죽이고 말겠다는 맹세를 했다. 스페인의 필립 2세가 영국 해협을 건너 군대를 상륙시킬 수 있을 정도로 거대한 함대를 조직하고 있다는 암울한 소문이 돌았으며, 사람들은 이러한 외세의 침략이 영국 내 가톨릭 반역자들에 의해 사주된다고 믿었다. 셰익스피어가 루시와 충돌한 후 자리를 피하기로 결정한 것도 바로 이러한 극단적 긴장이 흐르던 시기였다.

1585년 2월에 그의 쌍둥이들이 태어난 것으로 봐서, 셰익스피어는 최소한 1584년 여름까지는 스트랫퍼드에 남아 있었던 것 같다. 하지만 그 후 얼마 지나지 않아 그는 아내와 아이들에게 등을 돌리고 런던으로 향했다. 이 탈출이 가능했던 것은 그에게 약간의 여유 자금이 들어왔기 때문인 걸로 보인다. 어쩌면 그는 북부에 체류하는 동안 만났던 로드스트레인지스멘 극단과 재회하여 그들과 새로 계약을 맺었을 수도 있고, 추가적으로 배우를 고용하는 또 다른 극단에 대해 전해 들었을 수도 있다. 얼오브레스터스멘 극단은 1584~1585년에 근처

코벤트리와 레스터에 있었고, 1586~1587년에는 스트랫퍼드어폰에 이번에 와 있었다. 얼오브에섹스멘 극단(Earl of Essex's Men)도 마찬가지였다. 1585~1586년에는 로드애드미럴스멘(Lord Admiral's Men) 극단이 코벤트리와 레스터에 있었고, 1586~1587년에는 다시 레스터에 있었다. 얼오브에섹스멘 극단도 이와 비슷한 여행 일정으로 이동했다.

최근에 와서 학자들이 가장 흥미롭게 살펴보는 가능성은 당대 영국에서 가장 선두에 있던 퀸스멘 극단이다. 퀸스멘은 1587년에 스트랫퍼드에 있었고 그들은 사람을 구하는 상태였다. 근처 마을 테임에서, 6월 13일 밤 9시에서 10시 사이에 주연 배우 중 하나인 윌리엄 넬(William Knell)이 동료 배우 존 타운(John Towne)과 취중 격투를 벌이다가 목숨을 잃고 만 것이다. 경험이 없는 셰익스피어가 당시 넬의 자리를 대신했을 가능성은 낮지만, 갑자기 배역들이 뒤바뀌면서 퀸스멘 극단에서 신인을 기용하는 자리가 생겼을 수 있다. 그리고 만약 이 극단이 셰익스피어가 경력을 시작한 곳이라면, 토머스 루시와의 사슴 밀렵 사건은 차치하더라도 그에게 남아 있는 가톨릭을 향한 충성이나 어떤 문제가 될 만한 요소들을 숨기는 일에 만전을 기했을 것이다. 학자들의 논의에 따르면 퀸스멘은 왕국 전역에 개신교를 선전하고 위기에 처한 왕국 전반에 왕정주의의 열정을 불어넣기 위한 목적으로 1583년에 조직된 극단이었기 때문이다.

이러한 극단들 중 어느 한 곳에서라도 그에게 전속 배우로서의 일자리를 제안했다면, 비록 보수는 형편없더라도 셰익스피어는 스트랫퍼드를 떠날 행운의 기회를 기꺼이 잡았을 것이다. 물론 아내와 어린 세 자녀는 그가 이렇게 떠나는 것을 행운으로 생각하지 않았겠지만 말이다. 설령 그가 가족에게 돈을 보내 주기로 하고 가능한 한 빨리 집으로 돌아올 것을 약속했다 하더라도, 그것은 분명 가족을 유기하는 것처럼 보였다. 이 유기의 의미 — 만약 가능하다면, 그 의미의 정당화 — 는 이 시점에는 분명하게 밝혀질 수 없다. 윤리적인 관점에서 보면, 만일 그가 자신이 뭘 하려는 것인지 돌이켜 볼 마음이 있었다면, 그는 현대의 어느 철학자가 폴 고갱이 자신의 예술을 추구하기 위해 가족을 버렸던 것을 떠올리면서 '도덕운(moral luck)'이라고 정의 내린 그 개념에 입각하여 자신의 도덕적 선택을 정당화할 수 있을 만큼의 행운이 따르기를 바랐을 것이다. 만약 셰익스피어가 자신에게 너무나 중요한 것이 있다고 느꼈으며 이를 실현하기 위해서는 가정적 의무로부터 벗어날 수밖에 없다고 생각했다면, 그는 실제로 자신이 뛰쳐나간 그 길에서 성공을 거둠으로써 자신의 행동이 정당화되기를 희망할 수밖에 없었을 것이다. 그는 장차 그에게 따라와 주길 희망하는 재정적 행운만큼이나, 윤리적 타당성 역시 필요로 하는 상태로 운명의 갈림길에 서 있었다.

셰익스피어가 어느 순회 극단에 배우로 고용되었다고 가정하더라도, 그 극단이 그 즉시 런던으로 향했을 가능성은 낮다. 예를 들어 1587년 6월에 그가 퀸스멘 극단에 들어갔다면, 그 극단은 중부 지역을 계속해서 돌아다니며 일반 마을과, 친절한 귀족들의 집에 들러 공연을 펼쳤을 것이다. 그해 여름 8월경에, 극단 또는 그 일부가 — 퀸스멘 극단은 종종 순회용 분파들로 갈라졌으므로 — 남동쪽으로 향했고, 만약 그가 그곳에 있었다면 그때 그 젊은이는 처음으로 도버의 백악질 절벽들을 일별하는 기회를 얻었을 것이다.(이는 나중에 『리어 왕』에서 너무도 강렬하게 묘사된다.) 그 이후에 극단은 하이스(Hythe)나

캔터베리 같은 지역을 지나 수도로 향했다. 그러한 여정은 셰익스피어가 자신의 기술을 다듬을 수 있는 편안하고 익숙한 시골 환경을 만들어 주었을 것이다. 댄스 스텝을 몇 가지 배우고, 의상을 빠르게 갈아입는 요령을 익히고, 군중이나 전쟁 장면에서 인원수를 부풀려 보이게 하는 기술을 배우고, 그리고 공연 목록들에 슬슬 친숙해지기 시작하는 과정을 거치게 되었다. 그는 모든 것들을 빠르게 배워야 했다. 뛰어난 기억력과 비범한 즉흥 연기의 소질을 보유하지 않은 사람은 그 누구도 엘리자베스 극장가의 경쟁적인 세계에서 살아남을 수 없었다. 그의 작품은 그가 낯선 세계에 빠져들어 그들의 복잡한 질서를 익히고, 거의 눈깜짝할 사이에 환경에 완벽히 적응하여 편안함을 얻는 일에 매우 독특한 재능을 가지고 있었음을 보여 준다. 그렇다 해도, 이제 막 업계에 뛰어든 초보자가 아니라 무대에서 닳고 닳은 노련한 배우라 해도, 런던이 점점 가까워질수록 그곳에 온통 신경을 곤두서게 하는 대도시의 에너지가 들끓고 있음은 분명히 느꼈을 것이다.

런던은 신출내기들의 도시였다. 해마다 전국에서 새로 도착한 사람들이 물밀듯이 밀려들어 왔다. 보통 10대 후반과 20대 초반인 이들은 일자리를 구하기 위해서, 부와 권력이 장관을 이루는 풍경을 보기 위해서, 비범한 운명의 꿈을 실현시키기 위해서 그곳으로 몰려왔으며, 대부분은 때이른 죽음이라는 운명을 맞았다. 전염병을 옮기는 쥐들이 득실거리고, 인구수는 포화 상태에 이르고, 오염된 환경에서 화재와 폭동이 일어나기도 쉬운 곳이었던 런던은 놀랍도록 위험하고 비위생적인 도시였다. 이런 위험 요소들이 비교적 평이한 수준에 머무르는 경우에도 ― 이 역시 우리 자신의 기준으로 보면 소름 끼치게 높겠지만 ― 한 번씩 역병이 돌면 일대 지역은 온통 황폐화되었다.

그중에서도 최악은 흑사병이었는데, 이 병은 도시를 계속해서 휩쓸고 또 휩쓸며 공포를 퍼뜨리고, 온 가족을 몰살하며, 이웃들을 전멸시켰다. 역병이 덮치지 않은 해에도, 런던 교구 기록 대장에 기록된 사망자 수는 항상 출생 신고자의 수를 초과했다. 그럼에도 런던은 겉보기엔 거부할 수 없는 유혹을 주는 공간으로 계속해서 성장해 나갔다.

급증하는 서민 인구는 무리를 지어서 템스 강 남쪽의 작은 지역 내에서 살고 일했으며, 또 1400년쯤 전에 로마인들이 지었던 높은 총안벽 안쪽 지역에도 자리를 잡았다. 이 벽은 여러 개의 대문으로 이어지고 있었는데, 그 이름들은 — 루드게이트(Ludgate), 알게이트(Aldgate), 크리플게이트(Cripplegate), 무어게이트(Moorgate) — 구조물 자체가 사라진 지 오래인 오늘날까지도 여전히 런던 거주자들에게 낯설지 않게 다가온다. 셰익스피어 시대에는, 아무래도 손상이 덜 된 상태였겠지만 그때도 벽은 이미 퇴색하고 있었다. 16세기 초반까지도 부주의한 말이나 사람들을 익사시킬 정도로 깊었던 오래되고 넓은 해자들이 채워지고 있었고, 새로운 땅들이 목공소나, 정원터나, 다양하게 과금되는 연립 주택으로 임대되어 나가고 있었으니, 동시대의 관찰자가 쓴 바에 따르면 "도시의 경계를 이루는 벽은 감춰져 있었다."

벽으로 둘러싸인 도시의 동쪽 가장자리에는 정복왕 윌리엄 1세가 시축한 거대하고 음울한 런던탑이 표식처럼 솟아 있었다. 서쪽에는 세인트폴 성당이 있었는데 유럽에서 가장 길고 규모가 큰 신도석 회랑을 자랑하는 건축물이었다. 템스 강의 북쪽 제방을 따라 템스 강으로 더 가다 보면 거대한 저택들이 연속해서 보이는데, 이전에는 런던에 거주하는 고위 추기경들이 머무르는 곳이었으나 종교 개혁의 흐름에 따라서 이제는 권력을 가진 귀족이나 왕실의 총애를 받는 이들이 거주하는 곳이 되었다. 예를 들어 성공적인 출세 가도를 달리던 월터 랠리 경은 한때 더럼의 주교들이 공판을 열던 저택에서 손님을 접대했고, 사우샘프턴 백작(Earl of Southampton)은 그 이전에 바스와 웰스의 대주교들이 지내던 대저택에서 살았다. 이 저택들을 채운 각 거주자들은 강둑을 끼고 저마다 사유 계선장을 갖고 있었는데, 부유한 주인과 예복을 갖춰 입은 수행원들은 강을 따라 노를 저어서 화이트홀에 있는 왕궁까지 이르러서 여왕을 알현하거나, 혹은 가까이에 있는 국회에 참석할 수도 있었다. 만약 그들에게 불운이 닥친다면, 역시 이 수로를 따라 강 하구로 노를 저어 런던탑으로 이송될 수 있었으며, 거기서 비탄과 전율에 사로잡힌 채 반역자의 대문(Traitor's Gate)으로 들어가게 될 것이었다.

좁은 지역에 빼곡히 들어선 조그만 공장들, 조선소들, 창고들이 있었고, 거대한 식료품 시장들, 양조장들, 인쇄소들, 병원들, 고아원들, 법률 학교들, 조합 집회소들이 있었고, 직물공들, 유리 장인들, 바구니 제조인들, 벽돌장이들, 조선공들, 목수들, 양철공들, 무기 제조인들, 쌈지 장수들, 모피상들, 염색공들, 금세공인들, 생선 장수들, 서적 상인들, 잡화상들, 포목상들, 청과물 상인들, 그리고 난폭하고 제멋대로인 수습공 무리들이 있었다. 또한 정부 관리들, 가신들, 변호사들, 상인들, 성직자들, 교사들, 군인들, 선원들, 짐꾼들, 마차꾼들, 뱃사공들, 여관 주인들, 요리사들, 하인들, 행상인들, 음유 시인들, 곡예사들, 야바위꾼들, 포주들, 창녀들, 그리고 거지들까지, 런던은 모든 경계 면에서 오는 각양각색의 사람들과 삶의 모습들로 넘쳐 났다. 그곳은 멈추지 않고 항상 움직이는 도시였으며, 전에 없이 빠른 속도로 변모해 가고 있었다. 런던 토박이이자 위대한 골동품 연구가인 존 스토(John Stow)는 노년에 접어든 16세기 끝무렵에 자신이 살아온 도시에 대해 주목할 만한 보고서를 남겼는데, 거기서 그는 살면서 직접 목격한 수천 개의 변화들을 주의 깊게 써 내려갔다. 예를 들어서, 소년 시절의 일로 성 클레어 훈위를 받은 '마이노리스(Minories)'라는 수녀원을 기억했다. 그는 이 수도원의 농장에서 "소에서 막 짜내서 언제나 따끈따끈한…… 반 페니어치 우유를 자주" 받아 오는 심부름을 했다고 한다. 이 수도원은 종교 개혁의 불똥으로 파괴되었고, 그 자리에는 이제 "근사하고 큰 무기와 의복 창고들이 들어섰다."라고 스토는 썼다. 수도원 농장의 경우에 처음에는 말을 풀어 방목하는 곳으로 사용하다가, 훗날 그곳을 여러 식자재 생산 농원으로 구획을 나눠 세놓음으로써 넉넉한 임대 수입을 챙기게 된 농부의 아들과 자손 들은 이제 거의 "신사처럼" 살고 있다.

시 의회 의원과 보안관 그리고 시장이 합동해서 도시를 돌보는 과두 정치제는 정교한 사법 체계를 마련해 도시에 통제력을 부과하고 이를 유지하려고 애썼지만, 절대적인 인원 부족과 '자율 지대(liberties)'라고 불리는 수많은 군소 구역들이 관할 범위로부터 벗어나 있었기 때문에 법규의 시행에는 복잡한 어려움이 뒤따랐다. 수십 년 전에 이 구역들은 — 도미니크회 수도원, 아우구스티노회 수도원, 홀리트리니티 수도원, 올드게이트 혹은 스토가 반 페니짜리 우유를 받으러 다닌 마이노리스 — 거대한 수도원이었으며, 큰 건물과 널찍한 정원들, 농장들, 그리고 도시의 법규에서 벗어나 독립된 성직자로서의 면제가 보장되던 곳이었다. 종교 개혁 이후에, 수도사들과 수녀들은 모두 사라졌고, 건물과 영토는 개인 양도자의 손으로 넘어갔다. 하지만 이 영토는 면제 구역이라는 의식이 사람들에게 남아 있어서, 이 지역을 인수하는 사람들은 현재 도시 행정관들에게 별로 순종적인 반응을 내보이지 않았다. 유해하거나 미풍양속에 어긋난다는 이유로 연극 공연 등을 금지하려는 행정관들의 활동에도 이들은 비협조적이었으며 공공연히 기관의 규제를 어겼다.

더불어 제멋대로 퍼져 가는 교외 지역들이 도시를 에워싸고 있었고, 애초에 이러한 지역은 어떤 규제 대상에도 포함되지 않았다. 아직까지도 이를 기억하는 사람들의 머릿속에, 이러한 구역들은 열려 있었고 사람으로 채워지지도 않았다. 스토는 자신이 젊었을 때는 비숍스게이트(Bishopsgate) 근처에 "기분 좋은 벌판이 펼쳐져 있어서, 아무 시민이나 그곳에 가서 산책하고, 총을 쏘고, 그 외 다른 방법으로 한가로운 여가 시간을 보내며 달콤하고 건전한 공기 속에서 멍해진 정신을 가다듬기 좋았다."라고 기억한다. 이제, 그는 그 지역이 다른 지역이나 마찬가지로 "거듭 반복적으로 이어지는 건물들"로 변해 버렸다고 불평한다. 이 건물들이란 지저분한 가정집들, 조그만 공동 주택들, 주방 정원들, 작업장들, 쓰레기장들, 그리고 그와 비슷한 것들이 "서쪽 하운즈디치에서 멀게는 동쪽 이상의 화이트채플까지" 가득 찼다고 그는 말한다. 한때는 아름다웠던 도시 주변의 경관이 망가진 것은 물론이고, 교통 상황은 더없이 끔찍해졌다. "마차에 탄 마부는 말 꼬리 뒤에서 채찍질을 하되 뒤쪽은 돌아보지 않는다. 짐마차꾼은 제 마차 위에 앉아서 잠이나 잘 뿐이고, 말이 그를 집까지 데리고 와 준다." 그리고 그 결과 스토는 젊은이들이 이제 걷는 것을 잊어버린 것 같다고 썼다. "이제 세상 위를 달리는 것은 바퀴다. 그 부모들은 제 발로 직접 땅을 디디며 가는 것을 기뻐했건만."

영국에는 북적이는 도시들이 더 있었고, 만약 젊은 셰익스피어가 여행을 한 적이 있다면 이와 비슷한 도시 한두 군데 정도를 생각해 볼 수 있었겠지만, 런던의 수준에 미치는 곳은 또 없었다. 20만 명에 달하는 인구로 본다면 이는 영국과 웨일스에서 런던 다음으로 인구가 많은 도시와 비교해 봐도 열다섯 배 이상 큰 수치였다. 유럽 전역에서는 오직 나폴리와 파리만이 그만한 인구를 가지고 있었다. 이러한 런던의 상업적 활기는 엄청나게 강렬했다. 런던은 어느 동시대인이 표현한 대로, "1년 내내 지속되는 축제"와도 같았다. 이것은 곧 런던이, 연간 생활에 있어서 규칙적인 절기에 맞춰서 생활하는 다른 지역들과 달리 계절에 따른 박자감을 빠르게 탈출하고 있다는 뜻이었고, 또한 다른 지역에서 흔히 개인의 정체성을 규정하곤 하는 지역 공동체적 감각으로부터도 빠져나오고 있다는 의미였다. 런던은 영국에서 유일하게, 서로를 알고 서로의 가족을 알고 서로의 삶의 친밀한 순간을 이미 잘 아는 사람들에게 둘러싸여 있지 않을 수 있는 공간이었다. 매일 입는 옷과 먹는 음식과 쓰는 가구가 실제 개인적으로 아는 사람들의 손으로 생산돼 제공되지 않는 유일한 곳이었다. 따라서 런던은 상대적인 익명성뿐 아니라 환상을 가져다줄 수 있는 놀라운 장소였고, 이곳에서 개인은 자신의 직접적인 기원을 벗어나서 전혀 다른 누군가로 변하는 꿈을 꿀 수 있었다.

셰익스피어가 이러한 꿈을 갖고 있었던 것은 거의 확실하다. 그것은 배우가 된다는 것의 핵심적인 의미였으며 극작가의 기술을 연마하는 데도 필수적인 요소였고, 연극을 보기 위해 몇 페니를 지불한 관객의 의지를 북돋우는 바로 그러한 꿈이었다. 그에게는 또한 좀 더 사적인 동기도 있었을 것이다. 자신을 토머스 루시와의 곤란한 상황으로 밀어 넣은 게 무엇이든 그 앞에 닥친 곤경에서 빠져나오고 싶은 욕구, 아내와 세 아이들로부터 도망치고 싶은 욕구, 무절제한 아버지가 벌여 놓은 장갑 가게와 불법 양모 거래에서 달아나고 싶은 욕구 등을 떠올려 볼 수 있다. 연극에서, 그는 반복적으로 인물들이 가족이란 울타리에서 분리되어, 정체성의 상실을 겪고, 낯선 환경으로 내던져지는 상황을 꾸몄다. 아덴의 숲에 있는 로절린드와 실리아(Celia), 일리리아의 해변에 선 바이올라, 황야에 있는 리어, 글로스터와 에드거, 타소스의 페리클레스, 시칠리아에 버려진 갓난아기 퍼디타, 웨일스의 산에 있는 이노젠(Innogen) 혹은 이모젠(Imogen), 『태풍』에서 영에 홀린 섬에 도착한 모든 인간들이 그렇다.

 그러나 이 장면들 중에서 런던이 갖는 도시로서의 개념에 의존하는 경우는 거의 없다. 런던은 변신의 환상을 펼쳐 보일 수 있는 주요 무대가 될 수 있었고, 셰익스피어 본인이 그러한 변화를 통해 자신을 재창조한 곳이 틀림없었지만, 그의 연극적 상상력의 형태를 잡는 데 있어서는 그다지 즉각적이고 직접적인 방식으로 드러나지 않았다. 채링 크로스(Charing Cross) 근처 하트숀 레인(Hartshorn Lane)에 사는 벽돌공의 의붓아들로 자라난 그의 동료 벤 존슨은 『연금술사(The Alchemist)』와 『바살러뮤 축제(Bartholomew Fair)』에서, 이 런던이라는 도시에 대해 열정적인 흥미를 표출했다. 토머스 데커(Thomas Dekker)나 토머스 미들턴(Thomas Middleton) 그리고 동시대의 다른 런던 출생 극작가들도 구두장이들, 창녀들, 가게 점원들 그리고 뱃사공들과 같은 평범한 런던 시민의 삶에 관심을 보였다. 하지만 셰익스피어의 상상력을 주로 자극했던 것은 런던의 좀 더 어둡고 불편한 일면이었다.

초기작 중 하나인 『헨리 6세』 2부에서, 셰익스피어는 켄트 주 하층민 출신의 반역자 무리들을 묘사한다. 이들을 이끄는 자는 직물공인 잭 케이드인데, 사회 구조를 뒤엎기 위해 런던으로 온 인물이다. 케이드는 어떤 원시적인 형태의 경제 개혁을 약속한다. "이제 영국에는 7페니 반짜리 빵이 1페니에 팔릴 것이고, 세 명이서 먹는 단지를 열 명이서 같이 먹을 것이고, 술을 조금만 마시다 마는 건 곧 중죄로 취급되게 할 테야!"(4.2.58-60) 이 반역자 무리들은 — "누더기를 걸친 일당/ 촌부 소작농들로 이루어진 이들, 무례하고 무자비한"(4.4.31-32) — 영토의 기록을 모두 불태우고, 글을 읽고 쓸 줄 아는 능력을 폐기하고, 감옥에 쳐들어가서 죄수들을 모두 풀어 주고, 분수에서는 와인이 솟구치게 하며, 상류층을 모두 처형하고 싶어 한다. "우리가 제일 먼저 할 일은" 케이드를 따르는 자가 그 유명한 대사를 말한다. "변호사들부터 다 잡아 죽입시다."(4.2.68)

이어지는 거친 장면들은 그로테스크한 희극과 악몽 어딘가에 자리하고 있는데, 젊은 셰익스피어가 여기서 상상한 것은 — 그리고 그의 독자들에게 함께 상상해 보도록 권유하는 것은 — 런던이 만일, 광기 어리고 살기등등한 시골 까막눈 불한당들의 손에 넘어간다면 어떤 일이 벌어질까 하는 것이다. 이 환상의 일부분은 이제 막 초심자로 극본을 쓰기 시작한 작가가, 시골에서 상경하여 수도에 도착한 입장으로서 자신의 개인적 에너지를 방출하는 듯한 맥락을 지니고 있다. 이 초기 역사극에서 묘사되는 상류 계급의 인물들은 대부분 뻣뻣하고 설득력이 떨어지는 데 비해 — 특히나 왕은 매우 하찮게 다루어질 정도이다. — 하류 계급 출신의 반항자들은 놀라울 정도로 활기가 넘치는데, 마치 셰익스피어가 극본을 쓸 때의 가장 중요한 핵심을 파악해

내기라도 한 것 같다. 그는 자신과 그 배경에 들어 있는 요소들을 분리해 낼 줄 알았고, 각 요소들에 상상력을 덧칠하여 훨씬 더 생생한 형태로 빚어낼 줄 알았다. 그러고 나서 바로 그다음 순간에는 웃으며 어깨를 한 번 들썩이고, 빚어 놓은 것들을 시원하게 부숴 버리는 것이다.

그는 이 무식하고 반항적인 촌뜨기들이, 이 입이 걸걸한 도살자들과 방직공들이 극작가인 자신과 아무런 관계가 없다는 것을 주장하기라도 하듯 이들의 파멸을 강조해 썼다. "죽어라, 지옥에 떨어질 악마야, 그대를 뱄던 어미에게 저주가 있으라!"라며 케이드를 죽이는 역할을 맡은 유복한 영주는 마지막에 외친다.(5.1.74) 그러고 나서, 마치 죽이는 것만으로는 성에 차지 않는다는 듯이, 그의 검을 죽은 자의 몸 안으로 다시 한 번 찔러 넣는다. 이렇게 속시원한 복수를 통해 파괴되는 것은 단순히 남의 재산을 탈취한 적으로서의 대상일 뿐만 아니라, 셰익스피어가 생각할 때 본인과 같은 종류의 사람에게 적이 되는 대상이기도 했다. 케이드에게서 처음으로 희생당하는 인물을 보며 우리는 그 안에 셰익스피어 자신의 왜곡된 자화상이 숨어 있음을 감지할 수 있다. "그대는 그대 이름을 쓸 줄 아는가?" 케이드는 군중의 손에 붙잡힌 불행한 점원에게 묻는다. "아니면 보통 정직하고 평범한 사람들이 그러하듯 단순한 표식으로 서명을 대신하는가?"

점원: 선생님, 다행스럽게도 저는 유복한 집안에서 자란 덕분에 제 이름을 쓸 줄 압니다.

모든 케이드의 추종자들: 그가 자백했다. 그를 끌고 가라! 그는 악당이고 반역자야.

케이드: 그를 끌고 가라, 내가 말하니, 그의 목에다 펜이랑 먹물 담는 그

릇도 같이 걸어서 매달아 버려.

(4.2.89-97)

본인의 부모도 글을 쓰는 것이 익숙하지 않아서 표식으로 서명을 대신하고, 그 자신은 아마 그의 가족 중 처음으로 자기 이름을 쓸 줄 알게 된 사람이었던 극작가가 이 대사를 썼던 것이다.

동시에, 다른 편에서 셰익스피어를 감지하는 것도 가능하다. 즉 부를 향한 환상을 품고 런던으로 몰려온 왈패들, 전문적인 물품 거래에 통달한 그들 속에 극작가의 자아가 숨겨져 있기도 하다.

두 번째 반역자: 나 그들이 보여! 그들이 보이네! 저기 베스트의 아들이야, 윙엄의 무두장이.

첫 번째 반역자: 그는 우리 적들의 가죽을 개가죽 삼아서 가지게 될 거야.

(4.2.18-21)

무두질은 셰익스피어 아버지의 전문 사업이었고, 아마 그도 잘 아는 일이었을 것이다. '개가죽'이라는 것은 장갑을 만들 때 사용하는, 질이 떨어지는 가죽을 일컫는다. 그런 면에서 그는 이 그로테스크한 무리 쪽과 사실상 기묘하게 가까웠고, 심지어 그들의 지도자인 잭 케이드와도 놀라울 정도로 가까웠는데, 본인이 "명예로운 집안"(4.2.43) 출신이라 주장했고 상습적으로 겉치레를 했고, 더 높은 신분에 대해 야망을 품고 있었다는 점에서 그러했다.

셰익스피어는 실제 연대기에서 읽은 것을 토대로 작품을 썼다. 그는 특정한 주제 의식을 가지고 다음과 같은 책들을 탐독했는데, 에드워드 홀(Edward Hall)의 『랭커셔와 요크의 고귀하고 저명한 두 가문의 연합(The Union of the Two Noble and Illustre Families of Lancaster and York)』과 래피얼 홀린셰드(Raphael Holinshed)의 『영국, 스코틀랜드, 아일랜드 연대기(The Chronicles of England, Scotland, and Ireland)』를 읽고 역사극의 재료로 활용했다. 그리고 그는 15세기의 반란 주동자이던 케이드라는 인물에 1381년의 농민 봉기 사건의 세부 사항들을 섞어서 실제보다 더 과거로 보낸 뒤 재탄생시켰다. 하지만 『실수 연발』의 에베소가 고대의 소아시아보다는 사실 셰익스피어 시대의 런던을 반영하는 것처럼, 『헨리 6세』 2부의 중세 영국도 과거의 시대 배경적 특징보다는 셰익스피어 자신의 현재와 더 가까이 맞닿아 있었다.

그리고 런던의 군중들 — 전례 없이 한 장소에 몰려 비좁은 거리들을 북적거리며 뚫고 가는 수많은 사람들의 몸뚱이, 거대한 다리를 건너고 또다시 가로질러 오는 인파, 술집과 교회와 극장에 가득 모여서 혼잡한 사람들의 모습 — 이야말로 런던의 장관을 이루는 도시 풍경의 핵심이었다. 이 모든 사람들의 모습 — 그들의 소음과 그들의 숨결에서 끼치는 냄새와, 그들의 소란스러움과 잠재된 폭력성 — 은 셰익스피어가 이 대도시에 도착했을 때 가장 잊히지 않는 인상을 남겨 준 대상이었을 것이다. 『줄리어스 시저』에서, 그는 그들의 영웅인 시저를 살해한 모의자들을 찾아 거리를 헤매 다니는, 피에 굶주린 군중의 모습을 다시 한 번 묘사했다.

세 번째 평민: 당신의 이름을, 선생, 정직하게 어서 대시오.
시나: 진실로, 제 이름은 시나입니다.

첫 번째 평민: 그를 조각내서 찢어버려! 그가 모의자구나.

시나: 저는 시인 시나입니다. 저는 시인 시나라고요.

네 번째 평민: 그는 시를 못 쓰니 그를 찢어라, 그의 시는 형편없으니 찢어 죽여라.

시나: 저는 음모를 꾸민 시나가 아닙니다.

네 번째 평민: 상관없어, 그의 이름은 시나라잖아. 그의 심장에서 이 이름만을 뜯어내고 나서 보내 주자.

세 번째 평민: 그를 찢어, 찢어발겨!

(3.3.25-34)

이 도시의 군중, 빵을 요구하며 폭동을 일으키고 사회 구조를 전복시키겠다고 협박하는 이 군중의 모습은 『코리올라누스』에서도 잘 묘사된다. 그리고 이와 동일한 군중은 ―"기계적인 노예들/ 기름때에 전 앞치마를 두르고, 자와, 망치를 들고 있다."― 클레오파트라의 상상 속에서 자신이 포로가 되어 위대한 도시의 거리를 따라 이송될 때 그곳에 늘어서서 자신을 구경할 군중으로도 등장한다. 그들이 로마의 승리를 환호하며 내뱉는 "걸쭉한 숨결들"을 들이마시는 상상만으로도, 그녀는 자살하고 말겠다는 결심을 굳히게 된다.(『안토니와 클레오파트라』 5.2.205-7)

장면이 로마이든, 에베소이든, 빈이든, 베니스이든, 도시적 배경과 관련하여 셰익스피어가 고정적으로 참조하는 장소는 런던이었다. 고대 로마인들은 토가를 두르고 모자 없이 다녔지만, 『코리올라누스』에서는 봉기한 평민들이 그들의 요구 사항을 모두 이루었을 때 엘리자베스 시대의 런던인들처럼 공중에 모자를 던졌다. 하지만 초기작에서 셰익스피어는 이 런던의 군중을 다른 시대적 배경에 속한 것으로 가장하지 않고 자신이 살고 일하던 실제의 도시에 확실히 안착시키기도 했다. "여기 런던 스톤에 앉아서,"라며 과대망상에 빠진 케이드는, 캐넌 가에 있는 유명한 역사적 지형지물에 대해 이야기한다. "내가 요청하고 명령하니, 도시의 자금을 털어서 피싱 컨듀이트에는 우리 통치의 첫해 동안 오직 암적색 와인만이 흘러야 할 것이다."(4.6.1-4) "자, 그러면 제군들, 이제 가서 사보이를 무너뜨리세." 그는 자신의 부하들에게 말한다. "다른 자들은 법학원으로 — 그것들 다 부숴 버리게."(4.7.1-2) 궁핍한 자가 꿈꾸는 이상 세계 속에서, 법정은 파괴될 것이고 분수대에는 와인이 흐를 것이다. 그나마 가진 것이 있는 중산층 시민들은 공포에 질려 달아나고, 도시의 하층민들 — "악당 같은 사람들"(4.4.50) — 은 봉기를 지지하면서 일어나는 것도 지극히 당연한 일이다.

폭동이 그들이 가장 싫어하는 적인 세이 경(Lord Saye)에까지 미쳤을 때, 케이드는 그에게 다음과 같은 죄목을 나열한다.

> 그대는 문법 학교를 세움으로써 이 영토의 젊은이들을 가장 반역적으로 타락시켰다. 이전 우리의 조상들은 그저 작대기로 숫자를 기록하는 장부 외에는 다른 책이 없었건만, 그대는 인쇄술이라는 것을 사용하게 만들었고, 국왕 폐하의 뜻과 위엄에 어긋나게도, 제지소를 지었다. 명사니 동사니 하는 어떤 기독교인의 귀로도 버텨 낼 수 없는 끔찍한 단어들을 아무렇지 않게 이야기하는 족속을 그대 곁에 두었다는 것이 그대의 얼굴에 증거로 드러나게 되리라.
>
> (4.7.27-34)

제지소와 인쇄기에 대한 언급은 시대착오에 의한 실수다. 케이드의 반역이 있던 당시의 영국에는 이 둘 중 어느 것도 존재하지 않았다. 하지만 그것은 사실 중요하지 않다. 셰익스피어는 의식의 근원에, 오직 작대기로 쓴 장부(사람들이 그들 간의 작은 채무를 계산하기 위해 쓰던 막대기)만 존재하던 세계로부터 그를 빼내서 인쇄된 책들의 세계에다 던져 버린 문법 학교라는 대상에 작가적 관심을 기울이고 있었던 것이다.

셰익스피어는 특정한 사람들의 무리에, 말하자면 근대성을 혐오하고 배움을 경멸하며 무지의 미덕을 기리는 사람들이 내지르는 발광 섞인 절규와 그 극적인 성격에 깊이 매료되어 있었다. 그리고 심지어 여기에서는 본인 자신의 일부를 투영하는 성격으로도 나타나는데 — 그가 자신의 정체성을 공격할 것이라 여겨지는 사람들을 상상할 때 — 그는 그들에게 일면의 괴기스러운 어리석음뿐 아니라 비통한 정서까지도 부여하고 있다.

> 그대는 가난한 자들 스스로 대답할 수 없는 문제들을 두고, 이들을 불러들여 그대로 그 문제에 대해 묻는 치안 판사를 임명했다. 그에 더하여, 그대는 그들이 글을 읽지 못한다는 이유로 감옥에 가두었고, 바로 그 이유만으로도 가장 살 가치가 있는 존재들이던 그들을 목매달아 처형했다.
>
> (4.7.34-39)

문맹이라는 이유로 악당들의 목숨이 부지되어야 한다고 믿는다면, 그것은 미친 생각이다. 하지만 케이드는 당시 영국의 법에 실제로 존재하던, 만만치 않게 광적인 측면에 항의를 제기하는 것이다. 법을 어긴 피의자가 본인이 글을 쓰고 읽을 수 있다는 것을 증명해 보인다면 — 보통 성경의 잠언 한 구절을 읽어 보임으로써 — 그는 "교회의 승인"을 받을 수 있었다. 즉, 그 경우에 그는 본인이 보유한 글을 읽고 쓸 수 있는 능력에 의해 법적으로 임시 성직자의 신분으로 분류될 수 있었는데, 그 경우 공식적으로 교회 법정의 사법권 관할 대상이 되어 사형은 면할 수 있었다. 대부분의 경우에 이 제도는 글을 읽고 쓸 줄 아는 도둑이나 살인자가 처벌을 면할 수 있도록 하는 기회가 되고 말았다. 비록 그 기회는 일회성이긴 했지만 말이다. 교회의 승인을 성공적으로 인가받은 범인은 사형을 면제받는 대신 도둑일 경우엔 T, 살인자의 경우엔 M이라는 낙인이 찍혔고, 같은 죄목으로 두 번째 범죄를 저지른 경우라면 그때는 치명적인 결과가 따랐다.

어떻게 보면 이해가 되지 않았던 케이드의 비난이 다시 생각해 보면 완벽하게 말이 되는 것이다. "그대는 그들이 글을 읽지 못한다는 이유로 감옥에 가두었고, 그들을 목 매달아 처형했다." 그렇기 때문에 이런 내막을 몰랐다면 이해하기 어려웠을, 명사들과 동사들과 문법학교에 대한 격분이 자리 잡았던 것이다. 케이드는 세이 경에게, 사위 제임스 크로머 경(Sir James Cromer)과 함께 참수당하는 형벌을 선고한다. "그들이 서로에게 입맞추게 하자." 그는 그들의 잘린 머리가 기둥에 꽂힌 채 전시될 때 이렇게 명령한다. "그들은 살아생전에 그토록 서로를 아꼈으니." 이러한 광경에 흡족해하며, 그는 런던 일대를 행진하자고 제안했다. "우리 앞에 태어났던 이 작자들의 머리를 곤봉 삼아서 우리는 이 거리를 내달릴 것이다. 그리고 모퉁이를 돌 때마다 그들이 서로 입을 맞추게 해 줘야지." 이 소름 끼치는 광경엔 그 이상의 유혈 사태를 조장하기 위한 목적이 있었다. "피시 가로 가자!" 그는 고함친다. "세인트매그너스 코너(Saint Magnus' Corner)로 내려가! 다 죽이고 때려 부숴라! 그들을 템스 강으로 내던져 버려!"(4.7.138-39, 142-44, 145-46)

세인트매그너스 코너는 런던 다리의 북쪽 끝에 있었다. 아마 셰익스피어 본인도 도시에 입성하면서 첫발을 들여놓은 장소였을 것이다. 그는 아마도 극단에 합류하여 배우들과 함께 여행을 했을 것이다. 점점 수도에 가까워지면서, 그들은 오래전에 런던으로 상경하여 진군했던 도살자와 방직공 무리에 대해 농담을 나누었을지도 모른다. 그 어떤 경우라도, 극단은 남들의 주목을 받기를 원했을 것이고, 그들의 귀성을 대중에게 알리고 또 그들이 특정한 시간과 장소에 곧 공연을 하리라는 것을 홍보하고 싶어 했을 것이다. 번지르르한 복장과 두드려 대는 북들과 나부끼는 깃발들로, 그들은 런던에 도착하는 시간을 미리 정해서 가장 사람이 많이 다니는 길목을 통해 그들의 상경을 떠들썩하게 알렸을 것이다. 만약 그들이 남쪽에서부터 수도로 접근했다면, 그들은 서더크하이 스트리트(Southwark High Street)를 따라 가두 행진하여 런던 다리를 건너는 경로를 지나며 런던에 들어섰을 것이다.

이 경우, 바로 이 런던 다리가 셰익스피어의 시점에서 처음으로 바라본 런던의 모습이 된다. 250미터 높이에 달하는 건축학의 경이로, 프랑스 방문객인 에티엔 페를랭(Etienne Perlin)은 이를 두고 "세계에서 가장 아름다운 다리"라고 말하기도 했다. 혼잡하기 짝이 없는 도로는 5미터 길이에 9미터 지름인 스무 개의 돌기둥으로 지지되어 있었고, 그 위로 고층의 집들과 확장 신축한 상점들이 물 위에 뜬 산책로에 줄지어 서 있는 것이 바로 이 런던 다리였다. 많은 상점들에서는 사치품 — 고급 실크, 스타킹, 벨벳 모자 — 를 팔았다. 그리고 건물 중 몇 개는 그 자체만으로도 단연 주목을 끌었으며 수리가 필요한 경우도 있었다. 본래는 성 토머스 베켓(St. Thomas à Becket)에게 기증된 예배당으로, 예전에는 같은 장소에서 망자의 영혼을 위로하는 미사곡이 울려 퍼지곤 하던 13세기 석조 건축물이 식료품을 파는 가게로 바뀌어 있기도 했다. 건물과 건물 사이로는 이 위대한 강의 상류와 하류를 볼 수 있는 멋진 조망이 펼쳐졌는데, 특히 서쪽 다리가 그러했다. 다리 위로는 쓰레기 더미를 뒤지는 새들이 공중을 선회했고, 강 위에는 수백 마리의 백조들이 떠다녔는데, 이들의 깃털은 1년에 한 번씩 차출되어 여왕의 침구와 덮개로 활용되었다.

하지만 특정한 풍경 하나가 셰익스피어의 눈길을 끌었을 게 틀림없다. 그것은 관광객들에게도 주요 명물로 알려진 광경으로, 런던에 처음 입성하는 사람이라면 누구나 시선을 빼앗기는 부분이었다. 서더크 쪽에 있는 아치형 대문인 그레이트스톤게이트(Great Stone Gate)에는 겉으로 튀어나온 장대들에 머리들이 꽂혀 있었다. 일부는 거의 백골이 되었고, 다른 것들은 끓는 물에 살짝 데쳐지거나 햇볕에 그을린 상태로, 그러나 여전히 그 인물을 알아볼 수는 있는 모습을 하고 있었다. 이들은 평범한 도둑이나 강간범 혹은 살인자들의 사체가 아니었다. 보통 범죄자들은 도시 가장자리에 설치된 수백 개의 교수대에서 처형되었다. 다리에 효수된 머리들은 평범한 잡범들이 아니라 국가 전복을 기도한 반역자라는 혐의를 입고 처형된 상류 계층 신사들과 귀족들의 것이었으며, 방문객들 또한 그에 걸맞은 안내를 받았다. 1592년에 런던에 온 타지 출신 방문객은 총 서른네 개의 머리를 셌다. 1598년에 온 다른 사람도 서른 개 이상의 머리가 있었다고 기록했다. 막 런던에 도착한 셰익스피어가 처음으로 이 다리 위를 걷게 되었을 때, 혹은 바로 그 직후에라도, 그는 꼬챙이에 꿰어 전시되고 있는 머리 중에 존 서머빌의 것이 있다는 것을 깨달았음에 틀림없다. 더 나아가 어머니 본가의 성을 가진, 그리고 그 자신과도 먼 친척 관계일지 모를 에드워드 아덴의 머리 또한 그중에 있는 것을 분명히 발견했을 것이다.

생전에는 장인과 사위였다가, 지금은 서로 교차된 장대에 꽂힌 채 일그러진 웃음을 짓고 있는 두 머리. "그들이 서로에게 입 맞추게 하자, 그들은 살아생전에 그토록 서로를 아꼈으니." 그가 다리 위를 거닐면서 보았을 이 잘린 머리들은 『헨리 6세』 2부의 케이드 장면을 묘사할 때뿐 아니라, 그 외에도 그의 상상력에 분명히 큰 영향을 미쳤을 것으로 추측된다. 만약 그가 랭커셔에서 위험에 처할 뻔한 몇 달을 보낸 적이 있다면, 셰익스피어는 이미 위험에 대해서, 그리고 신중, 은폐, 허구의 필요성에 대해서 강력한 교훈을 체득한 상태였을 것이다. 이 교훈들은 이후 스트랫퍼드에서도 상황적 긴장감이 고조되고 음모, 암살, 그리고 외세 침략의 소문이 퍼짐에 따라 다시 한 번 강화되었다. 하지만 이 다리 위에 효수된 머리들의 풍경이야말로 가장 눈을 뗄 수 없는 경고와 지침을 주었을 것이다. "너 자신을 통제하라. 네 적들의 수중에 떨어지는 일이 없도록 하라. 영리하고 엄격하고 현실적이 되어라. 은폐와 회피의 기술을 익혀라. 무엇보다도, 네 머리가 달아나지 않도록 목 위에 잘 얹어 두어라."

이 세계에 자신의 이름을 알리고 대중에게 자신을 드러내길 꿈꾸는 시인이자 배우로서는 꽤 따르기 어려운 지침들이었다. 하지만 이러한 교훈은, 후대에 와서 셰익스피어가 어떤 사람이었는지를 제대로 이해하기 어렵게 만든 결정을 내리게 한 주된 요인일 수 있다. 그의 개인적인 편지들은 어디에 있을까? 왜 수백 년 동안 자료를 찾고 또 찾는데도, 학자들은 그가 개인적으로 가지고 있었을 장서 목록을 확보하지 못한 것일까? 왜 그는 존슨이나 던이나 그 외 많은 그의 동시대 작가들이 그랬던 것처럼 자신이 소유하던 책에 본인의 이름을 써넣지 않았을까? 왜 그의 거대하고 영광스러운 전 작품을 통틀어도, 정치나 종교 그리고 예술에 대한 작가 자신의 사상이나 생각을 직접적으로 흘려 놓은 곳이 단 한 군데도 없을까? 왜 그가 썼던 모든 것들은 — 심지어 소네트조차도 — 일정 부분은 애매하게 흐려 두어 작가 본인의 얼굴과 내면의 생각들을 가장 효과적으로 숨겨 버린 것일까? 학자들은 오랫동안 그것이 무관심과 우연한 사고에서 기인한다고 생각해 왔다. 동시대의 인물 중 그 누구도 이 극작가의 개인적인 관점들이 이들을 따로 보관하고 기록할 만큼 중요한 가치가 있으리라고는 생각하지 못했던 것이다. 그의 편지들을 굳이 보관한 사람은 아무도 없었고, 큰딸 수재너 앞으로 남겨진 그의 생전 문서들을 보관한 상자들은 결국 어딘가로 팔려 버렸다. 그 속에 들어 있던 문서들은 어딘가에서 생선을 싸는 종이로 쓰였거나, 새로 찍어 내는 책에 풀을 먹이는 용지로 쓰였거나, 아니면 더 단순하게는 쓰레기로 취급되어 소각되었을 수도 있다. 모두 가능한 얘기다. 그런데 어쩌면 런던에 처음 들어오던 날에 본 장대에 꽂힌 머리들로부터 받은 강렬한 경고를 그는 죽는 날까지 충실하게 따랐던 것일지도 모른다.

6   도시 근교에서의 삶

 마을을 가로지르는 거리 끝에 이르면, 혹은 거기서 몇 분만 더 걸어가면 드넓은 들판이 펼쳐지는 세계, 그는 바로 그런 곳에서 자랐다. 지금 그를 둘러싸고 있는 것은 런던의 부스러지는 벽들을 넘어서서 수킬로미터에 걸쳐 확장되어 있는 촘촘한 연립 주택들, 창고들, 채소를 키우는 작은 텃밭들, 작업장들, 총기 주조장들, 벽돌 가마들, 풍차들, 그리고 그들을 따라서 이어진 냄새 나는 배수용 도랑들과 고물상의 쓰레기 더미들이었다. 매일같이 도심을 왕래하며 살아가는 도시 근교 거주자의 삶과 처음으로 인사를 나눈 셰익스피어는 탁 트인 시골 풍경을 그리워한다는 것이 어떤 것인지를 뼈저리게 체감했다.
 런던 사람들도 신선한 공기를 마시기 위해서 산책 나가는 것을 좋아했다. 시골에서 보내며 누리는 가족적인 즐거움은, 도심에서 풍기는 고약한 냄새 때문에 조만간 역병이 닥칠 것이라는 널리 퍼진 믿음으로 더욱 강조되었다. 도시에 사는 사람들은 붐비고 악취 나는 거리를 지나다닐 때면 꽃다발을 손에 들고 다니면서 그 냄새를 대신 맡거나 혹은 콧구멍 속에 정향을 넣고 다니면서 악취를 피하려고 애썼고, 역병을 일으키는 도시의 악취를 쫓기 위해 실내에서는 독특한 연기를 내뿜는 향이나 향초를 태웠다. 깨끗한 시골 공기는 문자 그대로 생명을 연장해 주는 것으로 인식되었다. 그렇기에 역병이 닥칠 때마다 도시를 떠나서 다른 곳에 거주하다 올 능력이 있는 사람들은 앞다퉈서 도시를 빠져나갔으며, 그만한 재주가 없는 평범한 사람들도 한나절이나마 교외 들판을 산책하고 싶어 했다.

도심 중앙에서 출발한다고 할 때, 활동적으로 잘 걷는 사람 기준으로 어느 정도 걸어가다 보면 곧 산울타리가 둘러진 초원 풍경 속에서 소들이 평화롭게 풀을 뜯고, 세탁부들이 세탁물을 털어 대고, 염색공들이 건조대나 갈고리 위에 옷감을 팽팽히 당겨서 천을 말리기 위해 펼쳐 놓은(여기서 "갈고리 위에 걸린 듯 노심초사하다.(to be on tenterhooks)"라는 표현이 유래했다.) 곳에 닿을 수 있었다. 셰익스피어 시대만 해도 이처럼 런던 도심 사람들이 쉽게 가 볼 수 있는 탁 트인 공간은 점점 사라져 가는 추세였지만, 또 다른 구경거리들이 그들을 도시의 대문 밖으로 유혹하거나 강을 건너서 근교로 몰려들게 했다. 도시 외곽에는 많은 술집들과 여관들이 있었으며, 그중 몇몇은 오랜 전통과 명성을 자랑했다. 초서의 순례자들이 캔터베리로 향하는 여정을 시작했던 유명한 타바드 여관(Tabard Inn)도 템스 강 남쪽 제방의 서더크에 위치해 있었다. 여행자는 이러한 여관에 머물면서 음식과 개인용 방을 구할 수 있었는데, 개인 방이라고는 해도 사실 사생활이 거의 없는 세계였다. 도시 북쪽에 있는 핀즈베리 필드(Finsbury Field)에서는 궁수들이 돌아다니면서 색칠한 말뚝을 표적 삼아 활을 쏘기도 했는데, 간간이 지나가는 행인을 쏘는 일이 없도록 조심해야 했다.(1557년에는 한 임신한 여인이 남편과 함께 산책을 나갔다가 잘못 쏘아진 화살에 목을 관통당해 사망한 사건이 있었다.) 여흥의 시간을 보낼 수 있는 다른 장소들에는 사격 연습장(권총 사격을 연습하는 곳), 투계장, 레슬링장, 볼링장, 음악과 춤이 있는 무도장, 범죄자들이 사지 훼손되거나 교수형을 당하는 연단, 그리고 일련의 인상적인 '휴양의 집'들, 곧 사창굴이 있었다. 물론 도덕주의자들은 특히나 이 사창굴의 존재를 맹렬하게 비난했고 그들의 폐쇄를 강력히 요청했지만, 도시 행정 당국에서 사창굴을 대상으로 발주하는 단속령들은 실제로 이들의 폐쇄에 영향을 주기에는 항상 부족했다. 『잣대엔 잣대로』의 배경은 빈이지만 사실 그 모양새나 상황이 런던과 흡사한데, 여기서 도시의 통치자는 도덕적 개혁을 주창하는 운동에 착수하며 "도심 근교에 있는 휴양의 집들"을 모두 헐어 버리라는 명령을 내린다.(1.2.82-83) 하지만 이 명령은 결국 실행되지 않는다.

그렇다면 혼잡한 도시는 다양한 목적의 유흥 지역들에 효과적으로 둘러싸인 셈이었다. 이 유흥 지역은 셰익스피어가 전문 직업인으로서 많은 시간을 보낸 곳이다. 그의 상상력은 그 모든 것들을 받아들였으며, 시대적으로 동떨어져 우리가 생각할 때는 다소 하찮아 보이는 것들까지도 모두 포함했다. 예를 들어 그는 볼링 게임에 큰 인상을 받았는데, 특히나 무게 중심이 정중앙에서 벗어나 있는 공을 레인에 굴릴 때면 그 공이 방향을 바꾸어 휘어지므로 목표로 삼은 대상을 맞추기 위해서는 오히려 그 대상이 아닌 다른 곳을 겨냥해야 맞힐 수 있다는 점에 매료되었다. 이 이미지는 교묘하게 고안된 줄거리 곳곳에

깜짝 놀랄 만한 반전을 집어넣는 방식으로 활용되면서 그에게 반복적으로 다가갔다. 활쏘기나 레슬링, 창으로 과녁을 찌르는 퀸틴이라는 스포츠, 그리고 그 외 엘리자베스 시대에 유행했던 모든 스포츠와 경기 역시, 실제로 묘사하지는 않았더라도(『좋으실 대로』에서는 실제 레슬링 장면이 나오기도 한다.) 그는 그러한 활동들을 작품에 암시되는 이미지로 계속 활용했다.

셰익스피어의 상상력은 도심 근교의 유흥 활동 중에서 좀 더 유해할 수 있는 특성을 지닌 오락거리에서도 자극을 받았다. 헨리 8세와 마찬가지로 그의 자녀들도 황소와 곰 '골려 주기(baiting)' 구경을 굉장히 좋아했는데, 이는 이 거대한 짐승들을 원형으로 된 무대 경기장에 가두거나 말뚝에 사슬로 묶어 두고, 사나운 투견 여러 마리를 풀어 서로 대치시켜서 싸우게 하는 것이다. 황소들은 ― 종종 "기진맥진해서 죽음에 달하는" 경우가 많았기에 ― 대체로 이름이나 정체성을 부여받지 않아 익명적이었던 듯하지만, 곰의 경우에는 저마다에 다른 이름과 개성마저 있었다. 새커슨(Sackerson), 네드 화이팅(Ned Whiting), 조지 스톤(George Stone) 그리고 해리 헝크스(Harry Hunks) 같은 곰들이 유명했는데, 해리 헝크스의 경우에는 재미를 가중시키기 위해 의도적으로 눈을 멀게 만들었다. 이 오락거리는 영국만의 명물이었는데, 외국 여행객들이 관광 내용을 기록한 견문록에 종종 언급되며, 엘리자베스 여왕도 영국을 방문 중인 외국 대사들에게 친히 이를 접대하기도 했다. 동물들을 먹이고 유지하기 위해서는 비용이 들었지만 이는 유흥거리를 대중에게 개방하면서 충분히 회수되었다. 많은 군중이 이 구경거리를 보기 위해 입장료를 내고 나무로 지어진 큰 원형 경기장으로 들어왔다. 동물의 종류나 격투 방식은 갈수록 다양해졌는데, 그중 인기를 끌었던 것은 조랑말의 등에 원숭이를 묶어 두고 성난 개들의 공격을 받도록 하는 것이었다. "개들 사이에서 조랑말이 발로 차 대는 꼴과 원숭이가 꽥꽥 비명을 질러 대는 소리가 뒤섞였다. 조랑말의 귀와 목을 물고 늘어진 한 무리 똥개들의 모습을 보고 있자니 정말 웃음이 터져 나올 수밖에 없었다."라고 한 관찰자는 썼다.

"마을에는 곰들이 있나요?" 얼간이 역할의 슬렌더는 『윈저의 즐거운 부인들』에서 묻는다. "전 그 놀이를 참 좋아하는데."(1.1.241, 243) 분명히 셰익스피어는 직접 곰 싸움을 보러 갔을 것이다. 전문적인 대중 극작가로서, 그는 대다수 군중이 흥미를 품고 다가가는 대상이 어떤 것인지를 알고 싶어 했을 터다. 하지만 그가 남들처럼 그 오락거리에 완전히 마음을 빼앗기고 매료되었던 것 같지는 않는다. 그가 비꼬듯이 표현한 바에 따르면, 이러한 놀이는 이 세상에 존재하는 얼간이 슬렌더들이 보고 흥분하여 자신이 진짜 남자인 양 느끼게 만드는 그런 종류의 것이었다. 슬렌더는 뽐낸다. "저는 새커슨이 사슬에서 풀려 싸우는 것을 스무 번이나 봤지요. 그리고 다시 사슬에 묶이는 것도. 하지만 제가 장담하는데, 여자분들은 무진장 울고불고 그놈이 지나갈 때마다 비명을 질러 댄답니다. 하지만 여자들이란 워낙 그렇지요, 그런 것들을 못 견뎌 하시잖아요. 그 짐승들은 매우 불쾌하고 거친 놈들이니까."(1.1.247-51)

엘리자베스 시대의 사람들은 곰을 가장 추한 대상으로, 모든 거칠고 난폭한 성격의 상징물로 생각했으며 셰익스피어도 이 관점을 계속해서 반영했지만 그는 또 다른 측면도 포착했다. "그들이 나를 기둥에 묶었구나. 나는 날아갈 수 없다."라고 맥베스는 적들이 그를 에워싸고 접근해 올 때 말한다. "하지만 곰처럼 나는 이 과정을 싸워 내야 하리라."(5.7.1-2) 이것은 곰 싸움이나 살해에 대해서 감상적인 측면을 드러내는 장면은 아니다. — 맥베스는 반역자이며 마땅히 최후에 그에게 닥친 일들을 당할 만했다. — 하지만 이 대사는 곰 싸움 경기장에서 들리는 구경꾼들의 거친 웃음을 염두에 둔 것이 아니라, 눈앞에 펼쳐지는 참혹한 광경에 차마 눈뜨고 지켜보기 버거운 점이 있었다는 점을 암시한다.

왜 엘리자베스와 제임스 1세 시대의 사람들은, 그들의 특별한 후원자였던 튜더와 스튜어트 왕조를 포함하여, 그토록 잔혹하고 끔찍한 오락을 즐겼던 것일까?(17세기 후반에 와서 이 '왕가의 스포츠'를 되살리려는 시도가 있었으나, 1655년 청교도 군인들에 의해 일곱 마리의 곰이 총살된 사건으로 타격을 받은 이후에는 사실상 회복되지 못하고 사장되었다.) 그에 답하는 것은 우리가 우리 시대의 잔혹한 구경거리들을 좋아하는 이유를 설명하는 것만큼이나 어렵다. 하지만 셰익스피어와 동시대에 살았던 토머스 데커의 글에서 핵심적 요소 하나가 발견된다. "눈먼 곰이 기둥에 거리를 두고 묶이자, 개들을 풀어서 그것을 굶려주는 대신에 사람의 형상을 하고 기독교인의 얼굴을 한 것들이 나타나더니(광부들, 마차꾼들, 뱃사공들이다.) 교구의 직원 역할을 자청하여 우리 헝크스 씨를 채찍질했다. 그들은 피가 흘러서 거친 어깨 위로 뚝뚝 떨어질 때까지 그를 때렸다." 구경꾼들이 이 순간에 참관하는 것은, 그들의 사회 전반에서 정기적으로 발생하곤 하던 훈육 체벌 장면이었다. 부모들은 자주 아이들에게 채찍질을 했으며 교사들도 학생에게 채찍질을 했고, 주인들은 하인에게, 교구 관리들은 창녀에게, 보안관들은 부랑자와 "사지가 멀쩡한데도 구걸을 하는 거지들"에게 채찍질을 했다. 교구 직원을 가장한 사람들이 묶인 곰에게 가하는 채찍질은 그들에게 익숙한 장면이되 기괴함이 넘치는, 그래서 더 재미를 주는 형태로 가공된 체벌인 셈이었다. 이 경기장의 구경거리는 셰익스피어가 그의 작품을 통해 헤아릴 수 없이 강조하고 있는 듯한 기묘한 이중적 효과를 내포했다. 그것은 상위 계층의 존재가 하위 계층의 존재를 훈육하고 억압한다는 삶의 질서를 확고부동하게 보여 주는 것이었다. — 우리가 하는 일은 바로 이런 것이다. 동시에 그 장면은 그 질서에 의문을 제기했다. — 우리가 하는 일은 끔찍하고 기괴하다.

런던은 형벌이라는 볼거리가 끊임없이 이어지는 극장 같은 곳이었다. 셰익스피어는 런던에 오기 전에도 범죄자의 신체에 가해지는 체벌을 목격한 적이 있었다. 스트랫퍼드에도 채찍질을 하는 기둥, 죄인의 목에 씌우는 칼과 차꼬가 있었으니까. 하지만 런던탑 앞의 언덕(Tower Hill), 사형장이 있던 타이번, 스미스필드(Smithfield)에 위치해 있던 공공 교수대에서 행해진 처벌의 빈도와 흉포함의 정도는 아마 그로서는 난생처음 겪어 보는 수준이었을 것이다. 이러한 교수대는 브라이드웰(Bridewell) 감옥과 마셜시(Marshalsea) 궁정 재판소 감옥, 그리고 도시 장벽 내외의 많은 장소들에 새롭게 세워졌다. 거의 매일같이 그는 국가가 범죄자로 선고된 사람들에게 인두로 지진 낙인을 찍고, 베고, 죽이는 것을 목격했을 것이다. 처벌 형장으로 구축된 지역이 너무도 많아서 이러한 구경거리를 볼 수 있는 장소가 부족했던 경우는 거의 없었다. 어떤 살인자의 경우에는 그 범죄가 행해진 장소나 혹은 그 근처로 범죄자를 데려가 거기서 오른손을 잘라 버렸고, 손목이 달아난 채로 피를 흘리며 거리들을 행진하여 다시 처형장까지 돌아오게 하기도 했다. 그러한 구경거리가 너무도 잦았기에 사실상 이러한 것들을 참관하는 것은 이 위대한 도시에 사는 사람이라면 누구라도 경험할 수밖에 없는 일이었다.

이 거리를 걷는다는 것은 어떤 느낌이었을까? 사흘에 한 번씩 그러한 광경을 본다는 것은? 이 끊임없는 고통의 광경이 바로 눈먼 곰들을 채찍질하는 형태로, 혹은 그와 비슷한 비극 공연의 형태로 대중의 오락거리에 반영된 그런 도시에 산다는 것은? 셰익스피어가 직접 이 유혈이 낭자하는 사법 질서의 제식을 참관하러 다녔는지는 정확히 알 수 없으나(당시 고문 기술자나 교수형 집행인과 경쟁이라도 하듯, 유혈이 낭자한 잔혹한 장면을 묘사하는 일에 큰 흥미를 느꼈던 다른 극작가들도 있었다.) 어쨌든 이를 연상시키는 광경들은 그의 연극에 반복해서 등장한다.『타이터스 앤드러니커스』에서 라비니아(Lavinia)에게 닥친 끔찍한 운명 — 손들이 잘려 나가고, 혀가 뽑히고 만 — 을 묘사하던 엘리자베스 시대의 배우들은 보다 생생하고 사실적인 세부 사항들을 표현해 낼 수 있었을 것이다. 그들은 극장 근처에 있는 처형대에서 실제로 그러한 일들이 수행되는 것을 본 적이 있었을 테니까. 그리고 셰익스피어의 인물들이 리처드 3세나 맥베스의 피투성이 머리를 손에 들고 나타날 때, 관객들은 그 무대 위의 모조품을 보며 실제 자신들이 본 대상과 비교해 보는 일에 별 어려움을 느끼지 않았을 것이다.

셰익스피어가 단순히 대중의 저속한 취향이 갈망하는 것을 기계적으로 제공하기만 했던 것은 아니다. 그 자신도 그를 둘러싸고 일어나는 형벌의 광경에 명백히 마음을 빼앗겼다. 하지만 그가 이런 광경들에 매료되었다는 것이 곧 그러한 것들을 심적으로 지지했다는 의미는 아니다. 오히려 이와 같은 장면들의 묘사에는 강한 혐오감과 공포감의 기색이 내포되어 있다. 그의 작품들에서 가장 소름 끼치는 고문 장면은 『리어 왕』에서 글로스터 백작의 눈을 멀게 하는 장면인데, 극작가는 이것이 틀림없이 도덕적 괴물들이 저지르는 끔찍한 행위라는 것을 확실하게 말해 주고 있다. 하지만 이 특정한 악행이 묘사될 때 느끼는 공포는, 그의 사회에서 행해지는 야만적인 사법적 처벌에 대해 느끼는 전면적인 거부감과는 좀 다르다. 『오셀로』의 끝부분에서 사악한 이아고가 그의 잔인한 계략을 꾸민 이유를 밝히기를 거절할 때 —"나에게 아무것도 묻지 마라. 너희가 아는 것을 너희는 알고 있을 테니./ 이 순간부터 앞으로 나는 단 한 마디도 하지 않으련다."— 베니스의 관리들은 그들이 그에게서 얼마간의 답을 얻어 낼 것이라고 자신한다. "고통이 네 입술을 열 것이다."(5.2.309-10, 312) 그리고 심지어 그들이 성공하지 못하더라도 — 이아고는 연극의 남은 부분 내내 침묵하며, 고문이 그의 결심을 바꿔 놓았을 거라고 믿게 하는 근거는 아무것도 보이지 않는다. — 베니스인들은 악당이 충분히 자신이 한 일에 대해 대가를 치르게 하려고 결심한 상태다. 베니스 당국 관리가 설명하듯이, 정말로 그들은 이아고의 고통을 더욱 강화하고 오래 지속시키기 위해 갖은 수단을 총동원했다.

> 만약 그에게 고통을 안겨 주며 오랫동안 붙들어 놓을
> 그 어떤 기발하고 잔학한 묘안이라도 있다면
> 그것은 곧 그에게 행해지리라.
>
> (5.2.342-44)

비록 이아고를 고문하는 것이 데스데모나를 다시 살리거나 파멸에 이른 오셀로의 삶을 회복시켜 주지는 못하지만, 『오셀로』는 관객

에게 이와 같이 제안된 고문 과정에 부과된 합법적 정당성을 받아들이도록 고무한다. 효율성은 다소 떨어질지 몰라도, 그것은 손상된 도덕적 질서를 보수하려고 시도하는 상징적인 표현이다. 셰익스피어와 그의 관객들이 경험하고 그에 맞춰서 상상했던 것처럼, 국가 차원에서 행해지는 고문은 비극의 특정한 관점에서 나온 것일 뿐만 아니라 그들이 사는 세상의 질서를 나타내기도 한다. 셰익스피어의 가장 유쾌한 희극 중 하나인 『헛소동』의 환희에 찬 결말 부분에는, 모든 어두운 의심들이 격파되고 쓰라린 오해들이 해소되었을 때조차, 여전히 고문대와 엄지손가락을 죄는 나사를 떠올리게 하는 순간이 마련되어 있다. 서투른 형태의 이아고라 할 수 있는 이 연극의 악당인 사생아 돈 존(Don John)의 계략들이 드러나고 악당은 달아난 상태다. 클라우디오와 히어로는 서로 오해를 풀었고, 가장 알콩달콩한 한 쌍인 비어트리스와 베네딕을 따라서 그들 역시 결혼을 앞두고 있는 찰나에, 돈 존이 붙잡혔다는 전갈을 받고 기쁨에 찬 베네딕은 음악을 청한다. "우리 결혼하기 전에 춤을 한번 춥시다……. 내일까지는 그에 대해 생각하지들 마세요." 베네딕은 이렇게 말하며, 연극을 마무리하는 마지막 대사를 읊는다. "내가 그를 위한 대담한 처벌을 고안하여 그대에게 일러 줄 테니. 연주를 시작하시오, 피리 부는 자들이여." (5.4.112-13, 121-22)

무시무시한 사법 정의가 실현되는 암울한 광경이 끝없이 이어지는 런던 같은 도시에서 산다는 게 어떤가 묻는다면, 바로 이것이 곧 대답이고, 혹은 최소한 대답의 일부가 된다. 그러한 섬뜩한 볼거리는 당시 삶의 구조의 일부분이었고, 또한 그 구성원들에게도 그렇게 받아들여졌다. 이를 자연스럽게 받아들이는 요령은 언제 시선을 엄숙하게 고정하고 또 언제 시선을 명랑하게 돌려야 하는지를 아는 것이었다. 즉 단죄할 때와 춤을 출 때가 각각 언제인지를 정확히 구분하고, 그에 맞게 행동하는 것이었다.

고통과 죽음의 공간과 아주 가까이에 있는 것은 쾌락의 공간이었다. — 뱅크사이드(Bankside)의 처형대는 사창가 바로 옆에 있었다. — 그리고 이들 역시 셰익스피어의 상상력을 사로잡았다. 그의 연극에는 창녀들이 사는 사창굴('유곽')이 종종 등장한다. 돌 티어시트, 오버돈 부인(Mistress Overdone) 그리고 성 관련 산업에 종사하는 그들의 동료들은 신속하게 그러나 인상적으로 묘사되며, 이들과 연관되는 포주들, 문지기들, 급사들, 그리고 하인들의 모습도 같이 그려진다. 그는 사창가를 질병, 악덕, 혼란의 장소로 묘사했지만, 또한 아무리 해도 근절할 수 없는 인간의 욕구를 충족시켜 주는 장소로도 바라보았다. 남자와 여자, 신사와 평민, 노인과 젊은이, 학식이 높은 자와 문맹자를 한데 모으는 이곳은, 엄격하게 계층화된 사회의 다른 부분에서는 거의 찾아보기 어려운 동료애 속에서 다양한 조합을 하나로 묶는 보편적인 공통점을 지적해 주는 곳이기도 했다. 무엇보다도, 그는 그들이 하는 일이 소규모 사업인 듯이 묘사했다. 여러 가지 실무적으로 곤란한 점들을 붙잡고 씨름해 가면서 — 높은 경쟁률, 거칠거나 무관심한 고객들, 적대적인 행정 당국 관계자들 — 약간의 최종 이익을 내는 것을 목적으로 하는 그런 사업 말이다.

이러한 사업적 특징들은 셰익스피어의 상상력 속에서, 그리고 아마 그의 동시대 사람들 중 대다수의 상상력 속에서도, 사창굴을 그와 비슷한 또 다른 도심 근교의 유흥 시설과 연관 지어 주었다. 이 시설은 최근 새롭게 떠오른 오락거리로서 독립성을 갖추어 갔으며 그의 전문 직업 생활의 중심에 위치하게 되었다. 셰익스피어가 태어났을 때만 해도 영국 내의 그 어디에도 개별적으로는 존재한 적이 없던 구조물인 극장은, 이제 막 런던 도심 근교에 처음으로 등장해서 그 일대의 '유흥 구역'에서 제공하는 거의 모든 것들을 결합한 형태의 볼거리를 선보였다. 춤, 음악, 기술이 필요한 놀이, 유혈 스포츠, 처벌, 그리고 성. 하나의 오락거리 형태에서 곧 다른 것으로 넘어가면서, 연극적 모방과 현실의 경계선은 때로 제대로 분간이 되지 않을 정도로 흐려졌다. 창녀들은 군중이 모인 오락장에서 호객했고, 최소한 극장 반대론자들의 환상 속에서는, 현장에 있는 작은 방들에 들어가 바로 그들의 거래를 처리했다.

1584년에 런던을 방문한 외지인은 어느 8월 오후에 서더크에서 봤던 정교한 구경거리에 대해서 자세히 묘사했다.

> 3층 높이의 원형 건물이 있었는데, 그 안에는 100마리의 큰 영국 개들이 각자 분리된 나무 개집 안에 하나씩 들어가 있었다. 이 개들은 각각 세 마리의 곰과 싸우도록 되어 있었는데, 두 번째 곰은 첫 번째 곰보다 덩치가 컸고 세 번째 곰은 두 번째 곰보다 더 컸다. 이 곯려 주기가 끝나고 나면 말 한 마리를 들여와서 개들에게 쫓기도록 했고, 마지막으로는 황소가 들어와서, 용맹하게 그 자신을 지키며 싸웠다. 그다음으로는 여러 남녀가 별도로 분리된 구획에서 나와 춤을 추고, 대화를 나누다가 서로 다투었다. 또 한 사람이 얼마간의 흰 빵을 군중 위로 던지니 다들 서로 그것을 받으려고 재빨리 뒤섞이며 우왕좌왕했다. 그 장소의 중앙 좌측에는 장미 한 송이가 꽂혀 있었는데, 이 장미는 위로 발사되는 폭죽에 묶인 채로 불이 당겨졌다. 갑자기 많은 사과들과 배들이 아래쪽에 서 있는 사람들 위로 떨어

졌고, 사람들은 사과를 주우려고 정신없이 다투었다. 그 와중에 폭죽 일부가 장미와 분리되며 그들 머리 위로 떨어지도록 조정되어서 엄청난 놀라움과 공포감이 일었으나 이를 구경하는 사람들에겐 즐거운 볼거리였다. 이 이후에는 폭죽들과 다른 불꽃놀이들이 사방 모든 구석에서부터 날아들었고, 그러고 나자 그것으로 연극이 끝났다.

"그러고 나자 그것으로 연극이 끝났다." 오늘날에는 이 유혈이 낭자한 악취미의 광경을 연극으로 분류할 사람이 거의 없겠지만, 엘리자베스 시대의 런던에서는 짐승들에게 싸움을 붙이는 것과 연극을 공연한다는 것이 서로 기묘한 연관성을 지니고 한데 엮여 있었다. 그것들은 모두 도시 행정관들의 조바심을 일으켰는데, 그들의 관점에서 보자면 이러한 오락거리들은 곧 도심의 교통 정체, 사람들의 무위도식과 무질서의 난동 상태를 가중하고 공중 보건의 측면에서도 속을 태우는 일이었다. 그래서 이러한 공연은 주로 서더크 같은 곳에서, 시 의회 부의장과 시장의 통제 관할권을 벗어나는 교외 지역에서 행해졌다. 이 오락거리들은 도덕주의자들과 설교자들에게도 비슷한 맥락에서 공격을 받았으며, 추잡하기 그지없고 사악한 무신론을 드러내는 외설적인 공연에서 즐거움을 찾는 자들 모두에게 하느님의 분노가 임할 것이라고 협박을 받았다. 하지만 이런 오락들은 평민 대중의 마음을 사로잡았으며 동시에 귀족들의 비호를 받았다. 심지어 이 두 종류의 유흥은 놀랍도록 비슷한 종류의 건물에서 공연되었다. 그 건물 중 하나는 — 호프 오락장(Hope playhouse) — 정말로 곰 곯려 주기와 연극 공연이라는 두 가지 유흥을 모두 주최했다. 1614년에 그 건물에서 공연된 벤 존슨의 『바살러뮤 축제』에 출연한 인물 중 하나는 그 전날 밤 행해진 스포츠의 흔적으로 남아 있던 악취에 대해 언급했다. 호프 오락장의 주인은 전당포 주인이자 고리대금업자이며 극장 기획자인 필립 헨슬로(Philip Henslowe)였는데, 그는 사창가도 몇 군데 갖고 있었다. 런던의 연예계와 거기서 발생하는 돈은 어떻게 보면 모두 한쪽에서 다른 한쪽으로 주거니 받거니 하는 관계였던 것이다.

동시에 극장은 (호프 오락장을 제외한다면) 다른 모든 오락장들과 결정적으로 차별화되는 과정에 있었으며, 놀랍도록 중요한 혁신을 이루었다. 촛불로 조명을 대체한 개인 홀, 여관의 안뜰, 그리고 수레의 짐칸처럼 되는대로 마련한 임시방편의 무대가 아니라, 처음부터 연극 공연을 목적으로 지어진 극장에서 연극하는 것은 런던에서 이제 막 시작된 일이었고, 유혈이 낭자한 스포츠보다 확실히 더 이후에 생긴 것이었다. 1542년의 서더크 지도를 보면 당시 하이 스트리트에 (High Street)는 황소 경기장의 위치가 표시되어 있는데, 1567년에 와서야 성공한 식료품 가게 주인인 존 브레인(John Brayne)이 런던의 첫 독립형 극장인 레드 라이온(Red Lion)을 스텝니(Stepney)에 세우게 된다. 이는 대담한 사업이었다. 영국에 이런 건물이 세워진 것은 로마 제국의 쇠락 이후 거의 처음 있는 일이었다. 레드 라이온에 대해 전해지는 정보는 거의 없다고 할 수 있다. — 이 건물은 아마 빠른 시일 내에 폐쇄되었거나 다른 용도로 변모되었던 듯하다. — 하지만 용감무쌍한 브레인의 눈에 연극을 공연하는 건물은 여전히 장래성 있는 투자로 보였음에 틀림없다. 왜냐하면 9년이 흐른 후에 그는 다시 한 번 더 중요한 사업적 모험을 감행했기 때문이다. 이번에는 동업자까지 함께였다. 그의 동업자는 처남인 제임스 버비지(James Burbage)였는데, 원래는 목공 일을 했으나 레스터 백작의 후원을 받아 배우가 된 사람이었다. 버비지의 목공 기술은 최소한 그의 연기 능력 못지않게 중요하게 취급되었을 텐데, 연극 공연을 위한 복잡한 다각형 목재 건물을 건축하는 데에 그가 주된 역할을 해냈기 때문이다. 두 사업가는 이 건물을 단순히 '시어터(Theater)'라고 명명했다.

문자 그대로 고전 시대의 부활을 의미하는 그 이름은 르네상스적 관념에도 걸맞았다. 1576년에는 상대적으로 낯설었던 단어인 '극장'은 고대의 원형 극장을 자발적으로 상기시키는 단어였다. 그러고 보면 이 극장이 "로마의 낡은 이교도 극장을 본따서" 지어진다는 이유로 거의 즉각적으로 설교단의 공격을 받았다는 것도 놀라운 일은 아니다. 버비지와 브레인이 그것을 도시로 들어오는 비숍스게이트 바깥쪽에 있는 근교 쇼어디치(Shoreditch)의 할리웰(Holywell) 공터에다 지은 것은 매우 현명한 일이었다. 그들이 임대한 그 땅은 일전에 베네딕트회 수녀들의 수도원이 있던 자리였고 당시 그들이 벌이는 사업은 도시 외곽에 자리 잡고 있었으므로 도시가 아닌 여왕의 추밀원에서 관할할 대상이었다. 따라서 아무리 설교자들이 맹렬히 비판하고 도시 행정관들이 협박을 일삼더라도, 공연은 계속될 것이었다.

런던으로 온 셰익스피어도, 그 전까지는 연극을 관람하기도 하고 또 직접 연기도 해 봤을 테지만, 오직 연극 공연만을 위해 독립적으로 세워진 극장은 한 번도 본 적이 없었을 것이다. 아마 그는 그 극장에 대해 이미 세세한 내용까지 전해 들은 적이 있었을 것이며, 어쩌면 런던에 다녀온 적이 있는 가족 중 한 사람이나 친구가 이를 주의 깊고 자세하게 묘사해 주었을 것이다. 하지만 그가 처음으로 직접 그곳에 이르렀던 순간의 감회는 남달랐다. 그는 여러 단으로 배열된 관람석으로 둘러싸인 넓은 뜰과, 중앙으로 뻗어 나온 직사각 모양의 무대 연단이 높이 솟아 있는 것을 보았다. 뜰은 '지면층 관객'들이 서서 연극을 보는 곳이었는데 위쪽으로 막힌 지붕이 없이 트여 있었으나, 무대 부분은 기둥 두 개가 받쳐진 위쪽으로 흔히들 '천국'이라고 부르던 색을 칠한 천막으로 덮여 있었다. 무대는 지상에서 1미터 50센티미터 정도 솟아 있었는데 보호 난간은 없는 상태였다. 따라서 배우들은 무대 위에서 검투 연기를 펼치면서 떨어지는 일이 없도록 자신의 위치를 정확하게 파악해야 했다. 무대 장치 중에는 무대 아래쪽 창고 공간으로 통하는 작은 낙하 문이 있었는데 '지옥'이라고 불리는 이 문은 강력한 극적 효과에 사용될 수 있었다. 무대 뒤쪽에는 입구와 출구 두 개의 문이 있는 목재로 된 벽이 있었으며, 몇몇 극장에서는 이들 사이에 장막으로 가려진 공간을 두어서, 한층 공식적인 등장이나 친밀한 장면들을 연출할 때 이 장막을 열어 보이기도 했다. 뒤쪽 벽에 난 이 문들 위쪽으로는 최고가의 입장료를 지불하는 관객을 위해 마련된 특별한 공간으로, 칸막이를 친 방들로 이루어진 객석이 있었다. 이 객석의 정중앙 부분은 무대 장면 연출에 사용되기도 했다. 당장은 아니더라도 얼마 지나지 않아 곧 셰익스피어는 그 공간을 활용하는 방안을 상상하기 시작했는데, 예를 들어서 저택의 발코니나, 성채의 벽에 높이 매달려 있는 난간으로 쓰는 것이었다.

  실내에는 조명이 없고 활용할 수 있는 풍경도 최소한이었으므로, 현대 극장들이 정기적으로 차용하는 환상적 장치들을 꾸며 내는 데는 분명 상당히 제한받을 수밖에 없는 취약점이 있었을 것이다. 하지만 관객들은 계속해서, 그들이 밤을 상상하기 위해 꼭 실제와 동일한 어둠 속에 빠질 필요가 없으며, 숲을 연상하기 위해 물에 불린 종이를 굳혀서 만든 나무의 형상들을 꼭 봐야 할 필요가 없다는 것을 내내 증명해 보였다. 엘리자베스 시대의 관객들이 심각하게 받아들였던 것은 무대 의상이 가져오는 환상적 효과였다. 무대의 배경을 이루는 벽 뒤에는 '의상실'이 있었는데, 거기서 배우들은 정교한 무대 의상으로 갈아입었다. 의상들은 비가 올 때를 대비해서 언제나 지붕 천막으로 조심스럽게 보호되었다. 극장 무대의 모든 설계는 대단히 기능적이면서도 유연했다. 사실 멋진 길드의 홀이나 귀족 또는 신사들의 화려한 저택 홀에서 공연을 하는 것만 해도 순회 극단에게는 충분히 바람직한 조건이었지만, 공간이 새롭게 바뀔 때마다 배우들은 그에 맞춰 계속해서 공연 요소를 재정비해야 했고, 장애가 되는 요소들을 대체하거나 해결해야 했으며, 각 공간의 특징이 연기에 지장을 주는 일이 없도록 작업해야 했다. 그러므로 지방에서 올라온 젊은 배우나 야심 많은 극작가가 이처럼 연극 공연만을 목적으로 설계된 런던의 전용 극장에 입장하여 기능적인 무대를 둘러본다면 자기가 방금 죽어서 연극 공연의 천국에 왔다고 느낄 만큼 황홀했을 것이다.

그 천국은 최소한 일정 측면에서는 마음이 놓일 만큼 친숙한 공간으로 보이게 해 주는 기분 좋은 특징을 지니고 있었다. 객석으로 둘러싸인 뻥 뚫린 공간은 런던의 여관 안뜰을 연상시켰는데, 지방 어느 곳을 가든 야외 공간에서 연극을 공연하는 경우가 잦았기 때문이다.(실제 공연은 넓은 실내 공간에서 더 자주 이루어졌다.) 여관 주인들은 — 혹은 이 시기에는 집주인(housekeeper)이라고 불린 — 순회 배우들에게 의상과 소품까지 포함된 공연 공간을 임대했으며, 배우들은 공연이 끝나고 나면 군중 사이로 모자를 돌려서 관람료를 받았다. 런던에 도착했을 때쯤엔 젊은 윌도 한 번 이상은 직접 관객에게서 잔돈을 수거해 보았을 것이다. 하지만 동시에 1580년대는 극단들이 여관 문간에서 입장료를 미리 받는 실험적인 방식을 도입한 시기이기도 했다. 새로운 연극 전용 '극장' 시어터와 그 시기에 공존하던 다른 공용 극장들은 서로 다른 원칙하에 운영되었으나, 각 건물의 소유주들은 자기들이 흔한 여관을 가졌을 뿐이라는 듯 계속 집주인이라 자처했다.(짐작건대 이런 이유 때문에 우리는 여전히 객석 조명을 낮출 때 '집 안 조명(houselight)'을 낮추라고 말하고, 혹은 공연장이 만원이라고 말할 때 '집이 가득 찼다.(full house)'라는 표현을 쓰는 듯하다.)

버비지와 브레인의 투자는, 극장 건물 외에도 여관과, 그레이스처치 스트리트(Gracechurch Street)의 크로스 키스(Cross Keys) 선술집(지금은 리버풀 스트리트 역 근처다.)까지 이어졌는데, 배우들은 때때로 거기서도 공연을 했다. 하지만 그들의 주된 극장은 이러한 공간들과는 다른 별도의 구조물이었고, 오로지 연극 중심으로 돌아가는 설계로서 이 사업가들이 전적으로 혁신적인 아이디어를 실행에 옮기도록 해 주었다. 관객들은 공연을 관람하기 전에 문간에서 먼저 돈을 내야 했다. 연극이 끝나고 나면 배우들은 관람료를 구걸하는 게 아니라 오직 박수만을 요청할 수 있었으며, 재방문해 주기를 당부할 수 있었다. 이런 식으로, 자물쇠를 채워 둔 현금 상자로부터 박스 오피스라는 공간이 생겨났다. 이러한 혁신은 무대 위 연기자들과 고객들의 관계를 아주 뚜렷하게 바꿔 놓았으며, 상업적으로도 즉각적인 성공을 거두었던 게 틀림없다. 왜냐하면 커튼(Curtain)이란 극장 역시 곧 비슷한 방식을 도입했고, 다른 극장들도 그 뒤를 따랐기 때문이다. 1페니를 낸 관객은 안뜰에 들어가서 두세 시간 동안 군중 속에 섞여 서성거리며, 사과와 오렌지와 땅콩, 병에 든 에일을 사 먹을 수 있었고, 최대한 무대 가장자리로 가까이 다가가려고 사람들을 밀치며 안쪽으로 들어가 서 있을 수도 있었다. 여기에 1페니를 더 내면 비를 피할 수 있도록(때로는 뜨거운 태양도 피할 수 있도록) 차양이 쳐진 상태로 극장을 둥글게 둘러싼 객석에 올라가 앉을 수 있었다. 세 번째 페니는 '가장 관람하기 좋은 장소'라고 하여, 객석의 낮은 층에 위치하고 방석이 구비된 '신사석'에 앉을 수 있게 해 주었다. 이 자리를 두고 당시에 극장을 즐겨 다니던 한 사람은 "무대에서 벌어지는 모든 것을 잘 볼 수 있을 뿐만 아니라 본인 또한 남들에게 보여질 수 있는" 자리라고 표현했다.

이들의 지불 체계는 재정의 투명성을 상호 확고히 하기 위한 장치이기도 했다. 첫 번째 페니는 배우들에게로 돌아갔다. 두 번째 페니와 세 번째 페니는 부분 혹은 전체적으로 '집주인'에게 돌아갔다. 하지만 동업자들의 사이는 곧 틀어졌다. 브레인은 버비지가 비밀 열쇠를 만들어서 극장의 현금 상자에서 몰래 돈을 슬쩍해 왔다는 혐의를 제기했다. 그리고 그들은 보통 엘리자베스 시대의 사람들이 돈 문제가 생길 때면 늘상 하던 대로 법정 소송을 제기했다. 1586년 브레인의 사망 이후에도 이들 사이의 기소와 항소는 여전히 해결을 보지 못한 채 난항을 겪었으며, 합의는커녕 양측의 분규와 악의만 점점 커졌다. 결국 1590년 11월 16일, 과부가 된 브레인의 아내가 그녀 쪽 사람들을 이끌고 시어터 앞으로 와서 현재까지 영수된 금액의 일부를 요구하고서야 이 악에 받힌 총력전은 막을 내렸다. 제임스 버비지와 그의 아내는 창문 밖으로 몸을 내밀고, 그들의 처남댁은 매춘부 같은 여자이고 그녀와 당시 함께 돈을 받으러 온 패거리는 날강도들이라고 고래고래 소리를 질렀다. 20대 초반이었던 버비지의 막내아들 리처드는 긴 빗자루를 마구 휘두르며 뛰어나와 돈을 받으러 온 사람 하나를 두들겨 팼다. 법정 진술 기록에 따르면 "멸시와 경멸을 가득 담아서, 상기 증인의 코를 이리저리 농락했다." 빗자루를 손에 든 이 혈기왕성한 젊은이는 이후 햄릿을 포함하여 셰익스피어의 다른 위대한 영웅 역할 대부분을 도맡아 연기하면서 유명세를 떨친 리처드 버비지로서, 바로 여기서 처음으로 그에 대한 기록을 일별할 수 있다.

셰익스피어가 자신의 길이라고 여긴 연극계라는 세계는 변덕스럽고 지레짐작이 넘치고 경쟁적이고 불안정했다. 연극 무대를 향해서 귀청이 따갑도록 공격의 말을 외쳐 대는 적들도 많았다. 설교자들과 도덕주의자들은 극장이라는 공간이 비너스와 기타 악마적인 이교도 여신들을 숭배하는 곳이라고 주장했다. 이곳 탓에 순수한 마음으로 연극을 관람하러 갔던 기혼 부인들의 존경받던 삶이 육욕의 정염 속에 빠르게 무너져 내리고, 남자들은 고혹적인 소년 배우들에게 성적인 흥분을 느끼고, 하느님의 말씀은 조롱당하며, 독실함은 비웃음의 대상이 되고, 엄숙한 권위는 경멸 속에 떨어지며, 선동적인 망상이 다수 군중의 마음속에 심어진다는 것이 그들의 주장이었다. 어디 연극을 보러 가 보시라, 분기탱천한 목사 존 노스브룩은 천둥처럼 꾸짖었다. "만약 당신들이 부정을 저지르는 법과 남편을 속이는 법, 아니면 남편이 아내를 속이는 법을 배울 거라면! 다른 사람의 사랑을 얻기 위해 창녀처럼 구는 법을 배울 거라면! 강간하고, 기만하고, 배반하고, 아첨하고, 거짓말하고, 욕설하고, 포기하는 것을 배울 거라면! 매춘부의 유혹에 빠지고, 살해하고, 독살하고, 군주께 불복종과 반항을 하고, 보물들을 방탕하게 쓰고, 색욕에 휩쓸리고, 도시와 마을을 뒤집어 망치고, 나태해지고, 신성을 모독하고, 사랑에 대한 경박한 노래를 부르고, 추잡하게 이야기하고, 자만심을 품는 법을 배울 거라면……."

이 악덕 강좌의 목록은 숨 쉴 새도 없이 이어지며, 수년을 두고 다른 설교자에게로 넘어가면서 뒷부분이 계속 덧붙여졌다. 그리고 이것만으로는 충분치 않다는 듯이, 극장의 적들은 연극 무대의 사악함 못지않게 관객의 사악함도 이에 필적한다고 한탄했다. 1579년에 스티븐 고슨(Stephen Gosson)은 썼다. "우리 극장들에서, 당신은 서로 여자 옆에 앉겠다고 밀치고 당겨 대며 안달복달 들썩이는 모습을 보게 될 것이다. 그들은 의상에 너무도 신경을 쓴 나머지 제 옷이 밟히기라도 하면 기겁을 하며, 자기들 무릎에 시선을 고정한 채로 장내가 듬성듬성한 것을 견디지 못한다. 등에다 쿠션을 몇 개나 받쳐 몸뚱이가 배기지 않으려 하고, 서로 무슨 말을 그리도 하는지 귓속말을 하고, 시간을 때우면서 달짝지근한 사과를 나눠 주고, 서로 발장난을 치고…… 간지럽히고, 희롱하고, 미소를 짓고, 윙크를 하고, 볼거리가 끝나면 집으로 돌아오는 것이다." 끔찍한 일이라며 도덕주의자들은 불쾌하게 읊조렸다. 연극을 보면서는 두 시간이 넘도록 행복하게 앉아 있는 그 많은 사람들이, 한 시간 동안 설교를 듣는 것은 도무지 견뎌 내질 못하니 말이다.

    이러한 주장들은 극장의 문을 닫아야 한다는 명목하에 제기되었으나 일요일 공연을 금지하도록 하는 법을 이끌어 내는 것 외에는, 사실상 놀라울 것도 없이 오히려 대중의 흥미를 강화하는 역할만 했다. "우리는 어디로 가야 하나?"라고 존 플로리오(John Florio)는 1578년에 펴낸 『영국-이탈리아 문집』에 쓰고 있다. "황소가 있는 연극을 보러 가거나, 혹은 다른 어딘가로." 플로리오는 이탈리안 개신교도 망명자의 아들로서 런던에서 태어나고 자랐다. 그의 서투른 언어 학습 문답은—마치 현대의 교과서들이 그렇듯이 흥미로운 사실을 보여 주는데, 그 이유는 글쓴이가 매우 평범하고 일상적인 시각에서 대답하려고 노력했기 때문이다. — 이렇게 이어진다.

희극은 너를 잘 좋아하니?
예, 선생님, 성스러운 요일에는요.
그들은 나를 여전히 마음에 들지만, 설교하시는 분들이 그것들을 허락지 않으십니다.
왜? 너 그것을 아니?
그들은 말합니다, 그들은 좋지 않아요.
그러면 왜 그것들은 사용되니?
왜냐하면 모든 사람이 그것들을 즐거워하기 때문입니다.

"왜냐하면 모든 사람이 그것들을 즐거워하기 때문입니다." 연극 무대를 옹호하는 사람들은 종종 그들의 여러 주장을 한데 모았다. 연극은 미덕이 포상을 받고 악덕이 처벌을 받는 것을 보여 주고, 예의범절을 가르쳐 주고, 자칫 위험한 계략을 꾸밀 수도 있는 사람들의 머릿속을 무해한 것들로 대신 채워 준다고. 하지만 극장들이 살아남아 번영했던 가장 큰 이유는 사실 단순하다. 바로 하찮은 수습 직공에서부터 나라의 여왕에 이르기까지 엄청나게 다양한 범주의 사람들이 모두 각자 자기가 보는 것에서 즐거움을 느꼈기 때문이었다.

강력한 힘을 가진 귀족들, 국가 정부의 주요 각료들, 그리고 여왕 본인도 대중 극장과 극단을 보호했다. 만약 체제 전복을 꾀하는 위험한 힘이 왕국 내에 있다면, 그것은 극장이 아니라 극장을 적으로 돌린 쪽에서 나올 것이라고 그들은 생각했다. 불만이 가득하고 사사건

건 지긋지긋한 참견을 일삼는 과격파 개신교도들, 모든 불경스러운 쾌락을 이 땅에서 쓸어버리고 싶어 하는 그 엄격한 개혁론자들 말이다. 하지만 여왕과 그녀의 조언자들이 극장 무대에 제공해 준 보호가 무조건적인 성격을 지녔던 것은 절대 아니었다. 그들 역시 다수의 대중이 공공연하게 집결하는 상황에 대해서는 불안을 느꼈다. 근거 없는 피해망상에서든 쓰디쓴 경험에서 나온 실용적 혜안에서든, 여왕과 귀족들은 대중의 모임이 본래적으로 위험하다고 믿었고, 마치 기회만 주어지면 군중은 얼마든지 난폭한 폭도로 변하여 그들보다 사회적 우위에 있는 계층을 공격하고 사회의 근본적인 체제를 강타할 것이라고 미리 전제해 놓은 듯이 처신했다. 공식 문서상으로는 여왕이 언제나 자신의 사랑하는 신민들을 향하여 변함없이 평온한 믿음을 품고 있다고 강조했지만, 군데군데 드러나는 한층 솔직한 발언들에서는 내재된 강한 의심이 암시되었다. 필립 시드니 경이 그보다 상위 계급인 옥스퍼드 백작(Earl of Oxford)과 테니스 경기를 하다가 다소 거칠게 맞붙자, 엘리자베스는 시드니를 불러다가 영주의 작위를 가진 백작과 단순한 기사의 차이에 대해 훈계를 하고 나서 한마디 경고를 함께 남겼다. '그대는 상상할 수 있겠소?' 그녀는 물었다. '귀족인 그대 자신조차도 사회적 계급과 지위를 존중하지 않았다는 것을, 평민들이 보고 배우면 어떤 일이 일어날지?'

엘리자베스의 공무관들은 대중의 오락거리 중에서 그들이 통제력을 발휘할 수 없는 것들에 대해서 염려했다. 고작 한 움큼의 사람이 한군데에만 모여도 당국 관계자들은 긴장했다. 비밀 정보원들이 술집과 여관에 자리를 잡고 앉아 사람들의 대화를 엿들으며 무엇이든 의심스러운 것은 상부에 보고했다. 혹여 남들이 '불충한 발언들'을 입

밖에 내는 경우가 없는지 서로를 감시해 줄 것을 요청하는 정부 성명서들이 발행되었고, "길모퉁이나 악덕한 집에 남몰래 숨어서 새로운 소식들을 전해 듣고, 헛소문과 거짓된 이야기를 퍼뜨려서 혹세무민하는" 사람들을 대상으로 하는 경고장도 발포되었다. 런던 일대에 매복하는 부랑자들은 가혹한 처벌의 대상이 되었다. 나름 힘이 있는 보호자들을 끼고서도, 대중 극장들의 향후 입지가 불안하고 위태로웠던 것은 어찌 보면 당연한 일이었다.

1580년 후반에 아마도 어느 순회 극단에 소속된 배우로서 런던에 도착했을 셰익스피어는 상대적으로 연극계의 새로운 장면에 진입하고 있었다. 아직 충분히 발달하지 않았다는 점에서 완전히 새로운 것이 아니었지만, 여전히 열린 상태에서 서서히 진화하고 있다는 점에서는 충분히 새롭다고 할 수 있는 그런 장면에. 극단들은 본래 거의 쉬지 않고 순회공연을 다니는 유목적인 생활에 적응되어 있었다. 들고 나는 구성원도 자주 바뀌었으며, 일시적으로 단원들을 몇 개 팀으로 분리했다가 나중에 다시 조합하는 경우도 흔했다. 하지만 도시 인구가 빠르게 증가하면서 그들이 즐길 오락거리는 항상 부족했다. 따라서 이를 충족시켜 주는 도시의 대중 극장이 떠오르기 시작했고, 최소한 이러한 극단 중 몇 개에게는 수익성이 좋은 본거지를 두고 정착하여 공연을 할 수 있는 기회가 주어질지도 모르는 상황이었다. 그들은 여전히 순회공연을 하러 다니기도 했지만, 의상과 소품을 가득 채운 짐마차, 공연을 할 만한 공간을 찾아 이리저리 바쁘게 헤매는 것, 지역 당국 관계자들과의 불만족스러운 교섭 등은 이제 점점 그들의 전문 직업 생활의 중심에서 멀어지게 되었다.

하지만 성공적인 극단들조차도 순회공연 중심에서 런던 중심의 정착 공연 형태로 성격을 전이해 가는 과정은 쉽지 않았다. 순회 여행은 당연히 피곤한 일이었다. 고작 몇 편의 공연을 마치자마자, 극단은 풀었던 짐을 다시 싸서 움직여야 했으니까. 하지만 그 경우에 배우들은 그다지 많지 않은 수의 소박한 목록만으로도 돌려 가며 공연을 이어 나갈 수 있었다. 그러나 런던에서는 달랐다. 개방형 원형 극장은 대단히 규모가 컸으며 2000명 이상을 수용할 수 있었다. 그리고 도시에는 16세기 기준으로는 꽤 많은 수였던 20만 명의 인구가 있었다. 시즌당 한두 개 정도의 성공적인 연극을 공연하고 나머지는 그것들의 재연으로 메꿔 나가는 것만으로는 생존하기 어렵다는 얘기였다. 극단들은 사람들을 끌어와야 했다. 그것도 굉장히 많은 사람들에게, 극장에 왔다가도 또다시 오게 하는 습관을 들여야 했다. 그러려면 계속해서 공연 목록을 바꿔야 했는데, 한 주당 많게는 대여섯 개의 다른 연극을 무대에 올려야 했다. 새로운 극장들은 규모 자체가 엄청난 대형 산업이었다. 대충 계산해 봐도 각 극단은 1년에 스무 개의 새로운 연극을 올려야 했고, 지난 시즌에서 넘어온 스무 개와 섞어서 대략 마흔 개 정도의 공연 목록을 기본적으로 구비해야 했다.

셰익스피어는 급증하는 대중 극장들에서 만들어진 이 특별한 기회를 제때에 붙잡았던 것으로 보인다. 신흥 극장에서 공연을 하는 극단들에겐 새로운 연극이 아주 많이 필요했다. 그는 이 수요를 만족시키는 데 일조할 수 있었으며, 그 혼자서 했든 다른 사람들과 협업을 했든 초기 극본들을 쓰기 시작했을 것이다. 극작가로서 일을 시작하기에는 더없이 좋은 시기였다. 그 당시에는 작가 조합도 없었고, 극작가가 되기 위해 보유해야 할 특별한 자격증도 없었고, 집필 작업에 뛰어들어 앞으로 밀고 나가는 데 전제가 되는 조건도 필요 없었다. 런던은 그가 스트랫퍼드에서부터 배우가 되겠다는 꿈을 간직하고 왔던 것만큼이나, 신예 작가로서 태동하는 야망을 느끼게 해 주었다.

나중에 그의 삶에서 전해지는 이야기에 따르면 셰익스피어는 다들 놀라워할 정도로 글을 쉽게 썼다고 한다. "배우들은 셰익스피어에게 영광을 돌리기 위해 종종 이렇게 언급하곤 했다." 그의 친구이자 경쟁자였던 벤 존슨은 썼다. "그는 글을 쓸 때, 펜을 쥐고 쓴 후엔 절대 한 줄도 지우는 법이 없었다고……. 그에 대한 나의 대답은", 존슨은 톡 쏘듯이 덧붙인다. "아마 1000줄쯤은 지웠을 거라고 말해 준다." 그의 많은 연극들과 시들이 다양한 형태로 존재하는 것으로 미루어 판단해 보면, 셰익스피어는 정말로 수천 줄의 대사들을 퇴고했음이 틀림없다. 그가 자기 작품을 폭넓게 교정했다는 증거 또한 분명히 존재한다. 하지만 그에게는 글을 굉장히 쉽게 쓴다는 인상이 늘 따라다녔고, 이것은 그가 작품 활동 초기에 기울였던 노력의 연장선상에서 나온 것일 수 있다. 그는 필요한 단어들을 쉽게 연상해 냈고 이해력이 빨랐으며, 이미 개별적으로 풍부한 연극적 틀의 암시가 머릿속에 잘 흡수되어 있었다. 아직 젊고 사전 경험도 없었지만 그는 무대를 위해 극본을 쓰는 일에 즉시 착수했다. 그럼에도 셰익스피어가 작가로서의 경력을 완전히 출발시킨 계기가 될 만한 놀라운 미학적 충격이 있었다는 징후들이 있다.

연대기 작가 스토가 썼듯이 런던은 "어떤 거대한 욕망이라도, 그 효과를 드러나게 하는 전능한 무기와 악기 같은" 곳이었다. 1570년대부터 계속 세워진 대형 대중 극장들은 — 시어터, 커튼, 로즈(Rose), 스완(Swan), 글로브(Globe), 레드 불, 포춘(Fortune) 그리고 호프 — 그러한 거대한 욕망을 조성하고 공급하는 사업을 하고 있었다. 셰익스피어는 거의 이 세계에 도착하자마자 이 연예 사업의 중심 원칙을 가장 순수한 형태로 맞닥뜨렸다. 그가 막 런던에 발을 들여놓은 1587년, 사람들은 로드애드미럴스멘 극단이 크리스토퍼 말로(Christopher Marlowe)의 『탬벌레인(Tamburlaine)』을 공연하는 것을 보기 위해 로즈 극장으로 물밀듯이 밀려들었다. 셰익스피어가 이 연극을 관람한 것은 확실하며(곧 그 뒤를 이어서 공연된 속편까지도), 아마 다시 보고 또 보러 갔을 것이다. 확실히 그 연극은 그가 대중 극장에서 처음으로 본 공연 중 하나였다. ― 어쩌면 정말로 최초의 대중 극장 관람 경험이었을지도 모른다. ― 그리고 이 작품이 그의 초기작에 남긴 효과를 생각해 보면, 이 작품은 그에게 있어서 강렬하고 본능적이며 정말로 인생을 바꿔 놓는 영향력을 행사했던 것처럼 보인다.

놀랍도록 가학적인 말로의 연극이 관객의 마음을 뒤흔들며 찬란하게 채워 주었던 환상은 바로 강력한 지배의 꿈이었다. 그의 영웅은 가난한 스키타이의 양치기였으나, 굳은 결심과 카리스마적 에너지 그리고 철저한 잔혹성을 갖추고 일어나서 지금껏 알려진 세계의 대부분을 정복하기에 이른다. 연극은 거대한 서사시적 규모로 구상되며, 시끌벅적한 소음과 이국적이고 화려한 볼거리, 그리고 무대 위에 넘쳐흐르는 유혈로 가득 찼다. 깃발이 나부끼고, 전차들이 무대 양쪽에서 등장하고, 대포가 발사되지만, 이 연극이 내뿜는 주된 매력의 핵심은 바로 강력한 의지의 현현을 찬양하는 주문적인 발화 효과였다.

> 자연, 우리를 네 가지 요소로써 틀 잡았고,
> 우리의 가슴속에서 진을 치며 교전 중인 것,
> 그가 우리 모두에게 일러 주는 것, 큰 포부를 가지라고.

우리 영혼들, 그들의 능력은 이해할 수 있노라
이 세계의 경이로운 건축들과
모든 방황하는 행성의 궤도를 잴 수도 있노라,
여전히 무한한 지식을 좇아 매달리면서
그리고 쉬지 않는 천구처럼 언제나 움직이면서,
굳은 의지를 스스로 입고 절대 쉬지 않으리니
가장 농염하게 익은 과실에 우리가 닿을 때까지.
그 완전한 축복과 오롯한 행복,
이 땅의 왕관이라는 달콤한 성과에 이를 때까지.

(2.7.18-29)

이 연극의 공간에서는, 당시의 학교와 교회, 설교문과 선언서들과 합리적인 소책자들로부터 심어진 모든 도덕적 규칙은 모두 일시적으로 유예된다. 가장 고귀한 것은 ─ "그 완전한 축복과 오롯한 행복" ─ 신에 대한 명상에서 오는 것이 아니라 왕관을 손에 넣는 데서 온다. 여기에는 혈통에 의한 위계도 없고, 신의 손으로 성스럽게 허가받은 법적 권위자도 없고, 천부적으로 복종해야 할 대상도 없고, 도덕적인 억압도 필요 없다. 대신 이 연극에는 세계의 패권을 장악함으로써만(혹은 장악을 꿈을 꿈으로써만) 해소가 가능한, 난폭한 분투가 쉬지 않고 이어진다.

탬벌레인의 역할은 로드애드미럴스멘 극단이 보유한 놀라울 정도로 훌륭한 재능을 지닌 젊은 배우, 그 당시 고작 스물한 살이었던 에드워드 앨린(Edward Alleyn)이 맡았다. 그보다 두 살 연상이었던 셰익스피어는 그의 연기를 보면서, 진작부터 자각하고 있지 않았다면 그 순간에라도 확실히 깨달았을 것이다. 바로 자신은 런던 무대에서 이처럼 눈에 띄는 배우가 되기는 힘들 것 같다는 예감을 말이다. 앨린은 진짜배기였다. 외모는 중후했으며 "잘 다듬어진" 낭랑한 목소리는 거대한 군중의 관심을 끌고 고정할 수 있었다. "활보하고 포효하는" 연기를 통해 그는 즉각적이고 또 지속적인 인기를 얻었으며 포스터스, 바라바스, 그 외 많은 중요한 역할을 계속해서 맡았다. 그 후 그는 헨슬로의 수양딸과 결혼하여 연예 산업 쪽에서 엄청난 부를 쌓고, 명문 교육 기관인 덜위치 컬리지(Dulwich College)의 최초 설립자가 된다.

배우로서의 셰익스피어는 앨린의 탬벌레인 연기가 어떤 면에서 강렬한지를 인식했을 것이다. 하지만 시인으로서의 셰익스피어는 뭔가 다른 것을 받아들였다. 이 연극의 대사가 관객을 매료하는 마법은 전적으로 배우의 멋진 목소리에서만 나오는 것도, 혹은 주인공의 대담한 돌진 목표이자 최상의 유복한 가치를 지닌 이 세상의 왕관이라는 환상에서 나오는 것도 아니었다. 숨을 죽인 관객은 이미 이 연극의 무운율(blank verse)에서 오는 전례 없는 에너지와 위엄 넘치는 달변을 통해, 탬벌레인의 힘을 맛보았다. 운을 달지 않은 5음보 10음절 행들의 역동적인 흐름은, 작가 크리스토퍼 말로가 연극 무대에 올리기에 전혀 부족함 없이 능숙하게 통달한 운율이었다. 이 대사들은 사람들이 실제보다 위대한 존재가 되어 내뱉는 발화는 어떠할지 그려 보는 꿈과 마찬가지로, 그저 겉만 번드레한 허풍으로만 이루어진 것이 결코 아니었다. 이 대사들의 깊은 매력은 그 안에 내재된 "경탄스러운 언어의 구조," 그들이 갖는 섬세한 리듬에 있었다. 즉 단음절로 된 짧은 단어들이 연속으로 이어지다가 갑자기 "포부를 가져라.(aspiring)"라는 다음절어가 꽃피듯이 터져 나오는 시적 짜임새나 "과실(fruit)"이라는 단어가 "성과(fruition)"로 더 강렬하게 무르익은 걸 발견할 줄 아는 즐거움 같은 것들에.

셰익스피어는 지금까지 한 번도 이런 것을 본 적이 없었다. — 워릭셔에서 봤던 도덕극이나 신비극 연작에서 이런 종류의 고차원성을 봤을 리가 없다. — 연극을 보는 내내 분명히 그는 혼잣말로 중얼거렸을 것이다. "난 이제 더 이상 스트랫퍼드에 있는 게 아니야." 주로 도덕극이나 신비극을 통해 지적, 문화적 양식을 섭취해 온 사람의 관점에서 보자면, '폭동'에나 걸맞을 인물이 주인공으로 등장하여 그 무엇과도 비교가 되지 않을 만큼 강렬한 언어적 힘을 펼쳐 보이며 무대를 장악하고 있는 것처럼 보였다. 연극 초반에는 — 말로의 무법성이 전면적으로 드러나기 전에는 — 셰익스피어도 다른 관객들과 함께, 선한 자들의 피로 잔뜩 적셔진 무대 위의 독재자가 곧 예정된 패망의 길로 접어드는 장면이 나오기를 얌전히 기다렸을 것이다. 어쨌든 도덕극의 '폭동'이나 종교극의 헤롯(Herod)에게는 언제나 그러한 파멸의 운명이 예비되어 있었으니까. 하지만 그 대신 그가 보게 된 것은, 대단한 미치광이의 잔인한 승리가 계속 이어지면서, 관객이 그의 업적을 찬양하는 환각적 수사에 점점 도취되는 모습이었다. "수백만의 영혼들이 스틱스 강변에 앉아 있구나!" 연극이 끝나 갈 무렵 이 살기등등한 정복자는 기쁨에 넘쳐 외친다.

> 카론의 나룻배가 돌아오기를 기다리며.
> 지옥과 극락은 사람들의 유령으로 가득하다
> 모두 내 손으로 그곳에 보낸 자들이지…….
>
> (5.1.463-66)

그 무엇도 탬벌레인을 저지하지 않는다. 그에게서는 두려움도, 경의도, 그리고 기존에 이미 설립된 사물의 질서와 체제에 대한 존중도 찾아볼 수 없다. "황제들과 왕들이 내 발아래 숨이 끊어져 스러진다." (5.1.469) 이러한 선포와 함께 다마스쿠스의 죄 없는 처녀들을 모두 몰살시키면서 그는 자신이 정복한 이집트 왕의 딸인 신성한 제노크레이트를 신부로 맞아들인다. 그리고 나서 충격적이게도 정말 터무니없이 연극은 그렇게 끝난다. 관객은 자신들이 살아오는 내내 귀에 딱지가 앉을 정도로 들으며 소중히 지켜야 할 가치로 여긴 그 모든 윤리관을 거침없이 짓밟아 버린 이 탬벌레인에게, 박수를 보내며 환호했다.

이것은 셰익스피어에게 굉장히 결정적인 경험이었다. 그의 모든 미학적, 윤리적 그리고 직업적인 가치관에 의문을 제기하는 도전이었다. 말로가 사실은 자신과 빼닮은 인물임을 알았을 때, 셰익스피어의 경쟁 의식은 더욱 불타올랐을 것이다. 그들은 둘다 1564년에 태어난 동갑내기였고, 지방 소도시 출신이었다. 말로 역시 큰 부자도 신사도 아닌 평범한 제조 장인의 아들로 태어났으며, 그의 아버지는 구두장이였다. 말로가 존재하지 않았더라도 셰익스피어는 분명 극작가의 길에 들어섰을 테지만, 말로라는 자극제가 없었다면 그가 쓴 연극들은 완전히 다른 성격을 지녔을 것이다. 지금 시점에서 보면, 그는 자신의 직업 경력에서 가장 중요한 승부수를 말로의 영향력 아래서 던진 듯 보인다. 즉 자신의 직업과 생계를 오직 배우만으로서가 아니라 자신이 서는 무대를 위해 극본을 쓰는 작가로서도 꾸려 보기로 결정한 것이다. 『탬벌레인』에서 유래한 흔적들은(처음 극본과 곧이어 나온 속편의 극본까지) 극작가로서의 셰익스피어가 처음으로 집필을 시도

한 작품인『헨리 6세』3부작 전반에서 발견된다. 이러한 흔적들이 너무 많아서 초기의 셰익스피어 원문 대조 학자들은 심지어『헨리 6세』가 말로와 함께 협동 작업을 한 게 아닐까 생각하기까지 했다. 그보다는, 이제 막 작가가 되려고 발돋움하는 셰익스피어와 그를 도와서 함께 작업을 했을 동료들이, 말로가 성취한 업적을 어깨너머로 흘깃흘깃 훔쳐보았다고 말하는 게 더 맞을 것이다.

말로는『탬벌레인』의 1부와 2부를 쓰며 자신의 기이한 개인적 역사 — 정보원, 이중 첩자, 위조자, 무신론자 — 에서 유래한 부분들을 함께 담아 냈다. 하지만 더 중요한 것은 그가 열렬한 다독을 통해 얻어 낸 것들도 함께 첨가했다는 점이다. 스키타이 출신 정복자의 삶에서 일부 세부적인 사항은 영어로 된 대중서에서도 읽고 간추릴 수 있는 내용이지만, 학자들은 말로가 구하기도 쉽지 않은 이 책들의 라틴어 원전을 남보다 먼저 읽은 게 분명하다고 주장했다.『탬벌레인』의 일부 세부 사항들은 말로가 이러한 정보들을 심지어 터키어로 된 원전에서 찾았을 수 있다는 것을 보여 준다. 이는 그가 살아 있을 당시엔 아직 그 어떤 유럽 언어로도 번역된 적이 없는 자료들이었다. 그리고 더욱 결정적으로 이국적인 지리적 위치 설정이 가득한 이 극본을 쓰기 위해, 그는 가장 최근에 정비된 자료이자 매우 값비쌌던 "세계의 극장(*Theatrum orbis terrarum*)"이라는 이름의, 플랑드르 지리학자 오틸리어스(Ortelius)의 세계 전도까지 직접 입수하여 살펴보았다. 한낱 구두장이의 아들이 어떻게 이러한 것들을 손에 넣을 수 있었으며, 또 다른 자료에도 접근할 수 있었던 것일까? 이 설명은 말로가 1581년 학생으로 등록했던 케임브리지 대학교의 도서관 서가와 인명 목록을 뒤져서 추측해 볼 수 있다. 예를 들어 그해 7월에 오틸리어스의 지도

가 대학 도서관에 입고되었고, 말로가 속한 대학이던 코퍼스크리스티(Corpus Christi)에서도 이 사본을 한 부 보유하게 되었다는 점을 고려해 볼 수 있다.

셰익스피어에게는 집필에 필요한 자료나 자원을 이 정도로 모을 여력은 없었다. 하지만 그는 런던에 친구를 두고 있었으며 이 시점에서 그 친구의 존재가 그의 경력에 결정적인 역할을 한 것으로 보인다. 고향에서 부친끼리 서로 알고 지내며 일을 돕던 사이인 리처드 필드(Richard Field)가 1578년에 스트랫퍼드어폰에이번에서 런던으로 상경했는데, 필드는 파리에서부터 망명한 개신교도 인쇄업자인 토머스 보트롤리에(Thomas Vautrollier)의 수습공으로 들어가려던 참이었다. 보트롤리에의 인쇄 사업은 번창하고 있었으며, 학교에서 쓰이는 교과서들, 칼뱅의 『기독교 강요(Institutes of the Christian Religion)』 판본, 라틴어 기도서, 프랑스어 작품들, 그리고 중요한 고전 편집본들을 바쁘게 찍어 내는 중이었다. 상기된 목록은 다소 지루해 보이지만, 보트롤리에는 다른 한편으로는 이단적 신학자이자 급진주의자인 이탈리아 철학자 조르다노 브루노(Giordano Bruno: 훗날 그는 로마의 캄포 데 피오리 광장에서 화형에 처해진다.)의 중요한 저작들을 들여오는 모험을 감행하기도 했다. 그가 출간한 책 중 가장 잘 알려진 것은 셰익스피어의 애독서가 된 토머스 노스 경(Sir Thomas North) 번역의 『플루타르코스 영웅전』으로, 『줄리어스 시저』, 『아테네의 타이먼』, 『코리올라누스』, 그리고 무엇보다 『안토니와 클레오파트라』 같은 작품을 탄생시킨 주된 영감의 근원이 되었다.

리처드 필드는 그의 새로운 소임을 잘 받아들였다. 보트롤리에의 수습공으로 6년간 일하고 나서, 7년째 되던 해에 다른 인쇄업자의 수습공으로 들어간 그는 1587년에는 런던 인쇄업자들의 공식 모임인 서적출판업조합(Stationer's Company)의 입회를 허가받았다. 같은 해에 보트롤리에가 사망하자 고인의 생전 부인이었던 재클린(Jacqueline)과 결혼하여 사업을 이어받았다. 1589년에는 바쁘게 돌아가는 작업장을 둔 인쇄소장으로서 안정된 자리를 잡았으며, 인상적이고 광범위하며 지적으로 풍부한 견해를 자랑하는 수많은 작가들과 거래하며 친분을 쌓았다. 또한 그는 경쟁 업장에서 출판한 책들뿐 아니라, 그 외 다른 자료들도 충분히 손에 넣을 수 있었는데, 덕분에 동향 출신의 젊은 극작가 친구에게 엄청나게 가치 있는 자원을 제공할 수 있었다.

시인으로서 셰익스피어는 영원한 명성을 얻기를 꿈꾸었지만, 그 명성을 책의 출판이라는 현상과 결부해서 생각해 본 적은 별로 없었던 것 같다. 그리고 극작가로서 충분히 자리를 잡아 자신의 책이 세인트폴 성당 뜰에 놓인 가판대에서 팔려 나가던 당시에도, 자신의 극본들이 인쇄된 실물 서책을 들여다보는 일에 별 관심을 나타내지 않았으며, 하물며 편집 상태가 정확한지를 제대로 확인하지도 않았다. 훗날 자신의 삶이 연극 무대에서만큼이나 그 극본이 인쇄된 책장들 사이에서 오래도록 남을 것이며, 작가로서의 운명 또한 그가 처음으로 블랙프라이어스(Blackfriars)에 있는 친구의 작업장을 찾아가서 넘겨다본 당시 인쇄 기술과 그토록 깊이 밀접하게 이어지리라고는 전혀 예상하지 않았던 것으로 보인다.

인쇄소의 문이 열렸을 때, 셰익스피어는 가장 먼저 런던 서적 산업의 심장이 바쁘게 고동치는 풍경을 목격했을 것이다. 식자공이 원고 앞에 엎드려서, 정리함에 손을 뻗어 활자 조각들을 꺼내고 그것들을 줄 단위로 배열하면, 인쇄기는 이렇게 식자 배열이 확실히 완료된 '판' 혹은 틀에 잉크를 주입하고, 잉크가 들어간 이 판이 종이가 놓여 있는 기계 바닥 위로 떨어져 종이를 찍어 누르며 잉크가 묻어 나오게 해 주는 중요한 나사들을 돌아가게 만들었다. 잉크가 찍혀 나온 종이들은 인쇄기에서 출력되어 나왔고 페이지를 만들기 위해 접혔다. 교열자가 이 종이를 수정했고, 혹시 내용에 변화가 있을 경우 인쇄된 페이지들은 제본공에게 넘어가서 함께 묶이기 전에 다시 식자공에게로 돌아가 재작업되었다. 이 모든 과정은 그 자체로 충분히 흥미로운 볼거리였을 것이다.(셰익스피어의 작품 인쇄본에는 이를 나타내는 기호나 흔적들이 많다.) 하지만 그를 가장 흥분시킨 것은 수많은 책들을 가까이에서 볼 수 있다는 점이었다. 책들은 값나가는 물건들이었고, 젊은 배우이자 경험 없는 극작가가 자신의 주머니를 털어 장만하기 불가능할 정도로 비쌌다. 그러나 야심을 품은 셰익스피어가 말로의 위대한 작품을 통해 제기된 문학적 도전에 부응하여 일어나기 위해서는 많은 책들이 필요했다.

셰익스피어가 『탬벌레인』에 대하여 나름의 반격이 되는 작품으로써, 어떻게 15세기 헨리 6세의 불안한 치세를 다루는 3부 연작을 쓰기로 결심했는지는 알려지지 않았다. 어쩌면 구상 자체는 그의 것이 아니었을지도 모른다. 그 당시 그가 소속되어 있었을 퀸스멘 극단이, 말로와 그의 극단이 거둔 성공 탓에 난항을 겪었으며 그에 대한 대비책을 마련하기로 결정했다는 증거가 남아 있다. 셰익스피어는 그들이 시작한 이 기획이 난관에 봉착한 상황에서 함께해 달라는 초청을 받았던 것일 수도 있다. 극본은 때때로 공동 작업으로 쓰였으며, 이미 상당 부분이 진행 중인 극본 작가들의 경우에도 새로운 도움의 손길을 환영하는 경우가 많았다. 어쩌면 처음엔 몇 가지 사소한 제안을 하는 것으로 시작했다가 점점 깊이 엮여 들어가면서 그에 따른 작업적 책임감이 늘어난 것인지도 모른다. 아니면 아예 그 자신이 처음부터 이 일을 기획한 장본인이었을 수도 있다. 하지만 어떤 경우에 해당하든, 셰익스피어와 함께 대본을 집필 중인 협업 작가들은 모두, 말로가 그랬듯이 원전으로서 책이 필요했다. 핵심적으로 필요한 책들—에드워드 홀의 『랭커셔와 요크의 고귀하고 저명한 두 가문의 연합』, 제프리 몬머스(Geoffrey of Monmouth)의 『브리태니아 열왕사(Historia regum Britanniae)』, 윌리엄 볼드윈(William Baldwin) 등이 공저한 『치안 판사들의 거울(A Mirror for Magistrates)』, 그리고 무엇보다 필수 서책이자 이제 막 출간이 된 신간으로 라파엘 홀린셰드의 『연대기』와 같은 영국 역사서들—은, 필드나 그에 앞서 인쇄소장을 맡았던 보트롤리에가 직접 출판했던 책은 아니었다. 하지만 셰익스피어의 친구가 사본을 몇 권 가지고 있었거나, 사본을 갖고 있는 사람을 소개해주었을 가능성이 꽤 높다.

　셰익스피어는 말로처럼 역사에 바탕을 둔 서사극을 쓰기로 결심했다. 하지만 그는 자국의 역사를 소재로 삼아 튜더 왕조가 질서를 잡기 이전, 유혈과 갈등의 시기에 대한 이야기를 쓸 생각이었다. 그는 말로가 그랬던 것처럼 한 세계 전체를 되살려서 재현하기를 원했으며, 놀라움을 불러일으키는 초인적인 영웅들이 죽음을 불사한 투쟁에 뒤엉키는 모습을 보여 줄 생각이었다. 하지만 그 세계는 동양의 이국적인 영토가 아니라 영국의 과거에 무대를 잡고 있었다. 역사극의 가장 핵심적인 발상 자체는—현존하는 사람들의 기억에서는 이미 사라져 버린 과거의 시간으로 관객을 되돌려 보내되, 그 시간이 동시대 관객에게 여전히 불가사의할 만큼 친숙하며 현대를 결정짓는 중요한 시기가 된다는 점을 보여 주는 것 — 완전히 참신한 것이 아니었으나, 셰익스피어는 이러한 역사극에 전례 없는 에너지와 힘 그리고 강한 설득력을 불어넣었다. 『헨리 6세』 연작은 특히 셰익스피어가 이후 같은 장르에서 보여 준 엄청난 업적에 비하면 전체적인 다듬새가 떨어지는 편이다. 하지만 이 연작이 주는 인상을 통해 충분히 그려 볼 수 있는 것은 『탬벌레인』이 이룬 성취를 모방할 만한 대항마적 재료를 찾아서 홀린셰드의 영국 역사서 『연대기』를 골똘히 검토하는 한 극작가의 모습이다.

말로가 보여 준 스타일에 대한 셰익스피어의 모방은 충분히 잘 드러났으나, 그것은 존경과 영예를 돌리는 표현이라기보다는 오히려 회의적인 답신에 가까웠다. 말로의 연극은 세상의 모든 야망을 모아 카리스마가 넘치는 초인 영웅 한 사람에게 집중적으로 쏟아부었다. 셰익스피어의 3부작에도 탬벌레인과 같은 기괴한 초인들이 넘쳐 나는데, 그중 한 사람은 이미 언급한 적이 있는 촌뜨기 잭 케이드다. 하지만 케이드는 권력에 눈이 먼 요크 공작에게 자신도 모르는 상태로 이용당한 꼭두각시로 드러나며, 이 요크 공작의 대사에는 탬벌레인식의 거만한 선포가 스며들어 있는 듯하다.

> 나는 어느 검은 폭풍으로 영국을 온통 휘저을 것이며
> 만 명의 영혼을 천국이나 지옥으로 날려 버릴 것이다,
> 그리고 이 사나운 태풍은 격분을 멈추지 않으리니
> 내 머리를 두르고 흐르는 황금의 회로가
> 영예로운 태양의 투명한 빛살들처럼 뻗어 나와

이 미치광이 돌풍의 난폭한 격분을 가라앉히기 전까지는.
—『헨리 6세』(2부, 3.1.349-54)

말로에서 따온 말투는 요크 공작의 악한 아들인 리처드의 대사에서 더 적나라하게 드러난다.

왕관을 쓴다는 것은 얼마나 달콤한 일인지요,
그 테두리 내에 극락이 있으며
그 모든 시인들도 축복과 환희를 아는 척 가장하는 것입니다.
—『헨리 6세』(3부, 1.2.29-31)

그리고 가학성이 주는 쾌락은 남성들의 세계에만 국한된 것이 아니다. 그것은 또 하나의 가공할 만한 인물인 마거릿 여왕(Queen Margaret)에게도 이어지며, 그녀는 숙적 요크 공작을 무너뜨리며 말한다.

그대는 어쩌면 이토록 참을성이 좋은가? 분노로 미쳐 날뛰어야 할 텐데,
그리고 나는, 그대를 분노하게 만들고자, 이렇게 그대를 조롱한다네.
어서 발을 구르고, 악을 쓰고, 애간장을 태우시게, 나는 노래하고 춤을 출 테니.
—『헨리 6세』(3부, 1.4.90-92)

여성에게서 드러나는 이 거친 잔인함은 심지어 맹렬한 요크 공작마저 놀라게 한다. "아, 여인의 거죽에 싸인 호랑이의 심성이구나!" 하고 그는 외친다.(1.4.138) 체제와 질서가 붕괴할 때는, 모든 이들이

탬벌레인이 되길 원한다.
　말로가 그의 연극에서 보여 준 이국적인 동양의 모습, 자부심으로 부풀어 오르는 야망, 그 어떤 장애에도 거침없이 내달리는 질주는 그의 세상에 있는 위대한 질서, 잔인하지만 동시에 장엄한 체제의 확립으로 이어진다. 그러나 체제는『탬벌레인』2부작이 보여 주듯이 결국 무너져 내린다. 왜냐하면 사실상 모든 건 끝내 무너져 버리기 때문이다. 이 세계에는 필멸성이라는 잔혹한 사실 말고는 그 어떤 윤리관도 존재하지 않는다. 셰익스피어가 영국을 배경으로 해서 보여 준 역사극에서, 자부심으로 들뜬 야망은 곧 혼란, 통치가 불가능하고 살기로 가득 찬 파벌 싸움, 그에 뒤따르는 대내외적인 권력의 약화로 이어진다. 말로의 영웅은 대단히 무자비하지만 그럼에도, 혹은 바로 그 무자비함 때문에, 이 세상을 신처럼 활보하며 자신이 하고 싶은 대로 행동한다. ─"이것이 내 마음이니, 난 그렇게 가지겠다."(4.2.91) 이와 대조적으로 셰익스피어가 그려 내는 졸렬한 탬벌레인들은, 자신이 바로 여왕이고 공작인 군주들임에도, 마치 정신이 불안정한 소도시 출신의 범죄자들인 양 행동한다. 그들은 끔찍한 악행은 충분히 저지를 수 있지만 그 악행 속에는 장엄함의 흔적 같은 건 전혀 보이지 않는다.
　부분적으로 말해서, 이 한계점은 시인으로서의 경험 부족에 따른 결과였다. 최소한 이 시점에서 셰익스피어는 아직, 말로가 능수능란하게 영입하는 그 거침없고 편집광적인 흥감어법의 상대가 되지 못했다. 하지만 부분적으로 볼 때 그것은 명확한 선택의 결과이기도 했다. 셰익스피어는 그의 어떤 인물에게도, 심지어 건장함을 갖춘 영국의 군사 영웅 탤벗(Talbot)에게조차 말로가 자신의 탬벌레인에게 기꺼이 떠넘긴 무한한 권력과 초인적 힘의 투사를 거절한 것이다. 단순하게 말해서 탬벌레인을 본다는 것은 헤라클레스와 같은 영웅신적 힘의 현현을 보는 것이다. 그와 대조적으로 탤벗을 보고 느끼는 감정은 바로 그러한 환상이 깨지는 데 따르는 실망이다. 탤벗을 자기 성으로 끌어들인 오베르뉴의 백작 부인(Countess of Auvergne)은 막상 그와 대면하게 되자 "소문이란 참 화려하면서 헛된 것이로군."이라고 말한다.

> 이 나약하고 쪼글쪼글한 새우처럼 생긴 작자가
> 그의 적들을 그토록 공포에 떨게 할 리 없잖은가.
> ─『헨리 6세』(1부, 2.3.17, 22-3)

탤벗은 평범한 필멸의 존재로, 영국군이 참패했을 때 그 역시 아들과 함께, 악마에 씌인 잔다르크가 이끄는 프랑스 군대에게 죽음을 당하고 만다. 이 세계의 그 어떤 것도 무적인 것은 없다. 악마들의 빙의가 풀리고 나자, 잔다르크도 곧 재기한 영국군에 붙잡혀서 마법을 부린 죄목으로 재판을 당하고 화형에 처해진다.

1580년대 후반, 수많은 군중이 『헨리 6세』를 보기 위해 몰려왔다. 이것은 셰익스피어가 처음으로 거둔 연극 무대에서의 성공이었으며, 장래성 있는 극작가로서 그의 입지를 확립해 주었다. 하지만 그들은 절대 권력을 갖는다는 환상에 도취하기 위해 연극을 보러 온 것이 아니었다. 반대로, 그들은 대중 폭동과 내전의 상황을 간접적으로 체험하며 공포로 몸서리를 치는 짜릿함을 얻으러 온 것이었다. 또한 군중은 영웅의 희생 서사가 주는 감미로움을 맛보고 그 상실감을 애도하기 위해 오는 것처럼도 보였다. "용맹한 탤벗이 얼마나 기뻐했을까." 동시대의 극작가인 토머스 내시(Thomas Nash)는 썼다. "무덤에서 200년 동안 누워 있다가, 무대 위에서 자신이 다시 한 번 승리를 쟁취했다는 것을 생각한다면, 그리고 최소한 1만 명의 관객이(실제로 관객 수가 이 정도에 달한 적은 여러 번이었다.) 흘린 눈물로, 그의 뼈가 다시 한 번 영광스레 닦였다는 것을 알게 된다면. 그의 역할을 제대로 표현해 준 이 훌륭한 비극 배우와 극작가 덕분에, 관객들은 마치 그가 새로이 피 흘리는 것을 보고 있다고 상상할 수 있었다." 내시는 『헨리 6세』 1부의 공동 협업자 중 하나였을 것이므로, 그의 이러한 평가에 객관성이 있다고 할 수는 없다. 하지만 다소 과장이 있더라도, 어쨌든 그는 이 연극이 상업적으로 대성공했음을 지적하고 있다. 에드워드 앨린은 이 연극에서 탤벗으로 분한 '훌륭한 비극 배우' ― 십중팔구 리처드 버비지였을 것이다. ― 로부터 업계의 경쟁 상대를 발견하게 되었다. 그리고 선구자적 시야를 갖춘 당대의 천재 시인 크리스토퍼 말로는 그때까지 아무도 들은 적도 본 적도 없는 재능 있는 청년, 스트랫퍼드어폰에이번에서 갓 상경한 어느 이류 배우가 내민 전면적인 도전을 받게 되었다.

마틴 드루쇼트(Martin Droeshout, c.1601-c.1650)는 셰익스피어가 죽었을 때 단지 열다섯 살밖에 되지 않았다. 따라서 그를 직접 만나 봤을 가능성은 희박하지만, 최초 2절판(1623)의 속표지를 장식한 이 판화는 실제로 셰익스피어를 잘 알았던 편집자들을 충분히 만족시킬 만큼 정확하게 묘사됐던 듯싶다. By courtesy of W. W. Norton & Company.

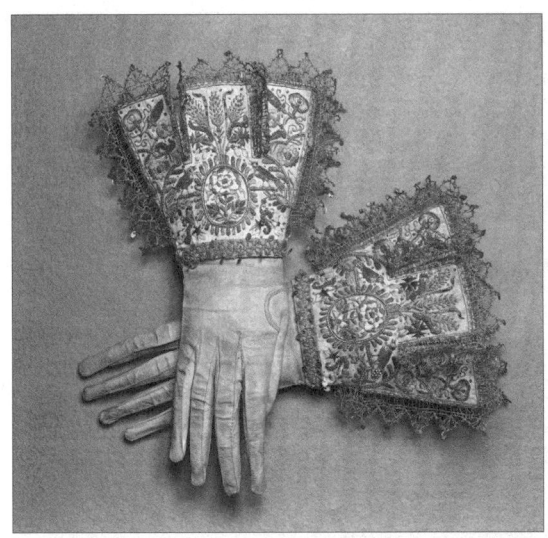

셰익스피어의 아버지가 제조했던 장갑들은 매우 정교하게 가공되던 사치품이었다. 여기 보이는 장갑은 17세기 초기에 만들어진 것으로 가죽, 새틴 그리고 금실로 짠 레이스로 장식되어 있다.
ⓒVictoria and Albert Museum, London.

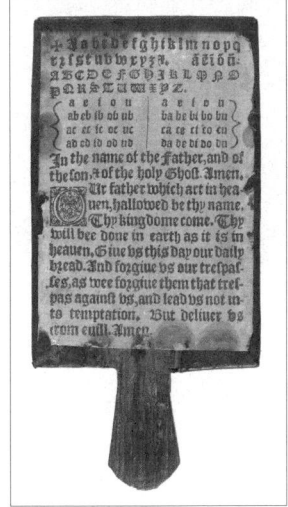

어린 셰익스피어는 아마도 '글자판'이라고 알려진 것을 통해 글자를 배웠을 것이다. 글자판은 문자가 적힌 양피지나 종이를 널빤지에 붙이고 그 위에 짐승의 투명한 뿔을 덮어 글자를 따라 쓸 수 있게 만들었다. Used by permission of the Folger Shakespeare Library under a Creative Commons Attribution-ShareAlike 4.0 International License.

스트랫퍼드 조합 성당(Stratford's Guild Chapel) 신도석의 모습.
1563년 마을의 조합장 존 셰익스피어의 지시로 그려진 그리스도와
마지막 심판의 날 벽화가 하얗게 칠해진 잔해의 형태로 남아 있다.
©British Listed Buildings.

1581년 처형 직후에 그려진 에드먼드 캠피언의 초상화 사본. 그는 순교를 상징하는 종려나무를 든 천사가 씌워 주는 왕관을 받으려 하고 있다. 하지만 가톨릭교회로부터 이를 인정받는 데에는 더 오랜 시간이 걸렸다. 캠피언은 1886년 12월 9일 교황 레오 13세에게 시복을 받았고, 1970년 교황 바오로 6세에 의해 성인으로 추대되었다. By courtesy of Stonyhurst College, Lancashire.

1585년 2월 2일 스트랫퍼드 지역 교구 세례 인명부에 기록된 윌리엄과 앤 셰익스피어의 쌍둥이 자녀들 햄넷과 주디스. 이들의 이름은 셰익스피어의 이웃인 햄넷과 주디스 새들러에게서 따왔다. 3년 후 새들러 가족에게 아들이 생기자 그들은 아기에게 윌리엄이라는 이름을 붙였다. Reproduced by permission of Shakespeare Birthplace Trust.

로버트 피크(Robert Peake, c.1551-1626)가 그린 것으로 알려진 이 그림에서, 엘리자베스 여왕은 보석으로 장식된 우상처럼 가마에 실려 행진하고 있다. Wikipedia.

1602년에 한 관리가 대충 스케치한 셰익스피어 가문의 문장. 그는 "배우 셰익스피어(Shakespeare ye Player)"가 신사에 준하는 지위를 요구하는 것을 허가해 줘서는 안 된다고 주장했다. Used by permission of the Folger Shakespeare Library under a Creative Commons Attribution-ShareAlike 4.0 International License.

클라에스 얀츠 피셔(Claes Jansz. Visscher, 1587-1652)가 그린 「런던 다리(London Bridge)」 판화의 세부. 반역자들의 머리가 장대에 꽂혀 있는 것을 찾아볼 수 있다. Used by permission of the Folger Shakespeare Library under a Creative Commons Attribution-ShareAlike 4.0 International License.

네덜란드 암스테르담의 판화가 클라에스 얀츠 피셔가 그린 17세기 초 런던의 전경. 세인트폴 성당, 글로브 극장, 곰 경기장 그리고 런던 다리가 보인다. Used by permission of the Folger Shakespeare Library under a Creative Commons Attribution-ShareAlike 4.0 International License.

니콜라스 힐리아드(Nicholas Hilliard, c.1547-1619)가 그린 이 세밀화를 보면, 스물한 살의 헨리 라이오슬리, 3대 사우샘프턴 백작이 그 유명한 긴 적갈색 머리카락을 늘어뜨리고 있다. Wikipedia.

크리스토퍼 말로의 초상화 중에 진짜라고 믿을 만한 작품은 남아 있지 않지만, 말로의 모교 캠브리지의 코퍼스크리스티 컬리지에서 발견된 이것은 참고할 만하다. 그림에는 16세기 후반의 날짜와 유래가 담겨 있는데, 이는 사색적인 학부생 시절의 말로를 그린 것이라는 가능성을 더해 준다. Wikipedia.

7   무대를 흔들다

만약 『헨리 6세』 연작이 성공을 거두기 전에 말로를 만난 적이 없다면, 그 이후에라도 셰익스피어는 분명히 말로를 만났을 것이다. 그리고 말로와 함께 여러 다른 극작가들도 — 그 당시에는 시인들이라고 불린 — 만났을 것이다. 그들 모두는 런던의 연극 무대에 올려질 시와 극본을 쓰는 사람들이었으며, 시대가 부리는 어느 마법의 순간에 천재적 재능을 가진 인물들이 한꺼번에 튀쳐나와 모인 듯 놀라운 군상을 이루었다. 마치 열두 명 이상의 비범한 화가들이 모두 같은 시대의 피렌체로 모여들거나, 수년 동안 뉴올리언스나 시카고에 엄청난 재능을 가진 재즈와 블루스 음악가들이 연쇄적으로 등장한 것과 비슷한 종류의 현상이었다. 물론 그러한 순간이 도래한 데에는 순수한 유전적 우연이 주된 원인으로 작용했겠지만, 그보다 합리적인 타당성을 부여하는 것은 언제나 해당 시대에 수반되는 사회 제도적·문화적 상황이다. 16세기 후반 런던의 상황에는 도시 인구의 경이적인 증가, 대중 극장들의 발생, 새로운 연극을 필요로 하는 경쟁적인 시장의 형성이라는 요인들이 포함되어 있었다. 또한 대중에게 점점 인상적인 수치로 널리 퍼져 가던 문맹률 감소, 수사적 효과에 고도의 예민성을 갖추도록 학생들을 훈련하는 교육 체계, 정교하게 다듬어진 볼거리를 추구하는 사회적, 정치적 취향, 교구 주민들이 길고 복잡한 설교를 듣도록 강제하던 종교 문화, 그리고 활기차고 쉼 없이 지적인 소양을 키우는 문화 역시 그와 같은 요인들이었다. 어느 정도 지적인 수준과 유능함을 갖춘 사람들에게는 오히려 선택할 길이 별로 없었다. 현존하는 사회 체제의 깊이나 다양성보다 교육 체제가 더 앞서가는 상황이었기 때문에, 고등 교육을 받았는데도 성직자나 법조인의 길을 가고 싶지 않은 남자는 자신이 할 수 있는 다른 길을 찾아 나서야 했다. 그다지 명예롭게 평가받는 일은 아니었지만, 바로 이런 사람들을 손짓해서 불러 모았던 것이 연극 무대의 세계였다.

1580년 후반 어느 순간에, 셰익스피어는 어느 방으로 걸어 들어가서 — 십중팔구 아마도 뱅크사이드 아니면 서더크 쇼어디치에 있는 한 여관이었을 것이다. — 런던 연극계의 주요 필진들이 한데 모여서 먹고 마시는 모습을 보았을 것이다. 크리스토퍼 말로, 토머스 왓슨(Thomas Watson), 토머스 로지(Thomas Lodge), 조지 필(George Peele), 토머스 내시, 그리고 로버트 그린(Robert Greene) 같은 인물들이. 토머스 키드(Thomas Kyd)나 존 릴리(John Lyly) 같은 인물도 그 자리에 있었을지 모른다. 하지만 1554년 생인 릴리는 나머지 작가들보다 상당히 나이가 많았으며, 키드 역시 그 직후에 말로와 같은 방을 나눠 쓰기도 했지만 전반적으로 이 집단과 거리를 두고 있었다. 극작가로서 거둔 성공에도 불구하고, 키드는 평범한 필경사로서의 생업을 계속 이어 갔는데, 남이 쓴 글자를 베껴 쓰는 이 단순하고 소박한 일은 대다수의 세련된 작가들로부터 경멸 섞인 눈초리를 받곤 했다. 이 작가 집단은 극단적인 한계를 좇는 파격성과 거만한 속물성이 뒤섞인 관점을 공유했다.

최소한 말로에게 극장을 중심에 두고 개성적인 인물로 살아가는 것은 만족스러운 일이었을 것이다. 그는 위험천만한 삶을 살아가는 것으로 유명했다. 하지만 그는 그저 극장의 유혹에 이끌려 이 세계에 발을 디딘 많은 사람들이 흔히 맞닥뜨리곤 하는, 모험적인 순간들이 쉴 새 없이 다가오는 삶의 극단적인 경우를 표방할 뿐이었다. 말로의 가까운 친구이자 런던 토박이인 토머스 왓슨은 옥스퍼드에서 공부를 했으나, 그의 나이 열서너 살쯤에 유럽 대륙을 여행하고는 그곳에서 공부를 하려는 생각으로 학위를 받지 않은 채 학업을 중단하고 빠져나왔다. 그 결과 그의 표현에 따르자면 "다양한 소리의 언어를 말하는 것"을 배운 뒤에, 런던으로 돌아와 표면적으로는 법학 공부를 시작한 듯했으나, 비밀 첩보원과 사기꾼 사이를 오가는 뭔가 불량하고 사행성 높은 일에 연루된 듯 보이기도 했다. 같은 시기에 그는 문학계에 투신했고 곧 그중 가장 박식하고 조예 깊은 일원 중 하나로 떠올랐다. 스물넷이 되었을 때는 소포클레스의 『안티고네(Antigone)』를 라틴어로 번역하여 출판했고, 독창적인 라틴어 시를 직접 짓기도 했으며, 페트라르카와 타소(Tasso)를 라틴어 6보격으로 번역하고, 와이어트(Wyatt)와 서리(Surrey) 이후로는 최초로 유럽에서 유행 중인 형태의 시인 소네트를 영어로 습작해 보는 실험을 하고 있었다.

이처럼 정신없이 바쁜 시간을 보내면서도 왓슨은 짬을 내어 영어로 된 대중 연극을 쓰기도 했다. 1590년대 후반 연극계를 조망하면서, 프랜시스 미어스(Francis Meres)는 왓슨을 필, 말로, 그리고 셰익스피어와 나란히 순위를 매기며 "가장 훌륭한 비극의 대가들"이라고 평했다. 좀 더 불쾌한 상황으로는, 그의 적이 그를 사기꾼이라 비난하면서 그는 "한 연극 안에 스무 개의 거짓과 나쁜 짓을 꾸며서 쓸 수도 있을 것이다. 왜냐하면 바로 그게 그가 매일같이 하는 일이고 그의 생업이니까."라고 선언하기도 했다. 그가 쓴 연극 중 현재까지 남아 전해지는 작품은 하나도 없으며, 지금은 여관 주인의 아들인 윌리엄 브래들리(William Bradley)와 말로가 거리에서 시비가 붙었을 때 이들 사이에 끼어든 말로의 친구로 가장 잘 알려져 있다. 시어터와 커튼 극장 근처의 호그 레인(Hog Lane)에서 붙은 이 싸움은 왓슨의 검이 브래들리의 가슴팍에 15센티미터 정도 꽂히며 끝났다. 왓슨과 말로는 둘 다 살인 혐의로 체포되었으나, 정당방위를 근거로 결국 풀려났다.

인상적인 학식, 문학적인 야망, 이중성, 폭력성, 그리고 기반 없이 내키는 대로 살아가는 삶과 같이, 서로 상충되는 조합으로서의 왓슨의 특징들은 그가 말로와 의형제까지 맺으며 나누었던 깊은 연대감을 이해하게 해 준다. 그것은 소위 대학 재사파(university wits)라고 알려진 작가들의 집단이 갖는 성격을 알려 주기도 하는데, 셰익스피어는 경력을 시작하자마자 곧 이들과도 교류를 시작했을 것이다. 그들 모두가 말로와 왓슨처럼 음험하고 거칠었던 것은 아니다. 셰익스피어보다 여섯 살 정도 나이가 많았던 토머스 로지는 옥스퍼드를 졸업하고 법학 공부를 시작한 인물이었다. 런던 시장의 둘째 아들로 태어난 로지에게는 그를 위해 예비된 상당한 재산과 안락한 삶이 보장되어 있었다. 죽음을 앞두고 있던 그의 어머니는 학업을 지원하고 법조계에서의 경력을 시작할 수 있을 만큼의 자금을 그의 유산으로 남겨 두었다. 하지만 법조인으로서의 직업 전망은 결국 로지와 잘 맞지 않았는데, 그는 법학 공부를 중단하고 문학계에 뛰어들면서 어머니의 유산을 받을 기회를 몰수당하고 아버지의 호의도 잃고 만다. 셰익스피어가 『헨리 6세』 3부작을 단독으로 혹은 협업해서 쓸 당시에, 로지도 당파 싸움으로 파멸에 이르는 한 나라를 소재로 하는 『내전의 상처들(The Wounds of Civil War)』을 집필했으며, 이는 로드애드미럴스 멘 극단에 의해 공연되었다. 이 연극이나 또 다른 연극들에서도 로지의 문학적 재능은 그다지 신통치 않은 것으로 드러났으며, 그도 극작가로서의 경력을 추구하는 데 자신의 모든 희망을 걸었던 것은 아니었던 듯하다. 왜냐하면 1588년 그는 카나리아 제도를 향해 떠나는 배에 몸을 싣고 모험적인 항해를 시작했기 때문이다. 그는 자신을 위해 쓴 새로운 문학적 습작과 함께 돌아왔는데, 『로절린드(Rosalind)』라는 제목이 붙은 멋진 산문 로맨스였다. 그는 그 자신에 대해 썼다. "그의 노동의 결실은 한 줄 한 줄마다 흔들리는 파도로 흠뻑 젖은 채 바다 한복판에서 작업한 결과물이었다." 말로와 왓슨처럼, 로지도 대담한 모험가이자 승부사였던 것이다. 1591년에 그는 토머스 캐번디시(Thomas Cavendish)와 함께 브라질과 마젤란 해협으로 항해를 떠났고 돌아와서 자신이 겪은 여행담들을 이야기해 주었다. 하지만 그는 그나마 이 작가 집단에서 상대적으로 성정이 사납지 않은 편에 속했다. 적어도 그와 함께 술을 마실 때는 그에게 목숨을 뺏기거나 혹은 지갑을 털릴까 봐 두려워하지 않아도 되었다.

이 집필진의 또 다른 일원인 조지 필은 런던의 소금 판매상 겸 회계원의 아들이었다. 그는 옥스퍼드 학생 시절부터 이미 짓궂은 장난과 방종한 생활로 유명세를 얻었다. — 그가 겪었다는 모험담을 연대별로 엮은 책이 출간되기까지 했다. — 하지만 그는 또한 재능 있는 시인이자 에우리피데스의 번역가로서도 명성을 얻고 있었다. 그는 때로 배우의 역할을 하기도 했고, 서정시, 목가시, 야외극 그리고 대중 극장 무대에 올라가는 연극을 쓰는 정력적인 작가로도 활동했던 것 같다. 셰익스피어와 처음 만났을 때쯤 필은 친구인 토머스 왓슨의 찬사를 받는 시들을 출간한 바 있었고 런던 시장을 위한 야외극을 집필했으며, 『파리의 규탄(The Arraignment of Paris)』이라는 연극을 써서 여왕 앞에서도 성공적으로 공연을 마친 경력이 있다. 그는 그 당시에 아마도 『알카사르의 전투(The Battle of Alcazar)』라는 작품을 쓰고 있었는데, 말로의 『탬벌레인』이 거둔 거대한 대중적 성공에 대하여 그 나름의 대응을 하는 작품이었다. 이 열정적인 활동 중 그 어떤 것도 큰돈을 벌어들이진 못했고, 필은 아내가 가져온 결혼 지참금을 빠르게 동내고 있었다. 하지만 그는 같이 시간을 보내기에는 꽤 재미있는 인물이었음에 틀림없다. 그의 친구인 토머스 내시는 그를 두고 "현존하는 인물 중에서 단연 유쾌함의 주된 후원자"라고 불렀다.

내시는 보통은 칭찬을 잘 하는 인물이 아니었다. 이 대학 재사파 중에서도 가장 날카로운 독설가였으며, 1580년대 후반 런던에 새로 입성한 이후 반청교도적인 소책자를 연속으로 찍어 내면서 풍자와 조소에 탁월한 재능을 펼쳐 보이고 있었다. 셰익스피어보다 세 살 연하의 내시는, 작은 헤리퍼드셔(Herefordshire) 교구의 부목사 아들로 태어났으며 장학금을 지원받는 '특대 장학생(Sizar)'으로 케임브리지에 입학했다. 그리고 1년 혹은 그 이상의 기간 동안 공부를 마치고 나서 이름 옆에 '신사'라고 쓸 수 있도록 허가해 주는 대학교의 학사 학위를 받았다. 그의 첫 출판물은 "양쪽 대학의 신사 학우들"을 대상으로 하는 서간문이었는데, 그 내용은 최근의 문학계 동향을 혹독히 논평한 것이었다. 이는 청춘의 경솔한 혈기가 넘치는 젊은이가 썼을 법한 거침없는 비판으로, 친한 문우들에 대하여는 아첨 섞인 찬양을 넣어 생기발랄해진 글이었다.

내시는 필, 왓슨, 그리고 다른 몇몇을 두고 그들의 "심오한 재치가 있는 학식"을 칭찬했다. 하지만 그는 특히나 이 문학계에 갑자기 나타난 어정뱅이들, "(자만의 무대에 뛰어올라서) 잔뜩 뽐낸 무운율 시구 몇 구절을 번드르르하게 떠벌리며 자신보다 훌륭한 소양을 갖춘 작가들을 이겨 먹을 수 있다고 생각하는" 주제넘은 작자들에 대해서 날카로운 몇 마디를 남겼다. 내시는 화려하고 장식적인 문체를 차용하여 글의 내용을 이해하는 데 불명확한 여지를 남기는 것을 좋아했다. "정말 그들의 상상력이란, 촌스러운 자신감에서 비롯된 비유들을 서로 접목시켜서 누덕누덕 기워 붙인 것을 아주 물리도록 잔뜩 먹고, 술에 취한 것보다 더한 혼란스러운 결단으로 이를 억지로 지어 간다. 그들의 남자다움을 과시해 주는 방법인 즉흥성이라곤 보이지 않고, 주절주절 북소리처럼 길게 이어지는 10음절의 수다스러운 시행을 주워섬기며, 이처럼 성마르고 부담스럽기 짝이 없는 문학적 소화 활동을 감당하기 위해 애쓰고 있다." 하지만 장황한 안개처럼 피어나는 언어의 현시 속에서도 그가 말하고자 하는 요점은 날카로울 정도로 명확했다. 문법학교나 겨우 나온 어떤 사람들이, 런던 대중 연극계의 공식 무대 위에서 감히 무운율의 시어를 구사할 만큼 뻔뻔함을 갖추었다는 지적이다. 이 오만방자한 촌뜨기가 ― 라틴어, 프랑스어, 이탈리아어를 아예 모르거나 약간 아는 정도에 그치고, 기껏해야 하인이 되거나 작은 동네 어귀의 변호사 서기에 그치고 말 인물이 — "예술의 고뇌"에 매달리고, 대학에서 전문적인 훈련을 받은 고매한 문인들이 쓰는 시적 문체와 그들이 아끼는 운율을 흉내 내면서, 그 자신도 역시 이들처럼 새로운 직업에 뛰어들 수 있다고 자만한다는 것이다. "어느 서리 내린 아침에 그를 붙잡고 제대로만 요청한다면, 그는 한나절 만에도 『햄릿』여러 편은 써 갈겨 올 것이다. 그래 봐야 비극적 대사 몇 줌을 모은 데 불과하겠지만." 내시의 이 말들은 실제로 셰익스피어가 『햄릿』을 쓰기 이전에 쓰인 것이며, 짐작건대 여기 이 고약한 독설이 특정하게 겨냥하는 대상은 아마 토머스 키드였던 듯하다. 키드는 대학 학위가 없었으며, 변호사 서기와 하인으로 일한 적이 있고, 현재는 소실되었으나 햄릿에 대한 연극을 쓴 적이 있었다. 하지만 상대방의 기를 위축시키려 드는 이 공격의 전반적인 맥락은 셰익스피어에게도 정확하게 들어맞는 요인들이었으며, 셰익스피어 본인도 이를 잘 이해했을 것이다.

내시의 이 서간문은 이 필진 모임의 중심 인물인 로버트 그린이 쓴, 『메나폰(Menaphon)』이라는 제목의 선정적인 로맨스의 서문으로 인쇄되었다. 로버트 그린은 셰익스피어의 삶에서 중요한 역할을 했지만, 그들 중 가장 기량이 뛰어난 작가라고 하기는 어려웠다. 말로는 그보다 훨씬 뛰어났다. 그린은 악당을 주제로 하는 내시의 거친 소설 『불운의 여행자(The Unfortunate Traveler)』나 필의 매력적인 연극 『늙은 부인들의 이야기(The Old Wives' Tale)』, 혹은 로지의 우아한 오비디우스풍의 시 『실라의 변신(Scylla's Metamorphosis)』처럼 동료들의 수준에 필적하는 작품도 전혀 써내지 못했다. 하지만 그린은 현실을 뛰어넘는 특별한 매력을 지닌 인물이었다. 그는 다방면에서 재능과 학식을 갖추었으며, 자기도취적이었고, 매 순간을 연출하면서 자신을 홍보했고, 부끄러움이라는 걸 모르는 능글맞은 성미를 지닌, 도무지 통제할 수 없는 악당이었다. 셰익스피어보다 네 살이 많은 그린은 노리치(Norwich)의 가난한 부모 아래서 태어났다. 그는 말로와 내시처럼 장학 제도를 통해 케임브리지 대학에 진학했으며, 1583년에 케임브리지 석사 학위를 받았고 옥스퍼드에서도 학위를 하나 더 받았다. 이와 같이 인상적인 자격 조건에 더하여 "어느 명망 있는 신사의 딸"과 결혼까지 하게 된 그린의 앞날에는 번영의 삶이 놓인 것처럼 보였다.(그는 잠시 약학을 공부할 생각도 하고 있었다.) 하지만 그의 욕망은 그를 좀 다른 방향으로 이끌었다. 아내의 결혼 유산을 탕진하며 그는 아내와 어린 자식을 저버렸고, 어떻게 생계를 꾸려 갈지 막막한 상태에서 런던으로 향했다.

계속해서 자신의 삶을 각색한 소설을 쓰던 그린은 자신이 무대 극본을 쓰게 된 과정에 대해서도 이야기를 하나 썼다. 상습적인 허언가였던 그의 입장에서 하는 말이라 전적으로 믿을 수는 없지만, 그의 동시대인들에게 이 이야기는 최소한 그럴듯하다는 느낌을 주었으며 문학도의 길을 걷게 된 이의 전설처럼 회자되었다. 그 이야기의 주인공 '로베르토' — 그가 자기 자신에게 붙인 이름이었다. — 가 어느 길 한쪽 덤불 울타리에 앉아서 자기 운명에 대해 불평하고 있을 때 한 남자가 그에게 다가오더니 그가 인생운이 잘 풀리지 않은 신사라고 짐작한다. "당신은 학자분이신가 보군요. 배움이 높으신 분께서 이처럼 어렵게 사시다니 참 안된 일입니다."라고 낯선 이가 말한다.

그린은 이 사회적 오인이 계시적으로 드러나는 순간을 자세히 묘사한다. 그는 이 상냥한 낯선 이에게 묻는다. 교양을 갖춘 학자가 어떻게 돈을 버는 직업인으로서 고용될 수 있을 것인가? 그 낯선 이는 대답하기를, 자신과 같은 직종에 있는 사람들은 학자들을 고용함으로써 생계를 꾸린다고 말했다.

"당신의 직종이 무엇이오?" 로베르토가 말했다.
"제 직업은요, 선생님," 그가 말했다. "저는 배우랍니다."
"배우라고!" 로베르토가 읊조렸다. "나는 당신이 아주 호화로운 생활을 하는 신사인 줄로만 알았소. 사람들이 각자 겉에 걸친 의복으로만 판단받는다면, 내 말하건대 당신은 아주 엄청난 실체를 가진 분으로 받아들여질 것이오."

여기서 놀랍도록 순수하게 드러나는 것은 바로 설득력 있는 연기를 통해 연출되는 사회적 신분, 즉 "겉에 걸친 의복"을 이용해서 신사를 모방한다는 것이, 윌에게 있어서는 그를 연기자라는 직업으로 이끌어 온 주된 요인이라는 것이다. 하지만 그린의 관점에서 볼 때, 이러한 연출은 일종의 사기였다. 배우는 엄청난 실체를 가진 사람인 척 행세할 수는 있지만, 그 연기를 빼고 나면 아무것도 아닌 존재였다.

자기 환상을 성공적으로 만들어 내기 위해서, 배우에겐 비싼 의상뿐 아니라 설득력이 있는 언어가 필요했다. 그저 신사 흉내를 낼 뿐인 배우로서는 생산해 낼 수 없는 시적 언어들 말이다. 그렇기 때문에 그는 로베르토와 같은 진짜 신사 — 지식과 교양을 갖추었으되 돈이 필요한 인물 — 를 찾아서 그를 고용할 필요가 있었다. 그린의 말에 따르면 로베르토는 이 계약을 맺고, 배우를 따라 도시에 오게 되어, '소매 상점'이라고 불리는 어느 사창굴 한쪽에 숙소를 잡고 머물게 된 자신을 발견한다. 그는 더 이상 굶주릴 걱정은 하지 않는다. "로베르토는 이제 주요 연극을 쓰는 시인으로 유명해졌고, 그의 지갑은 바다처럼 때로는 크게 부풀었다가 곧 썰물이 빠지듯 얄팍해지곤 했다. 그가 원한 것은 아니지만, 그의 작업은 꽤 호평을 받았다." 하지만 그는 자신의 학식과 재능을 헐값에 팔아넘기고 있었으며, 그와 주로 어울리는 동료들은 카드판의 야바위꾼, 위조범, 그리고 소매치기 들이었다. 그의 뼈는 매독으로 황폐해지고, 그의 배는 "측정 불가능한 과도한 음주"의 결과로 불룩하게 튀어나와서 그는 "몸이 부어오르는 수종 증상의 완벽한 예시"가 되었다. 그는 순간순간 터져 나오는 짧은 후회를 경험하며, 그때마다 삶을 바꿔 보고자 시끄러운 작심의 선언들을 외쳐 보지만, 이러한 굳은 다짐들은 새롭게 갱신된 방탕함이 가벼운 유혹을 건넬 때마다 그만 눈 녹듯이 사라져 버리고 만다. "귀부인인 그의 아내"가 다시 자신의 곁으로 돌아오라고 애원하지만 그는 그런 그녀를 조롱한다. 정부와 사생아 아들을 끌고 그는 여기서 저기로 정처 없이 떠돌아다니면서 여관 주인들에게 속임수를 쓰고, 술집의 미납 계산서를 두고 달아나며, 빚쟁이들에게서 몸을 피하는 생활을 계속한다. "이 모든 술책을 고안하는 간사함이 너무도 뛰어나서, 이렇게 얕은 잔꾀 말고는 그에게 남은 것이 아무것도 없는 것 같았다."

그게 바로 그린의 자화상이었다.─"이제부터는 앞서 말한 로베르토인 내가," 그는 이야기를 하는 도중에 이렇게 쓰면서, 얇은 허구의 가면마저 벗어던진다.─그리고 그렇게 악명 높은 거짓말쟁이에게서 나오는 말치고는, 그의 이야기는 놀랍게도 진실과 들어맞는다. 그는 술에 취한 나태함과 폭식의 생활을 하면서 가끔 생각날 때마다 정력적이고 폭발적으로 글을 써 나가는 것으로 유명했다. 또한 그는 무일푼 신세, 이중적인 모습, 암흑가 범죄자들과의 친분 관계, 단발적으로 계속해서 시도되는 도덕적 개심, 그리고 피할 수 없는 악습으로의 회귀로도 잘 알려져 있었다. 노리치에서 한 번, 그는 어떤 감동적인 설교를 듣고 삶을 재정비해 보기로 굳은 결심을 했다고 한다. 하지만 방탕한 친구들은 모두 그를 비웃었고, 결국 그의 결심은 다시 무너지고 말았다. 정부였던 엠 볼(Em Ball) — 그는 이 여자와의 사이에서 아들을 낳고 포르투네이터스(Fortunatus: 행운아)라는 이름을 지어 주었으나 얼마 못 가 아이는 세상을 떠나고 말았다. — 은 당시 어느 도둑 갱단의 두목이었던 커팅 볼(Cutting Ball)의 누이였는데, 나중에 커팅 볼은 결국 타이번에서 교수형에 처해졌다. 그린은 나름 자기 세계에서 어느 정도 위치에 오른 이 토박이 정보원의 도움을 받았던 게 분명한데, 마치 본인이 당대의 민족지학자라도 되는 듯한 관점에서 사기꾼, 협잡꾼 그리고 소매치기 들, 그들의 은어로 하자면 "속임수들", "꼬집기들", "장물애비들", "이중 거래자들", "변환자들"이 빼곡히 들어찬 런던 암흑가의 어두운 사회 모습을 묘사하고 이를 점잖은 독자들에게 소개하는 소책자를 발행하여 돈을 벌었기 때문이다. 대학 학위와 속물근성에도 불구하고, 그린은 도적의 윤리관과 태도를 가지고 있었다. 그는 『광란의 올랜도(Orlando Furioso)』라는 극본을 퀸스멘 극단과 애드미럴스멘 극단에 동시에 팔아넘긴 것을 특히나 자랑스러워했다. 그의 친구인 내시는 그린을 가리켜 "이중 거래자들의 군주, 변환자들의 황제"라고 불렀다. 그린은 배우들이 그 자신과 신사 신분에 속한 다른 시인들의 재능을 착취하는 족속들이라고 생각했으며, 그 때문에 그가 교묘한 속임수를 써서 골탕을 먹여도 무방한 대상으로 보았다. 배우가 가진 꿈이 그 자신을 우아한 신사처럼 포장해 보이는 것이었다면, 그린이 가진 꿈은 실제 신사이자 학자인 그 자신을 냉소적이고 거들먹거리는 런던 불량배로 변신시키는 것이었으며, 이는 매우 완벽한 성공을 거두었다.

"이 런던에서 그의 방종하고 부도덕한 생활에 대해 들어 보지 못한 사람이 그 누구인가?"라고 그린의 혹독한 숙적이었던 케임브리지의 교사 개브리엘 하비(Gabriel Harvey)는 물었다. "이 사람은 문학 예술을 공부하여 석사 학위까지 받은 사람이다."라고 하비는 쓰고 있다. 이처럼 교육을 받은 사람이 그 자신을 꾸며내는 방식이란, 곧 "악한들이나 할 법한 머리 모양을 하고, 부적절한 의복을 걸치고, 더욱 부적절한 동료들과 함께 어울려 다닌다." 그는 허영심이 넘치는 자기 과시와, 천박한 광대짓, 그리고 새로운 패션이 유행할 때마다 이를 저질스럽게 모방하는 옷차림으로 악명을 떨쳤다. 하지만 그를 쉽게 얕잡아 봐서도 안 됐는데, 그는 실제로 전문적인 도박꾼과 맞붙더라도 그들의 비열한 계략을 역이용하여 뒤통수를 칠 수 있을 만큼 교활함과 재주가 뛰어났기 때문이다. 자기 입으로 한 맹세를 깨 버리는 짓도 서슴지 않고, 상스러운 욕설을 섞어 가며 불경한 말을 일삼는 그린은 윤리적 잣대라는 게 없는 인물이었으며, 그의 삶은 아주 난장판 그 자체였다. 하비는 그가 할 수 있는 한 많이 긁어모아 온 그의 꺼림칙한 일화들을 들어 가며 그를 비난했다. 그린의 괴물적인 폭식증, 지속적으로 거처를 바꾸는 수상쩍은 습관, 친구들을 초대하여 만찬을 대접한 뒤에 대금을 지불하지 않고 달아나 버리는 일, 조강지처를 버린 것, 검과 망토를 저당잡힌 일, 창녀인 정부와의 사이에서 사생아 '인포르투네이터스(Infortunatus: 불운아)'를 낳은 것, 암흑가의 폭력배인 처남을 자신의 경호원으로 고용한 것, 그 처남이 범죄자로 사형을 당한 것,

윗사람들을 대하는 오만방자한 태도, 그리고 돈이 떨어졌을 때 행하는 수작들인 "되바라진 소책자 발행, 공상적인 막간극 짓거리, 그리고 절박한 명예 훼손 협박들." 여기서 '공상적인 막간극 짓거리'라고 하는 것은 그린의 극작을 의미하는 하비식 표현이었는데, 이는 또 다른 추문의 맥락으로 이어졌다. "그는 뱅크사이드, 쇼어디치, 서더크 그리고 그 외의 더러운 구역들에 아주 단골로 방문할 정도로 악명이 높다." 그린의 모습은 바로 그의 진정한 성향이 어떤 종류의 것이었는지를 알려 주는, 극장 무대들이 들어찬 지역 언저리에서 늘 발견되었던 것이다.

셰익스피어가 1580년대 후반에 들어선 곳이 바로 이 동네였으며, 이 사람들이 거기서 그가 만나게 된 극작가 집단의 중심 인물들로, 당시 그들의 나이는 모두 20대에서 30대 초반이었다. 셰익스피어는 그들 중에서 재능이 가장 뛰어난 사람이 말로임을 어렵지 않게 알아차렸을 것이다. 하지만 그린이 드러내는 개성은 더욱 압도적이었다. 두 개의 석사 학위를 땄을 만큼 박학다식하고, 뾰족하게 솟은 붉은 머리카락이 단연 눈에 띄고, 엄청난 식욕과 화산 같은 정력의 소유자인 그린은, 이 시끌벅적하고 갈망에 가득 찬 청년 작가들의 모임에서 단연 존재감이 두드러졌다.

셰익스피어가 그린의 일당들과 처음 교류를 시작했을 때, 그들의 관계는 화기애애하고 다정했을 것이다. 신입자인 셰익스피어는 이 기괴한 인물과 인상적인 동료들에게 분명히 큰 흥미를 느낀 것 이상으로 매료되기까지 했다. 그는 즉시 이 사람들이 자신이 작가로서 경력을 시작할 때 함께할 사람들이며, 남은 생애 동안 이들을 기억하게 될 것이라는 점, 또한 이 사람들에 관한 이야기들을 자신의 상상력의 자원으로 활용하게 될 것이라는 점을 느꼈을 것이다. 그리고 실제로도 그의 예감은 사실로 드러났다.『탬벌레인』이 그에게 끼친 짜릿한 영향력은 그가 받은 매료의 한 측면에 지나지 않았다. 셰익스피어는 왓슨의 소네트와 로지의『스킬라의 변신』(그는 이 작품의 스탠자 형식을 빌려 그의 작품『비너스와 아도니스』를 썼다.)을 탐구했고, 아마도 필과 협업하여 유혈의 복수 비극인『타이터스 앤드러니커스』를 썼을 것이다. 그는 내시의 풍자적인 기지를 반복적으로 채굴했고 아마도 그 자체를 모델로 하여『사랑의 헛수고』에 나오는 인물 모트(Mote)를 묘사했을 것이다. 그의 능력이 정점에 이르렀을 때 그는 로지의 산문 로맨스인『로절린드』를 가져다가『좋으실 대로』로 재탄생시켰다. 그리고 경력이 끝나 갈 즈음에는『겨울 이야기』라는 고전적인 작품을 무대에 올리고 싶어 해서, 그린이 썼지만 지금은 남아 있지 않은 불합리한 질투의 이야기『판도스토(Pandosto)』를 극적으로 각색했다. 셰익스피어의 작품들에는 스펜서(Spenser), 던, 베이컨, 혹은 랠리처럼 그와 동시대에 명성을 떨치던 시인들에게서 영향을 받은 흔적이 상대적으로 적다. 그에게 의미 있게 다가왔던 생존 작가들은, 그가 런던에 도착한 이후 극장 주변의 지저분한 여관에서 직접 만나곤 했던 이 집단의 동료들이었다.

그들의 입장에서 보면, 무모한 청년 작가 일당과 그들을 이끄는 그린에게 있어서 셰익스피어는 쾌활하고 호감이 가는 친구였다. 다른 이들의 묘사에 따르면 그는 함께 있을 때 즐거운 사람이었으며, 사근사근하면서 재치가 있었다. 그리고 그의 글쓰기는 아직 초기 단계임에도 분명히 그가 실제적인 재능을 지니고 있다는 것을 보여 주었다. 처음에는 그가 내시나 필을 돕는 입장에서 헨리 6세에 대한 극본을 쓰는 작업에 참여했다가, 점차 재능과 근성을 드러냈을 가능성도 있다. 아니면 아예 그가 혼자서 이 역사극을 쓰기로 결정했던 것일 수도 있다. 어느 경우든 극작가로서 그가 거둔 놀라운 성공은 경외심을 불러일으켰다. 좀처럼 흔치 않은 비범한 일이 벌어졌다는 것을 두고 내시가 글로 된 찬사를 보냈을 뿐만 아니라 — 죽은 지 200년도 넘어 이미 잊힌 영국의 영웅이 무대 위에서 죽음을 맞이하는 것을 보고 수천 명의 관객들이 눈물 바다를 이루었다. — 말로는 이에 더하여 셰익스피어의 업적을 모방하며 더욱 인상적인 경의를 표하기까지 했다. 말로 역시 자리를 깔고 앉아, 총애하던 미남 가신을 향한 파멸적인 사랑 탓에 몰락하게 된 국왕 에드워드 2세의 비극적인 삶과 죽음을 되짚는, 자신만의 영국 역사극을 쓰기 시작했던 것이다. 다른 작가들 역시 영국 연대기를 열심히 뒤적이며 영국을 배경으로 한 역사극을 끄적이기 시작했으나, 셰익스피어가 거둔 성취와 비슷한 수준에 이른 것은 말로뿐이었다. 아무튼 이들이 셰익스피어의 초기 작품에 진지한 주의를 기울였다는 증거들은 충분하며, 이는 이 집단의 작가들이 런던 문단에 막 등장한 그와의 친분을 다지기 위해 적극적으로 나섰음을 암시한다.

하지만 이들은 곧 엄청난 실망감을 느꼈을 것이다. 우선적으로 셰익스피어는 그 특별한 집단에 속하기 위한 주요 자격 요건에 근본적으로 미달하는 사람이었다. 그는 대학 교육을 받지 못했고 옥스퍼드나 케임브리지에 가 본 적도 없었다. 물론 튜더 시대 기준에 따르자면 이 필진들의 작은 사회는 꽤 민주적인 편이었다. 출생이나 재산 정도는 크게 중요하지 않았다. 내시는 그가 자랑스럽게 이야기하듯이 "가족 내에 상속되는 재산 목록도 길지만, 그보다 더 길게 이어져 내려온 족보"를 보유한 뼈대 있는 가문 출신이었으나 그럼에도 평민 구두장이의 아들인 말로와 어깨를 나란히 했다. 로지는 전직 런던 시장의 아들이었으나, 번쩍이는 시청의 화려함과는 거리가 먼 노리치에서 검소하고 소박한 삶을 살아가는 부모를 둔 그린과 스스럼없이 어울리며 함께 술잔을 기울였다. 이들에게 중요한 것은 두 명문 대학 중 어느 곳에라도 진학했던 적이 있는가 하는 학연의 여부였다. 그토록 독설가인 내시조차도 그의 케임브리지 모교 세인트존스 컬리지에 대해서는 수년이 지난 후에도 더없이 따뜻한 어조로 "여전히 그곳을 사랑했다. 그 대학의 모든 것들은 나에게 지식을 전해 주는 달콤한 유모였으며 또 현재도 그러하므로."라고 썼다. 그린 역시 실제로 대학을 떠난 지 오랜 후에도 그의 헌정 서간문집에 서명하면서 모교의 장소를 언급하며 "클레어 홀의 나의 서재에서"라고 썼다.

대학 교육은 중요한 사회적 특질을 수반했으며, 이 작가들은 그것을 넘치는 자부심 속에 기꺼이 드러내고자 했다. 하지만 공정하게 말해서, 대학 교육은 단순한 상징성뿐 아니라 실제 지성과 배움을 갖추도록 해 주는 것이었기 때문에 가치 있는 것으로 평가받았다. 내시는 아레티노(Aretino)와 라블레(Rabelais)를 자세히 탐독했고 그리스어, 라틴어, 스페인어, 그리고 이탈리아어에서 따온 단어들을 유쾌하게 활용하면서 새로운 표현 어구를 만들었다. 필은 내시와 연합해서 개브리엘 하비가 쓴 서투른 6보격의 싯구들을 조롱했다. 젊은 청년으로서 『안티고네』를 번역한 왓슨의 판본은 이어서 약강식(iambics), 사포식(sapphics), 단단장식 2보구(anapestic dimeter) 또는 강약약강식의 아스클레피아데스격 운율(choriambic asclepiadean) 등 다양한 종류의 라틴 시 형식을 연습하는 우화시의 연작으로 끝난다. 셰익스피어도 결코 배움이 없었다고 할 수는 없다. — 경력 초반에 쓴 『실수 연발』은 그가 라틴 희극에 대한 지식을 얼마나 우아하고 부드럽게 다루고 있는지를 보여 준다. — 하지만 그는 왓슨이 하는 것처럼 학술적인 측면에서의 자기 과시는 할 수 없었으며, 그런 쪽에 특별한 관심을 두지도 않았다.

그에 더해서, 셰익스피어는 시골 지방 출신이었고, 더 중요한 것은 자신의 그러한 근원과 완전히 단절한 적이 없었다. 아버지의 가업을 인수하지 않고 부모 곁은 떠났다고는 해도 그는 로지처럼 부모의 저주를 받으며 그들과 절연한 것이 아니었다. 아내와 어린 세 자녀를 두고 떠나긴 했지만, 그는 그린처럼 다시는 그들을 보지 않을 것이라고 생각하여 가정으로 돌아갈 다리를 영영 태워 버린 것은 아니었다. 그에게는 방황하는 탕자의 어두운 매력 같은 요소가 전혀 없었다. 심지어 그의 작품 속에 나오는 상상적 표현들도 실제 그가 겪었던 시골 생활의 지역적인 세부 사항들과 밀접한 연관성을 지닌 채 남아 있었다. 그리고 이 자유분방한 청년 작가들이 그에게 놀라움을 느꼈던 것은, 촌뜨기처럼 보이는 이 작자가 의외로 많은 것들에 대해 깊이 있는 사색을 한다는 점이었다. 그들은 그가 가진 창의적인 상상력이 오히려 자신들이 갖고 있던 관습적인 틀에서 훨씬 벗어나 있다는 것을 깨달았으며, 기민한 지적 능력, 폭넓은 어휘력, 그리고 마주치는 모든 것들을 흡수하여 자기 것으로 만들어 버리는 그의 믿기 힘든 능력에 놀라움을 표시했다. 또한 어쩌면 그에게 내재되어 있는 도덕적 보수주의 같은 것에 거슬리는 느낌을 받았을 수도 있다. 그의 보수적 관점은 『헨리 6세』 3부작에서도 드러나는데, 전통적인 충고와 교훈을 재확인하는 이러한 지점에 대하여 말로는 『탬벌레인』에서 대담하게 의

문을 제기한 바 있다. 이러한 보수성은 셰익스피어 자신 역시 혼란스럽고 무절제한 삶에 전적으로 투신하기를 거절한 점에서도 동일하게 드러난다. 오브리는 셰익스피어가 "방탕하게 과음하지 않으려 했다."라고 썼을 때 그 특정한 사회적 상황을 언급한 것인지는 구체적으로 말하지 않았지만, 이를 설명해 주는 강력한 정황이 되는 맥락은 아마도 로버트 그린의 초청이었을 것이다.

셰익스피어는 이 대학 재사파에게서 일부 비쳐 나오는 속물적인 우월 의식을 감지했을지도 모른다. 만일 그들이 그를 은근히 낮춰 보지 않았다면 그건 매우 놀라운 일이었을 테고, 그가 그들의 얕잡아 보는 태도를 인식하지 못했을 리도 만무하다. 1580년대 후반과 1590년대 초에 그들이 출간했던 책들 중 그 어느 권에도 그의 추천사는 실리지 않았다. 그가 누군가에게서 그러한 부탁을 받았던 적은 분명 없을 것이다. 그 역시 서로 돌아가면서 각자의 문집에 써 주는 식의 추천사를 그들에게 간청한 적도 없었던 듯싶다. 실제로 그런 경우는 발견되지 않았다. 그는 그들의 문학 논쟁에 끼어들지 않았으며, 그들의 시끌벅적한 작은 사회 바깥쪽에 자의 반, 타의 반으로 조용히 머물렀던 것으로 보인다. 어쨌든 바로 이 셰익스피어는 바로 얼마 지나지 않아 직접 그의 극단 업무를 돌보게 되고, 거의 20년이 넘는 기간 동안 성실하고 꾸준한 집필 활동을 하면서(그의 작품들이 엄청난 성취를 이루었다는 것은 말할 것도 없고) 많은 돈을 모으고 또 유지했고, 감옥에 투옥되거나 거친 법정 공방을 겪는 일도 한 번 없었으며, 농경지와 런던의 부동산에 안전한 투자를 하고, 자신이 태어난 고향 마을에 아주 좋은 저택을 사 두고, 그리고 40대 후반에 은퇴하여 그곳으로 돌아간 사람이었다. 이렇듯 야무진 생활 양식은 갑자기 혹은 뒤늦게 발현된 것이 아니었다. 아마도 스트랫퍼드를 벗어나 런던에 도착한 지 얼마 지나지 않아서 겪은 격동의 혼란과 고통의 시간 속에서, 셰익스피어는 이러한 삶의 자세를 서서히 확립해 나갔을 것이다.

셰익스피어는 당시 극단들에게 극본을 써서 공급하던 이 신사 출신의 시인들을 둘러보았다. 그는 그들의 글쓰기 중 흥미로운 부분들을 받아들였고, 그들과 친교를 나누었으며, 그들의 무모한 삶의 방식에서 놀랍거나 재미있게 느껴지는 부분들을 음미했다. 이 시기 이후로 이어지는 작품들에 비추어 보면, 그들에 대한 그의 반응이 어땠을지를 좀 더 쉽게 상상할 수 있다. 그는 그들이 대학교 학위와 능숙한 라틴어와 그리스어 실력, 자신들이 내뱉는 냉소와 독설 그리고 무심하고 오만한 태도를 내심 자랑스럽게 여기는 것을 보았다. 그는 그들이 한동안 술독에 빠져 있다가, 여전히 반쯤 술에 취한 채로 인쇄소나 배우들을 향해서 그동안 쓴 습작들을 내던지는 것을 보았다. 그는 자신이 무엇을 써내든지 간에, 이 신사 작가들의 눈에 비친 자신의 모습은 일개 배우일뿐이지 자격을 갖춘 시인은 아니라는 것을 깨달았다. 스트랫퍼드에서 온 이 젊은이의 존재가 가끔은 마음에 걸리는 듯 초조한 반응을 보였겠지만 ― 그들은 어쨌든 『헨리 6세』가 거둔 큰 성공에 대해서 감명과 불안감을 동시에 느꼈다. ― 그들은 아마도 순박하고 어리숙해 보이는 그를 쉽게 이용할 수 있을 거라고 생각했을 것이다. 특히 그린은 자신의 수중에 들어온 순진한 희생자를 성공적으로 구워삶아 등쳐 먹는 내용의 엉뚱한 이야기들로 좌중을 웃기곤 했는데, 십중팔구 셰익스피어 역시 그가 붙잡게 될 또 하나의 가엾은 얼뜨기일 뿐이라고 자신했을 것이다.

최소 이것만큼은 의심할 수 없는 사실이다. 셰익스피어는 그린과 그 일당이 그랬던 것처럼 무대 위에 올릴 극본을 쓰는 스스로를 시인이라고 생각하지 않았으며, 배우의 입장에서 글을 썼다. 직접 무대에 올라 연기를 하고 극작까지 하는 인물이 그뿐이었던 것은 아니지만, 그는 그런 경우 중에서도 누구보다 그 일을 잘 이해하고 잘 해내는 사람 중 하나였다. 그리고 배우들은 그가 얼마나 가치 있는 존재인지를 곧 깨달았다. 그리고 대학 재사파와는 정반대로, 그는 이례적으로 셈이 바르고 신뢰할 수 있는 사람으로 보였음에 틀림없다. 1594년에 버비지와 켐프의 입회하에 작성된 재정 문서는 그의 이름을 언급하면서, 그가 이미 소속 극단의 회계 업무를 담당하는 인물 중 하나임을 말하고 있다. 그는 지갑 속에 돈을 차곡차곡 모으는 방법과 그렇게 모은 돈을 낭비하지 않고 간직하는 방법을 알고 있었다.

그와 반대로 그린의 지갑은 텅 비어 있었다. 1592년 8월, 그는 내시가 동석한 저녁 식사 자리에서 청어 식초 절임과 라인 백포도주를 먹고 나서 갑자기 몸이 안 좋아졌다. 모든 친구들에게서 버림받은 그에게 가난한 구두장이 아이샘(Isam)과 그의 인정 많은 아내가 도움을 베풀었다. 그들이 그린을 자기 집에 들여 마지막까지 보살펴 주지 않았더라면, 그는 집도 절도 없는 거지처럼 거리에서 죽음을 맞았을 것이다. 그에 대한 나쁜 소문을 그러모으던 그린의 숙적 개브리엘 하비는 그의 형편없는 최후를 직접 목도하고 아이샘 부인과 만나 얘기를 나누기 위해 그들의 집을 찾아갔다. 하비가 묘사하는 장면의 상당 부분은 — 파렴치한 악당이 "이가 들끓는" 모습으로 끔찍한 죽음의 공포에 사로잡혀 제정신이 아닌 채로 "맛지 포도주 한 모금"을 구걸하는 모습 — 역겨운 증오의 표현으로 감안할 수 있겠으나, 비애의 관점이 섞인 일부 세부 사항은 사실적인 요소도 간직하고 있다. 하비는 이렇게 썼다. 그 부인이 말하길, 죽어 가던 남자는 "연약하고 가엾은 영혼으로, 그의 단벌 셔츠는 세탁 중이었으므로 그녀 남편의 셔츠를 대신 빌려 입고 있었다. 그의 더블릿 상의와 몸에 달라붙는 하의 그리고 대검은 3실링에 팔려 나갔다. 그의 수의 가격은 4실링이었고 어제 그를 베들램 근처 새 공동묘지에 매장하는 데 6실링 4펜스가 든 건 제외하더라도, 그는 그녀의 가난한 남편에게도 빚을 지고 있었다. 친절하게도 이 선한 부인이 내게 직접 보여 준 증서에 따르면 그건 그린이 직접 차용증을 쓴 10파운드의 금액이었다." 그녀는 하비에게 그린이 일전에 버린 아내에게 남긴 편지도 보여 주었다. "돌(Doll), 우리 청춘에 나눈 사랑 탓에 그대가 이 지경이 되었구려. 내 영혼이 이제 나를 떠나 쉬게 되니, 그대는 이 사람이 죗값을 치렀음을 알게 될 것이오. 그와 그의 아내가 나를 도와주지 않았더라면, 나는 길바닥에 나자빠져 죽었을 것이오."

그린은 죽기 전 또 다른 소원을 가지고 있었다. 그는 아이샘 부인에게 "월계나무 잎을 엮은 화관" — 월계관 — 을 머리에 씌워 달라고 부탁했다. 그는 계관 시인의 자격으로 무덤에 갈 생각이었던 것이다, 비록 그게 구두장이 마누라의 손으로 받는 대관이라도. 하비는 예상대로 신랄한 독설로 이 숙적의 고별을 받아들였다. —"결국 생전의 해충은 죽은 해충이 되어 상황을 바로잡았다." — 하지만 그는 좀 더 풍부한 내용의 비문을 쓰기도 했다.

보라, 광인의 뇌와 천 가지의 망상으로 가득하던 저 거친 머리를. 그는 학자였고, 담론가였고, 신하였고, 악당이었고, 도박꾼이었고, 난봉꾼이었고, 군인이었고, 떠돌이였고, 장사치였고, 중개상이었고, 제작자였고, 뭘 하든 서투른 작자였고, 궤변가였고, 딴따라패였고, 사기꾼이었고, 악담꾼이었고, 구걸꾼이었고, 뭐든 잡탕으로 꾸려 가는 작자였고, 흥겨운 허랑방탕을 즐기며, 저급한 잡동사니 글귀를 모아 두는 창고 같은 사람으로, 그 내부에는 일일이 대답하거나 읽을 가치도 없는 것들만이 쌓여 있었다. 그는 악한과 멍청이들을 위한 글을 쓰는 하찮고 무가치한 작가였고, 나태의 현현이며, 괴기한 광상의 완벽한 전형, 허영의 반영물이었다.

이 비난의 목록은 단연 인상적이며, 악행으로 가득 찬 활기 넘치는 삶을 보여 준다. 그린 본인도 종종 자신에 대해 쓸 때 방탕하게 흘려보낸 젊은 시절을 회고하며 음울한 감상에 젖어 드는 노인의 목소리를 차용하긴 했으나, 사실 그가 이렇게 죽음을 맞이한 나이는 고작 서른두 살에 불과했다.

집단의 다른 일원들도 곧 자기들을 이끌던 대장의 전철을 밟으며 속속들이 무덤으로 향했다. 같은 달인 1592년 9월에, 토머스 왓슨이 서른다섯의 나이로 땅에 묻혔다. 죽음의 원인은 명시되지 않았지만, 끔찍한 역병이 돌던 해였으므로 굳이 밝힐 필요가 없었던 것인지도 모른다. 그의 죽음 이후에 그의 시를 담은 책 두 권이 유작으로 출판되었다. 그의 친구들은 이미 그 원고를 읽어 보았을 터였고, 그 외에도 그는 한동안 좀 명예롭지 못한 이유로 세간에 오르내렸는데, 질이 좋지 않은 특정 사기 사건 두 건에 연루된 악한으로서 고인의 이름이 법정에서 몇 번 언급되었다. 이듬해 5월에는 왓슨의 친구 말로가 서른 번째 생일을 맞기도 전에 술집에서 벌어진 싸움에서 죽음을 당했는데, 전해지는 이야기에 따르면 계산서의 처리를 두고 벌어진 분쟁이었다.

엄청난 난봉꾼이었던 조지 필은 죽은 친구들인 왓슨과 말로에게 감동적인 헌시를 바쳤다. 그리고 몇 년 후인 아마도 1596년에 그 역시 죽음을 맞이했다. 그는 마흔 살이 되기 전에 죽었으며 "혐오스러운 질병," 즉 매독으로 인해 사망한 듯하다. 1601년에는 그 필진 집단에서 가장 어린 축이었던 토머스 내시가 서른세 살의 나이로 죽었고, 슬픔에 잠긴 그의 목사 아버지가 그를 고향 교회 뜰에다 묻었다.

1580년대 후반에 셰익스피어가 만난 여섯 명의 대학 출신 청년 작가들 중에서 토머스 로지만이 30대를 넘겨 살아남았고, 그리고 그 당시의 기준으로도 꽤 장수의 연령에 달했다. 하지만 그의 삶은 문학계를 벗어났다. 시와 소설 쓰기를 그만두고, 로지는 약학을 공부하여 학위를 받았으며 그 시대에 선두적 역할을 한 의료인으로 살았다. 그는 1625년 예순다섯 살 나이로 죽었다.

1593년 이후 그린, 왓슨, 말로는 이미 죽어 버렸고, 서른 살이 채 되지 않은 셰익스피어에게는 사실상 경쟁자가 없었다. 그는 『헨리 6세』의 주된 성공에 이어서 또 다른 훌륭한 작품인 『리처드 3세』를 써냈다. 그는 거칠지만 정력적으로 『타이터스 앤드러니커스』에서 유혈 복수극을 실험했고, 『베로나의 두 신사』, 『말괄량이 길들이기』, 『실수 연발』을 통해 희극 작가로서도 위대한 강점들을 보유하고 있음을 증명했다. 그는 승리를 거두었지만, 씁쓸한 뒷맛이 뒤따르는 상황을 경험하게 되었다. 그린은 죽음을 맞는 순간까지도 글을 썼거나 적어도 그랬다고 전해지는데, 이 주장 자체는 믿기 힘든 말은 아니었다. 그는 자신의 존재 전체를 1페니짜리 싸구려 폭로물로 만들어 버리는 부류의 작가였으니까. 그는 임종 시에 출간하기에 충분할 만큼의 많은 자료를 남겼다고 전해졌는데, 삼류 인쇄업자이자 가끔 본인도 극작을 하던 헨리 체틀(Henry Chettle)이라는 사람이 그린의 원고를 모아 사후 유고집을 출간했다. 『그린의 은화 한 닢짜리 재치, 100만 번의 회개로 사다(Greene's Groatworth of Wit, Bought with a Million of Repentance)』라는 제목의 이 책은 그린의 시신이 차갑게 식기도 전에 급하게 출판되었다. 이 책은 거의 다 체틀 본인의 손으로 쓰였거나, 아니면 체틀과 함께 협업하는 누군가 — 어느 소문에 따르자면 내시였다. — 에 의해 쓰였을 터였다. 하지만 책에는 그린 본연의 분기탱천한 모습 또한 어느 정도 담겨 있었다. 그는 요란스럽게 자기 자신을 질타했고, 두려움 없이 말로를 대상으로 — "그 유명하고 잘난 비극 작가이신 그대여" — 그의 무신론을 공격했다. 그러고 나서 그의 글은 셰익스피어에게 분노를 돌렸다.

시인들과 배우들 사이의 오래된 경쟁 구도를 다시 끌어오면서, 그린은 신사 계층의 동료인 말로, 내시, 그리고 필에게 "꼭두각시들," 즉 "우리의 입을 빌어 지껄이는" 배우들을 믿지 말라고 경고했다. 배우들은 그저 작가들의 옷에 들러붙은 쭉정이 씨앗 같은 존재들이며 그들은 "우리의 색채를 곁들이지" 않고서는 사실상 그 실체가 보이지 않는다고 표현되었다. 그런데 그 배은망덕한 놈들이 도움이 절실히 필요한 순간에 그를 배반했다는 것이다. 그린의 말은 버비지나 앨린 같은 배우들에게도 해당될 수 있지만, 그들은 성공적인 극작가로서도 그 능력을 증명해 보인 배우라는 범주에는 들지 않았다. 그 범주를 확실히 하기 위해, 그린이(혹은 그를 가장하여 대필을 하는 유령 작가가) 비난의 대상을 슬쩍 바꿔 버리는 이 구절은 매우 유명하다. "그러나 그들을 믿지 마시게. 벼락출세한 한 까마귀가 있으니, 우리의 깃털로 미화되었고, '배우의 거죽으로 싸여 있는 호랑이의 심성'을 가진 그는 자네들 중에서도 으뜸으로 무운율 시구를 주워섬길 능력이 있네. 그리고 절대적인 요하네스 팩토텀(*Johannes Factotum*: 만능인)으로 행세하니, 제 생각에는 본인이 이 나라에서 유일하게 무대를 뒤흔들어 대는(Shakescene) 작자인 모양이야." "아, 여인의 거죽으로 싸여 있는 호랑이의 심성이구나!" 이는 『헨리 6세』 3부에서, 요크 공작이 살해당한 아이의 피에 적신 손수건을 그 아비의 얼굴에다 대고 흔들어 대는 섬뜩하고 무자비한 여자를 묘사하는 대사다.

자신을 겨냥한 이 왜곡된 호칭을 읽었을 때, 셰익스피어는 먼저 그린이 자신의 감정적 몰인정함을 비난하고 있다고 생각했을 수 있다. 하지만 그렇지 않다면, 그는 작품과 관련된 시적 과잉 상태에 대해서 지적을 받은 것일 수도 있었다. 그는 자신보다 앞서 이 시구를 다룬 사람들의 문체를 그대로 가져와서 이를 훨씬 더 번지르르하게 과장하고 있는 것인지도 몰랐다. 그에게 가해진 모욕의 내용이 명확하게 밝혀진 것은 아니었지만, 셰익스피어에게 있어서 확실한 것은 결국 계층의 문제가 거론되고 있다는 점이었다. '벼락출세자'는 자신이 속하지 않은 계층까지 스스로를 밀어 넣은 인물이며, 까마귀처럼 우짖는 특징에도 불구하고 나이팅게일처럼 차려입는 인물이었다. 자신을 두고 요하네스 팩토텀, 즉 '무엇이든 할 줄 아는 만능인'처럼 상상하지만, 실제로는 이류 단순 노동자이자 '건방진 마차꾼'이며, 스스로 재주 있는 시인이라고 생각하지만 실제로는 다른 이들이 슬기롭게 창안해 낸 것들을 따라 하며 흉내나 내는 '원숭이'에 불과했다.

이는 깊은 상처를 주는 말이었으며, 특히 — 전해지는 바에 따르면 — 죽어 가는 사람의 입에서 나온 말이라는 점에서 더욱 신랄한 독설이었다. 이 말들에서는 어떤 저주에 가까운 단호함까지 느껴졌는데, 이들이 살던 시대는 이러한 저주가 실제로 엄청난 심각성과 영향력을 지니고 있는 세계였다. 『그린의 은화 한 닢』은 베짱이와 개미에 대한 유명한 이솝 우화를 다시 이야기하는 종결부로 마무리되었는데, 최소 한 사람의 현대 해석가인 에른스트 호닉맨은 여기서 한 발짝 더 나아간 모욕을 감지한다. 쾌락을 좇아 조심성 없이 초원을 뛰어 다니며 농탕을 치는 베짱이는 물론 그린을 의미하고, 호닉만의 해석이 맞다면 그 인색한 개미, "음식도 없고 도움도 없고 힘도 없는" 베짱이 지인을 도와주기를 거절한 "성질머리 더러운 벌레"는 바로 셰익스피어를 의미한다. 이 일화로 짐작해 볼 때, 그린은 이 시점에서 이미 배우들과 극단의 자금 상태를 처리하는 위치에 있었을 법한 셰익스피어에게 재정적으로 도움을 요청했다가 거절당했던 것 같다. 그가 정말 거절을 당했다면, 이는 벼락출세한 까마귀, 거만한 마차꾼, 원숭이, 벌레 등의 모욕적이고 풍자적 어구로 셰익스피어를 그려 낸 그린의 격하고 신랄한 독설에 대한 설명이 될 수 있을 것이다.

    셰익스피어가 이 공격에 어떻게 대응했는지는 그에 대해서 많은 것들을 말해 준다. 그는 이러한 비난에 직접적으로 답하지 않았으며, 하비처럼 격정적인 반격을 날리지도 않았다. 하지만 그는 전례 없이 효과적인 어떤 방법들을 조용히 취했던 것이 틀림없다. 왜냐하면 그린의 소책자를 발행한 지 석 달이 채 지나지 않아서 헨리 체틀이 지면을 통해 자신은 그 내용과 아무런 관련이 없다고 밝혔기 때문이다. 그것은 "모두 그린의 말이었다."는 것이다. 체틀은 어느 때를 막론하고 자신에겐 "학자분들을 대상으로 통렬한 독설을 출판해 낼 의향이 전혀 없음"이 잘 알려져 있다고 주장했다. "학자분들"이라는 말에서 보듯, 이제 셰익스피어는 어쨌거나 대학 교육을 받은 사람처럼 취급되고 있었다.

여기에 더해 체틀은 그린이 남긴 말 때문에 감정이 상한 두 명의 극작가 중 자신은 그 누구와도 개인적으로 아는 사이가 아니며, "그리고 그들 중 한 사람과는 아예 모르는 사이로 남아도 상관없다."라고 썼다. 이름이 언급되지 않은 이 극작가는 물어볼 필요도 없이 말로였다. 1592년 12월만 해도 말로는, 이렇게 전전긍긍하며 귀를 쫑긋 세우고 동향을 살피는 인쇄공이 자신의 안전을 위해서라도 절대로 알고 싶지 않을 법한 위험천만한 인물이었다. 그리고 남은 극작가는 또 다른 문제였다. 체틀은 간살스럽게 돌려 쓴 사과문에서 설명하듯이, 이 두 번째 극작가에 대한 그린의 부적절한 언사는 출판하지 말았어야 했다는 것을 이제야 이해했다. "그렇게 하지 않은 데 저자의 잘못이 내 잘못이라도 되는 듯이 송구함을 느낀다. 왜냐하면 나 자신이 직접 그가 보유한 재능만큼이나 훌륭하고, 정중함이 넘치는 그의 처신을 보았기 때문이다." 이 극작가 역시 이름이 거론되진 않았지만 "벼락출세한 까마귀"일 가능성이 높았다. 최근 석 달의 어느 시점에 체틀이 셰익스피어와 '정중한' 대화를 나누었다는 뜻이거나, 최소한 그를 직접 대면하여 관찰할 기회를 가졌다는 의미이다. 그는 또한 갑자기 셰익스피어가 "보유한 재능"의 훌륭함에 대해 잘 알게 된 것처럼 말하면서, 그의 극작과 연기 활동에 대해 완곡하게 아첨하고 있다. 곧 이러한 갑작스러운 철회의 더 깊은 동기가 드러난다. "게다가 그를 아끼는 다양한 숭배자들로부터, 업계 내에서의 그의 강직함에 대해 전하는 말씀들이 들려오니 곧 정직성과 재치 있는 우아한 필력이 언급되는 그의 예술은 충분히 정평이 나 있는 것이었다." "다양한 숭배자들"이라는 것은 사회적으로 중요한 영향력을 지닌 사람들을 의미했다. 즉 이 인쇄업자의 삶을 비참하게 만들어 버릴 수도 있는 힘을 가진 사람들이 그에게 와서 셰익스피어의 성품이 갖는 훌륭함과 그의 "재치 있는 우아한 필력", 그의 글쓰기가 가진 재능과 세련미에 대해 언질을 주었다는 것이다.

셰익스피어는 체틀에 대해서 단 한마디도 직접 입에 올리지 않았지만, 그린의 공격을 받자마자 거의 바로 당사자의 사과를 얻어 낸 셈이었다. 무기력하게 씩씩대며 분노에 빠지곤 하던 가엾은 개브리엘 하비의 경우라면 이런 종류의 수습은 오직 꿈에서나 기대할 수 있는 반응이었다. 그 뒤로 수년간 셰익스피어와 체틀은 충분히 정중한 관계를 지속했으며, 비록 실제 공연은 불발되고 말았으나 다른 여러 극작가들과 함께 토머스 모어 경(Sir Thomas More)에 대한 연극을 함께 작업하기도 했다.

이렇게 상황은 거의 일단락되었으나, 남은 뒷이야기가 또 있다. "우리의 깃털로 미화되었고(beautified with our feathers)"라던 그린의 구절은 셰익스피어에게 꽤 따끔한 상처를 주었던 것이다. 1601년, 『은화 한 닢짜리 재치』와 그것을 쓴 뚱보 악당이 사람들의 기억에서 사라진 지도 오래일 때, 셰익스피어는 자기 자신에게 좀처럼 보기 드문 유쾌한 방종을 허락했다. 햄릿이 딸에게 보낸 연애 편지 중 하나를 그의 손에 집어 들며, 폴로니어스— 그가 줄리어스 시저를 연기했다던 "대학교에서 좋은 배우라는 칭찬을 받았을" 시절까지로 거슬러 올라가는 문학적인 경력을 자랑하는(『햄릿』, 3.2.91, 90)— 는 "이제 모여 한번 짐작해 보십시오."라며 클로디어스와 거트루드 앞에서 편지를 읽기 시작한다. "하늘과 내 영혼의 우상, 가장 미화된(beautified) 오필리어에게." 그러더니 갑자기 이 나이 든 국가의 의원은 문학적 표현을 비평하는 한마디를 쏘아붙이기 위해 잠시 읽던 것을 멈춘다. "이건 잘못된 말이잖아, 아주 엉터리 같은 구절이군. '미화된'이라니 아주 불쾌하기 짝이 없는 말입니다."(2.2.109-12)

"이렇게 하여" 광대 페스티는 『십이야』에서 말한다. "끊임없이 변하는 시간이 그의 복수를 실어 오는구나."(5.1.364) 1590년대에 쓰인 셰익스피어의 연극들에는 이전 경쟁자들이 사용했던 단어들을 익살맞게 패러디하는 장면들이 종종 들어가 있다. 『윈저의 즐거운 부인들』에서 폴스타프의 과열된 성적 흥분은 —"하늘에서 감자들은 비 내리듯 떨어져라, 천둥은 '그린슬리브즈'의 노래 소리에 맞추어 울려라, 향료가 든 사탕과 에린지움 꽃이여 영원하라."(5.5.16-18) — 로지의 『재치의 고통과 세상의 광기(Wit's Misery and the World's Madness)』에 나오는 구절들을 놀리고 있다. 필의 『알카사르의 전투』에 나오는 무어인 왕이 그의 굶주린 어머니에게 건네는 애상적인 대사 —"기다리시오, 칼리폴리스……. 음식을 먹고 살을 찌워서 우리 적을 만나도록 합시다." — 는 『헨리 4세』 2부에서 술집에서의 거들먹거리는 대화로 바뀐다. "그러고 나면 어서 먹고 살을 찌우자고, 우리 예쁜 칼리폴리스."(2.4.155) 그리고 이 장면 바로 이전에서는 동일 인물인 피스톨 소위(Ensign Pistol)가 술에 취한 상태로, 탬벌레인의 유명한 장면을 따라 하고 있다. 탬벌레인이 정복당한 왕들을 자기 전차에 굴레를 씌워 조롱하는 가학적 장면에서 그가 내뱉는 대사 —"안녕들 한가, 방자하게 비실대는 아시아의 말들이여! 너희들은 하루에 20마일도 굴러가지 못한단 말이냐?"— 는 꽤 그럴듯한 우스갯소리로 바뀌었다.

짐 나르는 말들과

눈이 푹 파이고 방자하게 야윈 아시아의 말들,

하루에 고작 30마일밖에 못 간다는 이들이,

시저와 식인종들이나,

트로이의 그리스인들과 비교되어야 한단 말인가?

(2.4.140-44)

같은 맥락으로 등장하는 부분들은 이외에도 많으며, 만약 대학 재사파가 썼던 연극들이 모두 남아 있기만 했다면, 학자들은 분명히 또 다른 경우의 예시들을 찾아냈을 것이다.

이러한 패러디들은 셰익스피어도 어쨌든 사람이었다는 것을 보여 준다. 그는 작품 내에서 문학적인 모욕을 되갚아 주거나 심지어 일부는 세상을 떠났다 해도 경쟁자들을 조롱하는 데서 약간의 즐거움을 얻었다. 하지만 로버트 그린의 기괴하고 개성 넘치는 인격을 두고서는, 좀 더 중요하고 예상하지 못했던 일이 일어났다. "그대, 이 쬐끄만 바살러뮤 수퇘지구이 같은 작자야." 폴스타프의 창녀 돌 티어시트가 입술을 뾰로통하게 내밀고 정답게 말을 건다. "언제쯤이면 그대가 하루 온종일 싸우는 걸 관두고 밤이 다 가도록 찔러 대면서, 그대의 늙은 몸뚱이를 천국으로 보내게 될까?" 이에 뚱보 기사는 대답한다. "가만있어 봐, 착한 예쁜이, 죽음의 백골처럼 이야기하지 말고. 내 끝이 어떨지 생각해 보게 하지 말라고."(『헨리 4세』 2부, 2.4.206-10) 폴스타프의 술집 세계에 깊이 몰입할수록 — 추잡하고, 술에 취하고, 무책임하고, 자기도취적이고, 또 놀랍도록 재치가 넘치는 폴스타프 — 우리는 점점 그린의 세계에 가까워진다. 그의 아내인 돌은 그린의 정부였던 엠이고, 그녀의 불량배 형제인 커팅 볼, 그리고 그린을 둘러싼 그 모든 인물들도 다 비슷한 구도 속에서 발견된다.

폴스타프와 그의 친구들은, 젊은 셰익스피어가 처음으로 그 거친 런던 작가진을 만나며 받았을 개성적인 인상과 매력을 반영하고 있다. 런던 다리에서 그리 멀지 않은 이스트칩(Eastcheap)에 있는 지저분한 폴스타프의 거처에서, 할 왕자는 일련의 도시적인 인물 군상을 만나게 되고 이들은 그가 예전에 알았던 그 어떤 인물들과도 거리가 멀었다. 할 왕자는 그들끼리 쓰는 속어와 언어를 배우면서 특별한 기쁨과 재미를 느꼈다. "그들은 술을 많이 마시는 것을 '빨갛게 물들인다.'라고 해. 그리고 마시다가 잠깐 숨을 돌릴라치면 '에헴!' 하고 헛기침을 해 대고 '계속 마셔!'라고 권하지. 결론적으로 나는 15분 만에 술자리에 너무 능숙해져 앞으로 살면서 그 어떤 술꾼하고도 그만의 속어를 써 가며 술을 마실 수 있게 됐어."(『헨리 4세』 1부, 2.5.13-17) 거기서 연극은 이 언어 학습에 일종의 정치적 요소가 드리워져 있음을 보여 준다. ─ "내가 영국의 왕이 되면 나는 이스트칩의 모든 명랑한 청년들을 내 가신으로 거느릴 거야." ─ 하지만 동시에, 이 장면은 셰익스피어 본인이 그들과 함께 술집을 돌아다니며 그들이 쓰던 말을 배우던 순간을 살짝 뒤틀어 묘사한 것처럼 보이기도 한다.

그렇게 폴스타프와 할의 관계 역시 환상적으로 창의적인, 난폭한 언어 유희의 즐거움에 집중하는데, 이런 종류의 말장난은 대학 재사파 일원들의 특기이기도 했다.

> 해리 왕자: ……이 피둥피둥하고 낙천적인 비겁자, 어찌나 육중한지 침대를 납작하게 만들고, 말등을 내려앉게 하는 작자, 이 살로 가득 찬 거대한 산더미야.

폴스타프: 제기랄, 너 이 뼈쩍 곯은 엘프 가죽, 말라빠진 소 혓바닥, 황소 불알, 소금에 절인 생선 같은 놈! 오, 그대가 어떤 존재인지 다 말해 줄 수 있게 내 숨이 붙어 있다면 좋겠군! 넌 그 뭐냐, 재단사의 자, 검을 싸는 칼집, 활 집어넣는 빈 깡통, 아주 못되먹게 뾰족 솟아오른 주름같은 거시기야.

—『헨리 4세』(1부, 2.5.223-29)

이것은 바로 우스운 모욕을 서로 주고받으면서 남들이 공공연하게 들을 수 있게 재미난 말다툼을 하는 상황극이었고, 그린과 내시가 특히나 능숙하게 잘 풀어 냈던 무분별한 막장 언어의 포화 상태였다. 아마도 셰익스피어도 이러한 말장난에 참여한 적이 있었을 것이다. 어떤 경우든 그에게는 배운 것들을 모조리 흡수해서 남들의 최상 수준 이상을 넘어설 수 있는 능력이 있었으니까.

무엇보다도, 왕자와 그의 괴상한 친구—"끈적이는 체액으로 가득 찬 몸뚱이, 짐승 같은 짓거리를 가둬 두는 거름통, 부기로 터져 나갈 듯한 살 꾸러미, 거대한 폭탄주의 푸댓자루, 철면피 근성을 꽉 두른 옷 가방처럼 통통한 꼬락서니의, 배 속에는 푸딩을 가득 채워 넣은 매닝트리의 황소 구이 같은 작자"(2.5.409-13)—는 연극적인 유희를 만들어 내거나 공연하고, 상황극 장면들을 연출하고, 그리고 이미 유행에서 뒤떨어져 버린 극작의 표현 방식들을 놀려 대면서 함께 시간을 보낸다. 이 연극적 유희는 다른 불길한 관점들도 눈에 들어오게 한다. 왕위와 그 체제라는 것도, 어느 재능 있는 악당에 의해 연출되는 연극적 공연의 일환일 수 있다는 점이다. 할의 아버지인 헨리 4세의 왕위 계승권이나 적법성이 사실 폴스타프보다 훨씬 뛰어나고 우월한 것도 아니다. 폴스타프는 할의 아버지 역할을 대신 맡고 있는 셈인데, 이 위치는 불안하다. 폴스타프는 할에게 외면당할까 두려워서 자신의 친구들을 배반하려 하는 반면, 할은 종래에는 그들 모두를 떨어낼 계획을 세우고 있다. "안 됩니다, 아바마마." 폴스타프는 겉으로는 왕자의 역할로 아버지에게 얘기하는 상황을 가장하면서 간청한다.

> 피토를 내치고, 바돌프를 버리고, 포인스를 추방하시되, 사람 좋은 잭 폴스타프, 착한 잭 폴스타프, 진실한 잭 폴스타프, 용감한 잭 폴스타프, 그러므로 나이 들어 더욱 용맹한 존재가 된 잭 폴스타프는, 삼가 청하건대,
> 그대의 해리의 동료인 그를 내치지 마십시오,
> 그대의 해리의 동료인 그를 쫓아내지 마십시오,
> 뚱뚱보 잭을 몰아내려면 이 세상을 다 몰아내야 할 겁니다.
>
> (2.5.431-38)

이에, 그의 아버지 역할을 맡은 할은 조용하면서도 냉담하게 대답한다. "난 그를 버린다, 그리할 것이다."

연극이 중심부로 진입할수록 이들의 관계가 점점 파헤쳐지는 한편, 즉흥 연기에 대해 다루는 멋진 장면들에서도 또 셰익스피어가 그린과 그의 동료들과 나누었던 관계가 자세히 나타난다. 혹은 수년이 지난 시점에서, 이 동료들은 모두 이른 죽음의 운명을 맞이한 반면 자신은 영국의 대표 극작가로서 확실히 기반을 다진 그때 셰익스피어가 그들과의 이전 관계를 어떻게 회고하고 있는지를 언뜻 느끼게 해준다고도 할 수 있다. "나는 너희 모두가 어떤 존재들인지 잘 안다." 셰익스피어는 『헨리 4세』 1부 초반에서 그들이 한창 익살과 재치를

부리는 장면이 지나간 뒤에 할에게 이러한 대사를 주었다.

> 그리고 한동안은 나 역시
> 너희의 허랑방탕하고 고삐 풀린 상태에 같이 뛰어들 것이다.
> 하지만 여기서 나는 태양의 본을 따르는 것이니,
> 그의 아름다움을 세상으로부터 잠시 덮어 버리도록
> 저열하게 역병처럼 오염시키는 구름 떼마저도 허락하려 한다.
> 그가 다시 자신의 모습이 되고자 원할 때,
> 경이로움 그 이상을 돌리는 존재로서 부름을 받을 때
> 그 거짓되고 추악하게 드리운 축축한 안개들
> 그를 숨 막히게 하는 듯하던 수증기의 입자들은 부서지고 말 것이다.
> (1.2.173-81)

그린과 폴스타프의 근접성을 인식한다는 것은 이 훌륭하고 폭이 넓고 매력이 넘치는 인물의 실제 모델이 얼마나 "거짓되고 추악했는지"만을 보는 데서 그치는 것이 아니다. 확실히 말해서, 그린은 충분히 지저분한 인물이긴 했다. 그는 술주정뱅이였고, 사기꾼에, 거짓말을 밥 먹듯이 하면서, 매사 계획은 창대했으나 실제 삶에서의 성취는 한심하도록 미약한 수준에 머물렀다. 그러한 시시하고 저속한 특성은 폴스타프가 가진 성격 중 단연 한 가지 측면을 차지하는데, 할이 그의 주머니에 든 "여관비 청구서, 사창굴에 대한 메모들, 그리고 기력을 회복할 때 먹는 1페니짜리 싸구려 사탕"을 나열하는 장면에서 문자 그대로 일일이 현물화되어 드러난다.(3.3.146-48) 폴스타프의 허풍이 얼마나 실체 없이 공허한 것인지를 할의 입장에서 깨닫게 되기

까지는 그리 과한 노력이 필요하지 않았을 것이다. 오직 머리에 든 게 없는 멍청이만이 폴스타프의 말을 그대로 믿을 테고, 총명한 할은 결코 그런 멍청이가 아니었다. 실제로 로버트 그린의 경우에도 그를 둘러싼 환경이 본질적으로 불쾌하고 저속하다는 것을 알아차리기 위해서는 특별한 재능이 필요했던 건 아니었다. 그와 함께 어울리는 사람들에게 압박과 흥미를 동시에 느낄 수 있게 해 주는 과업은, 그의 삶을 단순히 사기와 거짓말의 연속으로 절하하여 일축해 버리기 전에 그가 제시하는 환상과 그것이 가진 이야기적 힘을 더욱 음미해 보는 것이었다. 폴스타프가 드러내 주는 것은 바로, 셰익스피어가 볼 때 그린은 추잡한 기생충 같은 존재였지만 동시에 기괴한 타이탄과도 같았다는 점이다. 셰익스피어에게 그린은 그리스 신화에 나오는 술취한 실레노스, 또는 라블레의 활력 넘치는 장난꾼 파뉘르지의 실제적인 현현이었다.

 셰익스피어는 그린의 삶에서 가장 핵심이 되는 역설을 포착해서 — 옥스퍼드와 케임브리지를 졸업한 학자가 저급한 술집에서 불량배들과 나란히 어울린다는 것 — 그것을 폴스타프의 지극히 다중적이고 애매한 사회적 위치로 환원시켰다. 기사의 신분으로 영국의 왕세자건 한 무리의 도둑놈들이건 양쪽 모두와 친밀하게 지낸 폴스타프는, 그린의 폭식과 폭음, 창녀와의 잦은 오입질, "불룩 솟아오른" 배, 인상적인 재능을 방탕하게 써 버리는 것, 친구들을 대상으로 하는 냉소적인 착취, 뻔뻔한 낯짝, 온갖 구접스러움 속에서 느껴지는 매력을 생생하게 포착하여 보여 주는 인물이었다. 그는 또한 그린이 늘상 그러기로 잘 알려져 있듯이, 요란스럽게 반짝했다가 금세 사라져 버리는 짧은 참회의 순간들, 엄숙한 자기 훈계와 반성을 주워섬기다 금세 아무렇지도 않게 그것을 또 불경스러운 웃음거리로 바꿔 버리는 습관적인 언행을 폴스타프 안에 담았다. "그대를 알기 전에는, 할, 나는 아무것도 몰랐는데." 폴스타프는 타락해 버린 순수라는 전형적인 역할을 맡은 체하며 말한다. "그리고 이제 내 모습은, 진심으로 말하자면, 사악한 놈들보다 뭐 딱히 낫다고 할 수도 없군. 나는 이런 악한 삶을 그만두어야 해, 그리고 난 그만두고 말 것이오. 주님 앞에 말하노니, 내가 그만두지 않는다면, 내가 진짜 나쁜 놈이다. 이 선한 기독교인의 세상에서, 왕의 아드님이 벌이는 일 때문에 괜히 나까지 죄를 받진 말아야지." 이에 대해 할은, 매번 경건한 다짐을 하곤 하던 그린을 놀려 대는 친구들처럼, 간단한 질문으로 반응을 대신한다. "내일은 어디서 지갑을 털까, 잭?" "제기랄, 어디건 네 맘에 드는 곳에서지, 젊은 친구! 내가 건수 하나 마련해 보지. 만일 내가 안 하거든, 날 나쁜 놈이라고 부르시던가."(1.2.82-89) 참 대단한 회개의 순간이다.

그렇다고 폴스타프가 로버트 그린을 한 치의 차이도 없이 직설적으로 반영하는 초상은 아니었다. 실제 그린은 폴스타프처럼 기사의 신분도 아니었고 나이 든 노인도 아니었다. 마찬가지로 창녀인 돌 티어시트가 그린이 고향 마을에 버리고 온 조강지처의 정확한 묘사인 것도 아니었고, 여관 여주인인 퀴클리 부인(Mistress Quickly)이 그린에게 돈을 빌려주고, 질병을 앓다 임종을 맞은 최후의 순간에 그를 돌봐 주었던 아이샘 부인을 그대로 반영하는 것도 아니었다. 다른 곳에서와 마찬가지로 이 작품에도, 셰익스피어가 실제로 경험한 세계가 녹아 들어 있긴 하지만 그것은 대체로 그렇듯 왜곡되고 도치되고 위장되고 혹은 새롭게 상상된 형태로 변형되어 있다. 중요한 점은, 변형을 거쳐 나온 작품보다 그것을 발현시킨 실제 삶에서의 근원들이 더 흥미로운 요소인 양 새로 상상된 부분들을 모두 벗겨 내는 것에만 치중하지 않고, 셰익스피어가 창조한 작품 — 로버트 그린의 허망한 인생에서 발견된 요소들을 선택하여 영국 문학사에 길이 남는 위대한 희극적 인물을 빚어낸, 엄청나게 대담하고 관대한 상상력의 결실로서의 폴스타프 — 에 대한 경이와 감상을 더 넓은 관점에서 받아들이는 것이다.

폴스타프를 그려 내는 데 있어 그가 그린만을 염두에 두었던 것은 아니다. 셰익스피어가 탄생시킨 수많은 인상적인 인물들이 그렇듯이, 폴스타프도 다방면의 재료들로 만들어졌고 상당 부분은 실제 삶에서뿐 아니라 기존 문학 작품에서도 차용되었다. 셰익스피어는 우리가 우리의 세계를 이해하는 것과 동일한 방식으로 자신의 세계를 구성했다. 우리와 마찬가지로 그의 경험 중 상당수는 그가 접할 수 있었던 이야기나 이미지들의 영향을 받아 중재되는 경우가 대부분이었던 것이다. 술집에 앉아 있다가 입이 걸걸한 군인 하나가 자기가 겪은 거친 모험담을 뽐내는 이야기를 들으면, 셰익스피어는 그 군인을 보면서 그가 일전에 이야기책으로 읽은 적 있는 캐릭터를 떠올리며 그 가상의 렌즈를 덮어씌운 상태로 그를 보았을 것이다. 그리고 동시에 그는 그 가상의 캐릭터에 대해 자신이 갖고 있던 이미지를 실제로 지금 보고 있는 인물에 다시 투영하여 조정하는 과정을 거쳤다.

폴스타프를 창조하면서 셰익스피어는 자주 그랬듯이, 다른 사람의 연극에 나오는 인물에서부터 시작했다. 퀸스멘 극단이 런던에서, 그리고 순회하며 공연을 했던 이 연극은 『헨리 5세의 유명한 승리들 (The Famous Victories of Henry the Fifth)』라는 제목의, 작자 미상의 다소 조잡한 연극이었다. 그 내용은 백수건달 젊은이에서 영웅적인 국왕으로 돌변하는 할 왕자의 기적에 가까운 변신을 연대기적으로 그린 것이었는데, 거기에는 행실이 좋지 않은 기사인 존 올드캐슬 경(Sir John Oldcastle)이 도둑과 악당의 일원으로 등장하여 할 왕자와 어울린다. 셰익스피어는 이 인물을 가져와서(원래 그는 원작과 같은 이름을 사용했지만, 올드캐슬의 후손들로부터 항의를 받고 나서 폴스타프로 바꾸었다.) 그 뼈대를 바탕으로 무한한 상상력을 덧붙였다. 그는 허풍쟁이 군인이라는 인물이 언제나 무예에서 이룬 성취를 두고 거드름을 피우지만 막상 위험이 닥치자 죽은 척한다는 원작의 설정에 더하여, 거기에 또 다른 희극적 요소를 혼합했는데 바로 남에게 기생하여 빌어먹는다는 특성이다. 그는 언제나 배고프고 목이 말라서 어쩔 줄 모르며, 잔머리를 써서 부유한 후원자가 자기 대신 계산서를 지불하게 한다. 여기에다 셰익스피어는 도덕극에서의 '악덕'이 지니는 특성도 더했다. 낯짝 두꺼운 불손함, 열정적인 쾌락 추구, 그리고 순진한 젊은 이를 솔깃하게 유혹해서 덕행의 소박한 길에서 벗어나게 하는 능력도 이처럼 폴스타프 안에 담겨 있다. 그리고 그는 이러한 요소들에 더해서 비교적 최근에 등장한 문화적 고정관념도 추가했는데, 바로 덕행을 향한 헌신을 요란스럽게 떠들어 대면서도 뒤로는 몰래 자기가 하고 싶은 대로 모든 관능적 악덕에 빠져 있는 위선적인 청교도의 이미지다. 하지만 이들 각자는 표류하듯이 제멋대로 떠다니는 문학적 전형들이며, 결국 우리가 보는 것은 셰익스피어가 이렇게 외따로 떨어진 요소들을 하나로 모아서 보여 주는 완벽하면서도 예상을 뛰어넘는 변형이다.

『헨리 4세』를 쓰기 위해 앉았을 때 떠오르기 시작한 것들에 분명히 셰익스피어 자신도 놀랐을 것이다. 그가 작품을 구상하면서나 처음에 의도했던 것은, 생생함이 드러나되 대체적으로는 평범하고 관례적인 인물이었을 것이다. 그는 실제로 수년 후 『끝이 좋으면 다 좋다』에서 이러한 인물을 다시 만들어 냈다. 거기 나오는 패롤리스(Paroles)는 떠벌리고 으스대며 젊은이들을 타락시키는 인물에게 걸맞은 모든 불쾌한 특징들을 다 가지고 있으며, 관객들은 그가 당황스러운 패배를 겪는 것을 보고 통쾌함을 느끼도록 권유받는다. 하지만 심지어 여기서는 그의 상상력이 절정까지 이르는 정력을 발휘하지 않고 적절한 시점에서 통제되어 마무리되고 있음에도, 셰익스피어는 패롤리스보다 훨씬 위대한 용적을 지닌 폴스타프를 연상시키는 이상한 지점 또한 남겨 두었다. 패롤리스는 그의 친구들과 동료들 앞에서 철저히 창피를 당하고, 정체가 발각되고, 곤욕을 치르며, 너무도 파괴적인 상황에 처한 나머지 자살만이 유일하게 그의 명예를 지키는 길이 되는 시점에 이른다. 하지만 그는 명예와 거리가 먼 인물이며, 목숨을 버린다는 그 어떤 생각도 단호히 거절하면서 무대에 마지막 인사를 고한다. "난 이제 대위로선 끝났다."라고 패롤리스는 비탄스럽게 깨닫지만, 이내 그의 기분은 돌변한다.

> 하지만 난 먹고 마시고 편안하게 잠들리라,
> 대위이거나 말거나 그러하듯이. 그저 나라고 하는 것이
> 나를 살아가도록 하는 것이니까.
>
> (4.3.308-11)

이것은 바로 순수한 삶의 의지 그 자체인 것이다.
이 삶의 의지는 폴스타프에게서 비교 불가한 수준으로 작용한다.

그에게서도 마찬가지로 '명예'라고 하는 단어 — 명망, 평판, 위엄, 소명, 신뢰, 진실 — 의 허상이 완전히 벗겨져 나갈 때, 이 삶의 의지가 가장 밝게 불타오른다. "명예가 부러진 다리라도 붙여 줄 수 있는가?" 폴스타프는 전투가 한창일 때 묻는다.

> 아니지. 그럼 팔은? 아니야. 그럼 상처의 고통을 없애 줄 수 있나? 못하지. 명예한테 수술 기술이 있는 것도 아니지, 그럼? 없지. 명예란 무엇인가? 단어일 뿐. 그 '명예'라는 단어 안에 뭐가 들어 있는데? 그 '명예'라는 게 대체 뭐야? 아무것도 없는 공기. 참으로 똑떨어지는 계산이군! 누가 그런 걸 가진대? 수요일에 죽어 나자빠진 놈. 그가 그걸 느끼나? 아니. 그가 그걸 들을 수 있나? 못 듣지. 그러면 그건 느껴지지 않는 거로군, 그렇지? 그래, 죽은 자들에겐 느껴지지 않지. 하지만 살아 있는 자들과 함께 살 생각도 없는 건가? 없어. 왜? 중상모략이 따라붙으니까 함께 못 살지. 그러니까 난 그딴 건 하나도 원치 않아.
>
> —『헨리 4세』(1부, 5.1.130-38)

잠시 후에 왕을 위해 용감히 싸우다 전사한 월터 블런트 경(Sir Walter Blunt)의 시체를 앞에 두고, 폴스타프는 공허한 말에 지나지 않는 것과, 최소한 그에게만큼은 실제적인 의미가 있는 유일한 것 사이에서 드러나는 황량한 대립각을 더욱 강조한다. "나는 월터 경에게 돌아간 이 백골의 웃음 같은 명예는 좋아하지 않아. 나에게 삶을 다오." (5.3.57-58)

셰익스피어의 작품 중에서 그리고 아마도 모든 영문학에서도 비교할 수 없는 경지로, 폴스타프는 셰익스피어의 실제적 삶과 예술에서의 원천뿐 아니라 그가 등장하는 연극에서까지 자유롭게 헤집고 돌아다닐 수 있다는 듯, 생의 활력에 대한 신비로운 내적 원리를 보유한 것처럼 보인다. 1702년 처음 기록된 극장 공연에서의 전통이 정확한 내용이라면, 엘리자베스 여왕 본인은 셰익스피어가 선보인 이 희극적 인물을 굉장히 마음에 들어했을 뿐 아니라 그의 활기 넘치는 생명력의 원리를 감지했다. 여왕은 저자에게 폴스타프가 사랑에 빠진 내용의 연극을 하나 써 달라는 명을 내렸고, 2주 만에, 혹은 그렇게 전해지는 바에 따르면, 『윈저의 즐거운 부인들』이 탈고되어 1597년 4월 23일 가터 훈장 창설을 기념하는 연간 축제에서 초연되었다. 셰익스피어의 생전에 이미 유명한 존재가 되었으며 17세기 내내 흥미로운 인물로 끊임없이 언급되고 18세기부터 벌써 그를 대상으로 책 단위의 연구가 진행되었을 만큼, 이 뚱보 기사는 몇 세기에 걸쳐서 그 신비로운 내재적 특징들을 해체해 보도록 숭배자들을 도발했다. 넘쳐흐르는 재치와 다른 이들에게서도 재치를 이끌어 내는 능력, 시선을 끄는 탄성적 회복력, 맹렬하고 사회 전복적인 지성, 탐욕적인 활기, 이러한 그의 특성들 모두가 개별적으로 진실되지만, 폴스타프에게는 언제나 그 이상 설명되지 않는 무엇인가가 남아 있다. 말로 설명하기 난해한 그 무엇인가가, 마치 이 악당이 그 자신 안에 우리가 그를 설명하거나 제압해 보려는 모든 노력을 거부하는 힘을 가지고 있듯이 말이다.

    셰익스피어 자신도 분명히 이 창조물을 자신의 통제하에 묶어 두려고 노력했다. 이 위대한 역사극의 2부가 절정에 오를 무렵, 폴스타프는 헨리 5세가 되어 왕위에 오른 할을 마주치는데, 이 새 왕은 그의 옛 친구가 들뜬 마음으로 기대했던 환대를 깡그리 뭉개 버린다. "나는 그대를 모른다, 늙은이여."(『헨리 4세』 2부, 5.5.45) 그것은 가장 단호하고 결정적인 거부였다. 폴스타프는 왕을 알현하던 현장에서 엄청난 심적 고통을 느끼며 쫓겨난다. 한때 "내 반항의 교사였고 배양자"였던 그를 향한 왕의 차갑고 아이러니한 대사가 떠올리게 하는 것은, 그 모든 피둥피둥한 삶의 활력을 최종적으로, 문자 그대로 단단히 통제하여 닫아 버리려는 시도다. "그대를 위해 입을 벌린 무덤은/ 다른 자들보다 세 배는 더 크다는 것을 알도록 하라."(5.5.60, 51-2) 하지만 그 다음 순간 곧 폴스타프는 벌써 이 올가미로부터 빠져나가고 있는 듯 보인다. — "나와 식사나 하러 가자. 어서 와, 피스톨 중위. 어서 와, 바돌프. 밤이 되면 곧 내가 불려가겠지."(5.5.83-85) — 그리고 연극이 끝날 때 셰익스피어는 그가 폴스타프를 다시 한 번 부르게 될 것이라고 발표한다. "한마디 더, 말씀드릴 것은," 하고 에필로그를 담당하는 배우가 말한다. "만약 관객 여러분께서 뚱보 고깃덩이에 이만 물리지만 않으셨다면, 우리의 겸손한 작가는 존 경이 나오는 이야기를 계속 이어 갈 예정이라고 합니다."(22-24) 이는 마치 등장인물인 폴스타프 자신이, 이제 막 끝난 연극의 상징적인 구조마저도 받아들이기를 거부하는 것처럼 보인다.

하지만 실제로 이 이야기를 이어 가려고 펜을 들었을 때, 바로 아젱쿠르에서 벌인 프랑스와의 전투에서 헨리 5세가 거둔 위대한 승리에 대한 이야기를 써 보려던 작가는 문득 다시 한 번 생각해 보게 되었다. 폴스타프의 냉소적이고, 반영웅적인 관점 — 권력을 쥔 자들의 이상적인 휜소리를 두고 그가 던지는 가차 없고 희극적인 평가 절하와, 자기 한 몸의 안위를 건사하는 것을 제일의 원칙으로 삼는 그 본연의 완강한 자세 — 은 그를 카리스마 있는 지도자나 군사적 영웅

주의를 드높이는 축전의 내용 속에 도저히 함께 녹여 낼 수 없는 종류의 것이었다. 셰익스피어가 그러한 축전의 관점을 보여 주고자 했던 것은, 특유의 회의적인 지성에서 벗어난 것이 아니라, 연극의 성공을 위한 것이었다. 그저 상대를 비꼬아 대기만 하는 왕 이상의 존재로 할을 드높여 주기 위해서는, 폴스타프가 지난 두 개의 연극에서 연속적으로 훌륭하게 표현한 바 있던 그의 가차 없는 희극적 조롱을 그만 줄이고, 회의적 관점도 배제해야 했다. 이러한 이유로 셰익스피어는 부득이하게 관객에게 했던 약속을 깨고 그의 희극적 명물을 『헨리 5세』에서는 빼 버리기로 결정했다. 또한 그는 폴스타프의 죽음을 자세히 묘사하는 세부적인 대사를 넣어서, 이후로 아예 그를 영원히 없애 버리기로 했다. "고인의 임종은 밤 12시와 1시 사이였지, 조수 간만이 뒤바뀌는 때였어." 퀴클리 부인은 기억에 남는 말투로 다음과 같이 이야기한다.

그가 더듬대는 손으로 시트를 만지면서, 꽃들을 가진 듯 장난하고, 자기 손가락 끝을 보며 웃음 짓는 것을 보고 나서, 나는 이제 드디어 갈 때가 되었구나 하고 생각했지. 그의 코는 수척해져 펜처럼 뾰족했고, 초록 들판에 대해서 웅얼거리더라니까. "지금 좀 어떠세요, 존 경?" 내가 이렇게 말했다우. "이게 다 뭐예요! 기운 좀 내 보시라고요." 그러자 그가 비명을 내지르더라고. "하느님, 하느님, 하느님," 세 번인가 네 번인가. 이제 내가 그를 좀 편안히 해 주려고 하느님 생각일랑은 하시지도 말라고 했어. 나는 그가 아직 그런 생각으로 자기 자신을 두고 괴로워하지 않길 바랬거든. 그런 다음 그가 자기 발치에 이불을 더 덮어 달라고 부탁하는 거야. 나는 침대 속으로 손을 넣어서 그 발을 만져 봤는데, 돌덩이처럼 차가웠어요. 그래서 무릎을 만져 보고, 그 위로, 그 위로 올라가 봤는데, 그의 몸 전체가 돌덩이처럼 차디차게 식어 있었어.

—『헨리 5세』(2.3.11-23)

여기에서 발생하는 극적 상황은 무대 바깥에 주의 깊게 장치된 죽음의 장면 그 자체가 아니었다. 셰익스피어와 그의 관객이 이해하는 바에 따르면, 이 장면에서 극적인 것은 바로 위대한 극작가가 그의 위대한 희극적 인물을 죽여 버리는 광경이었다. 폴스타프가 사는 방식을 고려해 본다면 그의 공식적인 죽음의 원인은 당연히 과도한 탐닉 — 그린이 즐겼던 최후의 만찬인, 식초에 절인 청어 요리와 라인 강의 백포도주와 등가를 이루는 — 이다. 하지만 연극 자체에서, 이것은 사실상 상징적 타살이라는 점을 명확히 하고 있다. "왕이 그의 심장을 도려낸 것이다."(2.1.79)

"벼락출세한 한 까마귀가 있으니, 우리의 깃털로 미화되었고." 그린과 그의 일당은, 술에 취한 만용과 자유분방한 우월 의식에도 불구하고 셰익스피어에게서 뭔가 석연치 않은 두려움을 느꼈다. 다른 이들로부터 뽑아낸 것들을 자기 자신의 것으로 만들어 보이는 찬탈자의 재능, 그들에게만 속한 것이라 여겼던 것들을 약탈하고 점유하고 흡수해 버리는 놀라운 능력. 셰익스피어는 자신이 이 베짱이 무리에 속하지 않는다는 것을 깨달았다. 그리고 그는 그린 자신이 암시했던 것처럼, 궁핍하고 절박한 상황에 처한 악당의 요청을 실제로 거절했을지도 모른다.

『헨리 4세』의 저자는 할 왕자에게서 그 자신의 모습을 보았다. 그는 그가 만들어 낸 인물에다 새로운 경험에 대한 실험적인 참여와 신중한 자기 보호적 거리감이 뒤섞인 태도를 투영했으며, 술집을 전전하며 익혔던 언어 유희와 각종 상황극의 강습이 가져다준 기능적 유용성을 인식했고, 그리고 이 과정에서 조심스럽게 배분되어 계산된 개인적 이익 추구에 필요한 대가를 무감상적으로 받아들였다. 1580년대 후반에 그가 걸어 들어간 장면에 대해 회고하면서, 셰익스피어는 그가 낯선 환경에서 살아남기 위해 어떤 적응의 자세를 취해야 했는지를 인정했다. 하지만 그가 자신에게 덮어씌운 냉정함 ─ 혹은 할에게 ─ 은 그와 그린의 관계에서 한 측면에 지나지 않으며, 어쩌면 그건 그들 사이를 규정하는 데 가장 중요한 부분이 아니었을 수도 있다. 셰익스피어가 그린에게서 자신이 필요한 요소들을 쏙쏙 빼 왔다고 한다면 ─ 예술가로서 그는, 그가 만난 모든 사람들로부터 자신에게 필요한 요소들을 빼내 왔다고 해야 하겠지만 ─ 그는 또한 창의적인 관용에서 우러나온 기적적인 행위를 보여 주기도 했다. 이는 전적으로 비감상적인 성격의 일이며, 사실대로 말하자면 전혀 인간적이지도 않았다. 인간적인 관용이란 절박한 그린에게 실제로 돈 몇 푼을 쥐어 주는 행위와 관련되어 있을 것이다. 하지만 그렇게 베풀어진 관용은 어리석고, 허세스럽고, 쉽게 낭비되어 사라졌을 것이다. 셰익스피어가 그린에게 표한 경의는 금전적인 것이라기보다 미학적인 차원의 것이었다. 그를 폴스타프로 변신시키면서, 셰익스피어는 그린에게 헤아릴 수 없이 귀중한 선물을 남겼다.

8 주인/애인

셰익스피어를 "벼락출세한 까마귀"라고 폄하했다가 뒤이어 벌벌 떨었던 사람이 삼류 인쇄업자 헨리 체틀뿐이었던 것은 아니다. 토머스 내시도 이 공격에 한몫 가담했다는 소문이 있었다. 심지어 로버트 그린이 남긴 마지막 임종의 말을 가장해서 글을 쓴 유령 대필 작가가 바로 그였을 수도 있다는 얘기까지 돌았다. 이 소문은 사실 앞뒤가 맞는 얘기였다. 어쨌든 케임브리지에서 교육받은 이 풍자 작가는 이전에도 교육 수준이 낮은 배우들을 대상으로 이에 필적할 만한 독설을 지면에 한가득 쏟아 내면서, 그들을 훌륭한 작가들이 쓰는 무운시를 서툴게 따라 하려는 "오합지졸의 위조범 무리"라고 묘사한 적이 있었다. 평소 내시는 독설 뒤에 숨은 진짜 작가일지 모른다는 의심의 대상이 되는 일조차 기꺼워했는데, 남을 공격하는 분야에 있어서는 격정적이고 무자비한 재치를 보이기로 유명하다는 평판을 쌓아 가고 있었기 때문이다. 하지만 그 역시 누군가와 이례적으로 불안감이 느껴지는 대화를 나눴던 모양이다. 보통은 옥신각신 반박하며 물고 늘어지는 태도를 금방 철회하는 사람이 아니었음에도, 그는 즉시 인쇄소로 달려가서 자신은 『그린의 은화 한 닢짜리 재치』와 아무 관련이 없다고 주장하며 이를 "하찮은 거짓말쟁이 전단지"라고 부르는 소책자를 출간했다. 내시는 그 자신의 맹렬한 면책 시도 행위가 진지하게 받아들여질 수 있도록 할 수 있는 모든 것을 다 했다. "하느님께서 내 영혼에 대해 진심 어린 관심을 보여 주신 적은 없지만, 만약 그 책자에 있는 내용 중 한 단어 한 음절이라도 내 펜 끝에서 나온 것이 있다면, 혹은 내가 그 책자를 쓰거나 인쇄하는 데 그 어떤 작은 내용이라도 사전에 미리 알았던 것이 있다면, 하느님께서 나를 완전히 버리셔도 좋다." 이러한 말투는 분명히 극도로 궁지에 몰린 상태에서의 당혹감과 공포를 드러낸다.

질문은 바로 누가 내시를 이토록 진땀 흘리게 만들었느냐 하는 것이다. 정답은 아마도 벼락출세자 셰익스피어 본인이 아니라, 그보다 훨씬 더 강력하고 험악한 위협을 가할 수 있는 사람이었을 것이다. 하지만 누구였을까? 현재까지 가장 가능성이 있는 후보는 헨리 라이오슬리(Henry Wriothesley), 3대 사우샘프턴 백작과 관련이 있는 사람으로 추정된다. 열아홉 살의 백작 본인이 그렇게 사소한 일에 직접 나섰을 리는 없지만, 『십이야』의 올시노처럼 그는 그의 잔일거리를 처리하며 수발을 드는 중개인이 되고 싶어서 안달이 난 신사들을 곁에 많이 거느리고 있었다.(몇 년 후 사우샘프턴은 어딘가로 가면서 평소 그가 동반하고 다니는 인원 중에서 "열 명이나 열두 명만" 함께 이동했다고 언급한 적이 있다.) 이 특정한 임무를 맡았을 가능성이 있는 인물은, 그의 프랑스어와 이탈리아어 강습 교사인 존 플로리오다. 이탈리아에서 영국으로 망명한 개신교도의 아들로 런던에서 태어난 플로리오는 이미 여러 권의 언어 강습책을 펴냈는데, 6000여 개의 이탈리아어 경구 전서도 저서로 출간한 바 있다. 그는 이후 중요한 이탈리아어-영어 사전을 편찬하고 활발한 번역 저술 활동을 하게 되는데, 그가 번역한 몽테뉴의 『수상록(Essays)』은 셰익스피어도 집필 활동에 많이 차용한 책이다. 플로리오는 벤 존슨의 친구가 되었으며, 1590년대 초반에 이미 당시의 극장 세계에서 매우 친숙한 인물이었다는 증거가 있다.

하지만 사우샘프턴이 무대 뒤에서 벌어지는 말다툼에 직접 끼어들기엔 너무 고귀한 신분이라 플로리오 같은 사람을 보내 자신의 업무를 대신 처리하게 했다면, 어떻게 사회 계급상 가장 상위에 있는 귀족 백작이 셰익스피어를 알았던 것일까? 늘 그렇듯이 여기에는 정확한 역사적 연결 고리가 실종되어 있으며 어쩌면 영영 그 연결점을 찾는 것은 불가능할지도 모른다. 하지만 극장이라는 장소에 내포된 사회적 모호함이 이런 만남을 가능하게 해 주었을 수는 있다. 배우들은 귀족들과 전혀 다른 사회적 우주에 속해 있었지만, 극장은 그렇지 않았다. 창녀들과 소매치기들과 추레한 수습공들이 입석 자리로 떼를 지어 밀려들 때, 귀족들은 파이프를 피우거나 향 주머니의 향기를 마시면서 값비싼 '귀빈실'의 방석에 앉아서 무대 위의 공연을 관람하고, 또한 스스로가 일반인들에게 관람의 대상이 되기도 했다.

1590년대 초반에 남겨진 기록에 따르면, "젊고 공상적이며" 쉽게 "감정적으로 몰입한다"던 사우샘프턴은 분명히 극장 구경을 굉장히 좋아했을 것이다. 동시대에 이들을 관찰한 사람 하나는, 젊은 백작과 그의 친구인 러틀랜드 백작(Earl of Rutland)이 "매일같이 연극을 보러 쏘다니면서 런던에서 시간을 보냈다."라고 쓰기도 했다. 이런 기회들 중 어쩌다 한 번, 공연 중에 본 셰익스피어의 연기나 작가로서의 재능, 혹은 그의 활기차고 잘생긴 외모에 감명을 받은 사우샘프턴이 공연이 끝난 후 그와 안면을 트기 위해 어려움 없이 무대 뒤를 방문했거나, 공통된 지인에게 그를 소개해 달라고 부탁했거나, 아니면 더 간단하고 오만하게 일방적으로 그를 불러들여서 개인적으로 만났을 수 있다. 그들이 처음 만났을 순간으로 가장 유력한 시기는 1591년이나 1592년 정도일 것이다. 백작은 그때쯤 케임브리지를 졸업하고 궁정에 출석해서 여왕을 섬기며 그레이즈인 법학원에서 법을 공부하고 있었다.

궁정 귀족들과 법학도들은 가장 열광적인 극장 후원자였지만, 사우샘프턴은 특히나 그 시기에 더욱 극장 공연의 상상력을 통해 현실의 부담으로부터 도피하는 특별한 기쁨을 경험했을지 모른다. 사실 그는 결혼을 해야 한다는 엄청난 압박감에 시달리고 있었다. 이 문제는 감상적인 성격이 아니라 재정적인 성격의 일이었고, 그것도 큰돈이 걸려 있는 상황이었다. 사우샘프턴이 어린아이였을 때, 그의 부모는 대대적인 파경을 겪었다. 그의 아버지는 어머니를 간통으로 비난했고, 쓰디쓴 별거 후 그의 어머니는 다시는 어린 아들을 보지 못하도록 금지 조치를 받았다. 그러고 나서 사우샘프턴이 여덟 번째 생일을 맞이했을 즈음에 그의 아버지가 죽었고, 엄청난 재산을 물려받은 어린 후계자는 당시 영국에서 권력 있는 사람이었던 엘리자베스 여왕의 재무 장관인 벌리 경(Lord Burghley)의 보호를 받는 피후견인이 되었다. 나이가 지긋한 벌리는 그의 피후견인을 양육하는 일에 상당히 주의를 기울였는데, 그는 어린 소년을 자기 집에 들이고, 대단히 유능한 가정 교사들을 데려다 그를 교육하게 하고, 그리고 열두 살의 나이에 케임브리지 대학으로 보내 버렸다. 하지만 이 법적인 후견 제도는 그 뿌리부터 썩어 있었다. 이 제도의 가장 음침한 부분은 후견인이 자신의 피후견인에게 결혼 상대를 미리 주선할 수 있는 법적 권리가 있다는 것이었다. 피후견인이 스물한 살이 되었을 때, 후견인이 정해 놓은 이 상대를 거절한다면 그는 거절당한 상대방의 가족에게 손해 배상금을 치를 의무가 있었다. 이러한 상황에서 마치 우연히 정해진 듯이, 벌리는 사우샘프턴에게 자신의 손녀를 결혼 상대로 주선해 둔 상태였다. 그것은 사우샘프턴이 이 혼담을 성급하게 거절해 버릴 경우 사실상 벌리는 자신이 부르는 대로 배상금을 받아 낼 수 있다는 뜻이었다. 결국 젊은 백작은 이를 거절했고, 그러므로 결혼할 나이가 됐을 때 그는 5000파운드의 충격적인 거금을 벌리에게 배상해야 할 처지였다.

　이 혼담이 처음으로 청해졌을 때 사우샘프턴의 나이는 열여섯이나 열일곱 정도였고, 그는 혼담을 거절하면서 자신은 이 특정한 소녀에게 관심이 없을 뿐만 아니라 결혼 자체를 할 마음이 없다고 선언했다. 이 독신 선언이 그저 스쳐 지나가고 말 기분이 아니라 나름의 굳은 다짐이라는 것이 분명해지자, 불안을 느낀 친척들은 자칫하면 가문의 재산이 송두리째 날아가 버릴지도 모른다는 사실을 분명히 예지하게 되었고, 젊은이를 결혼시키기 위한 압박을 강화하기 시작했다. 문제는 이 젊은 백작이 너무 엄청난 부자라서 자신의 돈과 땅에 대해 전혀 개의치 않는 습관이 들어 있다 보니, 장차 상당한 재산을 잃으리라는 전망조차 별로 위협으로 느끼지 않았다는 점이다. 그는 후견인의 언짢은 반응이나 불만에도 무심했고, 자신과 거의 교류한 적도 없는 어머니나 다른 친지들의 애타는 채근에도 무감각했다.

이러한 상황에서, 벌리 경과 그의 가족은 다른 작전을 쓰기로 했다. 그들은 사우샘프턴의 물질적 관심이 아니라 — 그것은 아주 비참하게 실패했다. — 정신적 관심사에 호소해야 했다. 말하자면 사우샘프턴의 내적인 정서 속으로 비집고 들어가서, 결혼에 대한 혐오감이 발현되는 그의 무의식을 찾아내 그것을 다시 개조해야 한다는 뜻이었다. 이것을 위해 그들이 선택한 방법 중 하나가 바로 시였다.

이는 꽤 괜찮은 전략이었다. 완강하고 고집 센 젊은 귀족 남자, 최상의 인문학 교육을 받았으며, 시에 푹 빠져 있고 조만간 예술계의 중요한 후원자로 기대되는 이 젊은이가 엄격한 집안 어른들의 조언을 귀담아듣지 않는다면, 어쩌면 좀 더 간접적이고 교묘한 방법을 통해서는 그의 마음을 바꿀 수 있지 않을까 상상해 볼 수 있다. 1591년에 우아한 라틴어 시를 하나 헌정받았는데, 이는 난생처음 있는 일이었다. 「나르시스(Narcissus)」라는 그 시는 물에 비친 자신의 모습과 사랑에 빠져 버린 어느 잘생긴 젊은이가, 그 모습을 헛되이 끌어안으려다 익사하고 만다는 신화를 담고 있었다. 그 시의 저자인 존 클래펌(John Clapham)은 벌리의 사무관 중 하나였고, 사우샘프턴을 향한 권고의 메시지는 매우 확실해 보였다.

클래펌이 상사의 돌봄을 받는 피후견인에게 자기애의 위험성을 경고해 줘야겠다고 스스로 생각했을 수도 있지만, 그렇게 하도록 요청을 받았다는 게 사실에 더 가까울 것이다. 시계가 똑딱이며 시간을 축냈고 사우샘프턴은 1594년 10월 6일에 스물한 살이 될 예정이었다. 클래펌의 시는 벌써 어렴풋이 모습을 드러내는 마감 기한이, 보다 효과적인 설득 방법을 찾아야 한다는 압박을 더한다는 점을 보여 준다.

그리고 이것은 셰익스피어에게로 다시 우리를 이끈다. 벌리나 사우샘프턴의 어머니의 지인들 사이에 있는 누군가가, 이 젊은 백작이 어떤 배우이자 장래성 있는 시인의 재능 또는 그의 개인적인 매력에 굉장한 흥미를 품고 있다는 사실을 발견했을 수 있다. 이 관심을 눈치챈 사람이 누구이건 — 그는 부유한 귀족이었으므로, 관련자들은 그의 아주 미세한 취향이나 경향의 변화조차도 주의 깊게 탐지하고 있었을 것이다. — 그 사람은 곧 그 시인의 손을 빌려서 이 자기도취적이고 문약한 젊은 백작이 결혼할 마음을 먹도록 설득하는 작업을 맡기자는 영리한 생각을 했을 것이다. 그러한 의뢰로 인해, 확실하지는 않으나 셰익스피어의 승인을 받고 수년 후 최종적으로 출판된 154개의 비범한 소네트 연작 중 열일곱 개가 처음으로 세상에 나오게 되었다.

셰익스피어의 초반 소네트들은 분명히 특정한 인물을 발화의 대상으로 두고 있었다. 유난히도 아름답고, "자아가 강한"(6.13) 젊은 남자로, 결혼하기를 거절하고 그 자신을 "홀로 된 생활 속에"(9.2) 소비하고 있는 인물이다. 시인은 이 인물의 특정성을 너무 많이 드러내지 않도록 주의를 기울이고 있다. 그 대상이 특정 백작임을 알아볼 수 있게 직접적이고 인식 가능한 단서를 남기는 것은 주제넘고 경솔한 일이었을 것이다. 각 시는 그 내부에 진술되는 내용의 확정성을 부인하는 원칙을 효과적으로 가지고 있었다. 즉 어느 격분한 독자의 항의를 맞닥뜨린다면, 시인은 언제나 "당신은 절 오해하셔서 잘못된 결론에 이르셨군요. 저는 '그분'에 대해서 말한 게 전혀 아닌데요."라고 말할 수 있었다는 얘기다. 하지만 많은 사람들이 믿듯이, 만일 이 시들이 정말 사우샘프턴을 위해 쓰였다면, 셰익스피어는 클래펌의 「나르시스」에서 다루고 있는 문제 조망의 관점을 완전히 포용하는 셈이었다. 첫 소네트가 그에게 기탄없이 말하듯이, "그대 자신의 빛나는 눈과 약정한,"(1.5) 즉 자기 자신과 사랑에 빠져 버린 젊은이라는 문제였다.

그러나 셰익스피어의 심리적 전략은 클래펌과 정반대였다. 그는 이 아름다운 청년에게 자신의 반영물을 어서 떨치고 나와야 한다고 말하지 않는다. 오히려 그는 그에게 그가 자기 자신을 충분히 사랑하고 있는 게 아니라고 역설한다.

> 그대의 거울을 보고, 그대가 바라보는 얼굴에게 말하라,
> 이제 그 얼굴이 또 다른 대상을 빚어야 할 때이니.
>
> (3.1-1)

자신이 반영된 모습을 갈망하듯 바라보면서, 그 아름다움을 음미하는 청년은, 거울 앞에 서서 자신과 꼭 닮은 반영물을 만들어 냈듯이 육체적으로도 똑같은 일을 해야겠다고 마음먹게 된다. 즉 자신의 형상을 재생산하는 것이다. 생식을 통해서 —"신선한 보완"— 자신의 모습을 미래에 남김으로써 그 자신을 진정으로 사랑할 수 있다는 것이며, 오직 바보만이 "후세를 잇지 않음으로써/ 자신을 향한 사랑의 무덤"을 파게 된다고 말한다.(3.3, 7-8)

이러한 생식과 번영을 소네트의 주제로 삼는 것은 정말 흔치 않은 관점이었고 아마도 전례 없는 일이었을 것이다. 소네트를 쓰는 시인이라면 통념적으로, 연인에게 연정을 표시하거나 그녀의 차가운 반응에 낙담하거나 그 자신의 뜨거운 열정을 자체적으로 분석하거나 하는 것이 특징이었다. 젊은 청년을 대상으로, 그 자신의 아름다운 얼굴을 정확히 복제해 남길 수 있도록 어서 번식할 결심을 하라는 내용

의 소네트는 전혀 듣도 보도 못한 것이었다. 만일 셰익스피어가 그 젊은 청년의 장래 신부에 대해서 몇 마디 찬사라도 남겼더라면, 그는 최소한 관례를 따르는 시늉이라도 할 수 있었을 것이다. 그 경우라면, 그는 마치 거리상으로 멀리 떨어진 상태에서 혼담 협상을 주고 받는 가문들이, 청혼을 진행 중인 장래 배우자의 이미지를 상대방에게 보여 주기 위해서 고용하곤 했던 화가들의 역할처럼 기능했을 것이다. 하지만 그는 전혀 그런 종류의 중재자가 아니었다. 그가 청년에게 자위 행위를 삼가고 여자와 성교를 하라고 강권하고 있음에도 —"그대 자신에게/ 쏟아 버리지 말라.""그대 자신하고만 오고 가며 운행하지 말라."(4.1-2, 9)라고 그는 매우 허심탄회하고 명료하게 쓰고 있다. — 그의 상대가 될 여자의 정체성, 장래 그의 아이의 어머니가 될 이 인물의 특정성을 결정하는 문제에 대해서는 누가 봐도 무관심하기 그지없다. 그 어떤 여자도 청년을 거절하지 않을 것이라고 그는 쓴다. "그 어디에 있는 아름다운 여인이 전에 경작된 적 없는 자궁을 가지고/ 남편 된 그대의 쟁기질을 거부한단 말인가?"(3.5-16)

셰익스피어가 그 청년에게 제시하는 생식의 관점이 여성을 절대적으로 배제하는 것은 아니지만, 그는 여성의 역할을 육체라는 한계점 내에서 최소한도로 축소해 버린다. 여성의 몸은 아직 영근 곡물을 내놓지 못한 상태의, 제대로 경작되지 않은 땅뙈기에 지나지 않는 것처럼 취급된다. 만약 태어날 아이가 조금이라도 그의 어머니를 닮아 버린다면 이 모든 계획은 수포로 돌아갈 것이다. 왜냐하면 이 상황에서 그들의 목표는 오직 아버지만 정확하게 닮은 반영물을 생산하는 것이므로. 이름도 없고 얼굴도 없는 번식자의 비옥한 토양에서 — 그리고 어차피 이름도 없고 얼굴도 없을 바에야, 그의 후견인이 미리 그를 위해 찾아 놓은 선택지를 그냥 받아들인들 또 어떠한가? — 젊은 청년은 자신이 가진 완벽한 아름다움의 씨를 뿌리게 될 것이다. 청년이 갖고 있는 아름다움이란, 사람들이 여성의 얼굴에서 발견하고 싶어하는 종류의 화사함이다. "그대는 그대 어머니의 거울이니," 하고 시인은 청년에게 말한다. "그리고 그대에게서 비치는 어머니가/ 그녀의 한창때 사랑스러운 4월을 다시 불러일으키는구나."(3.9-10)

셰익스피어가 이 생식 권장 소네트를 썼을 시기의 사우샘프턴의 초상으로 여겨지는 그림 하나가 최근에 발견되었다. 이 이미지는 매우 놀라움을 안겨 주었는데, 소네트의 언어상 과장법을 쓰고 있다고 늘상 여겨져 왔던 것들이 막상 문자적으로 충실한 묘사였음이 드러났기 때문이다. 긴 고수머리, 장미꽃 봉오리 같은 입술, "이 세계의 싱그러운 장식물"(1.9)로서의 자의식, 자아도취에 빠져 있음이 분명한 젊은 청년의 분위기, 그리고 무엇보다도 초상화 주인공의 중성적인 모습은 — 그렇기에 오래도록 이 초상화는 여성을 그린 것으로 잘못 인식되어 왔다. — 셰익스피어가 이 기묘한 초기 소네트에서 묘사한 청년의 특징을 아주 생생하게 보여 주고 있다.

전체 연작의 첫 편집본은 —『셰익-스피어의 소네트(Shake-speares Sonnets)』라는 제목을 달고 나온 4절본 — 1609년에 와서야 출간되었다. 셰익스피어의 이름이 매우 큰 글씨로 드러나 있는 것은, 분명히 판매 부수를 늘리기 위한 수단이었다. 하지만 이 시기에 출간된 대부분의 책들이 헌정이나, 저자의 서간문이나 또 다른 수단을 통해서 저자 뒤에 버티고 있는 강력한 후원자와의 친분이나 연계성을 홍보하는 데 열을 올렸던 것과 달리, 이 책은 그런 쪽으로 명확한 연결점을 제시하지 않았으며, 이 시들이 본래 누구를 대상으로 쓰인 것인지 식별할 수 있는 특정성도 전혀 드러내지 않았다. 초판본에서 출간인이 남긴 유명한 헌사 ─ "다음에 이어지는 소네트의 유일한 창시자인 W. H. 씨에게, 우리 변치 않는 시인이 약속한 모든 행복과 영원함을 담아, 앞으로의 모험에 번영이 함께 하시길 빕니다. T. T." ─ 도도움이 되지 않는다. 이 말이 셰익스피어에 대해서 결정적인 것을 밝혀 주는 것인지, 아니면 단순히 출판인인 토머스 소프(Thomas Thorpe)에 대한 것인지도 확실하지 않으며, 소프가 남긴 앞글자는 이 헌사가 소프의 것임을 드러내고 있는 것처럼 보인다. 그리고 만일 소프가 아니라 셰익스피어가 이 헌사를 썼다는 것이 이론상 확실하다고 해도, 여전히 '유일한 창시자'의 앞글자인 W. H.가 사우샘프턴 백작 헨리 라이오슬리의 이름을 교묘하게 앞뒤로 바꾼 것인지, 아니면 또 다른 누군가를 염두에 둔 것인지는 ─ 어쩌면 펨브로크의 백작 윌리엄 허버트일 수도 있는데, 그는 셰익스피어에게 지속적으로 도움을 베풀었으며 1623년에는 그와 그의 형제 필립에게 셰익스피어의 2절 판본이 헌정되기도 했다. ─ 여전히 알 수 없는 일이다. 공교롭게도 문학적 소양으로 유명한 가족을 두었던 이 부유한 귀족 역시 1597년에는 결혼을 서두르라는 압박을 받고 있었기 때문이다. 초반부의 소네트에서 드러나는 문체적 특징이 1590년대 초반 사우샘프턴이 시의 유력한 헌정 대상이던 시기에 더 들어맞는다면, 그 이후에 이어지는 대부분의 후반부 시들은 1590년대 후반과 새로운 16세기 초부터 시작한 양식에 기반을 둔 것처럼 보이는데 이때는 허버트가 대상이었을 가능성이 더 높다. 일부 학자들이 제안한 것처럼, 셰익스피어는 두 젊은이를 연속적인 대상으로 하여 시적 애정의 증표를 교묘하게 돌려 가며 썼던 것일까? 그 동일한 애정의 증표들은, 소네트 연작 내에서도 시인이 구애하는 또 다른 청년이나 여성을 대상으로 하는 시들이 있는 것과 동일한 원리에서 비롯된 것일 수 있을까? 이를 확실하게 밝혀낼 수 있는 방법은 어디에도 없다. 학자들은 수 세대에 걸쳐 열병처럼 이를 연구해 왔지만 그중 아무도 주의 깊은, 혹은 과감한 추측 이상의 것은 해낼 수 없었으며, 그러한 추측은 그 즉시(종종 어이없다는 듯한 콧방귀 소리를 동반하는) 정반대 관점에서의 추측과 맞부딪쳤다.

154개 소네트는 최소한 한 이야기가 희미한 윤곽으로 떠오르게 하는 방식으로 배열되었으며, 그 이야기 속에 나오는 등장인물들은 사랑에 빠진 시인과 아름다운 청년 외에 한 명 혹은 그 이상의 경쟁자 시인들과 다크 레이디가 포함되어 있다. 독자는 이 소네트의 화자가 곧 셰익스피어일 것이라는 긍정적 암시를 충분히 받는다. 당시의 많은 연애시인들은 자신의 실제 정체성을 가리는 가면으로서 시 속에서 재치 있는 가명을 사용했다. 필립 시드니는 자신을 '아스트로필(Astrophil)'이라고 칭했고, 스펜서는 양치기인 '콜린 클라우트(Colin Clout)'의 가명을 썼다. 월터 랠리는(그 이름이 '물(water)'이라고 발음되므로) '바다(Ocean)'라는 이름을 썼다. 하지만 소네트에는 그러한 가면이 없다. 이 시들은 제목이 공표하듯이 '셰익-스피어의 소네트'들이었고, 시인은 자신의 이름을 대놓고 드러내며 반복적으로 동음이의어를 이용한 말장난을 선보인다.

그 누구든 자기만의 소원을 품지만, 그대는 그대의 의지(Will)를 품네,
그리고 거기에 더해진 의지(Will), 그리고 과잉된 의지(Will).

(135.1-2)

이 시들 중에서도 가장 뛰어난 것에서 보이는 놀라운 효과는, 거의 고통스러울 정도로 가깝게 드러나고 있는 화자의 내면성이다. 이는 마치 불에 뛰어드는 나방처럼 흥분한 연구자들이 소네트를 통해서 그의 전기적 측면에 대한 추측을 불러일으키게 하는 주된 원인이 되기도 했다. 이 시들은 셰익스피어의 가장 사적인 내면의 은거처까지 닿아 있어서 독자를 그리로 인도하는 듯이 보이기 때문이다. 하지만 다른 등장인물들은 신중하게 가려져 있어서, 독자는 그 어떤 수단을 쓰더라도 그들의 실제적인 정체성을 인식할 수 없게끔 장치되어 있다.

지금까지 엄청난 노력이 소네트의 주된 경쟁자 시인과 '다크 레이디'의 정체를 밝히는 데 쏟아부어졌다. 경쟁자 시인은 말로 혹은 채프먼(Chapman)이었을까? 다크 레이디는 궁내 장관의 이전 애인이던 시인 에밀리아 러니어(Emilia Lanier)이거나 조신이던 메리 피튼(Mary Fitton), 아니면 루시 니그로(Lucy Negro)라 불리던 창녀였을까? 첫 열일곱 편의 소네트에 등장하는 젊은 청년을 사우샘프턴이라 상정하는 것조차 경솔한 시도라면, 이러한 인물들의 이름을 갖다 붙이는 것은 그러한 경솔한 시도를 훨씬 능가하는 일이다. 문제는 이 정도 시간상의 격차가 있는 상황에서는 핵심적인 질문들에 대한 정답을 찾아낼 수 없다는 점이다. 런던에서 셰익스피어와 아주 친밀하게 지냈던 사람들은 누구였는가? 이 시들은 얼마나 오랜 기간에 걸쳐 쓰였는가? 이 시들이 인쇄된 순서는 셰익스피어 본인이 의도한 순서에 맞춰 배열된 것인가? 그는 시들의 출판을 허락했을까? 이 시들은 어느 정도까지 직접적인 고백을 담은 것일까?

하지만 이 관계의 세부 사항들을 흐려 놓은 것은 시간의 흐름만이 아니었다. 소네트 연작 전체의 성격이라는 게, 바로 엘리자베스 시대 사람들이 그토록 사랑했던 얇은 사(紗) 재질로 짜인 반투명한 장막을 시의 장면에 드리워서, 오직 그림자처럼 비치는 등장인물의 모습만 대중에게 보이도록 하는 것이다. 원본 속표지 중앙에 "셰익-스피어의 소네트"라는 표제 아래에는 "초판본"이라는 글귀가 적혀 있다. 시선을 끄는 이 공표는(아래에서 설명된 두 건의 작은 예외를 제외하고는, 정확하다.) 대중이 이 시들의 존재에 대해서는 오랫동안 들어 왔으나 지금에 와서야 겨우 직접 구매할 수 있게 되었음을 암시한다. 소네트를 쓴다는 것은, 당대의 독자라면 누구나 이해했듯이, 보통 그것들을 인쇄하여 출간함으로써 책을 살 돈과 흥미가 있는 독자들의 손에 아무 때나 들어가게 하는 것을 목적으로 하지 않았다. 소네트에서 중요한 것은 그 시들이 적절한 시간에 적절한 사람의 손에 들어가는 것이었다. 적절한 사람이란 당연히도 우선 시인의 열정의 대상이 되는 사람일 테고, 또한 시인과 그의 연인을 모두 포함하는(그리고 셰익스피어와 귀족 청년의 경우에는 꽤나 특별한 종류의) 친밀한 사교적 모임의 구성원들일 터였다.

소네트 쓰기는 고도의 품위를 배양하며 구체화된 시적 형식을 다루는 궁정 귀족들의 세련된 취미였다. 토머스 와이어트 경(Sir Thomas Wyatt)과 서리 백작(Earl of Surrey)이 헨리 8세의 치세 아래서 그것을 유행시켰고, 필립 시드니 경이 엘리자베스 시대에 와서 이를 완벽하게 다듬었다. 소네트 경연에서의 주된 과제는 최대한 친밀한 언어로 자기 자신을 전시하고 감정적으로 취약한 상태를 표현하되, 사실상 그 내부 관계망에서 벗어나면 그 누구에게도 저자 또는 관계자들의 결정적인 정보가 될 만한 것이 노출되지 않도록 잘 조절하는 것이었다. 헨리 8세의 궁정에서 이러한 내기를 펼치는 위험성은 특히나 높았는데, 왕실 가문에서의 간통에 대한 소문이 떠돌고 있었으므로 자칫 일이 잘못 새어 나가면 바로 런던탑과 교수대로 이어질 수도 있었다. 하지만 사회적 불안감이 훨씬 덜 할 때조차 소네트는 언제나 위태로운 승부수를 내포했다. 지나치게 신중하게 쓰인 소네트들은 시적 풍미가 떨어져 무미건조했고 시인은 지루한 존재가 되는 반면, 모든 것들을 과도하리만큼 보여 주는 소네트는 치명적인 공격의 대상이 될 수 있었다.

또한 사교 모임 내에 존재하는 사교 관계들이 있었다. 짐작건대 셰익스피어가 쓴 열일곱 편의 소네트가 — 젊은 청년에게 어서 결혼을 하고 2세를 낳으라고 강권하는 — 사우샘프턴을 대상으로 하는 게 맞다면, 사우샘프턴 본인이 이 사교적 관계망의 핵심 구성원이었을 것이다. 그는 쓰인 글의 내적 의미를 거의 다 이해하는 가장 가까운 독자였다. 하지만 그들의 가장 가까운 친구들이 또 무엇인가를 알았을 것이고, 넓은 관계망에 속한 사람들은 상대적으로 조금씩 덜 아는 식으로 구조는 되풀이된다. 시인의 진정한 능력은 가장 바깥쪽 가장자리에 속한 독자들도, 말하자면 소네트의 실제 등장인물에 대해서는 이름조차 알지 못할 정도로 그들에 대해 아는 거라곤 전혀 없는 사람들도 이 시들에서 흥분과 흥미를 느끼게 하는 데서 본격적으로 빛을 발한다.

자신의 시들을 현실에서 약간 동떨어지게 하는 방식으로, 셰익스피어는 시에서 사라져 버린 개인적인 세부 사항들을 본인이 직접 쉽게 채워 갔을 젊은 청년과 이 시들을 친밀하게 공유하되, 동시에 결정적인 정보가 노출될 위험 없이 안전하게 독자들이 그 시의 아름다움을 음미하고 저자를 찬양할 수 있게 했다. 1598년의 문학계를 진단하던 한 비평가는 "달콤하고 재치 있는 오비디우스의 영혼이, 부드럽고 꿀 같은 시어를 말하는 셰익스피어 안에 있다."라고 쓰면서 "그가 사적인 친구들 사이에서 쓴 감미로운 소네트 등"에 찬사를 보냈다.

곧 시들은 그 사적인 친구들의 범주를 벗어나서 자유롭게 흘러다니며 자생의 길을 걷기 시작했다. 이 시들이 어떤 상황에서 처음 탄생한 것이냐에 관계없이, 이제 그들은 그러한 상황에서 벗어나 독립적으로 수용되게 되었다. 1599년에 공식 인가를 받지 않은 무단 모음집 『열정적인 순례자 ─ W. 셰익스피어의 작품(The Passionate Pilgrim. By W. Shakespeare)』에서 소네트 두 편이 활자로 인쇄되어 등장했는데, 이 책의 출간인인 윌리엄 재거드(William Jaggard)는 시인의 유명세를 이용해 이득을 얻으려고 시도했던 것이 분명하다.(이 모음집에 나오는 스무 편의 시 중에서 실제 셰익스피어의 시는 다섯 개밖에 되지 않았다.) 「내가 그대를 여름날에 비유할까?(Shall I compare thee to a summer's day?)」라는 시가 젊은 청년이 아니라 여성을 상대로 쓰였다고 생각하는 실수는 오늘날의 독자들에게만 해당하는 것이 아니었던 셈이다. 1620년대와 1630년대에 벌써 소네트는 동성애적이라기보다 이성애적 관점에서 복제되어 나가고 있었다. 그리고 이러한 유동성, 독자의 상상력을 통해서 대상의 전환적 변신이 가능해지는 가동성 자체가 마치 시인 고유의 의도된 설계인 것처럼, 이 특별한 지적 시합에 임하면서 그가 선보이는 능숙한 작가적 기량의 현현인 것처럼 보였다.

그렇다면 소네트는 사적인 동시에 사회적인 것이었다. 즉 그들은 개인적이고 친밀한 발화의 형태를 특징으로 가지면서, 그와 동시에 작은 규모의 사교 집단 내에서 순환하며 그 집단의 가치와 욕망을 반영하고, 표현하고, 강화하면서 읽히는 문학이었다. 그들은 결국에는 더 넓은 범주의 세계로 나아갈 수도 있었다. 필립 시드니 경의 108개 소네트 연작과 열한 개의 노래들로 이루어진 『아스트로필과 스텔라』는 1580년대 초반에 쓰였으며, 독자 세대 전체를 통틀어서 궁정 문학의 우아함을 정의하는 작품으로 수용되었다. 하지만 극소수의 독자들만이, 이 난해한 시들이 교묘하게 암시하는 실제 인물들과 그들을 둘러싼 정확한 상황을 알았을 것이다. 이 특권을 지닌 집단 밖의 존재들은—그리고 이제 우리 모두가 바로 그 외곽에 속해 있다.—시인의 기교를 경탄하는 것에 만족하면서 어둠에 싸인 전기적 사실에 대해서는 막연한 추측을 떠올릴 수밖에 없다.

셰익스피어는 왜 1592년 여름, 한 부자 청년의 결혼을 재촉하는 시를 써 달라는 의뢰를 기꺼이 받아들인 것일까? 여기에는 이유가 있다. 그의 주된 수입원 중 하나—그와 그가 스트랫퍼드에 남겨 두고 온 아내와 아이들을 부양하던 금액—가 사라져 버렸기 때문이다. 1592년 6월 12일에, 런던 시장인 윌리엄 웹 경(Sir William Webbe)이 그 전날 서더크에서 일어난 소요 사태에 대해서 벌리에게 서면으로 알린 적이 있었다. 펠트 직조인의 하인들 여럿이 "무도하게 주인 없이 돌아다니는 자들"의 무리와 어울려서 감옥에 체포되어 있는 동료를 구해 내려고 했던 것이다. 시장이 불길한 어조로 주목하는 말에 따르면, 이 난폭한 군중은 "안식일의 의무를 위반하는 것은 차치하고라도, 이러한 난동을 피울 수 있는 기회를 대중에게 제공하는 연극 공연을 통해" 모였다고 한다. 벌리는 차후에 또 발생할 수도 있는 소요 사태의 위협 요소를 심각하게 받아들였음에 틀림없다. 왜냐하면 6월 23일에 추밀원에서는 런던 내 극장들의 모든 공연에 대해 일시 중단 명령을 내렸기 때문이다. 극단들과, 극장 경기를 통해 생계를 꾸리던 다른 사람들이(사람들이 강을 건널 수 있게 교통 수단 역할을 해 주던 "뱅크사이드의 가난한 뱃사공" 같은 사람들을 말한다.) 격렬하게 중단 해제 조치를 탄원한 덕분에 이 중단 명령은 여름 내내 이어지지는 않았지만, 6주 후에 훨씬 더 지독한 재앙이 닥쳤다.

청교도적 설교자나 적대적인 치안 판사보다 훨씬 더 끔찍한 극장의 가장 큰 숙적은 흑사병이었다. 엘리자베스 시대 영국의 공공 보건 법규는 잘해 봤자 주먹구구식이었으며 흑사병의 원인에 대해서는 실제로 거의 알려진 바가 없었다. 흑사병 치사율이 높아질 때마다 국가의 공식적인 조치 중 하나로써 개와 고양이 집단 살상이 정기적으로 취해지긴 했지만, 이는 우리가 현재 아는 것처럼 무서운 바실루스균을 옮기는 벼룩을 가진 쥐들의 천적들을 없애 버리는 격이라서 당연히 상황을 더욱 악화시켰다. 하지만 사람들은 뼈아픈 경험을 통해서, 흑사병에 당한 희생자들을 따로 격리하면 질병의 전파 속도가 늦춰진다는 사실을 조금씩 깨닫게 되었고 — 그렇게 해서 격리된 집 안에 남은 사람들을 감금시키고 끔찍한 못질을 해서 나오지 못하게 막아 버리는 경우가 왕왕 발생했다. — 또한 역병의 진척과 큰 무리의 군중 사이에 관계가 있다는 사실도 알게 되었다. 행정 당국의 관계자들은 교회 예배는 취소하지 않았지만, 역병의 치사율이 높아지기 시작하자 다른 대중 모임들에게 미심쩍은 시선을 보냈고, 사망률이 특정 수치에 달하자(런던에서 일주일에 서른 명 사망) 극장 폐쇄 조치를 내렸다.

셰익스피어와 동료 배우들은 더운 여름날에 쌓여 가는 시신들을 불안한 눈길로 지켜봤을 테고, 시신의 수가 늘어날수록 점차 두려움이 커졌을 것이다. 극장을 단죄하는 적들의 목소리는 당연히 힘을 얻어 귀에 거슬릴 정도로 높아졌으며, 하느님께서 런던의 죄를 벌하시기 위해, 무엇보다도 매춘, 남색, 그리고 연극을 벌하기 위해서 역병을 보내셨다고 외쳐 댔다. 극장, 곰 싸움장, 그리고 대중이 모일 수 있는 다른 장소 — 교회만 제외하고 — 는 모두 추후 통보가 있을 때까지 폐쇄하도록 명령을 받았다. 극단들이 운이 좋은 편이었다면, 극단의 후원자들이 그들에게 이 어려운 고비를 넘길 수 있도록 약간의 급전을 마련해 주었을 것이다. 배우들 중 몇 명은 소품 몇 가지와 의상을 마차에 싣고 시골 지역에서 단돈 몇 푼이라도 긁어모을 수 있도록 순회공연을 떠날 수도 있었다. 하지만 그런 생활은 확실히 버텨 내기가 힘겨웠으며, 그의 앞길에 어떤 대안이라도 나타난다면 셰익스피어는 기꺼이 그것을 받아들일 수밖에 없는 상황이었다. 엄청난 부자인 데다가 결혼을 하지 않겠다고 우기는 철부지 젊은이를 두고 그의 마음이 바뀔 만한 소네트 연작을 써 달라는 의뢰는 마치 하늘에서 떨어진 기회처럼 생각되었을 것이다.

하지만 심지어 첫 열일곱 편의 소네트 안에서도, 그게 순서대로 쓰인 거라면, 시인 본인이 자신에게 주어진 목표와 완벽하게 조화를 이루어 내기 어렵다는 생각과 느낌 때문에 그의 마음이 복잡해지는 징후들이 보인다. 아마도 누군가 셰익스피어에게 이런 시를 써 달라고 제안하는 게 적절하다고 생각하게끔 만든 저자와 대상과의 관계가, 오히려 목표를 수월하고 만족스럽게 성취하는 데 방해가 된 것인지도 모른다. "나에 대한 사랑을 봐서라도 그대 자신에게 또 다른 자아를 만들라."라고 시인은 강권한다.(10.13) 마치 그 자신의 감정이 의미 있는 것으로 예측되고 있기라도 한 것처럼 말이다. 하지만 시인의 감정은 얼마나 정확한 의미가 있는 걸까? 그리고 만일 그렇다면 그들은 젊은 청년에게 아이를 가지라 요청하는 것과 어느 정도나 관계가 있는 걸까? 이 대답은 명목상으로 시간의 사악한 힘을 상쇄하는 아이의 능력에서 찾아볼 수 있다. 한 해, 두 해 시간이 흐르고 나면 현재 청년에게 있는 상서로운 아름다움도 돌이킬 수 없이 파괴될 것이나, 그의 아들이 그 아름다움을 다음 세대에서 이어 갈 것이다. 하지만 이 논제를 제시할 때조차 시인은 또 다른 쟁점을 내놓는데, 이는 분명히 그에게 더 중요한 의미를 가지는 지점이며 여성의 존재가 없어도 완벽한 생식이 가능하다는 환상을 실현시켜 주는 것이다.

그리고 너를 향한 사랑으로 모두 시간과 전쟁을 벌이니
그가 네게서 앗아 가는 만큼, 나 너를 새로이 접목하리라.

(15.13-14)

"나 너를 새로이 접목하리라." — 여기서 지적되고 있는 생식력은 시의 힘이다. 잠시 동안 아이의 출생 문제가 여전히 중요하게 다루어진다. 시인의 모든 주장을 증명해 보이기 위한 아름다운 청년의 살아 있는 반영물이 없다면, "누가 앞으진 다가올 시간에 내 시구를 믿겠는가?"(17.1) 하지만 상상의 아이라는 소재는 확인받기 위한 증거 한 조각으로 그 존재감이 줄어들더니, 아예 사라져 버리고 만다.

내가 그대를 여름날에 비유할까?
그대는 그보다 더 아름답고 더 온화하구나.
거친 바람은 5월의 사랑스러운 새싹들을 흔들어 놓고,

여름이 맡겨 둔 기한은 너무도 짧은 날들로 지나 버린다.

때로는 천국의 눈이 지나치게 뜨거운 빛을 발하고,

종종 그의 황금빛 안색도 흐려지는구나,

모든 아름다움 중의 아름다움도 때로 스러지니,

우연히 혹은 자연이 다듬새 없이 변하는 과정 속에서.

그러나 그대의 영원한 여름은 사라지지 않으며

그대에게 있는 아름다움도 잃는 일이 없으리.

죽음도 그대가 자기 그늘 속에 헤매인다 자랑하지 않으리.

시간을 뛰어넘는 영원한 이 글귀 속에 그대 깃들 때면.

그러므로 사람이 숨을 쉬고 눈으로 볼 수 있는 한

이 글 또한 살아남아서, 이것이 그대에게 생을 주리라.

(소네트 18)

  청년의 미래로 투사될 예정이었던, 청년의 거울에 비친 상과 동일한 아이라는 환상은 "이 글"이라는 대체물에 의해 옆으로 슬쩍 제쳐졌다. 사랑을 담은 이 시는 언어로 세공한 정교한 거울이며, 완벽한 아름다움을 한 치의 손상 없이 보존하여 뒤를 잇는 세대에게로 전달해 나가는 훨씬 안전한 방식이 된 것이다. 셰익스피어는 사실상 그가 젊은 청년에게 강권했던 여자의 잉태 대신 본인이 그 역할을 대체하는 셈이다. 여자의 분만이 아니라, 시인의 분만을 통해 바로 청년의 변치 않는 형상을 낳을 것이므로.

  이것은 셰익스피어가 너무도 잘 이해하고 있는 로맨틱 코미디의 요소, 즉 양측 중개자에 해당하던 사람이 그만 그 연애 사업에 낭만적으로 얽혀 버리는 것을 의미했다. 이러한 전개는 『십이야』에서 가장 중심적으로 나오는데, 소년으로 변장하고 올시노 공작을 섬기는 시동이 된 바이올라가 그의 주인이 올리비아(Olivia) 백작 부인에게 구애하는 것을 돕는 역할을 맡는다. "저는 최선을 다하겠습니다, / 당신의 숙녀분의 마음을 사로잡기 위해서요." 바이올라는 주인에게 말하며, 자신의 과업이 고통스러운 일이라는 말을 덧붙인다. "내가 누구의 마음을 사로잡든, 그의 아내가 되고픈 건 나 자신이야."(1.4.39-41) 물론 이러한 상황과, 소네트에서 그려지는 것과는 결정적인 차이가 있다. 바이올라가 소년처럼 옷을 입고 주인 곁에서 애틋한 한숨을 내쉴지라도, 그녀의 욕망은 남성을 향한 여성의 욕망이며 따라서 두 사람은 결국 결혼으로 합궁을 이룰 수 있다.(그녀가 옷만 갈아입는다면.) 하지만 『십이야』가 염두에 둔 것은 성 구분이란 결국 결정적인 쟁점이 아니라는 제안이다. 올시노는 분명히 성적으로 뚜렷하지 않은 정체성을 가진 하인에게 이끌리고, 올리비아 역시 성 구분이 확실치 않은 동일한 중개자를 대상으로 광적인 사랑에 빠진다. 이만큼 명쾌한 묘사가 뒷받침되고 있지는 않지만, 셰익스피어의 소네트는 이와 비슷한 정서에서, 젊은 청년이 결혼을 하도록 설득한다는 초기 계획을 뒤엎어 버릴 만큼 강렬하게 솟아난 시인 자신의 사랑과, 그리고 그 사랑의 최종적인 승리를 연출하고 있다.

시인의 사랑은 진실인가, 아니면 아첨의 수사법인가? 딱 잘라서 말할 수는 없을 것이다. 하지만 이 시의 최종 수신자, 나이 어리고 허영심 많은 청년에게는 결코 대놓고 드러나지는 않았지만, 완전히 안 보이는 것도 아닌 셰익스피어의 서술이 꽤 흐뭇함을 안겨 주었을 것이다. 아름다운 청년에게 결혼을 설득하기로 했을 때, 시인에게는 어떤 일이 일어났다고 소네트는 암시한다. 바로 자신이 이 아름다운 청년을 간절히 원하게 되었음을 알아차린 것이다. 시인은 이제 일이 어떻게 돌아가게 될지 더 이상 상황을 파악할 수가 없다. 그는 젊은 청년이 자신을 하인보다 조금 나을까 말까 한 존재로만 여긴다는 것을 알고 있으며, 심지어 자신은 나이까지 들어 가는 상태다. 하지만 그는 청년이 자신의 곁에 있는 순간을 갈망하고, 청년의 존재가 가까이 있을 때면 그 어느 여자와의 사이에서도 느껴 보지 못한 감정을 느낀다. 그는 청년의 마음을 사로잡고 싶고, 그와 함께 있고 싶고, 그 청년이 되고 싶다. 청년은 그가 꿈꾸는 젊음, 귀족이라는 고귀한 신분, 그리고 완벽한 아름다움의 현현이므로. 시인은 청년을 향한 사랑에 빠져 버린 것이다.

소네트는 이 시인의 사랑을 열렬하고 사치스러운 찬사의 말들로 표현한다. 청년의 형상은 "섬뜩한 야밤에 매달린 보석 같고"(27.11), 그의 사랑스러움은 아도니스나 헬렌의 가장 이상화된 묘사를 뛰어넘는다.(53) 그는 "그 얼굴빛만큼이나 지식도 빼어나고"(82.5) 그의 손은 백합보다도 희며, 그의 뺨에 감도는 색조는 장미보다 은은하다.(98) 그 어떤 "고대의 필력들이" "죽은 숙녀들과 사랑스러운 기사들에 대한 찬사를" 표현했어도 — "손과, 발과, 입술과, 이마와" — 그 모든 찬사는 지금 그 청년의 아름다움에 대한 예언들에 지나지 않는다. 그는 시인의 태양이고, 그의 장미고, 그의 소중한 심장이고, "애정을 담뿍 담은 이들 중 가장 으뜸"이고, 어여쁜 꽃이고, 달콤한 사랑이고, 그의 사랑스러운 소년 연인이다.

동시에, 그리고 이와 비슷한 수준의 열정적인 말들로, 소네트는 시의 권리 주장을 펼쳐 나간다. "내 시어 속에서 내 사랑은 영원히 젊음으로 살리라."(19.4) "왕자들의 대리석도 금을 칠한 기념비도/ 이 강력한 운율보다 오래 살아남진 않으리라."(55.1-2) 시간의 낫은 모든 것들은 베어 넘어뜨리지만 그럼에도 "내 시들은 남게 되리라."(60.13) 무자비한 시간은 젊은 청년의 혈기를 말리고 그의 이마에 주름을 새겨 넣겠지만, "그의 아름다움은 이 검은 행간에서 볼 수 있으리라." (63.13) 노화의 잔혹한 칼은 "내 연인의 생"을 잘라 버리나, "사랑하는 내 달콤한 이의 아름다움/ 그 기억으로부터는 잘라 내지 못하리." (63.11-12). "내가 땅속에서 썩어 들어가고," 너는 너의 납골당 안에 있을 때, "나의 부드러운 시어가 너의 기념비가 되리라."(81.2, 9) 이 마지막 구절은 셰익스피어가 계속해서 꿈꿔 오던, 사회적 신분 상승에 대한 염원을 은근슬쩍 담아 내고 있다. 하지만 여기에서 보이는 염원의 성격은 훨씬 야심찬데, 마치 신과 같은 전능한 힘을 행사하고 있다. "너의 이름은 지금부터"—즉, 나의 부드러운 시어로부터—"불멸의 생을 얻으리라."(81.5)

물론 여기에는 아이러니가 있다. 소네트는 이러한 것들을 주장하면서도 실제로는 사랑하는 이의 '이름'에 그 어떤 생도 부여하지 않는데, 소네트 전체에서 상대방의 이름이 단 한 번도 호명되거나 거론된 적이 없기 때문이다. 마치 셰익스피어가 그 이름에 불멸의 생을 부여한다고 주장하는 시에서 사랑하는 이의 이름을 의도적으로 빼 둔 것처럼 보인다.

초반 소네트에 나오는 젊은 청년을 사우샘프턴 백작이라고 보는 것이 터무니없는 추측이 아니라면, 그렇게 볼 수 있는 이유는 백작의 개인적인 상황이 시에서 묘사되는 상황과 완벽하게 들어맞기 때문이다. 그의 가족이 이미 문학적인 측면에서의 설득을 시도했던 적이 있는 것도 사실이고, 또 무엇보다 셰익스피어가 1590년대에 사우샘프턴에게 정교한 비드라마 장시 두 편, 『비너스와 아도니스』와 『루크레스의 겁탈』을 헌정한 적이 있는 것도 이와 관련이 있다. 이 장시들 앞에 들어간 헌사는 셰익스피어가 직접 쓴 이런 종류의 글로는 유일하게 남아 있는 문서이며, 그들이 소개하는 시들과 함께 그 헌사를 쓴 사람에 대해서도 엄청나게 많은 것을 말해 준다. 혹은 최소한 그 자신이 백작에게 내보이고 싶어 하던 측면에 대해 말해 준다.

가장 먼저 쓰인 『비너스와 아도니스』 헌사의 언어는 공식적이고 감정적으로 신중하며 사교적인 방어성을 지니고 있다. "제 다듬어지지 않은 글줄을 백작님 앞에 바치게 되니 얼마나 누를 끼치게 될지 짐작조차 할 수 없습니다. 또한 이처럼 보잘것없는 사람의 짐을 의탁하고자 그토록 든든한 버팀목을 선택한 것에 대해 이 세상의 어떤 질타를 받게 될지도 가늠하기 어렵습니다." 그가 '생식' 소네트를 쓰던 시기와 매우 가까운 1592년 후반에 쓰였을 이 우아한 이야기 시는 "다듬어지지 않은" 것과는 거리가 멀었으며, 이 헌사는 분명히 후원자가 되어 달라는 입찰 제안이었다. 즉 새로운 외부 '질타'로부터의 보호와 또 내키는 대로 돈을 쓰는 귀족이 혹여 그럴 마음이 들어서 제공할 수도 있는 실제적인 추가 포상금이 바로 여기에 기대되는 요소들이었다.

헌사에 드러나는 시인의 망설임과 불안은 나름의 진실을 담고 있을 수도 있다. 1593년에 출간된 『비너스와 아도니스』는 셰익스피어가 쓴 작품 중 최초의 인쇄본이었다. 활동하는 내내 본인의 인쇄물 현황에 대해서는 전혀 무신경했던 셰익스피어가 이때 딱 한 번, 작품의 인쇄 상태에 신경을 쓰는 분명한 징후를 남겼다. 자신이 믿을 수 있는 스트랫퍼드어폰에이번 출신의 친구 리처드 필드를 인쇄업자로 지정한 것이다. 이는 훌륭한 선택이었는데, 필드는 보기 드물게 탄탄하게 잘 만든 작은 책을 선보였고, 이는 제출용으로도 적합했다. 셰익스피어는 아마도 처음이자 마지막으로 후원자를 적극적으로 찾고 있었던 듯하다. 그리고 극장들이 폐쇄되고 흑사병이 창궐하는 가운데 그는 후원자를 찾는 이 시도가 성공하느냐의 여부에 많은 것이 달려 있다고 생각했던 것 같다. 설사 사우샘프턴이 『그린의 은화 한 닢짜리 재치』 사태 이후 이미 그의 부탁을 한 번 들어주었다고 해도, 그리고 혹시라도 이 높은 신분의 귀족과 지체 낮은 배우가 서로를 은근하게 부추기는 개인적 관계를 맺고 있었다 해도 — 물론, 이것들은 추측에 지나지 않는다. — 셰익스피어는 『비너스와 아도니스』가 어떻게 받아들여질지 확신하지 못했다.

그것은 마치 20대 후반에 도달한 셰익스피어가 새로운 직종에 투신하여, 이전까지 글을 써 본 경험이 없는 양 새롭게 길을 개척해 나가기로 한 결심과 흡사했다. 그는 유명한 대중 극작가가 아니라 세련되고 깊이 있는 시인으로 자리매김하려 노력했으며, 그러한 시인은 명문 대학 출신의 경쟁자들이 사실상 그들만의 독점적인 지적 분야로 못박아 둔 고대 신화의 세계를 우아한 시어로 일깨워 낼 수 있는 인물이었다. 그리고 그는 사우샘프턴의 특정한 상황을 겨냥하여 설득을 시도하기도 했다. 시는 이제 막 소년티를 벗은 아름답고 앳된 청년이, 사랑의 여신의 달콤한 감언을 거절하는 내용을 주제로 하고 있었다. 만약 이 시의 "대부" — 열여덟 살 난 귀족 소년 — 가 현재 이 시를 마음에 들어 한다면, 셰익스피어는 "좀 더 애를 써서 더 심각한 작업"도 시도해 볼 것이지만 "제가 만들어 낸 첫 후계자가 몹쓸 형태의 것으로 드러난다면" — 소네트와 마찬가지로, 이 헌사도 저자의 작품들을 아이들에 비유하고 있다. ― 그 이후로는 "두 번 다시 듣는 자의 귀를 그토록 황량하게 만드는 일은 없을 겁니다."라고 쓰고 있다. 아마도 셰익스피어의 말은 진심이었을 것이다. 만일 사우샘프턴이 이번 시집을 그의 수중에 넣지 않고 거절해 버린다면, 또 다른 시를 다시 쓰면서 노력을 기울일 이유가 없었기 때문이다.

『비너스와 아도니스』의 줄거리는, 소네트에서 나온 경고를 되풀이하고 있다. 한 아름다운 소년이 사랑을 ― 비너스라는 여신으로 묘사되는 '사랑' 그 자체를 ― 거절하고, 그 결과 죽음이 그를 집어삼키며 승리를 거둔다. 거의 1200행에 달하는 시 전체에서 4분의 3은 욕망에 휩싸인 비너스가 등장하여 아도니스에게 간청하고, 애무하고, 유혹하고, 열변을 토하며, 그리고 사실상 거의 아도니스를 추행하는 내용이다. 젊은이의 자기애를 비난하면서, 그녀는 그에게 후계자를 생산하라고 애원한다. 하지만 모든 것은 헛수고가 되었으니, 아도니스는 여신의 포옹을 뿌리치고 뛰쳐나가 사냥을 떠났다가, 곧이어 "역겹고, 험상궂고, 가시 돋친 도깨비 코를 가진 멧돼지"(1105행)에게 죽음을 당하고 만다. 그의 상처가 흩뿌린 피에서 보라색 아네모네가 피어나고, 슬픔에 빠진 비너스는 그 꽃을 꺾어 가슴에 품는다.

『비너스와 아도니스』의 논지는 근엄하고 계산적인 후견인 벌리에게 설득적으로 다가왔을 수 있다. 하지만 시 읽기가 가져다주는 실제적인 경험은 근엄함과는 전혀 다른 것이었다. 여기에서도 소네트와 같이, 분별력 있는 경고는 다른 무엇인가에, 시인 윌리엄 셰익스피어가 청년에게 제공하는 유혹적인 어떤 것에 밀려나고 만다. 『비너스와 아도니스』는 셰익스피어만의 특징을 화려하게 보여 주는 작품이다. 어느 곳에나 편재하면서 동시에 아무 곳에서도 모습을 드러내지 않는 그의 놀라운 능력, 독자를 향해 보여 줄 수 있는 모든 자세를 취하면서도 그 모든 제약으로부터 미끄러지듯 유유히 빠져나가는 능력이 시에 잘 드러나 있다. 이러한 수용력은 대상에 가까이 있는 것과 거리를 두는 것, 그리고 대상에 친밀한 관점과 분리적 관점을 동시에 취하는 깊은 역설적 성취에 기대고 있다. 그렇지 않다면 어떻게 그토록 많은 장소에 동시에 존재하는 것이 가능하겠는가? 셰익스피어는 자신의 극작을 추동했던 감성을 이 시에서도 기묘하게 농축된 형태로 보여 주고 있는 것이다.

이를 통해 발현되는 효과는 에로틱한 흥분, 고통, 그리고 청량한 웃음이 뒤엉킨 타래처럼 드러난다. 매 순간 사랑의 여신은 거대한 존재처럼 보이며 그다지 내켜하지 않는 자그마한 체구의 연인을 덮치는 가학적 성행위의 주도자처럼 표현된다.

> 한 팔 위로는, 건장한 사냥개의 고삐를 들고
> 그녀의 다른 팔 아래에는 여린 소년이 있었네,
> 얼굴을 붉히며 희미한 경멸을 담아 입술을 비쭉대는
> 그의 욕정은 납빛처럼 처져서 농탕칠 기분이 들지 않았지.
>
> (31-34행)

다른 순간에 그녀는 비련하고 심약한 로맨스의 주인공이 되어, 연인의 못마땅한 눈빛을 받는 것만으로도 기절하곤 한다. 그러다 가책을 느낀 소년이 그녀를 되살리려 하자, 그녀는 또 갑자기 익살스러운 분위기의 완구 인형처럼 대상화되어 버린다.

그는 그녀의 코를 비틀고, 그는 그녀의 뺨 위를 치고,
그는 그녀의 손가락을 구부리고, 그녀의 맥박을 강하게 짚고,
그는 그녀의 입술을 부르트게 한다. 천 가지 방법을 동원하여 그는
그의 무정이 망쳐 버린 상처를 고치려고 한다.

(475-78행)

이러한 지문들에서 우리는 『한여름 밤의 꿈』을 관람하던 관객들이 아테네의 숲에서 사랑에 미친 연인들을 보았던 것과 동일하게 이 등장인물들과 굉장한 거리감을 둔 상태에서 이들의 광적인 동작들을 지켜보고 있는 듯하다. 하지만 그러다가 경고도 없이 — 그렇다고 희극적인 거리감을 완전히 잃는 일도 없이 — 우리는 긴장하게 될 만큼 이들에게 가까이 다가간다. 비너스는 아도니스를 위해서 한숨만 짓는 것이 아니라, 저항하는 소년을 끌어안은 "그녀의 백합 같은 손가락을 하나씩 단단히 걸어 잠그며"(228행) 그녀의 몸을 "방목하는 짐승이 풀을 뜯듯 탐닉하라."(233행)라고 그에게 권유한다.

"이 울타리 안에는 충분한 안식이 있으니,
향기로운 낮은 지대 풀과, 높고 쾌활한 평원이 있고,
몽우리 져 솟아오른 동산들이 있고, 어둡고 거친 수풀도 있으니,
그대를 폭풍과 비로부터 피신시켜 주기 위함이라."

(234-38행)

아도니스는 그녀의 광란에 찬 입맞춤으로부터 벗어나려고 노력하지만, 결국 탈진한 끝에 몇 분간 자신을 수동적으로 내맡긴다.

> 뜨거워지고, 어지럽고, 그녀의 거센 포옹에 지칠 대로 지쳐서,
> 야생의 들새가 너무 많은 손길을 타서 길들여지듯이.
>
> (559-60행)

 은유는 종종 시에서 독자를 특정 인물이나 상황으로부터 극적 거리를 두게 하기 위한 방법으로 쓰이지만, 여기서는 아니다. 여기서의 은유는 육체와 감정상의 근접성을 강화하기 위한 방법이기 때문에 이 시를 읽는 독자들은 인물이 겪는 모든 상황들을 한결같이 줌을 바짝 당긴 클로즈업 상태에서 보게 된다. 아도니스의 뺨에 난 보조개는 "둥글고 고혹적인 웅덩이들"이며, "그들은 비너스의 애정을 삼키기 위해 입을 활짝 열었다."(247-48행) 여신의 얼굴은 성적인 흥분으로 인해 "짙은 냄새를 풍기며 뜨거운 김을 뿜어 올렸다."(555행) 그리고 두 사람이 서로를 안고 비스듬히 쓰러질 때 — 혹은 비너스가 아도니스를 땅으로 끌어당겨 넘어뜨렸다고 해야 할 때 — 그들은 단순히 꽃들 위에 눕는 것이 아니라 구체적으로 "푸른 정맥이 드러나는 제비꽃들"(125행) 위에 눕는다.

 인간으로서의 자신을 직접 드러낸 적은 없지만 — 어쨌든 이것은 신화를 기반으로 하는 판타지였으므로 — 셰익스피어는 『비너스와 아도니스』에서 그 자신의 존재감을 지속적으로 그리고 불가피하게 유지하고 있다. 마치 그가 사우샘프턴 또는 그 자신이 헌사를 통해 슬쩍 말을 흘리듯이 "이 세상"이, 자신의 장난스러운 정체성의 동일시와 투사 능력을 잘 이해하고 알아주기를 원한다는 듯이. 그는 분명히 비너스를 통해 작품 안에 현존하며, 그녀의 육체적 긴급함과 말을 잘 지어내는 독창성이라는 측면에서 그 자신을 내보인다. 그는 또한 아

도니스이기도 한데, 조급한 성미와 여성 혐오적인 정서를 그 특징으로 들 수도 있다. 하지만 그는 그것 외에 다른 모든 것에도 편재한다. 예를 들어 암말 한 마리가 종마에게 사랑의 편지를 쓸 수 있다면(그리고 더 정확히 말해 자신이 사랑하는 대상의 모습에 대해 거의 자랑에 가까운 황홀감을 주는 목록표를 작성한다면) 그것은 바로 다음과 같을 것이다.

> 둥글게 갈린 발굽, 짤막하게 딱 들어맞는 관절, 말굽 뒤의 길고 북실한 구절들,
> 넓은 가슴팍, 가득 찬 눈동자, 조그만 머리 그리고 넓은 비공,
> 높이 솟은 앞머리 갈기, 짧은 귀, 곧게 뻗은 다리 그리고 강한 걸음걸이,
> 얇은 갈기, 두터운 꼬리, 드넓은 둔부, 부드러운 가죽.
>
> (295-98행)

만약 산토끼 한 마리가 사냥감이 되어 쫓기는 비참한 처지에 대해 시를 쓴다면 다음과 같을 것이다.

> 그러고 나서 그대는 그 이슬진 얼룩무늬의 가엾은 녀석이
> 몸을 돌렸다가, 다시 되돌아오며, 이리저리 갈짓자로 뛰는 것을 볼 것이오.
> 샘바른 찔레 숲 가지마다 그의 지친 다리를 긁어 생채기를 내고,
> 그림자가 보일 때마다 그는 멈추고, 웅얼대는 말소리마다 그는 가만히 서 있소.
>
> (703-6행)

여기에서 중요한 것은 말이나 토끼의 시적 역할이 아니다. 그들은 당연히 이 시의 중심이 아니니까. 요점은 셰익스피어가 그 어떤 대상이든 너무도 자연스럽고 수월하게 그 존재에 침투하여 자신을 드러내 보일 수 있다는 점이다.

세상 전부를 다 가진, 아름답고 철없는 젊은 귀족의 마음을 무엇으로 유혹할 수 있을까? 온 우주의 모든 것들이 성애적 흥분을 내포하는 에로틱한 세계, 그러한 흥분이 주는 절박한 갈망 속에서 어머니와 연인의 역할이 혼동되어 뒤섞이는 환상의 세계를 그에게 보여 줄 수 있다. 사냥하는 소리를 듣고 사태가 벌어진 곳으로 황망하게 달려오는 비너스가 어떻게 묘사되는지 보자.

> 그리고 그녀가 달려올 때, 앞길을 가로막는 수풀들이
> 일부는 그녀의 목을 붙들고, 일부는 그녀의 얼굴에 키스하고,
> 일부는 그녀를 머물게 하려는 듯 그녀의 허벅지를 휘감고 올라간다.
> 그녀는 그들의 조여 대는 포옹을 거칠게 뿌리치고 나간다.
> 부어오른 젖통이 아프도록 젖이 도는 암사슴처럼,
> 어느 덤불에 숨겨 둔 그녀의 새끼를 먹이러 서두르는 양.
>
> (871-76행)

세상 모든 일이 따분하고 재미없는 청년의 주의를 어떻게 일깨울 수 있을까? 쾌락과 고통의 감도가 극단적으로 고조된, 더없이 섬세하고 선명한 세계를 소개해 주는 것이다. 아도니스의 치명상을 보고 자기 눈을 질끈 감아 버리는 비너스가 여기 묘사되고 있다.

혹은 어느 달팽이처럼, 그 연약한 뿔이 타격을 받아
그의 껍데기 동굴 속으로 고통스럽게 움츠러들듯이,
그곳에서 질식할 듯 숨 못 쉰 채로 그늘 속에 주저앉았다,
다시 앞으로 기어 나오기를 두려워하는 한참 후까지,
그의 피투성이 광경 앞에서 그녀의 눈은 달아나
그녀의 머릿속 깊은 어둠의 오두막집들 안에 숨었다.

(1033-38행)

그리고 만일 귀족 후원자의 관대한 아량을 간청하는 입장이라면, 시인은 도대체 얼마나 엄청난 답례를 그에게 돌려줄 수 있을까? 시인은 장대한 죽음이 묘사되는 장면을 성적 쾌감의 절정이 느껴지는 장면으로 전환함으로써 후원자를 매혹한다. 여기서 비너스는 멧돼지에게는 아도니스를 죽이려는 의도가 없었으며 그저 그에게 입맞춤을 하려던 것뿐이라고 스스로에게 말한다.

"그리고 그의 옆구리에 코를 비벼 대던 다정한 돼지가
알지 못한 채 그의 부드러운 사타구니에 어금니를 찔러 넣었다."

(1115-16행)

이 "다정한 돼지"는 그녀가 오래전부터 하고 싶어 했던 그 일을 한 것뿐이었다.

"내가 저 돼지처럼 이빨이 있었다면, 나 고백하리니
나 역시 그에게 입 맞추면서 그를 그만 죽이고 말았을 것이네."

(1117-18행)

이것이 바로 셰익스피어가 내놓을 수 있는 패였다.

분명히 『비너스와 아도니스』는 백작을 매료했다. 뒤이어 이를 모방한 아류작들과 감탄의 찬사들이 쏟아져 나온 것과, 재판 — 1602년까지 10판을 더 찍었다. — 의 규모로 봐서, 시는 백작을 포함한 거의 모든 사람들 전부를 매료했던 것이다.(특히나 젊은 청년들 사이에서 인기가 높았다.) 예상을 훨씬 뛰어넘는 성공으로 얼굴이 확 달아오른 셰익스피어는, 앞선 헌사에서의 약속대로 1년 안에 훨씬 진중한 작품인 『루크레스의 겁탈』을 탈고했다. 하지만 이번에 그가 사우샘프턴 앞으로 쓴 헌사의 어조는, 소극적이고 머뭇거리거나 불안에 떨던 이전 것과는 사뭇 달랐다. "백작님께 바치는 제 사랑은 끝이 없습니다……. 제가 해낸 일은 모두 당신의 것입니다. 제가 앞으로 해야 할 일도 당신의 것이니, 제가 가진 모든 것의 일부가 되는, 헌신컨대 당신의 것입니다." 엘리자베스 시대의 헌사는 가끔씩 지나친 미사여구로 뒤덮이곤 했으나, 셰익스피어가 여기에 쓴 것은 전혀 전형적이지 않았다. 이것은 사람들이 흔히 예상하거나 기대했을, 재정적 후원자를 만족시키기 위해 틀에 박힌 찬사나 욕망을 드러내는 글이 아니었다. 이것은 열렬하고 무한한 사랑을 대외적으로 선포하는 글이었다.

『비너스와 아도니스』와 『루크레스의 겁탈』이 쓰인 해 사이에 무슨 일인가가 일어났다. 셰익스피어의 어조를 "……제가 백작님께 얼마나 누를 끼치게 될지 짐작조차 할 수 없습니다."에서 "제 사랑은…… 끝이 없습니다."로 바꾸게 만든 어떤 사건이 말이다. 그것이 어떤 사건이었는지를 직접적으로 알려 주는 것은 아무것도 없지만, 아마 소네트에 그 단서들이 존재할 가능성이 있다. 소네트는 — 첫 126편의 시가 거의 다 동일한 인물을 대상으로 쓰였다고 가정한다면 — 그저 젊은 청년을 찬양하고 시의 힘을 확인하는 데서 그치는 것이 아니라 시간의 흐름에 따라, 아마도 수년에 걸쳐서, 점점 펼쳐지면서 변화를 겪는 두 사람의 관계를 그려 나가고 있다. 감탄이 동경으로 여물어 가고, 서로가 가까워지며 기쁜 친밀감으로 채워지는 시기가 이어지더니 곧 부재와 절박한 그리움의 시기가 뒤따른다. 시인은 사랑하는 연인과 떨어져 있는 것을 견뎌 내기가 고문처럼 고통스럽다는 것을 깨닫는다. 그는 그처럼 소중한 사랑을 하기에 여러모로 자신의 가치가 떨어진다고 생각하지만, 또한 자신의 예술을 통해서 언젠가는 사라져 버릴 이 젊은 청년의 아름다움에 영원성을 덧입힐 수 있음을 인식한다. 그는 어쩌면 곧, 젊은 청년이 그를 노쇠한 존재로 여기고 더 이상 그에게 관심을 주지 않을 시간이 닥쳐오리라는 것을 안다. 그는 자신의 삶을 지탱하는 이 사랑의 필연적인 상실을 받아들이기 위해 애쓴다. 무성하던 찬사는 책망과 회의에 자리를 내준다. 시인은 자신의 사회적 신분이 청년보다 열등하다는 사실에 흥분과 고뇌를 동시에 느낀다. 그의 열정적인 헌신은 비참한 굴종의 나락으로 미끄러지지만, 그러다 이 굴종의 태도는 천천히 다시 재조절되어 부분적으로나마 비판적 독립성을 획득한다. 그는 젊은 청년의 성격에 난 깊은 흠을 인지하면서도, 그가 그 자체로 완벽한 존재라고 주장한다.

이 변덕스럽고 집착적인 감정의 엉킨 회오리 속에서, 특정한 사건의 흔적으로 보이는 순간들이 종종 드러난다. 젊은 청년은 유혹에 넘어가 시인의 여자 애인과 동침한다. 이 배신은 청년의 부정이 아니라 시인의 애인의 부정으로 일어난 일이기 때문에 한결 고통이 덜한

데 — "하지만 내가 그녀를 다정하게 사랑했다고 말할 수도 있었을 것이다."(42.2) — 사실 시인에게는 청년의 사랑이 더 중요한 의미를 띠기 때문이다. 시인 자신부터가 정확히 얘기하지 않은 방식으로 젊은 청년에게 부정직한 상태에 있으면서, 그는 자신의 이 '위반'(120.3)을 용서받기를 조심스럽게 희망한다. 바로 그가 앞서 비슷한 상황에서 청년을 용서했듯이 말이다. 시인은 청년이 자신에게 주었던 정표를 손에서 떠나보냈지만 — 작은 수첩이나 필기용 평판 — 그것은 상관없는 일이다. 왜냐하면 그 선물은 아무도 빼앗아 갈 수 없도록 그의 머리와 가슴속에 잘 간직되어 있으니 말이다. 여러 경쟁자들이 — 그들 중 하나는 최소한 매우 명성 높은 작가이며 — 청년의 주목과 호의를 받기 위해서 경쟁을 벌이고 있고, 분명히 성공을 거둔 듯 보이는 자들도 있다. 그리고 궁극적인 '사건'이 벌어지는데, 127번 소네트에서부터 시인은 아름다운 청년에게만 집착하던 그의 강박적 관심을 돌리고, 그 대신 주로 욕망과 혐오로 뒤얽힌 감정을 그의 여자 애인에게, 검은 눈과 검은 머리카락과 왕성한 성적 욕구를 가진 정부에게 집중하여 쏟아붓는다.

전기 작가들은 때로 이렇게 암시되어 있는 일련의 사건들을 본격적인 연애사적 줄거리로 녹여 내고 싶은 유혹에 휩싸이곤 한다. 하지만 그러기 위해서는 각 시들이 다르게 둔 무게 중심의 강력한 개별적 중력을 무시하고, 소네트 전체를 하나의 논리적 전개 구조를 가진 이야기로 만들어 가는 억지스러운 견인이 필요하다. 셰익스피어는 본인이 논리적 서사를 펼치는 데 능수능란한 천재적 숙달력이 있었음에도, 소네트들이 전체적으로 일관된 구조의 이야기로 맞물리지 않도록 심혈을 기울였다. 이 연작에 등장하는 위대한 시편들은 — 그

수가 많은데도 — 개별적으로 모두 각자의 뚜렷한 세계를 가지고 있었으며 간결하게 압착된, 때로 환상적인 복잡성을 내포하는, 화자의 감정을 표현한 14행짜리 각본의 공연이라고 할 수 있다. 그가 선택만 한다면 극작가는 이 개별 시들을 모두 하나의 주요 장면이나 혹은 연극 한 편으로까지 발전시켜 나갈 수 있었을 것이다. 그러한 예시를 정확하게 보여 주는 것이 소네트 138번이다. 이 시는 셰익스피어 본인의 시대에 이미 기존 소네트 연작으로서의 서사적 맥락을 완전히 벗어난 개별적인 시로서 다른 선집에 포함되곤 했다.

내 사랑 그녀가 자신이 오직 진실하다고 맹세할 때
나는 그녀를 믿는다, 그녀가 거짓을 말한다는 것을 알면서도,
그녀가 나를 두고 아는 것 없는 젊은이라 생각하도록
이 세상의 거짓된 묘미를 전혀 배운 적 없는 그런 이로.
그렇게 그녀가 날 젊게 여긴다고 헛되이 생각하면서,
그녀 또한 내 날들이 이미 절정을 지났다고 알고 있음에도,
그저 나는 거짓을 말하는 그녀의 혀를 믿어 버리며
단순한 진실을 이렇게 양쪽에서 다 짓눌러 둔다.
하지만 어째서 그녀는 그녀의 부정을 고하지 않으며,
그리고 어째서 나는 내가 나이 든 몸이라고 말하지 않는가?
오, 사랑의 가장 좋은 습성은 진실처럼 보인다는 것이며,
나이 든 사랑은 그 햇수를 듣고 싶어 하지 않는다네.
그러므로 나 그녀와 함께 눕고, 그녀 또한 나와 누우니
거짓 아첨으로 메꾼 우리의 결함들 속에서 우리는 우쭐해하리.

"나는 그녀를 믿는다, 그녀가 거짓을 말한다는 것을 알면서도." 시인은 자신의 애인이 부정하다는 것을 완벽하게 안다는 점을 명확히 밝히고 있기 때문에, "나는 그녀를 믿는다"는 사실 "나는 그녀를 믿는 척한다"를 줄여 말하는 듯 보인다. 줄거리 자체는 셰익스피어와 그의 동시대인들을 매료시켰던 바람난 애인의 이야기에서 본따 온 것이다. 시가 시작되는 부분에서 우리는 부정한 연인을 둔 화자의 그늘진 의심의 소리를 듣게 되는데, 이는 『헛수고』에서는 익살스러운 소동으로 이어지고, 『겨울 이야기』에서는 살인으로 이어진다. 여기에서 발현되는 정절의 의심에는 두 사람의 큰 연령 차라는 요소가 더해지는데, 이는 오셀로의 마음속에서 먹잇감을 찾던 불안과 동일하다. 즉 데스데모나와 비교해서 자신의 나이가 많다는 것을 고통스러울 정도로 인식하면서, 그 자신에 대해 "노년의 계곡으로/ 꺾어졌다. ― 하지만 그렇게 많은 것은 아니지."(3.3.269-70)라고 끊임없이 되뇌는 상황과 같은 것이다.

그러나 시인은 계속 말을 이어 가는데, 그는 자신의 전략이 ― 실제 나이보다 젊어 보이게끔 어리숙한 척 행동하는 것이 ― 실제로 애인에게 한순간도 통하지 않는다는 것을 알게 된다. 그 자신도 그녀의 "거짓을 말하는 혀"에 속지 않는 것처럼, "단순한 진실을 이렇게 양쪽에서 짓눌러 둔다." 이제는 새로운 전개의 갈래가 등장하는데 이것은 익살스럽지도 또 그렇다고 비극적이지도 않은 성격을 지닌 것으로, 셰익스피어의 인물 안토니와 클레오파트라가(그리고 그 연극에 등장하는 거의 모든 다른 인물들도) 마음껏 활용하고 있는, 서로에게 거짓을 말하면서 대화를 이어 가는 전략적 화법의 경기 같은 것이다. "단순한 진실" ― 다크 레이디의 부정과 시인의 노령 ― 은 그가 "그저" 그녀의 거짓말을 믿어 버림으로써 짓눌리는데, 이는 허구적인 가상에 대한 의도적 탐닉을 의미한다. 이 탐닉의 특징을 설명하기 위해서, 연극을 보는 관객의 자세에 대해 콜리지(Coleridge)가 언급했던 구절인 "불신의 자발적 유예"라는 말을 끌어올 수도 있을 테지만, 여기서 시인은 예술 작품이 아니라 애인과의 거짓된 관계에 대해서 묘사하고 있다는 점을 상기해야 한다.

거짓말로 이루어진 이 화법 경기의 끝은 보통 얼룩진 악행을 추방하고 쓰러진 도덕 체계를 바로 세우기 위해 하는 관례적인 방식대로, 화자의 도덕적 불만이나 자책감의 폭발로 이어질 수도 있었을 것이다. 셰익스피어 역시 그러한 폭발 단계를 준비하고 있었던 것처럼 보이는데, 화자가 그들 삶의 전반적인 양식에 근본적으로 문제를 제기하고 있기 때문이다.

하지만 어째서 그녀는 그녀의 부정을 고하지 않으며,
그리고 어째서 나는 내가 나이 든 몸이라고 말하지 않는가?

하지만 시가 끝나면서 ─ "나이 든(old)"에서 한숨 쉬는 소리의 "오(O)"로 미끄러지며 ─ 거짓된 장막을 모두 벗겨 내고자 하는 충동과 압박이 솔직하게 유예되고 있음에 우리는 놀란다. "오, 사랑의 가장 좋은 습성은 진실처럼 보인다는 것이다." 사랑의 "습성," 즉 버릇으로 굳어진 태도와 가장 잘 맞추어진 의복은 결국 한 꺼풀의 거짓인 것이다. 도덕적 판단 대신에, 이 허위를 통해 얻을 수 있는 성적인 이득에 대해서 솔직한 수락이 들어선다. 마지막 2행이 확실히 말해 주듯이, 서로에게 거짓을 말하는 남녀는 서로의 곁에 함께 드러눕는다.

소네트를 쓰는 것은 궁정 귀족이 도맡아 하는 일종의 공연이었고, 셰익스피어는 결정적으로 궁정에 출입하는 가신도 귀족도 아니었다. 하지만 이 시적 형식과 성격에 수반되는 도전 과제 같은 조건들은 그와 매우 잘 맞아떨어졌다. 그는 매우 공적인 사람이었고, ― 무대에 오르는 배우, 성공적인 극작가, 명성 있는 시인 ― 동시에 매우 사적인 사람이었다. ― 비밀을 털어놓을 만큼 신뢰를 받는 사람이자 자신에게 벌어진 사적인 사건들을 외부에 털어놓지 않는 대신, 이와 관련한 모든 언급 대상들을 미묘한 암호의 언어로 바꿔 버리는 작가. 이것은 셰익스피어가 자신을 위해 선택했던 이중의 삶이었다. 놀라운 언어적 기량과 모든 것을 상상력으로 재가공하는 강박적인 습관, 그리고 이와 더불어 수반되던 깊은 야망이 그를 공적인 공연의 삶으로 이끌었다면, 그의 가족이 가진 비밀과 그의 경계적인 지성 ― 아마도 런던 다리에 꽂힌 참수된 머리들의 광경으로 더욱 강화되었을 ― 은 스스로에게 절대적으로 신중하게 비밀을 엄수하라는 충고를 남겼다.

그렇게 의도적으로 기획된 이중적 존재로서의 특성이 수세기 동안 독자들을 감질나게 했던 역설을 설명하는 데 도움이 될 것이다. 소네트는 황홀한 자극과 깊은 설득력을 지니고 시인의 내적인 삶을 무대에 연출하여 보여 주는 것이며, 젊은 청년, 경쟁자 시인, 그리고 감정적으로 뒤얽힌 다크 레이디와 그의 관계에 대해서 친밀한 공연의 형태로 된 셰익스피어의 대답을 듣는 것이다. 소네트는 마치 열쇠 없이 밀봉된 아름다운 상자들이, 교묘한 연속성을 지닌 채 하나씩 스쳐 지나가는 것과 같다. 이들의 뒤편에는 정교하게 설계된 장막이 있어 그 어떤 추측으로도 이를 확신하며 넘어갈 수 없는 것이다.

소네트의 형태에는 신중하게 가려진 규칙들과 철저한 은폐의 관행이 요구되지만, 동시에 특정하게 공유되는 흥분감이나, 되풀이되는 몰입, 그리고 유혹적인 전략들도 함께 등장한다. 셰익스피어와 부정한 연인 사이에서 실제적으로 어떤 일이 일어났는지, 그녀가 사실은 누구였는지, 혹은 셰익스피어와 귀족 청년 사이에서는 어떤 일이 일어났는지, 그가 사우샘프턴이 맞는지, 아니면 또 다른 사람인지, 여러 명의 다양한 연인들을 하나의 인물로 녹여 낸 것인지 등에 대해서 직접적으로 허심탄회하게 기록한 비밀 일기 같은 것으로 소네트를 받아들이는 것은 어리석은 태도일 것이다. 하지만 심지어 소네트가 부분적으로는 다른 시인들의 상상력을 개작한 환상의 기록이라 하더라도, 실제 삶에서 맺은 관계의 실타래에서 빠져나온 부분들은 셰익스피어의 내면 정서에 대해서 무언가를 말해 줄 수도 있다.

소네트는 시인과 젊은 청년이 그들 사이에 존재하는 엄청난 사회적 계층과 신분 차이에 대해서 흥분된 모습을 보여 준다. 교묘하게 그의 연인을 비판하는 중에도 — 아니, 어쩌면 그가 청년을 교묘하게 비판하는 중이기 때문에 — 셰익스피어는 전적인 굴종의 자세를 연기한다.

> 당신의 노예로 존재하니, 내가 무엇을 해야 하나,
> 그저 몇 시간이고 당신이 날 원하는 때를 기다리는 것 말고는?
>
> (571-2)

그리고 그는 자신의 직업에 첨부되는 사회적 낙인에 대해서도 강렬하게 인식하고 있음을 표현한다.

슬프도다, 사실이니, 내가 여기저기로 누비면서
나 자신을 잡스러운 광대처럼 보이게 하였구나.

(110,1-2)

아마도 이러한 수치심, 입을 쩍 벌린 대중 앞에 알록달록한 광대 의상을 걸치고 나서서 볼거리를 만들어 나가는 것에 대한 부끄러움은, 소네트에서 묘사되는 관계의 맥락을 떠나 실제 셰익스피어가 감정적으로 경험했던 것인지도 모른다. 하지만 여기에 셰익스피어가 그 자신과 아름다운 소년 사이에서 펼쳐 보이는 에로틱한 도발의 일부분이 있다.

오, 내 생각을 하면서 행운의 여신을 나무라 주렴,
내 해로운 악행의 책임을 돌려야 할 여신이지,
내 삶에 더 나은 것들을 모아 주지 않았기에
많은 사람을 상대하며 대중의 거친 습관을 익혔단다.
그렇게 내 이름이 낙인을 받게 되었고
거의 그때부터 나의 성품이 짙게 잠겼으니
염색장이의 손처럼 그 일이 내게 물들어 버렸네.
날 가엾게 여겨 봐…….

(111,1-8)

셰익스피어가 연기자로서 지니게 된 영속적인 얼룩과, 귀족 연인과의 사회적 차이는 문자 그대로 호소의 일부분으로 명확히 기록되었다. "날 가엾게 여겨 봐."

시인과 청년의 나이 차이 역시 비슷한 방식으로 기능한다. 즉, 그것은 욕망을 방해하는 요소가 아니라, 오히려 그들 사이에서 역설적으로 흥분을 불러일으키므로, 더욱 인식되고 강조되며 과장되어야 하는 특징인 것이다.

> 노쇠한 아버지는 기쁨을 얻는다.
> 그의 활동적인 아이가 청춘의 일을 행하는 것을 보면서,
> 그러니 불운의 가장 살뜰한 사랑을 받아 변변찮아진 나,
> 그대의 소중함과 진실함에서 내 모든 안락함을 누리리라.
>
> (37.1-4)

이 시의 어디쯤에 유혹의 쾌락이 자리한단 말인가? 아마도 가부장적인 사회 안에서 제왕적인 아버지나 폭군 같은 후견인에게 익숙해져 있던 젊은이에게, 가련하고 나약한 아버지라는 형상은 매우 짜릿한 흥분을 주었을 것이다. 이 역할의 전복은 분명히 강렬한 인상으로 다가왔으며, 나아가 셰익스피어가 그 자신을 이 젊은이에게 빌붙어 사는 기생적 존재로 연출하여 꾸밀 정도로 강렬한 것이었다. 시인의 연기는 어느 정도의 허영심이 스며드는 것을 관용적으로 받아들이고 있다. "자기 자신을 사랑해 버리는 죄가 내 눈에 가득 들어차 있다."라고 셰익스피어는 쓴다. "그리고 내 모든 영혼과, 내 모든 부분에까지." 하지만 이 솔직한 나르시시즘의 수용은 ─"나는 그 어떤 얼굴도 내 것만큼 우아하지는 않다고 생각해." ─ 사랑하는 연인이 쟁취한 승리를 극단적으로 강화하기 위한 방법일 뿐이다. 셰익스피어는 거울을 볼 때마다 그의 얼굴이 실제로는 "햇볕에 탄 고대의 세월로 언어맞고

갈라져 있는" 것을 본다고 썼는데(62.1-2, 5, 10) 그가 자신을 통해 얻는 기쁨이란 오직 자신이 사랑하는 남자에게서 빌린 것들뿐이다. "그대 날들의 아름다움으로 내 나이를 칠하는구나."(10.14)

여기서 연출되는 감정은 폴스타프가 그의 사랑스러운 소년, 할 왕자에게 느끼던 감정으로 셰익스피어가 묘사한 바 있던, 흠모와 갈망의 혼합 같은 것이다. 하지만 이제 역할은 뒤바뀌었다. 그때는 셰익스피어가 자신을 젊은 왕자로 상상하면서 그와 관련되어 있는 로버트 그린을 계산적인 노인으로 그려 냈다면, 이제는 그가 어느 사랑스러운 소년을 바라보는 노인 역할을 하고 있다. 아마도 이것이 바로 셰익스피어가 폴스타프라는 인물을 탄생시킬 수 있었던 내적 기류의 하나였을 것이다. 그는 허풍쟁이에 지나지 않는 그린이라는 실존 인물을, 복잡하고 통렬한 내면을 지닌 폴스타프, 자기애적이고 계산적이고 냉소적이고 경외심과 비참과 불운을 모두 지닌 폴스타프로 변신시켰다. —"나는 그대를 모른다, 늙은이여." — 때문에 시인은 청년에게 그저 자신을 잊어버리라고 권유한다. "아니, 만일 당신이 이 글을 읽는다면, 기억하지 말아라./ 이것을 쓴 손은." 하지만 여기에서의 차이점은, 이처럼 자신을 잊어 달라는 시인의 요청은 사실상 그 자신의 비천한 사랑에 대한 선언이며, 이는 오히려 자신을 기억하고 사랑해 달라는, 얄팍하게 가장된 호소라는 것이다.

> 아니, 만일 당신이 이 글을 읽는다면, 기억하지 말아라,
> 이것을 쓴 손은. 나 당신을 그토록 사랑해서
> 당신의 달콤한 생각에서 나 잊히기를 원하노라,
> 만일 내 생각을 하는 것이 당신을 슬프게 만든다면.

(71.5-8)

　다시 그리고 또다시, 청년은 그가 대체하고 묻어 버리고 결국 잊어 버리고 말 아버지의 존재를 다시금 끌어안도록 요청받는다. 그리고 미래에 자리 잡은 이 상실과 망각의 상태는 사실상 현재 시점에서의 애타는 호소를 강화하는 데 쓰일 뿐이다.

　가장 유명한 소네트 중 하나인 73번은 셰익스피어가 자신과 청년의 나이 차를 강조함으로써 그 젊은 연인에게 부과하는 감정적인 요구를 요약해 준다.

　　한 해 중 그 시간을 그대는 내 안에서 보게 되리니
　　노란 잎들이, 다 떨어지거나, 조금 남아서
　　추위에 흔들리는 저 가지들에 매달려 있는 때를,
　　지나간 달콤한 새들이 노래했으나 이제 헐벗고 폐허가 된 빈 합창단을.
　　내 안에서 그대는 그러한 날의 황혼 자락을 보리니
　　해가 서쪽으로 저물고 난 이후에
　　검은 밤들이 조금씩 밀려 들어올 때를,
　　죽음의 두 번째 자아가, 모두를 쉼 속에 봉해 버리는 것을.
　　내 안에서 그대는 그러한 불이 타는 은은한 빛을 보리니
　　그 청춘이 타고 난 재 위에 자리 잡은 채
　　그 자신의 임종 침상 위에서 숨겨야만 하는 듯이,
　　한때 그를 채워 주던 연료에 가득 소진되면서.
　　그대가 지켜보는 이것이, 그대의 사랑을 더 강하게 해 줄 것이다,
　　그대가 머지않아 떠나보내야 할 것들을 더욱 사랑하게 될 테니.

소네트 연작의 다른 시편에는 영원성에 대한 강조가 들어가 있다. ― 시인의 시구들이 보유하고 있는 무한성, 청년의 아름다움을 끝없이 모사해 가는 것 ― 하지만 여기서는 그렇지 않다. 각 이미지들은 ― 노란 잎들, 황혼, 그리고 마지막 잉걸불 ― 모두 인생의 무상함을 포착하고 있다. 더 이상의 변화가 불가능한 마지막 순간이 오는 것은 결국 시간의 문제일 뿐이다. 완전히 헐벗은 나뭇가지들, 어둠, 불씨 없는 차가운 잿더미가 곧 닥칠 일로 놓여 있다. 그리고 무상함, 사랑이 피어오르는 순간에도 셰익스피어가 바라보는 이 예정된 절대 종말은, 그가 맺고 있는 관계에 고통스러운 강렬함을 부과한다.

셰익스피어와 젊은 청년 사이에서 실제로 어떤 일이 일어났든지 ― 그들이 서로를 그윽한 갈망의 눈길로 바라만 보았든지, 혹은 서로를 끌어안았든지, 열정적인 입맞춤을 나누었든지, 함께 침대로 향했든지 ― 그것은 분명히 이렇듯 압도적인 무상함이란 감각에 의해서 발현되었을 것이다. 이 감각은 그들의 욕망을 강화하는 방편이 되었던, 서로의 나이 차이 또는 사회적 신분 차이에서만, 혹은 주로 그 부분에서만 유래했던 것은 아니다. 그것은 당대가 남성들의 동성애적 사랑을 어떻게 이해했는지에서 유래하고 있다. 엘리자베스 시대의 사람들은 동성을 향한 성적 욕망이 존재한다는 것을 인식하고 있었다. 실제로, 어떤 의미에서는 이성애적 욕망보다 더 정당화하기 쉬운 부분이 있었다. 당시에는 남성이 여성보다 선천적으로 우월하다는 생각이 널리 퍼져 있었으므로 한 남성이 다른 남성을 향한 사랑에 자연스럽게 이끌리지 않을 이유가 없는 것이다. 종교 지도와 법령에 의해서 남색은 엄격하게 금지되었으나, 그러한 금지 법령과는 별개로 남성이 다른 남성을 사랑하거나 욕망하는 것은 한편으로 완벽하게 이해할 만한 일이었다.

　셰익스피어와 동시대인이었던 에드먼드 스펜서는 도덕적인 진중함으로 찬사를 받은 시인이었는데, 그가 쓴 목가시에는 한 양치기가 어느 젊은이를 향해 열정적인 사랑을 고백하는 장면이 나온다. 시와 함께 첨부된 평론은 스펜서 본인이거나 혹은 그와 매우 가까운 사이에 있는 사람이 쓴 것으로, 그 양치기와 젊은이의 관계에 그리스인들이 "소년에 대한 사랑(paederastice)"라고 부르던, 약간은 "풍기문란한 사랑"의 운치가 있음을 다소 불편한 듯이 적어 둔다. 하지만 어쨌든 평론은 이어지면서, 바른 관점에서 본 "소년에 대한 사랑"은 "여체를 향한 욕정으로 남자들의 마음에 불을 당기는 사랑보다 오히려 권장되는 것"이라고 쓰고 있다. 그러고는 자신이 방금 한 말에 스스로 놀라기라도 한 듯, 마지막으로 이렇게 경고한다. 그렇다고 자신이 "금지되고 밉살스러운 육욕의 역겹고 끔찍한 죄악"을 옹호하고 있다고는 그 누구도 결코 생각지 말라고.

　이러한 사회적 인식과 부정의 시소 게임이라는 맥락 안에서, 셰익스피어는 젊은 청년을 향해 성적인 욕망을 연출하고 있다. 그것은 마치 세상에서 가장 자연스러운 일인 양 명쾌하게 수용되고 열렬하게 표현되는 동시에, 현실에서는 절대로 공공연히 일어날 수 없는 일이라는 듯 왜곡되고, 부인되고, 패배했다. 20번 소네트에서 묘사되는 젊은 청년은 여성의 얼굴과 여성의 부드러운 마음씨를 지녔으나, 그는 그 어떤 여성보다 훌륭하고, 진실되고, 한결같다. 시인은 그가 "내 열정의 주인이자 여성 같은 애인"이라고 쓴다. 자연은 청년을 만들 때 본래 여성으로 창조하려고 했다. 하지만 여성인 자연이 자신의 피조물에게 구애하는 마음을 갖게 되자 그녀는 그에게 무언가를 더해 주었다. — "그녀는 그대의 찌르는 것을 밖으로 잡아 뺐다."(20.2, 13) — 그렇게 시인은 자신의 성적 욕망을 성취할 기회를 영영 빼앗겼다. 셰익스피어는 스펜서의 평론자가 보여 주었던 것처럼 분기에 가득 찬 도덕적 어조를 취하지는 않았지만, 그와 동일한 재료들을 이용해서 유희하며 — 결혼에 대한 혐오, 강렬한 동성애적 욕망, 그리고 욕구의 부인 — 이를 통해 무상함의 정서를 더한다. 심지어 소네트에서는 반쯤 모습을 가린 채 숨겨져 있는 성적인 갈망을 셰익스피어가 그들의 실제 현실 관계에서 채웠다고 하더라도, 그는 이러한 종류의 사랑이 결코 이성과 결혼을 하고 후손을 생산하라는 사회적 강제성을 등지도록 허락되지는 않을 것임을 알았다. 정확히 그 자신이 소네트 앞부분에서 강조했던 바로 그 사회적 규범 말이다.

사춘기 나이의 사우샘프턴이 아직 결혼할 준비가 되지 않았다고 선언하는 것은, 혼사를 거절함으로써 야기될 엄청난 재정적 희생을 받아들일 준비가 되어 있다는 전제 아래 가능했다. 또한 자신에게 구애하는 한 사람 또는 그 이상의 남자들과 — 분명히 그 수가 적지는 않았을 것이다. — 동성애 관계를 가지는 것도 가능했을 것이다. 사우샘프턴처럼 월등히 신분이 높은 경우는 없었지만, 그와 비슷하게 상류 계층이면서 결혼을 거부한 사람들이 몇 명 있긴 했다. — 프랜시스 베이컨이 가장 눈에 띄는 예라 할 것이다. — 하지만 개인의 성적인 성향과 별개로 대부분의 귀족들은 후계자를 낳아서 그들의 이름, 지위, 그리고 재산을 이어 가는 사업에 열성적이었다. 1598년, 스물다섯 번째 생일을 며칠 앞두고 사우샘프턴은 여왕의 시중을 드는 궁정 시녀 중 한 명인 엘리자베스 버논(Elizabeth Vernon)과 비밀 결혼을 했다. 버논은 그의 아이를 임신 중이었다. 여왕은 격노를 참지 못했는데, 그녀의 궁정 시녀들은 결혼을 하지 않고 처녀성을 유지해야 했기 때문이다. 또한 그녀는 자신의 가신들이 뒤에서 몰래 혼사를 치르는 것을 싫어했다. 그럼에도 이 결혼은 그렇게까지 큰 파국을 몰고 오진 않았던 것 같다. 그 뒤로 긴 격변이 이어졌지만 백작은 가끔 극단적으로 위험한 순간을 맞기도 하면서 그럭저럭 궁정 경력을 이어 갈 수 있었다.

시인에게로 돌아와서, 소네트를 그의 전기적 맥락에서 해석할 수 있는 문서로 받아들인다고 한다면 이 소네트 연작이 아주 강력하게 제시하는 사실 하나는 바로 셰익스피어가 자신이 갈망하는 것을—그것이 정서적인 것이든 성적인 것이든—결혼 안에서는 찾지 못했다는 점이다. 문제의 일부는 아마도 그와 앤 해서웨이와의 명백한 부조화에 있을 수도 있다. 하지만 소네트가 제안하는 점은, 어쩌면 그 누구도 셰익스피어의 갈망을 만족시키거나 그를 행복하게 만들어 줄 수 없었다는 것이다. 이것은 그가 결혼이라는 테두리 바깥에서 자신을 완벽하게 충족시켜 줄 누군가를 찾았다는 이야기가 아니다. 그는 주로 젊은 청년을 대상으로 하여 황홀함을 이상화하고, 그의 애인을 대상으로 하여 욕망을 구체화하는 자신의 능력에 집중했던 것 같다. 그리고 양쪽 모두의 경우, 이들을 충족시키는 데에는 장애물이 따랐다. 시인은 소유할 수 없는 남자를 숭배했으며, 숭배해서는 안 되는 여자를 욕망했다. 소네트 연작이 뼈저리게 인식하는 바에 따르면 아름다운 젊은 청년은 결코 궁극적으로 그의 것이 될 수 없었으며, 다크 레이디는 그가 그녀를 빈틈없이 소유할 수 있었다고 하더라도 결국 그에게 혐오감을 불러일으키는 대상이었다. 부정직하고, 바람을 피우며 믿을 수 없는 그녀는, 소네트의 최후 시편들에 따르면 단순한 혐오감 이상의 것을 그에게 남겼다. 성병을 전염시킨 것이다. 하지만 여전히 그는 그녀를 포기하지 못한다. "내 사랑은 열병 같아, 여전히 그리워하니/ 오래 그리워할수록 질병만 더 키워 가네."(147.1-2) 그가 그렇게 할 수 없었던 이유는 오직 "활동하는 욕망"(129.2), 그에게 있어서는 그녀와 함께한다는 것의 의미를 정의하는 육체적 팽창과 수축의 리듬에 이끌리는 강박 때문이었다. "나는 부른다/ 그녀를 '사랑'이라고, 나를 솟게 했다가 떨어뜨리는 그 진정한 사랑을 위해서."(151.13-14) 이 성적인 리듬, 멍에를 짊어진 활력과 죽음, 쾌락과 혐오, 갈망과 증오는 단순한 기분 전환이나 도피가 아니다. 소네트가 계속해서 주장하듯이, 시인의 재치 있고 불안하고 자의식적인 자아가 그 자신의 욕망을 끌어안을 때, 시인 자신의 이름이기도 한 삶의 '의지(Will)'의 의미가 정의되는 것이다.

셰익스피어의 소네트 안에서 그의 아내나 자녀들이 차지하는 공간은 거의 없다. 이 시들이 1590년대 중반이나 혹은 10년 정도 후에 쓰였다는 것은 그 점에서 별로 중요하지 않다. 셰익스피어가 결혼하고 아버지가 되기 전에 소네트를 썼다고는 아무도 생각하지 않기 때문에, 모든 소네트는 사실상 의도적으로 그의 실제 가족을 배제하고 있다고 할 수 있다. 몇 군데에서 소소한 예외가 발견되기도 한다. 소네트 145편의 "싫어해서 웬(hate away)"과 "해서웨이(Hathaway)" 사이의 말장난에서는 그의 아내를 향한 지나간 구애를 엿볼 수 있다. 소네트 152편의 첫 행에서는 외도에 대한 인식이 매우 간접적으로 드러난다.—"내가 그대를 사랑하기를 포기한 것을 그대도 알 것이다." 소네트는 특색 있는 어조로, 그의 정부가 "침대에서의 맹세"를 어긴 것을 질책하지만 어느 한순간에는 자신도 그 맹세를 어겼음을 깨닫는다. 대부분의 경우, 그는 이를 잊고 있는 것처럼 보인다. 혹은 셰익스피어가 자신의 가족에게 품었으리라고 우리가 흔히 관습적으로 기대하는 감정들을, 청년과 다크 레이디가 대체하고 흡수하는 것처럼 보이기도 한다. 그는 아내 앤 셰익스피어에 대해서는 침묵을 지키는 대신, 아름다운 남성 친구에겐 가장 널리 기억되는 사랑의 시구를 바친다. "진실한 마음들의 결혼에는/ 그 어떤 걸림돌도 내 받아들이지 않으리라."(116.1-2)

9   사형대에서 터진 웃음소리

소네트, 『비너스와 아도니스』 그리고 『루크레스의 겁탈』로 얼마나 후한 보상을 받았든 간에, 셰익스피어는 그의 재정적·예술적 성공운을 후원자와의 관계에다 걸지 않았다. 대신 그는 흑사병이 가라앉자 극장으로 돌아가는 쪽을 선택했고, 놀라울 만큼 짧은 시간 안에 극작가로서 발군의 명성을 쌓았다. 대중의 다양한 취향을 만족시켜야 했던 극단들에게는 엄청난 양의 새로운 극본들이 필요했다. 성실한 인쇄업자라면 주문이 밀려드는 여러 건의 극본을 찍어 내면서 꽤 짭짤한 수입을 올렸을 것이다. 『런던의 세 귀부인들(Three Ladies of London)』, 『행상인의 예언(Peddler's Prophecy)』, 『아름다운 엠(Fair Em)』, 『새 소식 한 부대(A Sackful of News)』, 『타타르인 불구자의 비극적 이야기(The Tragical History of the Tartarian Cripple)』, 『콘스탄티노플의 황제(Emperor of Constantinople)』 등 새로운 연극이 쏟아졌다. 하지만 1597년 벤 존슨이 떠들썩하고 존재감 있게 등장하기까지, 셰익스피어의 진지한 경쟁자는 크리스토퍼 말로 한 사람뿐이었다. 재능이 뛰어난 두 동갑내기 시인은 서로를 의식하고 경쟁하며 대결을 펼치는 구도에 진입할 수밖에 없었다. 그들은 원을 그리며 돌면서 신중하게 상대를 꼼꼼히 살폈고, 상대의 장점을 모방했고, 그리고 결국 상대를 넘어서고자 시도했다. 이 대결은 각자에게 중대한 초석이 되었던 초기작인 『탬벌레인』과 『헨리 6세』를 넘어서서, 놀라울 정도로 닮은 두 편의 훌륭한 역사극인 셰익스피어의 『리처드 2세(Richard II)』와 말로의 『에드워드 2세(Edward II)』 그리고 역시 둘 다 훌륭한 성취를 보여 준 에로틱한 장시 셰익스피어의 『비너스와 아도니스』와 말로의 『히어로와 리앤더(Hero and Leander)』로 이어진다. 말로는 셰익스피어를 얕잡아보는 실수를 범하지 않았다. 그는 『헨리 6세』 3부에서 글로스터의 곱사등이 공작의 대사를 들으며 —"나는 왕관을 꿈꾸며 내 천국을 짓겠다."(3.2.168) — 셰익스피어가 탬벌레인이 말하던 "이 땅의 왕관이라는 달콤한 성과"(2.7.29)를 교묘하게 조롱하고 있음을 바로 알아차렸을 것이다. 셰익스피어 쪽에서도 말로를 과소평가하는 위험을 감행하지 않았다. 말로는 대학 재사파 중에서 셰익스피어가 유일하게 진심으로 그 재능을 부러워하고, 그가 내리는 미학적 평가를 실제로 두려워하고, 진심으로 그의 인정을 받고 싶어 하고, 또 그가 이룬 것만큼의 성취를 달성하거나 능가하기를 원했던 대상이었을 것이다.

말로의 업적 중 하나만큼은, 이제 막 경력을 쌓기 시작한 셰익스피어에게 도저히 넘을 수 없는 엄청난 벽처럼 느껴졌을 것이다. 자신의 영혼을 악마에게 팔아 버린 학자를 주인공으로 하는 강렬한 비극 『포스터스 박사(Doctor Faustus)』는 케임브리지에서 말로가 들었던 신학 강의에 뿌리를 두고 있었다. 수년 후 셰익스피어는 『햄릿』에서 대학 공부 도중 돌연히 학업을 그만두게 되어 버린 독서광 왕자를 묘사했고, 『태풍』에서는 신비술 독서와 연구에 심취하게 된 어느 공작의 운명을 그렸지만, 초기에나 나중에나 그는 변함없이 이러한 학자의 연구를 결코 극적인 장면의 중심 주제로 삼으려고 하지 않았다. 말로의 관점을 향한 셰익스피어의 결정적인 대답은 좀 더 중립적인 지대에서 나왔는데, 그들이 둘 다 한 번도 조우해 본 적이 없었을 사람, 바로 유대인에 대한 묘사의 차이에서 드러난다.

하지만 어떻게 말로와 셰익스피어가, 가장 인상적인 연극 중 하나인 『몰타의 유대인(The Jew of Malta)』과 『베니스의 상인』을 쓰게 된 것일까? 아니, 셰익스피어에게 유대인 샤일록은 왜 그 희극 전체를 점거할 만큼 커다란 존재감을 과시하게 된 걸까? 거의 모든 사람들이 희극의 제목인 베니스의 상인이 샤일록을 의미한다고 생각한다. 거기 나오는 상인은 유대인이 아니며, 그 제목은 크리스티안 안토니오(Christian Antonio)를 가리킨다는 사실을 깨달았을 때조차 우리는 여전히 직감적으로 그러한 실수를 한다. 그리고 그것은 정확하게 말해서 실수가 아니다. 유대인 샤일록이 그 연극의 핵심에 자리하는 것은 사실이니까. 『베니스의 상인』에는 관객의 주목을 끌기 위해 경쟁하는 한 무리의 인물들이 등장한다. 돈 한 푼 없이 부유한 결혼 상대를 찾는 미남 청년, 그 청년을 향해 구제할 수 없는 짝사랑에 빠진 우울한 부자 상인, 남장을 한 여자들 — 역시나 삼인조 —, 익살스러운 광대, 활기 넘치는 보조 출연자, 이국적인 모로코 사람, 부조리한 스페인 사람……. 이 목록은 더 이어질 수도 있다. 하지만 모두가 기억하는 것은 유대인 악당이며, 이 인물은 그저 단순한 악당도 아니다. 샤일록에게는 누구보다도 강렬하게 관객의 이목을 끄는 측면이 있으며, 한마디로 말해 더없이 생생한 삶의 기운이 채워진 듯 보인다. 말로의 유대인 악당인 바라바스에 대해서도 같은 말을 할 수 있다. 왜 셰익스피어와 말로는 유대인이라는 대상을 통하여 상상력의 불을 당기게 된 것일까?

    이 상상력의 불은 거의 그 존재가 지워진 역사의 어두운 측면을 향해 타올랐다. 1209년, 스페인으로부터 기록적인 추방을 당하기 200년 전에, 영국의 유대인 공동체는 다시 돌아올 경우 죽음을 면치 못하리라는 선고와 함께 추방 명령을 받았다. 유대인 추방 법령은 에드워드 1세 치하에서 선포되었는데 이는 갑작스럽고 전례 없는 일이었다. 영국은 중세 기독교 국가 중에서 처음으로 법적인 절차를 밟아 유대인 전체를 자체적으로 없애려고 했던 것이다. 사전에 이러한 상황을 야기한 위기 촉발의 사태가 있었던 것도 아니다. 알려져 있는 한, 아무런 비상사태나 공적인 설명도 없었다. 이러한 집단 추방을 정당화하기 위해 명분이 필요하다고 생각한 법학자는 아무도 없는 듯했으며, 굳이 공식적인 이유를 기록할 필요성을 느낀 역사가도 없었다. 어쩌면 그 누구도 유대인이나 기독교인의 추방에 이유가 필요하다고 생각하지 않았을 수 있다. 수십 년간 영국의 유대인들은 극단적인 문제에 직면해 있었다. 이들은 기독교인들의 성체를 훼손하고, 기독교도의 아이들을 자기들의 종교 의식에 제물로 바치기 위해 살해한다는 혐의를 받아 왔으며, 대금업자로서 증오를 받았고, 그리스도를 죽인 무리라는 욕설을 들었으며, 순회하는 수사들이 선동적인 설교 내용으로 공동체 내에 반유대주의적 광분을 실컷 북돋아 놓고 갈 때마다 성난 군중에 의해 매를 맞고 잔인한 린치를 당했다.

3세기가 지난 후인 말로와 셰익스피어의 시대에는, 영국 내 유대인이라는 것은 이미 지나간 옛이야기였다. 런던에는 유대교에서 개종한 소수의 스페인과 포르투갈인이 있었고, 그들 중 일부인 마라노(Marrano)들은 여전히 몰래 유대인 관습을 지키고 있었다. 하지만 영국 내 유대인 공동체는 이미 사라진 지 오래였고, 유대계 종교 활동을 공개적으로 수행하는 유대인은 아무도 없었다. 그러나 사실상 유대인들이 남긴 흔적을 아예 말살시키는 것은 그들을 단순히 추방하는 조치보다 훨씬 어려웠고, 영국인들은 이러한 흔적들을 끊임없이, 사실상 강박적으로 곱씹으며 여기에 살을 붙였다. 유대인들에 대한 이야기는 공동체 내에 맴돌면서 되풀이되었고 더욱 정교해졌으며, 유대인에 대한 우화, 유대인에 대한 농담, 유대인에 대한 괴담이 떠돌았다. 유대인들은 작은 아이들을 꾀어내 손아귀에 넣은 뒤 그들을 죽여서 흘린 피로 유월절 빵을 만든다, 유대인들은 겉은 빈민처럼 보이지만 엄청난 부자들이며 자본과 상품이 오가는 거대한 국제적 조직망을 암암리에 배후 조종한다, 유대인들이 우물에 독을 풀어 흑사병을 확산하는 데 일조한다, 유대인들이 기독교인들을 대적하는 묵시록적 전쟁을 비밀리에 준비하고 있다, 유대인들에겐 특유의 고약한 냄새가 난다, 유대인 남자들은 생리를 한다…….

몇 대에 걸쳐서 거의 단 한 명의 실제 유대인을 직접 본 적이 없었음에도, 유대인은 현대 아이들의 이야기책에 나오는 늑대처럼 온 나라 사람들의 의식 구조에서 강력한 상징적 역할을 담당했다. 놀랄 것 없이 그들의 존재는 셰익스피어의 것을 포함하여 많은 연극의 등장인물들이 말하곤 하는 평범한 대사 속에도 녹아 있다. "내가 그녀를 가엾이 여기지 않는다면 나는 악당 놈팡이야."라고 『헛소동』에 나오는 베네딕은 친구들의 계략에 빠져서 비어트리스를 향한 열정을 고백한다. "내가 그녀를 사랑하지 않는다면 나는 유대인이고."(2.3.231-32) 모두가 그 말의 의미를 알았다. 유대인들은 본성이 악하고 비정상적이며 몰인정하다고 인식되었다. 죽어 가는 곤트의 존(John of Gaunt)은 영국의 왕들이 고국에서 멀리 떨어진 곳에서도 그들이 한 일로 이름을 알린다며 "완강한 유대인들이, 성모 마리아의 아드님의 무덤을/ 세계 앞에 인질로 삼는 것처럼"(2.1.55-56)이라고 말하는데, 역시 모두가 그 말의 의미를 알았다. 메시아가 자기 민족 중에서 일어난 후에도, 유대인들은 자신들을 죄로부터 정화해 주지도 사해 주지도 못할 낡은 신앙에 고집스럽게 매달렸다. "아니, 아니, 그들은 묶인 적이 없는데."라며 피토(Peto)는, 폴스타프가 일전에 일당백으로 싸워 이긴 적이 있다고 주장하자, 그들이 패배한 적들을 묶어 두기까지 했다는 가드실(Gadshill)의 뻔뻔한 거짓말을 반박하며 말한다. 폴스타프가 응수한다. "너 이 사기꾼아, 그놈들 죄다 하나하나 잡아 묶었어. 아니면 내가 유대인이다. 히브리 사람 유대인 말이야."(『헨리 4세』 1부, 2.5.163-65) 모두가 그 말의 의미를 알았다. 유대인은 ─ 여기서 폴스타프가 웃기게 표현한 대로("히브리 사람 유대인") 유대인 제곱은 ─ 용기도 명예도 없는 사람의 전형이었고, 이 뚱보 허풍선이가 스스로 표방하고자 하는 인물과 완전히 상반된 대상이었던 것이다.

 셰익스피어와 동시대 사람들은 유대인을, 에티오피아인, 터키인, 마녀, 곱사등이, 그리고 다른 인물들과 마찬가지로 유용한 개념적 도구로 받아들였다. 이 인물들은 모두 공포와 경멸을 자아내는 형상이었으며, 인물을 표현하는 데 있어서 빠르고 쉽게 파악되는 내적 지향성, 명확한 경계성, 한정적인 기준 범주를 제공했다. "내가 키우는 개

크랩은 개 중에서 가장 뚱한 성질머리를 가진 놈일 거요."라고 광대 랜스(Lance)는 『베로나의 두 신사』에서 말한다. 그의 가족들은 모두 랜스가 멀리 떠나야 한다는 말을 듣고 눈물을 흘리지만 "이 냉담한 개새끼"는 눈물 한 방울 보이지 않는다. "그는 돌덩이야, 아주 단단한 조약돌. 개로서 가져야 할 마음가짐이란 게 그 안에 없지. 우리가 헤어지는 걸 보면 유대인이라도 눈물을 쏟았을 텐데."(2.3.4-5, 8-10) 유대인은 측정 장치였다. 여기에서는 무정함의 정도를 재는 기구로 활용된다. 유대인은 또한 인물의 정체성을 드러내는 표식이기도 했다. 쾌활한 랜스가 또 다른 대사에서 확실히 밝히고 있듯이 "그대가 그럴 거라면, 나와 같이 술집으로 가자고. 안 간다면, 그대는 히브리인이고 유대인이야, 기독교인의 이름을 지닐 자격이 없지."(2.5.44-45) 최소한 무대에 올라온 동물이라는 특별한 관점에서 보면 랜스의 개는 실체가 있다. 랜스 본인도 연극상에서 등장인물이라는 특별한 관점의 실체가 있다. 하지만 유대인은 무대 위에 비교할 만한 실체가 없다. 아마도 실제로 무대 위에 유대인이 존재하지 않는다는 것을 전혀 아무렇지도 않게 절망적으로 드러내는 지표는, 곧 유대인이라는 말이 진지한 모욕보다는 꽤 웃긴 농담으로 작용한다는 것이다. 『사랑의 헛수고』에 나오는 왜소한 체구의 시동 모트가 "코스타드 나리, 안녕히(adieu)."라고 말할 때, 광대 같은 코스타드는 응수한다. "그래, 이 한 줌짜리 살덩이야, 우리 괜찮은 유대인(my incony Jew)!"(3.1.123-24) 엘리자베스 시대에 incony는 '괜찮은', '좋은'이라는 의미의 속어였다. 하지만 난데없이 끼어들어 온 '유대인'은 이 대사에서 대체 무엇을 하고 있는가? 대답은 "아무것도 하지 않는다."이다. 어쩌면 코스타드는 '안녕히'라는 말을(아마도 '아주 a-Jew'라고 발음되었을 테니.) '유대인'으로 잘못 들었던 건지도 모른다. 어쩌면 그는 모트를 속어적으로 '보석(jewel)'이나 '젊은이(juvenile)'라는 말로 부르고 있는 것일 수도 있다. 그가 어떤 말을 하든, 실제적인 유대인을 의미하는 것은 아니다. 아마도 셰익스피어는 이러한 말장난을 통해 우연히 일치하는 발음이 관객들의 키득거리는 웃음을 자아내리라고 정확히 계산했을 것이다.

이렇게 영국에서 추방당한 뒤 300년쯤 지난 후에, 유대인이라는 대상은 사람들의 일상적인 대화나 이야기 속에서 경멸적인 형상으로 유통되었다. 그리고 셰익스피어는 특히 처음 경력을 쌓기 시작하던 시기에, 이러한 유통 상태를 극중에 반영하고, 나아가 이러한 현상을 추가적으로 만들어 가기도 했다. 분명히 도덕적 가치 판단 같은 것은 하지 않은 채로 말이다. 관객은 베네딕, 폴스타프, 랜스, 그리고 코스타드에게서 다양한 정도의 환멸이나 거리감을 느끼도록 구상되었지만, 그들의 희극적인 에너지에 내재한 부수적인 특징으로써 평이하게 표출되는 반유대 정서는, 관객들에게 별로 거리감을 주지 않았다. 사실상 유대인들은 그 연극들에 등장하지 않았고, 등장인물이 말하는 대사 중에서도 중요한 소재로 드러나지 않았다. 그와 반대로 그들은 모두 보이지 않는 상태에 머물러 있었으며, 이는 그들이 언급되는 몇몇 소소한 순간에도 마찬가지였다. 셰익스피어는 자신이 살던 시대의 모습을 충실하게 반영했던 것이다. 16세기 후반 영국의 유대인들은 사실상 실체가 없는 존재들이었다. 독일어에서 그토록 구변 좋게 표현하는 '무화(Vernichtung)', 즉 아무것도 아닌 존재였던 것이다.

하지만 이러한 관점이 옳지 않을 수도 있다. 유대인들은 또한 모든 기독교인들에게 '성경의 사람들'이라고 불리며 지속적으로 상당한 존재감을 지니기도 했다. 히브리어 성경과 거기 적힌 예언들이 없었다면, 그것을 이룰 그리스도도 없는 셈이었다. 예수가 유대인이었는지의 여부는 불확실하거나 얼버무리는 태도로 일관할 수 있었지만, 최소한 관념적으로 기독교 신앙은 유대인들 없이는 성립 불가능했다. 일요일마다 모든 사람들의 교회 출석과 예배 참여가 의무였던 사회에서, 목사들은 고대 이스라엘인이 남긴 신성한 경전의 번역본에서 발췌한 구절들로 그들의 교구민들을 교화했다. 한 국가의 국민이 전적으로 경멸하고 비하했던 민족, 지난 13세기 후반에 영국에서 집단적으로 강제 이주되고 귀환을 금지당했으며, 모든 몰인정하고 포악하고 탐욕스럽고 비정상적인 것들을 의미하는 상징적 표식으로 취급받았던 그 사람들이, 동시에 영어라는 언어로 쓰인, 역사상 가장 고양된 영적 시들의 주된 원천으로 기능하고 모든 기독교들이 구세주 예수 그리스도를 영접하기 위해 필요했던 전달자의 역할을 했던 것이다.

　이 개념적인 필수성 — 유대인과 기독교인의 운명이 갖는 역사적 교차성 — 은 물론, 실제 유대인들을 향한 관용과는 아무런 상관이 없었다. 베니스를 포함한 특정 도시들은 유대인들이 상대적으로 사회적 괴롭힘을 받지 않고 거주 기간을 연장하면서 지내는 것은 허락했지만, 그들이 땅을 소유하거나 대부분의 '정직한' 사업체를 운영하는 것은 당연히 금지했다. 그들에게 허락된 직종, 심지어 권장되던 일은, 이자를 받고 돈을 빌려주는 대금업이었다. 그러한 금전상의 유동성은 교회법상 기독교인들이 이자를 받지 못하던 사회에서 매우 유용했지만, 이 때문에 유대인들은 대중적인 혐오의 대상이자 상류층을 착취하는 대상으로 여겨지게 되었다. 중세 급진적인 기독교인들이 유대인을 두고 남녀노소 가릴 것 없이 뿌리 뽑아 절멸시켜야 한다고 목청을 높일 때마다, 교황들은 정기적으로 유대인들을 보호해 주라는 소망을 표시했지만, 이는 오직 비참함에 처한 한 집단의 상태를 직접 보여 주기 위한 실례를 보존하려는 목적에서였다. 교황의 논지는 곧 이 불행하고 빈곤하고 나약하고 불안한 소수 집단의 현 상태가, 그리스도를 거부한 결과를 환기하는 유용한 예시가 된다는 점이었다. 개신교도들은 고대 유대교의 역사적인 현실을 탐색하는 데 더 많은 흥미를 보였다. 그들은 초기 기독교의 실천과 신앙으로 돌아가고자 하는 동기에 힘입어 히브리어 기도문과 유월절과 속죄와 일반적인 고해에 대해서 학구적인 조사를 진행했다. 짧은 기간 루터는 심지어 당대의 유대인들을 향해 호의를 품기까지 했는데, 이는 유대인들이 부패하고 신비주의적인 가톨릭교로 개종하는 것을 거부했다고 생각했기 때문이다. 하지만 그들이 새롭게 정화되고 개혁을 거친 개신 기독교로 개종하는 것마저 고집스럽게 거절하자, 루터의 암묵적인 존경은 분노로 변했고, 마치 그 자신도 가장 편견에 찌든 중세 가톨릭 수사에 버금가는 인물이 되기라도 한 것처럼, 기독교도들을 불러서 유대인들을 그들의 회당에 가둔 채 불태워 죽였다.

    루터의 『유대인들과 그들의 거짓들에 대해서(On the Jews and Their Lies)』는 아마도 엘리자베스 시대 영국에서는 별로 해당 사항이 없는 얘기였을 것이다. 어쨌든 영국에는 불태워야 할 유대교 회당도 없었고, 증오하거나 보호해야 할 유대인 공동체도 없었다. 말로와 셰익스피어는 공격에 취약한 '이방인들'과 가끔 맞닥뜨렸지만, 이들은 대다수가 런던으로 넘어온 개신교 망명자들인 플랑드르, 네덜란드, 프랑스 그리고 이탈리아 수공업자들의 작은 공동체에 속한 사람들이었다. 경제적으로 어려운 시기에는 이 외국인들이 사회적 분노의 희생자가 되었고, 종종 술에 취해 거친 욕설을 쏟아 내며 몽둥이를 휘두르는 건달 일당이 이들을 위협하며 유혈 사태를 벌이기도 했다.

말로와 셰익스피어가 이 외국인 혐오주의적 폭력에 각자 개인적으로 관심이 있었다는 증거는, 양쪽 다 암시적으로만 드러날 뿐 명확하진 않다. 1593년에 누군가가 런던에 있는 네덜란드 교회 벽에다 외국인 거주자들을 반대하는 내용의 자극적인 현수막을 내걸었고, 이는 당국 관계자들이 볼 때 집단적 폭력 사태로 번질 수 있는 일련의 도발 행위에 해당했다. 주동자를 검거하기 위한 수색 작업을 펼친 결과 관계자들은 이 현수막의 저자를 말로라고 추정했다. 말로가 토머스 키드와 함께 산다는 사실을 입수한 수사관들은 키드의 방을 덮쳤고, 그곳에서 말로를 발견하진 못했지만 방을 뒤진 결과 이단적이고 신성 모독적인 책자들을 발견했다. 잔혹한 심문을 받게 된 키드는 책자들이 모두 말로의 것이라고 말했다. 말로는 추밀원에 소환되어 조사를 받았고, 매일같이 웨스트민스터 궁전에 출석하여 본인의 상태를 보고하라는 조건하에 집행 유예를 받았다.

말로가 네덜란드 교회 벽에 선동적인 대자보를 썼으리라는 의혹은 아마도 근거가 빈약한 것이었겠으나, 그렇다고 아무 생각 없는 피해망상이 동기가 된 것은 아니었다. 당국 관계자들에게 염려를 안겨 준, 유독한 말로 가득한 현수막의 저자 혹은 저자들은 "마치 유대인들처럼" 그 외국인들이 "빵처럼 우리를 갉아먹는다."라고 불만을 토로했는데 이 심상은 대중적으로 인기가 있었던 연극 『몰타의 유대인』에서 온 것이었다. 그리고 모욕적인 현수막의 내용은 말로의 연극 『파리에서의 대학살(The Massacre at Paris)』을 넌지시 언급했을 뿐만 아니라,

"탬벌레인"이라고 서명되어 있었다. 이러한 암시들은 말로가 보여 준 환상이 당시 실제 사회상에 대해서 분노하던 사람들의 정신 속에 통용되었음을 말해 준다. 그의 연극은 그들을 흥분하게 했고, 널리 알려진 명문 대사들은 그들의 감정을 대변하는 느낌을 주었다.

한편 셰익스피어는 외국인 혐오주의에 대해 이와는 매우 다르게 반응했다. 그는 여러 다른 극작가들과 함께 협업한 것으로 보이는 연극을 하나 쓰고 있었는데, 이 작가들 중에는 아마도 최초의 원작자로 보이는 앤서니 먼데이(Anthony Munday), 헨리 체틀, 토머스 헤이우드(Thomas Heywood), 토머스 데커가 있었다. 이들이 함께 쓴 극본 『토머스 모어 경』이 처음 공연되기 전에, 극본은 축연 사무국장 에드먼드 틸니(Edmund Tilney)의 검열로 제동이 걸렸다. 틸니는 극본을 전면적으로 거부하진 않았지만, '이방인들'에 대한 증오를 묘사하는 몇몇 장면들에서는 상당한 수정을 요구했다. 그리고 그는 1517년에 일어났던, 영국에서의 외국인 거주를 반대하는 폭동을 보여 주는 장면은 아예 완전히 들어내 없애라고 요구했다. 그가 이러한 요구를 한 이유는 명확했다. 긴장 상태가 고조되다 보면 결국 주기적인 무력 충돌이 발생하기 때문이었다. 1592년에서 1593년 사이, 그리고 다시 1595년에 특히나 험악한 사건들이 발생했다. 『토머스 모어 경』의 작가들은 분명히 이러한 긴장 상태를 활용하고 싶어 했다. 관객들은 모두, 과거를 배경으로 하는 연극 속 장면들이 사실은 극장 벽 바깥의 현시대를 얄팍하게 가장해 놓은 표현임을 이해했다. 검열관은 당연히 이 연극이 비록 공식적으로는 무대 위에서 연출되는 그러한 폭동들에 대해 반대하고 있더라도, 현실적으로는 더 많은 문제를 일으킬까 봐 두려웠던 것이다.

검열관의 요구에 따른 대응으로 일부를 수정한 개정안들이 나오고 새로운 장면들이 덧붙여 쓰였음에도, 대본은 공식적인 승인을 받지 못한 듯하며 연극은 단 한 번도 공연되지 못했다. 하지만 여러 명이 직접 쓴 원고는 우여곡절 끝에 살아남았고(현재는 영국 국립 도서관에 있다.) 한 세기 이상 비범한 주목의 대상이 되었다. 과연 이 극본이 어느 해에 처음으로 쓰이기 시작했는지, 수정이 더해진 해는 언제였는지 등 많은 수수께끼들은 아직도 풀리지 않은 채 남아 있지만, 이 원고에는 대부분의 학자들이 셰익스피어 본인이 직접 펜으로 기록한 것이라고 동의하는 문단들이 포함되어 있다. 즉 이 극본의 원고가 현재까지 발견된 셰익스피어의 유일한 수기 원본인 셈이다.

셰익스피어의 자필로 쓰인 문단 중 하나 — 좀더 신중하게 '수기 D(Hand D)'라고 불리는 이 부분 — 는, 런던의 주 장관인 토머스 모어가 반외국인 정서를 가진 폭도들에게 반체제적인 폭력을 즉각 중지하고 왕에게 복종하도록 설득하는 장면을 묘사하고 있다. 여기서 셰익스피어는 인간적인 불행과 강제적인 추방으로 인한 정치적 위험성에 대해 유달리도 주의를 환기하는 대사를 썼다. "어디 그들을 없애도록 해 보라." 셰익스피어의 모어는 외국인들을 왕국 바깥으로 쫓아내라고 요청하는 군중에게 말한다.

> 그리고 당신들이 내는 시끄러운 소음이
> 영국의 국왕 폐하를 꾸짖는 꼴이 되도록 해 보라.
> 당신들이 그 가엾은 이방인들을 본다고 상상해 보라.
> 등에는 제 아기들을 업고, 남루한 짐 가방과 함께
> 먼 곳으로 떠밀려 가기 위해 항구와 해안으로 터벅터벅 걸어가는.

그리고 당신들은 왕처럼 욕망 속에 앉았는데,

당국자들은 당신들의 소동으로 조용해지고

그리고 당신들은 자신들의 의견을 주름 옷깃처럼 둘러 걸쳤다.

당신들은 무엇을 가졌는가? 내 말해 주도록 하지. 당신들은 가르쳐 준 것이다.

오만함과 강한 손이 어떻게 승리하는지를,

어떻게 질서가 진압되고 마는지를 ─ 그리고 이를 귀감으로 하여

당신들 중 그 누구도 노인이 될 때까지 오래 살 수는 없다,

다른 무뢰배 역시 그들 마음이 내키는 대로

이와 똑같은 손과, 같은 이유와, 같은 권리로

그대를 상어처럼 덮치고 말 터이니, 그리고 사람들은 게걸스러운 물고기 떼처럼

서로의 몸을 뜯어 먹게 될 것이다.

여기서 중요한 요점은 더 높은 권위에 복종해야 한다는 전통적인 논지, 즉 셰익스피어가 『트로일러스와 크레시다(Troilus and Cressida)』에서 율리시스(Ulysses)를 통해 더 훌륭한 달변으로 말하게 했던 견해를 뜻한다. 경고가 이어지기를, 일단 폭도들이 자신의 손으로 상황을 직접 주재하게 되면 상호 간 예의범절의 절차는 끊어지고 모든 공적 시민 보호의 수단은 그 즉시 사라지고 세상은 약육강식의 법칙에 넘어가고 만다. 하지만 놀라움을 자아내는 것은 이 논지의 요점이 다름 아닌 감정 이입의 상상력을 통해서 밝혀진다는 것과, 그리고 그 장면이 가장 생생하게 환기되는 지점이 바로 집단 추방의 순간이라는 점이다.

당신들이 그 가엾은 이방인들을 본다고 상상해 보라.

등에는 제 아기들을 업고, 남루한 짐 가방과 함께

먼 곳으로 떠밀려 가기 위해 항구와 해안으로 터벅터벅 걸어가는.

셰익스피어는 영국에서 추방되던 유대인에 대해서 썼던 것이 아니다. 이 글을 쓰면서 심지어 그가 유대인에 대해서 아무런 생각조차 하지 않았을 가능성이 압도적으로 더 많다. 하지만 그가 쓴 이 행들은 수세기 전에 분명히 일어났던 사건, 문서의 기록이 보여 주듯이 영국에서 강제 이주 명령을 받은 1355명의 유대인들이 항구로 느릿느릿 걸어가며, 프랑스로 가는 뱃삯을 받는 모습을 일별하는 듯한 장면을 전달하고 있다.

여기에는 타자의 삶을 떠올리게 하는 특정한 능력이 발휘된다. "만약 내가 그녀를 사랑하지 않는다면 나는 유대인이고."와 그 외 충동적이고 거침없이 내뱉어지는 유대인 비하의 순간들로 셰익스피어의 작품 속에 불편하게 들어가 있는, 경멸과 모욕의 대상이 된 어떤 인간성을 알아보는 능력 말이다. 당연히 작품에서 종종 등장하는 무심한 비하의 순간들이 유대인이나 다른 이방인에 대한 극작가의 신중한 '의견'의 표현이라고 볼 수는 없고, 그런 순간들 또한 그 말을 내뱉는 인물들에 대해 우리에게 더 많은 이야기를 해 줄 만큼 충분히 개성이 부여되거나 상세하게 기술되지도 않았다. 그것은 단순히 생생하고 재미를 유발하는 대사일 뿐이며, 수사적으로는 당연히 과장되었지만 충분히 현실적인 표현으로 여겨지도록 평이한 화법에 가깝게 쓰였다. 그러한 현실성은 셰익스피어가 특히나 희극과 역사극을 쓸 때 자주 사용하던 기법이었는데, 이러한 현실성을 작품에 접목하면서 그는 꽤 편안해 보였다. 말하자면, 이런 작업을 하면서 그는 압박감을 거의 혹은 아예 느끼지 않았으며, 대중보다 높은 위치로 올라가서 그들이 쓰는 언어를 판단하고 싶어 하는 징후도 대중의 언어에 대한 도덕적인 혐오감도 전혀 드러내지 않았다. 하지만 그가 모어의 대사로 쓴 행들에서는 좀 다른 작업 원칙이, 즉 셰익스피어가 상상력에 기대고 있다는 느낌이 들어가 있다. 그 효과는 마치 뒤러나 렘브란트의 빠른 스케치처럼, 빈 종이에 검은 선 몇 개를 그리자 갑자기 고통과 상실로 채워진 전체 장면이 북받치듯 드러나는 것이다. 『토머스 모어 경』의 "가엾은 이방인들"은 유대인들이 아니므로, 조롱과 동일시라는 두 가지 충동이 긴장 상태에 놓이거나 서로를 반박할 내재적 이유가 없었다. 그들은 그저 나란히 각자의 자리에 놓여 있을 수도 있었다. 하지만 셰익스피어에게 이 두 가지 충동은 결국 상호 갈등을 불러일으켰고, 이 타자성에 대한 조롱과 감정 이입의 갈등을 인상적으로 기록한 것이 바로 『베니스의 상인』이다.

    이 갈등이 어떻게 나왔는지 이해하기 위해서, 우리는 크리스토퍼 말로가 유대인에 대해서 썼던 연극으로 돌아가야만 한다. 재기 넘치지만 유달리 냉소적이고 잔인한 블랙 코미디 『몰타의 유대인』은 아마도 셰익스피어가 극작가로서 경력을 막 시작하던 시기와 비슷한 1589년에 처음으로 공연되었을 것이며, 즉각적인 성공을 거두었다. 말로의 반영웅인 유대인 바라바스는 이슬람교도 노예인 이타모어와 함께 몰타의 기독교적 세계의 부패성을 폭로한다. 그러나 통쾌한 폭로의 과정에서 연극은 가장 최악의 반유대주의 환상을 있는 힘껏 증폭하여 바라바스에게 덧입힌다. "나는 밤이면 바깥을 걷는다."라고 바라바스는 선언한다.

그리고 벽 아래 신음하는 병든 자들을 죽인다네.

때때로 나는 가서 우물에 독을 푼다.

그리고 가끔씩은 기독교도 도둑들의 기를 살려 주기 위해,

몇 크라운 정도는 내 기꺼이 잃어 줄 수 있지.

내 회랑을 걸어가면서

내 문 옆에 그들이 결박되어 있는 것을 보게 된다면.

(2.3.178-84)

돈을 향한 바라바스의 탐욕은 기독교도들에 대한 그의 증오나, 할 수 있는 한 수많은 기독교도들의 죽음을 획책하고 음미하는 그의 쾌락을 뛰어넘는다. 이 유대인은 기독교도 이웃들에게 친절하게 대하고, 그의 딸이 기독교도로 개종하는 것을 허락하는 것처럼 보이며, 심지어 그 자신도 개종에 관심이 있다고 넌지시 암시하지만, 심중에서 그는 언제나 살인을 도모하고 있다. 이 살인광적인 경력은 약학을 다루는 과정에서 시작되었다고 그는 설명한다. 그리고 나서는 다른 직업들을 가지게 되었는데 심중에는 언제나 똑같은 악의를 품고 있었다.

젊어서 나는 의술을 공부했고, 그리고

먼저 이탈리아어를 배우기 시작했지.

거기서 나는 시신을 파묻느라 사제들을 부자로 만들었네.

언제나 교회지기의 팔을 부지런히 놀리게 했지.

무덤을 파고 조종을 울리게 하느라.

그리고 그 뒤에 나는 기술자가 되어,

프랑스와 독일 사이에 벌어진 전쟁에서

찰스 5세를 돕는 척하며

내 책략대로 친구와 적을 살해했네.

그러고 나서 나는 대금업자가 되어서

갈취하고, 속이고, 박탈하고

한 푼 남지 않을 때까지 소유물을 빼돌렸지.

내가 파산시킨 자들로 한 해 감옥을 가득 채웠고

어린 고아들로 병원을 뒤덮었네.

달이 차오를 때마다 누군가를 미치게 했고

그리고 때때로 누군가는 고뇌에 빠져 목을 매달았네

길게 이어지는 두루마리를 그의 가슴에 못 박고서

내 얼마나 이자로 그를 괴롭혔던가.

(2.3.185-202)

말로는 어디에 있었는가? 그의 관객은 어디에 있었는가? 관객들은 상상력의 이입을 통해 이 살인광의 환상을, 수세기 동안 재활용되는 종교적 증오에 기반한 환상을 공유하도록 적극적으로 초대받고 있다. 하지만 그러고 나서는 어떻게 되는가? 대중의 무대 위에서 뿜어지고 난 다음, 이러한 독기에는 무슨 일이 벌어지는가? 어쩌면 그것은 그대로 증발해 버렸을 수도 있다. 그 독기의 표출을 통해서, 이 괴이한 중상모략을 공개적으로 꺼내 놓고 바람을 쐬어 주고 나니 그것은 그냥 살인광의 극적인 몽상으로 받아들여지고 말았을 수도 있다. 실제로는 아무도 바라바스나 이타모어 같지 않았으며, 그 누구도 그렇게 될 수 없었으므로, 이러한 불가능성을 무대에 올려서 보여 주는 것은 관객에게 이 환상의 부조리성을 더욱 확실하게 해 주었을 것이다.

『몰타의 유대인』은 이렇듯 해소의 효과를 생산하는 작품이었지만, 그러나 이것은 아마도 관객 중 해소할 마음을 품은 사람들에게만 해당되는 말이었을 수도 있다. 어느 경우가 됐든 성공적인 극작가들은 관객을 흥분시키는 것을 본업으로 삼았으며, 요점은 극장에 입장하는 유료 관객을 늘리는 것을 목적으로 했다. 그리고 그것이 어느 극단이었든, 극본에 대한 권리를 갖고 있는 극단은 작품을 무대에 올릴 때마다 대중이 흥분하고 동요하는 순간에 분위기가 쇄신되고 이익이 창출되는 것을 보며 만족했을 것이다. 『토머스 모어 경』을 썼던 극작가 집단 역시 그러한 군중의 흥분으로부터 이익을 얻고자 했고, 극중에서 대중 폭동을 그려 낸 장면에 제동을 건 검열관은 이 극작가들이 어떤 계산을 했는지를 매우 명확하게 읽었을 것이다. 하지만 외국인 타도를 외치며 일어난 폭도들을 모어가 굽어보는 상황에서 셰익스피어가 모어에게 부여한 대사는, 거의 신중한 책망의 어조를 보여 주면서 무책임하고 잔혹하며 냉소적인 말로의 관점과는 매우 극명한 대조를 이룬다. "당신들이 그 가엾은 이방인들을 본다고 상상해 보라. 등에는 제 아기들을 업고 있는."

오늘날의 학자들이 동의하는 바에 따르면, 셰익스피어는 『토머스 모어 경』 중 그가 참여하는 부분을 1600년에서 1605년 사이에 썼을 것이다. 그린이 가했던 모욕에 대한 대응처럼, 말로에 대한 반응도 그의 경쟁자가 죽고 난 지 여러 해가 지난 뒤에야 나왔던 셈이다. 1593년 5월 30일, 네덜란드 교회 벽에 현수막이 걸린 사건 이후 몇 주가 지난 후에 아직 서른 살이 채 되지 않은 말로는 런던의 동편 조선소들 아래쪽에 있는 뎃퍼드(Deptford)로 가서 잉그럼 프라이저

(Ingram Frizer), 니컬러스 스키어스(Nicholas Skeres), 그리고 로버트 폴리(Robert Poley)라는 세 명의 남자들을 만났다. 그들은 집달관의 과부인 엘리너 불(Eleanor Bull)의 여관에서 하루 동안 먹고 마시고 담배를 피우며 조용히 보냈다. 그러다 저녁 식사를 마치고 난 후에 그들 사이에서 소위 '셈', 즉 계산서 때문이라고 알려진 싸움이 일어났다. 프라이저는 화가 머리 끝까지 난 말로가 자신의 무기를 낚아채서 — 조서에 꼼꼼하게 기록된 대로 "12펜스짜리 정도의" 단검이었다. — 자신을 공격했다고 주장했다. 결투 끝에 말로는 오른쪽 눈을 검으로 관통당하며 살해당했다. 프라이저의 진술은 현장에 함께 있었던 다른 두 남자가 증인으로 나서면서 신뢰성이 입증되었고 사건 조서의 기록도 이에 동의하고 있다. 한 달이 지난 후에 여왕은 정당방위를 근거로 프라이저를 공식 사면했다. 20세기 학술적 탐문 수사의 관점에서 본다면야 과부 불이 운영하는 여관이 그저 평범한 숙소가 아니라 정부의 비밀 첩보원 조직망과 연관된 장소라는 것과, 프라이저, 스키어스, 폴리가 모두 이 조직망과 관련되어 있는 어둠 속 인물들이며, 말로 그 자신도 그랬다는 것을 밝혀낼 수 있었겠지만, 사인 규명 조서에는 그들 간의 이러한 연결점이 전혀 언급되지 않았다. 그렇다면 말로는 사실상 암살되었을 가능성이 높다. 그러나 그 정확한 동기는 여전히 어둠 속에 가려져 있다.

케임브리지 대학을 떠나기도 전부터 이미 말로는 시인으로서의 뛰어난 재능뿐 아니라 위험천만한 상황을 즐기는 배짱으로 유명했다. 시골 지방의 교구 목사나 진중한 학자의 삶과는 극적으로 맞지 않는 성향을 지닌 그는 일찍부터 비밀 음모와 첩보의 어두운 세계, 바로 셰익스피어가 랭커셔에서 얼핏 들여다봤다가 발을 빼고 달아나 버린 그 세계와 내부적으로 연루되어 있었다. 그가 언제부터 이런 세계와 관련을 맺었던 것인지 정확한 상황은 그 당시에도 철저히 보안이 유지되었을 것이고 400년이 흐르고 난 지금은 더욱 알 수 없지만, 말로는 대학생 때부터 엘리자베스의 국무 장관이자 비밀 첩보국장이었던 프랜시스 월싱엄 경(Sir Francis Walsingham)의 주목을 받아 그의 요원으로 채용되었던 것 같다. 말로는 랭스로 보내졌고 거기서 프랑스에 거주하는 영국 가톨릭교도들과 어울렸다. 그는 거기 있으면서 외세 침략이나 이단자 여왕을 암살하려는 비밀 획책 등에 대해서 빼내거나 주입할 수 있는 정보들을 자신의 상사에게 전달했을 것이다. 그는 이러한 음험한 일에 상당히 능숙한 재능을 보였음에 틀림없는데, 추밀원이 케임브리지 관계자들에게 공문을 보내서 학기 중 원인 불명의 결강에도 불구하고 말로에게 석사 학위를 수여하라고 지시했기 때문이다.

런던으로 돌아와서 극작가로서의 재능을 시험할 때 이미 말로는 대학 학위를 통해, 아버지가 속했던 기능공 계층에서 상승하여 신사의 신분에 편입했다. 하지만 그는 관례적인 삶의 방식을 따르지는 않았다. 남자들을 대상으로 공공연한 성적 관심을 드러내는 것은 그러한 삶에서 더욱 비관례적인 모습이었고, 그의 의견들은 — 그를 감시하는 임무를 할당받은 정보 요원의 보고와, 그와 같은 방을 썼던 키드의 증언에 따르면 — 자유사상의 위험한 극단까지 치닫곤 했다. 그는 다음과 같은 것들을 선언하며 다녔다고 하는데(혹은 정보원이 주장하기로는) 즉 예수는 아비 없이 태어난 사생아이며 그의 어머니는 헤픈 창녀이고, 모세는 '야바위꾼,' 곧 무지몽매한 유대인들을 속인 사기꾼이었으며, 미 대륙에 원주민들이 존재한다는 것은 구약 성경의 연대기가 엉터리라는 것을 증명하고 신약 성경은 "추잡하게 쓰인 책"으로 말로 자신이라면 훨씬 잘 써낼 수 있고, 예수와 그의 제자 성 요한은 동성애 관계의 연인 사이였다는 말 등을 자주 하곤 했다는 것이다. 말로가 이러한 주장 중 일부라도 실제로 말했다면, 다른 곳에서는 그 즉시 맹렬한 즉결 처벌을 받았을 것이다. 그가 속한 사회적이고 전문적인 세계의 특성상 다들 못 본 체 넘어가 주었던 탓에 그의 목숨이 간신히 부지될 수 — 계속 오래가지는 못한 채 — 있었다.

자신의 가장 위대한 경쟁자가 스물아홉 살의 나이로 죽음을 맞았을 때, 셰익스피어는 이미 상당히 전도가 유망한 상태였으나 당시 시점에서의 실제적인 성취는 말로의 놀라운 연극과 시의 연작들의 양에 필적하기는 어려운 수준이었다. 그들은 당연히 서로를 개인적으로 잘 알았을 것이다. 그들이 속한 세계는 거리감 있는 익명성을 취득하기엔 너무나 좁은 바닥이었으므로. 그들은 서로에게 호감을 느끼고 상대방을 좋아했을 수도 있다. 그러나 서로를 향해 표시한 애정이나 흠모와 마찬가지로, 이들이 서로에 대한 의혹과 반감을 드러내는 지점들도 꽤 많다. 말로가 죽고 난 뒤 5년 정도 지나서, 셰익스피어는 『좋으실 대로』에서 말로의 가장 유명한 대사를 인용함으로써 고인이 된 경쟁자에게 간접적인 헌사를 표시했다. 상사병이 난 등장인물이 말로를 "죽은 목자"라고 언급하면서 이제 그녀는 그의 "권능의 톱날"을 알게 되었다고 말한다.(즉 그의 대사들에 강력한 설득력이 있음을 깨달았다는 말이다.)

죽은 목자여, 나 이제 그대의 권능의 톱날을 알게 되었구나.
"첫눈에 사랑에 빠지지 않는다면 그 누가 사랑에 빠진 적이 있겠는가?"

(3.5.82-83)

하지만 같은 연극의 다른 장면에서는 이보다 너그럽지 않은 시선이 보이기도 한다. "사람이 시를 써 와도 그걸 알아듣지 못하면," 하면서 광대 터치스톤은 불평한다. "일단 이해도 못하는데 그를 이어서 재치를 펼칠 수도 없지. 그건 작은 방에 머물다가 엄청난 셈의 계산서를 받은 것처럼 사람을 죽어 자빠지게 하는 거야."(3.3.9-12) 이러한 대사는 정확히 말해서 말로에 대한 공격이라고 볼 수는 없지만, '계산서'를 둘러싸고 벌어진 그의 살해 사건을 암시한 것치고는 일말의 감상이나 애달픈 느낌이 담기지 않은 서술을 보여 준다.

경쟁자의 죽음보다도 오래 지속된 개인적인 경쟁심을 넘어서서, 그리고 같은 관객을 끌어모아야 하는 상황에서 경쟁 극단 간의 상업적인 경쟁을 넘어서서, 말로와 셰익스피어 사이에는 연극 자체의 본성에 대한 불일치가 있었는데, 이는 곧 인간의 상상력과 인간 가치에 대한 미학적 관점의 차이이기도 했다. 셰익스피어는 말로가 보여 주는 예술에 탄성과 경이로움이 있음을 이해했다.(이에 대해 『좋으실 대로』에서는 그저 경쟁자에게 헌사를 바치는 것 이상의 더 많은 증거들이 드러난다.) 하지만 그는 말로의 언어나 상상력의 어떤 부분에는 꽤 깊이 반감을 품은 것처럼 보이기도 한다. 셰익스피어는 이 차이에 대해서 그 어떤 논의나 진술도 따로 남기지 않았으며, 다른 작가의 예술론에 대한 그의 반응은 오직 극장에서 공연되는 작품 속에서만 드러난다. 그리고 이러한 반응 중 가장 지속적인 형태로 관련되어 있는 것은 두 작가의 유대인 인물에 대한 포착, 즉 『몰타의 유대인』에 나오는 바라바스와 『베니스의 상인』에 나오는 샤일록에게서 드러나는 차이점일 것이다.

대략 1594년 이후와 1598년 이전, 셰익스피어가 『베니스의 상인』

을 쓰기 시작하던 시점에 말로는 이미 죽은 사람이었다. 아마도 『몰타의 유대인』의 성공적인 공연이 셰익스피어가 처음 유대인에 대한 연극을 써보기로 결심한 계기로 작용한 듯하지만, 셰익스피어는 고인이 된 경쟁자의 어깨 너머로 그를 참조하려고 하지는 않았다. 아니, 아예 처음부터 말로의 연극 때문에 유대인이라는 주제를 떠올렸던 것이 아닐 수도 있다. 말하자면, 어렸을 때 유행했고 당시에도 지방 등지에서 공연되었을 옛 연극 『유대인(The Jew)』을 보았거나 떠올렸을 수도 있다. 지금은 극본이 소실되었지만, 1579년에 평소에는 극장을 전반적으로 싫어하고 공격했던 스티븐 고슨조차도 이 연극에 대해서는 "이 땅의 세속을 선택한 자들의 탐욕"과 "고리대금업자들의 불쾌한 정신 상태"를 잘 보여 준다고 찬사를 남기기까지 했다.

하지만 셰익스피어의 연극에 등장하는 샤일록이 유난히도 불편한 감상을 불러일으키는 성취를 보여 주는 데에는 이 옛 연극이나 심지어 말로의 새로운 연극과는 또 다른 어떤 요인이 있었으리라 여겨진다. 그 다른 요인이 줄거리 자체에 깃들어 있지는 않다. 작품의 줄거리는 셰익스피어가 직접 창작한 것도 아니며 당시 흔하고 관례적으로 받아들여지던 내용이었다. 쉴 새 없이 다독을 하던 셰익스피어는 유대인 고리대금업자가 나오는 이탈리아 이야기를 읽게 되는데, 조반니(Ser Giovanni)의 『얼간이(Il Pecarone)』라고 하는 이 이야기가 좋은 희극 재료가 되겠다는 생각을 하게 되었다.(여기서 셰익스피어의 독서를 포함하여 엘리자베스 시대의 서책 출간이 눈에 띄게 국제적인 성격을 띠었다는 점을 짚고 넘어가야 할 듯하다. 현대 기준으로 본다면 책을 읽는 대중의 인구는 상당히 소수였지만, 그들이 품은 흥미의 범주는 세계 전역을 놀라울 정도로 아울렀다.) 자기 마음에 드는 글을 발견하면 종종 그랬듯이, 셰익스피어는 『얼간이』의 전체 줄거리를 통째로 떼어 왔다. 자신이 아닌 누군가를 위해서 유대인 대금업자의 돈을 빌리게 된 베니스의 상인(원전에서는 친구가 아닌 '대자'를 위해서였다.), 돈을 갚지 못할 시에 상인의 살 한 점을 몰수당하게끔 되어 있는 끔찍한 계약, '벨몬테'의 귀족 여인을 향한 성공적인 구애와 그녀가 변호사로 가장해서 베니스에 오는 것, 살 한 점을 가져갈 법적 권리에는 단 한 방울의 피도 포함되지 않는다는 것을 지적함으로써 계약의 위협을 파기한 그녀의 영리한 해결, 반지들을 둘러싸고 벌어지는 일말의 불안한 희극적 요소 등 형태상으로 보면 전혀 독창적인 데가 없는 연극이었다. 상자들과 구혼자들에 관한 벨몬트에서의 이야기도 조반니의 원전은 아니지만 다른 곳에서 따온 부분이며 이 역시 속속들이 진부한 클리셰적 설정이다. 물론 바사니오의 성공적인 구혼 장면에서는 아름다운 시적 대사가 나오며, 연극이 끝날 무렵 달빛 비치는 강둑에 앉은 제시카와 로렌초의 모습도 무심하게 잘 그려 낸 장면 속에서 멋진 대사들을 보여 준다. 우울증에 빠진 안토니오가 친구 바사니오를 향해 그의 좌절된 사랑과 관련하여 강렬한 애수를 보여 주는 장면도 인상적이다. 하지만 어찌 됐든 『베니스의 상인』은 그다지 훌륭한 성취를 이루진 못했을 것이다. —『베로나의 두 신사』나 그 외 다른 평이한 작품들에 대충 비유되었을 정도의 수준으로 남으면서 — 이 연극에 샤일록이라는 거대한 중심점이 없었다면 말이다.

셰익스피어는 고리대금업자에 대한 연극을 하나 써 보고자 하는 생각을 오랫동안 마음에 품어 왔다. 유대인이라곤 한 명도 아는 이가 없었지만, 고리대금업자들은 당연히 몇 명 알았을 것이다. 일단 셰익스피어 자신의 아버지도 고금리의 이자를 받으며 관련법을 어겼다는 이유로 두 번 기소된 적이 있었다. 대금업에 대한 규제는 1591년부터 풀렸고, 극장을 통해 부를 쌓은 셰익스피어 본인도 그 자신의 업무에서든 아니면 중개인으로서든 최소한 한 번은 그러한 거래에 참여한 적이 있었다. 스트랫퍼드의 명망 있는 사업가인 리처드 콰이니(Richard Quiney)가 셰익스피어 앞으로 보낸 편지가 우연히 스트랫퍼드 조합의 기록 보관소에 남아 있는데 1598년 10월 25일 자로 쓰인 이 편지는 콰이니가 런던 숙소에서 쓴 것이다. 그는 "친애하는 좋은 친구와 동향민인 윌리엄 셰익스피어 씨에게" 그 자신과 또 다른 스트랫퍼드 시민인 에이브러햄 스털리의 앞으로 얼마간의 돈을 빌릴 희망을 안고 런던에 온 것이라고 밝히고 있다. 같은 날, 콰이니는 스털리에게 제안받은 대출 조건에 대해서 썼으며—30파운드에서 40파운드의 원금에다 30실링에서 40실링의 이자—열흘이 지난 후에 스털리가 이에 답장을 했다. 그는 "우리 고향 사람인 윌리엄 셰익스피어 씨가 우리에게 돈을 조달해 주기로 한 것"을 듣게 되어 기쁘다고 썼다.

셰익스피어가 『베니스의 상인』을 썼다는 사실만으로도 이 거래는 놀라움을 안겨 준다. 공식적으로 영국은 하느님의 말씀 아래 고리대금을 법적으로 금지했고, 유대인이라는 이유로 이 종교적 금칙을 면제받는 사람들에게 이 일을 떠맡겼지만, 사실상 국가의 내수 상업 경제는 대금업의 가능성 없이는 정상적으로 돌아갈 수 없었다. 이 당시에는 우리가 지금 생각하는 개념의 은행 체계가 없었기 때문에, 영국인들은 대출 이자를 최소한 10퍼센트 이하로 유지하려고 했으며 많은 개인들은 이 공식적인 규제를 피하기 위해 합법적으로든 불법적으로든 영리한 수단을 동원했다. 심지어 존 셰익스피어의 불법적인 거래 수치—20~25퍼센트의 이자—도 나름 꽤 무난한 편이었다.

기독교도 대금업자들은, 물론 그들이 그러한 이름으로 직접 불리는 일은 없었지만, 유대인에 비견될 만한 취급을 받았다. 공식적으로는 경멸과 괴롭힘을 당했고 교회 설교단이나 무대 연단에서 규탄의 대상이 되었지만, 그들 또한 사회 내에서 편안하게 제거할 수만은 없는 중요한 역할을 담당했다. 셰익스피어의 아버지가 그랬듯이 대금업을 했던 사람도 경우에 따라서는 그럭저럭 존경받는 삶을 살 수 있었지만, 그들에 대한 평판에는 오명과 존경, 그리고 사회적 경멸과 구심점 사이의 깊은 모순이 어둠 속에 머문 채로 언제든 튀어나올 준비를 하고 있었다. 셰익스피어는 이러한 종류의 모순을 매력적으로 받아들였고, 그의 예술은 이러한 요소들을 듬뿍 낚아채어 재치 있고 유희적으로 표현했다. 하지만 그가 어떻게 샤일록이라는 인물을 포착하여 그려 냈는지는 여전히 풀어야 할 의문으로 남아 있다.

무엇인가가 셰익스피어의 상상력에 불을 당기고, 무언가가 그로 하여금 이 상투적인 악당에게 신선한 개성의 음악을 부여하도록 이끌었다. 이 음악은 강렬한 내적 성찰의 소리이자 사방을 포위당한 영혼에게서 들을 수 있는 소리이며, 아무도, 심지어 말로조차도 철저히 경멸당하는 유대인의 형상을 통해서 이러한 심오한 음악을 이끌어 내지는 못했다. 그토록 위대하고 창조적인 도약을 가능하게 만든 삶의 경험이 대체 무엇이었는지에 대해서 그때나 지금이나 우리는 매우 작은 일부만을 이해할 뿐이지만, 셰익스피어가 살았던 일상의 세계에 일어난 일련의 사건들이 혹시 기폭제로 작용한 것은 아닌지 상상해 볼 수 있다.

셰익스피어는 최소한 1594년 일부 시기에는 런던에 있었다. 그해에 흑사병이 돌았고 극장들은 이 기간 동안 폐쇄되어야 했는데, 이 때문에 대부분의 배우들은 다시 도시에서 공연을 하기 어려울 만큼 충분한 타격을 입었고 런던에서 활동하던 극단들 역시 심각한 대가를 치렀다. 퀸스멘 극단은 거의 무너지기 일보 직전이었다. 얼오브헤트포스멘 극단(Earl of Hertford's Men)은 해산했다. 얼오브펨브록스멘 극단(Earl of Pembroke's Men)은 도산하여 그들의 의상을 팔아 치워야 했다. 얼오브서섹스멘 극단(Earl of Sussex's Men)은 후원자가 죽고 나자 강제로 해체되었다. 그리고 이들과 같은 운명이 얼오브더비스멘 극단(Earl of Derby's Men)에도 후원자 스트레인지 경, 퍼디난도가 이상한 죽음을 맞이했을 때 — 독살이라는 소문이 돌았다. — 밀어닥쳤다. 이 대파멸의 상황 속에서 살아남은 단 두 극단이, 다른 극단에서 떨어져 나온 뛰어난 재능의 배우들을 각자 흡수하면서 런던 연극계를 양분하는 체제를 이루어 나갔다. 에핑엄의 하워드 경(Lord Howard of Effingham)인 찰스 하워드(Charles Howard)의 후원을 받는 로드애드미럴스멘 극단과, 하워드의 장인인 헌스던 경(Lord Hunsdon) 헨리 캐리(Henry Carey)의 후원을 받는 로드챔벌린스멘 극단이었다. 로드애드미럴스멘 극단에는 당대의 명배우 에드워드 앨린과 이들을 이끄는 훌륭한 단장 필립 헨슬로가 있었다. 그들은 강 남쪽에 자리 잡은 멋진 로즈 극장에서 공연을 했다. 로드챔벌린스멘 극단은 버비지가 쇼어디치에 지은 극장에서 공연했다. 그들의 주연 배우는 리처드 버비지였고, 또한 얼오브더비스멘 극단의 잔해로부터 인기 있던 광대 윌 켐프가 영입되면서 존 헤밍, 어거스틴 필립스, 조지 브라이언, 그리고 토머스 포프도 이들과 합류했다. 이 사람들에다 또 다른 한 사람을 더한 집단은 스스로를 '주주들'이라고 칭하며, 극장 운영과 업무 관리, 지출 투자를 함께 담당하면서 그에 따른 이익도 나눠 갖는 공동 사업자의 위치에 있었다. 그 다른 사람은 물론 윌리엄 셰익스피어였다.

한때 런던을 휩쓸던 흑사병이 점점 사그라들 것을 전제하면서 셰익스피어의 극단은 그 이후 새로워진 개편 무대에서의 기회를 잡고자 했다. 다행스럽게도 사망률은 상대적으로 낮은 상태에 머물렀고, 대중은 다시 재미있는 볼거리를 찾아 나서기 시작했다. 하지만 런던은 결코 완전히 진정된 상황이 아니었다. 1588년 유명한 '개신교도의 태풍'이 스페인 아르마다 함대를 침몰시키긴 했지만 여전히 외세의 침략에 대한 공포가 만연했고, 암살자들이 엘리자베스 여왕의 목숨을 노리고 있다는 소문이 계속해서 나돌았다. 이 암살의 위협은 점잖은 사람들 사이에서도 심각하게 받아들여질 정도로 충분히 현실적인 얘기였다. 정부의 비밀 첩보원들은 각지의 외국 대사관과 궁정에서 어지럽고 음험하게 꾸며지는 음모에 몰래 침투하여 매일이 조마조마할 수밖에 없는 무수한 증거들을 발견해 냈다. 그중 여왕의 가까이에서 총애를 받는 야심 찬 신하들의 파벌 중에서도, 격렬한 반스페인주의자이자 호전적인 개신교도 당파인 에섹스 백작(Earl of Essex)은 실제 실현 가능성이 있는 암살 음모에 대해 몹시 기민하게 염려하던 중이었다. 그리고 1594년 1월 21일, 에섹스 당파는 원하는 것을 얻었다. 여왕의 개인 주치의인 포르투갈 태생의 로데리고(Roderigo) 혹은 로이 로페스(Ruy Lopez)가 스페인의 왕과 내통하는 첩자라는 혐의로 체포된 것이다. 압수한 편지 내용에 따르면, 스페인의 왕은 그에게 어떤 중요한 일을 해주는 대가로 엄청난 금액의 돈 — 5만 크라운, 영국 통화로 18만 8800파운드 — 을 약속했다.

에섹스는 수년 전에 로페스를 자신의 비밀 첩자로 삼으려고 시도한 적이 있었다. 로페스는 이를 거절했고 — 그는 여왕에게 이를 직접 알리기로 선택했다. ― 그의 선택은 나름 신중했으나 그 결과 그는 권력 있는 백작을 매우 위험한 적으로 돌린 셈이었다. 체포된 이후에 그는 처음에는 백작의 에섹스 저택에 갇혔고 백작에게서 직접 심문을 받았다. 하지만 로페스는 여왕의 수석 고문인 윌리엄 세실(William Cecil), 즉 벌리 경과 그의 아들 로버트 세실(Robert Cecil)을 그의 뒷배경으로 두고 있었으며, 이들은 여왕의 총애를 두고 에섹스와 경쟁하는 또 하나의 유력한 파벌이었다. 백작과 함께 로페스의 심문에 참여한 그들은 여왕에게 가서 그녀의 주치의에 대한 첩자 혐의는 근거가 미약하다고 보고했다. 이를 관찰한 궁정인들의 말에 따르면 엘리자베스는 에섹스를 호되게 꾸짖으며 "그를 경솔하고 무모한 젊은이라 부르면서, 가엾은 주치의를 궁지에 몰아넣은 것을 두고 주치의가 그 자신을 증명할 수 없어도 그의 결백함을 여왕 본인께서 충분히 잘 안다고 하셨다. 이 상황이 몰고 온 사태 중 그 무엇보다도 주치의를 향한 악의 어린 모함이 여왕을 가장 불쾌하게 했으며, 이는 여왕 본인의 명예가 걸린 문제라고 말했다." 이제 당연히 에섹스 자신의 명예가 위태로워졌다. 그와 그의 동맹들은 자신들이 주장하는 혐의에 맞는 증거를 찾기 위해 재빠르게 움직였다. 온갖 첩자들과 저급한 정보원들의 귀띔과 눈에 불을 켜고 솎아 낸 문서들이 복잡하게 얽혀 있는 ― 경쟁 파벌에 있는 세실 부자가 이를 갈며 묘사한 바에 따르면 "모든 종류의 자백서, 조사서, 녹취록, 신고서, 전갈, 편지, 티켓, 징표, 협의, 모의, 실행" ― 사건 진행을 여기에 일일이 언급할 필요는 없다. 단지 1594년 2월 28일 런던에서 열린 재판 결과, 왕실 주치의 로이 로페스가 여왕을 독살하려던 혐의로 기소되어 곧 유죄 판결을 받았다고 얘기하는 것만으로도 충분할 터다. 정보원들에 따르면 로페스는 스페인의 필립 2세로부터 5만 크라운을 받는 대가로 독살 업무를 맡기로 했다. 이상하게도 소위 이 가톨릭교도들의 음모를 수행하는 요원이라는 로페스는 비밀 가톨릭교도가 아니었다. 그는 — 아니, 이제 자신은 선한 개신교도로 개종했다고 주장했으므로 한때 — 유대인이었다. 에섹스의 동지인 프랜시스 베이컨이 쓴 것과 같이, 많은 사람들은 그가 여전히 "비밀리에 유대교 종파의 교리를 따르고 있으리라고"(비록 보이는 데서는 그 자신을 기독교의 의식에 맞추고 있지만 말이다.) 의심했다.

로페스가 실제로 국가 반역죄를 지었는지는 말하기가 어렵다. 재판정까지 온 시점에서는, 이 일의 결과는 사실상 이미 처음부터 정해진 것이었으므로 판결에서 이렇다 할 증거를 찾아낼 수는 없었다. 로페스가 재판정에 세워졌다는 것은 곧 명성이 위태로워진 에섹스가 힘을 쓴 결과의 증언이나, 또한 국내외에서 발생하고 있던 음모에 대한 로페스의 기호, 뒤가 구린 그의 지인들, 그리고 로페스 자신이 돈에 매수되고 부패해져 가던 상황을 드러내기도 한다. 그는 다양한 곳에서 뇌물을 받았던 것이다. 하지만 이러한 특징들은 또, 여왕에게 가까이 접근하는 특권을 누리며, 따라서 충분히 개인적인 이득을 볼 수 있는 위치에 있던 왕실 주치의가 결국 궁정 가신으로서의 삶을 영위해 나가는 사람이었다는 증거이기도 하다. 그는 계속 결백을 주장하다가 곧 자백했는데, 어쩌면 진실을 털어놓은 것일 수도 있고, 아니면 오로지 고문을 피하려던 것일 수도 있다. 그는 스페인의 왕과 반역적인 느낌이 나는 협약을 체결했다고 밝혔지만, 그런 식으로 스페인의 왕을 속여서 거금을 빼돌리려던 것뿐이라고 주장했다. 그가 무엇이었든지 간에 — 악당, 사기꾼 혹은 반역자 — 로페스는 엘리자베스가 아주 능숙하게 조종하곤 하던 주변 가신들의 파벌 경쟁 구도 속 팽팽한 긴장감 속에서 그저 졸(卒)에 해당하는 일개 장기짝일 뿐이었다. 세실 부자가 에섹스에게 망신을 주고 그를 견제하기 위해서 자기들이 로페스를 지원하는 것이 적당하다고 판단하는 한, 주치의는 안전했다. 하지만 조사 과정에서 수상쩍은 점들이 드러나면서 그의 입지가 불리해지자, 뒷배에서 오는 지원은 말끔히 사라졌고 그는 죽은 목숨이나 다름없어졌다.

검사의 기소장에서, 로데리고 로페스는 탐욕스럽고 부패한 가신에 그치는 것이 아니었다. 그는 자신과 상당히 닮은 교활한 예수회 수사들과 같이, 개신교도 여왕을 무너뜨리기 위해서 사악한 가톨릭교도 거물들이 보낸 음흉한 첩자였다. 동시에 유대인 악당이었다.

로페스, 위증죄를 범한 살해 미수의 반역자이자 유대인 의사는 성경의 유다 그 자신보다도 악하며, 지금까지 이전의 모든 것들보다 사악하고 위험하며 혐오스러운 계략으로 여왕을 독살하려고 시도했다. 그는 여왕 폐하에게 충성을 맹세한 하인으로, 왕족에게나 어울리는 호의로써 은총을 입고 출세를 하였으며, 특별한 신뢰를 받는 장소에서 업무를 보고, 여왕 폐하를 직접 접견하는 허가를 자주 받는 몸으로, 그리하여 특히나 적들을 두려워하지도 종복들을 의심하지도 않으시는 폐하로부터도 아무 의심을 받지 않았다. 계략이 체결되고 금액 또한 상호 동의를 받았으며, 돈이 확실히 지불되기까지 일의 실행은 오직 연기되고 있던 찰나였다. 그의 확약을 담은 신용장이 보내졌으나, 그 편지가 그의 손에 들어가기 전에 하느님께서 가장 경이롭고 기적적으로 이를 드러내고 막으셨다.

다른 이들의 말에 따르면, 로페스는 실제로 실천 기독교도이자 교리를 준수하는 개신교도로서 상류 귀족 사회의 관습에 깊숙이 동화되어 있었고, 영국인들은 대체적으로 외적인 종교 통합의 정도에 만족했다. 하지만 그의 사악함으로 묘사된 것들 중 특정한 측면들이 ─ 탐욕, 불성실, 비밀스러운 악의, 배은망덕, 그리고 살기 ─ 특별한 설명을 필요로 하는 듯 보였다. 즉 하늘의 신성한 개입으로 인해 여왕이 기적적으로 구출되었다는 인식도 강화시켜 주는 그러한 논리 구조의 설명 말이다. 유대인을 향한 전통적인 증오와, 말로의 『몰타의 유대인』(사람들은 이 극의 주인공 역시 환자들을 독살하는 의사로서 그의 살인광 경력을 시작했다는 점을 상기했을 것이다.)에 암시된 특정한 관심사는, 로페스가 그의 음모를 진행시켜 나가는 맥락에서 그가 유대계 혈통이라는 것이 매우 중요한 요소인 양 손꼽히게 만들었다.

 로페스와 그의 중개인이라고 하는 두 명의 포르투갈 첩자들은 곧 유죄 선고를 받았으나, 여왕은 사형을 집행하기 위해 필요한 승인을 내려 주지 않고 이해할 수 없을 정도로 일처리를 차일피일 미루었다. 사형 집행이 지연됨에 따라 행정관들은 "이 형 집행을 굉장히 기대해 왔던 국민들의 전반적인 불만"이 터져 나온다는 보고를 올리기까지 했고, 마침내 1594년 6월 7일 사람들은 ─ 혹은 속히 사형이 집행되도록 일처리를 압박해 온 파벌들은 ─ 그들이 원하던 것을 얻었다. 로페스와 다른 이들은 갇혀 있던 런던탑에서 끌려 나왔다. 이 사형이 집행되지 않아야 할 이유를 댈 수 있겠냐는 질문에 로페스는 오직 여왕 폐하의 지성과 선량함에 호소할 뿐이라고 대답했다. 법적인 절차가 완료되고 나서 세 명의 죄수들은 형틀이 씌워진 채로, 야유하며 늘어선 관중들을 지나 가득 모인 군중이 그들을 기다리는 타이번의 사형장으로 옮겨졌다.

윌리엄 셰익스피어가 이 군중 속에 있었을까? 로페스의 재판은 그에 연루된 권력 파벌 간의 경쟁과 충격적인 내용의 기소로, 대중의 강렬한 주목을 받았다. 셰익스피어는 어떤 경우라도 처형의 집행 자체에 흥미를 품고 있었다. 그의 초기 소동극인 『실수 연발』은 초읽기로 앞둔 형 집행을 둘러싸고 이야기가 진행되는 구조이며, 『리처드 3세』와 다른 역사극에서도 사형 집행자가 내리치는 형장의 도끼는 연극 전반에 암울한 그림자를 드리운다. 그는 군중이 보이는 태도에도 극작가로서 매료되었으며 또한 생의 종말을 앞둔 남녀 사형수가 보이는 마지막 순간의 행동거지에도 관찰자로서 깊은 관심을 가졌다. 이러한 주제에 입각한 가장 유명한 대사가 『맥베스』에 나오는데, 왕을 배반하고 역모를 꾸민 지방 호족의 삶이 그 마지막 순간을 맞이하는 장면의 묘사다.

> 그의 삶에서 가졌던 그 어떤 것도
> 그 삶을 떠나는 그의 모습에는 미치지 못했습니다. 그는
> 자신의 죽음을 미리 연습해 두기라도 한 것처럼 죽었습니다
> 그가 소유했던 가장 소중한 것을
> 아무 부질없는 하찮은 것처럼 털어 내 버리듯이 말입니다.
>
> (1.4.7-11)

이 행들을 쓴 극작가 자신이 직접, 실제 처형식을 목격한 경험이 있을 것이라고 생각해 보는 것은 타당하다. 그러한 행사들은 수도 런던에서 끔찍할 정도로 자주 일어나곤 했으니까. 참으로 여기 묘사된

행간에는 어떤 특별한 실증적 감식안이 드러나 보인다.

　의사 로페스의 처형은 공적인 행사였다. 셰익스피어가 정말 개인적으로 이 행사를 현장에서 지켜봤다면, 보통 처형장에서 늘 차오르곤 하던 섬뜩한 공포와 흉포한 잔혹함의 전시 그 이상으로, 이날에 있었던 어떤 특별한 순간을 보고 들었을 것이다. 사형 선고를 받은 이후 로페스는 내내 분명히 깊은 무력감과 우울증에 빠져 축 처진 상태로 지냈으나, 사형대에 오른 마지막 순간에 자신을 떨치고 일어나 분연히 선언했다. 엘리자베스 시대의 역사가인 윌리엄 캠던(William Camden)에 따르면, 사형대에서 "그는 자신이 예수 그리스도를 사랑하는 만큼이나 여왕 폐하도 사랑한다."라고 외쳤다. 그리고 캠던은 덧붙인다. "이를 지켜보던 관중 사이에서 왁자하게 웃음이 터졌다."

　사형대 연단의 발치에 모여 있던 군중으로부터 터져 나온 이 웃음이 바로 셰익스피어가 『베니스의 상인』에서 이룬 성취를 이끌어 낸 도화선이 되었을 수 있다. 일단 그것은 유난히 잔인한 성격의 웃음이었다. 지금 살아 있는 이 남자는 곧 목이 매달릴 것이고, 여러 조각으로 몸이 찢겨 나갈 것이다. 군중의 웃음은 그 사건의 침통함을 부정했고, 한 일생이 맞을 폭력적인 죽음을 마치 재미있는 구경거리를 보는 기회인 듯 취급했다. 더 구체적으로 말해서, 그것은 로페스에게 그가 남기고자 시도했던 종말의 성격을 아예 거부해 버렸다. 그는 기독교도의 영혼으로서, 그리고 여왕의 충성스러운 신민으로서 자신의 신앙과 믿음을 다시 확실히 밝히면서 종말을 맞게 되기를 희망했다. 보통 임종을 앞둔 사람의 말에는 절대적인 정직성이 수반되는 것으로 받아들여진다. 생이 끝나는 상황에서는 더 이상 진술을 얼버무릴 공간이 남아 있지 않고, 더 이상의 집행 연기를 희망할 수 없으며,

무덤 너머에서 그 어떤 판단이 내려지든지 간에 맞이하게 될 최종 결과와 자아의 거리감이 더 이상 존재하지 않기 때문이다. 즉 이것은 지극히 문자적인 의미에서 진실의 순간이다. 하지만 그 주변에 서서 웃음을 터뜨린 군중은 너무도 명백하게 ― 그들 자신과 로페스 본인에게 ― 그들이 로페스가 한 말의 진실성을 믿지 않는다는 것을 드러냈다. 기록상 "유대인이라 공언되는 자"라고 되어 있으나, 로페스는 유대교를 믿는 신도가 아니었다. 그는 공적으로 개신교 신앙을 드러내고 이를 고수했으며 예수 그리스도의 이름을 들먹였다. 군중의 웃음은 로페스의 마지막 말을 그의 진심을 담은 신앙 고백이 아닌 교묘한 우스갯소리로, 신중한 술수의 이중 의미를 가진 농담으로 바꿔 버렸다. "그는 자신이 예수 그리스도를 사아랑하는 만큼이나 여왕 폐하도 사아랑한다." 바로 그렇게 말이다. 왜냐하면 군중의 눈에 비친 로페스는 유대인이었고 유대인은 사실상 예수 그리스도를 사랑할 리 없는 종자들이었으므로, 그의 말이 갖는 진실한 의미는 바로 그의 저주받은 족속들이 예수님께 했던 짓과 똑같은 짓을 여왕 폐하에게도 저지르려고 했다는 뜻이었다. 그의 진술은 결백의 호소라는 형태를 띠었지만, 군중이 그에게 보인 반응은 그 말을 의뭉스러운 유죄 선언으로 변환했다. 일부 군중은 로페스의 그 선언이 무심코 흘러나온, 위선적인 무리수이며 자기도 모르게 진실을 자백하며 자승자박을 한 것이라고 생각했을 수 있다. 다른 이들은 그저 더 즐거워하며, 그러한 의뭉스러움이 처음부터 의도적으로 내포된 발언이라는 결론을 내렸을 수도 있다. 유대인 로페스는 보통 예수회 수사들이 완벽하게 갈고 다듬었던 기술인, 한 입으로 두말하기 전략의 실행자였던 것이다. 그는 얼토당토않게 자신의 결백을 주장하면서 가족과 명예를 지키려고 했으나, 동시에 숨김없는 진실을 미묘하게 말하기도 한 것이었다.

다른 말로 하자면 웃음을 터뜨린 관객들은 자신들이 『몰타의 유대인』의 실사 버전을 보고 있다고 생각했다.

말로의 연극 초반에, 야비한 유대인은 딸을 설득하여 기독교도로 개종하기 원하는 것처럼 꾸미고 수녀원에 들어가라고 이야기하면서, 그녀에게 "위조의 직함"은, 즉 거짓으로 꾸며낸 신앙과 허위의 연기가 "보이지 않는 위선보다/ 더 나으니."(1.2.292-93)라고 말한다. 이 의심스러운 도덕 원칙 위에다 — 무의식적인 위선자가 되기보다 의도적으로 가식을 떠는 편이 낫다는 — 바라바스는 자신의 연기를 틀 잡아 나가며, 관객에게 한쪽으로 보내는 윙크나 교활한 방백으로써 전달하는 일련의 이중 의미 어구를 솜씨 좋게 만들어 나간다. 살인 계획을 꾸미는 그는, 상사병에 걸린 총독의 아들 로도윅에게 자신의 딸 애비게일을 의미하는 소중한 '다이아몬드'를 제안하면서 그를 자기 집으로 꾀어들인다. 로도윅이 그 은유의 화법을 이어 가며 "그렇다면 그 가격은 얼마인가?"라고 묻자 바라바스는 방백으로 중얼거린다. "네 삶이다." 그는 곧이어 큰 소리로 덧붙여 말한다. "제 집으로 오십시오. 그러면 제가 각하께 그것을 드리겠습니다." 그러고 나서 다시, 살기 어린 방백이 이어진다. "복수와 함께 말이지." 대상으로 삼은 기독교도 희생자를 안심시키기 위해, 바라바스는 수녀원을 향한 "불타는 열정"을 이야기하지만, 곧이어 관객에게 재미와 즐거움을 더해 주며 덧붙인다. "머지않아 그곳을 온통 불살라 버리기를 바라면서!"(2.3.65,68, 88-89) 로페스가 마지막 선언을 외쳤을 때 군중은 그들이 정확히 이러한 종류의 우스운 연기를 본 것이라고 생각했다.

『몰타의 유대인』의 영향 때문에 로페스의 처형은 마치 희극의 마지막 장면처럼 되어 버렸다. 아니 최소한 군중의 웃음소리가 그렇게 볼 수 있는 관점을 제안했다. 그것이 잔인한 순간이었다면, 그것은 또한 전형적으로 웃음이 나올 만한 순간이기도 했다. 여왕을 살해하려는 사악한 책략 — 모두가 증오하는 스페인의 가톨릭교도 왕과, 마찬가지로 증오의 대상이 되는 유대인이라는 두 대상을 한데 묶은 것 — 이 하느님의 지극하신 섭리로 좌절되고 만 것이다. 셰익스피어는 사형대에서 일어난 일에 매력을 느꼈을까, 아니면 반발심을 느꼈을까? 그는 말로의 어두운 희극을 본 군중이 그 연극에서 영향을 받은 반응을 보이는 데서 경탄했을까, 아니면 불쾌감을 느꼈을까? 이를 짐작해 볼 수 있는 유일한 증거는 로페스의 죽음 후에 바로 셰익스피어가 썼던 연극이며, 그 연극에서 드러난 그의 대답은 그가 이 일에서 흥미와 구역질을 동시에 느꼈다는 것이다. 그는 말로에게서 상당 부분을 빌려 왔다. — 셰익스피어는 언제나 적절한 빌려 오기를 잘하는 작가였다. — 하지만 그는 말로의 예술관과는 결정적으로 이질성을 보이는 일련의 인물들과 다른 범주의 감정들을 창조해 냈다. 그는 사악한 유대인이 최종적으로 처하는 낙담과 실패에서 관객의 웃음을 자아내길 원했었던 것 같다. — 확실하게 말하자면, 그는 어떤 국제적인 음모와 책략이 아니라 돈과 사랑을 소재로 하는 연극을 원했다. — 그러면서 동시에, 그 결말에서의 웃음의 성격에 일말의 의문을 제기하기를 원했다. 그렇게 이 희극에서 관객들이 느끼는 재미가, 다른 한편으로는 극심한 불편을 주는 감상으로 남도록 말이다.

『베니스의 상인』은 재미있는 조롱으로 가득한 연극이다. "나는 그렇게 정신 나간 열정의 외침은 들어 본 적이 없어." 하며 베니스의 기독교도인 솔라니오(Solanio)가 키득거린다.

너무도 기이하고 충격적이며, 마구 변화하는 소리로
그 유대인 놈이 거리에서 꽥꽥 소리를 질러 댔지.
"내 딸! 오, 내 금화들! 오, 내 딸!
기독교도와 함께 달아나 버리다니! 오, 내 기독교인들의 금화들이!"

(2.8.12-16)

"그러게, 베니스의 모든 소년들이 그를 따르더군." 그의 친구인 살레리오(Salerio)는 우리에게, 군중의 시끌벅적한 흥겨움을 한편 짐작해 볼 수 있도록 묘사하며 말한다. "외치면서, '그의 보석들, 그의 딸, 그리고 그의 금화들!'"(2.8.23-24) 그리고 안토니오의 살 한 파운드를 잘라 내어 그에게 복수를 하려고 했던 샤일록의 악마적인 계획이 법정에서 좌절되었을 때, 강제로 개종을 당하게 된 유대인의 패배 현장에는 승리에 찬 그라치아노의 조롱의 노래가 울려 퍼진다.

그대 자신을 목 매달아 죽을 수 있도록 허락을 빌어 봐라, (……)
밧줄은 공짜. 그 밖에는 도대체 하느님께 구해 봐도 없구나. (……)
기독교도가 되면 그대는 두 사람의 대부를 둘 터이니.
내가 판사였다면 그대는 열 명을 더 두었을 거야,
물론 그대에게 사형대를 가져올 사람 말이네, 세례반 말고.

(4.1.359-96)

셰익스피어는 유대인에게 사형대를 가져다주기로 선택하지 않았다. ─ 모든 희극을 통틀어서 그는 악당들을 죽여 버리는 것을 조심스럽게 피했다. 최소한 무대 위에서라도. ─ 하지만 살레리오, 솔라니오, 그리고 그라치아노의 조롱은, 로페스가 처형당하던 당시에 사형대 발치에서 실제 극작가가 들었을 법한 말과 매우 비슷하다.『베니스의 상인』은 마치 사형 집행장에 모인 군중이 흥분하여 즐길 만한 오락거리를 관객들에게 제공하되, 피비린내 나는 폭력 없이 이를 구현하는 방식을 발견했다. 샤일록은 낭만 희극에 등장해서 흥을 깨는 전형적인 인물이다. 그는 음악의 문외한이고 쾌락의 적으로서 젊은이들의 사랑을 가로막는다. 하지만 그는 관습적으로 등장하곤 하는, 폭군에 소유욕이 강한 아버지상으로 이제 갓 피어나는 젊은이들에게 패배를 당하며 사라지는 식의 전형적인 인물보다도 훨씬 상태가 나쁘다. '유대인 샤일록'은, 최초 4절판의 표지에 나타나 있듯이 "극단적인 잔인함"을 보여 주는 인물이고 융통성도 유연함도 없는 완강한 구시대의 질서를 대표하며, 용서와 뉘우침 없이 적의와 살의를 가득 품은 이방인으로 공동체 전체의 행복을 위협하는 인물이었다. 그는 법정에서 패배를 당하고 — 유대인으로서가 아니라, 베니스인이 아닌 '이방인'으로서 — 강제적으로 그 공동체에 편입된다. 하지만 그라치아노의 조롱을 들으면 아마 그가 새로 얻게 되는 기독교도로서의 개종도, 캠던이 개종한 로페스를 두고 말했듯이, 언제가 됐든 "유대인이라 공언되는 자"라는 꼬리표를 달게 될 것이 확실해 보인다. 즉 샤일록의 개종은 그저 이 희극이 좀 더 친절하고 부드럽게 그를 죽여 없애는 방식인 것이다.

그러나 이러한 조롱을 담당하는 살레리오, 솔라니오 그리고 그라치아노가『베니스의 상인』에서 가장 호감이 가지 않는 인물로 그려진 것 또한 사실이다. 그들은 악당으로 표현되고 있지는 않으며, 그들의 웃음소리가 극이 진행되는 내내 무대 위에서 메아리 치지만, 그들의 대사는 관객의 귀에 거슬리며 지속적으로 민망하거나 거칠거나 불쾌한 인상을 남긴다. 바사니오가 그라치아노에게 말하는 것처럼 "그대는 너무 제멋대로인 데다, 목소리 또한 과도하게 무례하고 뻔뻔해." 셰익스피어는 그들의 요란스러운 목소리를 거부하지는 않았다. 이는 유대인 로페스를 향해 깔깔대며 웃었을 사람들의 목소리이다. 오히려 그는 희극이 결말에 가까워지자, 그들이 샤일록의 실패를 더욱 목청껏 축하하게 했다. 하지만 희극 전체의 정신이 곧 그들의 정신과 동일한 것은 아니었다.

희극을 쓰는 극작가는 본래 작품 내외의 웃음을 즐기는 법이다. 하지만 이 희극의 결말에서 셰익스피어는 마치 군중의 웃는 면면을 너무 가까이에서 보기라도 한 듯, 완패한 이방인을 향한 조롱의 말에 역겨움을 느끼는 동시에 매료되기라도 한 듯 보인다. 그는 자신이 다루는 이 고대로부터 이어져 내려온 행위의 대중적인 매력을 잘 이해하게 되었다가 동시에 그 규칙에 역겨움을 느끼기라도 한 것 같다. "당신들이 그 가엾은 이방인들을 본다고 상상해 보라." 그러한 이방인들을 대상으로 — 로페스 혹은 샤일록 — 상상력을 펼쳤을 때, 셰익스피어는 자신이 본 것에서 불편함을 느꼈다. 샤일록의 강제된 개종은 — 그가 참조했던 원전에는 없는 전개로 — 셰익스피어가 특별히 집어넣은 부분인데, 이는 극작가 본인이 개인적으로 지켜보았을 소름 끼치는 처형이나, 영국 연대기 역사서에서 읽었을 유대인들의 대규모 추방처럼, 실제 역사에서는 훨씬 더 추악했던 대안들을 모면하기 위한 극적 시도라고 할 수 있다. 하지만 법정에서의 웃음소리는 개종이 사실상 타자성의 문제를 근본적으로 해결해 주지는 않는다는 점을 분명히 보여 주고 있다. 심지어 집에서 도망쳐서 자신의 의지로 기독교도가 되는 샤일록의 딸 제시카도 예외는 아니다. 광대 란슬롯(Lancelot)은 유대인의 딸인 그녀가 저주를 받았다고 투덜거린 것도 모자라 "이렇게 다들 기독교도들로 만들어 버리니 돼지값이 오르겠구먼."이라고 덧붙인다.(3.5.19)

돼지값이 오르는 문제는 사실 이 연극이 탐색하는 문제들 중 가장 비중이 적은 부분이다. 셰익스피어는 엘리자베스 시대의 국가가 로페스에게 가했던 것을 샤일록에게 똑같이 행하지 않기로 선택했지만, 그는 다른 종류의 해부학을 선택한 것이기도 했다. 이탈리아 원전에서 빌려 온 전체 희극 구조를 불안하게 뒤흔들면서, 그는 악당의 내면을 절개하여 관객에게 보여 주며 이전에 했던 그 어떤 시도보다 더 깊숙이 악당의 내면으로 들어가 보는 위험을 감수한다. 물론 샤일록이 꼭두각시처럼 나올 때도 있다. 하지만 그를 조종하는 줄이 잡아당겨진 상황에서도, 그는 셰익스피어가 성취한 것을 드러내 보여 준다. 극이 가장 융통성 없이 기계적으로 흘러가는 순간에도, 샤일록은 과격하게 다른 방향으로 틀어진다. 샤일록은 그의 돈을 훔쳐서 기도교도인 로렌초와 함께 달아난 딸 제시카의 행방을 찾아보려고 하는 상황인데, 이와 동시에 그가 증오하며 파멸시키고 싶어 하는 상인 안토니오가 심각한 사업 실패로 고난을 겪고 있다는 것을 알게 된다. 살레리오와 솔라니오가 이미 이 유대인의 광분한 절규를 놀려 댄 바 있는데 ― "내 딸! 오, 내 금화들! 오, 내 딸!" ― 이제 희극적인 볼거리가 또 무대에 올려진다. 샤일록이 조급하게 새로운 소식을 캐물으며 ― 셰익스피어의 극에 등장하는 인물 중 그는 가장 뉴스에 집착하는 인물로 나온다. ― 그의 딸을 찾으라고 보냈던 동료 유대인을 재촉하는 장면이다.

샤일록: 지금 어떻게 되는지, 튜발? 제노아에서는 무슨 소식이? 그대가 내 딸을 찾았는가?

튜발: 그 애 얘기를 들었던 거쪽에 가 보았으나, 그 애를 찾을 수가 없었네.

샤일록: 거참, 거기 참, 거찮아, 거, 괜찮아.

(3.1,67-71)

반복은 샤일록의 음악을 이루는 핵심 요소 중 하나다. 음향과 의미 양쪽에서 "거기(there)"라는 단어는 튜발(Tubal)의 "거쪽(where)"에서 나온 듯 보이지만, 그것은 사실 제노아나 다른 장소를 말하는 게 아니다. 그것은 샤일록의 실망이 인식되는 장소이며, 이에 상대방이 "거, 괜찮아.(there, there.)"라는 말로 그 자신을 위로하는 시도가 되고 있다. 하지만 그런 대꾸를 하는 것은 친구가 아니라 샤일록 본인이다. 그리고 이 단어의 명한 반복은, 그의 좌절된 희망과 실패하고 만 위로를 뛰어넘는다. 단어들이 이런 식으로 반복될 때면 그것들은 처음 가져왔던 기의적 의미를 모두 상실하고, 말 없는 생각의 자리를 대신 채우는 가주어 역할을 하게 되는 것이다.

어떻게 연극의 등장인물들이 — 사실상 종이 위에서 뒤섞인 단어들에 지나지 않는 그들이 — 그 내면에서 일어나는 일을 전달해 보여 줄 수 있을까? 관객은 어떻게 그 자신들끼리도 서로 헤아리거나 이해하기 힘든 등장인물들을 비교하면서 내면의 깊이에 대한 인상을 받게 되는 것일까? 셰익스피어는 이러한 인상을 관객에게 전달하는 재능이 타의 추종을 불허할 만큼 독보적이었으며, 글을 쓰는 내내 이러한 인물의 내면을 전달해 보이기 위해 많은 수단을 발전해 나갔다. 이들 중 가장 유명한 것은 독백의 사용이었다. 하지만 독백에 숙달되기까지는 그 역시 충분한 시간이 필요했으며, 그러한 과정에서 그는 다른 장치들을 탐색했고 그중 하나가 반복이었다. 샤일록은 딸이 발견되지 않았다는 소식에 논리 구조가 있는 말 대신 동일하고 무의미한 단어만을 반복했다. 하지만 이러한 표면 아래서는 감정적인 사고 과정이 진행된다. — 반복되는 단어는 정확히 그러한 표면 효과를 창출해 낸다. — 그리고 우리는 그가 다음에 내뱉은 단어에 귀를 기울이기 시작한다. "다이아몬드를 도둑맞았네." 다이아몬드는 한순간에 제시카를 의미하는 것처럼 보인다.(바라바스는 그의 딸 애비게일을 다이아몬드에 비유했다.) 하지만 그 문장은 완료되면서 우리를 전혀 다른 방향으로 데려간다. "다이아몬드를 도둑맞았네. 프랑크푸르트에서 금화 2000더컷이나 들인 것인데."(3.1.71-72)

그러한 순간에 관객은 무언가 보이지 않는 것을 본 듯한 효과를 체험한다. 샤일록의 비통한 마음은 현기증 나고 무의식적인 변화, 즉 감정적인 상실에서 금전적인 손실로 한순간에 바뀌는 내면의 전환을 보여 준다. 혹은, 유대인의 딸에서 유대인의 금화로 연결되는 일종의 비밀 통로를 일별하게 해 준다. 그다음 행이 확실히 말해 주듯이, 셰익스피어는 이 가족적인 것과 금전적인 것이 서로 뒤섞인 혼동 속에 뭔가 유대인적인 것이, 유대인 "민족" 특유의 것이 있음을 암시하고 있다. "지금까지는 우리 민족에게 저주가 내린 적이 없다고 생각했지. — 바로 지금까지도 나는 그걸 느끼지 못했어. 그게 2000더컷이고, 또 다른 귀한, 귀한 보석들." 무슨 저주 말인가? 잠시 동안 샤일록은 유대인들이 저주를 받았다는 기독교도의 믿음에 전적으로 동의하는 것처럼 보인다. 그가 지금 최초로 직접 경험하는 끔찍한 운명이 바로 그 저주인 것이다. 고통과 분노 속에서 그는 이 저주를 딸에게 돌리려 한다.

> 내 딸이 제 귀에 보석을 단 채로 내 발밑에 쓰러져 죽어 있으면 좋겠구나! 내 발치에 관을 짜고 드러누웠는데 그 관 안에 온통 금화가 가득하다면 좋겠어! 아직도 그들의 소식이 없나? 왜 그런 거야. 걔들을 찾느라고 얼마나 돈이 들었는지도 난 모르지. 도대체 그대여, 손해 위에 또 손해구나! 도둑이 그토록 많은 양을 털어 갔고, 그 도둑을 찾겠다고 또 돈이 들고, 그런데 만족도 없고 복수도 없으니, 내 어깨에 불을 지피는 것 외에는 일어나는 불운이 없고, 내 숨결 외에는 한숨이 없고, 내 흐느낌 외에는 눈물이랄 게 없구나.
>
> (3.1.72-81)

정통 유대교에서는 자녀들이 신앙을 저버릴 경우, 마치 그 자녀가 죽은 사람이 된 것처럼 눈물 흘리며 애도하는 관습이 있다는 것을 셰익스피어는 알았을까? 아마 그랬을 수도 있다. 그는 유대인이든 아니든, 고리대금업자들은 돈을 다룰 때 마치 돈이 생명을 가진 존재라서 새끼를 칠 수도 있는 듯이 취급하므로, 잃어버린 돈에 대해서는 마치 그 돈이 죽음이라도 맞은 듯이 취급할 거라고 믿었다. 아마도 샤일록은 진심으로 돈을 회수할 수만 있다면 딸이 죽어도 좋다고 말했을지도 모른다. 아마도 그는 딸의 죽음과 돈의 회수를 동시에 바라는 것인지도 모른다. 하지만 그가 선택한 어휘는 또한, 딸과 돈을 한군데 쓸어 모아서 거하게 장례를 치른다는 병적인 환상을 표현하기도 한다. "손해 위에 또 손해구나."

자신만 고통을 받고 있다는 샤일록의 주장을 튜발이 반박할 때 —"글쎄, 다른 사람들도 불운을 겪는다네. 내가 제노아에서 들었던 안토니오는……"— 샤일록은 신나서 끼어든다. 그의 조울증적인 구절 반복은 이제 비밀스럽게 담아 둔 생각이 아니라 흥분, 놀라움, 그리고 찌르는 통증을 뚜렷이 그려 낸다.

    샤일록: 뭐라고, 뭐, 뭐? 불운이라고, 불운?
    튜발: 트리폴리스에서 돌아오던 중에 큰 상선이 표류했다고 하네.
    샤일록: 하느님 감사합니다, 나 하느님께 감사합니다! 그게 사실인가, 그게 사실이야?
    튜발: 난파선에서 탈출했다는 선원들과 이야기를 좀 나누었어.
    샤일록: 그대에게 감사하네, 좋은 친구 튜발. 좋은 소식이야, 좋은 소식! 하, 하. — 제노아에서 들었다고?
    튜발: 자네 딸이 제노아에서 쓴 돈은, 내가 듣기로, 하룻밤에 금화 80더컷을 썼다더군.
    샤일록: 그대가 날 칼로 찌르는구나. 내 금을 절대 찾지 못할 거야. 금화 80더컷을 앉은자리에서 써 버려? 80더컷을?
    튜발: 베니스로 올 때 나와 함께 안토니오의 빚쟁이들이 여럿 왔는데 그는 파산할 수밖에 없다고 하네.
    샤일록: 그건 정말 기쁘구먼. 난 그를 역병처럼 괴롭히고, 난 그를 고문할 거야. 거참 기쁘다.

                                               (3.1.82-97)

이것들은 희극을 이루는 요소이며, 이 장면에서 관객의 웃음을 유도하면서 연기하는 것도 당연히 가능하지만, 밀려드는 불안의 조류가 웃음을 은근히 가라앉힌다. 관객은 고난을 겪는 형상의 심리적 위안에 지나치게 가깝게 들여보내지고 있다. 샤일록의 감탄사들을 가득 뒤집어쓰고 만 상황에서는, 한 발짝 물러서서 이 장면의 재미를 느끼기가 쉽지 않다.

여기서 셰익스피어 본인이 그 자신의 상상력에 대한 통제권을 상실했다고 추측하는 것도 가능하다. 『토머스 모어 경』의 '수기 D'를 제외하고 나면 그가 직접 손글씨로 기입한 글쓰기 과정이 담긴 원본은 남아 있지 않으나, 17세기에 널리 유포되던 일화에서 그는 『로미오와 줄리엣』을 두고, 광적인 무법자이자 낭만적인 사랑을 조롱하는 머큐쇼가 작가 본인을 죽이기 전에 그 자신이 3장에서 머큐쇼를 죽여야만 했다고 말한 적이 있다고 한다. 아마도 비슷한 종류의 무언가가 『베니스의 상인』에서도 일어나기 시작한 것처럼 보인다. 아마도 샤일록은 극작가가 만든 상상력의 구획에서 애초에 희극 악당으로서 그에게 할당된 곳에만 머물러 있기를 거절했다고 할 수 있다. 하지만 샤일록은 머큐쇼보다는 더 극의 중심 인물이며, 이 인물이 극작가의 통제권을 벗어난 듯하다는 단순한 지적을 그저 편안히 받아들이기엔 저자의 의도적인 기술이 들어갔다는 증거 또한 너무나 많다. 셰익스피어는 샤일록과 튜발이 이야기를 나누는 장면에서 희극적인 분위기가 다시금 재인식되도록 강하게 제기될 때 이를 그냥 받아들여서 쉽게 끝내 버렸을 수도 있다. 하지만 그 대신 튜발은 보고를 계속한다.

튜발: 그들 중 한 사람이 내게 자신이 갖고 있던 반지를 보여 줬네. 당신 딸이 그걸로 원숭이를 샀다면서.

샤일록: 망할 저주나 받을 년! 그대는 날 고문하는군, 튜발. 그것은 내 터키석 반지였네. 내가 아직 결혼하기 전 청년이던 때 리아가 내게 그것을 주었지. 나는 그걸 원숭이 한 부대하고도 바꾸지 않았을 거야.

튜발: 하지만 안토니오는 확실히 끝났어.

샤일록: 아, 그건 맞아. 그건 매우 맞는 말이야. 가게나, 튜발, 내게 관리 하나만 보내 줘. 2주 전에 그에게 미리 말을 해 놔. 그가 돈을 갚지 못하면 나는 그의 심장을 꺼내 가질 거다. 그가 베니스에서 사라진다면 나는 앞으로 어떤 사업이라도 할 수 있어. 가, 튜발, 그리고 우리 회당에서 만나세. 어서 가, 좋은 친구 튜발. 회당에서 봐, 튜발.

(3.1.98-108)

제시카의 사치에 대한 이야기는 잠시 동안 샤일록의 잃어버린 보석들에 대한 애타는 심정 묘사로 이어지는 것처럼 보인다. 하지만 갑자기 고통은 훨씬 깊어지고 웃음은 말라 버린다. 마치 반지가 유대인의 재산 일부가 아닌 그 이상의 무엇이라도 되는 듯이, 마치 그의 심장 한 조각이라도 되는 듯이 말이다.

『베니스의 상인』은 그 안에 나오는 물질적인 대상들이 이상하게 감정을 가진 것으로 인식되거나 혹은 생물 같은 생기를 얻는 연극이다. 안토니오가 침을 뱉는 "유대인의 능직"(1.3.108), 샤일록이 질색하는 "비열하게 째지는 소리가 나는 목이 구부러진 파이프," 이 소리를 피하려고 그가 바라는 "내 집의 귀를 닫아라. ─ 내 말은 여닫이창 말이야."(2.5.29, 33), 그 물리적인 존재 자체가 안토니오의 삶을 직접적으로 위협하는 "명랑한 계약"(1.3.169) 등이 그러한 예시들이다. 언뜻 보기에는 이러한 생물화가 그저 유대인 고리대금업자에게서 흘러나온 악의적인 효과로만 보일 수도 있다. 왜냐하면 그는 그저 척박한 금속에 지나지 않는 돈을 "새끼 치게"(1.3.92, 129) 하는 사람이므로. 하지만 기독교도들 역시 동일하게 연루되어 있다는 것이 드러난다. 살레리오와 솔라니오는 이런 상상을 한다.

> 위험한 바위들
> 내 온화한 배의 옆을 스치기만 해도,
> 그녀가 싣고 있던 모든 향신료를 파도 위에 쏟아 버리겠네.
>
> (1.1.31-33)

포샤에게 구애하던 구혼자들은 그들의 운명이, 상징적인 초상화를 담은 세 개의 금속 "상자들"을 여느냐의 여부에 달려 있다는 것을 알아차린다. 동시에 전체 연극의 마지막 장은 반지들이 갖고 있는 상징적인 힘과 함께 진행된다. 하지만 그 어떤 사물도 샤일록의 죽은 아내 이름과 연계되어 있으며 짧은 순간 지나가는 고뇌를 언뜻 보여 주었던 그 터키석 반지보다 큰 힘을 지니지는 못한다. 샤일록은 즉시 안토니오를 파멸시키기 위해 책략을 짜기 시작한다. — "그가 돈을 갚지 못하면 나는 그의 심장을 꺼내 가질 거다. 그가 베니스에서 사라진다면 나는 앞으로 어떤 사업이라도 할 수 있어." — 하지만 그가 방금 전에 반지에 대해서 했던 말이, 이후 법정 장면에서 결정적으로 폭로될 내용을 미리 보여 주고 있다. 즉, 샤일록이 추구하는 것은 돈이 아니라 복수라는 것이다.

이것은 셰익스피어가, 주치의 로페스가 — 스페인의 왕이 보낸 값진 보석을 받았다고 재판에서 밝혀지면서, 그 보석은 그의 처형 이후에 여왕이 간직하고 있다던 — 소위 5만 크라운을 받고 여왕을 죽이기로 모의했다면, 사실 그가 돈 외에 다른 동기를 추구했을 가능성이 있다고 생각했다는 의미일까? 그것은 알 방법이 없다.『베니스의 상인』은 반역 사건에 대한 논평이 아니며, 이방인이라는 신분과 로페스 본인은 부인했던 유대계 혈통이라는 점에서 로페스와의 주된 유사성을 보이는 악당 고리대금업자가 등장하는 낭만 희극이다. 매표소의 수입 증가에 도움을 주었을 일반 대중의 흥분과는 별개로, 이들을 핵심적으로 연결하는 것은 바로 군중의 웃음이며, 바로 이 웃음을 셰익스피어는 포착하고 동요시키려 했던 것이다. 군중은 웃음을 터뜨렸다. 왜냐하면 이 말이 말로식의 교묘한 농담이라고 생각했기 때문이다. "그는 자신이 예수 그리스도를 사랑하는 만큼이나 여왕 폐하도 사랑한다." 그들이 이해한 바에 따르면 이것은 살인 미수자, 즉 '사랑'이라는 단어를 사실상 '증오'라는 의미로 사용한 사람의 고백이었다.

   대중 관객에게 웃음을 주는 사업을 하고 있었음에도, 셰익스피어는 분명히 이 웃음에 전적으로 편안함을 느끼지 못했다. 그가 썼던 연극은 한때『몰타의 유대인』을 빌려 오되 그 내부의 유독하고 무자비한 아이러니를 거부하는 내용이었다. 극작가는 마치 이렇게 말하는 듯하다. '내가 무엇이 되었든지 간에, 나는 사형대의 발치에서 웃지 않으며, 나는 말로가 아니다.' 말로적인 아이러니를 대체하고 있는 것이 무조건적인 용인은 아니다. — 연극은 어쨌든 죄인이 사면의 대가로 치러야 하는 강제적인 개종을 보여 주고 있다. — 하지만 그것은 이상하고, 억누를 수 없는 상상력에 입각한 너그러움이며, 이 너그러움은 연극상의 문제를 발생시킨다. 그것은 샤일록이 딸과 금화를 혼동하는 모습을 보면서 직설적인 재미를 느끼는 것을 방해하고, 더욱 불편하게는 법정 장면에서의 극적 절정을 축약시켜 버린다는 점이다. 그 장면은 현실 세계에서의 처형과 이어진 희극에서의 동일 대체물이다. 그것은 만족스러운 법적·도덕적 종결을 이루는 것을 의미하며 악행을 처벌하고, 현 지배 문화의 중심적인 가치들을 긍정하는 역할을 하도록 되어 있다. 모든 요소들이 제자리에 있는 것처럼 보인다. 현명한 공작, 살인의 칼날을 갈고 있는 몰인정한 유대인 악당, 자비를 청하는 대단한 달변의 호소, 짜릿한 해결. 하지만 이 장면은 문학 작품으로서의 희곡과 무대 연기에서의 경험 양쪽에서 모두 반복적으로 보여 주듯이, 깊은 불확실성과 불편을 안겨 준다. 문제의 해결은 법률상 맹점을 이용한 교묘한 조작에 기대고 있으며 자비를 향한 호소는 오히려 날카로운 처벌 부과로 이어지고, 기존 가치 확립과 긍정은 독선과 보복이 뒤섞인 채 들이닥친 혼란 속에 묻혀 버린다. 무엇보다도 샤일록의 악랄한 천성을 완화하지 않고 그의 살기 어린 의도들을 무산시킬 필요성을 부인하지 않은 채로, 연극은 그의 내적 삶에 대한 너무 많은 통찰을 안겨 주며 그의 정체성과 운명에 대해서도 너무 많이 알려 줘서, 우리가 고통의 공감 없이는 그를 향해 자유롭게 웃을 수 없도록 만든다. 셰익스피어는 말로가 절대 하지 않기로 선택한 것을 했고, 로페스의 처형장에 모인 조롱하는 군중이 결코 해낼 수 없는 것을 했다. 그는 곧 파멸을 맞게 되는 잔뜩 뒤틀린 사람이, 그 내면에서는 어떤 말을 하고 있을지 상상했던 바를 쓴 것이다.

나는 유대인이다. 유대인은 눈이 없는가? 유대인이라고 해서 손이나, 장기들이나, 생각의 관점이나, 감각이나, 애정이나, 좋아하는 마음이 없는가? 같은 음식으로 배불리고, 같은 무기로 상처 입고, 같은 질병에 걸리고, 같은 약으로 치료받고, 기독교도와 똑같은 겨울과 여름을 나면서 따뜻함과 시원함을 느끼지 않는가? 당신들이 우리를 찌르면 우리가 피를 쏟지 않는가? 당신들이 우리를 간지럽히면 우리가 웃음을 터뜨리지 않는가? 당신들이 우리에게 독을 먹이면 우리가 죽음에 처하지 않는가? 그리고 만약 당신들이 우리에게 잘못을 저지르면 우리가 복수를 해야 하지 않는가?

(3.1.49-56)

웬슬러스 홀러(Wenceslaus Hollar, 1607-1677: 독어권에서는 '벤첼 홀라')가 1647년에 동판화로 제작한 「뱅크사이드에서 런던까지 멀리 내다본 전망("Long View" of London from Bankside)」은 셰익스피어가 친숙하게 돌아다녔을 지역을 일별하는 데 도움을 주는, 세부적인 묘사가 돋보이는 작품이다. 호프 극장으로도 알려진 곰 경기장과 글로브 극장의 표식이 실수로 뒤바뀌어 있다. By courtesy of Guildhall Library, London.

『그린의 은화 한 닢짜리 재치』(1592)에서 셰익스피어를 "벼락출세한 까마귀"라고 공격한 부분. 셰익스피어의 『헨리 6세』에 나온 대사를 패러디한 부분 — "배우의 거죽으로 싸인 호랑이의 심성" — 을 보라. 인용구이기에 다른 글씨체로 쓰여 있다. Used by permission of the Folger Shakespeare Library under a Creative Commons Attribution-ShareAlike 4.0 International License.

pendeth on to meane a ſtay. Baſe minded men all three of you, if by my miſerie you be not warnd: for vnto none of you (like mee) ſought thoſe burres to cleaue: thoſe Puppets (I meane) that ſpake from our mouths, thoſe Anticks garniſht in our colours. Is it not ſtrange, that I, to whom they all haue beene beholding: is it not like that you, to whome they all haue beene beholding, ſhall (were yee in that caſe as I am now) bee both at once of them forſaken: Yes truſt them not: for there is an vpſtart Crow, beautified with our feathers, that with his Tygers hart wrapt in a Players hyde, ſuppoſes he is as well able to bombaſt out a blanke verſe as the beſt of you: and beeing an abſolute Iohannes fac totum, is in his owne conceit the onely Shake-ſcene in a countrey. O that I might intreat your rare wits to be imploied in more profitable courſes: & let thoſe Apes imitate your paſt excellence, and neuer more acquaint them with your admired inuentions. I knowe the beſt husband of you

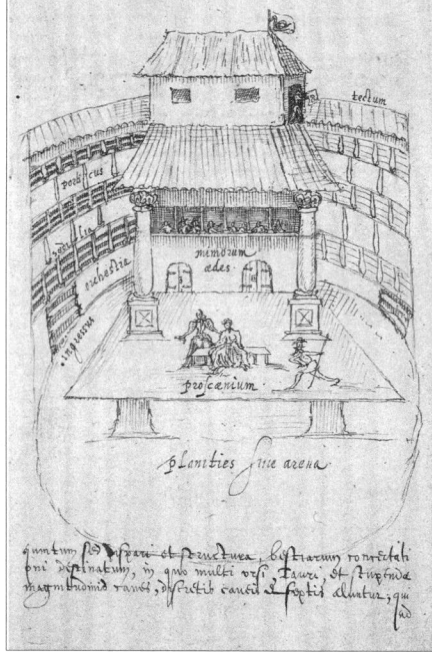

네덜란드의 여행자 요하네스 데 비트(Johannes de Witt)는 1596년에 스완 극장을 스케치했다. 그는 그림을 잃어버렸지만 한 친구가 이것을 사본으로 보존하고 있었다. 위로 들린 무대 위에는 두 명의 여성 인물들(아마도 소년들이 이를 연기했을 것이다.)이 시종에 의해 소개되고 있다. By courtesy of Univeriteitsbibliotheek, Utrecht.

『토마스 모어 경』 원고의 「수기 D」 부분은 셰익스피어가 썼다는 믿음이 널리 퍼져 있다. 이 예시에서 보이듯, 그가 한번 써 내려간 글을 거의 바꾸거나 수정하지 않았다는 주장은 아마도 과장된 표현일 것이다.
By courtesy of British Library.

짤막한 극적 장면들을 모아 엮은 『재치들, 혹은 장난 위의 장난』(1662)의 권두 삽화에 등장하는 폴스타프와 퀴클리 부인의 최초 이미지. 폴스타프와 그가 이룬 위업들을 다루고 있다. By courtesy of Huntington Library.

이 판화는 플랑드르 예술가 얀 반 데르 슈트라에(Jan van der Straet, 1523-1605)의 작품으로 16세기 인쇄소의 모습을 보여 주고 있다. 인쇄기 두 대, 식자공과 교열자 들의 모습이 보인다. Used by permission of the Folger Shakespeare Library under a Creative Commons Attribution-ShareAlike 4.0 International License.

『루크레스의 겁탈』(1594)의 헌정 서한문. Used by permission of the Folger Shakespeare Library under a Creative Commons Attribution-ShareAlike 4.0 International License.

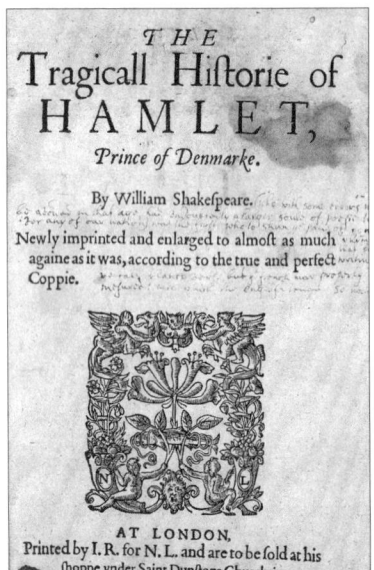

『햄릿』의 초기 텍스트는 세 가지로 식별된다. 여기 속표지의 복제본으로 나온 두 번째 4절판(1604)은 이런 주장에 힘을 실어 준다. 1603년에 발행된 첫 번째 판본에 비해 분량이 거의 두 배에 달하기 때문이다. 최초 2절판(First Folio: 1623)에 실린 텍스트는 더 짧은데, 아마 공연을 위해 잘라 낸 장면들이 있기 때문일 것이다. Used by permission of the Folger Shakespeare Library under a Creative Commons Attribution-ShareAlike 4.0 International License.

흑사병 시대에는, 이 목판화가 보여 주듯이 죽음이 런던을 지배했다. By courtesy of British Library.

스트랫퍼드어폰에이번의 홀리트리니티 교회에 있는 셰익스피어의 장례 기념물에는 그가 생의 마지막 나날을 보내면서 남들에게 자신의 모습을 분명히 드러내고 싶어 했던 것처럼 묘사돼 있다. 또한 위엄 있는 시민이자 시인으로서의 모습을 보여 준다. Wikipedia.

셰익스피어를 그린 것으로 널리 받아들여지는 이 초상화는, 자신을 셰익스피어의 대자라고 주장하며 넌지시 그의 숨겨진 아들이라고 암시했던 윌리엄 대버넌트 경의 소유물로 알려져 있다. 단순하기 그지없는 의상이 금색 귀고리의 광채를 더욱 돋보이게 한다.
By courtesy of National Portrait Gallery, England.

지면에 위치한 일반 구역과 주위를 둘러싼 갤러리를 보여 주는
새로운 구조의 글로브 극장 내부. By courtesy of International Shakespeare
Globe Center, Ltd.

10 망자와의 대화

1596년 봄에서 여름 무렵 셰익스피어는 단 하나뿐인 아들 햄넷이 아프다는 전갈을 받았을 것이다. 전갈을 받은 즉시 그가 바로 반응을 보였을 수도 있고, 아니면 런던에서의 다른 업무들에 치여서 바로 답하지 못했을 수도 있다. 당시에는 그를 바쁘고 정신없게 하는 일들이 많았다. 그해 7월 22일에 여왕의 권력가 친족이자 셰익스피어 극단의 후원자인 궁내 장관 헨리 캐리가 사망했다. 궁내 장관 자리는 카범 경에게로 넘어갔지만, 배우들은 여전히 캐리의 아들인 헌스던 경 조지 수하에 있었다.(카범도 1년 안에 사망하는 바람에 궁내 장관의 직위는 다시 조지 캐리에게로 돌아갔고, 극단은 아주 짧은 기간 동안만 로드헌스던스멘 극단이 되었다가 곧 원래대로 로드챔벌린스멘 극단으로 불리게 되었다.) 극단 후원자의 죽음에 이어 앞날이 불확실한 상황에 처하자 배우들은 당혹감을 느꼈다. 그리고 설교자들과 공무 행정 관리들이 런던의 윤리적 건강과 공공 보건을 위해서 극장들을 폐쇄해야 한다고 다시금 목청을 드높였을 때 그들의 불안은 더욱 가중되었다. 도시 내 모든 여관이나 술집에서의 공연이 금지되었고 1596년 여름에 당국 관계자들이 모든 극단의 일시적 폐쇄 조치 명령서를 손에 넣었을 가능성도 있다. 제한 조치라고 알려진 그러한 폐쇄 명령은, 셰익스피어 극단 구성원 중 일부가 왜 그해 여름에 켄트(Kent)의 파버샴(Faversham)과 다른 고장들에서 공연을 하고 다녔는지를 설명해 준다.

셰익스피어는 순회공연길에 오른 동료 배우들과 동행했을 수도 있고, 아니면 당시 극단을 위해 쓰고 있었을 『존 왕』, 『헨리 4세』 1부, 혹은 『베니스의 상인』 중 한 개 이상의 극본 집필 작업에 열중하기 위해 런던에 남았을 수도 있다. 런던에 있었든 순회공연 중이었든, 그는 스트랫퍼드로부터 오는 소식을 간헐적으로만 들었을 테지만 여름의 어느 순간 그는 햄넷의 상태가 매우 악화되었으며 모든 것을 잠시 내려놓고 서둘러 집으로 향해야 한다는 것을 알게 되었다. 그가 스트랫퍼드에 도착했을 때 열한 살짜리 아들은 — 몇 번의 짧은 귀환을 제외하면 셰익스피어가 사실상 갓난아기 때 버리고 간 것이나 다름없는 — 이미 죽어 있었는지도 모른다. 8월 11일에 아버지는 홀리트리니티 교회에 묻히는 아들을 아마 보고 있었을 것이다. 교구 직원은 적절한 장례 절차에 따라 매장인 명부에 기입했다. "윌리엄 셰익스피어의 아들 햄넷." (*Hamnet filius William Shakspere.*)

사랑하는 아이들을 잃은 뒤 비통함과 애도를 가득 담은 시를 남겼던 벤 존슨이나 그 외 다른 시인들과 달리, 셰익스피어는 어떤 애가도 발표하지 않았고 아버지로서의 감정을 기술한 기록도 남기지 않았다. 이전에 가문의 문장을 획득하는 일에 착수했던 걸 돌이켜 보면 그가 어느 한 시점에서는 자신의 아들과 후계자들을 향한 기대감을 염두에 두고 있었던 건 분명하다. 셰익스피어의 유언장 또한 재산을 남성 후계자들에게 잘 넘겨주는 일에 강한 관심과 의지를 드러내고 있다. 하지만 이런 증거들은 너무나 공적이고 관습적이어서 그의 내적 상태를 제대로 알려 주지는 못한다. 종종 셰익스피어 시대의 부모들은 어느 한 자녀에게 지나치게 많은 사랑이나 희망을 투자할 만한 형편이 되지 못했다고들 한다. 아이 셋 중 하나는 열 살이 될 무렵에 죽었고, 전반적인 사망률이 우리의 기준에 비춰 보면 엄청나게 높았기 때문이다.

죽음은 친근한 장면이었다. 그것은 사람들의 시야에서 벗어난 다른 곳이 아니라 바로 모든 이들의 가정에 자리 잡고 있었다. 윌리엄 셰익스피어가 열다섯 살이었을 때 그의 일곱 살 난 여동생 앤이 죽었고, 그 외에도 분명 그는 주변에서 어린아이의 죽음을 여러 차례 목격했을 것이다. 하지만 익숙하게 일어나는 사건이라고 해서 모두가 으레 무심한 태도로 죽음을 받아들였을까? 그와 같은 시대를 살아가던 사람들 중 어떤 의사가 기록한 개인적인 일기가 최근에 판독되었는데, 거기에는 아이를 잃은 뒤 절망에 싸인 부부와 부모 들이 슬픔을 견디지 못해 그에게 치료를 받으러 드나드는 모습이 담겨 있다. 인간의 감정은 통계 수치로 좌우되는 것이 아니다. 엘리자베스 시대의 일부 부모들은 고통으로부터 자신을 방어하기 위해 연약한 아이에게 지나친 애정을 쏟지 않는 태도를 익혔을지 몰라도, 모든 부모들이 그랬던 것은 아니다.

많은 사람들이 지적하다시피, 햄넷이 죽은 후 4년 동안 극작가는 그의 작품 중에서 가장 쾌활한 분위기를 풍기는 희극들을 써냈다.

『윈저의 즐거운 부인들』, 『헛소동』, 『좋으실 대로』. 하지만 이 기간에 쓰인 연극들이 한결같이 무난한 명랑함을 지녔다고는 결코 말할 수 없으며, 때때로 그것들은 개인적으로 겪었던 깊은 상실에 대한 경험을 반영하는 듯 보이기도 한다. 아마도 아이를 땅에 묻고 온 직후인 1597년에 쓰였을 『존 왕』에서, 셰익스피어는 한 어머니가 아들을 잃고 난 뒤 상실감을 이기지 못해 광분 상태에 빠져서 자살을 생각하는 모습을 그려 내고 있다. 지나가던 성직자가 그녀를 지켜보면서 미쳤다고 말하지만 그녀는 자신이 완벽하게 정상이라고 주장한다. "나는 미치지 않았어요. 하느님께 맹세코 내가 미쳤다면 그렇다고 인정했겠지."(3.4.48) 그녀는 자신의 머리에 자살이라는 생각을 집어넣은 것은 이성의 사고력이지 광기가 아니라고 말하는데, 그 이유는 바로 그 사고력이 죽은 아이의 형상을 끈질기게 부여잡은 채 놓지 못하기 때문이다. 정도를 벗어나 병적으로 슬픔에 취해 있다고 비난받을 때, 그녀는 그 상황에 연결되어 있는 모든 줄거리의 전개 맥락에서 벗어나 그 자체로 오롯이 관객의 마음을 후벼파는, 단순하고도 아름다운 대사로 답한다.

> 내 아이가 없는 빈 공간에 슬픔이 대신 들어섭니다.
> 그의 침대에 눕고, 나와 함께 아래위로 걷고
> 그의 귀여운 표정을 지어 보이고, 종알종알 그의 말을 반복하고
> 그의 모든 사랑스러운 몸의 일부를 기억하게 하고
> 그의 텅 빈 옷가지들을 그의 형상으로 채웁니다.
>
> (3.4.93-97)

설령 이 행들과 햄닛의 죽음 사이에 확실한 연결점이 없다고 하더라도, 최소한 셰익스피어가 아들을 묻고 나서 아무런 동요 없이 일상으로 복귀했다고 생각할 이유는 없다. 그는 심지어 사랑에 빠진 폴스타프나 비어트리스와 베네딕의 재치 대결을 보여 주면서 관객들을 웃게 만들던 순간에도, 내면적으로 그리고 강박적으로는 자신의 상실에 대해서 곰곰이 생각하고 있었을 수 있다. 물론 아들의 죽음 탓에 생긴 트라우마가 셰익스피어의 작품에서 완전히 모습을 내보이기까지는 장기적으로 몇 년의 시간이 걸렸을 것이라는 관점도 나름 타당성이 있다.

한참이 지난 뒤 그의 후기 연극에서는 아들이 살아 있던 시절에 스트랫퍼드를 방문하던 경험의 흔적이 드러나기도 한다. "자네도 자네의 어린 왕자에게 애정을 느끼나,/ 우리가 지금 우리 어린것을 아끼고 있는 것처럼?" 한 친구가 다른 이에게 묻는다. "그야 내 집에 있으면."이라는 대답이 이어진다.

> 그는 내게 몸을 일으켜야 하는 훈련이고, 즐거운 소동이고, 내게 주어진 일거리고
> 한순간에는 나와 막역한 친구가 되었다가, 다음 순간에는 적이 되고
> 나에게 들러붙는 기생자, 나의 충실한 군인, 나를 다루는 정치인, 모든 것이지.
> 그는 7월의 하루를 12월의 하루처럼 눈 깜짝할 사이에 저물게 하고
> 시시각각 변하는 그의 아이다움으로 나를 치료해 준다네,
> 내 피를 굳게 만들 만한 생각들을 연하게 풀어 주면서.
>
> (1.2.165-72)

"그야 내 집에 있으면." 이 말은 연극의 상황뿐 아니라 극작가의 상황에도 들어맞는 말이다. 아마도 피를 굳게 만든다고 믿어지던 생각, 즉 달아날 데 없는 우울감을 곱씹던 셰익스피어는 아들을 회상하는 자신을 발견했는지도 모른다. 『겨울 이야기』에는 질투에 사로잡힌 아버지가 어머니를 향해서 화를 폭발시킬 때, 시름시름 앓다가 죽어 버린 조숙한 어린 소년이 등장한다.

햄닛의 죽음 이후 셰익스피어가 자살의 충동을 느꼈는지 아니면 평온한 상태였는지는 모르지만, 어쨌든 그는 일에 미친 듯이 매달렸다. 1590년 후반은 그의 인생에서 놀랄 만큼 바쁘고 생산적인 시기였다. 훌륭한 극본들이 연속적으로 탄생했고, 궁정 또는 공공 극장에서의 공연이 빈번해졌으며, 그의 명성과 부도 차곡차곡 더해졌다. 극단의 주주로서 셰익스피어는 극단의 모든 일상적인 업무에 직접 관여했는데 그중에는 갈수록 험악해지던 자일스 앨런(Giles Allen)과의 갈등도 있었다. 앨런은 로드챔벌린스멘 극단이 주로 공연하던 시어터 극장이 자리 잡은 쇼어디치 땅의 주인으로, 이 땅을 둘러싼 계약은 1576년 제임스 버비지와 그의 동업자가 극장을 지을 땅을 빌리던 때에 체결되었다. 버비지의 죽음으로 인해 예정보다 오래 끌어 온 계약이 이제 만료되는 시점에서 앨런은 이들과의 계약 갱신을 거절했는데, 최소한 버비지의 아들들이 받아들일 만한 조건으로는 계약이 불가능하다고 밝혔다.

협의는 결렬되고 급기야 시어터 극장은 폐쇄되고 말았다. 상황이 절박해지자 극단은 근처에 있는 커튼 극장에서 공연을 재개했으나 그 장소는 썩 목이 좋은 곳이 아니었고, 결국 극장 수입은 눈에 띄게 줄기 시작했다. 돈을 마련하기 위해 그들은 보통 극단들이 꺼리는 일을 감행했다. 바로 가장 인기 있는 공연 극본 네 편을 팔아 치운 것이다. 그들은 『리처드 3세』, 『리처드 2세』, 『헨리 4세』 1부 그리고 『사랑의 헛수고』를 어느 진취적인 출판업자에게 팔았고, 그 출판업자는 극본들을 4절판으로 찍어 시장에 내놓았다. 바로 쓸 수 있는 현금이 흘러 들어온 것은 당연히 도움이 되었겠지만, 그것은 해결책이라기보다 모든 것이 해체되기 시작하면서 끝내 그들의 의상들까지도 팔아 버리고 극단 자체가 해산되고야 마는 불길한 단계에 이르렀다는 느낌을 주었다.

진정한 해결책은 어처구니없을 정도로 대담하게 마련되었다. 1598년 12월 28일, 템스 강이 얼어붙을 정도로 춥던 그 밤에 배우들이 쇼어디치에 모였다. 그들은 제각기 손전등을 들고, 어느 증언자에 따르면 "장검, 단검, 창, 도끼 등"의 무기를 장착한 상태였다. 원체 머릿수도 많지 않은 데다가, 어쩌면 한두 명의 폭력배를 고용하여 채웠을지도 모르는 이 적은 수의 무리는 그다지 위협적으로 보이지는 않았을 테지만, 배우들은 무기를 다루는 훈련이 잘되어 있었고 런던에는 공식적인 경찰 병력이 없었으므로 그 일을 처리하기엔 그 정도로도 충분했다. 그들은 주변에 망을 봐줄 감시자들을 배치하고, 열두어 명의 일꾼과 함께 시어터 극장 건물을 통째로 해체하기 시작했다. 새벽빛을 받으며 그들은 무거운 목재들을 수레에 싣고 강을 건너서 로즈 극장에서 그리 멀리 떨어지지 않은 곳에 있는 장소로 이 거대한 화물을 운송하기 시작했다. 지주 앨런은 이 황당한 사태에 거의 졸도할 지경에 이르렀고 사유지 무단 침입의 근거로 그들을 고발했으나 법적으로는 상황이 복잡했다. 버비지의 임대 계약상 앨런의 땅 위에 지어진 건축물에 대한 권리는 임차인 측에 있었기 때문이다. 어떻게 그들이 단 하룻밤 사이에 캄캄한 어둠 속에서 그 일을 해낼 수 있었는지는 불가사의하지만, 어쨌든 일은 이미 취해졌으니 더 이상 손쓸 도리가 없었다.

이어지는 몇 개월간, 재능 있는 목수인 피터 스트리트(Peter Streete)가 이전 극장의 자재들을 영리하게 재활용한 결과 근사한 새 극장이 세워졌다. 새 극장은 다각형 목조 건물로, 각 면의 너비는 대략 30미터 정도였고, 거대한 연단으로 솟아 있는 무대가 관람석 세 구역과 아래층의 입석 구역을 향해 돌출되어 있었다. 극장은 총 3000명 정도의 관객을 수용할 수 있었으며, 이는 대도시 런던의 규모에서 봐도 놀라운 크기로, 그만큼 복잡한 대사와 감정을 전달하는 배우들의 엄청난 능력에 대한 경의의 표현이기도 했다.(뱅크사이드에 있는 오늘날의 글로브 극장은 이 극장의 절반 정도 규모이다.) 셰익스피어가 포함되어 있는 적은 수의 투자자 집단이 이 야심 찬 사업을 기획하여 돈을 댔다. 그들은 극장에 걸릴 표어로 "토투스 문두스 아지트 히스트로니엠(*Totus mundus agit bistroniem*)", 즉 대략적으로 '배우는 온 세계를 연기한다.'라는 의미의 라틴어를 골랐고, 헤라클레스가 어깨 위에 지구 전체를 올리고 버티는 도안을 넣었다. 그들은 이 새 극장을 글로브(Globe) 극장이라고 칭했다.

투자금의 비율 때문에, 셰익스피어는 이제 극단에서 공동 주주 이상의 위치에 오르게 되었다. 1599년 2월 21일에 체결한 계약 내용에 따르면, 그는 글로브 극장의 1할에 해당하는 지분을 소유하게 되었고, 동료 배우들인 존 헤밍, 토머스 포프, 어거스틴 필립스, 그리고 윌 켐프도 각기 극장의 1할을 소유하게 되었다. 극단의 인기 배우이자 광대였던 켐프는 무대 위에서 괴상한 춤과 외설적인 노래를 선보이기로 유명했는데, 얼마 지나지 않아 곧 동업자들로부터 떨어져 나갔다. 그는 자신의 지분을 팔아 버리고 극단과 결별했는데, 떠나면서 자신이 "셰익쓰레기들(Shakerags)"이라고 부르던 이들에 대해 신랄한 농담을 퍼붓는 것도 잊지 않았다. 극단은 일시적으로 광대가 없는 상황에 처했으며 — 절묘한 감각과 왜소한 체구를 가진 배우 로버트 아민(Robert Armin)을 발견하기까지는 얼마간의 시간이 필요했다. — 셰익스피어의 그다음 연극인 『줄리어스 시저』는 극본상 광대의 맛깔나는 연기가 들어가 있지 않은 것으로 잘 알려져 있다.

셰익스피어는 글로브 극장 가까이 서더크로 거처를 옮겼다. 글로브는 6월에 완공되어 공연 준비를 마쳤는데, 이는 놀랍도록 빠른 시간 내에 정비된 것이었다. 첫 공연이니만큼 아마도 개봉작은 가볍고 대중 친화적인 작품이 선정될 것이라고 예상했을지 모르나, 로드챔벌린스멘 극단은 새 극장의 시작을 『줄리어스 시저』로 열기로 결정했다. 이 새 연극은 최근 여왕 암살을 시도하는 협박이 벌어진 것에 대해서 여전히 사회적으로 강렬한 불안을 느끼고 있는 대중 정서에 적합한 비극이었다. 런던에 와 있던 스위스 출신의 여행자 토머스 플래터(Thomas Platter)는 그 연극을 관람한 뒤 집으로 보내는 편지에 감상을 적었는데, 이는 셰익스피어의 공연을 동시대인이 직접 관람하고 쓴 증언록으로서 지금은 몇 편 남아 있지 않은 소중한 자료 중 하나이다. "9월 21일에 점심 식사를 하고 나서 2시쯤에, 나는 동행과 함께 강을 건너 최초의 황제 줄리어스 시저에 대한 비극을 봤다. 연극은 초가 지붕을 올린 건물에서 매우 근사하게 공연되었고 대충 열다섯 명 되는 인물이 등장했다." 플래터는 연극이 끝나면서 있었던 일도 기록했다. "관습에 따라, 그들은 대단히 우아한 춤을 선보였다. 두 사람은 남자 옷을 입고 두 사람은 여자 옷을 입고, 모두가 멋지게 어우러져 함께 춤을 추었다." 『줄리어스 시저』와 그 외 극단이 보유하고 있던 강력한 레퍼토리들을 바탕으로 글로브 극장이 개장되었고 그들은 엄청난 성공을 거두었다. 그들의 경쟁 상대이던 근처의 로즈 극장은 결국 들어온 지 여섯 달만에 짐을 꾸려 강 건너의 크리플게이트로 철수했다. 그들이 거기서 새로 연 극장은 '포춘'이라고 불렸다.

이웃의 경쟁 상대를 쫓아 버렸다고 해서, 연극계의 상업적 경쟁 구도가 완전히 끝난 것은 아니었다. 오히려 1599년 말에 이르자 로드 챔벌린스멘 극단은 엄청나게 강렬한 경쟁에 휩싸이는데, 새롭게 정비된 개인 소유의 극단인 폴 소년 극단(Children of Paul's)이나 그 다음 해에 등장한 또 다른 레퍼토리 극단인 블랙프라이어스 예배당 소년 극단(Children of the Chapel at Blackfriars)이 두각을 나타내며 치고 올라왔기 때문이다. 배우들의 연령대가 상대적으로 낮은 소년들이라는 점도 경쟁의 심각성을 둔화하지는 못했다. 이들 역시 정교하게 다듬어지고, 날카로운 재치가 넘치고, 높은 성취를 보이는 극단들로 대중 관객을 끌어모으는 호소력이 상당했기 때문이다. 다음 연극에서 셰익스피어는 이 경쟁을 설핏 떠오르게 하는 장면을 집어넣었다. 햄릿이 극단의 배우들에게, 도시에서 얻는 명성이나 순익을 뒤로하고 어쩌다 엘시노어까지 오게 되었느냐고 묻는 장면이다. 로젠크란츠(Rosencrantz)는 도시에서 그들을 보러 오는 관객들의 수가 크게 떨어졌다고 설명한다. "전하, 꼭 맹금 같은 어린 녀석들이 있다고 합니다, 쬐끄만 맹금들이." 젊은 매들을 가리키는 말이다. "그들이 이제 새로운 유행이라고요."(2.2.326, 328) 『햄릿』을 쓰려고 책상 앞에 앉은 셰익스피어는 어깨 너머로 추격해 오는 이 소년 극단들을 넘겨다보며 짐짓 염려하는 척했는데 — 완전히 농담이었던 것만은 아니다. — 바로 그들의 존재로 인해 자기 극단의 배우들이 런던 무대에서 밀려나게 될 것을 실제로도 걱정했던 것이다.

1600년 혹은 그 전후로, 햄릿에 대한 연극을 쓰기로 생각한 것이 셰익스피어 고유의 발상은 아니었을 것이다. 지금은 소실되었으나 최소한 한 개의 연극이 덴마크 왕자가 살해된 아버지의 복수를 한다는 줄거리로 영국 무대에서 공연된 적이 있었고, 아마 대중적으로 충분한 성공을 거두었기에 당시 작가들은 마치 모든 사람들이 이 연극을 본 적이 있거나 아니면 최소한 그에 대해 들어서 안다고 전제한 듯 종종 이 연극에 대한 이야기를 수월하게 인용하거나 언급했다. 1589년에, 내시가 어느 버르장머리 없는 벼락출세자(아마도 토머스 키드를 겨냥한 말이었을 것이다.), 대학 문턱도 밟아 본 적 없으면서 그 자신을 극작가라고 칭할 만큼 뻔뻔한 자를 두고 조롱하는 글을 썼을 때 등장하던 비유도 바로 이 햄릿에 대한 연극이었다. "만약 어느 서리 내린 아침에 그를 붙잡고 제대로만 요청한다면, 그는 한나절 만에도 『햄릿』 여러 편을 써 갈겨 올 것이다. 그래 봐야 비극적 대사 몇 줌을 모은 데 불과하겠지만." 그리고 7년 후에 또 다른 대학 재사과 일원인 토머스 로지도 어느 악령을 묘사하면서 그가 마치 "시장에서 굴조개 파는 여인네처럼 비참하게 갈라지는 목소리로 '햄릿, 복수해라!'라고 외치는 극장의 유령 가면을 쓴 듯 창백한 얼굴이다."라는 말로 내시가 앞서 남겼던 조롱 조의 비유를 반복했다. 그 연극은 여전히 공연 중이었을 수도 있고 — 그랬다면 엘리자베스 시대 연극계에서는 이례적으로 장기간 공연된 경우일 것이다. — 아니면 최근에 다시 공연을 새로 시작한 것일 수도 있고, 아니면 단지 저속하게 강조된 극적 강렬함을 의미하는 표현으로 남았던 것일 수도 있다. 어느 경우라고 해도 로지와 내시가 자신들의 글을 읽는 독자들이 그 연극을 떠올리는 데 전혀 어려움을 느끼지 않으리라고 생각했을 만큼 대중적으로 널리 알려진 연극이었던 것이다.

　극장의 수입을 염려하던 로드챔벌린스멘 극단의 누군가가, 셰익스피어에게 이제 슬슬 새롭게 개량된 버전의 햄릿 연극을 쓸 때가 되지 않았느냐고 제안했을 수 있다. 셰익스피어 본인도 극단의 사업 수익에 깊이 관련되어 있었으므로, 런던 대중을 끌어들일 만한 소재가 무엇일지 민감한 주의를 기울이는 상황이었다. 그리고 지금 시점에서 그는, 과거 오래되고 낡은 희곡들의 먼지를 털어서 놀랍도록 새롭게 보이는 당대의 작품으로 재창조해 내는 일에 어느 정도 탄탄한 경험을 쌓아 온 상태였다. 그보다 먼저 햄릿을 재가공한 작가 토머스 키드의 눈치를 볼 필요는 없었다. 말로와 동숙했다는 이유로 심문을 받으며 당한 고문으로, 심신이 망가져 버린 탓에 1594년에 서른여섯의 나이로 사망했기 때문이다. 설령 그렇지 않았다 하더라도 셰익스피어나 그의 동시대 사람들은 각자의 작품 내용을 서로 갖다 베끼는 것에 별로 거리낌을 느끼지 않았다.

　셰익스피어 본인도 그 이전에 햄릿을 아마도 여러 번 관람했을 것이다. 그가 배우로서 직접 공연을 한 적이 있을 수도 있다. 그랬다면 그는 자신이 등장하는 부분, 입장과 퇴장이 적힌 종이 두루마리를 풀로 붙인 대본집을 소지하고 있었을 것이다. 엘리자베스 시대의 배우들은 자신이 나오는 부분의 두루마리(roll)만을 가질 수 있었다. ― 바로 여기서 '역할(role)'이라는 말이 유래했다. ― 배우 개인이 전체 대본 한 권을 가지는 것은 허락되지 않았다. 전체를 다 인쇄하려면 너무 돈이 들었고, 극단은 그들의 대본이 유출되어 널리 퍼질지도 모르는 상황을 경계했다. 특별한 경우에는 친애하는 후원자들을 위해 따로 복사본을 찍어 내기도 했고, 재정상의 문제가 발생했을 경우에는 가끔씩 전체 극본을 인쇄업자에게 팔기도 했다. 하지만 그들은 무엇보다 대중이 연극을 접할 때 서재에서 읽는 희곡집으로서가 아니라 무대 위의 공연 형태로 만나게 되기를 원했다.(물론 극본들을 따로 출판하지 않은 것은 그 작품들이 결국은 소실되어 후대에 전달되지 않을 가능성을 크게 높이는 결과를 가져왔다. 앞서 햄릿을 다룬 극본들의 버전이나 다른 많은 연극들이 실제로 그러한 운명을 맞은 것처럼. 하지만 그것은 당시 극단들의 관점에서는 별로 신경 쓸 만한 일은 아니었다.)

햄릿에 관한 극본 전체를 손에 넣을 수 있었는지는 모르겠지만, 셰익스피어는 사실상 그 당시의 배우라면 마땅히 가져야 했던 어떤 능력을 매우 경악스러운 수준으로 지니고 있었다. 바로 정확한 기억력이다. 맞닥뜨리는 모든 것들, 심지어 단순히 스치거나 지나가는 것들까지도 그는 머릿속에 고이 담았다가, 수년이 지난 후에도 필요하기만 하면 바로 끄집어낼 수 있는 것처럼 보였다. 대화의 파편, 공공 선포문, 장황한 설교, 술집이나 길거리에서 넘겨들었던 말, 짐마차꾼과 걸걸한 여편네 사이에서 오가던 욕설, 책방에서 무심코 들춰 보았던 책의 몇 장 등 모든 것들이 그의 뇌 안에 어떤 방법으로든 저장되어, 그의 상상력이 마음만 먹는다면 바로 열람할 수 있는 파일들처럼 정리되어 있었다. 물론 그의 기억력은 완벽하지 않았다. ― 그는 실수를 했고, 한 장소를 다른 장소와 혼동하기도 했으며, 서로 이름을 바꿔 버리거나 하는, 그런 비슷한 혼동이 종종 발생했다. ― 하지만 이러한 불완전성은 오히려 그의 놀라운 재능에 그 어떤 강박적이거나 기계적인 측면도 없다는 것을 보여 줄 뿐이었다. 사실상 그의 기억력은 창의성의 거대한 원천이었다.

그렇다면 새로운 비극을 써 보기로 했을 때, 셰익스피어는 햄릿을 다룬 옛 연극을 몽땅 외우고 있었거나, 아니면 그가 기억하기로 마음먹은 부분만이라도 암기하고 있었을 가능성이 높다. 이번 경우에는 그가 집필 중인 책상에다 참고서도 같이 펼쳐 놓았는지 — 예를 들어서 『안토니와 클레오파트라』를 쓸 때의 그는 확실히 그렇게 했었다. — 아니면 기억에만 의존했는지 명백하게 말하기 어렵지만, 그는 살해와 복수가 나오는 옛 덴마크 이야기를 분명히 한 번은 읽어 봤을 것이고, 아마도 한 가지 이상의 다른 판본도 참조했을 것이다. 적어도 그가 쓴 연극을 통해 판단해 보자면 그는 프랑수아 드 벨포레(François de Belleforest)가 프랑스어로 서술한 이야기를 주의 깊게 읽었는데, 이 벨포레가 모은 비극적인 이야기의 모음집은 16세기 후반에 큰 인기를 얻으며 출판계의 경이로운 현상으로 떠올랐다.(그것은 최소한 열 개의 다른 편집본으로 출간되었다.) 벨포레의 책에 나오는 햄릿 이야기는 12세기 후반 덴마크의 문법학자 색소(Saxo the Grammarian)가 라틴어로 출간한 덴마크의 연대기에서 가져온 것이었다. 색소 역시 자신보다 수세기 앞서 구전되어 내려오던 전설들을 승계하여 재활용했다. 그렇다면 셰익스피어는 경력상 매우 자주 그랬듯이, 이미 사람들이 잘 아는 자료들을 활용하여 작업을 하고 있었던 셈이다. 잘 짜여진 줄거리와, 친숙한 인물들의 도입과, 그리고 미리 예측할 수 있는 사건 지점에서의 흥분감이 그 자료의 요소들이었다.

셰익스피어 역시 이미 대중에게 잘 알려진 유명인이었다. 당시에 그의 경력을 일일이 조사한 사람이라면 누구라도, 1600년에 이미 그 자신의 상상력이 미치는 왕국의 영토와 경계선까지 완전히 잘 정리해 놓은 상태라고 결론을 내렸을 것이다. 그가 전문 직업 극작가로서 지금까지 훌륭하게 이뤄 놓은 상상의 세계를 반복해서 다져 나가리라는 것은 당연하고도 무난한 흐름처럼 보였다. 여기서 또 새로운 대륙을 탐색하여 찾아 나간다는 것은 거의 일어날 가능성이 없는 일처럼 보였다. 아마도 셰익스피어 본인을 포함하여 그 누구도 무언가 놀라운 일이 곧 일어나려 한다는 것을 예측하진 못했을 것이다.

아직 젊은 나이였지만(겨우 서른여섯 살이었다.), 최근 10년 정도 사이에 그는 3대 주요 장르 — 희극, 역사극, 비극 — 에서 탁월한 성취를 보여 주었다. 그가 썼던 연극들은 각 장르에서 나름의 완벽성을 갖추고 있었으므로 그 이상의 성취를 이룬다는 상상은 하기 힘들어 보였다. 과연 이어지는 수년 동안 그는 마치 역사극에서는 할 수 있는 최선을 다했다고 생각하기라도 한 듯, 그 자신이 쓴 『헨리 4세』 2부작과 『헨리 5세』 2부작을 뛰어넘으려는 시도를 전혀 하지 않았다. 그리고 곧이어 『십이야』라는 엄청난 작품을 쓰기 시작했지만, 희극 장르에서는 사실상 『한여름 밤의 꿈』, 『헛소동』, 그리고 『좋으실 대로』에서 스스로 이룩해 낸 것을 뛰어넘는 수준으로는 넘어가지 않았다. 『햄릿』은 이후 『오셀로』, 『리어 왕』, 『맥베스』, 『안토니와 클레오파트라』, 그리고 『코리올라누스』를 줄줄이 쏟아 낸 실로 폭발적인 창의력의 첫 발동이 되었지만, 1600년 당시 연극계 동향에 밝으며 극장에 자주 다니던 관객이었다면 『햄릿』을 쓰기 전에 이미 셰익스피어는 비극에서 충분히 재능을 발휘하고 있었다고 생각했을 것이다. 당시 시점에서 그가 쓴 스무 개의 연극 중 『타이터스 앤드러니커스』, 『로미오와 줄리엣』 그리고 『줄리어스 시저』가 대표적인 비극이었다. 물론 이것들만이었던 것은 아니다. 현대 편집자들이(최초 2절판의 편집자들을 좇아서) 요즘엔 역사극으로 분류하는 연극 세 개 —『헨리 6세』 3부, 『리처드 3세』 그리고『리처드 2세』— 는 셰익스피어가 살아 있을 당시엔 비극으로 분류되었다.

    사실 셰익스피어에겐 비극과 역사극의 구분이 별로 중요하지 않았다. 그와 같은 시대에 살았던 많은 극작가 동료들에게도 마찬가지였다. 대부분의 인간 역사의 근원적인 구조는 그 끝없는 흥망성쇠의 반복으로 인해 그에게 비극적으로 느껴졌고, 역으로 그가 바라보는 비극도 역사에 그 뿌리를 두었다. 그러한 점에서『베니스의 상인』이 충분히 보여 주듯이 희극을 수용하는 감각 역시 고통, 상실, 그리고 죽음의 위협과 교차했고, 비극을 수용하는 감각에도 광대와 웃음이 들어갈 여지는 있었다. 당시의 문학 이론가들은 아리스토텔레스에서 유래한 시학 법칙을 엄격하게 고수할 것을 종용했으며, 필립 시드니 경이 "왕들과 광대들을 한데 뒤섞어 버린다."라고 말했던 추세에 대해 맹렬하게 반대했다. 1579년 셰익스피어가 아직 문법 학교 학생이었을 시기에, 시드니는 전형적인 영국 연극이 갖는 느슨하고도 자유로운 형식의 줄거리 전개 방식에 조소를 남겼다. 시드니의 표현은 본래 독자들의 탄식을 자아내기 위한 것이었으나, 그것은 사실상 셰익스피어가 활동하는 내내 탁월한 솜씨로 해냈던 일을 매우 정확하게 예측한 듯한 표현이 되었다. 세 명의 숙녀들이 무대를 가로질러 걷는 장면이 나오면 그들이 꽃을 따러 나온 것이라고 상상해야 한다. 곧이어 네 명의 배우들이 검과 둥근 방패를 들고 나타나면 위대한 두 군대가 서로 맞붙게 되는 것을 보게 될 것이라고 생각하게 된다. 그리고 난파선의 소식이 들려왔는데도 무대에 위험한 암초가 있으리라고 예상하지 못한다면 그건 순전히 관객의 책임이라고, 시드니는 조롱의 코웃음을 치며 썼다. "당신은 한편에는 아시아, 다른 한편에는 아프리카를 두고, 그에 속한 다른 산하 왕국들도 함께 염두에 두고 있어야 한다. 그리고 배우가 등장하면 그는 일단 자기가 어디에 있는지 말하는 것부터 시작해야 할 것이다. 그렇지 않으면 이야기가 잉태조차 되지 않을 것이므로."

시드니를 비롯하여 그와 뜻을 같이 하는 다른 이론가들이 원했던 것은 좀 더 정돈된 질서를 가진 것이었다. 무대는 언제나 한 장소만을 표현해야 하며, 연극의 시간은 최대한 하루 내에서 표현되어야 한다고 그들은 주장했다. 또한 비극에서부터 발화되어 고양된 감정들은 절대로 "경멸스러운 장난질"이나 희극의 외설적인 웃음으로 더럽혀져서도 안 된다고 했다. 이러한 것들은 아리스토텔레스에게서 유래한 정석 시학에서의 금지와 제한들이었고, 셰익스피어와 그의 동료 전문 극작가들이 거의 언제나 관례적으로 성실하게 위반해 왔던 것들이다.

영국과 유럽 대륙의 박식한 비평가들이 집착하곤 하던 이러한 장르적 경계선과 제약에 대해 철저하게 무관심한 태도가, 셰익스피어의 경력 전체, 그리고 특히나 그 첫 10년 동안의 작품들에서 느껴지는 당혹스러운 변덕을 설명할 수 있을 것이다. 셰익스피어에게서는 예술적인 선형 발전을 이루고자 하는 그 어떤 명확하고 논리적인 진행 구조가 존재하지 않는다는 것이다. 그의 작품들을 깔끔하게 구분하여 정리한 모음집 편집본들은 ─ 처음엔 희극, 그다음에는 역사극과 비극, 그리고 마지막으로 로맨스가 이어지는 ─ 실제로 일어난 일의 순서를 완전히 잘못 전달하고 있다. 셰익스피어의 작가적 영혼의 질서 정연한 발달 과정에 따라 그의 작품들을 배치해 보려는 진지한 시도 역시 — 가볍고 명랑한 청년으로 시작하여, 권력을 추구하는 과정에서의 심각한 고뇌로 이어지고, 인간 필멸성에 대한 우울한 상념에서 최종적으로는 노년의 현명한 평온 상태에 달하는 것 — 비슷하게 잘못된 것이다. 이 사람은 『한여름 밤의 꿈』과 『로미오와 줄리엣』을 동시에 한 책상에 펼쳐 놓고(그리고 동일한 상상력으로) 글을 써 나간 사람이며, 어느 한 사람의 환희로 가득 찬 웃음소리가 거의 아무런 어려움 없이 다른 사람에게는 쓰디쓴 눈물로 치환될 수 있음을 간파한 인물이었다. 상류층의 구혼을 소재로 한 재치 있고 쾌활한 희극 『사랑의 헛수고』에서, 공주의 아버지가 갑자기 죽었다는 소식 때문에 모든 결혼식을 보류하게 되는 극적 절정을 보여 준 사람이었다. 또한 무시무시한 리처드 3세가 자기 형제를 죽이기 위해 고용한 살인자 무리를 살펴보는 험악한 장면에서도, 객석에서 웃음이 터져 나오게 하는 사람이었다.

> 바보들의 눈에서 눈물방울이 떨어질 때 너희의 눈은 맷돌 덩이를 떨구는구나.
> 자식들, 너희는 내 맘에 든다.
>
> (1.3.351-2)

그리고 마지막으로 『햄릿』 바로 이전에 연속적으로 쓰인 연극들에서 획획 돌려쓴 배경만 해도, 중세 후기 영국의 내전에서, 비어트리스와 베네딕이 있는 시칠리아 귀족들 사이의 구혼에서, 아쟁쿠르 전투에서, 줄리어스 시저의 암살에서, 아덴 숲의 목가적 로맨스까지 가닿을 수 있는 사람이었다. 이 연극들은 모두 개별적으로 뚜렷한 관점을 보여 준다. 그러나 이상하게도 처음에는 배제한 듯 보이는 부분을 포괄적으로 담아내는 여지 또한 이 연극들로부터 찾아볼 수 있다.

셰익스피어가 1600년에 죽었더라도, 그의 성취에서 뭔가 빠진 것이 있다고 생각하기는 어려웠을 터다. 또한 그의 작품에 아직도 실현되지 못한 무언가가 태동하고 있다고 생각하기는 더욱 어려웠을 터다. 하지만 『햄릿』은 셰익스피어가 조용히, 그리고 꾸준히 어느 특별한 기교를 발전시키고 있었음을 분명하게 보여 준다. 이 발전은 전적으로 계획적이며, 명확하게 진행되고 있는 전문적인 설계의 결과일 수도 있고, 아니면 좀 더 우연한 기회에 발생한 것일 수도 있다. 그 어느 쪽이든 이 기교의 성취는 점진적으로 드러났다. 그것은 어느 갑작스럽고 확정적인 발견이나 거창한 발명이 아니라, 특정한 묘사 기법 장치들을 보다 섬세하게 개량한 것이었다. 때는 한 세기가 바뀌는 시점이었고 셰익스피어도 획기적인 변화를 보여 줄 태세를 완벽히 갖추고 있었다. 그는 극적 인물의 내면 묘사를 표현하는 수단을 완벽하게 갈고닦은 것이다.

관객들이 보고 듣는 것은 언제나 어떤 의미에서는 공적인 발언이다. 등장인물들이 서로에게 말하는 것이거나, 혹은 때때로 하는 방백이나 독백을 통해 연극을 구경하는 사람에게 직접적으로 들리도록 하는 말들이다. 물론 극작가들은 인물의 내적 독백을 마치 관객이 몰래 엿듣는 것처럼 가장할 수 있지만, 그러한 독백이 연극조의 부자연스러운 어투가 되지 않도록 잘 제어하기란 어려운 일이다. 1592년경에 쓰인 『리처드 3세』는 엄청나게 생기가 넘치고 강렬한 연극이며 그 주인공은 잊을 수 없을 만큼 인상적이며 경이로운 인물이지만, 야밤에 홀로 자신의 내면에서 어떤 일이 일어나고 있는지를 털어 보이는 그에게서는 기묘하게 경직되고 작위적인 분위기가 느껴진다.

> 이제 정확히 자정이구나.
> 차갑고 두려운 땀방울이 내 떨리는 살 위에 고여 있다.
> 난 무엇을 두려워하지? 나 자신? 그 외엔 아무도 없잖은가.
> 리처드는 리처드를 사랑한다. 그건, 나는 나란 말이지.
> 여기 살인자가 있나? 아니. 맞아, 그건 나야.
> 그럼 도망쳐! 뭐, 나 자신한테서 말이냐? 참 영리하기도 하지. 왜?
> 내가 복수하지 않도록. 나 자신이 나에게 복수를 해?
> 슬프구나, 나는 나 자신을 사랑해. 어째서? 그 어떤 좋은 것이라도
> 내가 나 자신에게 해 준 적이 있단 말이냐?
> 오 아니, 슬프게도, 나는 차라리 나 자신을 미워한다
> 나 자신이 저지른 혐오스러운 일들 때문에.
> 나는 악당이야. 하지만 난 거짓말을 하지. 난 아니라고.
>
> (5.5.134-45)

셰익스피어는 연대기 자료의 맥락을 그대로 따르고 있다. 역사서에 따르면 리처드가 죽기 전날에 이례적으로 양심의 가책을 느껴서 밤잠을 이루지 못했다고 한다. 하지만 스타카토처럼 날카롭고 리듬감 있는 활기가 있음에도, 내적 갈등을 보여 주는 수단으로 나온 이 독백은 도식적이고 기계적이다. 마치 무대 위에 등장한 등장인물의 내면에 단순히 또 다른 작은 무대가 있어서, 그 속에서 작은 인형들이

자기네끼리 펀치와 주디의 꼭두각시극을 연기하는 듯이 말이다.

3년 정도 후에 쓰인 『리처드 2세』에서 셰익스피어의 급증한 기량을 나타내 주는, 앞의 예시와 비슷한 순간이 있다. 사촌 볼링브로크(Bolingbroke)에 의해 폐위되어 감옥에 갇힌 몰락한 왕은 살해당하기 직전 자신의 내면을 들여다본다.

> 나 곰곰이 생각하고 있었네,
> 내가 사는 이 감옥을, 이 세상 전체와 어찌 비교할런지.
> 세상은 무수한 사람들로 넘쳐 나고
> 여기는 나 말고 살아 있는 자 아무도 없으니
> 나는 못 하겠어. 하지만 한번 머리를 짜내 보리라.
> 내 뇌는 내 영혼이 취하는 여성이 되도록 하고,
> 내 영혼은 자식을 보는 아비가 되리니,
> 이들이 낳는 생각들로 후손을 일구도록.
>
> (5.5.1-8)

이 두 예시 사이에 많은 차이점이 있는 것은 일단 등장인물의 차이와 관련이 있다. 한쪽은 광기로 가득 찬 살인적인 폭군이며, 다른 한쪽은 심약하고 자아도취적이며 자멸적인 성향을 보이는 시인이다. 하지만 한 인물에서 다른 인물로의 전환은 그 자체로 의미가 있다. 그것은 내면성의 은닉된 과정에 집중하는 셰익스피어가 점점 더 흥미를 느끼고 있었음을 보여 준다. 창문도 없는 방에 갇혀서, 리처드 2세는 상념에 빠진 자신을 바라본다. 그는 감옥과 바깥 세계를 이어 주는 은유적 연결 고리를 구축하려 애쓰지만, 처음엔 막다른 길에서 막혀 버리고, 그리고 나서 상상력을 동원하여 자신이 들였던 노력을 다시 시도한다. "한번 머리를 짜내 보리라." 그 자신이 받아들이기에는, 사람들로 가득 찬 이 세상은 고독한 그의 감옥 방과 비교가 될 수 없는 듯하다. 하지만 리처드는 그 자신을 재촉하여 — 그의 상상에 따르면 그의 뇌와 영혼이 교합하는 관계에서 태어난 — 상상의 인구를 생산해 낸다. 그가 머리를 짜내는 것은 일종의 내적인 극장이며, 이는 리처드 3세의 독백에서 이미 발견된 것과 비슷하지만, 거기에는 복잡성, 세밀함, 그리고 무엇보다도 자의식의 존재가 훨씬 더 많이 더해졌다. 이제 인물 내면에 극장이 생겨났다는 것은 그 스스로 확실히 인식하는 점이며, 그는 자신이 창조하려는 상상의 세계의 음울한 암시들을 가지고 유희한다.

> 나 한 사람 안에 이리도 많은 이들 연기하니,
> 그 어떤 역할도 만족스럽지 않구나. 가끔 나는 왕이로다,
> 그러다 반역이 일어나니 나 차라리 걸인이기를 바라고,
> 나 그렇게 걸인이 되었구나. 그러니 참담한 가난이 몰려들어
> 왕일 때가 좋았다고 나를 설득하네.
> 그러면 나 다시 왕이 되었다가, 머지않아서
> 볼링브로크에게 폐위된 나 자신을 떠올린다.
> 그러면 나는 곧장 아무것도 아닌 존재가 되지. 하지만 내가 무엇이든지,
> 나도, 혹은 나라는 그 어떤 사람도
> 그가 아무것도 아닌 자의 역할을 편히 받아들이기 전까지는
> 결코 만족할 수 없으리라.
>
> (5.5.31-41)

리처드 2세는 왕위에서의 추락을 곧 아무것도 아닌 무의 경지에 떨어지는 것처럼 비유하여 보여 주고, 다음으로 자신의 상실된 정체성에 대한 경험을 가지고 —"내가 무엇이든지"— 인간의 절망을 다루는 복잡한 시를 지었다.

1595년에 쓰인 『리처드 2세』는 내면성을 표현하는 극작가의 능력이 크게 향상된 지점을 표시해 주었다. 하지만 4년 후에 쓰인 『줄리어스 시저』는 셰익스피어가 자신이 숙달한 기량에 만족하지 않고 새로운 기술을 가지고 세심한 실험을 하고 있음을 보여 준다. 한밤중에 그의 과수원을 서성거리며 브루투스는 말한다.

> 오직 그의 죽음이어야만 할 것이다. 그리고 나로서는
> 나는 개인적으로는 그를 내칠 까닭이 전혀 없다.
> 하지만 공공의 까닭이 있으니. 그는 왕관을 쓰려 한다.
> 그게 어떻게 그의 천성을 바꿔 놓을지, 그게 바로 문제구나.
> 밝고 화창한 날이 독사를 밖으로 나오게 하는 것이니
> 그러니 조심스럽게 발을 디뎌야 하는 것이다. 그에게 왕관을, 그것이!
>
> (2.1.10-15)

이 독백은 리처드 2세가 감옥에서의 독백에서 보여 준 자의식적 시적 명상에 비해 유연함과 우아함이 훨씬 떨어진다. 하지만 여기에는 뭔가 새로운 것, 실제 사고 과정의 생성한 흔적이 보인다. 리처드는 머리를 쥐어짜 낸다고 말하지만, 그가 입밖에 내는 단어들은 이미 잘 다듬어진 시어들이다. 이와 대조적으로 브루투스의 단어들은 그가 몇 가지 중요한 질문들을 하나씩 곱씹어 볼 때 이제 막 앞뒤로 맥

락을 짚으며 끓기 시작하는 흔들리는 사고에서 바로 흘러나오는 것처럼 보인다. 야심에 찬 시저를 왕으로 옹립하려는 마크 안토니의 바람에 그가 어떻게 대처할 수 있겠는가? 공공의 이익을 해석하는 관점 차이를 두고 그가 어떻게 시저와 맺고 있는 개인적인 우정 관계의 균형을 맞출 수 있겠는가? 지금까지는 공공의 이익에 잘 봉사해 온 시저였지만, 그가 왕관을 쓰게 된다면 어떻게 그의 천성이 달라지고 위험한 변모를 보일 것인가? "오직 그의 죽음이어야 할 것이다." — 아무런 전주 없이, 관객은 브루투스의 강박적인 숙고 한가운데로 내던져진다. 그가 어떤 제안을 두고 따져 보는 것인지, 이미 결정 난 판단을 시험해 보는 것인지, 다른 사람이 했던 말을 그저 반복하는 것인지를 알아차리기란 불가능하다. 누구의 죽음을 두고 그가 이처럼 곰곰이 생각하고 있는지 밝힐 필요가 없으며, 일의 처리가 암살을 통해 이루어져야 한다는 것을 명백하게 밝혀 줘야 할 필요성 또한 그 스스로 느끼지 않는다. 왜냐하면 그것은 이미 그의 사고의 일부분이니까.

  브루투스는 그 자신에게 말하고 있고, 그의 말들은 곧 뇌의 작업 과정을 기록하는 특정한 속기와도 같다. "그에게 왕관을, 그것이!" — 느낌표가 축약하고 있는 것이 무엇인지는 거의 이해하기 어렵지만, 아마도 그 순간에 화자의 정신을 가로지르는 환영적인 이미지에 의해서 유발된 어떤 분노가 폭발하고 있다는 것만은 느낄 수 있다. 관객들은 무서울 정도로 가깝게 당겨진 거리에서, 이 세상을 바꾸어 놓을 치명적인 결단이 — 시저를 암살해야겠다는 다짐 — 그 형태를 잡아 나가는 것을 가장 먼저 보게 되는 것이다. 잠시 후에 브루투스는 곧 극심하게 자기 인식적이 되어 자신을 반추하고 스스로의 의식이 녹아 버리는 상황을 발견하며 그 자신에게 묘사한다.

*끔찍한 일을 실행에 옮기는 것과

그것을 처음 발의하는 것 사이의, 모든 중간 과정은

비현실적인 환영 또는 끔찍한 악몽 같구나.

천재적인 정신과 필멸의 육체의 수단들이

함께 들어앉아 일을 계획하니, 사람의 상태란

작은 왕국과 같아서, 그러니 시달릴 수밖에 없다,

어쩔 수 없이 반란이 일어나는 상황을.*

(2.1.63-69)

셰익스피어가 처음으로, 연극이 진행되는 시간 내내 이 이상한 중간 과정에 묶여서 그 실천이 유예되는 인물에 대해 써 볼 가능성에 대해 고려하게 된 것은, 1599년의 바로 이 순간이었을까? 브루투스 자체는 그런 인물이 아니다. 『줄리어스 시저』의 중반부에서 그는 자신의 멘토이자 친구 — 그리고 아마도 그 자신의 아버지일 가능성도 높은 — 를 살해하는 끔찍한 일을 실행에 옮겼고 연극의 나머지 부분은 그의 행동을 불러온 치명적인 결과들을 지분대며 정리해 나가는 과정이다.

만약 셰익스피어가 이러한 발상을 한순간에 떠올리지 않았더라도, 확실히 그다음 해에는 그도, 이미 엘리자베스 시대의 연극 무대에서 유명세를 떨치고 있으며 그 삶을 긴 환영이나 끔찍한 악몽으로 묘사할 수 있는 극적인 인물이 있다는 사실을 완벽하게 이해했을 것이다. 그 인물은 바로 내적 반란의 왕자, 햄릿이었다.

최초로 알려진 중세의 구전 설화 속에서도 햄릿의 전설은 첫 발의와 — 최초의 충동 또는 계략 — 끔찍한 일의 실행 사이의 오랜 간격에 대한 이야기였다. 문법학자 색소의 설명에 따르면, 호웬딜 왕(King Horwendil: 셰익스피어의 극에서 선왕 햄릿에 해당하는 인물)은 그를 시기하는 형제 펭(Feng: 클로디어스에 해당하는 인물)에게 살해당했는데, 이때는 비밀리에 행해진 암살이 아닌 명백하고 직접적인 시해였다. 동생 펭에겐 얄팍한 핑곗거리가 있었다. — 그는 호웬딜이 그의 선한 아내 거루타(Gerutha)를 거칠게 학대해 왔다고 말한다. — 하지만 사실은 무자비한 펭이 형의 왕관, 영토, 아내까지 탈취하고도 별다른 조치를 받지 않을 정도로 강력했기 때문이었다. 그의 앞길에 유일한 장애물이 될 만한 것은 호웬딜의 어린 아들인 앰릿(Amleth)이었는데, 기독교가 전파되기 이전인 이교도적 배반과 복수의 세계관에서는 모든 사람들이 자고로 아들은 아버지의 원수를 갚아야 한다고 믿었기 때문이었다. 앰릿은 어린아이였으므로 아직 그 누구에게도 위협이 되지 않았으나, 장성하고 나면 그의 의무는 확연해질 것이었다. 물론 살인자 펭 역시 이러한 사회 윤리를 잘 알고 있었으므로 앰릿이 빠른 계략을 대비하지 않는다면 그의 인생은 곧 무가치하게 끝나 버릴 터였다. 정당한 복수를 할 때까지 살아남아 있기 위해서, 앰릿은 정신이 나간 척하여 그 자신이 아무런 위협을 가하는 존재가 될 수 없다고 생각하도록 삼촌을 설득한다. 그는 몸에 흙과 끈적이는 오물을 칠하고 불가에 앉아 뭉그적대며 자그마한 나뭇가지들을 깎아서 가시 달린 갈고리들을 만드는 일에 정신을 쏟는 모습을 보여 준다. 이처럼 분명히 꾸며내고 있는 듯한 조카의 백치 놀음 뒤에 감춰진 지성의 번뜩임을 찾아보고자, 신중한 펭은 반복적으로 함정을 파고 그를 별렀지만 앰릿은 교묘하게 이러한 탐지를 피해 갔다. 그는 시간을 벌었고 계획을 짰다. 바보로 놀림받고 경멸과 조롱을 당하면서 그는 결국 펭의 수하 전부를 불에 태워 죽이고 삼촌을 칼로 찌르는 데 성공한다. 그는 귀족들의 의회를 소환하여 자기가 그 일을 한 이유를 설명하고, 열광적인 환영을 받으며 새로운 왕으로 추대된다. "어떻게 그가 이처럼 교묘한 계책을 그렇게 오랜 시간 숨겨 왔던 것인지 많은 사람들이 경이로움을 감추지 못했다."

브루투스가 겨우 며칠 동안 간신히 버텼던 이 중간 유예 과정에 앰릿은 수년 동안 처해 있었다. 셰익스피어는 인물이 그러한 상황 아래 있을 때의 내적 심리를 현실적으로 표현할 만한 수단을 강구했다. 물론 색소나 그의 뒤를 좇는 추종자들은 이런 관점에 대해서 전혀 상상조차 하지 못했다. 그는 앰릿의 이야기가 충분히 재구성될 만한 재료라고 생각했으며, 살인 계획과 그 실행 사이의 불안하고 메스꺼운 보류 상태에서의 내적인 삶이란 과연 어떤 것인가에 대한 연극 한 편을 만들어 볼 수 있을 것이라고 생각했다. 하지만 문제는 그렇게 긴 수태의 과정이 극장 무대 위에서는 잘 받아들여지지 못하리라는 점이었다. 실제로 행동할 수 있는 나이에 이르기 위해서 수년 동안 백치를 흉내 내며 자라는 어린 햄릿을 표현하되, 극적으로 관객의 주목을 놓치지 않게 하는 것은 엄청난 어려움이 수반되는 작업이었다. 가장 확실한 해결책은, 아마도 상실된 이전 버전의 연극에서도 이미 제시된 듯하지만, 햄릿이 제 나이에 도달하여 복수 행위를 막 실행할 준비가 된 시점에서 연극을 시작하는 방법이었다.

토머스 로지가 마치 굴 장수처럼 비참하게 "햄릿, 복수해라!"라고 울부짖는 유령에 대해 언급한 것을 보면, 이 상실된 연극에서도 핵심적인 인물이 하나 더 이야기에 더해졌음을 짐작해 볼 수 있다. 바로 살해당한 아버지의 영혼이다. 아마 유령은 관객에게 공포의 전율을 느끼게 할 목적으로 등장했을 것이다. — 그게 바로 토머스 키드가 자신의 가장 큰 성공작이었던 『스페인의 비극(The Spanish Tragedy)』에서 유령을 사용한 방법이다. — 하지만 꼭 그렇지 않을 수도 있다. 줄거리상의 중대한 변화를 처음으로 도입해서 이 유령의 등장을 단지 장식적인 효과 이상의 요소로 만든 사람은, 셰익스피어가 아니라 키드였을지도(혹은 상실된 햄릿 연극을 쓴 사람이 누구였든지 간에, 그 저자였을지도) 모른다. 벨포레의 인기 있는 문집에 등장하는 문법학자 색소의 햄릿 이야기에는 유령이 전혀 등장하지 않는다. 현재 왕이 선왕을 살해했다는 것은 누구나 다 아는 사실이었기 때문에, 그 아들이 해야 할 복수의 의무도 명명백백했고, 따라서 유령이 굳이 필요하지 않았던 것이다. 하지만 셰익스피어는 이 살해를 비밀스러운 성격으로 만들었다. 덴마크의 모든 사람들은 선왕 햄릿이 치명적인 독사에게 물려 숨을 거두었다고 믿는다. 이때 끔찍한 진실을 폭로하기 위해서 유령이 등장하는 것이다.

> 그대 아버지의 삶을 쏘아 앗아 간 독사가
> 이제 그의 왕관을 쓰고 있다.
>
> (1.5.39-40)

셰익스피어의 연극은 햄릿에게 나타난 유령이 부친 살해의 진실을 밝히기 직전에 시작해서, 햄릿이 그의 복수를 시행하자마자 끝난다. 여기에 결정적인 줄거리 변화가 들어온다. — 모든 사람들에게 알려진 공공연한 살인에서, 살해당한 망자의 유령이 나타나 오직 햄릿에게만 밝힌 비밀 암살 — 이것은 극작가가 거의 이 비극 전체를 "첫

발의"와 "끔찍한 일의 시행" 사이에서 부유하는 주인공의 의식에 초점을 맞추고 집중할 수 있게 해 주었다. 하지만 줄거리의 무엇인가가 이 유예를 좀 더 설명해 주어야 했다. 어쨌든 이 개정된 연극에서 햄릿은 더 이상 시간을 벌어야만 하는 아이가 아니었으며, 살인자는 햄릿이 그가 저지른 범죄의 그 어떤 단서라도 가지고 있거나 혹은 가질 수 있을 거라고 짐작할 만한 이유를 가지고 있지 않았다. 조카로부터 일정한 거리감을 유지하는 대신, (혹은 그를 교묘하게 시험해 보는 대신), 클로디어스는 햄릿을 대학으로 돌려보내기를 거절하고 그를 "우리 최고의 가신, 친족, 그리고 우리의 아들"(1.2.117)이라고 부르며, 그를 다음 왕위 후계자로 선언한다. 아버지의 유령이 자기 죽음의 실제 원인을 밝혔으므로 ─ "가장 끔찍한 살해, 잘해 봤자 다 끔찍하지만,/ 이것은 그중에서도 끔찍하고, 이상하고, 기괴하다." ─ 무장 해제한 클로디어스에게 완전히 접근할 수 있었으므로 그는 당장 복수를 시행해도 좋은 완벽한 위치에 있다. 그리고 바로 햄릿 자신도 스스로에게 그러한 즉각적인 반응을 기대했다.

> 어서 서둘러, 서둘러서 내게 알려 주십시오,
> 명상이나 사랑에 빠지는 듯이 재빠른 날개들로
> 휩쓸어 가는 복수를 하도록.
>
> (1.5.29-37)

연극은 그 첫 장의 끝부분에서 종료되어야 했다. 하지만 우리가 공감할 수 있듯이 햄릿은 그의 복수를 즉각 휩쓸어 보이지 않는다. 유령이 사라지고 나자, 그는 보초들과 친구 호레이쇼에게 그가 "괴이한 성향을 띠우는 것을" 의도하고 있다고, 즉 미친 척을 할 것이라고 말한다. 이 태도는 이야기의 이전 버전과 완벽하게 맞아떨어지는데, 의심을 피하고 시간을 벌기 위한 책략이라는 점에서 그렇다. 그렇게 벌어들이는 시간을 상징적으로 보여 주는 장치와, 영민한 복수자가 장기적으로 계획을 짜고 있다는 증거는 바로 어린 소년 앰릿이 겉으로 광기를 가장하면서 끊임없이 작은 칼로 베어 깎는 나무 갈고리들이다. 이것들은 이야기가 절정에 이르러 앰릿이 홀에 불을 지르기 전에 그곳에 잠든 가신들 위로 그물을 떨어뜨려서 그들을 사로잡는 용도로 사용된다. 사건과 관계없는 단순한 가외 활동으로 보이던 것들이 놀라운 계책의 일부분이었음을 보여 주는 것이다. 하지만 셰익스피어의 연극에서, 햄릿의 가장된 광기는 더 이상 일관성 있게 유지되는 전략이 아니다. 셰익스피어는 원전이 제공하는 설득력 있고 일관성 있는 줄거리를 사실상 부숴 버렸다. 그리고 그 잔해를 이용하여, 그는 가장 현대적인 관객들이 자신이 남긴 것 중 가장 훌륭한 연극으로 여기는 작품을 만들어 나갔다.

비밀스러운 위장이 되기는커녕, 괴이한 성향을 띠워 광기를 가장하는 것은 살인자가 햄릿을 가까이에서 찬찬히 살피게 만들고, 그의 조언자인 폴로니어스에게 충고를 구하게 만들고, 거트루드와 이 문제를 놓고 논의하게 만들고, 오필리어(Ophelia)를 주의 깊게 관찰하게 하고, 로젠크란츠와 길든스턴(Guildenstern)을 보내 그들의 친구를 몰래 감시하도록 만든다. 햄릿의 광기는 궁정 전체가 그를 무시하는 결과로 이어지는 게 아니라, 오히려 모든 이들의 끝없는 추측과 관심의 대상이 되게 한다. 그리고 충분히 이상한 것은 이 깊은 추측에 햄릿 본인도 빠져들고 있다는 것이다.

나는 최근에 와서 ─ 하지만 왜인지는 모르겠어. ─ 내 모든 기쁨을 잃었고, 모든 운동 방법을 잊었어. 그리고 정말이지 축 처진 채 흘러가는 내 기분으로 말할 것 같으면 지구라고 하는 이 멋진 모습의 세상도 내게는 티없이 멸균된 불모의 곳이나 같아. 하늘을 덮는 이 훌륭한 창공, 이것 좀 봐, 이렇게 우람하게 튀어나온, 이 황금의 불로 무늬가 그려진 장대한 지붕도 ─ 아, 내게는 그저 더러운 역병으로 가득한 증기가 끓어넘치는 것으로밖에 보이지 않네. 사람이란 얼마나 대단한 작품인가! 그 이성은 얼마나 고귀하고, 그 능력은 얼마나 무한하며, 그 형태와 동작은 얼마나 결연하여 감탄스럽고, 그 행위에서는 얼마나 천사와 같고, 그 이해력은 얼마나 신과 같은지. ─ 이 세상의 아름다움이자, 모든 생물의 귀감이지! 하지만 나한테는 왜 그저 속속들이 먼지 같은 존재처럼 느껴질까?

(2.2.287-98)

"하지만 왜인지는 모르겠어." ─ 햄릿은 그가 궁정의 첩자들에게 이야기하고 있다는 것을 완전히 파악하고 있으므로, 아버지의 유령에 대해서는 입도 뻥끗하지 않는다. 하지만 그가 겪는 심오한 우울감이 그 유령 때문인지도 사실은 명확하지 않다. 유령을 만나기 전에 무대에 처음 등장하는 장면에서 이미, 그는 그 자신에게 가장 내밀한 마음속 비밀을 털어놓는데, 그것은 여기서 느물거리는 로젠크란츠와 길든스턴에게 내보이는 것과 동일한 성격의 환멸이기 때문이다.

오 하느님, 오 신이시여,
이 세상의 모든 것들이 나에게는
어찌나 피곤하고, 시시하고, 맥 빠지고, 무용하게 보이는지!

> 빌어먹을, 아 제기랄, 제길! 잡초가 넘치는 정원이
> 씨를 흘리며 자라는 것과 같구나. 고약하고 역겨운 것들이 우거지며 불어나고
> 그저 소유의 상태로 멍하니 놓여 있을 뿐이다.
>
> (1.2.132-37)

공식적인 행사이며 비밀스러운 폭로거리도 되지 않는 아버지의 죽음과 어머니의 성급한 재혼이 그를 "자살"과 같은 생각으로 밀어 넣고 있다.

그렇다면 햄릿이 광기를 가장해서 보여 주는 것은, 어차피 그에게 있었던 광기 비슷한 것을 가리는 이중 덮개 역할을 하는 것처럼 보인다. 물론 그가 자기 어머니의 옷장에 있다가 뛰쳐나와서 자신은 완벽하게 정상이니 어머니에게 자신의 전략을 밝히지 말라고 경고하는 순간만큼이나, 그가 진정으로 정신이 돈 것처럼 보이는 때도 없었다. "내가 어떻게 해야 하니?" 겁에 질린 왕비가 울부짖는다. "다른 건 다 하더라도 이것만큼은 절대 하지 마세요." 햄릿이 대답하며, 그의 경고와 강박적인 환영을 마구 뒤섞어서 내뱉는다.

> 뒤룩뒤룩 살집이 부어오른 왕이 당신을 침대로 다시 끌어들여서
> 당신의 볼살을 음탕하게 꼬집고, 당신을 사랑스러운 애칭으로 부르고,
> 그리고 더러운 입맞춤을 한차례 하게 내버려 두거나,
> 그의 저주받은 손가락들로 당신의 목덜미를 노 젓듯 어루만지거나,
> 당신이 이 모든 이야기를 털어놓게 하지 말라고요.
> 나는 근본적으로 미치지 않았다는 것을,

단지 일부러 미친 척하고 있다는 것을요.

(3.4.164-72)

얼마 후 클로디어스에게 햄릿이 "바다와 바람이 서로 싸워 대는 것 만큼이나 미쳐 있소/ 양쪽보다 더 심각하게."(4.1.6-7)라고 말할 때, 거트루드는 자신이 믿는 바를 정확하게 얘기한 것인지도 모른다.

햄릿이 광기를 가장하는 이유를 밝히지 않고 삭제해 버림으로써, 셰익스피어는 그것이 비극 전체를 아우르는 주된 관심사가 되도록 만들었다. 주인공의 심리 상태를 드러내 주는 연극의 중심적 순간은 ― 사실상 거의 모든 사람들이 기억하는 순간은 ― 주인공이 복수를 계획하는 순간도 아니고, 아무것도 하지 않는 상태에 대한 반복적이고 열정적인 자책의 순간도 아니라, 오히려 그가 자살에 대해 사색하는 순간이다. "존재할지 말지, 그것이 문제다." 이 자살 충동은 유령과는 아무런 관계가 없다. ― 사실 햄릿은 죽음에 대해 "발견되지 않은 고장으로 가닿고 나면/ 아무 여행자도 돌아오지 않는다." (3.1.58, 81-82)라고 얘기하면서 유령의 존재에 대해서는 거의 잊고 있었다. ― 오히려 그것은 "육체가 상속받게 되는/ 천 번의 자연스러운 충격"을 계기로 생겨난 영혼의 질병인 우울증과 관련이 있다.

『햄릿』은 셰익스피어의 경력에서 충분히 인상적인 변화를 알리는 기록적인 작품이며, 그는 원전과 글쓰기를 다루는 전반적 방식에서 모두 대담한 변모를 나타내는데, 여기엔 보다 개인적인 이유가 있는 것으로 여겨진다. 이 변모의 지극히 단순한 지표는 놀라울 정도로 쏟아지는 새로운 어휘들이다. 그는 이전의 스물한 개의 연극과 두 개의 장시에서 쓴 적 없는 어휘들을 엄청나게 사용하고 있는데, 학자들이 계산한 바에 따르면, 이들 중 600개가 넘는 단어들은 셰익스피어 본인에게도 새로웠을 뿐만 아니라 그 이전엔 영어로 기록된 적이 아예 없는 새로운 신조어들이었다. 이 언어학적 폭발은 세계의 확장성에서만 온 것이 아니라 그의 전 생애에서 잊을 수 없을 충격 또는 연속적인 충격에서 온 것으로도 보인다. 만약 『햄릿』이 1600년이 아니라 일부 학자들이 믿는 대로 1601년 초기에 쓰였다면, 이때 그가 경험했을 충격은 '반란,' ─ 『줄리어스 시저』의 브루투스가 한 말을 인용하자면 ─ 에섹스 백작의 처형으로 이어지고, 더욱 중요하게는 셰익스피어의 후원자이자 친구이자, 그리고 어쩌면 성적 연인이었을지도 모를 사우샘프턴 백작의 투옥이었다. 사우샘프턴과 함께 에섹스는 오랫동안 여왕의 더없는 총애를 받아 오던 가신이었는데, 1599년 아일랜드에서 타이론 백작(Earl of Tyrone)이 일으킨 반란을 진압하라는 여왕의 명을 받고, 타격대를 이끄는 장군이 되어 아일랜드로 떠났다. 당국이 아일랜드에서 벌인 다른 여러 계획들처럼 이 일 역시, 견고한 아일랜드 저항군 세력에 직면하면서 참담한 실패를 맞았으며 그해 후반 에섹스는 여왕의 허락도 구하지 않고 갑작스럽게 런던으로 돌아와 버렸다. 가택 연금에 처해진 상황에서 여왕이 그를 다시 신하로 받아들이지 않겠다고 거절하자, 자존심이 강하고 맹렬한 성품의 에섹스는 불같이 화를 내며 친구들을 불러모아 무장 쿠데타를 일으키려 했다. 공식 명분은 일단 자신의 목숨을 구하고, 세실과 랠리 등 간신배의 손아귀에서 여왕 역시도 구출해 내겠다는 것이었다. 하지만 런던 군중은 이 봉기에 참여하기를 거절했고, 사태는 빠르게 종료되었다. 반역자에 대한 재판의 결과는 이미 처음부터 공공연히 드러나 있었다. 1601년 2월 25일, 형장의 도끼날이 세 차례의 타격을 가하며 에섹스의 머리를 그의 어깨에서 도려냈다. 그의 주요 지지자들과 친구들의 처형도 머지않아 뒤를 따랐다.

셰익스피어가 이 격변의 사태에 전율을 느낀 이유는 충분했다. 사우샘프턴은 최종적으로 목숨은 부지할 수 있었지만, 1601년에는 에섹스와 함께 그 역시도 처형될 가능성이 매우 높아 보였으며, 에섹스가 처형되고 만 상황에서 셰익스피어에게는 사우샘프턴을 잃게 된다는 감정적인 두려움 외의 다른 정치적 이유들도 있었다. 극작가 개인적으로 그리고 그의 극단을 고려해 볼 때, 반란 사태가 터지기 몇 년 전에 그들이 취했던 어떤 행동들 때문에 당시의 격변 상황이 뒤늦은 재앙으로 변모될 수도 있었기 때문이다. 1596년 후반 혹은 1597년 초반에, 셰익스피어는 『헨리 4세』에 등장하는 뚱뚱한 기사의 이름을 정하면서 올드캐슬이라는 이름을 사용하려고 했었다. 이 이름은 결국 압박에 못 이겨 폴스타프로 바뀌었지만, 초기 이름을 올드캐슬로 정했던 것은 카범의 7대 영주이자 역사적인 올드캐슬의 자손으로 알려진 윌리엄 브룩(William Brook)의 기분을 상하게 만들 위험이 있었다. 브룩을 적으로 삼는 것은 별로 현명하지 못한 처사였는데, 그 당시나 혹은 얼마 지나지 않아서 그가 연극 공연 허가 업무를 감독 관장하는 궁내 장관으로 지명되었기 때문이다. 하지만 그는 에섹스와 사우샘프턴의 적으로 알려져 있었고, 아마도 그런 이유에서 셰익스피어는 그의 연극에 출연하는 광대처럼, 사우샘프턴의 비호를 믿고 브룩을 향해 모욕적인 농담을 날려도 된다고 느꼈던 것 같다.

그리고 1599년 셰익스피어는 상당히 이례적으로 그의 연극에 시사적인 언급을 집어넣은 적이 있었다. 『헨리 5세』 종반부에서 왕이 아쟁쿠르 전투를 마치고 승리에 도취되어 런던으로 귀환하던 장면을 마법처럼 묘사하던 코러스가 갑자기 당대의 이야기를 불쑥 꺼낸 것이다. "런던이 어떻게 그 시민들을 쏟아 내는가." 하고 코러스는 외친다.

> 마치, 지금보다는 앞으로 더욱 할 일이 많아질
> 우리의 은혜로운 여제의 장군이 돌아오듯이 ―
> 반란자들에게 그의 검으로 물으니
> 평화로운 도시의 얼마나 많은 시민들이
> 어찌 그를 환영하는 것을 멈추려 하겠는가!
>
> (5.0.24, 29-34)

"지금보다는 앞으로 더욱 할 일이 많아질"이라는 코러스의 말은, 신중하게 주의를 기울여서 계산적으로 거리를 재고 있지만, 에섹스를 향한 공공연한 지지의 표시였고, 이러한 정치적 언급에 이어서 극단에는 훨씬 위험한 경과가 뒤따랐다. 에섹스가 반란을 일으키기 며칠 전에, 모의자 중 몇 명이 셰익스피어의 극단인 로드챔벌린스멘에 찾아와서 "다음 주 토요일에 리처드 2세의 폐위와 죽음이 나오는 그 연극을 공연해 달라."라고 요청했다. 극단 대표자들은 ― 그리고 공동 대표자 자격으로 나온 그 자리에는 어거스틴 필립스와 다른 몇몇 주요 배우들과 셰익스피어도 함께 있었던 것 같다. ― 그 연극은 수입을 올리기엔 너무 예전 것이라고 반대했다. 그러나 모의자들은 40실링의 추가금을 낼 테니 보조금 협찬을 받는 특별 공연으로 해 주기를 제안했고, 40실링은 상당한 금액이었으므로 연극은 그 청에 따라 재공연되었다.

이 전략은 런던 군중들의 마음속에 성공적인 반란에 대한 착상을 심어 주고, 모의자들 스스로도 용기를 북돋우기 위한 정치적 계획이었던 것 같다. 최소한 반란군을 체포하고 난 다음의 당국 관계자들이, 특별 공연의 불경한 의미를 받아들인 관점은 그랬고 여왕 자신이 이를 이해한 바가 그랬다. "바로 짐이 리처드 2세인 것이오." 그녀는 씩씩거리며 분을 터뜨렸다. "경들은 그것도 모르는가?" 로드챔벌린스멘 극단은 극심하게 위험한 상황에 놓였다. — 음모를 주동한 두 사람은 공연에 대해서도 심문을 당했는데, 마치 연극 공연이 전체 반란 계획에 있어서 아주 필요 불가결한 부분이라도 되는 듯한 취급을 받았다. — 하지만 극단을 대표해서 조사를 받은 어거스틴 필립스는, 극단 배우들은 반란자들의 의도에 대해 아무것도 아는 바가 없었다고 어떻게든 치안 판사들을 설득해 냈다. "그들이 평소에 받는 가격보다 40실링의 추가금을 더 주겠다고 해서 그걸 받고 공연을 했을 뿐입니다."라고 그는 증언했다.

    1601년 2월에 일어났던 이 사건들은 셰익스피어를 충분히 동요하게 했을 것이다. 재앙이 휩쓸고 간 자리에서, 소심한 극작가였다면 위축되었을지도 모를 일이다. 아니면 비극 작업을 잠시 뒤로 미루고 재빨리 보다 위험군이 낮은 작품으로 전환했을 수도 있다. 그 대신 그의 극단은 『리처드 2세』의 공연을 앞두고 협상을 주재하던 때와 같이, 매표소의 수입을 고려하는 사업가적 관점에서 『햄릿』을 무대에 올렸다. 이는 배신과 암살을 다루는 고도의 정치극이었으며, 무기로 무장한 반란군이 궁정 호위대를 격파하고 왕궁 안쪽까지 들어가서 국왕의 목숨을 위협하는 장면까지도 포함하는 연극이었다. 물론 레어티즈가 이끄는 반란군 무리는 성공하지 못했지만, 클로디어스의 위선을 보여 주는 빼어난 대사는, 암살의 위기에서 구출된 엘리자베스 여왕에 대한 공식적인 묘사와 기묘하게 닮은 데가 있었다.

> 왕에게는 그를 둘러싸고 보호하는 신성이 있으니
> 반역자는 오직 이를 엿보는 것 외에는 도리가 없으며
> 그의 뜻을 행할 수 없으리라.
>
> (4.5.120-22)

이러한 장면들은 1601년의 반란 사태에 전율했던 런던 관객들을 충분히 흥분에 사로잡히게 했을 것이다. 하지만 그들은 실제 사태와 직접적으로 엮일 수 있는 언급을 삼가고, 언제든지 설명을 통해 실제 맥락에서 빠져나갈 수 있었다. 어쨌든 정치적인 격변, 배신 그리고 암살은 셰익스피어의 연극에 늘 등장하는 단골 요소들이었다.『리처드 3세』,『줄리어스 시저』,『리처드 2세』,『헨리 5세』등등만 봐도 그렇다. 에섹스의 처형과 사우샘프턴의 투옥 사태는 내내 셰익스피어의 뇌리를 떠나지 않았을 테지만,『햄릿』에 나오는 그 어떤 것도 특별히 이들의 사건에 연관되어 있다고 하기는 어렵다. 그리고 특히나 그 사건들을 기준으로 해서 이 연극에 관하여 어떤 부분이 놀랍고 혁신적인지를 연관 지어 말하는 것은 더욱 어렵다. 반란 사건과 이 작품을 연관 짓는 것은 흥미로운 관점이지만, 셰익스피어의『햄릿』판본 일부는 에섹스가 자신에게 닥친 운명의 과정을 밟아 나가기 이전에 이미 공연되었던 것 같기 때문이다. 셰익스피어는 이후 몇몇 대사와 장면을 추가하여 자신의 연극과 동시대 사건의 관련성을 더 높여 나가는 모험을 감행했을지도 모르지만, 연극의 주요 요소 대부분은 이미 제자리를 잡고 있었을 것이다. 한 예로 개브리엘 하비(내시와 그린과

맞붙어서 논쟁하곤 하던 케임브리지의 학자)가 소장 중이던 초서 사본 여백에 메모를 남긴 것이 있는데, 여기 보면 "에섹스 백작은 『알비온의 영국(Albion's England)』을 칭찬한다."라고 끄적여 놓았다. 그리고 이어서 동시대 문학의 동향에 대해서는 "젊은 층은 셰익스피어의 『비너스와 아도니스』를 무척 좋아한다. 하지만 좀 더 지적인 독자층은 『루크레스』와 『덴마크의 왕자 햄릿의 비극』을 좋아하는 모양이다."라고 쓰고 있다. 헨리가 셰익스피어의 비극을 명백히 언급하며 처음으로 자필 기록을 남겼을 때, 그가 에섹스에 대해서 현재 시제를 쓰고 있다는 것은 그 시기에 에섹스가 살아 있었다는 것을 의미한다.

그렇다면 셰익스피어가 등장인물의 고뇌하는 내면에 대하여 전례 없는 표현을 하게 된 배경에는 뭔가 더 깊고 충분히 강력한 요인이 있을 것이다. "존재할지 말지, 그것이 문제다." 관객들과 독자들이 오랫동안 직관적으로 이해한 대로, 이 자살 충동적인 발상은 사랑했던 사람의 죽음으로부터 유발된 것으로, 늘 셰익스피어 비극의 심장부에 자리한다. 그런 생각은 극작가 자신의 흔들리는 내면 중심부에도 존재했을지 모른다. 셰익스피어 부부는 쌍둥이 자녀의 이름을 주디스와 햄넷이라고 지었는데, 그들의 스트랫퍼드 이웃이었던 주디스와 햄넷 새들러(Judith and Hamnet Sadler)에게서 따온 것이었다. 햄넷 새들러는 스트랫퍼드 기록부에 햄넷 또는 햄렛(Hamlet)으로 기록되어 있는데, 그 당시의 느슨한 표기법에 따르면 아마 두 이름을 사실상 동일하게 바꿔 가면서 쓸 수 있었던 듯하다. 오래된 비극을 개정하여 무대에 올린 것은 상업적인 의도에서 나온 행동이었을 테지만 우연하게도 그 연극 등장인물의 이름이 아들과 같다는 것은 — 죽은 아들의 이름을 몇 번이고 쓰고 또 써야 했던 것은 — 적절히 치유된 적 없었을 극작가의 깊은 상처를 다시 열어 줬을 것이다.

하지만『햄릿』에서는 아들의 죽음이 아닌 아버지의 죽음이 주인공의 영적 위기를 불러온다. 만약 비극이 셰익스피어 본인의 삶에서 떠오른 것이라면 — 만약 그것이 햄넷의 죽음으로까지 이어질 수 있다면 — 자식의 죽음과 그의 아버지의 상상된 죽음을 연결하는 어떤 계기가 있었을 것이다. 굳이 '상상된'이라고 표현한 이유는 셰익스피어의 아버지가 홀리트리니티 교회 뜰에 묻힌 날짜가 1601년 9월 8일이기 때문이다. 임종이 거의 임박한 상태였을지는 모르지만 어쨌든 그의 비극이 쓰일 때나 첫 공연을 할 때만 해도 그의 아버지는 살아 있었다. 아버지의 죽음이 어떻게 셰익스피어의 상상 속에서 아들의 죽음과 그토록 가깝게 붙어 있었던 것일까?

셰익스피어는 1596년 아들의 장례식에 참석하기 위해 스트랫퍼드로 돌아왔을 것이다. 절차상 요구되는 대로, 목사가 교회 뜰 입구에서 시신을 맞아 관 옆에서 무덤까지 동행했을 것이다. 셰익스피어는 거기에 서서 개신교 장례 절차에 따라 쓰인 추도사를 들었을 것이다. 흙이 시신 위로 뿌려질 때 — 아마도 아버지 본인이, 혹은 친구들이 흙을 덮었을 것이다. — 목사는 다음과 같은 추도사를 읊조렸으리라. "우리 전능하신 하느님의 자비로운 은혜가 사랑하는 우리 형제의 영혼이 이렇게 떠나는 것을 기쁘게 받아 주시니, 우리는 그의 몸을 땅에 장사 지내 흙은 흙으로, 재는 재로, 먼지는 먼지로 돌아가게 하되, 영원한 삶으로 부활하리라는 확실한 소망을 가지며 이를 믿노라."

셰익스피어는 이 단순하고 유려한 추도사가 적절하다고 생각했을까, 아니면 무언가 부족하다 생각하여 괴로워했을까? "어떤 예식을 더 할 거요?" 레어티스는 여동생 오필리어의 무덤가에서 울부짖는다.

"무슨 예식을 더 해 줄 거냐고?"(5.1.205, 207) 오필리어가 자살의 죄를 범하지 않았을까 의심되는 상황이었기 때문에 그녀의 장례 절차는 축약되었다는 설정이며, 레어티스는 얄팍하고 경솔한 인간으로 그려진다. 하지만 그가 반복적으로 묻는 이 질문은 『햄릿』 전체에 심오한 울림을 더하며, 연극의 경계선 너머로 확장되는 어떤 관심사에 대해서 말하고 있다. 산 자의 기억 속에서, 죽은 자와 산 자의 모든 관계는 달라져 버렸다. 아마도 집 근처가 아니라면 랭커셔에 있을 때 셰익스피어는 옛 가톨릭 방식의 장례를 본 적이 있을 것이다. 밤낮없이 타오르는 촛불들, 모든 곳에 세워진 십자가, 계속해서 울리는 조종들, 가까운 친지들의 곡소리와 성호를 긋는 행위, 시신을 보러 방문한 이웃들, 「주기도문」혹은 「시편 130편」의 암송, 죽은 자를 기념하는 구호품과 음식의 분배, 죽은 자의 영혼이 연옥을 지나는 위험천만한 여행을 할 때 망자의 시름을 덜어 주게끔 사후 미사를 위해 고용된 사제들…… 이 모든 것들이 개신교의 공격을 받았다. 모든 예식과 의식은 그 규모가 축소되거나 아예 폐기되었다. 무엇보다도, 이제 죽은 자를 위해 기도드리는 것은 개신교의 교리에 어긋나는 불법 행위였다.

첫 개신교 기도문은 구교도의 상투적 표현들을 모두 유지하고 있었다. "나 그대의 영혼을 전능하신 우리 아버지께 의탁하고, 그대의 몸을 땅에 장사하니, 흙은 흙으로, 재는 재로, 먼지는 먼지로." 하지만 급진적인 개혁론자들은 이 단어들도 옛 가톨릭 신앙의 요소를 너무 많이 품고 있다고 느꼈다. 그래서 단순한 변화가 생겼다. "그러므로 우리가 그의 몸을 땅에 장사 지내서……." 이제 죽은 자는, 산 자와 여전히 관계되어 있는 듯한 직접적인 2인칭으로는 호명되지 않았다. 이 작은 정정은 매우 큰 논점의 변화를 보여 준다. 개신교에서 죽은 자는 이제 완전히 죽은 상태였다. 그 어떤 기도로도 그들을 도와줄 수 없다. 그들에게 그 어떤 메시지도 보낼 수 없고 그들로부터 받을 수도 없었다. 햄넷은 이제 영영 닿을 수 없는 곳에 있는 것이다.

가톨릭교도들은 죽고 나면 사악한 영혼들은 바로 지옥으로 가고 성스러운 영혼들은 천국으로 가되, 신도들의 다수를 차지하는 부류인 완전히 선하지도 완전히 악하지도 않은 영혼들은 연옥으로 간다고 믿었다. 연옥은 땅 아래에 있는 거대한 감옥과 같은 집으로, 영혼들은 거기서 생전에 저지른 죄의 대가를 치를 때까지 고통을 겪는다.(어떤 사람들은 아일랜드의 도네갈(Donegal) 주에 있는 한 동굴에, 성 패트릭(Saint Patrick)이 발견한 연옥의 입구가 있다고 믿었다.) 이들이 저지른 죄는 영원한 고통을 당해야 할 만큼 사악한 것은 아니지만, 그들의 영혼에 얼룩을 남겼으므로 천국에 들어가기 전에 이를 몽땅 태워 없애야 했다. 연옥에 있는 모든 영혼들은 예외 없이 구원을 받은 사람들이며 결국에는 천상으로 올라가게 될 터였다. 그것은 좋은 소식이었다. 나쁜 소식은 그 연옥에서 당하는 고통이, 교회 벽에 그려진 벽화와 사제들의 환각적인 묘사에 따르면 만만찮게 끔찍하다는 것이었다. 교회 사제들은 가르치기를, 내세에서 한순간 불에 데는 고통은 한 사람이 살아가면서 겪을 수 있는 가장 끔찍한 고통보다 더 심한 것이었다. 따지고 보면 연옥에 갇힌 영혼들이 당하는 고통도, 기한이 있다는 점만 제외하면, 지옥에서 저주받은 영혼들이 당하는 것과 다를 바 없었다. 그리고 만기가 있다지만 이 기한도 결코 무시할 수 있는 수준은 아니었다. 한 스페인 신학자가 계산한 바에 따르면 평균적인 기독교인이 연옥에서 보내야 할 기간은 어림잡아 1000년에서 2000년 정도였다.

다행스럽게도, 가톨릭교회는 사랑하는 사람들과 자기 스스로를 도울 수 있는 방법이 있다고 가르쳤다. 특정한 선행 — 기도, 자선, 그리고 무엇보다 사제를 초청하여 미사를 드리는 것 — 이 죽은 자의 고난을 경감시키고, 그가 연옥에 갇혀 있는 기한을 줄여 주고, 그리고 영혼이 천국으로 올라갈 수 있는 과정을 서둘러 줄 수 있다고. 신도들은 살아가면서 신중한 태도로 자기 자신을 위한 선행을 쌓는 한편, 죽은 자를 위해서도 이러한 선행을 대신 적립해 줄 수 있었다. 부유하고 강력한 집에서는 예배당을 기부하여 사제들이 죽은 자를 위해 영속적으로 기도할 수 있게 했고, 또한 빈민 구호소, 병원, 학교와 같은 공공 기관도 설립하여 그 창설자를 위한 많은 양의 단체 기도를 확보하도록 했다. 가난한 사람들은 여러 종류로 나뉜 장례 미사를 선택하고 구매하기 위해 동전을 모았다. 가장 효과적인 방법은 30일 연속으로 미사를 드리는 30일제 위령 미사였는데, 이처럼 대대적으로 하지 못할 경우에는 한 번이나 두 번의 미사라고 해도 아예 안 하는 것보다는 도움이 되었다.

    이러한 방법들의 효험에 대해서 어떤 증거라도 있었던 걸까? 교회에서 주장하는 교리 외에, 죽은 자들의 직접 증언이 사람들 사이에서 전해졌다. 많은 이야기들은 산 자의 도움을 절박하게 구하며 연옥에서 지상으로 돌아온 유령 이야기를 담고 있었다. 도움을 받고 난 후에, 이 유령들은 종종 도움을 준 자들에게 감사를 표하기 위해 돌아오거나 그들의 자선 행위가 제공한 더없는 안식에 대하여 증언하러 돌아왔다. 때때로 사람들이 마주쳤다는 환영들의 모습은 거의 언제나 무시무시했다. 그들은 재앙의 경고이거나 광기의 전조이거나 악령의 빙의이거나 죽은 자의 형태를 가장하여 순진한 사람들의 마음에 사악한 관념을 뿌리러 오는 악마 자체였다. 하지만 교회의 가르침은, 사람들의 눈앞에 생전에 사랑했던 자들의 영혼들이 나타나는 경우엔 그들에게 어떤 일이 일어나고 있는지를 이해하는 데 도움을 주었다. 연옥의 고통 속에 있는 죽은 자들은 그저 자신들을 기억해 달라고 애원하는 것이었다. "네가 앉아 마실 때 우리의 목마름을 기억해라." 가톨릭교도인 토머스 모어는 죽은 자가 울부짖는 목소리를 들었다. "네가 만찬을 즐길 때 우리의 배고픔을, 네가 잠들어 있을 때 우리가 쉬지 못함을, 네가 쾌적하게 운동을 할 때 우리의 뜨겁게 타는 불을. 그리하여 하느님께서 네 자손이 너를 기억할 수 있게 해 주시도록." 그리고 적절한 의식이라는 형태를 통해 이들을 기억하게 된다면 고통이 경감되는 것이다.

과격한 개신교도들은 이 모든 믿음이나 제도화된 예식을 모조리 하나의 거대한 사기 행각으로, 잘 속아 넘어가는 신도들의 주머니에서 돈을 갈취하기 위한 협잡으로 보았다. 그들은 연옥이 "시인이 지어낸 이야기"라며, 정교하게 잘 짜여진 환상을 사회 전반에 드리워서 국왕에서부터 굴조개 파는 아낙네에 이르기까지 모든 사회 계층을 무자비하게 착취하기 위한 수단이라고 일축했다. 이 논지에 수긍하여, 혹은 더 사실적으로 말하면, 교회가 쌓아 온 부를 손에 넣으려는 심산으로, 헨리 8세는 망자를 달래는 가톨릭 문화에서 핵심적인 제의 장소인 수도원과 예배당을 차례차례로 해체했다. 그의 뒤를 이어서 개신교를 계승한 에드워드 6세와 엘리자베스 1세의 통치 아래, 국회의 개혁론자들은 연옥에 있는 영혼 위령제를 위해 마련된 모든 가톨릭 중재 재단들의 체제를 폐기했다. 당국자들은 병원, 빈민 구호소, 그리고 학교는 폐쇄하지 않고 남겨 두었으나, 그들의 제의적 기능은 모두 없애 버렸다. 그리고 설교와 교회에서의 예배를 통해서, 성직자들은 사람들의 신앙을 재교육하기 위해 체계적인 노력을 기울이면서 그들의 신도들이 삶과 내세에 대한 관계를 재정비하도록 강력하게 권유했다.

이는 쉬운 일이 아니었다. 연옥에 대한 사람들의 믿음이 부정적으로 이용을 당해 오긴 했지만—많은 독실한 가톨릭 신자들도 그렇게 생각했다.—그 믿음 자체는 쉽게 사라지지 않는 두려움과 그리움을 말해 주었다. 교회와 당국 관리들이 아무리 이제 죽은 자는 모든 지상의 관계로부터 끊어졌다고 말해도 말이다. 의식은 유일한 사항조차도, 그다지 중요한 사항이 아니었다. 중요한 것은 죽은 자가 최소한 단기간 동안만이라도 여전히 산 자에게 나타나 말을 걸면 산 자가 죽은 자에게 도움을 줄 수 있는 상호 간의 유대가 남아 있느냐 하는 것이었다. 교회 뜰에 서서 아들의 몸 위로 흙이 떨어져 내리는 것을 보며, 셰익스피어는 이제 그와 햄넷의 관계도 흔적 없이 사라졌다고 생각했을까?

아마도 그럴 것이다. 하지만 그는 또한 이 추도 의식이, 죽은 아이를 '그대'라고 호명하는 것을 의식적으로 거부하는 추도사가, 축소된 제의와 간소화된 예식이, 죽은 자와 산 자 간의 그 어떤 소통의 가능성도 철저히 부정당하는 모습이 고통스럽고 부적절하다고 느꼈을 수 있다. 그리고 만약 그가 이러한 것들에 대한 개신교적 관점에 공감하지 못했다면, 그와 가까운 다른 사람들도 분명히 마찬가지였을 것이다. 그의 아내 앤이 죽음에 대해 어떤 신앙을 지녔는지에 대해서는 알려진 바가 없다. 하지만 1623년 그녀의 무덤 묘비명에 새겨진 이상한 문구에 약간의 단서가 들어 있을 수도 있다. 이 문구는 그의 딸 수재너가 새긴 것으로, "어머니의 가슴을 당신은 주셨죠, 젖과 삶을." 이라는 말로 시작한다. "그러한 귀중한 것들을 받았는데, 슬프게도! 저는 오직 이 돌밖에 드리지 못하네요!" 이어지는 문구는 마치 죽은 여인의 영혼이 육신과 마찬가지로, 무덤에 갇혀 있다는 급진적인 관념을 암시한다. "차라리 이 무덤의 입을 막은 돌을 굴려 달라고, 저는 선한 천사에게 기도하렵니다. 그대의 영혼이 마치 그리스도의 육신처럼 앞으로 나올 수 있도록." 하지만 이러한 관점은 수재녀의 이단적인 생각일 뿐 셰익스피어 부부의 관점과는 전혀 다를 수도 있으며, 1596년 햄넷이 죽음을 맞이한 해에 앤 해서웨이가 했던 생각과도 다를 수 있다.

셰익스피어의 부모 존과 메리 역시 햄넷의 무덤가에 함께 서 있었을 것이다. 사실 아이의 아버지보다 그들이 더 아이와 많은 시간을 보냈다. 셰익스피어가 런던에 가 있는 동안 그들은 모두 한 집에 모여서 며느리와 세 손주들과 함께 살았다. 그들은 조부모로서 햄넷을 양육하는 데 일조했고 그의 마지막 병상을 함께 지켰다. 그리고 내세에 대해 그들이 품었던 생각이 어땠을지, 특히 그의 아버지가 어떤 생각을 했을지에 대한 증거가 남아 있다. 이 증거는 존 셰익스피어가 햄넷의 영혼을 위해 무언가 하기를 원했으며, 그의 아들에게 그 일을 하라고 권했거나 혹은 그 자신이 했을 법한 바를 강하게 보여 준다. 그들이 그러한 권유를 하는 과정에서 수반되었을 논쟁이나 애원 혹은 눈물의 증거들은 다시 복구할 방법도 없이 영원히 소실되었다. 하지만 최소한 셰익스피어의 아버지가(그리고 아마 그의 어머니도) 필수적이며 적절하고 관대하며 사랑이 넘치는, 한마디로 기독교인으로서 반드시 지녀야 한다고 생각했던 것에 대한 흔적은 남아 있다.

1580년대로 돌아가서 토머스 루시가 가톨릭 반동자들을 찾아 스트랫퍼드의 이웃들을 샅샅이 뒤지고, 가톨릭교도들은 그들의 위험한 충성심을 말해 주는 증거물들을 숨기느라 여념이 없을 때, 존 셰익스피어는 (만약 18세기에 발견된 서류들이 진품이라면) 매우 심각한 범죄적 성격을 띤 문서에 그의 이름을 몰래 기입했다. 바로 예수회 수도사들이 구교를 믿는 자들 가운데서 돌리던 '영성문'이었다. 그 당시에 윌리엄은 이에 대해 아무것도 알지 못했다. — 그의 아버지는 아마도 헨리 스트리트에 있는 그의 집 서까래와 지붕 타일 사이에 이 종이를 몰래 감추어 두었을 테니까. — 하지만 그 문서에 직접 서명하게 한 그의 믿음과 불안은, 햄넷의 장례식에서도 표출되었을 것이다. 존 셰익스피어가 숨겨 둔 것은 곧 죽음과 관련된 것이었다.

'영성문'은 일종의 유언장으로 가톨릭교도의 영혼을 위한 보험 정책 같은 것이었다. 자신들의 신앙을 대놓고 공인하거나 실천할 수 없으며 겉으로 개신교도들의 요청에 협조해야 하는 압박감을 품었던 구교도들에게는 특히나 중요해 보였을 것이다. 서명자는 자신이 가톨릭교도라고 선언하지만, 이렇게 덧붙인다. 만약 어느 때라도 그가 믿음과 어긋나는 것으로 "행하거나 말하거나 생각하게 하는 악마의 제안에 의해서" 운에 맡겨야 한다면, 그는 공식적으로 그의 죄를 철회하고 "그것은 내게 행하지도 말하지도 생각지도 않을 것"이라는 의지를 다진다. 마찬가지로 만약에 그가 적절한 가톨릭의 예식을 받지 못하게 된다면 — 고해성사, 성유를 바르는 것과 성체 배령 — 그는 그러한 예식들이 육적인 방식 대신에 "영적으로" 시행되기를 소망한다. 그는 자신이 "태어난 이상 죽을 것이며, 그것이 닥칠 때와 장소, 방식을 알지 못한 채 갑작스럽고 예기치 못하게" 죽게 될지 모른다는 것을 두려워한다. 그러므로 그는 자신의 죄를 미리 속죄하는 기회를 얻게 된 데에 감사하다고 선언하는데, 그 이유는 그가 이 삶에서 뽑혀져 나갈 때 "전혀 속죄를 생각하지 못할 수도 있고, 심지어 내 죄의 더러운 웅덩이에 깊숙이 담겨 있을 때"가 될 수도 있음을 알기 때문이다.

가톨릭교도들은 이 기간에 갑작스러운 죽음, 죄인이 적절한 회개를 하고 하느님과의 관계를 정비할 수 있는 제의적 기회를 갖지 못하게 막아 버리는 황망한 죽음에 대해 특히 두려워하도록 가르침받았다. 이 삶에서 지워지지 않은 그 어떤 얼룩이건 내세로 가면 불에 타야만 하는 것이다. '영성문'은 이러한 두려움의 표현이었고, 따라서 가족과 친구들을 자신의 동맹으로 기입하게 했다.

> 나 존 셰익스피어는…… 우리의 구세주 예수 그리스도의 가장 깊은 성심으로, 내 사랑하는 친구들, 부모들, 그리고 친지들에게 간청한다. 어떤 일이 내게 일어나게 될지 모르는 일이므로, 내가 지은 죄를 미처 속죄하지 못하고 떠나가서 오랜 시간 연옥에 머물러야 함을 두려워하니, 이들이 성스러운 기도와 만족스러운 선행으로 나를 도와주고 원조해 줄 것이다. 특히 영혼들을 그들의 고뇌와 고통으로부터 구제하는 가장 효과적인 수단이 되는 미사의 성스러운 희생을 통하여 그리할 것이다.

그러한 문서에 이름을 적는 사람들은(그리고 최소한 존 셰익스피어가 그들 사이에 있다는 사실은 위로가 되었으며, 그 또한 그들과 같은 생각을 했을 것이다.) 오직 그들 자신을 위해서만 말하는 것이 아니었다. 그들은 자신들이 사랑하는 사람들을 위해서도 결정적으로 중요한 일을 하기를 원했다. 국가가 불법으로 규정한 일이라고 해도 말이다.

1596년에 햄넷의 장례식에서 이 문제는 그들 사이에서 거의 표면적으로 이야기되었을 것이다. 소년의 영혼은 그를 사랑하는 사람들의 도움을 필요로 했다. 존 셰익스피어는 사실상 자신의 손으로 손자를 키워 낸 양육자였으며, 출세한 아들 셰익스피어에게 죽은 아이를 위한 미사 비용을 대도록 설득했을 수 있다. 바로 그 자신이 스스로의 영혼을 위해 미사를 원했듯이 말이다. 그는 늙어 가고 있었고 곧 그 자신도 내세에서 고난을 받는 기간을 단축해 줄 수 있는 '만족스러운 선행'을 필요로 하는 상황이었다.

이 예민한 문제가 입 밖에 꺼내졌다면, 셰익스피어는 화가 난 얼굴로 머리를 저었을까, 아니면 햄넷의 영혼을 위해 몰래 치러질 미사 비용을 조용히 지불했을까? 그는 아버지에게, 아버지가 죽은 아이를 위해 간절히 원하는 것을 자신은 해 줄 수 없을 것이라고 — 혹은 미리 내다본다면, 그의 아버지에게 그 일을 해 줄 수 없다고 — 말했을까? 그는 천국과 지옥 사이에 놓여 있는, 살면서 지은 죄들이 불에 타 정화된다는 그 끔찍한 감옥에 대한 이야기를 자신은 더 이상 믿지 않는다고 말했을까?

그가 그 당시에 어떤 결정을 내렸든, 셰익스피어는 1600년 후반과 1601년 초반, 그의 죽은 아들과 이름이 같은 어느 파멸한 영웅에 대한 비극을 쓰려고 자리에 앉아, 그 일에 대해 깊이 생각했음에 틀림없다. 아버지의 죽음에 대한 생각이 연극에 깊이 스며들어 있는 것을 보면, 이러한 상념들은 스트랫퍼드에 남겨진 노구의 아버지가 위독한 상황이라는 소식을 듣고 더욱 깊어졌던 것 같다. 그리고 아들의 죽음과 곧 다가오는 아버지의 죽음 — 애도와 기억이 맞부딪치는 최악의 고비 — 이 자아내는 심리적 장애 상태가, 바로 『햄릿』의 내면에서 나오는 폭발적인 힘을 설명하는 데 도움이 될 것이다.

복수를 요구하며 이 땅으로 돌아오는 유령은, 햄릿에 대한 초기 엘리자베스 시대의 연극을 기억하는 모든 이를 짜릿하게 하는 극적 장치였다. 그리고 셰익스피어는 그 장면에 비교할 수 없는 비장함을 부여했다. "만일 그대가 그대의 소중한 아버지를 사랑한다면……" 유령은 신음하는 아들에게 이렇게 말한다. "그가 당한 사악하고 가장 괴이한 살인에 복수해라."(1.5.23-25) 하지만 이상하게도 셰익스피어의 햄릿이 곱씹는 유령의 당부는, 즉각적인 행동 개시 요청이 아니라 뭔가 좀 다른 것이다. "안녕, 안녕, 햄릿. 날 기억해라." "그대를 기억하라고?" 햄릿은 되뇌며 머리를 움켜잡는다.

> 아, 그대 가엾은 유령이여,
> 이 혼란한 구체의 머릿속에
> 내 기억이 자리 잡고 있는 한 언제나.
> 그대를 기억하라고?
>
> (1.5.91, 95-97)

표면적으로, 햄릿의 의심 어린 어조는 이 요청의 불합리성을 드러낸다. 아들은 자신의 아버지가 무덤에서 돌아왔던 일을 결코 잊을 수 없을 것이다. 하지만 사실 햄릿은 그의 복수를 하는 데 바로 손을 쓰지 않으며, 아버지를 기억하는 것은 ─ 그를 올바른 방식으로 기억하는 것, 그리고 그를 기억하는 일 자체가 ─ 그가 생각했던 것보다 훨씬 어려운 일로 드러난다. 아버지를 기억해 달라는 요청이 직설적인 복수 계획을 가로막는 장애물이 되는데, 이 장애물의 상징으로 드러나는 것이 곧 햄릿의 가장된 광기이며 사실상 이 광기는 줄거리의 전개상 전혀 합리적이지 않은 부분이다. 이러한 요청은 셰익스피어 본인의 아버지가 가톨릭교도의 '영성문'에 서명을 하면서 가족들과 친지들에게 절박하게 애원했던 것과 동일한 원천에서 유래하는 것으로 드러난다. 나를 기억해 달라는 것.

"나는 그대 아버지의 영혼이다." 유령은 아들에게 말한다.

> 밤에만 걸어 다닐 수 있도록 저주받고
> 낮 동안에는 아무것도 먹지 못한 채 불 속에 묶여
> 자연이 허락하던 때 생전에 행한 악한 죄들이
> 모두 타서 정화되기까지 기다린다. 하지만 나는 금지당하니
> 내가 갇힌 집에 대한 비밀을 말할 수 없어라.
> 내가 풀어 놓은 이야기의 가장 가벼운 말들이
> 그대의 영혼을 갈기갈기 썰어 놓을 것이다.
>
> (1.5.9-16)

셰익스피어는 신중해야 했다. 연극은 검열의 대상이었고, 연옥을 마치 실제로 존재하는 장소처럼 언급하는 것은 허가받지 못할 일이었다. 그렇기에 "내가 갇힌 집에 대한 비밀을 말하는 것"을 금지당했다고 하는 유령의 말에는 교묘한 문자적 사실성이 존재한다. 하지만 사실상 셰익스피어의 모든 관객은 이 갇힌 집이 무엇을 의미하는지 알았을 것이고, 햄릿 자신이 곧 얼마 가지 않아 맹세하는 대사에서 단서를 던지고 있다. 연옥의 수호성인이기도 한, "성 패트릭에 걸고." (1.5.140)

유령은 독실한 가톨릭교도라면 깊이 두려워할 만한 운명을 겪는다. 그는 자신의 종말을 위해 제례를 준비할 시간도 없이 이 삶에서 갑자기 뽑혀 나간 것이다. "내 죄가 피어나던 무렵에 잘려 나갔지." 그는 아들에게 이야기하며, 이 연극에서 가장 해석하기 어려운 대사를 덧붙인다. "배정받지 못하고, 사함받지 못하고, 종부받지 못한 채.(Unhouseled, disappointed, unaneled.)"(1.5.76-77) "배정받지 못하고," ─ 그는 마지막 성체 배령을 받지 않았다. "사함받지 못하고," ─ 그는 임종에서의 고해성사 또는 죄 사함의 임명을 받지 못했다. "종부받지 못한 채." ─ 그는 그의 몸 전체에다 성유를 도포하는 종부 성사를 받지 못했다. 그는 아무런 사전 속죄의 의례도 없이 내세로 보내져, 이제 경감 없이 그 대가를 그대로 치르고 있는 것이다. "오 끔찍하다, 오 끔찍하다, 가장 끔찍하구나!"(1.5.80)

연옥에서 온 유령이 『햄릿』의 세계에 나타나서 자신을 기억해 달라고 하는 것은 무슨 의미일까? 개신교 교리에 연옥이 존재하지 않는다는 것은 잠시 제쳐 두고라도, 여기서 말하는 암시는 수수께끼처럼 드러난다. 상식적으로 하느님이 세운 거대한 참회소에 속한 영들이, 누군가에게 살인 범죄를 저지르라고 말할 수는 없는 일이다. 어쨌든 그들은 하늘로 올라가기 위해 지금도 자신의 죄를 정화의 불로 태우고 있는 시점이므로. 하지만 이 유령은 미사나 자선을 행해 달라고 요청하는 것이 아니다. 그는 결국 하느님이 모든 복수의 권한을 쥔 독점 체계에서, 그의 아들에게 자신을 죽이고 왕위를 탈취하고 아내와 재혼한 사람을 죽여 달라며 미리 선수를 친 복수를 요청하고 있는 것이다. 이쯤 되면 관객들은 이에 대해 크게 걱정하지 않을 것이다. ─ 연극은 결국 신학 강의와는 상관없는 방향으로 가고 있으니까. 하지만 햄릿은 그에 대해 걱정하고, 실질적인 복수 행위 대신 그를 점점 마비시키는 내적 의심과 불안이 연극의 중심에 들어앉는다.

셰익스피어 시대의 공식 개신교 입장에서 유령이란 아예 존재하지 않는 것이었다. 사람들이 종종 맞닥뜨리는 환영들 — 사랑했던 사람이나 친구의 외양과 기괴할 정도로 닮은 환영들 — 은 그저 망상이거나, 더 나쁜 경우에는 희생자에게 죄를 짓게 하려는 악마들이 가장하여 나타나는 것이었다. 햄릿은 처음에는 자신이 "정직한 유령" (1.5.142)을 보았다고 선언하지만, 이 자신감은 점점 불확실성으로 변한다.

> 내가 본 유령은
> 악마일 수도 있어, 그리고 악마는 힘이 있지.
> 보고 싶은 형태를 갖추게 하는. 그래, 그리고 어쩌면,
> 내 나약함과 우울증 때문에 —
> 그는 그러한 기분들을 매우 잘 다루니까 —
> 나를 이용하고 저주에 빠뜨리는 것일지도 몰라.
>
> (2.2.575-80)

그러한 생각들이 지연, 자책, 계속되는 행동 실패, 그리고 새로워진 자책의 순환을 이끈다. 그러한 생각들이 극중극을 설명해 주고 — 유령의 주장에 대한 개별적인 확신을 얻기 위한 햄릿의 장치 — 주인공이 어둠 속에서 앞을 더듬어 나가며 상황을 판단해야 하는 어지러운 감각의 이유가 되기도 한다. 그리고 결국 그 생각들은 사람들이 저마다 상실에 대처해 나가는 데 도움을 주었던 어떤 의례 구

조 전체가 무너져 버리고 마는 연극 속에서 더 큰 감각의 의심과 혼란으로 이어진다.

셰익스피어는 아들의 무덤 곁에 서 있을 때, 혹은 내세에서의 도움을 원하는 아버지의 간청에 직면하면서 이러한 손상의 결과를 경험했을 것이다. 개신교 권위자들은 가톨릭교회가 죽은 자들과 협상하는 방법으로 사람들에게 제공했던 믿음이나 의례들을 공격하고 불법화했다. 그들은 연옥에 대한 모든 관념은 거짓말이라고 말하며, 신도들에게 필요한 것은 그리스도의 희생이 가져온 구원의 힘에 대한 왕성한 믿음뿐이라고 했다. 물론 이를 굳게 믿었던 사람들도 있지만, 셰익스피어의 작품에 나오는 그 어떤 것도 그가 그런 사람 중 하나였음을 암시하지는 않는다. 대신 그는 훨씬 큰 부류에 속한, 옛 가톨릭교회의 오래된 원천에서 흘러나오는 그리움과 두려운 감정 속에서 여전히 갈등하고 허덕이는 당시의 대다수 사람들 중 하나였다. 바로 그러한 그리움과 두려움 때문에 존 셰익스피어 같은 많은 사람들이 위험을 무릅쓰고 '영성문'에 그들의 이름을 비밀스럽게 남겼던 것이다.

모든 장례식은 그 무덤가에 서 있는 사람들에게, 그들이 무엇을 믿고 있는지에 대해 생각하게 만든다. 하지만 자신의 아이를 묻는 장례식이라면, 그것보다 더한 질문이 떠오를 것이다. 그러한 상황에 놓인 부모들은 신에게 의문을 제기하고 그들 자신의 믿음을 추궁하게 된다. 셰익스피어도 응당 자신이 속한 개신교 교구에서 정기적으로 예배에 참석했을 것이다. 그렇지 않았다면 그의 이름이 종교적 반항자 목록에 올랐을 테니까. 하지만 그는 자신이 듣고 암송하는 것들을 믿었을까? 그의 작품은 그가 일종의 믿음을 갖고는 있었다는 것을 암시한다. 하지만 그것은 가톨릭교회나 영국 개신교 국교회에 의해 속박되는 식의 믿음이 아니었다. 1590년대 후반 그 어느 제도나 체계에라도 그에게 믿음이라는 것이 자리 잡고 있었다면, 그의 신앙이 머무는 세계는 바로 극장이었다. 그리고 두말할 것 없이 그의 가장 깊은 활기와 기대감은 모두 그곳에 집중되어 있었다.

셰익스피어는 그의 문화에 존재하던 죽음에 대한 결정적 의례들이 제자리를 잃고 처참하게 밀려났다는 것을 깨달았다. 아들의 무덤가에 서서 엄청난 고통과 함께 이 사실을 느꼈을 것이다. 그러나 그는 또한 극장이 — 그리고 특히나 그의 극적 예술이 — 그 자신과, 그와 동시대를 살아가는 수천 명의 사람들이 더 이상 만족스러운 배출구를 찾을 수 없게 된 그 열렬한 감정의 퇴적물을 모두 쏟아 버릴 수 있는 곳이라고 믿었다.

종교 개혁은 그에게 놀라운 선물 — 한때 풍족하고, 고도로 복잡성을 가졌던 체계가 깨어지고 난 파편 — 을 남겼다. 그리고 그는 이 선물을 정확히 어떻게 받아들이고 사용해야 하는지 알았다. 그는 자신이 성취한 세속적인 성공에 무관심하지 않았지만, 수익만의 문제는 아니었다. 셰익스피어는 한때 완전하던 의례들이 모두 깨지고 손상되어 버린 후의 세계에서(대부분의 우리가 여전히 살아가는 바로 그 세계이기도 하다.) 사람들이 느끼는 연민과 혼돈과 죽음에 대한 두려움을 끌어모았다. 왜냐하면 그 자신도 자기 존재의 핵심에서 그 같은 감정을 경험했기 때문이다. 그는 1596년에 아들의 장례식에서 그것을 느꼈고, 자기 아버지의 죽음을 예상하면서 다시 한 번 이중으로 배가된 그 감정들을 경험했다. 그는 죽은 자를 위한 기도가 아니라 자신의 존재를 가장 깊이 표현한 예술 작품으로써 감정에 대답했다. 바로 『햄릿』으로.

18세기 초반, 편집자이자 전기 작가였던 니컬러스 로는 셰익스피어의 배우 경력에서 무언가를 찾기 위해 수소문을 했지만 사람들의 기억은 이미 희미해진 뒤였다. "나는 이쪽 방면으로는 그에 대해서 이 이상의 이야기를 건질 수 없었다." 로는 이렇게 썼다. "그가 보여 준 가장 훌륭한 연기는 자신의 연극 『햄릿』에서 맡았던 유령 역할이었다고." 연옥에서 올라와 이 땅의 산 자들에게 자신의 말을 주의 깊게 들으라고 요청하는 유령을 선보이며 —"그대 진지하게 귀 기울여/ 내가 펼쳐 놓을 말을 들으라."(1.5.5-6) — 셰익스피어는 자기 안에서 죽은 아들의 목소리로, 죽어 가는 아버지의 목소리로 그리고 어쩌면 그 자신의 목소리로도 목청을 높여, 마치 자기 무덤에서 돌아왔을 때 냈을 법한 목소리로 외쳤을 것이다. 그 역할로 그가 일생일대의 명연기를 선보였다는 것은 전혀 놀라운 일이 아니다.

11 왕에게 마법 걸기

『햄릿』은 셰익스피어에게 작가로서나 배우로서나 새로운 시대를 열어 준 획기적인 작품이었다. 이 희곡을 통해 그는 극작가로서의 경력 전체를 새롭게 정비하는 큰 발견을 하게 되었다. 이미 1600년 이전까지도 그는 비극 작가로서 상당한 경험을 쌓아 왔다. 『타이터스 앤드러니커스』, 『리처드 3세』, 『로미오와 줄리엣』, 『리처드 2세』그리고 『줄리어스 시저』에서 그는 복수에의 욕망, 제왕들의 병적인 야망과 그들의 운명을 좌우한 무책임성, 명문가들 사이의 살인적인 원한, 정치적 암살에 뒤따르는 치명적인 결과들을 탐색했다. 『햄릿』이 이들과 결정적으로 다른 점은, 그 희곡이 새로운 주제를 도입해서 발전시켰다거나 더욱 예리하고 절묘하게 맞아떨어지는 줄거리를 주조해 나가는 것을 배웠다거나 하는 것과 연관되지는 않는다. 오히려 이러한 세부점들을 대담하게 쳐내 버리는 적출의 기술을 통해 만들어진, 강렬한 내향성의 표현과 관련이 있다. 그는 비극을 어떻게 조립할 것인지 다시 생각했다. 구체적으로 말하면, 비극적 줄거리가 가장 효과적으로 기능하는 데에 사건의 인과 관계 설명이 얼마만큼 필요한가에 대해서 다시 생각했고, 한 인물을 설득력 있게 드러내기 위해 그의 행동을 설명하는 명쾌한 심리적 근거 또한 얼마만큼이나 필요한지에 대해 다시 생각했다. 셰익스피어는 연극의 효과를 헤아릴 수 없이 심화시킬 수 있다는 것을 발견했다. 만약 그가 줄거리에서 핵심적인 설명이 되는 요소를 빼 버린다면, 그래서 현재 일어나는 행위들을 뒷받침할 만한 합리적인 이유, 동기, 또는 도덕 원칙이 설명되지 않도록 가로막아 버린다면, 오히려 관객과 그 자신에게 특히나 열정적이고 강렬한 반응이 솟구치게 할 수 있다는 것을 깨달은 것이다. 극작의 중요한 핵심은 풀어야 할 수수께끼를 만들어 내는 것이 아니라, 설명되지 않는 불투명성(opacity)을 전략적으로 만들어 내는 것이었다. 이 불투명성이야말로 기존의 논리적 설명이 속박·수납하고 있던 엄청난 양의 극적 에너지를 방출한다는 사실을 셰익스피어는 깨달았다.

 셰익스피어의 작품은 그 이전부터 줄거리상의 공식적 설명이나 구실에 대해 ─ 심리적이거나 신학적인, 사람들이 보이는 행동 양식의 이유에 대해서 ─ 비꼬듯 회의적인 태도로 일관해 왔다. 그의 연극들은 사랑에 빠진 사람들이 내리는 결정이 거의 전적으로 불가해하며 비합리적이라는 것을 보여 주었고, 바로 이런 관점에서 『한여름 밤의 꿈』이라는 희극과 『로미오와 줄리엣』이라는 비극을 썼다. 하지만 적어도 사랑은 확연히 알아볼 수 있는 동기라도 됐다. 『햄릿』에서 셰익스피어는 자신이나 관객에게, 극의 진행 사항들이 모두 이치에 들어맞게 해 주는 익숙하고 합리적인 근거나 설명을 제공하여 저자와 관객을 안심시켜 주기를 거절한다면, 무언가 헤아릴 수 없이 심오한 효과를 거둘 수 있다는 것을 알아차렸다. 핵심은 단지 불투명성을 만들어 내는 데에서 그치는 것이 아니었다. 그랬다면 그저 혼탁하고 지리멸렬한 연극이 될 테니까. 그보다 셰익스피어는 자신의 천재성과 엄청난 성실성을 바탕으로 오랫동안 희곡 작업에 매달린 결과 얻어 낸, 극작에서의 내적 논리, 즉 시적인 일관성에 점점 더 기대게 되었다. 피상적인 의미 구조를 뜯어내 버리고, 그는 극 내부에서 울리는 핵심적인 주제들의 낭랑한 반향, 떠오르는 이미지들의 섬세한 발전 과정, 각 장면이 서로 의미 있게 배치되는 탁월한 편성, 관념의 복잡한 전개, 병치되는 줄거리들의 결합, 심리적 집착을 드러내는 폭로를 통해서 연극의 내적인 구조를 구축해 냈던 것이다.

『햄릿』에서 이 개념 구조상의 혁신은 기술적인 것이었다. 즉 그것은 셰익스피어가 비극을 구상하면서 내렸던 실제적인 선택에 영향을 미쳤으며, 그 시작이 되는 지점이 바로 왕자의 자살 충동적인 우울증과 그가 가진 것으로 추정되는 수수께끼적 광기였다. 하지만 그것은 새로운 미학적 전략에만 그치는 것이 아니었다. 인물의 동기를 설명하지 않고 없애 버리는 것은 그가 작가로서 행하던 극작 기술의 실험적인 측면에만 머무는 것은 아니었을 것이다. 햄넷의 죽음 이후, 그것은 존재 자체에 대한 셰익스피어의 근본적인 자각 변화를 의미했다. 이것은 곧 어떤 것들은 입 밖에 내어 말해야 하고, 어떤 것들은 그저 침묵한 채 가라앉혀야 하는지를 구분하는 그의 이해였으며, 또한 깔끔하게 정리되고 잘 다듬어지고 안정감 있게 잘 빠진 것들보다도 어딘가 어수선하고 손상되고 완전히 해결되지 않은 상태로 남는 것들을 더욱 선호하는 그의 취향의 표현이었다. 불투명성은 이 세상과 그 자신의 내적 삶에 대한 경험으로 틀 잡혔으며 곧 그의 회의감, 그의 고통, 깨어져 나간 의례에 대한 그의 인식을 담았다. 그리고 쉽게 위로받는 것에 대한 그의 거부를 의미했다.

『햄릿』이후 이어지는 수년간, 셰익스피어는 놀랄 만큼 훌륭한 비극들을 연속적으로 써냈으며 — 1603년 혹은 1604년에 쓴『오셀로』, 1604년이나 1605년에 쓴『리어 왕』, 1606년에 쓴『맥베스』— 이 비극들에 자신의 발견을 담아냈다. 그는 원전의 틀을 가져오되, 논리적으로 잘 짜인 극에 꼭 필요한 듯 보이는 부분들은 교묘하게 도려내고 자신의 연극으로 재창조하는 작업을 반복했다. 이렇게 해서『오셀로』의 경우 무어인 장군을 파멸시키려고 하는 그의 부관 이아고의 후안무치한 욕망을 중심으로 연극을 구축하면서도, 그 악당의 행동에 대한 설명을 거절해 버렸다. 사실 그것은 만들어 내기 어려운 것도 아니었다. 셰익스피어가 극작을 위해 찾아본 원전, 이탈리아 대학의 교수이자 작가 잠바티스타 지랄디(Giambattista Giraldi: 당시 사람들에게는 '친티오(Cinthio)'라고 알려져 있었다.)의 짧은 이야기에 이미 상세히 서술되어 있었기 때문이다. 친티오는 이아고에 대해 이렇게 썼다. "사악한 부관은, 그가 자신의 아내에게 맹세했던 혼인의 신뢰는 전혀 생각지 않고, 그가 무어인에게 지고 있던 우정, 충성 그리고 의무 또한 저버린 채, 데스데모나를 향한 욕정에 열렬히 빠져 버리고 말았다. 그리고 그가 혹시라도 그녀를 즐겨 볼 수 있는 방법이 없는지 온 생각을 기울이게 되었다." 부관은 사랑을 대놓고 드러내는 데엔 겁이 나서, 자신이 그녀를 성적으로 원하고 있다는 것을 암시하기 위해 할 수 있는 모든 것을 다 하지만 데스데모나의 관심은 오직 그녀의 남편에게만 집중되어 있었다. 그녀는 부관의 접근을 단순히 거절하는 수준이 아니라, 아예 그런 접근이 있는지조차도 눈치채지 못한 것이다. 그렇게 순진한 사랑이 있다는 것을 상상조차 할 수 없었던 부관은 데스데모나가 대신 다른 사람과 간통하는 게 분명하다고 결론지어 버린다. 그리고 가장 가능성이 높은 대상은 무어인이 곁에 두고 있는 잘생긴 외모의 상등병이라 믿고, 그자를 없애 버릴 계략을 짠다. 하지만 그게 다가 아니라고 친티오는 설명한다. "그가 그의 마음을 이 일에 쏟게 되자, 귀부인을 향해 품었던 사랑은 이제 가장 쓰디쓴 증오로 변해 버렸고, 그는 상등병이 죽임을 당하고 나서도 만약 그가 귀부인을 즐길 수 없다면, 무어인도 그녀를 가질 수 없도록 하기 위해 어떤 방법을 실행할 수 있을지를 전적으로 연구했다." 모든 것들이 다 깔끔하게 설명된다.

하지만 셰익스피어의 연극에서는 그렇지 않다. 그의 악당은 데스데모나를 소유하게 되기를 꿈꾸지 않으며, 그녀를 특정한 증오의 대상으로 삼는 것도 아니다. 물론 확실히 말하면, 친티오가 제공했던 동기를 그 역시 시연하는 것처럼 보이는 순간은 있다.

> 카시오가 그녀를 사랑하고 있다는 것, 그건 아주 잘 믿지.
> 그녀가 그를 사랑한다.
> 무어인은? 나는 그를 도저히 참아 줄 수 없지만—
> 한결같고, 사랑이 넘치고, 고결한 품성을 지녔지.
> 그리고 나는 그가 데스데모나에게 당당히 입증해 보이는바
> 그녀의 가장 소중한 남편일 것이라고 말해 본다. 이제 나도 그녀를 사랑해.
>
> (2.1.273-78)

셰익스피어의 이아고는 그의 중상이 실제 사실이라기보다 매우 가능성이 높은 일이라고만 생각하므로 —"그것도 꽤 적절하고 그럴 만한 일"— 이는 데스데모나가 잘생긴 상등병과 사랑에 빠진 것이 분명하다고 완전히 믿는 친티오의 이아고와는 상당한 차이가 있다. 하지만 이 두 버전의 악당들은 마지막 대사에서 하나로 수렴하는 듯 보인다. "이제 나도 그녀를 사랑해." 하지만 바로 이 지점에서 셰익스피어는 자신만의 특별한 효과를 만들어 낸다.

> 이제 나도 그녀를 사랑해,
> 절대적인 욕정 때문이 아니라 — 하지만 아마
> 내가 얘기하는 이유도 그에 못지않은 죄겠지만 —
> 내 복수를 취하기 위한 일부 전략으로서
> 왜냐하면 나는 그 건장한 무어인이
> 내 자리 안으로 확 들어와 버렸다고 의심하는데, 그 생각이
> 마치 독을 품은 광물처럼, 내 안쪽을 뜯어먹고 있기 때문이다.
>
> (2.1.278-84)

친티오의 원전에서는 단순하고 명백했던 동기가, 셰익스피어의 극에서는 불투명해진다. "절대적인 욕정 때문이 아니다." 더 나아간 동기가 — 오셀로가 자신의 아내와 간통하고 있는 것이 아닌지에 대한 이아고의 두려움 — 이 첫 번째 동기를 대체하지만, 둘 다 별로 설득력이 있지는 않다. 이러한 다층적인 동기를 더할수록 오히려 그의 행동을 전체적으로 설명해 주는 개연성은 더욱 약해지며, 오직 이아고의 내적인 고통만을 손상 없이 남겨 두고 있다. 이아고가 자신의 집착

적이고 달랠 수 없는 증오를 설명하려고 하는 불명확한 시도는 — 콜리지의 인상적인 구절에 따르면 "이유 없는 악의가 억지로 아무 이유나 갖다 붙이는 것(the motive-hunting of motiveless malignity)" — 앞뒤가 맞지 않고 부조리하게 끝나 버리는 것으로 유명하다. 그리고 결정적으로 이러한 부조리가 비극 자체의 쟁점으로 제기된다. 연극이 거의 끝나 갈 무렵에 이르러, 오셀로가 마침내 자신이 이아고에게 속아 아내가 부정직하다고 잘못 믿은 것을 깨달았을 때, 자신을 사랑하는 죄 없는 여자를 제 손으로 살해했으며 그의 명성과 모든 삶이 완전히 파멸에 이르렀다는 것을 알게 되었을 때, 그는 이아고에게 몸을 돌려 설명을 요구한다. 도덕관이 없는 괴물로 드러나 붙잡혀서 결박당한 상황에서 이아고가 남기는 끔찍한 대답은 — 연극에서 실제 그가 남기는 마지막 대사 — 이 상실된 동기를 채워 주기를 단적으로 거부하며 텅 빈 상태로 남겨 놓는다.

> 나에게 아무것도 묻지 마라. 너희가 아는 것을 너희는 알고 있을 테니. 이 순간부터 앞으로 나는 단 한마디도 하지 않으련다.
>
> (5.2.309-10)

이 대사는 『오셀로』와 그 연극에 등장하는 악당의 심연을 알 수 없이 잔혹한 측면과 구체적으로 이어지지만, 여기서 보이는 불투명성은 셰익스피어의 위대한 비극마다 드러나는 결정적인 요소로 확장된다.

아마도 이 전략적인 불투명성은 셰익스피어가 『오셀로』를 쓰고 난 직후에 쓴 연극 『리어 왕』에서 가장 탁월하게 드러날 터다. 리어의 이야기는 — 그를 진실로 사랑하는 딸을 오해하여 쏟아 낸 그릇된 분노, 그의 모든 재산과 권력을 넘겨준 사악한 두 딸들에게 당한 배반 — 그 이전에도 종종 회자되곤 했다. 셰익스피어는 설교자들이 연단에서 그 이야기를 인용하는 것을 들었을 수도 있고, 혹은 스펜서의 『선녀 여왕(Faerie Queene)』에서 짤막하게 언급되는 것을 보았거나 아니면 중독되었다고 할 만큼 그가 즐겨 읽던 연대기 역사책에서 전체 이야기를 읽어 봤을 가능성도 있다. 그 이야기가 연극으로 각색되어 무대에서 공연되는 것도 분명 본 적이 있을지 모른다. 그는 그 이야기가, 자신이 어렸을 때 분명히 빠져들어 들었을 오래된 구전 민담 한두 편과 매우 유사하다는 사실에 놀랐을 수도 있다. 아마도 '신데렐라' 같은 이야기에서 상냥한 딸 하나가 사악한 언니들과 대치하는 이야기나 어느 착한 딸이 불같은 성미를 지닌 아버지에게 그를 소금만큼 사랑한다고 말하여 그 호의를 상실하는 이야기를 연상했을 것이다. 하지만 셰익스피어 시대에 리어의 운명은 주로 고대로부터 전해 내려와서(기원전 약 800년경) 영국의 유구한 역사를 진위성 있게 드러내는 설화로 받아들여지거나 혹은 자녀들의 아첨에 과도한 신뢰를 두지 말 것을 당대 아버지들에게 경고하는 문건으로 활용되었다. 리어는 어리석게도 딸들의 사랑을 시험한다. 그는 세 딸에게 묻는다. "너희 중에 누가 짐을 가장 사랑한다고 할 수 있겠느냐?"(1.1.49) 셰익스피어의 연극을 포함하여, 이 리어 왕이 나오는 이야기의 일부 판본에서 이 시험은 아버지 스스로 더 이상은 공적 업무를 제대로 수행하지 못할 것 같은 생각을 품는 순간에, 은퇴할 시기가 왔다고 느끼면서 행해진다.

    하지만 왜 리어는, 연극이 시작하면서 왕국을 세 딸들에게 공평하게 나누어 주는 지도를 이미 작성하고 난 상황에서 이러한 사랑의 시험을 감행한 것일까? 셰익스피어의 원전이었던 퀸스멘 극단의 오래된 연극 『진정한 리어 왕의 역사 연대기(The True Chronicle History of King Leir)』(출판은 1605년에 되었으나 1594년 혹은 그 이전에 나왔다.)에서는 만족스럽도록 명백한 대답이 주어진다. 리어의 고집 센 딸 코델라는 오직 자신이 사랑하는 남자하고만 결혼하겠다고 맹세한 바 있었다. 리어는 왕실과 관련된 정치적 목적으로 그녀가 자신이 선택한 남자와 결혼하기를 바란다. 그는 딸들의 사랑을 시험하는 장면을 연출해서 언니들과 경쟁을 붙이면 코델라도 자신 또한 아버지를 제일 사랑한다고 선언할 것이며, 그 시점에 자신이 골라 놓은 구혼자와 결혼함으로써 자신(리어 왕)에 대한 그 사랑을 증명해 보이라고 요구할 계산이었던 것이다. 이 책략은 역효과를 가져오지만 어쨌든 시험의 목적은 명백하게 드러난다.

『햄릿』과 『오셀로』에서 했던 것처럼, 셰익스피어는 다시 한 번 이야기에서 개시되는 행동에 합리성을 더해 주는 동기를 걸어 낸다. 본래 리어는 자신에게 보이는 사랑의 정도에 따라 왕국을 나눠 줄 테니 딸들에게 질문에 답하라고 요구하지만, 셰익스피어의 연극은 등장인물들이 지도의 구획에 대해 토론하다가 각 구획들이 정확히 공평하다는 것을 알아채는 장면으로부터 시작한다. 말하자면, 왕국은 이미 나뉘어 있는 것이다. 그리고 리어가 코델리아에게로 시험을 넘기며 마치 아직도 거론할 대상이 있다는 듯이 구는 데서 상황은 더욱 이상해진다. 이미 그가 고도의 정확성을 보이면서 왕국의 3분의 2를 측량하여 주어 버린 이후에 말이다.

이 인물이 보여 주는 태도는 이후 이어질 끔찍한 사건들의 씨앗이 된다. 이를 위해 그의 태도에서 일관적인 논리 구조를 걷어 내면서,

셰익스피어는 리어의 행동이 더욱 자의적으로 보이면서 또한 더 깊은 심리적 욕구에 기반한 것처럼 보이게 만든다. 그의 리어는 권력의 정점에서 은퇴하기로 마음먹었지만 동시에 나약한 의존적 존재가 되는 것은 견디지 못하는 사람인 것이다. 국가와 가정에서 모두 절대 권력자로서의 정체성을 잃고 싶지 않은 그는 공식적인 제의를 일으킨다. ─"너희 중에 누가 짐을 가장 사랑한다고 할 수 있겠느냐?"─ 이 제의는 그 자신이 갖고 있던 내적 불안을 자식들에게 돌림으로써 본인의 불안을 가라앉히려는 시도로 보인다. 하지만 코델리아는 이 제의에 참여하기를 거부한다. "나 코델리아는 뭐라고 해야 할까? 굳이 말하지 않아도 그저 사랑할 뿐이니, 아무 말도 하지 말아야겠다." (1.1.60) 리어는 답을 요구한다. "말하라." 그녀가 "아무것도 아닙니다."(1.1.85-86)라고, 연극 전체에서 내내 어둡게 울려 퍼지는 이 의미심장한 말을 입에 올렸을 때, 리어는 자신이 가장 두려워하던 것을 듣게 된다. 아무것도 아닌 것, 공허, 존경의 상실, 정체성의 절멸.

연극이 끝날 때, 이러한 절멸은 리어에게 그가 상상했던 것보다 훨씬 더 끔찍한 형태로 다가온다. 퀸스멘 극단의 연극과 이 이야기를 다룬 그 외 다른 버전들에서는 결국 리어가 코델리아와 화해하고 왕좌를 되찾는 것으로 끝난다. 셰익스피어의 연극을 처음 보러 온 관객들도 분명히 이러한 낙관적인 끝맺음과 대충 비슷한 형태의 결말을 기대했을 것이다. 어쩌면 그들은 연극의 최종 장면에서 나이 든 리어가 죽음을 맞고 그의 착한 딸이 왕좌에 오르는 정도까지 예상했을지도 모른다. 그들이 미처 상상하지조차 못한 것은, 셰익스피어가 코델리아에게 돌아갈 최종 승리 ─ 전체 서술에서 권선징악의 이치를 입증하는 관점 ─ 를 아예 통째로 다 걷어 버린다는 것이었다. 그 대신 그는 몰락한 왕이 무참히 살해당한 딸을 안고 비탄의 격정으로 울부짖는 장면을 넣었다. "이것이 약속된 끝이라는 것인가?" 단역 중 하나가 질문하는 이 대사는, 어안이 벙벙해진 관객이 눈앞에 보이는 광경을 믿지 못해 내뱉었을 법한 말을 대변한다. 이 예상 밖의 절정의 순간에 우리가 지금껏 불투명성이라고 불러 오던 극적 효과는 실제로 문자적인 의미가 된다. ―"모든 것들이 탁하고, 어둡고, 죽어 있는 듯하구나."― 죽어 가는 리어는 자신의 품에 안긴 코델리아가 아직 살아 있다고 믿던 망상적인 소망에 빠져 있다가 그녀가 정말 죽었다는, 극단적으로 황량한 깨달음을 얻으면서 거친 진폭으로 동요한다.

    아니, 안 된다, 삶이 다했다니!
    개도, 말도, 쥐까지도 목숨을 갖고 살아가는데 왜 어째서
    그대에겐 아무런 숨결도 남아 있지 않다는 말이냐? 그대 다시는 돌아오지 않으리라,
    절대, 절대, 절대, 절대, 절대로!
                                 (5.3.262, 289, 304-7)

아이를 잃는 경험이 어떤 느낌을 주는지 상상하게 하는 이 대사들은 비극의 절정에서 흘러나오며, 셰익스피어가 썼던 극적 장면들 중 가장 고통스러운 순간을 묘사하고 있다.

하지만 이 대사들은 햄넷이 아니라 코델리아에 대해 쓰인 것이며, 극작가에게 일어났던 상실의 경험 직후가 아니라 거의 10년 세월이 흐른 후 그가 한참 번영과 성공을 거두고 있던 시점에서 나온 것이다. 셰익스피어의 경력은 전성기에 올라 있었다. 1603년 엘리자베스 여

왕의 죽음은 45년간 이어져 온 비범한 통치 기간의 끝을 기록했다. 물론 여왕이 죽었다고 해서 그와 그의 극단에게 어떤 위해가 찾아오진 않았다. 오히려 그 반대였다. 몇 주 내로 새로운 통치자로서 스코틀랜드의 제임스 6세가 영국의 제임스 1세로 즉위했으며, 이 새 국왕은 로드챔벌린스멘 극단을 그 자신이 직접 후원하는 극단으로 만들었다. 이제 그들은 킹스멘(King's Men)으로 불리게 된 것이다.

왕과 그의 가족들은 분명히 그의 새 극단을 엄청나게 좋아했던 것 같다. 극단은 1603년에서 1604년으로 넘어가던 겨울 한 계절 동안 궁정에서 여덟 편의 연극을 공연했다. 그다음 계절에 그들은 열한 차례의 궁정 공연을 했는데, 현재는 소실된 『스페인의 미로(The Spanish Maze)』, 벤 존슨의 두 풍자극 (『각인각색』과 『심기가 불편한 사람들』), 그리고 셰익스피어의 연극 일곱 편(『오셀로』, 『윈저의 즐거운 부인들』, 『잣대엔 잣대로』, 『실수 연발』, 『헨리 5세』, 『사랑의 헛수고』 그리고 『베니스의 상인』)이 그들의 공연 목록에 올랐다. 왕은 『베니스의 상인』을 너무나 즐겁게 본 나머지, 1605년 2월 10일에서 12일까지 사흘 동안에는 그 연극을 두 번이나 공연하게 했다. 선왕 엘리자베스 역시 연극을 즐기지 않았던 것은 아니지만, 이 새로운 왕실의 든든한 후원은 극단과 그 주된 극작가 모두에게 전례 없는 수준의 번영을 안겨 주었다.

셰익스피어는 극단의 궁정 및 대중 공연에서 들어오는 수입의 주주였을 뿐만 아니라 글로브 극장의 부분 소유주이기도 했으므로, 모든 주주들이 공동으로 지불하는 극장 임대료의 일부분도 그의 수입이 되었다.(즉 그는 자기 자신에게 임대료를 지불하는 행복한 입장에 있었던 것이다.) 작가로서의 상상력과 사업가적인 수완 그리고 쉴 새 없는 노동의 결과, 그는 돈을 많이 번 부자가 되었다. 줄리엣의 유모가 돈주머니의 동전들이 내는 소리를 생각하며 빗대어 말하던 대사처럼 "땡전푼깨나"(『로미오와 줄리엣』, 1.5.114) 소유하게 된 것이다. 벤 존슨이나 존 던처럼, 셰익스피어가 책을 사들이는 데 돈을 들였다는 증거는 남아 있지 않다. 그림이나 골동품 동전이나 작은 청동 주조물이나 혹은 학식이나 예술적 소양을 드러내는 그 어떤 다른 물건들은 고사하고 말이다. 그가 흥미를 보인 것은 그런 것들보다도 스트랫퍼드 근교의 부동산이었다.

그는 아내와 아이들을 데려와 런던에서 살게 할 만한 장소를 마련하는 것에도 어려움이 없었을 것이다. 하지만 그들은 — 혹은 그는 — 그들이 시골에 남아 있는 것을 선호했다. 1597년 후반, 햄닛이 죽고 1년 정도 시간이 흐른 뒤 셰익스피어는 앤과 두 딸, 열네 살의 수재너와 열두 살의 주디스를 스트랫퍼드 뉴플레이스에 그가 새로 산 커다란 삼층집에 데려다 살게 했다. 벽돌과 목재로 지어진 이 집은 15세기 후반 마을의 명망 높은 시민에 의해서 지어진 것으로, 18세기에 철거되긴 했지만 이 집을 스케치한 그림들과 그 외에 남아 있는 자료들을 보면 셰익스피어가 생전에 이 세상에서 거둔 인상적인 성공을 시사해 주는 증거물로 자리했었으리라. 다섯 개의 박공지붕이 있고, 열 개의 방은 각각 벽난로로 덥히고, 세 면으로 난 정원과 과수원이 있고, 헛간 두 개와 다른 별채들이 딸린 뉴플레이스 저택은 수완 좋은 신사에게나 어울리는 거주지였다. 1602년 5월에 그리고 1605년 6월에 다시, 셰익스피어는 스트랫퍼드 지역 일대의 임야에 "몇 백 평 단위로" 상당한 투자를 했고 토지세 계약을 체결했다. 이제 그는 성공한 극작가이자 배우인 것에 더하여, 지역구의 중대한 불로 소득자이자 스트랫퍼드의 주요 시민이 되었다.

이 정도 규모의 부동산 거래를 하려면 그는 평소에 가족을 보기 위해 귀향길에 오르던 일정 — 17세기 전기 작가인 존 오브리에 따르면 1년에 한 번 정도 — 보다 한두 차례 정도 더 고향 집을 방문했을 것이다. 말을 타고 가야 하는 긴 여정에서 쉬어 가야 했을 중간 지점은 명백히 옥스퍼드였다. 초기 소문에 따르면 셰익스피어는 태번(Tavern)이라고 불리는 와인 주막에 습관처럼 들렀는데, 그곳의 주인은 와인 제조인 존 대버넌트(John Davenant)로 그의 아내 제인과 함께 그곳에서 가족을 불리고 있었다. 그중에는 그들의 아들 윌리엄도 있었는데, 그는 훗날 유명한 왕정복고 시대의 희극 작가가 된다. 존 대버넌트는 극심하게 진지한 성격의 사람이었다고 한다. — 아무도 그가 웃는 모습을 본 적이 없었다. — 하지만 그는 사업적으로 성공했으며 사람들의 존경과 지지를 한 몸에 받아서 옥스퍼드의 시장 자리까지 올랐다. 그의 아내 제인 대버넌트는 "아주 아름다운 여인으로, 재치가 넘치고 함께 대화를 나누다 보면 굉장히 즐거워지는, 쾌활한 화술을 가진 사람"이었다고 전해진다.

셰익스피어는 이 가족과 친하게 지냈던 것 같다. 윌리엄 대버넌트의 큰형인 로버트는 후에 교구 목사가 되었는데, 어렸을 때 셰익스피어가 놀러 와서 자신에게 "수없이 뽀뽀를 해 주었던 일을" 기억했다. 윌리엄은 자기 이름이 셰익스피어의 이름을 따서 지어진 것이라고 주장했고, 자신의 친밀한 친구들에게는 셰익스피어가 대부 이상의 존재임을 암시했다. 그의 생각에는, 아마도 와인 한 잔을 목구멍으로 넘기고 나면, 마치 자신이 셰익스피어의 "정신을 그대로 이어받아" 글을 쓰고 있는 듯이 생각되었을 것이다. 그때나 지금이나 야심에 찬 극작가들은 자기애적 자신감을 아주 최대치로 폭발시키면서, 이렇게 어마어마한 주장을 외쳐 보고픈 유혹을 줄곧 느끼게 되지만, 대버넌트의 술자리 친구들은 그가 셰익스피어의 아들이라고 "여겨지는 것만으로도 충분히 만족스러워하는 것 같다고" 믿었다. 아마 그것은 셰익스피어의 높은 명성에 대한 가장 놀라운 헌사일 것이다. 17세기 후반의 한 명성 있는 신사가 — 윌리엄은 열렬한 왕정주의자로, 왕위가 비어 있던 공위 기간에 왕실에 대한 충성을 고수하여 투옥당했다가 왕정이 복고된 이후 기사 작위를 받았다. — 평민으로 태어난 극작가의 사생아라는 것을 자랑할 정도였으니, 물론 당대의 몇몇 인물들은 충격을 받았다. 그들이 보기에는 대버넌트가 자신의 예술적 명성을 높이기 위해 어머니를, 그들의 표현에 따르자면 바람난 여편네로 만들기까지 하는 것은 지나치다고 생각되었던 것이다.

윌리엄 대버넌트는 1606년 3월 3일에 유아 세례를 받았으므로, 만약 그가 던지는 의미심장한 암시에 일말의 진실이라도 깃들어 있다면, 셰익스피어는 1605년 늦봄이나 여름에 여러 차례 옥스퍼드를 거쳐 가야 했을 것이며 이는 아마도 그가 7월에 최종 체결한 상당한 양의 부동산 매매 때문에 발생한 여정이었을 것이다. 셰익스피어가 이 시기에 옥스퍼드를 방문했을 가능성은 그의 비밀 연애사가 아닌 다른 이유 때문에도 흥미를 돋운다. 1605년 8월 27일에서 31일 사이에, 제임스 왕은 그의 왕비인 덴마크의 앤(Anne of Denmark)과, 왕자 헨리를 동반하여 옥스퍼드 대학교를 최초로 공식 방문했다. 나흘 동안 대학에서는 네 편의 연극을 공연했는데 세 편은 라틴어 공연이었고 네 번째는 귀부인들을 위해서(그리고 자기들이 인정하는 것보다 라틴어 실력이 딸리는 신사분들을 위해서) 영어로 공연되었다. 왕실 방문에 따른 연극 공연은 태평하거나 즉흥적으로 대충 해 나갈 수 있는 일이 절대 아니었다. 무대 의상은 런던에 있는 킹스레벨스 극단(King's Revels Company)에서 정식으로 대여받았고, 훌륭한 무대 장치 디자이너인 이니고 존스(Inigo Jones)가 무대 장면의 배경을 바꿔 주는 특별한 기계를 축조하도록 고용되었다. 그 시기에 옥스퍼드 근교에 있었다면, 셰익스피어는 직업적인 이유로라도 이 연극 공연이 어떤 평가를 받는지 직접 가서 확인해 보고자 했을 것이다.

일은 별로 잘 풀리지 않았던 것 같다. 여왕과 귀부인들은 연극 중 가장 첫번째로 공연된 작품인『알바(Alba)』(위대한 학자인 로버트 버튼(Robert Burton)이 일부 집필했다.)에서 거의 헐벗다시피 한 남자가 나온 것 때문에 불쾌함을 표시했다. 왕은 이 연극과 그다음 연극도 지루해했고, 세 번째 연극『베르툼누스(Vertumnus)』가 공연되는 동안에는 사실 잠이 들어 버렸으며, 네 번째는 굳이 관람하려고도 하지 않았다. 이 네 편 중 현대까지 살아남은 희곡인『베르툼누스』를 읽어 보면 왕이 관객으로서 내린 비평적 판단이 별로 틀리지 않았음을 알 수 있지만, 그래도 이 공연의 실패는 낙담스러운 결과였을 것이다. 대학 관계자들은 세인트존스 컬리지에 있던 학자이자 1603년에 네로의 삶에 대한 라틴어 비극을 펴낸 바 있는 매슈 그윈(Matthew Gwinn)에게 손길을 뻗었는데, 그윈은 1592년에 엘리자베스 여왕이 옥스퍼드를 방문했을 때 공연된 연극을 지켜본 경험이 있었다는 점에서 중요한 자문 대상이었다. 당시 17세기 초반에 그는 런던에서 의사 일을 하며 지내고 있었는데(무엇보다도 그는 런던탑의 죄수들을 진료하는 의사였다.) 탁월한 능력과 경력을 가진 적합자로서 그는 학자인 왕을 위해 공연할 연극을 하나 써 달라는 요청을 받아 이에 착수했다. 그는 또한 왕을 환영하는 행사를 연출하는 소극의 대본도 담당했는데, 셰익스피어가 특히 흥미를 가졌던 것은 바로 이 소극이었다.

왕이 수행원들을 이끌고 세인트존스 컬리지에 도착했을 때, 그는 그원이 쓴 일종의 가장극이나 소극인 "개관식 장치(device)"로 환영을 받았다. 세 명의 "무녀들"이, 즉 고대의 여사제처럼 차려입은 세 명의 소년들이 나와서 제임스를 맞았다. 대본에 따르면 그들은 "숲에서 나온 것처럼" 그에게 다가갔고, 그들의 손에는 가지들이 들려 있었다. 관찰자가 남긴 기록으로는 아마도 그들이 "온통 상아로 만든 성"에서 모습을 드러냈을 것이라고 한다. 첫 무녀의 대사는 제임스의 조상으로 알려진 11세기 스코틀랜드인 뱅쿠오에게 일어난 전설적인 사건을 묘사했다. 뱅쿠오가 "운명의 세 여신"을 만났는데, 그들은 그에게 그 자신이 아니라 후손들에게 "끝이 없는 힘"이 주어질 것이라고 예언했다고 한다. 무녀는 "우리 세 운명들이 그대와 그대의 후손에게 외치노니."라고 제임스에게 말하며, 그들끼리 번갈아 가며 찬사를 주고받기 시작한다.

    복되도다, 스코틀랜드가 섬기는 이여!
    영국이 섬기는 이여, 복되도다!
    아일랜드가 섬기는 이여, 모두 복되도다!
    프랑스가 제호하며 영토를 넘기는 이, 모두 복되도다!
    찬양하라, 갈라진 영국을 하나로 통합한 이를!
    찬양하라, 영국, 아일랜드, 프랑스의 위대한 군주를!

현대의 관점에서 보면, 이러한 환영 행사는 그리 미덥지 못한 유치한 야단법석으로 비칠 수도 있으나, 당시에는 왕을 만족시키기 위해 정교하게 계산된 행사였다. 그의 먼 조상 뱅쿠오를 언급하여 소환하는 것은, 보다 최근 조상들의 언급이 가져올 끔찍하도록 불편한 상황을 피하고자 하는 의도였다. 제임스는 어쨌든 스코틀랜드의 여왕 메리의 아들이었다. 바로 끊임없는 음모의 주동자로서 결국 엘리자베스에 의해 감옥에 투옥되었으며 "마녀를 죽여라."라고 외쳐 대는 강경파 의원들의 압박에 못 이겨 엘리자베스가 마지못해 제 손으로 사형시킨 친척 동생 메리의 아들 말이다. 운명의 여신들이 부르는 이 찬사는 제임스에게, 그의 충실한 영국 가신들이 그를 스코틀랜드에서 온 침입자, 죄 많은 가톨릭 바빌론 창녀의 아들로서가 아니라, 통일된 영토의 정당하고 숙명적인 통치자로 여긴다는 것을 확실히 보여 주려는 행위였다. 그리고 그것은 이 명성과 위엄과 안정감을 제임스의 자녀들인 헨리와 찰스 왕자에게로도 확장했다. "우리는 이 운명에는 시간도 한계도 정하지 않는다."

제임스는 불안감에 쫓겨 있었다. 그는 극심한 초조감에 시달렸다. 그는 쉬기도 하고 난해한 학문적 질문과 씨름하고, 술에 취하고, 자신이 특별히 아끼는 미남 시종들을 어루만지고, 사냥한 동물들을 죽이는 것에서 기이한 기쁨을 발견하며 이에 푹 빠져들기도 했다. 기분이 괜찮을 때는 가신들 앞에서 스스로를 웃음거리로 만들 줄도 알았고 심지어 꽤 거친 장난질이나 농담도 그럭저럭 받아 주었다. 하지만 수시로 자신을 괴롭히곤 하던 공포에서는 절대 완전히 벗어나지 못했다. 불꽃놀이나 깜짝 놀라게 하는 장난으로 그를 즐겁게 해 주려던 시도들은 종종 상황을 엉망진창으로 만들곤 했다. 이처럼 예상치 못한 놀라움을 가져다주는 행사들은 과거 그에게 있었던 끔찍한 기억들을 연상시켰던 것이다. 그리고 매우 열렬한 사냥 애호가였음에도 그는 결코 펜싱을 배우지 못했는데, 누군가 검을 뽑아 들고 있는 광경을 보면 갑작스러운 공황 발작을 일으켰기 때문이다.

그가 공포에 시달리는 이유는 충분했다. 어머니가 자신에 앞서 왕좌에 앉아 있던 선왕에 의해 처형되었을 뿐만 아니라, 그의 아버지 역시 암살자의 손에 살해당했다. 그 자신은 최소한 한 번 이상 그리고 아마도 여러 번 암살 시도를 간신히 빠져나가며 목숨을 부지했다. 그는 어떤 이유로도 적들이 자신과 아이들을 해치고자 하는 시도를 멈추지 않을 것이라고 믿었다. 그는 검을 연상케 하는 날카로운 금속뿐 아니라, 핀을 꽂아 둔 밀랍 인형들이나 이가 빠진 노파가 웅얼대는 목소리에 공포감을 느꼈다. 엘리자베스나 헨리 8세와 마찬가지로 그는 신비주의 예언과 같은 행위에 굉장히 영향을 받으며 불안을 느꼈다. 마술이나 그 외 다른 마법적인 수단으로 미래를 예측하는 것은 곧 중죄였다. 이런 이유로 매슈 그윈이 연출한 악의 없는 작은 환영 행사조차, 사실 일말의 대담한 요소를 지니고 있었던 것이다. 그래도 그의 통치와 후손들의 통치가 이미 수세기 전에 예언된 바 있다는 말을 듣는 것은 제임스에게 깊은 안도감을 주었을 것이며, 무녀로 분장한 세인트존스의 소년들은 그의 내부에서 끓는 병적인 공포를 피하게 해 주는 일종의 연극적 부적의 역할을 했을 것이다. 이를 받아들인 왕의 만족감은 그 즉시 표현되었던 것이 분명한데, ― 셰익스피어가 군중 속에 서서 함께 이 장면을 관람했는지 아니면 현장을 봤던 사람에게 들었는지 간에 ― 이 작은 환영 행사가 극작가의 상상력에 있어서 성공적인 공연의 예시로 남은 듯 보이기 때문이다.

1년 후 1606년 여름, 덴마크의 왕이 그의 누나인 앤 왕비를 보러 영국을 방문했다. "궁정에서는 아무런 소리도 들리지 않았다." 하고 이 방문을 목격한 관계자는 쓰고 있다. "오직 나팔 소리, 오보에 소리, 음악 소리, 떠들썩하게 흥청대는 소리, 그리고 희극이 공연되는 소리 외에는!" 제임스가 그의 손님과 나란히 앉아서 그의 킹스멘 극단이 새롭게 선보이는 비극『맥베스』의 공연을 관람한 것은 바로 이 축제처럼 흥겨운 기간 중 하루였을 것이다. 세 명의 기괴한 자매들이 무대 위에 올랐을 때, 왕은 세인트존스 컬리지 밖에서 겪었던 그 기분 좋은 작은 야회극을 떠올렸을까? 아마 그렇지 않았을 것이다. 영국의 왕위에 오른 이후 그는 어쨌든 엄청나게 화려한 공연들을 많이 관람해 왔고, 그리고 연극 이외에도 정신을 쏟아야 할 다른 업무도 많았을 테니까.

하지만 셰익스피어는 마치 고대의 무녀처럼 차려입고 등장했던 세 소년들에 대해 직접 보거나 전해 들은 것을 잊지 않았을 것이다. 그는 대를 이어 온 왕조의 승계를 다시 확인시켜 주는 비전을 연출해 보이기 위해서『맥베스』에서 그들을 다시 불러들였다. 연극 중반에 이르러 맥베스는 "비밀스럽고, 검은, 한밤중의 노파들"과 이야기를 하기 위해 나간다. "내 심장은/ 오직 한 가지를 알고 싶어 고동친다."라고 맥베스는 그들에게 말한다.

> 내게 말해 다오, 만일 너희의 술수가
> 그토록 많은 것을 말해 줄 수 있다면, 뱅쿠오의 후손이 과연
> 이 왕국을 통치하게 될 것인가?
>
> (4.1.64, 116-19)

마녀들은 그에게 이미 알고 있는 것들만으로 만족하라고 충고하지

만, 맥베스는 끈질기게 답을 요구한다. 그는 불확실성을 견딜 수가 없다. —"'나는 대답을 듣고야 말 것이다.' 그는 외친다."(4.1.120) — 그리고 그가 받게 되는 대답은 무대 위에 펼쳐지는 이상한 광경인데, 마치 왕들을 안심시키기 위해 꾸며 놓은 여흥의 느낌을 주는 소극이다.

주인공이 원하는 것을 갖게 될 때 처참한 결과가 뒤따른다는 것은 셰익스피어의 비극들에서 드러나는 전반적인 양상이다. 맥베스는 그의 왕 덩컨을 위해 싸운 큰 전투에서 승리하고 후한 영예를 얻게 되지만, 그 영예는 오로지 끓어오르는 그의 불만족을 돋울 뿐이다. 그는 덩컨을 죽이고 왕관을 차지하지만, 이와 같은 반역은 곧 의혹과 불안이 끝없이 이어지는 악몽의 시작점이 된다. 그는 그의 친구 뱅쿠오를 암살하라고 명하지만, 이 살해당한 자의 유령이 나타나서 그를 공포로 몰아넣으며, 그는 뱅쿠오의 아들이 탈출해 버린 것을 알고 낭패감을 느낀다. 그는 안정되고, 속박에서 풀려나, 그의 표현대로 "대리석처럼 온전하고, 바위처럼 탄탄해져서" "완벽"해지기를 간절히 갈망한다. 그 대신에 그는 "선실에 갇히고 구유에 틀어박힌 듯, 단단히 속박되어, 묶여 있다/ 신랄한 의심들과 두려움에."(3.4.20-21, 23-24) 그가 마녀들에게로 돌아서서 자기 앞에 놓인 미래를 보여 달라고 요구하는 것은 이 의심과 공포에서 벗어나기 위해서이다. 하지만 맥베스가 보는 대답은 그의 입장에서는 특히나 쓰디쓴 것인데, 마녀들이 보여 주는 소극에 등장하는 것은 그 자신을 계승하는 후손들이 아니라 그가 살해한 뱅쿠오의 후손들이기 때문이다. 여덟 명의 왕이 그의 앞을 지나쳐 가고, 마지막 왕은 그 후로도 무수한 왕이 뒤따를 것을 의미하는 거울을 손에 들고 있다. 마녀의 전설에서 마술 거울은 친숙한 장치였으며, 1606년 궁정 무대에서도 더욱 기발한 목적에 사용되었을 수 있다. 거울을 손에 든 배우는 왕좌로 나아가서 뱅쿠오의 후손인 제임스가 거울에 비친 그 자신의 모습을 보도록 했을 것이다. 여기에서도 옥스퍼드의 장치에서처럼, 운명의 세 자매들은 "끝이 없는 힘"을 예언한다. "도대체," 절망에 빠진 맥베스는 묻는다. "이들의 승계는 최후의 심판 날까지도 이어진단 말인가?"(4.1.133)

셰익스피어는 『맥베스』를 왕에게 아첨을 보내는 작품처럼 보이게끔, 혹은 아예 그러한 목적을 가진 작품으로 썼을 것이다. 이 아첨은 당시의 무수한 다른 왕실 여흥이 왕을 향해 직접적이고 개인적으로 과도한 찬양을 퍼붓던 것과 달리, 오히려 간접적이며 왕조 전체를 대상으로 하고 있다. 제임스는 그의 개인적인 지혜나 배움이나 국정에서의 경륜으로 칭송받는 것이 아니라, 머나먼 과거의 고귀한 조상들로부터 뻗어 내려와 현재 그의 아들들에게도 대를 이은 승계를 약속해 주는, 적법한 계승자 후손으로서의 역사적인 위치를 두고 영예를 받는 것이다. 이 관점을 보다 향상시키기 위해서 셰익스피어는 역사적 기록을 살짝 뒤틀었다. 그윈의 야회 소극은 아마도 셰익스피어가 영국 역사극을 쓰는 데 아주 유용하게 사용했던 래피얼 홀린셰드의 『연대기』에서 뱅쿠오를 가져왔을 것이다. 하지만 그윈의 본을 따라 홀린셰드의 연대기에서 스코틀랜드 부분이 나오는 책장을 펼쳤을 때, 셰익스피어는 뱅쿠오라는 인물이 맥베스의 도덕적 대안이 될 수 있는 인물이 아니라, 살인을 저지르는 맥베스 편에 서 있던 주된 동료 중 하나였음을 알게 되었을 것이다.("그러므로 한참 후에, 그가 마음속에 품고 있는 의도를 그의 믿음직한 친구들과 나누고, 그들 중에는 뱅쿠오가 단연 으뜸이었으니, 그들의 약속된 원조를 받게 될 것을 믿으면서, 그는 왕을 살해했다.") 셰익스피어의 뱅쿠오는 그와 반대로 도덕적인 의로움과 예의를 표방하는 인물로 그려진다. 맥베스가 자신이 어떤 행동을 할지 정확히 밝히지 않으면서 그의 도움을 조심스럽게 요청할 때, 강직한 스코틀랜드 귀족 뱅쿠오는 현재 통치 중인 왕에 대한 충성을 섬세하지만 단호하게 맹세한다. 셰익스피어는 제임스의 조상을, 왕에 대한 반역의 협력자에서 저항자로 변화시킨 것이다. 이는 제임스의 마음에 드는 내용이었을 것이다. — 그가 바로 얼마 전까지 속해 있던 과거는 지긋지긋한 음모와 배신의 연속이었을 테니까. — 자기 일가의 왕위 승계가 도덕적으로도 청렴한 기반 위에 세워졌다는 내용은 왕을 매우 흡족하게 했다.

안정적인 통치와 확실한 왕조 승계에 대한 비전은 왕 한 사람을 넘어서서 더 많은 사람들에게 가치를 지니는 일이었을 것이다. 몇 달 전만 해도 왕국 전체는 제임스와 그의 왕실 가족 전체와, 궁정, 그리고 사실상 영토의 모든 정치 지도자들을 없애 버리려는 계략을 — 그것이 실행에 옮겨질 뻔한 최후의 극적인 순간에 — 발견하게 된 사건으로 인해 크게 동요했다. 1605년 11월 4일, 국왕 제임스 1세가 새로운 회기 개정을 위해 국회에 직접 출석하도록 되어 있던 바로 전날 밤, 그 며칠 전 투고된 익명의 편지로 인해 엄중한 경계 태세에 돌입하게 된 왕실 근위대가, 수색 끝에 국회 의사당 지하 골방에 숨어 있던 가이 포크스(Guy Fawkes)를 체포했다. 골방은 화약과 쇠 파이프를 담은 원통으로 가득 채워져 있었으며, 폭발물들은 한 무더기의 잡목과 석탄으로 위장되어 있었다. 이 계략은 제임스가 로마 가톨릭에 대한 관용 정책을 확장할 마음이 없어 보이는 데 대해 적의를 품은 소수의 음모자들이 고안해 낸 것으로, 포크스는 시계와 도화선, 그리고 부싯돌을 지니고 있다가 왕이 국회에 입회하는 시간이 닥치면 이 극단적인 계략을 실행에 옮기려던 참이었다. 격렬한 고문을 받고 나서 포크스는 그와 함께 현 정부 전체를 날려 버리려던 음모를 꾸민 자들의 이름을 실토했다. 그들은 곧 추적 대상이 되었고, 저항하는 자들은 바로 그 자리에서 살상되었다. 체포된 나머지는 왕이 비밀리에 입회하여 지켜본 재판을 거쳐서, 교수형을 당하고, 아직 살아 있을 때 몸이 베여 나가고, 할복당하고, 네 조각으로 절단되었다.

화약 음모 사건(Gunpowder Plot)의 주모자로 체포되고 재판장에 끌려온 이들 중에는 영국에서 비밀리에 예수회 사업을 벌이던 지도 수사 헨리 가닛 신부(Father Henry Garnet)가 있었다. 가닛에게는 이 음모와 연결된 구체적인 증거가 거의 없었고 그 역시 결백을 주장했지만, 정부의 조사관들은 그가 종교적 맹세하에 의도적으로 오해의 소지가 있거나 애매한 답변을 남기는 가톨릭교도들의 도덕률을 변호하는 『회피론(A Treatise of Equivocation)』의 저자라는 점을 중요하게 받아들였다. 제임스는 다시 한 번 비밀리에 재판을 참관했고, 반역죄로 판결 받은 가닛은 나무판에 몸이 묶인 채 처형장이 있는 세인트폴 성당 뜰까지 끌려갔고, 그의 참수된 머리는 다른 이들의 머리와 함께 장대에 꽂혀서 런던 다리 위에 전시되었다.

베니스의 대사는 "왕이 공포에 사로잡혀 있다."라고 기록했다. "그는 모습을 드러내지도 않고 평소처럼 바깥에서 식사하지도 않는다……. 추밀원 의원들 역시 이 책략 자체에 불안과 혼란을 느끼고 있으며 또한 왕의 의심을 사는 상황에 대해 두려움을 느낀다. 도시는 엄청난 불안에 휩싸여 있다. 가톨릭교도들은 이단자들을 두려워하며, 그 역도 마찬가지다. 양쪽 모두 무장하고 있으며, 외국인들은 성난 군중에 의해 약탈을 당할까 두려워서 집 안에 틀어박혀 있다." 조사관

중 하나인 에드워드 코크 경(Sir Edward Coke)이 "무겁고 슬픈 비극"이라고 칭했던 사태의 핏빛 대단원이 만일 이 국가에 평화를 가져다 주려던 의도였다면, 그 시도는 전혀 성공하지 못했다. 3월 22일, 독이 묻은 칼에 의해 왕이 시해당했다는 소문이 빠르게 퍼져 나갔다. 누군가는 영국 예수회 수사들의 짓이라고 했고, 누군가는 여자들의 치마를 걸친 스코틀랜드인들의 소행이라고 했고, 또 누군가는 스페인인들과 프랑스인들의 짓이라고 했다. 대문들이 잠기고, 군인들이 동원되고, 궁정 가신들은 얼굴이 하얗게 질렸으며, 여자들은 통곡하기 시작했다. ─ 왕이 본인의 무사 생존을 알리는 성명서를 발표하기 전까지 말이다. 국가는 아직도 악몽에서도 완전히 깨어나지 못하고 있었다.

킹스멘 극단은 다른 극단들과 마찬가지로, 시절이 수상한 이런 때에 런던 대중과 궁정 양쪽을 위해서 어떤 연극을 무대에 올려야 할지 고심했을 것이다. 『맥베스』에서 셰익스피어는 관객을 안심시켜 주는 집단적인 제의로써 기능할 수 있는 희곡을 쓰려고 한 것처럼 보인다. 모든 사람들이 심하게 동요하는 상황이었다. 사회적 지배 계층 전체가, 국왕과 그의 가족들을 포함하여, 모두 흔적도 없이 날아가 버리고, 왕국은 내부의 종교적 반목으로 인한 혼돈 속에 내던져져서 분열되고 약탈될 위기에 놓여 있었다. 이런 시점에서 11세기 스코틀랜드에서 일어난 사건들의 연출 ─ 왕을 향한 역모와 살해, 질서와 도리의 붕괴, 반역자들의 피 묻은 손에서 왕국을 되찾기 위한 긴 투쟁 ─ 은, 17세기 관객들에게 이 재앙의 상징적인 형태에 직면하고 질서가 복구되는 승리의 순간을 목도하게 해 주었다.

물론 『맥베스』의 줄거리는 화약 음모 사건과 매우 다르다. 연극에는 가톨릭교도의 음모도, 폭발의 협박도, 왕국을 구해 내는 극적인 최후의 순간도 없다. 하지만 셰익스피어는 당대의 시사 현안과 연결될 수 있는 미세한 암시들을 극 중에 심어 놓았으며, 일례로 그중 가장 잘 알려진 농담이 대사 속에서 튀어나왔을 때 연극을 관람하던 관객들 사이에서는 어깨를 들썩이며 웃는 소리가 파도처럼 번져 나갔을 것이다. 이 이상한 웃음이 터지는 순간은 셰익스피어의 작품들 중에서도 공포와 병든 영혼을 그려 낸 가장 참혹한 장면 이후에 곧바로 이어진다. 바로 맥베스가 그의 성에 손님으로 와 잠들어 있는 덩컨 왕을 비겁하게 살해하고 난 참이다. 자신이 저지른 행동에 깊이 동요되고 공포와 후회에 사로잡혀서, 야심 찬 아내와 함께 불안스러운 대화를 주고받는 와중에 그들은 요란하게 성문을 두드리는 소리를 듣는다. 노크 소리는 간단한 장치지만, 공연에서 그것은 거의 언제나 오싹한 효과를 가져온다. 이 효과는 맥베스가 살인을 저지르기 전에 자기가 이제 막 하려는 행동의 모습이 "내 가라앉은 심장이 내 갈비뼈를 두드린다."(1.3.135)라는 묘사로 드러나듯이 공포에 휩싸인 그의 감각을 통해서 미세하게 예견된 것이기도 하다. 끈질긴 노크 소리가 이어지자, 음모자들은 그들의 손에 묻은 피를 씻고 잠옷으로 갈아입고 나오기 위해 퇴장한다. 레이디 맥베스는 얼음처럼 침착하고, 계산적이며, 자신만만하다. — 혹은 그렇게 보이려고 엄청나게 노력하는 것일 수도 있다. — "약간의 물로 우리가 한 일을 씻을 수 있을 거야."(2.2.65) 간담이 서늘해진 맥베스는 별로 그렇지 못하다. "어디 그대의 노크 소리로 덩컨을 깨워 보든가. 그렇게 할 수만 있다면 좋으련만." 그는 공포 혹은 절망, 소망 혹은 쓰디쓴 아이러니를 담아 읊조린다. 이 시점에서, 시끄러운 소리에 잠이 깼으나 지난 밤의 연회로 인해 여전히 반쯤 술에 취한 문지기가 등장한다. 대문을 열어 주기 위해 투덜거리며 가면서 그는 아직도 잠에서 깨지 못하고 꿈꾸는 듯한 상태로, 자신을 새로 도착한 영혼들에게 문을 열어 주는 지옥의 문지기로 상상한다. "여기 회피론자가 오는구나." 그는 상상 속의 죄인들을 보며 그중 한 사람에게 말한다. "이쪽 편이나 저쪽 편이나 서로 반대되는 양쪽으로 다 맹세할 수 있다더니, 하느님 보시기에 충분한 반역죄를 저지르고, 아무리 말을 살살 꼬아서 돌려 봤자 결국 천국에 이르진 못했네. 오, 어서 들어와라, 회피론자여."(2.3.8-11) 이 지옥문을 두드리는 반역죄인 회피론자는, 아마도 최근에 처형된 예수회 수사 헨리 가넛을 이르는 말이었을 것이다.

왜 셰익스피어는, 혹은 다른 극작가는 1605년 11월에 일어난 지극히 극적인 사건들을 좀 더 직접적으로 표현하지 않았을까? 어쨌든 이 사건들은 국가의 위기와 구원을 다루는 완벽한 이야기를 구성해 낼 뿐만 아니라, 심지어 — 제임스의 주요 자문가였던 솔즈베리 백작(Earl of Salisbury)에 의해 주의 깊게 연출되어 — 악마적인 책략을 폭로해 내는 결정적인 역할을 왕 자신에게 부여하고 있다. 익명으로 투고된 경고장은 "그들은 이 국회에서 끔찍한 타격을 입을 것이며, 그럼에도 누가 그들을 다치게 하는지는 보지 못할 것이다."라고만 쓰여 있었다. 솔즈베리는 그와 추밀원은 이 난해한 문구를 어떻게 해석해야 할지 몰랐다고 주장했다. 그러다 왕이 대단히 탁월한 능력으로 이 말의 숨은 의미를 해독해 냈고, 국회 의사당의 지하를 살펴보라고 수하들을 보냈다는 것이다. 11월 5일을 국가의 감사 공휴일로 제정하는 법령이 반포되었으며, 이 법령에서 당국 관계자들은 "만일 전능하신 하느님께서 훌륭하신 국왕 폐하께 성령으로 강림하사, 전하께 도달한 편지의 난해한 구문들을 두고 그 모든 평이한 의미를 초월하여 해석하실 수 있는 능력을 주시지 않았더라면," 그 파멸적인 책략이 성공을 거뒀을지도 모른다고 선언했다. 멜로드라마처럼 과장된 이 일화는 극단들에게는 완전히 특별하게 준비된 선물처럼 보인다. 그런데 킹스멘 극단은 왜 이를 활용하지 못했을까?

답은 극단의 소재 선정에 있어서 공식적으로 신중한 태도가 요구되는 유구한 역사에 있었다. 이 역사는 런던에 공공 극장들이 세워지기 이전으로 거슬러 올라간다. 1599년 엘리자베스의 통치가 시작되던 첫해에, 여왕은 그녀의 사무관들에게 어떤 "막간극"도 "종교적인 문제, 혹은 공익 자산의 국가 통치가 어떻게 다루어지거나 취급되어야 하는지에 대한 내용으로 공연하는 것을" 허락하지 말라고 지시했다. 단순히 극장 자체를 금지하지 않는 다음에야 그러한 금지령을 가장 폭넓은 관점에서 시행하는 것은 사실상 불가능하지만, 연극에서 당대의 논란들이 지나치게 밀접하게 다루어지는 것들에 대해서는 검열 경보가 내려졌다. 그에 더해서, 왕실과 지배 계층은 그들이 얼마나 찬사를 받고 돋보이도록 그려지는가에 상관없이 자신들의 존재가 무대 위에서 묘사되는 것에 불편함을 느꼈다. 그러한 연출을 허가할 경우 그들은 사실상 자신들의 존재에 대한 통제력을 상실할 수 있었고, 또한 여왕의 표현에 따르자면 극장이 "위엄을 갖춘 존재를 친근하고 익숙한 것들로 바꿔 놓"는 데 성공할 것을 두려워했다.

그럼에도, 국가에 닥칠 뻔한 대재앙에서 아슬아슬하게 구원되고 난 직후임을 감안하면『맥베스』의 원고에 최근의 탈출을 기념하여 왕에게 따로 바치는 서문 같은 것이 첨부되어 있지 않은 것은 놀라운 일이다. 사탄의 특별한 숙적이자 하느님의 사랑을 받는 제임스의 역할에 대한 찬사, 혹은 뱅쿠오의 현명한 후손의 통치를 받는 기쁨과 감사의 인식 같은 것들도 전혀 찾아볼 수 없다. 셰익스피어가 사회 현안에 대해서 이런 종류의 직접적인 언급을 삼가고, 작품 속에 등장하는 지옥의 회피론자에 대한 모호한 단서 정도로만 암시를 제한하고 있는 것은, 그의 극단이 지난겨울에 겪었던 불편한 폐해에 근거하고 있다. 누가 보더라도 킹스멘 극단은 엄청난 성공 가도를 달리고 있었다. 1604년 11월 1일과 1605년 2월 12일 사이에, 그들은 궁정에서 최소 열한 번 이상 공연했고, 무대에 오른 연극은 세 번만 빼고는 모두 셰익스피어의 작품이었다. 하지만 이들 중 한 번의 공연이 끔찍한 결과를 가져올 뻔했다. 왕실의 탄탄한 후원과 제1극단으로서의 안정된 입지에 들떠서, 그들은 관습적인 표현의 한계에 도전해 보기로 했다. 그들은 제임스의 생애에 있었던 극적인 사건들을 기반으로 연극을 공연한다면 왕의 흥미를 자극하고 또한 더 많은 대중을 만족시킬 수 있으리라고 생각했다. 그들이 다루고자 한 사건은 1600년 8월에 가우리 백작(Earl of Gowrie)과 그의 형제 알렉산더(Alexander)가 행한 암살 시도에서 아슬아슬하게 빠져나온, 혹은 그 자신이 그렇게 주장하는, 제임스 1세의 암살 미수 사건이었다.

화약 음모 사건과 마찬가지로, 이 사건의 공식적인 서술은 매우 극적인 양상을 띤다. 스코틀랜드에서 수행원들을 이끌고 사냥 중이던 왕은, 금화로 가득한 단지에 대한 이상한 이야기에 호기심을 느끼고 가우리의 성으로 말을 달려간다. 거기서 그는 알렉산더의 꾐에 빠져 수행원들과 따로 떨어져서 저택 꼭대기의 작은 탑으로 혼자 올라가게 된다. 홀에 남아 불안감을 느끼던 왕의 수행원들은 자기들의 주인이 자취를 감추고 먼저 떠나 버렸다고 믿지만, 그들이 밖으로 나와서 그를 찾아 떠나가려고 할 때 제임스가 탑의 창문에 기대어 고함을 치는 광경을 목격하고 깜짝 놀란다. "나는 살해당한다! 반역이야!" 탑의 문은 잠겨 있었으나, 왕의 부하 중 하나인 존 램지(John Ramsay)가 다른 계단을 이용하여 탑으로 올라가는 데 성공하고 방문을 부수고 들어간다. 그 안에서는 제임스가 알렉산더와 격투를 벌이고 있었다. 램지는 왕을 암살하려 한 자의 얼굴과 목을 찔렀고, 그동안 아래층에서는 왕의 다른 수행원들이 암살범의 형제인 가우리 백작을 잡아서 처단했다.

이야기가 너무나 그럴듯해서 사실성이 떨어지는 것은 우연한 결과가 아닐 것이다. 객관적인 관점을 지닌 많은 관찰자들은 수상한 낌새를 눈치챘다. — 왕이 불신하는 두 강력한 귀족에 대한 정치적 암살 가능성, 그리고 특히나 왕이 그들에게 무려 8만 파운드에 달하는 엄청난 빚을 지고 있는 상태였으니 말이다. 이에 당국에서는 분명히 왕의 목숨을 노리려던 반역자들의 실패담에 좀 더 살을 붙일 필요를 느꼈을 것이다. 가우리 백작은 군주에 대한 신민으로서의 충성 의무를 배반했을 뿐만 아니라, 공식적인 설명에 따르자면, 저택을 방문한 손님을 보호해야 할 주인으로서의 의무를 짓밟았으며, 하느님을 향한 경배의 태도도 위반했다. "마술에 쓰이는 문자와 마법 주문이 가득 적힌 채 꼭 닫혀 있는 조그만 양피지 가방"이 죽음을 맞은 백작의 시신 위에 나타났다. 그 가방을 그에게서 떼어 내자 그의 몸에서 피가 쏟아지기 시작했다. 가방에 써 있던 히브리어 글자들은 그것을 지니고 있던 자가 유대교 신비주의자임을 증명했고, 판사들은 그가 "마법의 연구자요, 악마들의 소환수"라고 선언했다. "장화"라고 불리는, 발뼈를 모두 으스러뜨리는 고문 장치로 몇 명의 증인들을 고문한 결과 당국은 필요한 모든 증거 모음을 손에 넣었으며, 광풍 같은 처형이 이어지고, 반역자 가우리의 재산을 왕이 모두 압수하는 것으로 이야기는 종결된다. 스코틀랜드의 목사들은 "그 사악한 반역 행위로부터 왕을 기적처럼 구해 주신 하느님을 찬양하라."라는 지시를 받았다. 몇 명은 이를 거절했는데, 그 이야기의 진실성을 믿지 않거나 혹은 이러한 당국의 지시가 우상 숭배적이라고 생각했기 때문이었다. 거부한 이들은 곧 직위에서 해임되었으며, 대부분은 마지못해서 이 지시에 복종했다.

킹스멘 극단 소속의 극작가 몇 명은 — 아마도 셰익스피어 본인도 — 이 이야기가 흥미로운 연극이 될 것이라고 생각했다. 극단은 물론 그들이 엘리자베스 시대로부터 내려오는, 살아 있는 주요 거물들이나 당대 혹은 당대와 가까운 최신의 사건들을 무대에 올리지 말라는 금기를 위반하려고 한다는 것을 알았다. 왜냐하면 누군가가(셰익스피어도 후보일 가능성이 있었다.) 현왕 제임스의 역할을 해야 했기 때문이다. 하지만 그들은 새롭게 바뀐 정권 아래에서도 그들에게 가해진 이전의 제약을 고수해야 하는지 시험해 보길 원했을 수 있었다. 더하여 그들은 왕이 가우리 저택에서 일어난 유혈 사태에 대해 그의 관점에서 서술한 이야기를 적극적으로 지지하는 이들이면 누구에게나 일부러 포상을 내린다는 것을 알아차렸을 것이며, 영국의 대중 관객들도 이 사건들을 매혹적으로 느끼리라고 계산했다. 최소한 그들의 판단은 부분적으로는 옳았다. 1604년 12월 『가우리의 비극(The Tragedy of Gowrie)』은 많은 군중 앞에서 두 차례에 걸쳐 공연되었다. 하지만 궁정의 첩자가 알아챈 바에 따르면 연극이 모든 사람을 만족시킨 것은 아니었다. "그 일이나 혹은 그것을 다루는 방식이 제대로 다루어지지 못했든지, 아니면 왕족들이 그들의 생전에 무대 위에서 공연자로 등장하는 것이 부적절하다고 생각했든지, 내가 듣기로 대의원들은 그 연극을 굉장히 불쾌하게 여겼으며 이와 같은 연극은 상연을 금지해야 한다고 생각했다고 한다." 이와 같은 계산 착오의 결과로 킹스멘 극단이 왕실의 호의를 잃게 된 것은 아니었지만, 연극은 분명히 금지되었다. 이 연극이 다시 공연된 기록은 찾아볼 수 없으며 극본도 살아남지 못했다.

1년 후 화약 음모 사건이 발발하자, 킹스멘 극단은 다시 한 번 스코틀랜드를 배경하는 공연을 검토했다. 하지만 이번에는 보다 신중해야 했다. 반역을 소재로 한 스코틀랜드 이야기를 무대에 올릴 생각이라면 — 흑마술에 오염되어, 그의 집을 방문한 왕실 하객을 살해하려고 하는 귀족 성주에 대한 이야기 — 이번에는 배경을 한참 전으로 잡아야 했다. 그리고 왕의 상상력을 사로잡는 공연을 하고 싶다면, 왕의 마음을 좀 더 주의 깊게 살펴 보아야 했다. 그 마음은, 제임스의 영국인 신민들이 발견하기로는, 극도로 괴이했다.

엘리자베스 여왕의 대자이자 뛰어난 재치로 잘 알려진 존 해링턴(John Harington)은 1604년 왕을 알현했던 경험을 이야기했다. 제임스는 사뭇 현학적인 태도로 대화를 시작했다. — 그는 자신의 학식을 거들먹거렸다. 해링턴은 "그러한 태도는 케임브리지에 있었던 내 시험관을 연상시켰다."라고 썼다. — 그리고 문학으로 화제가 넘어갔는데, 그들은 이탈리아의 서사시인인 아리오스토에 대해 토론을 하게 되었다. 그러다 대화가 이상한 방향으로 흘러갔다. "국왕 폐하께서는 마녀들이 마법을 다루는 문제에서 사탄이 더해 주는 힘에 대해 내 의견을 강하게 물어보셨다. 그리고…… 왜 악마는 다른 이들보다 특히나 나이 든 여자들과 함께 일을 하는지도 궁금하게 여기셨다." 해링턴은 왕이 이상하리만큼 절박하게 따져 묻는 질문을 짐짓 저속한 농담으로 되받아서 가볍게 화제를 넘기려 했다. 그는 왕에게 성경에서는 악마가 "건조하게 말라붙은 곳들을 걸어 다니는" 것을 더 좋아한다고 말하고 있음을 상기시켰다. 하지만 제임스는 그가 기대한 대로 가볍게 웃음을 터뜨리며 다음 화제로 넘어가는 반응을 보이지 않았다. 그는 해링턴에게 자신의 어머니가 처형되기 전에, 스코틀랜드 하늘에 이상한 환영이 떠 있는 것을 보았다고 말했다. "공중에서 춤을 추는 피투성이의 머리를." 영국의 궁정 가신은 속으로 마음을 가다듬었고 다시는 섣부른 농담을 시도하지 않았다.

마녀와 유령에 대한 제임스의 불안은 웃어넘길 성질의 것이 아니었다. 그리고 왕의 호의를 얻고자 하는 사람들은 누구나 — 극작가든 궁정 가신이든 — 그것을 진지하게 받아들여야 했다. 킹스멘 극단 내부에서는 그들의 주요 극작가가 제임스가 가지고 있는 환상에 대해서 철저히 연구할 필요가 있다는 의견이 제기되었을 수 있다. 그래야 그의 심리를 만족시킬 만한 연극을 특별히 고안하여 쓸 수 있을 테니 말이다. 특히나 『가우리의 비극』이 가져왔던 대실패 이후 제임스의 호의를 얻기 위해 그를 잘 이해해야만 한다는 사안은 너무도 바람직한 일이어서, 극단에서의 공식적인 합의는 필요하지도 않은 상황이었다. 셰익스피어는 1605년 8월, 그저 옥스퍼드를 지나던 길에 들러본 것이 아니라, 마치 『햄릿』에서 호레이쇼가 왕을 감시하듯이 제임스가 다른 연극에 대해 보이는 반응을 지켜보고 이를 분석하는 임무를 띠고 있었는지도 모른다.

왕이 그의 앞에 펼쳐진 연극에 반응하는 것을 지켜보는 것은 유용한 작업이었을 것이다.(이 경우에는 어떤 종류의 연극이 그를 잠에 빠지게 할 정도로 지루하게 만드는지 명백한 예시의 입증을 보여 준 셈이었다.) 하지만 그것은 핵심적인 질문에 답을 주진 않았다. 어떤 것이 왕을 깨어 있게 하는가? 어떤 것이 공포를 유발시키는 일 없이 그의 주목을 끄는가? 어떤 것이 그의 흥미를 이끌어 내고, 호기심을 충족시키고, 관대함을 북돋우고, 더 많은 것을 또 보고 싶어 하게 만드는가? 킹스멘 극단은 왕의 머릿속으로 들어가야 했다. 환호하는 군중 사이에 앉아 있는 제임스를 쳐다보는 것은 해링턴이 왕을 알현하여 나눌 수 있는 대화에서 얻어지는 통찰력에 비할 바가 못 되었다. 하지만 왕을 직접 알현하는 특권은 한낱 극단 배우에 불과한 자에겐 배제되는 것이었다. 하지만 왕의 흥미와 상상력에 접근할 수 있는 방법은 또 있었다. 제임스는 1597년에 마녀들의 마법에 대해 대담 형식으로 쓴 철학적 논고 『악마 연구(Daemonologie)』를 출간하는 좀처럼 흔치 않은 일을 감행했다. 1603년에 런던에서 두 가지 판형으로 출판되어 셰익스피어도 쉽게 손에 넣을 수 있었을 이 작품은 회의적인 관점에 대해 인정하고 있다. ─ "많은 사람들은 마녀의 마법 같은 것이 있다고 믿기 힘들 것이다." ─ 하지만 이러한 불신은 무신론과 지옥으로 이어지는 단계라고 논하며, 마녀들은 분명히 존재하고 또 왕국 전체에 상당한 위험을 가한다고 그는 주장한다.

셰익스피어는 스코틀랜드 왕이 그의 신민들을 향해 설교를 하기 오래전부터 마녀들에 대해 알았다. 그는 교무 위원 성직자들이 나라 전체를 순회하면서 주술사들, 소환술사들, 그리고 마법 치유자들을 추적하는 이야기를 들었을 것이다. "마녀들의 마술, 마법, 주술" 행위를 사형죄로 처벌하는 국회 법령이 반복적으로 통과되었고, "여왕 폐하께서 얼마나 오래 살거나 지속되실지, 아니면 폐하께서 돌아가시고 난 후 이 영국의 영토를 왕이나 여왕으로 통치하게 될 이가 누구일지"를 알아보기 위해 부적이나 그 외 불법적인 수단을 이용해서 알아보려고 하는 시도는 모두 법으로 금지되었다. 그는 1604년에 통과된 법안에서 정한 사형죄를 받게 되는 대상에 대해서도 잘 읽어 봤을 것이다.

그 누구든, 어떤 의도나 목적으로든, 사악한 영과 상담하거나, 계약을 하거나, 즐겁게 하거나, 고용하거나, 음식을 주거나, 상을 내리는 자, 혹은 그 어떤 죽은 남자나, 여자나, 아이를 그의 혹은 그녀의 혹은 그들의 무덤 또는 죽은 시신이 쉬고 있을 그 어떤 장소에서건 파내거나, 혹은 죽은 자의 피부, 뼈 혹은 다른 어떤 부분이라도, 그 어떤 형태의 마술이나, 주술이나, 부적이나, 마법에 이용하거나 사용하는 자, 혹은 그 어떤 마녀들의 마술이나, 마법, 부적 혹은 주술을 사용하거나, 연습하거나, 시행하여 그 어떤 사람이건 죽이거나 파멸시키거나 낭비하거나 소비하거나 연모하거나, 그의 혹은 그녀의 몸에 장애가 생기도록 조종하는 자.

시골에서 태어나 유년기를 보낸 사람으로서, 셰익스피어는 병든 소나, 손상된 곡식이나, 오랫동안 앓다가 죽어 가는 아이들이 생겨날 경우에 이러한 불행의 원흉으로 이웃이 행하는 악의적 마술을 탓하는 경우를 아마 직접적으로 들은 적이 있을 것이다. 물론 그러한 재앙들의 원인은 자연스러운 것일 수도 있었지만, 주로 예기치 못한 불행 — 난폭한 폭풍, 원인 불명의 소모적인 병들, 근거를 설명할 수 없는 발기 부전 — 이 닥치면, 사람들은 거리 끝 돼지우리 같은 집에 사는 가난하고 추하고 무방비한 노파를 탓하며 위협적으로 투덜대기 일쑤였다. "많은 마녀들이 거기서 발견된다."라며 1592년에 영국에 왔던 한 독일 방문자는 이런 기록을 남겼다. "그들은 곧잘 우박과 폭풍우라는 수단으로 많은 장난질을 친다."

브라이언 다아시(Brian Darcy)라는 이름의 야심 많고 과대망상적인 치안 판사가 1582년 에섹스에서 지휘했던 마녀 고발 사건의 공판 전 조사에 대한 이야기를 펴낸 적이 있다. 그의 이야기는 어느 시골 마을 공동체의 일상적인 생활과 관련하여 무시무시할 정도로 상세한 세부 사항을 포함하여 가까이에서 지켜본 일별의 관점을 담고 있는데, 이 경우 마을 공동체는 그 치안 판사의 부추김에 의해 특정 인물들에 대해 잔인한 박해를 가하는 방향으로 내몰린다. 그는 어린아이의 증언과 불만을 가진 이웃들의 증언을 활용하여, 자신이 발견하게 되리라 이미 짐작했던 주술적인 범죄를 솎아 내며, 악령들과 내통하여 마을을 온통 황폐화시킬 음모를 꾸민 마녀들의 전체 관계망을 발견해 낸다. 그 악령들은 티핀(Tiffin), 티티(Titty), 그리고 서킨(Suckin)과 같은 이름을 가진 개, 고양이, 두꺼비의 형태로 우리에게 "친숙해 보이는" 존재들이다. 설로 부인(Mrs. Thurlow)과 한바탕 말다툼을 하고 사이가 틀어진 어슐라 켐프(Ursula Kemp)는 그녀의 악령 티핀을 보내서 ("하얀 양처럼 보이는") 설로 부인의 갓난아기가 들어 있는 요람을 마구 흔들어 아이가 땅바닥에 떨어지게 했다. "맨스필드네 어머니(Mother Mansfield)"가 조안 체스턴(Joan Cheston)의 집으로 와서 응고된 우유를 좀 달라고 했는데, 조안이 없다고 하자 "그리고 잠시 후에 그녀의 소들 중 몇몇이 다리를 절게 되었다." "린드네 부인(Lynd's Wife)"도 맨스필드네 어머니가 그녀에게 와서 "우유 굳은 것"을 좀 달라고 했다고 증언했다. 그녀는 거절의 말로 "우유가 있긴 있는데 우리 송아지에게 먹일 분량밖에 되지 않는다."라고 설명했다. 그날 밤 그녀의 송아지가 죽었다. 모든 일은 비슷비슷하고 사소한 수준에 그쳤다. 좀 야박하다 싶은 일이 있고, 거친 말 몇 마디가 오가고 나면 끔찍한 결과가 뒤따르는 것이다. 농부의 아내가 우유를 젓고 또 저어도 버터가 만들어지지 않고, 물레 가락이 완전히 부드러운데도 실이 물레 굴대에서 끊어지고, 건강하던 아이가 시름시름 앓기 시작한다. 하지만 사실 이런 일들은 셰익스피어가 너무나 잘 아는 스트랫퍼드 근처의 마을들인 스니터필드, 윌름코트, 그리고 쇼터리 같은 곳에서 매일같이 일어나는 일이었다. 평범한 시골 생활에서 일상적으로 일어나는 사람들 사이의 긴장이나 불만과 슬픔을, 한 사람의 무고한 피해자에게 가하는 사법적 살인으로 바꿔 버리는 브라이언 다아시 같은 인물이 존재하지 않는 마을은 운이 좋았다고 할 수 있었다.

제임스의 『악마 연구』를 읽어 본 셰익스피어는, 왕이 마녀로 고발당한 사람들이 거의 다 작은 마을의 노파라는 사실에는 놀라움을 표하면서도 대부분의 고발 건수를 야기시킨 지역 주민들 간의 증오나 비통함에는 전혀 관심을 두지 않는다는 점을 알게 되었을 것이다. 브라이언 다아시와 달리, 왕의 마음은 시골 생활에서 흔히 볼 수 있는 반목이나 원한을 떠나 더 먼 곳을 떠돌고 있었다. 다독하는 제왕답게 제임스는 장엄한 형이상학적 이론과 복잡한 정치 전략과 지성인이자 정치가로서 섬세한 발상을 풍부히 지니고 있었으며, 마녀를 고발한다고 나선 많은 경우들이 그저 단순한 환상이나 거짓된 보고라는 것도 잘 알고 있었다. 그리고 그는 자신의 보기 드문 통찰력을 자랑스럽게 여겼다.

제임스는 그들 자신만으로는 마녀들에게 아무런 마법의 힘이 없다고 생각했다. 하지만 그들은 사바트라고 알려진 악몽 같은 마녀들의 집회에서 엄숙히 계약을 체결했다. 기독교인들을 진정한 믿음에서 멀어지도록 유혹하기 위해서, 악마는 그의 추종자들이 특별한 능력을 부여받았으며 그들에게 이웃을 해할 수 있는 능력이 있다고 생각하도록 착각하게 만들었다. 이런 이유로 마술의 효과로 보이는 것들은 대부분 위조된 것들이며, "사람들의 외적 감각"을 속이도록 교묘하게 꾸며진 환상이다. 이 환상들은 종종 놀라울 정도로 인상적이긴 하지만, 그들의 유효성은 별로 놀랍지 않은데, "왜냐하면 우리는 상식이 증명해 주듯이, 단순한 마술사라도 우리의 눈과 귀 앞에 실체와 다르게 보이는 것을 수백 가지나 보여 줄 수 있다는 것을 알기 때문이다." 악마의 힘은 한계가 있었고 세상의 기초가 놓이기 이전 시기에 묶여 있었다. ─ 그는 실제로 기적을 창조해 낼 수 없고, 경건한 판사들을 파멸시킬 수 없고, 사람의 생각도 읽을 수 없다. ─ 하지만 그는 가장 뛰어난 사기꾼보다도 기량이 뛰어났다. 정말로 악마는 자신의 제자들에게 가짜 기적을 통해 "카드놀이와 주사위 던지기, 그처럼 사람의 감각을 기만하는 수많은 협잡의 속임수"를 가르쳤다. 그는 도덕적으로 나약한 사람이면 누구든 교묘하게 타락시키는 주체였고, 또한 생각을 읽을 수 없다 해도 사람들의 얼굴을 연구해서 상대의 생각을 짐작해 맞히는 관상술을 충분히 익힌 상태였다.

악마의 목적은 작은 마을뿐 아니라 왕국 전체를 망치는 것이고, 그의 주된 목표도 이런저런 마을 사람이 아닌 이 땅에서 하느님 본인을 대표하는 왕이었으며, 악마가 그의 제자들에게, 즉 올빼미처럼 젠체하는 제임스의 표현에 따르면 그의 "학자들"에게 자신의 속임수를 가르쳐 주는 것은 왕족들을 계략에 빠뜨리려는 목적에서였다. 그리고 수세기 동안 살아온 사악한 존재에게서 기대할 수 있듯이, 사람들과 야수들과 자연 세계를 가까이서 관찰해 오며 기만의 수법을 숙달한 악마의 속임수는 매우 현혹적이다. "그는 자신의 학자들이 왕족들의 신뢰를 얻기 위해 무엇이든 하게 만들 것이다."라고 제임스는 썼다. "그들에게 많은 위대한 전조들에 대해서 말해 주되"— 전투의 결과, 영국 연방의 운명, 그 외에 이와 비슷한 것들 — "반은 진실이고, 반은 거짓이다." 만약 사탄의 학자들이 거짓말만 하면, 그들의 주인은 곧 신뢰를 잃을 것이고, 그들이 진실만을 말한다면, 그들은 악마의 일을 거의 하지 못하게 될 것이다. 그래서 그들의 예지는 "그의 신탁들이 그러하듯, 언제나 의심스럽다." 그의 놀라운 민첩함으로 사탄은 마녀들에게 왕족들을 기쁘게 할 또 다른 수단들을 제공한다. "성대한 만찬과 맛있는 요리, 세상 가장 먼 곳에서부터 짧은 시간 내에 운반되어 온 음식들." 그리고 그는 그의 일을 처리하는 요원들, 즉 "공기 중에 떠다니는 잔상들, 영에 의해서 쉽게 모아지는" 매개체인 유령과 인간의 감각을 속이기 위한 일을 상의하는 것처럼 보이기도 한다.

애매모호하며 현혹적인 예언들, 유혹하는 쾌락들, 공기 중에 떠도는 실체 없는 환영들 — 이러한 것들이 바로 마녀들이 누군가를 파멸시키기 위해서 설정하는 데 이용하는 장치들 중 일부라고 제임스는 생각했다. 셰익스피어는 『맥베스』에서 보여 주듯이 이러한 제임스의 생각들을 주의 깊게 인지했다. 그는 또한 왕이 실제적으로 마녀들과 접점이 있었는지에 대해서도 자세히 알고자 했을 것이다. 그는 제임스가 스코틀랜드를 통치하던 시기에 그곳에 있던 사람들에게 이러한 거래들에 대해서 문의했을 수 있었는데, 그의 동포 중 상당수가 그를 따라 런던으로 이주했으므로 정보를 줄 수 있는 사람들은 많았을 것이다. 그는 또한 1591년에 출간된 『스코틀랜드에서의 소식(News from Scotland)』이라는 선정적인 소책자를 읽어 봤을 수도 있다. 2년 전에 제임스의 결혼 준비 과정에서 폭풍우가 일어나 그를 훼방하려 한 적이 있다는 내용이었는데, 1589년 그의 신부가 될 덴마크의 앤 공주가 덴마크에서 스코틀랜드까지 배를 타고 올 예정이었다. 하지만 천둥, 번개, 그리고 비가 쏟아지며 배는 오슬로에 피신했고, 제임스는 충동적으로 배를 타고 가서 그곳에서 그녀와 결혼했다. 몇 달 후 스코틀랜드로 돌아온 그는 그 폭풍우가 곧 악마의 방해 결과임을 납득하게 되었다. 그는 전례 없는 일련의 마녀 재판에 직접적으로 관여했는데, 이 조사는 노스 버릭(North Berwick) — 에든버러(Edinburgh)에서 약 30킬로미터 정도 떨어져 있으며, 포스 만(Firth of Forth) 위에 있는 곳이다. — 을 기반으로 공동 악마 숭배에 연루되어 있다는 마녀들의 조직망을 찾기 위한 목적으로 행해졌다.

고발된 이들 중 한 사람은 아그네스 톰슨(Agnes Thompson)으로, 왕과 그의 자문단에게 1590년 핼러윈 데이에 200명가량의 마녀들이 곡식을 거르는 체를 작은 배처럼 타고 마을로 모여들었다고 자백했다. 집회인 중 하나인 길리스 던케인(Geillis Duncane)이 "유대인 나팔"이라고 불리는 작은 악기인 구금을 연주했고, 그들은 함께 노래하고 춤추면서, 잔뜩 조바심이 난 사탄이 그들을 기다리는 교회 안으로 들어갔다. 사탄은 그의 엉덩이를 설교단 위에 놓고 기대 서서 마녀들이 충성의 서약으로 그곳에 키스하도록 한 다음 "부도덕한 설교"를 시작했는데 "그가 이 세상에 둔 가장 큰 적"인 스코틀랜드 왕을 향해 악의를 드러내는 내용이었다.

제임스는 자신이 이 사탄의 설교에서 공격 대상으로 직접 언급되었다는 사실을 알게 되었다. 그것은 왕족으로서의 존엄성을 확인시켜 주는 만족스러운 일임에 틀림없었지만 동시에 그를 불안하게 하기도 했다. 조사가 진행되면서 — 제임스는 자백을 받아 내기 위해 죄인을 고문하는 것을 좋아했으므로 — 아그네스 톰슨은 그에게 위해를 가하기 위해 사용한 장치 중 몇 가지를 실토했다. "그녀는 검은 두꺼비를 가져다가 사흘 동안 거꾸로 매달아 두었고, 그것이 흘리는 독을 굴껍질에 모아 담았다가, 국왕 폐하의 몸에 걸쳐진 적이 있는 때 묻은 옷감이나 천 조각을 입수하게 될 때까지 단단히 봉해 두었다." 만일 왕의 셔츠나 손수건 조각을 손에 넣을 수만 있었다면, 그녀는 왕에게 말하기를, 그것을 독에다 적셔서 "그를 죽음에 이르게 하는 마법"을 걸었을 것이라고 했다. 계획은 틀어졌지만 그녀와 동료들은 최소한 약간의 위해를 가하는 데에는 성공했다. 그들은 고양이를 붙잡아 세례를 주고, 그 사지에 죽은 자의 신체 일부들을 묶어서 바다에 던졌다. 그러한 저주의 효과로 "바다는 일전에 본 적이 없을 만큼 거센 폭풍우를" 일으켜서 덴마크에서 오는 왕의 배에 역풍을 가했다. "국왕 폐하께서는 절대로 바다에서 안전하게 돌아오시지 못했을 것이다, 만일 그의 믿음이 그들의 악한 의도보다 더 크지 않았더라면."

이 모든 괴상한 자백들을 일일이 믿고 싶은 마음이 없는 것은 아니었지만 제임스는 남들의 눈에 어리석게 보이고 싶지 않았다. 그래서 그는 자신이 지금까지 심문하고 옷 벗기고 음란하게 찌르며 고문하던 이 가엾은 여자들이 모두 "극단적인 거짓말쟁이들"이라고 선언했다. 하지만 그들 중 하나인 아그네스 샘슨(Agnes Sampson)이 그를 한쪽으로 데려가더니 그가 노르웨이에서 그의 신부와 결혼하던 날 밤에 나누었던 대화의 "정확한 말들"을 이야기했다. 제임스는 깜짝 놀랐고, "살아 계신 하느님께 맹세코 지옥에 있는 모든 악마들이라 해도 그처럼 정확하게 이야기하진 못하리라고 믿으며, 그녀의 말들이 진실되다고 인정했다." 그러고 나서 왕은 마녀들이 정말로 존재한다는 것을 확신하게 되었다. 폭풍우를 소환한 바다나, 시체를 파내서 그들의 추악한 의식을 행하는 무덤가뿐 아니라, 결혼한 부부들이 나누는 가장 은밀하고 가까운 순간의 대화조차 엿들을 수 있도록 그 자신의 침실에까지 이러한 보이지 않는 존재들이 숨어 있었던 것이다.

이러한 믿음과 그리고 그 믿음이 보여 주는 정치적 목적의 과시와 진심 어린 깊은 두려움 모두는, 제임스의 가까운 이들만이 알 수 있는 어두운 구석에 숨겨져 있는 게 아니었다. 그 믿음은 공적인 기록으로 남았다. 셰익스피어는 이러한 그의 믿음에 신중한 주의를 기울였던 것 같으며, 자신의 목적과 한층 가까운 관련성이 있는 어떤 것을 관찰했을 것이다. 마녀들이 길리스 던케인이 연주하는 작은 나팔 소리에 맞추어 노스 버릭 교회에 릴춤을 추며 들어갔다는 진술을 들었을 때, 제임스는 "경이로운 감탄"에 빠졌다. 그는 그 마녀를 찾아내서 그녀에게 자기 앞에서 다시 한 번 그 춤곡을 연주하라고 명령했다.

가엾은 길리스 던케인. 하녀로 일하던 그녀가 처음으로 주인의 의심을 사게 된 것은, "어떤 종류의 질병이든, 그로 인해 걱정하고 슬픔에 잠긴 모든 이들을 도와주던" 그녀의 노력이 모두 지나친 성공을 거두었기 때문이었다. 처음에 그녀는 자신이 결백하다고 항의했지만, 일련의 잔혹한 몸수색과 고문을 거친 뒤에 ─ "그녀의 손가락들은 엄청난 고통을 야기하는 필리윙크스 죔쇠로 조여지고, 그녀의 머리는 노끈이나 밧줄에 묶여 목이 끊어질 듯이 홱 당겨졌다." ─ 그녀에게서 바라던 자백을 끌어낼 수 있었다. 이제 그녀는 눈앞에 펼쳐진 상황에 매료되고, 공포에 사로잡히고, 그리고 만족스러워하는 왕 앞에서, 그녀에게 난폭하게 덧씌워진 그 치명적인 역할을 연기하기까지 해야 했다. "이러한 일들의 기이한 특성들을 고려할 때" 『스코틀랜드에서의 소식』이 보고하는 바에 따르면, 제임스는 "그들의 조사 과정에 참석하는 것을 아주 즐겁게 생각했다." 마녀 심문은 무시무시한 위험일 뿐만 아니라 볼만한 공연 행위였던 것이다.

셰익스피어가 판단하기로, 왕은 마녀들에게 "경이로운 감탄"에 이를 정도의 흥분감을 느꼈다. ─ 이는 정확히 킹스멘 극단이 달성하기 원하던 효과였다. 이렇게 해서 셰익스피어가 새로운 스코틀랜드 연극의 막을 올리면서 묘사하는 놀라운 광경이 탄생했다.

우리 셋이서 언제 다시 만날까?
천둥, 번개, 혹은 빗속에서?

─『맥베스』(1.1.1-2)

세 명의 무녀들이 숲에서 뛰쳐나온 듯 한 걸음씩 다가오며 미래를 예언한다는 그윈의 '장치'를 인수해 가져오면서, 셰익스피어는 뱅쿠오의 후손들에게 남겨진 안정적인 왕조 승계와 통치에 대한 약속을 다시 정리해 개괄한다. 하지만 세인트존스 컬리지에서 보여 준 어여쁘고 공손하고 의례적인 모습들은 모두 쓸려 가 버렸다. 다시 한 번 셰익스피어는 원전을 대담하게 뒤틀면서, 단순한 투명함이 있던 곳에 문자 그대로 불투명성을 도입한다. ─"안개와 탁한 공기." 연극은 세 명의 기이한 존재들이 나타나며 시작한다.

이것들이 무엇인가,

이토록 메마른 데다, 걸친 의복도 기괴하니

이 세상에 있는 이들처럼은 보이지 않는데

그럼에도 여기에 있다니?

(……)

당신들은 여자들일 텐데,

그러나 당신들의 수염 때문에

내가 섣불리 판단하기가 주저되는구나 —

(1.3.37-44)

야생의 황야가 그려지는 장면에서 맥베스가 입장할 때 "기괴한 자매들"은 놀랍도록 그윈의 여흥을 연상시키는 방식으로, 거의 그 소극을 그대로 인용하듯이 그를 맞이한다.

첫 번째 마녀: 모두 찬양하라, 맥베스를! 그대에게 복이 있으라, 글래미스의 영주여.

두 번째 마녀: 모두 찬양하라, 맥베스를! 그대에게 복이 있으라, 코더의 영주여.

세 번째 마녀: 모두 찬양하라, 맥베스를, 그로부터 왕이 될 것이니!

(1.3.46-48)

하지만 안심을 주던 내용은 이제 역전되었다. 따뜻했던 환영의 인사는 이제 섬뜩함을 안겨 준다. 극 중 세계 안에서도, 표면적으로는 복된 내용의 예언을 받은 것인데도 이들의 말은 맥베스에게 불편한 동요를 안겨 준다. 그의 친구 뱅쿠오가 묻는다. "좋은 친구여, 왜 자네는 놀라고 두려워하는 듯한가/ 그토록 괜찮게 들리는 것들에?" (1.3.49-50)

셰익스피어는 왕의 머릿속에서 소용돌이치던 어두운 환상을 깊게 채굴해 내고 있었다. 모든 것들이 다 여기에 있었다. 사람을 그 자신의 파멸로 끌어들이도록 고안된 애매모호한 예언들, 한때 덴마크의 앤을 위협하던 "배를 난파시키는 폭풍우와 무시무시한 천둥들" (1.2.26), 정당하게 왕위에 오른 자들을 향한 살인적인 증오, 환영과도 같은 유령의 모습, 악마 같은 회피, 신체 부위들의 역겨운 혼합물, 심지어 마녀들이 악마적인 장난을 위해 체를 타고 모여드는 장면까지 이 연극에 있었다.

하지만 체를 타고 나 그곳에 갈 테다.
그리고 꼬리 없는 시궁쥐처럼
난 할 거야, 난 할 거야, 난 그리하고 말 거야.

(1.3.7-9)

제임스가 악마적인 음악 연주를 재연해 보이라고 마녀들에게 명령할 만큼 그에 매료됐다면, 킹스멘 극단은 그에게 더 많은 것을 퍼부어 줄 요량이었다.

자, 자매들아, 우리 그의 기분을 북돋워 주자,
그리고 우리가 가진 즐거운 장기를 보여 주자.
나는 소리가 울리도록 공기에 마법을 걸 테니

너는 그 미친 듯이 돌아가는 춤을 선보이렴,
이 위대한 왕께서 친절하게 말씀하시도록
우리가 그를 환영하는 임무를 다했다고.

(4.1.1430-48)

"이 위대한 왕"— 마녀들은 맥베스를 향해서 말하고 있지만, 악마적인 여흥을 즐기며 갈망하는 사람은 상상 속에 존재하는 왕위 찬탈자가 아니라, 그들 앞에 앉아 있는 영국과 스코틀랜드의 실제 왕이었다.

셰익스피어는 왜 이러한 변화가 가져오는 아이러니를 감행해야 했을까? 그는 왜 그원이 제창했던 안정감 있는 찬사를, 배반과 파멸을 주제로 한 악몽 같은 비극으로 뒤바꿔 놓는 위험을 감수했던 것일까? 『맥베스』는 기적적으로 복구되는 성격의 재앙을 표현하고 있지 않다. 그것은 정당하게 왕위에 오른 자는 하느님의 힘으로 보호받는다는 믿음을 확증해 주지 않는다. 그것은 진정으로 선한 사람이라면 마녀가 부리는 마술의 악의에도 해를 입지 않는다는 제임스의 환상을 지지하지 않는다. 신뢰는 깨지고, 가족들은 파멸하며, 자연 환경 그 자체가 독으로 오염되어 있다. 날카로운 금속의 모습만 봐도 창백하게 질리는 왕에게, 이 연극은 피 묻은 단검이 계속해서 나타나는 광경을 보여 준다. 진짜 단검과, 맥베스가 마음속의 단검이라고 말하는 것 두 종류 모두. 물론 중간에 삽입된 소극은 뱅쿠오의 후손들에게 왕위 계승이 끝없이 이어지리라 약속한다. 또한 비극의 마지막에 복원되는 질서는, 화약 음모 사건 이후 복원된 실제 왕국의 질서를 반영하기도 한다. 마지막 결말의 순간에 승리자 맥더프(Macduff)의 손으로 무대 위에 운반되어 나오는 맥베스의 참수된 머리는, 관객들이 런던 다리를 건널 때마다 매번 보게 되는 실제 반역자들의 머리를 연상시킨다. 하지만 『맥베스』는 왕족을 만족시키거나 대중을 안심시키면서 편안하게 안주하지 않는다. 셰익스피어가 작업한 재료 요소들은 그 안에서 무언가 극도로 특이한 지점을, 연극의 주요 계획에 편입되지 않는 그 어떤 것을 촉발시켰다.

셰익스피어는 자신의 분야에서 전문가였고 모험을 감행하는 인물이었다. 그는 압박감을 받으며 글을 썼고 — 길이가 드물게 짧은 것으로 볼 때, 『맥베스』는 매우 짧은 시간 안에 탈고되었을 것이다. — 그리고 그는 그의 상상력이 이끄는 대로 승부수를 던졌다. 만일 세인트존스에서는 밝고 청순하던 무녀들이, 그의 작품에서는 역겨운 내용물이 부글부글 끓는 가마솥 주위로 빙빙 춤을 추며 도는 기괴한 자매들이 되었다면 —

> 용의 비늘, 늑대의 이빨,
> 마녀들의 미이라로 남은 살점,
> 심해 협곡에 사는 상어 목구멍의 위와 내장,
> 어둠 속에서 파낸 독미나리 뿌리,
> 신성 모독자 유대인의 간,
> 염소의 쓸개즙,
> 월식이 질 때 발라낸 주목 조각들,
> 터키인의 코, 타타르인의 입술,
> 창녀의 몸에서 태어나자마자 목 졸려 죽고
> 하수로에 버려져서 떠내려온 갓난애의 손가락
>
> (4.1.22-31)

── 그렇다면 셰익스피어는 자신이 정한 변화를 끝까지 밀고 나갈 의지가 있었다. 그렇지 않을 경우의 대안은 그냥 제임스를 곯아떨어지게 할 만한 지루하기 짝이 없는 연극을 쓰고, 짜릿한 스릴을 추구하는 군중을 유치하지 못한 채 그대로 경쟁 극장에 넘겨주는 것일 터였다. 하지만 이러한 설명도 여전히, 셰익스피어의 상상력이 왜 이렇게 특이한 전환을 보여 주었는가에 대한 질문을 남긴다.

주어진 상황의 우연한 기회를 포착하여 이를 최대한 전략적으로 유리하게 이용하는 것과는 별개로 자유롭고 너그럽게 상상의 나래를 펼쳐 보이는 것. 이 양쪽의 강력한 혼합에 비할 만한 건 로페스의 처형장에서 군중의 웃음소리를 들으며 셰익스피어의 마음속에 일어났던 전용적 수긍과 도덕적 반감의 혼합이다. 그 순간에도 그의 정신 속에 이것들이 작용했을지 모른다. 길리스 던케인이 보여 준 공연 행위에 대해서 왕이 놀라움과 즐거움을 표현했다는 것을 알게 되었을 때, 셰익스피어는 왕이 개인적으로 애호하는 환상과 취향을 만족시키기 위해서 그의 연극에 어떤 것들을 포함해야 하는지 파악했을 것이다. 그리고 동시에 그의 상상력은 저주받은 자들의 형상을 재연하는 과정으로 진입하기 시작했다. 그와 그의 극단은 마녀의 집회처럼 꾸민 장소에서 공연을 하게 될 것이고, 그들은 노래를 부르고 마법의 주문을 외우면서 제임스가 욕망하던 매혹의 영역을 제공할 예정이었다. 그리고 그 매혹의 성격을 더욱 복잡하게 만들어서, 부부간의 친교와 궁정에서의 음모가 존재하는 보다 크고 보다 친숙한 세계의 일부로 그 기괴한 자매들의 형상들을 이동시켰다.

다른 이들의 삶 속으로 들어가는 것은 상상력이 가진 일반적인 재능이다. 하지만 마녀들의 경우에는 특수하고 독보적인 유대 관계가 존재한다. 마녀들은 그 태생부터가 상상력의 산물이기 때문이다. 중세와 르네상스의 마녀 심판자들 — 이웃들 사이의 더 깐깐한 상호 감시와 적발이 필요하며, 더 많은 몸수색, 고문, 재판, 그리고 무엇보다 처형이 있어야 한다고 생각했던 사람들 — 은 마녀들이 사람들 사이에서 환상을 보는 능력을 몰래 거래한다고 믿었다. 마녀 고발에 대한 유명한 안내서 『말레우스 말레피카룸(Malleus maleficarum: 마녀의 망치)』에 따르면, 악마들은 직접적인 물리적 침투를 통해서 마음속에 환상을 유발하고 빚어 낸다. 악령들은 이 책의 저자들인 도미니크회 소속 심문관 하인리히 크레이머(Heinrich Kramer)와 제임스 스프렌거(James Sprenger)가 "현체 동작(local motion)"이라고 칭하는 것을 깨어 있는 사람들이나 잠든 사람들의 마음속에 조장할 수 있으며, 그 대상이 되는 사람의 내적인 지각을 각성시켜 흥분하게 만들었다. "그렇게 해서 그들 마음속의 저장소에 보존된 관념들이 끄집어내져서 공상과 상상력의 능력에 의해 마치 실제 보이는 것처럼 드러나게 되므로, 그러한 사람들은 이러한 것들이 실재하는 것이라고 상상하게 된다." 마음속에서 현체의 지각을 각성시키고, 그렇게 만들어진 형상들을 뇌의 한 부분에서 다른 부분으로 이동시키는 과정을 그들은 "내적 유혹(interior temptation)"이라고 썼다. 그것은 그들의 눈앞에 실제로는 존재하지 않는 물체들이 — 예를 들어서, 단검들이 — 보인다고 믿도록 사람들을 인도할 수 있었다. 반대로, 그것은 실제 있는 물체들이 보이지 않는다고 믿도록 — 예를 들어서 그 자신의 성기가 사라졌다고 — 할 수도 있었다. 그러한 물체들은 실제로는 여전히 존재하지만, 심문관들이 "마법(glamour)"이라고 칭하는 현상에 의해서 현체의 시야에서 가려지는 것이다. 이런 이유로 크레이머와 스프렌거는 이렇게 썼다. "어떤 사람이 자신의 남근을 잃고 유명한 마녀에게 찾아가서 그것을 복원시켜 달라고 부탁했다. 마녀는 고통에 빠진 남자에게 특정한 나무를 기어 올라가 보면 남근이 여러 개 보관되어 있는 둥지가 있으니 거기서 원하는 것을 골라 가지라고 했다. 그래서 그가 그중에 크고 실한 것을 집어 가지려고 하자 마녀는 이렇게 말했다. '그건 가져가면 안 돼.' 그리고 덧붙여 말했다. '왜냐하면 그건 교구 신부님 것이거든.'"

『말레우스 말레피카룸』의 이 부분과 그리고 다른 부분을 읽어 나가면서, 셰익스피어보다 약간 앞선 시대에 영국 지방 도시에 거주하던 레지널드 스콧(Reginald Scot)이라는 이름의 신사는 자신이 이 책 전체를 자칫 "저속한 평론집"이라고 폄하할 뻔했다고 말한다. 하지만 그는 충동을 가라앉히고 말한다. "이 책은 농담을 하고 있는 것이 아니다. 왜냐하면 그건 이 사람들의 생살여탈을 결정했고, 지금도 결정하고 있는 바로 그 심판관들에 의해 쓰인 것이기 때문이다." 스콧은 이에 대한 반응으로써 1584년 『마녀와 그 마술의 발견(The Discovery of Witchcraft)』이라는 책을 펴내기에 이르렀는데, 이 책은 중세 마녀와 마녀 심판의 광기에 대해서 객관적이고 회의적인 관점을 보여 주는 영국의 훌륭한 비평서였다. 영국 왕위에 오르면서 제임스는 스콧의 이 책을 몽땅 수거해서 태워 버리라고 명령했다. 하지만 그가 인용하는 암시들을 볼 때, 셰익스피어 역시 『맥베스』를 쓴 시기에 이 책의 사본을 입수하여 읽었던 것으로 보인다.

스콧은 언어의 천재들, 즉 시인들의 상상적 언어가 마녀 사냥으로 이어지는 살인적인 환상을 대중에게 심어 준 주된 원천이라고 논한다. 예컨대 스콧은, 마녀들이 어떤 일을 하는지 단언했던 시인 오비디우스의 표현을 보여 준다.

그들은 번개와 천둥, 비와 우박, 구름과 바람, 폭풍우와 지진을 일으키고 또 억제할 수 있다. 다른 이들은 그들이 달과 별들을 끌어 내릴 수 있다고 쓴다. 어떤 이들은 그들이 그저 속으로 바라기만 해도 적들의 간 속으로 한 꾸러미의 바늘을 보낼 수 있다고 쓴다. 어떤 이들은 한 장소에서 다른 장소로 칼날을 보내 버릴 수 있다고 한다. 어떤 이들은 그들이 초자연적으로 질병을 치유할 수 있고, 하늘을 날고, 악마들과 춤을 출 수 있다고 말한다……. 그들은 영을 일으킬 수 있고 (다른 이들이 확언해 주듯이) 샘을 말라붙게 만들 수 있고, 흐르는 물의 진로를 바꿀 수 있고, 태양에 가서 살 수 있고, 그리고 낮과 밤에 모두 깨어 있을 수 있다, 한쪽을 다른 쪽으로 바꿔 가면서. 그들은 땅에 수직으로 뚫은 구멍 안팎을 오갈 수 있고, 달걀 껍데기나 새조개 껍데기, 홍합 껍데기를 마치 배처럼 타고 험한 바다도 항해할 수 있다. 그들은 눈에 보이지 않게 자취를 감출 수 있고, 남성에게서 그 은밀한 부위만을 떼어 낸 채 그들의 성욕을 채우는 목적으로 사용할 수 있다. 그들은 무덤에서 영혼을 불러낼 수 있다.

이러한 것이 시인들이 우리에게 준 환상들이며, 이런 것들로 인해 사람들이 그들의 죄 없는 이웃을 고문하고 죽이도록 만든 것이다. 하지만 스콧은 이런 끔찍한 실수라도 막을 수 있는 여지는 존재한다고 결론 짓는다. 즉 시인들의 노래를 믿지 말라는 것이다.

킹스멘 극단은 이러한 종류의 훈계는 전혀 하지 않았다. 그들은 스스로 마녀처럼 꾸며 입고, 이러한 대중의 집착으로부터 상업적인 수익을 거두기 위해 단단히 준비를 갖추고 있었다. 셰익스피어의 연극에 등장하는 기괴한 자매들은 분명히 날씨가 악조건일 때 이동한다는 특성을 보여 준다. "우리 셋이서 언제 다시 만날까?/ 천둥, 번개, 혹은 빗속에서?"(1.1.1-2) 그들은 부자연스러운 암흑 상태를 만들어 낼 수도 있는 것처럼 보인다. "시간을 보면 낮인데/ 그럼에도 어두운 밤이 저 움직이는 전등 같은 태양의 목을 조르고 있네."(2.4.6-7) 그들은 자신의 몸을 보이지 않게 하고, 공기 중을 날아다니며, 악마와 함께 춤을 추고, 체를 타고 물을 건너고, 주문을 외우고, 사람에게서 수분을 다 빼낸다. 하지만 스콧이, 시인들이 지어낸 이야기라고 나열하는 여러 악마적인 능력들이 『맥베스』에서 그대로 이어지고 있음에도, 사실상 마녀들이 이 연극 안에서 하는 역할이, 만일 있다면 대체 무엇인지를 밝혀내는 것은 이상하리만치 어렵다.

『맥베스』에서의 불투명성은, 앞서 셰익스피어가 『햄릿』, 『오셀로』 그리고 『리어 왕』에서 놀라운 수준으로 보여 주었던 것과 같이 인물의 행동의 동기를 과감하게 삭제함으로써 생겨난 것이 아니다. 햄릿이 왜 광기를 가장하는지, 혹은 이아고가 왜 오셀로를 증오하는지, 리어가 왜 딸들의 사랑을 시험하는지에 대해서는 관객이 정확히 모를지 몰라도, 맥베스가 왜 덩컨 왕을 죽이려고 하는지는 확실하게 알 수 있다. 아내에게 부추김을 받으며, 그 자신이 왕관을 차지하고 싶은 것이다. 하지만 고문처럼 고통스러운 독백에서, 맥베스는 그가 자신의 살인적인 환상들에 당혹감을 느낀다는 사실을 보여 준다.

> 나의 생각, 살인을 저지른다는 그 환상이
> 인간으로서의 상태를 너무도 흔들어 놓아서
> 인간 본연의 기능은 끝없는 공상 속에 멈춰 버린다.

그리고 아무것도 그게 아닌 것밖에 되지 않는다.

(1.3.138-41)

　　익숙하고 관례적인 동기의 중심에는 어둡고 공허한 구멍이 있다. ─ "아무것도 그게 아닌 것밖에 되지 않는다." 그리고 맥베스 안에 뚫려 있는 이 구멍은 그의 의식과 연극의 내적 세계의 어둠의 존재인, 마녀들에게로 이어진다. 그들이 정말로 덩컨을 살해하고자 하는 생각을 맥베스의 마음에 불어넣은 것일까, 아니면 그 생각은 그들을 만나기 전부터 이미 그 안에 존재했던 것일까? 그들은 레이디 맥베스와 일종의 관련성을 지니고 있는가, ─ 필멸적인 나약한 관념에 파고드는 영들을 부르며 그녀에게서 "여성성을 빼 버려라."라고 말하는(1.5.38-39) ─ 아니면 그들의 악은 그녀와 완전히 별개의 것인가? 마녀들의 경고 ─ "맥더프를 조심하라."(4.1.87) ─ 가 실제로 맥베스에게 맥더프 일가를 죽이도록 유도한 것일까, 아니면 그는 이미 돌이키기엔 너무 깊은 피바다에 진작부터 몸을 담그고 있던 것일까? 그들의 애매한 예언이 그를 최후의 치명적인 자만으로 인도한 것인가, 아니면 그의 종말은 대중의 지지 기반을 상실하고 맬컴(Malcolm)의 우세한 군사력에 패배하고 만 결과인 것인가? 이 질문들에 대해서는 확실한 대답이 주어지지 않는다. 연극이 끝나면서 기괴한 자매들은 언급되지 않은 채로 남으며, 연극 내부에서 그들의 역할도 해결되지 않은 상태로 남는다. 셰익스피어는 이 연극에 특정한 국지성이 부여되는 것을 허가하지 않았으며, 극 중 위협의 성격이 마녀들이라는 형태로 한정되는 것도 거절했던 것이다.

　　『맥베스』는 기괴한 자매들이 처벌받지 않도록 내버려 두지만, 그들을 문명 사회의 직물 조직에 있어서 무시무시한 위협이 되는 존재로 보여 주려고 한다. 연극이 갖는 천재성은 이 암시의 능력, 뭔가 찜찜한 느낌으로부터 절대로 빠져나올 수 없는 그 부분을 짚어 주는 데 있다. 그것은 관객이 직접 볼 수 없는 곳에 이러한 위협들이 가장 암시적으로 존재하고 있기 때문이며, 일상의 가장 평범한 관계들에 슬며시 녹아들어 있기 때문이다. 만약 남성성을 잃어버리는 것이 두렵거나 여성의 강력한 힘이 겁난다면, 황야의 수염 난 노파들을 보는 것만으로는 충분치 않을 것이며, 당신의 아내를 돌아보라는 것. 유혹에 빠질까 봐 걱정이 된다면, 당신 자신이 꾸는 꿈을 두려워하라는 것. 미래에 불안을 느낀다면, 당신의 가장 친한 친구들을 유심히 살펴보라는 것. 그리고 심리적 피폐함을 느끼게 되는 일이 두렵다면, 역겨운 가마솥의 내용물이 아니라 당신 자신의 두개골 안으로 시선을 돌려 보라는 것. "오, 내 마음속이 전갈들로 가득하오, 사랑하는 아내여!"(3.2.37)

마녀들은 — 으스스하고, 정의되지 않고, 안정적인 위치로 고정되거나 이해되지도 않는 그들은 — 셰익스피어가 그의 위대한 비극들에서 받아들인 불투명성의 원칙을 구체적인 형태의 현현으로 보여 주는 상징적인 화신들이다. 셰익스피어의 극장은 관례적인 설명들이 흩어지고, 한 사람이 다른 사람의 마음으로 들어갈 수 있으며, 환상과 육체가 서로를 어루만지는, 회피적이고 모호한 공간이다. 예술에 대한 그의 이러한 인식은, 길리스 던케인의 자리를 대신하여 왕의 경이로운 시선 앞에서 극적으로 연출된 마녀의 세계를 공연한다는 게 어떤 의미였는지를 말해 준다. 『맥베스』를 관람한 왕의 반응이 어땠는지를 직접적으로 알려 주는 기록은 남아 있지 않지만, 셰익스피어의 킹스멘 극단은 왕의 직속 제1극단의 위치에서 결코 밀려나는 일이 없었다.

12 일상적인 것의 승리

셰익스피어는 이르게는 1604년, 그가 『리어 왕』을 쓰기 위해 책상 앞에 앉았을 때부터 은퇴의 가능성을 고려하기 시작한 듯 보인다. 물론 그러한 상황이 올 위험성에 대해 곰곰이 생각해 보는 과정이었다는 뜻이지, 구체적인 계획에 착수했다는 말은 아니다. 그가 쓰던 비극은 극도의 노년 상황에 대한 깊은 명상이었다. 가지고 있던 모든 능력들을 불가피하게 포기해야만 하는 고통스러운 상황, 집과 토지, 권위, 사랑, 시력 그리고 온전한 정신 자체를 잃게 되는 상황 말이다. 이 통렬한 상실에 대한 생각은, 기이한 은둔자나 쇠퇴에 빠져든 상태에 직면한 사람이 아니라, 이제 막 마흔 살에 접어든 엄청나게 정력적이고 성공적인 극작가 본인을 돌이켜 보면서 북받쳐 올랐다. 사람들의 예상 수명이 그리 길지 않은 시기였음에도, 마흔 살은 결코 노인으로 생각되는 나이가 아니었다. 그것은 한창 흘러가기 바쁜 중년의 나이였으며, 마지막 심판의 순간이라 할 수는 없었다. 셰익스피어는 연극에 등장하는 젊은 사람들의 연령대에 가까웠으며 — 고너릴, 리건(Regan) 그리고 코델리아, 에드거와 에드먼드 — 끔찍한 운명에 직면한 것으로 묘사되는 두 노인, 리어와 글로스터의 연령대와는 큰 차이가 있었다.

이번에도 셰익스피어가 쓴 것과 — 여기 엄청난 분노, 광기 그리고 비탄의 폭발을 담은 것 — 그의 실제 삶이 처했던 상황에 대해 알려진 것들을 이어 줄 수 있는 수월하고 명확한 연결 지점들은 존재하지 않는다. 그의 아버지는 1601년, 아마도 60대의 나이에 세상을 떠났다. 1604년에 어머니는 아직 살아 있었고, 우리가 아는 한은 노망이 나지도, 엉뚱한 고집을 부리는 성미도 보이지 않았다. 그에겐 두 딸이 있었지만, 그가 그들에게 가진 것을 모두 넘겨주었다거나 그들이 그를 자신의 집에서 내쫓아 버리려는 시도를 했다고는 전혀 말할 수 없다. 그에게 에드먼드라는 이름의 남동생이 있었던 것은 사실이다. 셰익스피어는 『리어 왕』의 야비한 책략가에게 동명의 이름을 붙였지만, 에드먼드 셰익스피어는 — 런던에 사는 야심 찬 무명 배우 — 누가 봐도 글로스터의 사생아 아들과 연관이 있는 인물은 아니었다. 마치 셰익스피어의 동생 리처드가 이름 말고는 영국의 곱사등이 살인마 왕과 아무런 연관이 없는 것처럼 말이다.

『리어 왕』을 쓰면서 셰익스피어는, 1603년 후반에 일어나 사람들에게 널리 회자되었던 소송 사건 하나를 떠올렸을지 모른다. 고령에 이른 노구의 신사 브라이언 앤슬리 경(Sir Biran Annesley)의 두 딸이 아버지의 재산을 탈취하기 위해 그가 정신 이상자라는 판결을 받아 내려고 시도하는 동안, 오직 막내딸만이 격렬하게 아버지의 편을 들며 언니들에게 저항했던 사건이다. 이 막내딸의 이름은 코델(Cordell)로, 두 언니들의 사악한 계략에서 아버지를 구하려고 했던 리어 왕의 전설에 나오는 코델라와 거의 같은 이름이었다. 등장인물의 이름과 줄거리의 유사성이라는 이 기묘한 우연은 저항하기 어려운 영감의 계기가 되었을 것이다.

앤슬리 사건이 실제로 이 비극을 쓰게 한 도화선이 되었든 아니든 간에, 셰익스피어는 리어 왕의 전설이 보통의 가족 구성원 사이에서 흔히 일어나는 갈등과 또한 노년에 이른다는 사실에서 불거져 나오는 익숙한 공포를 건드리고 있다는 점에 특히나 흥미를 느꼈다. 연극의 중심 주제를 정하기 위해 셰익스피어는 주변의 일상적인 세계를 한번 살펴보았다. 처음에는 이 말이 이상한 주장으로 들릴 수 있다. 『리어 왕』은 그가 쓴 모든 비극 중에서도 가장 야생적이고 낯선 작품으로 보이기 때문이다. 늙은 왕은 아폴로와 헤카테에게 맹세하며 천둥을 불러다가 "두툼하게 살이 오른 이 원형의 세상이 아주 납작해지도록 내리쳐 버려라!"(3.2.7) 하고 고함친다. 친구인 글로스터 백작은 자신이 하늘이 내린 분노의 희생양이라고 생각한다. "막돼먹은 소년들에게 파리 목숨이 우습듯이, 우리 또한 신들에게 그러하다./ 그들은 그저 재미 삼아 우리를 죽여 버리는 것이다."(4.1.37-38) 베들럼 정신 병원 출신의 광인 톰은 그가 한 군단의 외국 악마들인 모도(Modo), 마후(Mahu) 그리고 까불이(Flibbertigibbet)에게 빙의되었다고 소리친다. 하지만 거대한 형이상학적 구도가 끊임없이 소환되고 있음에도, 연극에서 일어나는 일은 끔찍한 일이든 사소한 일이든 모든 사물의 중요한 설계자가 마치 부재하는 듯 보이는 세계 속에서 일어난다. 악마들은 모두 허구이며, 리어와 글로스터가 부르는 신들은 통렬할 정도로 말이 없다. 인물들의 사랑과 증오와 고통과 함께, 그들을 둘러싸고 있는 것은 가장 일상적인 세계다. ― "낮은 지대의 농가들, 가난하고 지루한 마을들, 양 우리들, 그리고 방앗간들"(2.3.17-18) ― 그리고 흉측한 사건들이 연속적으로 꼬리를 물고 발생하게 된 최초의 계기가 된 행위는 가장 평범한 일상의 결정에서 발현된다. 자신이 하던 일에서 물러나 앉는 은퇴 말이다.

 젊은이들이 노인들에게 공적인 존경을 표하는 것이 요구되었던 튜더와 스튜어트 왕가 시대의 영국 문화에서, 은퇴라는 것은 특정한 불안을 가중시키는 사건이었다. 그것은 노인의 지위와 ― 사회의 정점에서 리어가 말하는 "왕에 걸맞은 이름과 그 모든 것들"(1.1.136) ― 권력이라는 두 요소를 갈라놓으며, 그를 향한 공식적 존경의 정치적인 맥락이나 심리에 심각한 부담을 주었다. 국가적으로 혹은 가족 내에서, 가장 나이가 많은 적법한 남성 후계자에게 권력을 이양하면서 이런 압박감은 한층 경감되었다. 하지만 전설 속의 리어나 실제 브라이언 앤슬리의 경우에는 그러한 후계자가 존재하지 않았다. 남성 후계자가 부재하는 상황에서 리어는 그 자신에게서 "모든 염려와 업무를 떨쳐 버리"고 그러한 일들을 "더 젊은 힘들"에게 넘기기로 결심하여, 왕국을 딸들에게 나눠 주려고 한다. 그렇게 함으로써 그의 표현에 따르자면 "미래에 겪을 문제가/ 지금 예방될 수 있도록" 말이다.(1.1.37-38, 42-43) 하지만 이 시도는 딸들의 사랑을 공공연하게 시험해 보는 것이 중심이 되면서 재앙에 가까운 실패로 돌아가며, 그를 진심으로 사랑하는 유일한 자식을 추방해 버리는 결과로 이어진다.

 셰익스피어는 자신의 인물들이 붙잡고 씨름하는 문제가 단순히 아들이나 후계자가 부재하는 데서 오는 결과는 아니라는 것을 어떻게든 보여 주려고 노력한다. 그가 가장 탁월하고 복잡하게 다루는 이중의 줄거리에서 이러한 측면을 찾아볼 수 있는데, 그는 한편에서 리어와 세 딸의 이야기를, 그리고 다른 편에서는 자신이 필립 시드니의 산문 서사 단편시 『아카디아(Arcadia)』에서 읽었던 것을 각색한 글로스터와 그의 두 아들들의 이야기를 서로 뒤얽어 가면서 연극을 전개해 나간다. 글로스터에게는 법적 후계자인 큰아들 에드먼드뿐 아니라, 사생아 아들 에드먼드도 있다. 그리고 이 가족에서 비극적인 갈등이 일어나는 양상은, 리어가 유발하고 있듯이 한 세대에서 그다음 세대로 재산을 물려주는 방식의 위화감 때문에 일어나는 것이 아니라, 오히려 그 역방향에서 기원한다. 차남인 데다 서자 입장에서 보면 전적으로 사회적 관례에 맞게 재산이 분배되고 있는데도, 에드먼드는 자신이 받는 불이익에 살인적인 앙심을 품고 속을 끓이는 것이다.

『리어 왕』의 이상한 세계에서 보면, 은퇴의 다른 측면에는 가파른 폐허만이 존재한다. 마치 성문의 다른 쪽에는 황량하고 아무런 특색도 없는 황야만 존재하는 것처럼. 셰익스피어가 상상한 일에서 물러나겠다는 결정은, 즉 리어가 말하듯이 "짐의 나이에서 모든 염려와 업무를 떨쳐 버리고 그것들을 더 젊은 힘들에게로 넘기는 것"(1.1.37-38)은 곧 심각한 재앙을 불러오는 일이다. 물론 확실히 말하면 여기서 말하는 업무란 왕국을 통치하는 것을 의미하며, 셰익스피어의 시대에는 통치자가 쇠약해져 권력을 이양할 때마다 언제나 동반되곤 하던 집권 계층의 권위가 약화되고 마는 위기를 충분히 두려워할 만했다. 하지만 이 연극은 왕실을 향한 경고에 그치는 것이 아니다. 그것은 오늘날 우리 사회(그조차 전혀 완벽한 미덕의 결정체라고 할 수는 없지만)가 노인들의 불안을 경감시켜 주고, 어려운 형편에 처한 경우 이들을 돕기 위해 관례적으로 도입하는 방법들이 고작 한두 개밖에 없었던 이 시기에 훨씬 널리 퍼져 있던 공포에 다가간다.

셰익스피어의 세계는, 지속적으로 노인들에겐 자연스러운 권위가 귀속되어 있다고 강조했다. 그러한 전제를 두는 것은 단순히 편리한 사회적 계약에 머무는 것이 아니라 — 이는 노인들과 언젠가는 본인도 늙게 될 것이라고 예상하는 사람이라면 누구에게든 편리한 일이었으므로 — 우주 전체를 아우르는 도덕 체계였으며 신성하고 태곳적부터 심원한 이치이자 질서였다. 하지만 동시에 그들은 이 이치와 질서가 안고 있는 불안을 인식했으며, 노령이 주창하는 이 권위는 패기 있게 치고 올라오는 젊은이들의 야심 앞에서 속절없이 약해지고 만다는 것을 알고 있었다. 일단 아버지가 자녀들에게 재산을 나눠 주고 나면, 그가 유언에 적힌 내용을 집행할 능력을 상실하고 나면, 그의 권위는 부스러져 나가기 시작하는 것이다. 심지어 그 자신이 한때 소유했던 집 안에서도, 그는 이제 얹혀 사는 노인의 신세가 된다. 당대의 소송 사건이 암시하듯이 이 극단적인 위치 변화는 의례적인 인식으로 드러나기도 했다. 앤슬린 부인은 남편과 사별한 뒤 딸이 휴(Hugh)와 결혼할 때 남편이 가진 토지의 반을 주기로 동의했고, 그 뒤로 결혼한 딸과 한 집에서 같이 살 예정이었다. "그리고 걸쇠로 문을 단단히 잠근 그 집을 나가게 되자, 갈 곳이 없어진 앤슬린 부인은 자기 한 몸을 의탁하기 위해 구걸해야 하는 상황이 되었다."

리어의 이야기를 다시 풀어 놓는 것은 셰익스피어와 당시 사람들에게 있어 자신들의 불안을 표현하는 방식이었으나, 그들에겐 이 관습의 취약함에 대처하는 보다 실용적인 방법들도 있었다. 은퇴에 직면한 부모들은 종종 유지 약정서라고 부르는 공증서를 작성하기 위해 변호사를 고용했다. 이 약정서(maintenance agreement)의 내용은 부모가 가족에게 재산을 상속해 주는 대가로 자녀들은 그들의 의식주를 책임지기로 계약하는 것이었다. 이 약정서에서 언급되는 다양한 요구 사항들이 대단히 구체적인 단위로 기입되어 있는 것만 보더라도—야드별로 계산된 많은 양의 모직 옷감, 석탄 땔감 몇 파운드, 곡물 바구니 몇 개— 부모들이 느꼈던 불안의 정도를 측정해 볼 수 있다. 유지 약정서는 자녀들이 그 부모의 복리에 대한 법적인 후견인이며, 부모 재산의 "수탁자들"임을 분명히 명시했다. 부모들은 이 재산에 대해서 일부 권리를 "비축"해 둘 수 있었으며, 최소한 이론적으로나마, 그들의 "비축된 권리"가 제대로 받아들여지지 않을 때는 자녀들에게 넘겨주었던 것들을 다시 요구할 수 있었다.

『리어 왕』은 구약 성경에 나오는 예언자 이사야의 시대와 대략 일치하는, 고대의 이교 영국을 배경으로 하고 있으며 이는 관습법에 근거한 합의와 법적인 보호 대책이 만발하던 르네상스 시대—셰익스피어 그 자신이 세상에 모습을 드러냈던, 자작농들과 상공인들의 시대—와는 시기적으로 거리가 있었다. 하지만 고대라는 배경에도 불구하고, 이 비극의 중심에는 극작가 본인의 계층에 만연하던 거대한 공포가 자리했다. 바로 일선에서 물러나면 겪게 될지도 모를 자녀 세대로부터의 굴욕과 유기의 공포, 본인의 자존감과 정체성을 모두 잃어버릴지도 모른다는 공포 말이다. 리어의 광기 어린 격분은 딸들이 보이는 배은망덕한 태도에 대한 반응일 뿐만 아니라, 그저 평범한 노인으로 몰락해 버리는 것, 자녀들에게 자비를 구걸하는 뒷방 늙은이로 변해 버리는 것에 대한 공포의 반응이기도 하다.

개한테 잘못을 빌어?

왕실의 꼴이 이렇게 돌아가야 한다는 얘기냐?
"사랑하는 따님, 아비가 이렇게 늙고 말았습니다.
늙은이들은 아무짝에도 쓸모가 없지요. 아비가 무릎을 꿇고 비오니
부디 입을 옷가지와 침대와 음식을 좀 베푸십시오."

(2.4.145-49)

이에 대한 대답으로, 그의 냉정한 딸은 그에게 "돌아가서 언니에게 얹혀 지내시라."라고 고집스럽게 종용한다.(2.4.198)

극의 절정에 점점 도달하는 이 끔찍한 장면에서 사악한 고너릴과 리건은 계속해서 리어의 수행원단 규모를 축소하며, 사실상 효과적으로 그의 사회적 정체성을 벗겨 내고 있다. 이에 리어는 마치 그가 실제로 딸들과 유지 약정서를 체결한 적이라도 있다는 듯한 어조로 말한다.

리어: 난 너희들에게 모든 걸 다 주었다 —
리건: 적당한 시기에 잘 주셨던 거죠.
리어: 너희들을 내 후견인으로, 내 위탁자로 만들었는데.
하지만 내가 예비로 마련해 둔 수행원들의 숫자는 참 대단도 하구나.

(2.4.245-48)

하지만 리어와 딸들 사이에는 유지 약정이 체결된 적이 없었다. 그가 머물고 있는 절대 권력의 세계에서는 — 모든 것을 다 갖거나 아무 것도 갖지 못하는 — 그런 종류의 계약이 존재할 수 없었던 것이다.

셰익스피어는 언젠가 뉴플레이스의 현관에 나타나 문지방을 넘고,

그의 딸들에게 자신을 뒷방에 얹혀 사는 노인으로 받아 달라고 부탁할 마음이 전혀 없었다. 그것은 불신의 문제가 아니라 — 그는 최소한 두 딸 중 한 명은 확실히 사랑하고 신뢰했던 것으로 보인다. — 정체성의 문제였다. 『리어 왕』에서 보여 준 것이 무언가에 대한 암시라고 한다면, 그는 자신과 같은 시대를 사는 사람들과 은퇴 이후 자녀들에게 의존하여 사는 삶에 대한 공포를 공유했다. 그리고 남아 있는 증거들을 보면, 그가 은퇴 이후 자기 아내와의 유대감에서 마음의 위안을 얻었으리라고는 거의 생각할 수 없다. 그가 이 공포에 대처하는 나름의 방식은 바로 일에 빠져드는 것이었다. — 소소한 규모의 재산을 모을 수 있게 해 준 엄청난 양의 노동 — 그리고 그렇게 모은 자본을 토지와 농작물세(농가에서 생산되는 농산물에 투자하는 것)에 투자하여, 꾸준히 연간 수입을 창출했다. 연기와 순회공연과 1년에 두 편의 연극을 써내는 작업에 영원히 기댈 수는 없었다. 언젠가는 그 모든 것들이 멈추는 순간이 오고야 말 테니까. 그럼 그건 언제인가? 1602년부터 1613년까지, 놀랍도록 창조적이던 이 시기에 셰익스피어는 조심스럽게 돈을 모으고 투자를 했다. 노년에 이르렀을 때 자기 딸들에게 의존할 필요가 없도록, 혹은 극장에도 의존하지 않도록 말이다.

셰익스피어는 사실상 전적으로 자신의 손으로 재산을 일구어 냈다. 어머니의 유산은, 아버지의 무능력이나 무분별로 인해 담보로 저당 잡혔다가 곧 몰수되고 말았다. 스트랫퍼드에서 아버지의 평판은 빚으로 인해 깎여 나갔고, 아마도 영국 국교회 예배에 불참하는 것 때문에도 별로 좋은 소리는 듣지 못했을 것이다. 형제들은 세상에 전혀 두각을 드러내지 않았다. 누이 조앤은 가난한 모자 장수와 결혼했다. 그리고 자신이 결혼한 상대도, 집안 형편이 그리 특출나지 않았다. 그의 앞길에는 그 어떤 편리한 유산도 떨어지지 않았다. 중요한 순간에 결정적인 도움을 주기 위해 나타난 부자 친척도 없었다. 그리고 어린 시절 그의 빛나는 장래성을 알아보고 새로운 삶을 시작하도록 이끌어 준 지역 유지도 없었다. 뉴플레이스 저택은 오직 자신의 재능에서 비롯된 상상력과 이를 뒷받침하는 고된 노동으로 일구어 낸, 손에 잡히는 물리적 결실이었던 것이다.

그러한 집을 샀다는 것은, 셰익스피어가 한평생 자신이 번 돈을 알뜰하게 저축해야만 했음을 의미한다. 남아 있는 한정된 증거 자료들은 그가 런던에서 검소하게 지냈음을 암시한다. 그는 상대적으로 수수한 환경에 있는 방을 빌렸다. 현존하는 당시의 소소한 법적 소송 기록들을 보면 1604년 — 그가 『잣대엔 잣대로』, 『끝이 좋으면 다 좋다』, 『리어 왕』의 일부 또는 전체를 썼던 해 — 에 그는 도성 벽의 북서쪽 모퉁이에서, 크리플게이트의 실버 스트리트(Silver Street)와 머그웰(Mugwell) 모퉁이에 있는 프랑스 가발 가게의 위층에서 살았다. 그가 친숙하게 돌아다녔던 것처럼 보이는 이 일대는 — 쇼어디치, 비숍스게이트, 크리플게이트, 그리고 서리 지역의 클링크(Clink) — 대부분 프랑스나 벨기에, 네덜란드, 룩셈부르크 저지대에서 망명해 온 기능공들이 모여 살던 지역이었다. 평판이 나쁘거나 지내기 끔찍한 곳까지는 아니었지만, 그럭저럭 소탈하면서 집세도 낮은 편이었다. 그가 몇 개의 방을 빌렸는지, 혹은 그 방의 넓이가 어느 정도였는지는 알려져 있지 않지만, 그는 그곳에서 간소한 가구만을 갖춘 채 살았던 것으로 보인다. 그가 세금 관련 목적으로 작성한 런던에서의 개인 재산 규모는 겨우 5파운드로 기록되어 있기 때문이다.(그 교구의 가장 부유한 거주자의 재산은 약 300파운드로 평가되어 있다.) 물론 셰익스피어가 세금을 줄여 낼 목적으로 자기 소유의 물건들을 — 책, 그림, 접시 등 — 빼돌려 숨겨 두었을 수도 있다. 하지만 최소한 세무 관리들의 관점에서 볼 때 그의 집에 감춰진 부유함을 드러내는 징후는 거의 없었다.

여러 세대에 걸쳐 학자들은 더 세부적인 사항들을 찾아서 기록 자료들을 샅샅이 훑어 왔지만, 셰익스피어에 대해 남아 있는 기록들은 주로 연속적으로 발행된 세금 미납 고지서들이다. 셰익스피어가 근사한 뉴플레이스 저택을 사들인 1597년에, 비숍스게이트의 세무 관리자들은 윌리엄 셰익스피어가 그의 개인 보유 재산에 부과된 총 13실링 4펜스의 세금을 미납한 상태라고 통지했다. 다음 해에 그는 또다시 지불 기일을 넘겼으며, 그에 따른 추가 통지를 받았고, 1600년에 그가 강에 인접한 서리 쪽에 살고 있을 때도 여전히 연체 중이었다는 암시를 찾아볼 수 있다. 결국 그는 세금을 냈을지도 모른다. — 남아 있는 기록은 불완전하므로. — 하지만 별로 그랬을 것 같지는 않다. 셰익스피어는 런던에서 검소한 생활을 했을 뿐만 아니라 심지어 아주 적은 돈이라도 그의 손가락 사이로 빠져나가는 것을 싫어하는 인물이었던 것이다.

그는 스트랫퍼드에 남아 있는 아내와 딸들의 재정적 안정을 염려했는지도 모르고, 아니면 아버지처럼 창피한 전철을 밟는 것을 혐오했을지도 모른다. 어쩌면 지독히도 비참했던 그린의 마지막을 보면서 무슨 수를 써서라도 저런 끝은 맞지 말아야겠다고 스스로에게 다짐했을 수도 있다. 이유가 무엇이든, 셰익스피어가 돈을 다루는 태도는 — 최소한 그 자신의 돈은 — 상당히 진중했다. 아무도 그를 두고 구두쇠처럼 인색하다고 하진 않았지만, 그는 재물을 낭비하는 것을 좋아하지 않았고, 누구에게든 만만한 호구처럼 보이지 않겠다는 결심을 단호히 드러냈다. 1604년에 그는 스트랫퍼드에 있는 창고에 그가(혹은 더 정확히 말하면 그의 아내가) 가정에서 쓰는 데 필요한 것보다 많은 양의 맥아를 저장하게 되었다. 그래서 그는 부업으로 양조를 하던 이웃의 약제상 필립 로저스(Philip Rogers)에게 맥아 20부셸을 팔았는데, 이 맥아 값에 해당하는 로저스의 채무는 그가 셰익스피어에게서 일전에 빌려 갔던 2실링을 합쳐 총 2파운드를 살짝 웃도는 금액이었다. 채무자가 6실링밖에 갚지 못하자 셰익스피어는 변호사를 고용하여 이웃을 법정에 출두시켰고 35실링 10펜스를 마저 회수하면서 손해를 보상받았다. 35실링 10펜스는 당시 금액으로 아주 적은 금액은 아니었지만, 그렇다고 해서 또 막대한 금액도 결코 아니었다. 이러한 소송을 추진하는 데는 정력과 기운을 쏟아야 했는데, 몇 년 후에 셰익스피어는 다시 한 번 정력과 기운을 들인 법적 소송 끝에 존 애던브룩(John Addenbrooke)에게서 자신이 빌려줬다고 주장하는 6파운드에 배상금을 더해 돌려받았다.

물론 이런 소액 재판을 진행했던 사람이 셰익스피어뿐이었던 것만은 아니다. 그는 소송을 취미 삼아 하던 사람들의 시대에 살았고, 당시 법원에는 이러한 종류의 소소한 소송들이 넘쳐 났다. 하지만 그에게 이런 과정을 밟으라고 강요한 사람은 없었으며, 이러한 소송을 진행하면서 스트랫퍼드까지 왕래해야 했을지도 모른다는 사실을 감안할 때 이는 상당한 시간과 노력을 요구하는 절차였다. 하지만 몇 파운드 몇 실링 몇 펜스의 소소한 금액이라도 그에게는 원칙적으로 중요했던 것이다. 그리고 정확하게 말하자면, 뉴플레이스 저택을 소유할 만큼 안정적인 재정 규모를 갖춘 사람이었던 그가 단순히 그 정도의 금액이 없어서 그처럼 악착같이 받으러 다녔던 것도 아니었다.

엘시노어의 무덤가에 서서, 햄릿은 무덤 파는 이가 그의 더러운 삽으로 밀쳐 놓은 해골을 바라보며 깊은 상념에 빠진다. "이 친구는 살아 있을 때 땅을 사들이는 제법 큰손이었을 수도 있어." 그는 호레이쇼에게 말한다.

    그에게 법적 계약서도 있고, 서약 담보금도 있고, 벌금도 있고, 이중 구매 증빙서도 있고, 회수금도 있었겠지. 이것이 그의 벌금 중의 벌금이요 그가 받는 회수금 중의 회수금인가, 벌건 흙으로 가득한 벌렁 까진 정수리를 회수받게 되는 것이? 그의 증빙서는 과연 그의 구매를 증빙해 줄 것인가, 이중 증빙서로도, 이제 그는 고작 증서 한두 장을 펼쳐 놓은 폭과 넓이 이상으로는 구매할 수 없을 텐데도? 그의 땅에 대한 양도와 증빙 서류들은 이 관 안에 거의 들어가 있지 않다. 그리고 상속인인 그 자신도 이 관 이상의 것은 아무것도 받지 못하는 거야, 그렇지?

(5.1.94-102)

    햄릿으로서야 이처럼 냉소적인 경멸을 섞어 말하는 것이 매우 당연한 일이다. 일단 그는 덴마크의 왕자로서 아등바등 돈을 모아야 하는 사람들보다 훨씬 우위에서 이들을 내려다보는 계층이며, 다른 편으로는 그가 압도적으로 명백하게 밝혔듯이 모든 세속적인 야망에 무관심하기 때문이다. 하지만 우리는 조금 의아함을 느낄지도 모른다. 햄릿 왕자는 그가 경멸하는 재산법의 기술적인 지식들 — 서약 담보금, 이중 구매 증빙서, 회수금과 같은 것들 — 을 도대체 어떻게 알게 된 것일까? 바로 실제로 토지 매매에 대해서 활발한 흥미를 가지고 있던 사람인, 극작가 자신이다. 이것은 위선인가? 전혀 그렇지 않다. 셰익스피어는 우울하고 감상적인 왕자가 느끼는 바를 상상할 수 있었고 인간적인 노력의 허무함에 대한 그의 음울한 웃음을 표현할 수 있었지만, 그 자신은 실제 생계를 꾸리게 해 주는 일상의 사업 업무들에 대해서 결코 무심한 태도를 보일 수 없었다.

그가 "땅을 사들이는 제법 큰손"을 언급하는 햄릿의 대사를 쓸 때쯤, 셰익스피어가 부동산 투자에 대해 가졌던 관심은 그의 세속적인 성공에 놀라움을 감추지 못했을 고향 사람들에게 분명히 잘 알려진 사실이 되었을 것이다. 1598년 스트랫퍼드의 에이브러햄 스털리는 런던에 있는 한 친구에게 편지로, "우리 고향 사람인 셰익스피어 씨가 쇼터리 근처나 우리 근처에 있는 땅을 몇 야드랜드나 사들일 의향이 있다고 한다."는 소식을 들었다고 썼다. 이들은 스트랫퍼드의 사업가들로서, 그들의 '고향 사람'이 투자할 상당한 금액을 자신들의 계획 일부에 유치시키기 위한 가장 좋은 방법에 대해 열심히 상의하는 기록을 남겼다. 극작가는 분명히 그들에게 충분히 부유하고 영리한 사람으로 평가받고 있었으며, 그들이 주의 깊고 정밀한 계획을 짜서 접근할 가치가 있다고 판단되는 인물이었다.

1602년 5월에 셰익스피어는 스트랫퍼드어폰에이번의 북쪽에 위치한 올드 스트랫퍼드(Old Stratford)에 있는 경작지를 '4야드랜드' — 거의 100에이커가 넘는 넓이 — 나 구매하며 320파운드를 지불했다. 몇 달이 지난 뒤 그는 그의 뉴플레이스 저택 정원 반대쪽에 위치한 토지 4분의 1에이커 구획과 그에 딸린 정원과 오두막을 소유하는 증서도 손에 넣었다. 1605년 7월, 35실링을 받기 위해 로저스를 법정으로 출두시킨 그다음 해에 셰익스피어는 상당한 거금인 440파운드를 들여, 스트랫퍼드 내외 근교에서 수확되는 "옥수수, 곡물, 풀, 건초 등 농산물"의 절반에 대한 권리를 소유하는 임대 계약을 체결했다. 이 임대는 ─ 사실상 연금의 형태였는데 ─ 그에게 연간 60파운드의 수입을 보장해 주었다. 그는 자신의 미래를 계획하고 있었던 것이다. 이 농작물에서 나오는 이익은 그가 죽을 때까지 지속될 것이었고 그의 후손들의 삶에도 이어질 것이었다.

이 정도 규모의 투자는 셰익스피어가 제임스 1세의 초기 통치 기간 동안 엄청난 수입을 거두었다는 사실을 반영한다. 『가우리의 비극』이 직면했던 혹평과 압박은 셰익스피어의 극단과 자신의 경력에 치명적인 해를 끼칠 수도 있었으나, 그런 상황은 오지 않았다. 제임스는 주변 사람들이 반복적으로 알아챌 만큼 특이한 성미를 내보였다. 그는 불안해했고 예민했고, 가끔씩 위험할 정도로 피해망상적인 모습을 보였지만, 그러다가도 예상 밖으로 다른 사람들이라면 ─ 절대 권력을 가진 왕족이 아니더라도 ─ 역겨운 모욕으로 받아들였을 법한 언행도 가볍게 무시하거나 심지어 떠들썩하게 웃어넘기기도 했다. 새 왕국에서 자신의 휘하에 두게 된 극단에 대해, 그는 단순히 배우들이 좋다거나 나쁘다거나 그들의 존재 자체에 별다른 주의를 기울일 정도로 중요한 가치를 두지 않았을 수도 있다. 아니면 그는 배우들을 궁정 광대를 모아 놓은 집단처럼 여겼을 수도 있다. 셰익스피어는 『십이야』와 『리어 왕』, 그리고 다른 연극들에서도 매우 풍자적인 공감대를 섞어 그들을 묘사했는데, 보통 광대의 주인은 그의 익살을 짜증스러워할 때도 있고 심지어 그를 은근히 위협할 수도 있었으나 ─ "조심해라, 이놈아, 채찍을 맞기 전에."(『리어 왕』, 1.4.94) ─ 광대를 대상으로 과도하게 정색하며 화내는 일은 스스로 품위를 떨어뜨리는 일이었다.

　킹스멘 극단은 궁정과 글로브 양쪽 극장에서 전례 없이 바빴고, 셰익스피어는 작가로서, 감독으로서, 그리고 배우로서, 또한 사업 운영에 참여하는 주요 임원으로서 상당히 많은 부분에 관련되어 있었다. 그의 업무량은 다리가 후들거릴 정도로 많았을 것이다. 그는 극단의 수입과 지출 내역을 기록하며 계산해야 했고, 몇 장면을 다시 써야 했고, 배역 선정을 도와야 했고, 삭제할 장면을 정해야 했고, 작품 해석상의 결정에 참여해야 했고, 극단의 재산이 되는 소품, 의상, 그리고 음악에 대해 자문을 받아야 했다. 그리고 물론 자신의 대사도 외워야 했다. 우리는 정신없이 바빴던 1604년에서 1605년 사이에 그가 몇 개의 연극에 직접 등장했는지는 전혀 모른다. 하지만 아마 한두 개 이상은 족히 넘었을 것이다. 그러한 상황에서도, 극단의 규모가 그다지 크지 않았으므로 나름 이름이 알려진 배우를 무대 출연자 목록에서 빼버릴 수는 없었으며, 그 특정한 배우가 무수한 다른 일들로 정신없이 바쁜 입장이라도 다른 수가 없었다. 그의 이름은 1598년 『각인각색』 공연에서 열 명의 "주요 희극 배우들" 중 하나로 언급된다. 아마도 그는 궁정에서 이 연극을 재공연할 때 무대에 섰을 것이다. 그리고 자신의 연극에도 최소한 몇 개에는 출연했을 텐데, 배우들이 종종 하나 이상의 배역을 동시에 맡고 있었음에도, 그의 연극엔 상당히 많은 수의 출연자가 필요했기 때문이다.

　기본적으로 배우들은 자기들의 대사를 기억하는 일에 놀라울 정도로 잘 훈련되어 있었지만, 그리고 심지어 그 연극을 직접 쓴 극작가라고 하더라도, 그토록 복잡한 작품들을 대단히 짧은 시간 안에 공연한다는 것은 극도로 지치는 일이었음에 틀림없다. 하지만 왕과 궁정 가신들 앞에서 공연하도록 초청받는 것은 귀중한 영예였고, 동시에 엄청난 수입의 원천이 되기도 했다. 공연을 한 번 할 때마다 10파운드라는 후한 금액을 받으며, 극단은 1605년과 1606년 사이의 크리스마스와 새해 시즌에만 100파운드를 벌어들였다. 1606년에서 1607년 사이에는 90파운드, 1608년에서 1609년 사이에는 130파운드, 1609년과 1610년 사이에도 130파운드 그리고 1610년과 1611년 사이에는 150파운드의 수입이 들어왔으며, 이는 짧은 휴일 기간에 벌어들인 것 치고는 상당한 거금이었다. 그러면서 극단은 글로브에서도 전체 레퍼토리를 돌려가며 공연을 했고 많은 경우 시외로 나가 순회공연도 계속했다. 그들은 1604년 5월과 6월 옥스퍼드에서, 1605년 다시 반스터플(Barnstaple)과 옥스퍼드에서, 1606년에 옥스퍼드, 레스터, 도버, 새프런 월든(Saffron Walden), 메이드스톤(Maidstone) 그리고 말보로(Marlborough)에서 공연했다. 셰익스피어가 이 모든 여행에 극단과 함께했었는지는 알 수 없다. 초가을쯤은 이미 다가오는 계절에 대해서 그가 고심하고 있을 시간이었다. 계절이 바뀔 때마다 극단은 새로운 연극을 소개하고, 기존 연극을 재상연했다. 더불어 궁정에서도 다시 공연하며 글로브에서도 대중 관객을 계속 기쁘게 해 주어야 했다.

셰익스피어에게는 언제나 그 자신을 엄청난 일더미 속으로 내던져야 할 특별하고 음울한 이유가 있었다. 어느 날 아침 누구라도 — 다락방에 있는 하인일 수도 있고 커튼이 쳐진 호화로운 침대에 누운 귀부인일 수도 있었다. — 사타구니나 겨드랑이에 숨길 수 없이 부어오른 멍울이 돋아난 상태로 깨어날 수 있었던 것이다. 언제든 흑사병이 창궐하면, 며칠 혹은 몇 주 지나지 않아서 극장들은 폐쇄 조치를 당했다. 극단의 모든 구성원들에게는 돈이 수중에 돌고 있을 때 반드시 쌈

짓돈을 비축해 두는 것이 엄청나게 중요한 일처럼 생각되었을 것이다. 그들은 수익을 올리는 일이라면 어떤 기회든 마다할 수 없었는데, 여전히 흑사병이 비껴가지 않았던 제임스 1세의 정권에서는 그런 부수입을 올릴 기회도 꽤 많이 찾아왔다.

셰익스피어와 그의 극단은 어느 한쪽의 수입만을 선택하고 다른 쪽의 수입은 포기하도록 강요받진 않았다. 그들은 새로운 스코틀랜드 왕족들의 궁정에서도 쫓겨나지 않았고, 또한 런던의 대중 관객에게도 외면받지 않았다. 그들은 순회공연을 하러 런던 외부 도시들과 마을들에도 여전히 갈 수 있었다. 오히려 그들은 서로 다른 지지 기반 모두를 더욱 단단히 움켜쥐면서 거기에 또 다른 수입원을 추가하느라 힘을 쏟았다. 이 계획은 셰익스피어에게서 나온 것은 아니었지만, 그의 장기적인 전략의 일부가 되었음이 분명하다. 전략이란 곧 시장을 지배하는 것이었다. ― 여기서의 시장이란 궁정에서 그리고 대중 앞에서, 런던에서 그리고 지방에서 연극을 공연하는 것을 말했다. ― 혹은 돈을 뽑아낼 수 있는 한 최대치에 이르도록 노력하는 것이었다.

1596년 엘리자베스의 통치 아래, 사업가 제임스 버비지(당대 유명 배우의 아버지)는 나라 안의 가톨릭 수도원들이 모두 해체되기 전까지 수사 설교단(Friars Preachers) 혹은 검은 수사단(Black Friars)이라고 불리던 도미니크 수도회에 속해 있던 대규모 수도원의 대지 일부를 임대하면서 600파운드를 지불했다. 이곳은 위치적으로 매우 탐나는 곳이었는데, 도심 성벽 내부에 있으면서도 '자율 지대'였고, 따라서 도시 행정관들의 관할권 밖에 있었다. 20년 전에 이미 이 블랙프라이어스(Blackfriars) 홀에 극장이 지어진 적이 있었고, 그곳은 소년 극단들이 연이어 공연을 하는 장소가 되었다. 하지만 그 극장은 8년간 재정적 어려움을 겪다가 끝내 무너져 버렸고, 그 이후로 실내 극장은 침묵을 지켰다. 사업가인 버비지는 그 극장을 재개장하여 그 당시엔 로드챔벌린스멘 극단이었던 이들이 거기서 공연을 하면 꽤 이익을 볼 수 있으리라 계산했다. 일전에 영국의 첫 야외극장 중 하나인 시어터 극장을 지었던 그가 이제는 소년 극단들이 공연하던 홀을 재건축하여 성인 배우들을 위한 영국의 첫 실내 극장을 개장할 생각이었다. 곰 싸움장이나 처형장과 가까운 교외가 아니라 도시 중심가에 있는 극장의 위치는 더할 나위 없이 좋았다. 블랙프라이어스 홀은 규모 면에서는 글로브보다 훨씬 작았지만, 큰 이점을 보유하고 있었는데, 날씨가 변덕스러운 영국에서 지붕으로 덮인 실내 공간이라는 점이었다. 최소한 위가 뚫린 원형 극장들과 비교해 봤을 때, 이 공간은 나름 품위가 있었으며 심지어 사치스럽기까지 했다. 여기서는 난동을 부리는 관객들이 무대 근처를 끊임없이 배회할 수 있는 구조가 아니었다. 대신, 모든 이들이 제자리에 앉아서 공연을 관람하게 될 터였다. 그런 이유로 입장료 수입은 엄청나게 늘어날 수 있었다. — 글로브에서는 페니 한두 푼 정도이던 입장료가 블랙프라이어스에서는 최고 2실링에 이를 만큼 상승했다. — 그리고 홀 내부를 촛불로 밝힐 수 있었으므로 오후 공연에 이어 저녁 공연도 할 수 있었다.

 극장과 관련된 모든 사업상의 결정은 높은 위험 부담을 가진 추측인 경우가 대부분이었지만, 로드챔벌린스멘의 인기를 고려해 볼 때, 이 계획은 곧 눈에 보이는 성과를 냈을 것이다. 하지만 예상치 못한 장애물이 등장했다. 극장 주변의 거주자들이 버비지의 계획을 알아차리고 이에 격렬히 저항했던 것이다. 그 일대에 거주하는 서른한 명의 서명을 받은 청원서가 당국에 제출되었는데, 서명자 목록에는 셰익스피어의 인쇄업자 친구인 리처드 필드와 마침 그 주변 건물에 살고 있던 극단의 귀족 후원자인 궁내 장관도 포함되어 있었다. 그들은 극장이 악몽 같은 교통 정체를 불러올 것이며 "모든 부류의 부랑자와 외설적인 사람들"을 끌어들일 것이고, 모인 군중은 역병의 발생 위험을 높일 것이라고 불평했다. 그리고 아무도 감히 반항하지 못할 결정타로서, 배우들의 북소리와 나팔 소리가 근처 교회에서 주재하는 예배에 지장을 주고, 설교도 그저 흘려보내게 될 뿐 제대로 들을 수 없게 만들 것이라고 주장했다. 이에 정부는 극장의 재개장을 막았고, 곧 제임스 버비지는 죽고 말았다. 그가 죽은 원인은, 혹자가 말하듯이 깊은 실망에 빠졌기 때문은 아닐 것이다. 그는 이미 60대 후반이었고, 이전에도 육체적으로 비슷한 위기를 겪으며 체력이 고갈된 상태였다. 그의 경력을 아무리 들춰 봐도 그가 예민한 심성의 소유자였다고 말해 주지는 않는다. 하지만 그럼에도, 이 큰 투자에 대한 불안은 그의 마지막 날들에 그림자를 드리웠을 테고 이는 후계자들에게도 상당히 신경이 쓰이는 문제였다. 홀은 1년에 40파운드의 가격으로 왕립 예배당 소년 극단(Children of the Chapel Royal)에게 — 소년 배우들로 이루어진 극단 중 하나 — 대관되었으므로, 최소한 여기서 나오는 수입은 있었다. 하지만 1608년 최초 투자 이후 12년이 지난 뒤에, 이제 킹스멘 극단이 된 이들은 마침내 블랙프라이어스 극장(Blackfriars Theater)에서 공연하는 데 성공했다. 뿌리 깊은 반대에도 불구하고 그들이 이를 감행할 수 있었다는 것은, 그들이 얼마나 강력한 힘을 가진 극단이 되었는지를 보여 주는 징후였다.

 제임스 버비지의 아들 리처드가, 바로 그 계획이 결실을 보도록 이끈 인물이었다. 셰익스피어가 만들어 낸 많은 인물들을 맡아 연기했던 이 뛰어난 배우는, 영리하고 지략이 넘치며 그 자신도 결연한 의지를 가진 사업가였다. 글로브 극장의 본을 따라서, 버비지는 새 극장을 보유하고 운영할 공동 연합체를 구성했다. 일곱 명의 공동 대표들은 21년 동안 블랙프라이어스 극장에서 나오는 수입을 7등분하여 나눠 갖기로 했다. 글로브에서 이미 공동 주주였던 셰익스피어는 이렇게 정교한 사업적 전략과 운영이 최정점에 이른 새 사업장에서도 대표단의 일원이 되었다.

킹스멘 극단은 궁정의 가장 큰 사랑을 받는 극단과 배우들로서 그 입지를 확고히 다졌다. 그들은 순회공연을 할 때면 언제나 왕실 소속임을 의미하는 도장을 운반하고 다녔으며, 뱅크사이드에 있는 원형극장 글로브에서 엄청난 수의 런던 관객을 동원했고, 이제 블랙프라이어스에서 보다 높은 가격을 지불하고 들어오는 약 500명 정도의 관객 앞에서는 보다 특권적인 고객층을 대상으로 하는 공연을 할 예정이었다. 맵시 좋게 빼입은 옷을 자랑하고 싶은 멋진 청년들은 이제 돈을 내고 아예 무대에 마련된 좌석에 앉아서 그 자신도 주목받는 장관의 일부가 될 수 있었다. 글로브에서는 아예 용인되지 않았던 이런 행동이 배우로서의 셰익스피어에게는 짜증스러웠을 것이다. 이와 관련해서 셰익스피어 시대로부터 한 세기가 지나간 후 『맥베스』 공연 도중에, 무대에 앉아 있던 귀족 관객 한 사람이 무대 맞은편에 있는 친구에게 인사하기 위해 연극이 공연 중이던 무대 위를 직접 가로질러 지나갔고, 이를 두고 배우가 항의하자 귀족이 그의 뺨을 치면서 극장 전체로 폭동이 번진 일도 있었다. 이처럼 무대 위에 앉는 관객들은 연극 도중 눈에 거슬리게 일어나거나 걸어 나갈 수 있었으므로, 이들을 무대에 앉히는 것은 극작가로서도 짜증스러운 일이었다. 하지만 사업가로서의 셰익스피어는 이에 따른 추가 수익을 거부할 수 없었을 것이다.

이렇게 바쁘고 정신없는 활동 속에서도 — 글로브 극장의 이전, 새로운 스코틀랜드 정권에의 적응, 새로운 배우들의 모집과 채용, 궁정에서의 공연 준비, 새로운 역할의 학습, 기력이 빠지는 지방 순회공연들, 블랙프라이어스의 재개장을 앞두고 겪은 난감한 교섭, 그리고 아내와 아이들을 보기 위해, 돌아가신 어머니의 장례식을 치르기 위해, 딸의 결혼식에 참석하기 위해, 부동산을 구입하기 위해, 그리고 사소한 법적 공방을 주재하기 위해 서둘러 스트랫퍼드를 왕래하던 여정 — 어떻게든 셰익스피어는 글을 쓸 시간을 만들어 냈다. 1604년처럼 이른 시기에 그가 벌써 은퇴 생각을 하기 시작했다는 것도 그리 놀라운 일은 아니다.

은퇴 후의 삶을 성공적으로 만드는 것은 자본의 축적과 투자의 문제만은 아니었다. 『리어 왕』의 저자는 그와 세상의 관계에 대해서도 다시 생각해야 했다. 연극으로 판단해 보건대, 그의 마음은 기상천외할 정도로 쉬지 않고 움직였다. — "터무니없이 화려하고 끊임없이 윤전하는 마음을 가진 낯선 자"라고 묘사되는 오셀로처럼 말이다.(1.1.137) 그의 상상력은 고대 영국에서 동시대의 빈으로, 고대의 트로이에서 프랑스의 루시용으로, 중세 스코틀랜드에서 타이먼의 아테네와 코리올라누스의 로마로 급강하했다가 솟구치기도 했다. 『안토니와 클레오파트라』에서 제멋대로 뻗어 나가는 장면 묘사는 알렉산드리아에 있는 여왕의 궁전에서 로마로, 시칠리아, 시리아, 아테네, 악티움을 거치면서 군대의 주둔지, 전장, 온갖 유적지들을 그 배경으로 보여 준다. 그가 무명의 작가인 조지 윌킨스(George Wilkins)와 함께 공동 집필했던 이상한 연극 『페리클레스(Pericles)』는 심지어 더 고뼈 풀린 듯한 배경 전환을 묘사하는데, 이 연극의 배경은 안티오크에서 티레, 타르수스에서 펜타폴리스(현재는 리비아 지역에 해당한다.), 에베소에서 미틸레네(레스보스 섬)까지 아우른다. 마치 셰익스피어의 마음은 그 무엇보다도 정해진 구역에 폐쇄되는 것을 두려워하는 ― 혹은 거부하는 ― 것처럼 보인다.

하지만 은퇴로 인해 제기되는 문제는 폐쇄화가 아니었다. 햄릿은 말한다. "나는 호두알 속에 들어앉아 있으면서도, 나 자신을 무한한 공간의 왕처럼 여길 수 있어, 내가 나쁜 꿈을 꾸지만 않는다면." (2.2.248-50) 셰익스피어의 나쁜 꿈은, 혹은 최소한 『리어 왕』이 제안하는 바에 따르면 고령으로 인한 활력의 상실, 의존성이 불러일으키는 위협과 관련돼 있었다. 경력이 쌓여 가면서 그는, 자신들의 삶을 두고 어찌할 바 모르는 조급하고 열정적인 젊은 남녀들에서 나이 많은 세대로 점점 연극의 중심점을 옮겨 갔다. 이 변화는 고통을 당하는 노인들을 그리는 『리어 왕』에서 가장 명백히 드러나며, 또한 좀 더 섬세하긴 하지만 그 자신의 나이를 염려하는 오셀로에게서도, 그리고 관객이 지켜보는 앞에서 생기와 활력이 파도처럼 쓸려 나가는 맥베스에게서도 느껴진다.

> 나의 삶의 과정이
> 시들어 가 버리는구나, 노란 이파리가 되어,
> 그리고 노령과 함께 와야 하는 것은
> 명예, 사랑, 순종, 한 무리의 친구들,
> 나는 가질 기대조차 말아야 하는 것들이다.
>
> (5.3.23-27)

그리고 셰익스피어의 관점에서 사랑에 빠진다는 것이 어떤 것인지를 가장 본질적으로 보여 주는 전형들인 로미오와 줄리엣이나 로절린드와 올랜도 대신에, 그는 우리에게 "희끗희끗한 반백의" 안토니와 그의 약삭빠른 클레오파트라를 보여 주며 "세월에 깊이 주름져" 있다고 표현한다.(3.13.16, 1.5.29)

하지만 이러한 요점에 예외가 없다고 억지로 우겨 댈 필요는 없다. 셰익스피어의 마지막 연극인 『두 귀족 친척들(The Two Noble Kinsmen)』은 1613년에서 1614년 사이에 그보다 열다섯 살 연하의 극작가 존 플레처(John Fletcher)와 함께 쓴 작품으로 여겨지는데, 젊은 연인들의 희비극을 그린 이야기다. 이 협업의 또 다른 결과물은 원고가 소실된 『카데니오(Cardenio)』이며(『돈 키호테(Don Quixote)』의 원전을 참고한 각색) 아마도 이 또한 젊은이의 열정이 갖는 위험과 쾌락에 대한 이야기였을 것이다. 하지만 『두 귀족 친척들』이 극심하게 늙은 사람의 기괴한 묘사를 포함한다는 것은 놀라운데, 아마도 셰익스피어 본인이 어깨를 한 번 들썩이며 자신의 앞길에 곧 나타날 것에 대한 공포를 그린 것인지도 모른다.

나이 든 꺾쇠가

그의 각진 발을 둥그렇게 조이고,

통풍은 그의 손가락을 매듭지어 뜨개질해 놓고,

그의 둥근 눈이 고문당하는 듯이 경련하며

그 안구가 거의 빠질 뻔하니, 한때 삶이었던 것이

그 안에서는 고문과도 같구나.

(5.2.42-47)

그리고, 더 의미 있는 것은 이 후기작들 중 가장 뛰어난 성취를 보이는 『겨울 이야기』와 『태풍』은 모두 뚜렷하게 인생의 가을에 이른 듯한 회고적인 분위기를 보여 준다는 것이다. 셰익스피어는 자신이 전문 직업인으로서 이룬 것들을 자의식적으로 돌아보며, 그것을 뒤로하고 돌아선다는 것의 의미를 파악하고 있는 것처럼 보인다.

경력 면에서 매우 이른 시기부터, 셰익스피어는 자신이 이미 시도했던 것들을 재활용하고 변모시켰다. 하지만 그의 지난 작품들에서 온 유령 같은 흔적들은 이 후기작들에 매우 이례적으로 많이 출몰한다. 『겨울 이야기』는 특히 『오셀로』의 재작업이라고 할 수 있는데, 마치 셰익스피어가 다시 한 번 그 자신을 앉혀 두고 남성의 우정과 살인마적인 질투에 대한 이야기를 다루되, 이번에는 아무런 유혹자 없이 해 보자고 한 듯한 느낌을 준다. 그 결과 이 작품은 그의 작품에서도 인물의 동기를 과감하게 지워 버리는 미학적 기술이 가장 극단적으로 드러나는 형태의 연극이 되었다. 왜 레온테스 왕이 임신 9개월의 아름다운 아내가 그의 가장 친한 친구와 간통하고 있다고 의심하게 되었는지, 그 이유는 전혀 설명되지 않는다. 그가 유일한 아들의 죽음을 불러와야 했던 이유, 새로 태어난 딸을 버리라고 명령하면서 그 자신의 행복을 짓밟아야 했던 이유, 그리고 16년이 흐른 뒤에 오랫동안 죽었다고 믿었던 아내와 딸을 회복시켜야 하는 이유도 작품에서는 전혀 설명되지 않는다. 치명적인 광기가 그에게 갑자기 그리고 아무런 자극도 유발하는 일 없이 나타나며, 회복은 누가 봐도 눈에 띄게 비논리적이고 위험한 형태의 마법으로 행해진다. 조각상이 생명을 얻고 살아나는 것이다.

늙은 경쟁자 로버트 그린에게서 가져온 이 이상한 이야기에서 셰익스피어는 어디에 자리하는가? 부분적으로, 그는 자신이 그린의 이야기에다 추가한 악당 오톨리커스(Autolycus), 사기꾼에다 행상인이며 "별로 중요하지 않은 하찮은 것들에 환장하고 덤벼드는"(4.3.25-26) 이 오톨리커스라는 인물의 가면 뒤에서 숨어서 익살스럽게 우리 쪽을 내다보고 있는 것처럼 보인다. 냉소적인 작가의 자화상을 그려내는 파편으로서, 오톨리커스는 강력한 후원자의 보호를 잃게 된 배우로, 그의 본질을 드러낸다. 그는 자기 모습을 바꿔 대는 방랑자이자 도둑이다. 그는 자신의 생업이 갖는 부조리성에 대한 극작가 자신의 은밀한 자의식적 판단을 구체화시킨 인물이다. 그는 오래된 조각상이 사람으로 변하는 듯이 보이는, 오래된 경쟁자에게서 훔쳐 온 연출 기법을 보고, 입을 딱 벌리고 놀라는 순진한 관객들의 주머니에서 푼돈을 빼내는 사람이다. 그리고 만일 마지막 부분에서의 장관이 그저 카드놀이판의 잽싼 손놀림과 비슷한 속임수가 아니라면, 만일 극작가가 그것에 기괴한 힘을 부여하는 데 성공했다면, 셰익스피어는 또 무대 위 어딘가에 올라와 또 다른 가면 뒤에서 관객을 내다보고 있다. ─ 조각상이 생명을 얻는 장면 전체를 주선하는 그 나이 든 여자 말이다. 죽은 여왕의 친구인 폴리나(Paulina)에게는 의도적으로 마녀 같은 측면을 담았다. 왜냐하면 이 부활에는 어쩐지 흑마술의 시체 소생술과 비슷한 면, 불법적인 가능성이 물씬 풍기기 때문이다. "이것이 옳지 않은 행위라고 생각하는 사람들은/ 내가 이 일을 곧 행할 테니, 어서 떠나세요."(5.3.96-97)

연극의 끝에 이르면 특이한 욕지기가 인다. 마치 이 연극만이 아니라 셰익스피어 작품 세계 전체에 ─ 죽은 자를 소생시키고, 열정들을 불러일으키고, 이성적인 동기를 말소하고, 그리고 영혼과 국가 내부의 비밀스러운 장소들을 탐색하는 것 — 의문이 제기되는 것이다. 그것은 잘 속아 넘어가는 자들에게서 돈을 착취하기 위해 고안된 사기 행각이거나 마녀의 마법이다. 만약 관객이 극장 안에 머무른다면, 그것은 경이로운 광경을 보기 위해서이며 또한 레온테스의 다음 말대로 그러한 경이의 원인과 효과가 사실은 이 평범한 세상에 속한 것이라고 재차 확인하게 하는 희망 때문인 것이다.

오, 그녀는 따뜻하구나!
이것이 마술이라면, 그 기술은
먹는 것만큼이나 적절하도다.

(5.3.109-11)

그리고 이와 함께, 연극은 빠르게 끝을 맺는다. 그것이 끝나고 난 뒤에 나올 조롱을 미리 언급하면서 폴리나는 말한다. "그녀는 살아 있다."라고.

이를 미리 말했더라면, 한바탕 폭소가 터졌을 것이다
오래된 옛이야기라도 한다는 듯이. 하지만 그녀는 살아 있다.

(5.3.116-18)

『겨울 이야기』는 주의 깊은 관객이라면 암시를 충분히 짚어 낼 수 있을 만큼 단서를 제공한다. 즉 레온테스의 왕비는 죽었던 것이 아니라 폴리나가 "남몰래 하루에 두 번 혹은 세 번"(5.2.95) 방문했던 집에 숨어 16년을 살았던 것이다. 이 내용의 근거로는 아무것도 주어지지 않왔다. 단서는 그저 시체 소생술과 같은 결말에 박수를 보내고 싶지 않았을 관객들을 위해 암시되는 것인지도 모른다. 하지만 이것은 너무 짧게 지나가는 부분이어서, 실제 공연에서는 어떤 효과를 냈을지 상상하기 어렵다. 아마 그것은 작가 본인이 그 자신에게 보내는 작은 미신적 표현으로 개인적 안심을 얻기 위한 것이었을 수도 있다. 마치 그가 행하고 있는 것이 일종의 마술이라는 암시 자체에 액막이를 하듯이 말이다.

셰익스피어는 이 암시를 『한여름 밤의 꿈』과 『맥베스』에서도 드러낸 적이 있다. 그리고 작가로서의 경력이 끝나 가는 지점에서, 그는 다시 그 암시로 돌아와서, 『겨울 이야기』에서 간접적인 언급으로 그 암시를 둘러싸고 유희하다가 마침내 그것을 직시하고 받아들인다. 『태풍』의 주인공은 왕족 대공이자 강력한 마술사지만, 그는 또한 틀림없이 위대한 극작가이기도 하다. ─ 인물들을 조종하고, 그들을 서로의 관계에 따라 이리저리 짜 맞추려고 하고, 기억에 남는 장면들을 연출하기도 하므로. 과연 그의 왕자다운 힘은 정확히 자신이 창조해 낸 인물들의 운명을 결정하는 극작가의 힘이며, 그의 마술적 힘은 시공간을 바꾸고, 생생한 환영을 자아내며, 주문을 외우는 극작가의 힘과 맞아떨어진다. 셰익스피어의 연극에서 극작가 자신의 모습이 명백하게 드러나는 일은 극히 드물다. 그는 연극을 쓰는 사람에 대한 것보다 이 삶에는 더 흥미로운(혹은 최소한 더 극적인) 것들이 많다고 생각했다. 때때로 리처드 3세나 이아고, 혹은 오톨리커스나 폴리나 같은 인물 속에서 살짝 그 자신의 모습을 드러낼 때도 있었지만, 대부분의 경우 그는 그 자신을 숨겨 두었다. 하지만 『태풍』에서 마침내 그는, 표면 위로 직접적으로 드러났다고는 할 수 없어도, 최소한 그림자의 윤곽이 포착될 정도로 가까이 다가갔다.

『태풍』은 정확히 말해 셰익스피어의 최후 연극이라고는 할 수 없다. 아마도 이 연극이 1611년에 쓰이고 나서, 『모든 것은 진실되다』(지금은 『헨리 8세』라고 더 자주 불린다.), 『두 귀족 친척들』 그리고 원고를 잃어버린 『카데니오』가 새로 쓰였다. 하지만 이 후기극은 모두 그의 단독 작품은 아니었다. 각 작품은 존 플레처와 함께 쓴 것으로, 셰익스피어는 자신의 뒤를 이어 킹스멘 극단의 주요 극작가로 활동할 후계자로 플레처를 직접 지목했다. 그렇다면 『태풍』은 셰익스피어가 정도의 차이는 있어도 완벽하게 그 자신만의 관점으로 쓴 마지막 연극이라고 할 수 있을 것이다. — 함께 협업을 하는 상대도 없었고, 알려진 바에 따르면, 이 연극은 직접적인 문학 원전도 없다. — 그리고 이 연극에는 전반적으로 작별의 분위기가 존재하는데, 즉 이는 연극이라는 마술에 그가 고하는 고별사이자 은퇴를 의미하는 것이다.

추방을 당한 상황에서도, 마법사인 프로스페로는 왕실이 절대 가질 수 없는 종류의 힘, 오직 위대한 예술가만이 그의 인물들에게 행사할 수 있는 힘을 가지고 있다. 이 힘은 셰익스피어가 표현한 것처럼 매우 어렵게 손에 넣어지는 것으로, 깊은 배움과 먼 옛날, 즉 "영원으로 돌아가는 어두운 과거"(1.2.50)의 트라우마의 결과다. 프로스페로는 밀라노의 공작이었으나, 지나치게 주술 연구에 심취하고 실제적인 일들에 주의를 기울이지 못해서 반역자 동생에 의해 공위에서 쫓겨난다. 딸과 함께 바다로 쫓겨나서 표류하다 어느 섬에 난파하게 된 그는, 비밀스러운 기술을 사용하여 기형의 야수 칼리반(Caliban)을 노예로 삼고, 정령 아리엘(Ariel)도 자신의 명령을 받게 한다. 그러고 나서 연극이 시작되면서, 운명과 그 자신이 가진 마법의 힘이 그의 적들을 이 섬에 불러 모은다. 동생과 동생의 가장 큰 조력자가, 그들에게 종속된 다른 인물들과 함께 그의 손안에 들어온 것이다. 극장에 오는 길에 교수대를 거치는 것이 익숙한 관객들은 그들에게 떨어질 운명이 무엇일지 쉽게 떠올릴 수 있었다. 프로스페로로 말할 것 같으면, 르네상스 시대 통치자들에게 제도적으로 부과된 명목상의 제약도 전혀 받지 않았다. 그가 다스리는 섬에는 그런 간섭이라고 할 만한 게 아무것도 없었으니까. 만약 마법사의 영토에 해당하는 셰익스피어의 주된 모형이 극장이라면, 그 텅 빈 무대와 실험적인 개방성이라면 — 무엇이든 실현 가능해지는 세계 — 연극이 적용하는 또 하나의 모형은 신세계에 도착한 유럽 항해자들이 맞닥뜨린 새 영토에 대한 인식이다. 당시 많은 보고들이 확실하게 말해 주듯이 그러한 섬에서 기존 사회의 제약들은 녹아 사라지는 경향을 보였다. 그리고 한편, 명령을 기다리는 부하들에게는 그 어떤 명이라도 내릴 수 있었다. 수년간 고독 속에서 상처를 곱씹고 복수를 계획한 끝에, 프로스페로는 증오하는 적들에게 자신이 선택하는 것은 무엇이든 할 수 있는 위치에 서게 된 것이다.

그런데 그가 하기로 선택한 것은 — 최소한 르네상스 시대의 왕족들과 또한 극작가의 기준에 의거해 봐도 — 거의 아무것도 하지 않는 것이었다. 『태풍』은 절대 권력을 소유하는 것에 대한 연극이 아니라 그것을 단념하고 스스로 내려놓는 것에 대한 연극이므로. 물론 리어도 자신의 힘을 단념하지만, 그의 권력 포기 선언은 재앙이 되어 돌아왔다. 프로스페로는 날 때부터 손에 쥔 권리로 인해 원래부터 그의 소유였던 것을 다시 되찾는다. 밀라노의 공작 작위, 즉 사회적인 권위와 일상적이고 친숙한 세계에서의 부유함을 말이다. 하지만 그는 적들을 자신의 통제 아래로 데려오고, 그들이 자신의 계략에 굴복하도록 강제할 수 있게 하고, 그들을 조종할 수 있게 만들어 준 모든 것들과, 그가 적들에게 펼쳐서 보여 주었던 그 마법의 세상 전체를 버린다. 요컨대 그들 앞에서 자신을 신 같은 존재로 만들어 주었던 비밀의 지혜를 버리는 것이다.

> 나는 한낮의 태양을 흐리게 했다
> 나는 반란의 바람들을 불러냈다,
> 그리고 녹색 바다와 푸른 하늘이 서로를 상대로
> 울부짖는 전쟁을 치르게 했다 — 무섭게 덜컹이는 천둥에
> 나는 불을 보냈으며, 조브 신의 굳건한 참나무도 갈라놓았다,
> 그 자신의 번개를 이용해서. 깊이 뿌리박힌 곶도
> 나는 흔들리게 했으며, 박차질을 하여
> 소나무와 향나무도 뽑아 버렸다. 무덤들도 내 명령에는
> 그 안에 잠든 자들까지 깨워 내고, 문을 열고 그들을 내보냈다.
> 나의 이 강력한 예술의 힘으로. 하지만 이 거친 마법을
> 나 이제 포기하노라.
>
> (5.1.41-51)

만약 이 말들에 프로스페로뿐 아니라 그를 창조해 낸 작가의 말까지 담겨 있다면, 만약 이 말들이 셰익스피어가 은퇴를 고려하면서 느꼈던 것들이라면, 그러면 이것은 개인적인 상실과 개인적인 진화라는 의식을 양쪽 모두 드러내 준다. 『리어 왕』에서 은퇴는 순전한 재앙으로 보였으나, 『태풍』에서의 은퇴는 실제로 실행 가능하며 또한 적절한 행위로 보인다. 양쪽 모두 확실히 말하면 그 행위는 필멸성에 대

한 인식으로 이해되고 있다. 리어는 "죽음으로 기어가며 홀가분해질 것"(1.1.39)이라고 말하며, 프로스페로는 그가 밀라노로 돌아갈 때면 "내가 하는 세 번째 생각마다 내 무덤에 대한 생각일 것이다."(5.1.315)라고 말한다. 그러나 장기 연금에 대한 투자에서 볼 수 있듯이 셰익스피어는 자신이 실제 살았던 것보다 더 오래 살 것을 기대했다. 그는 자신이 내리는 은퇴라는 결정의 아주 먼 훗날까지도 명확하게 생각하고 있었던 것이다. 하지만 『태풍』에서 "강력한 예술"을 포기하고 근원이 된 곳으로 돌아가려 하는 프로스페로의 결심은 심신의 탈진이나 죽음에 대한 예상에서 온 것만은 아니며, 심지어 그러한 요인들과는 주된 관련성을 갖고 있지도 않다. 마법사는 사실 그가 현재 힘의 정점에 있다는 것을 안다. "나의 높은 활력이 제대로 기능하는구나."(3.3.88) 그의 선택은 ─ 부하들을 해산하고, 마법의 책을 물속에 "지금까지 그 어떤 측량기가 측정했던 소리보다도 더 깊이"(5.1.56) 빠뜨리는 것, 그리고 집으로 돌아가는 항해 ─ 나약함의 결과가 아니라 오히려 도덕적인 승리로 드러난다.

그 승리의 일부는 프로스페로가 그에게 해를 가했던 자들에게 복수를 하지 않기로 결정한 때문이고 ─ "더욱 진귀한 행동은/ 복수보다 미덕에 있으니"(5.1.27-28) ─ 일부는 프로스페로가 행사하는 힘의 성격, 즉 정의와 적법, 질서와 회복의 이름으로 행해지지만 사실상 매우 위험한 힘과 관련이 있다. 그 힘은 무엇으로 이루어져 있는가? 바로 세계를 만들고 파괴시키는 것이다. 남성과 여성을 실험적인 공간으로 집어넣고 그들의 열정을 북돋우는 것이다. 그가 마주하는 모든 생물들의 내면에 강한 불안을 야기하고 그들 안에 무엇이 숨겨져 있는지를 강제로 직면하게 하는 것이다. 사람들이 그를 섬기도록 무릎을 조아리게 하는 것이다. 프로스페로의 마법은 모든 사람에게 통하지는 않는다. — 그의 동생 안토니오(Antonio)만이 유일하게 그 영향을 받지 않는 대상으로 보인다. — 하지만 그것이 통하는 사람들에게 이 마법은 구원을 가져다주는 만큼이나 재앙을 불러올 수도 있다. 어떤 경우이건, 그것은 과잉된 힘이며, 평범한 필멸의 존재가 가져야 할 힘 이상의 것이다.

그 과잉 상태를 보여 주는 가장 확실한 징후는 그의 "거친 마법"을 포기하는 굉장한 독백의 내용으로 언급되는 것들이다. 프로스페로가 엄청난 폭풍우를 일으키는 장면으로 연극이 시작된 이래, 그 특별한 마법의 힘에 대한 그의 구체적인 언급은 극적인 맥락에서 이해될 수 있는 것들이지만, 그는 이어지는 주장에서 기존의 맥락에서 벗어난, 그가 포기하려고 하는 것들에 대해 언급한다.

> 무덤들도 내 명령에는
> 그 안에 잠든 자들까지 깨워 내고, 문을 열고 그들을 내보냈다.
> 나의 이 강력한 예술의 힘으로.
>
> (5.1.48-50)

이것은 셰익스피어의 문화에서 가장 두렵고 무서운 형태의, 악마적인 힘을 드러내는 마법을 보여 주는 것이었다. 『태풍』의 프로스페로 같은 온화한 마법사가 이런 일을 실제로 행하진 않으며, 프로스페로의 삶에서 겪었던 일을 반추해 봐도 그가 정말 이런 종류의 일까지 하게 되리라고 믿게 될 만한 것은 아니다. 하지만 극작가의 작품에 들어 있는 묘사는, 그 마법사보다도 극작가 자신과 무서울 정도로 정확하게 들어맞는다. 선왕 햄릿을 무덤에서 이끌어 냈고, 부당하게 비난받고 죽은 허마이어니를 다시 되살렸던 장본인은 프로스페로가 아니라 셰익스피어였던 것이다. 셰익스피어의 경력을 통틀어 그가 직업적으로 계속해서 해 온 일이 바로 죽은 자를 되살리는 것이었다.

『태풍』의 끝에는 셰익스피어의 작품으로는 드물게 에필로그가 있다. 여전히 자신의 역할에 몰입한 상태지만 마법의 힘은 모두 사라진 프로스페로가 무대 위로 걸어 나온다.

> 이제 내 마법의 활력들이 모두 사라졌으니,
> 내가 나의 것으로 가지고 있는 힘은
> 가장 연약할 뿐입니다.
>
> (1-3행)

그는 평범한 사람이 되었으며, 도움을 필요로 한다. 그는 박수와 환호를 요청하고 있는 것이다. — 연극의 줄거리와 여전히 한 가닥 이어져 있는 극적 전제는 곧 관중의 손뼉과 목청이 항해할 수 있는 기력을 채워 그를 집으로 돌아갈 수 있게 해 준다고 한다. — 하지만 이를 부탁하는 그의 용어는 이상할 정도로 절박하고 강렬하다. 박수를 요청하는 호소는 곧 기도를 요청하는 호소가 된다.

> 이제 내가 원하는 것은
> 이를 시행할 수 있는 활기와, 황홀케 하는 기술이며,
> 나의 종말은 절망일 뿐
> 내가 기도로써 풀려나지 않는다면,

이 끝이 나를 찌르듯이 파고드니, 그것이 곧

자비 그 자체를 공격하며, 모든 잘못들을 풀려나게 합니다.

여러분이 죄에서 사함을 받으시듯이,

여러분의 관용으로 나를 자유롭게 하소서.

(13-20행)

    도덕과 적법성을 반복적으로 주장하는 프로스페로에게 그가 느끼는 이 죄책감은 전혀 이해가 가지 않는 대목이지만, 이것이 공작의 가면 뒤에서 관객을 내다보는 극작가 본인이 털어놓는 말이라면 아마도 앞뒤가 맞다고 할 수 있을 것이다. 셰익스피어가 했다고 하는 일은 무엇을 의미하는가? 만약 이 마법사 영웅과 극작가 본인이 연관되어 있다면 그는 왜 관객에게 관용을 호소하고 싶은 마음이 들었을까? 마치 자신이 저지른 범죄에 대해 사면이라도 요청하듯이 그가 모종의 범죄 사건에 계류되어 있는 듯한 냄새를 풍기는 것은 물론 그의 환상의 일부지만, 시체 소생술을 연상시키는 일말의 단서와 함께 주어지는 특이한 환상임에 틀림없다. ― 그는 "부끄러운 낭비 속에," 소네트의 한 구절을 인용하자면 "정력을 다 써 버린 것"(129.1)에 대해 말하고 있는 것인지도 모른다.

    개인적인 신중함과 세심한 계산과, 성향상 자의식의 외적 표현에는 극도로 인색한 배경에서 셰익스피어는 강박적으로 자신의 정체성을 확인하려는 행위, 그리고 다양한 소재들을 좀스럽고 꼼꼼하게 모아 온 것에 짝을 이루어 엄청난 상상력의 관용을 끼얹어 이룩한 성취로 그의 경력을 쌓아 갔다. 비록 자신의 사적인 인생은 말로나 그린과 같은 운명에 처하지 않도록 잘 유도했으나 극장 무대 위에서만큼은 온갖 무모한 열정과 전복적인 관념들을 쏟아부었다. 그는 삶이 그에게 내놓은 모든 것들을 — 사회적 신분, 섹슈얼리티 그리고 종교가 가져다준 고통스러운 위기들 — 예술적인 용도로 변모시켰고 그 예술을 통해 또한 물질적 이익을 창출하는 것에도 성공했다. 그는 심지어 아들의 죽음에서 얻은 슬픔과 당혹감까지도 미학적인 자원으로 변환시키며 전략적인 극적 불투명성의 관념을 탁월하게 이끌어 냈다. 자신이 이루어 낸 것에 대한 자부심이 — 그는 우리 앞에 모습을 드러내면서 『한여름 밤의 꿈』에서 "무례한 기계 장치들"(3.2.9)이라고 부르는 것으로서가 아니라, 왕자와 마법사 겸 학자로 등장한다. — 마지막에 와서는 죄책감과 함께 뒤섞여 버린 것인가?

아마도 그 역시, 자신의 대중적인 성공에 점점 소진되어 갔거나, 그 가치에 대해 의문을 품게 되었던 것인지도 모른다. 그는 연기자이자 극작가로서 계속해서 다시 박수를 받기 위해 대중에게 호소해야 했고, 원하던 것을 성취하며 만족감을 느꼈을 것이다. 하지만 만약 그가 자신이 누구인지 완전히 인식하고 있었다면 — 왕자이자 마법사라는 형상의 인물은, 셰익스피어가 셰익스피어가 된다는 것의 의미를 스스로 이해하고 있었음을 보여 준다. — 그는 이제 자신이 지금까지 한 것들로 충분하다고 결정했을 것이다. 마침내 군중을 뒤로하고 돌아설 수 있게 된 것이다.

셰익스피어의 투자 양상으로 판단해 보건대, 언젠가 극장을 떠나리라는 생각은 그에게 꽤 오랫동안 머물러 있었음에 틀림없다. 그리고 사실상 이 모든 투자들이, 극장에 들어간 것을 제외하고는 스트랫퍼드와 그 근교에 집중되어 있기 때문에 그는 오랫동안 품어 왔던 꿈을 최종적으로 실현하려 한 것으로 보인다. 바로 런던을 떠나서 집으로 돌아가는 꿈 말이다. 그는 물론 해를 두고 반복해서 고향을 방문했겠지만, 이번 귀향은 결단코 다를 터였다. 그는 임대했던 방을 비우고, 소지품을 챙겨서, 일전에 사 둔 멋진 집과 헛간과 농경지의 실제 주인으로 살기 위해 돌아갈 터였다. 그는 환상의 조각들을 주워 모아 퍼뜨리던 일에서 물러날 것이며, 이제부터 그가 하게 될 극작은 그저 소일거리 부업에 지나지 않게 될 터였다. 한때 부동산 투자가 그의 부업이었던 것처럼 말이다. 나이 든 아내, 결혼하지 않은 딸 주디스와 함께 살면서 자신이 아끼던 딸 수재너와 그 남편 존 홀, 그리고 손녀인 엘리자베스와 오붓한 시간을 보내고, 재산을 관리하고, 동네에서 일어나는 말다툼에 끼어들고, 나이 든 친구들을 방문하며, 그는 존경받는 스트랫퍼드의 신사가 될 터였다. 그 이상도 그 이하도 아니었다.

하지만 이러한 결정을 내릴 시간이 다가올수록, 생애를 두고 쌓아 온 작품들이 그에게 홍수처럼 밀어닥치는 것처럼 보였다. 『태풍』에는 그가 살아오면서 쓴 모든 연극에서 그가 집착적으로 떠올린 거의 모든 중심 소재들이 다 담겨 있다. 형제를 배신하는 형제 이야기, 독성 같은 질투의 힘, 적법한 통치자의 실각, 문명에서 야만에 이르는 위험한 여정, 재건의 염원, 자신의 사회적 신분을 자각하지 못하는, 아름답고 젊은 상속녀를 향한 구애, 특히나 소규모의 극중극을 연출해 내며 예술의 형태로 사람들을 조종하는 전략, 마법으로 얻은 힘의 정교한 발전, 자연적인 천성과 교육 환경 사이의 긴장 관계, 딸을 구혼자에게 보내는 아버지의 고통, 사회적 사망에의 협박과 정체성의 붕괴, 압도적인 변화의 경험이 주는 경이로움. 그의 최종 작품에 준하는 이 후기극이 놀랍도록 보여 주는 것은, 셰익스피어의 엄청난 상상력은 사실 조금도 그 생기를 잃지 않았다는 것이다. 『태풍』에는 익사한 남자의 시신에 대한 유명한 노래가 나온다.

> 저 물 밑 다섯 길 아래 그대 아버지가 누웠네.
>
> 그의 뼈대는 산호로 만들어져 있다네.
>
> 저들이 한때 그의 눈이었던 진주이니
>
> 그의 어떤 부분도 사라지지 않는다네
>
> 오직 바다에게 시달리면서 변해 갈 뿐
>
> 아주 풍요로우며 낯선 그 무엇인가로.
>
> (1.2.400-405)

셰익스피어의 시적 상상력에 대해서도 같은 이야기를 할 수 있을 것이다. 어떤 부분도 사라지지 않는다. — 수십 년 동안 일어났던 그 모든 것들은 그의 작품들의 뼈대가 바다의 변화에 시달리면서 아주 풍요로우면서도 낯선 무언가로 변해 갔다는 것이다.

셰익스피어는 어떻게 이 모든 것을 내려놓을 수 있었을까? 사실은 그러지 못했다, 최소한 완전하게는. 그가 실제로 런던을 언제 떠났는지는 알려져 있지 않다. 『태풍』의 작업을 마무리한 1611년처럼 이른 시기에 스트랫퍼드로 돌아갔을 수도 있지만, 그는 런던과 관련되어 있는 모든 관계들을 완전히 쳐내진 않았다. 이제는 더 이상 연극계 사업에 전적으로 참여하지 않았으나, 그는 최소한 세 개의 연극을 존 플레처와 함께 작업했다. 그리고 1613년 3월에 마지막 부동산 투자를 하는데, 이번에는 스트랫퍼드가 아닌 런던에서였다. 140파운드라는 거금을 들여서(그중 80파운드는 현금으로 즉시 지불하며) 그는 옛 블랙프라이어스 수도원의 웅장한 정문 관리소 위층에 지어진 "주거용 주택 혹은 공동 연립"을 구입했다. 이것은 그가 런던에서의 오랜 직업 생활 동안 아내와 아이들을 데려와서 함께 살기를 원했더라면, 아마 딱 그런 용도로 적합했을 종류의 가정집이었다. 하지만 스트랫퍼드로 돌아가고 난 바로 그때에, 그는 도시에도 자기 소유의 집 한 채를 마련하길 원했던 것이다. 그의 블랙프라이어스 집은 블랙프라이어스 극장에서 소리쳐 부르면 들릴 만큼 가까운 거리에 있었고, 그를 강 건너 글로브 극장까지 단거리로 데려다 줄 수 있는 배들이 있던 퍼들 워프(Puddle Wharf) 항구와도 가까웠지만, 셰익스피어 자신이 거기서 살기 위해 그 집을 산 것 같지는 않다. 자신이 협업한 연극을 관람하거나 사업상의 목적으로 런던을 방문할 때면 그곳에서 머물기로 했을지는 모르나, 그는 존 로빈슨(John Robinson)이라는 이름의 다른 사람에게 그 집을 임대해 주었다. 어쨌든 그는 자신이 마법의 힘을 휘두르던 바로 그 장소에도 무언가를 소유하게 된 것이었다.

셰익스피어가 이 블랙프라이어스 집의 소유 증서를 받게 된 계약은 그 모양새가 매우 이상하고 복잡했다. 세 사람의 공동 구매자가 계약서에 이름을 올렸으나 그들은 실질적으로 아무 금액도 제시하지 않았는데도 — 셰익스피어만이 유일하게 비용을 지불했다. — 신탁자로 임명되었다. 이에 대한 설명으로 제안된 것들 중 그나마 타당해 보이는 것은 이 계약이 그의 아내 앤을 따돌리기 위해서 공을 들여 꾸민 장치라는 것이다. 그녀가 자기보다 오래 살더라도 이 재산에 대해서는 아무런 상속권을 갖지 못하도록 말이다. 앤은 자신의 남편이 이런 방법으로 집을 샀다는 것을 이미 알았을까? 아니면 그것은 '두번째로 좋은 침대'처럼 그의 죽음 이후 뜻밖에 알게 된 불쾌한 소식이었을까? 우리로서는 알 수 없는 일이다. 하지만 여기서 나온 모든 징후를 통해 짐작해 볼 수 있는 것은, 셰익스피어의 스트랫퍼드 귀환과 평범한 삶을 포용하려는 그의 결정이 쉽지만은 않았으리라는 것이다.

 1613년 7월 초, 그가 비싼 값을 치르면서 블랙프라이어스 집을 구입하고 몇 달이 지나지 않아서, 셰익스피어에게 강력한 영향을 미쳤을 심각한 재앙에 대한 소식이 닥쳤다. 6월 29일 그가 플레처와 공동 집필한 새 연극이 공연되는 도중에, 글로브 극장에 — 그 자신이 1599년 겨울밤 재건을 도왔던 그 건물 — 화재가 나서 건물 전체가 잿더미가 되었다는 것이다. 여기 그 사건이 있은 뒤 사흘 후에 쓰인 편지에는 곧바로 스트랫퍼드로 가서 전해졌을 그 이야기가 묘사되고 있다.

 왕의 배우들이 『모든 것이 진실되다』라는 새로운 연극을 하게 되었는데, 헨리 8세 치세의 몇몇 중요한 사건들을 다루는 극이었으며 화려함과 장엄함이 돋보이는 많은 놀라운 장면들을 내보였고 무대의 바닥까지도 새로 작업을 한 상태였다. 성 조지 훈장과 문장을 세운 기사들이 그들의 층위에 따라 도열하고 근위대는 수놓은 제복을 입는 등 장관을 이루었다. 그 와중에 위대한 존재들이, 무대 위에서 우스꽝스럽거나 친근하게 변해 버린다는 것은 매우 진실된 말이었다. 이제 헨리 왕은 울지 추기경의 집에서 가면극을 하고 있었는데, 조그만 대포 몇 개가 그의 등장에 맞춰서 쏘아졌다. 그런데 그들 중 한 개는 종잇조각이나 혹은 다른 것에 막혀서 동작을 멈춘 상태였는데 거기에 불이 붙어 버린 것이었다. 처음에는 그저 별것 아닌 연기려니 생각하다가 그 광경을 좀 더 주의 깊게 살펴보았는데, 그 내부에서 불이 붙어 타고 있던 것이 마치 기차처럼 이리저리 내달리기 시작했다. 한 시간도 되지 않아서 건물 전체가 땅 위의 잿더미로 변해 버릴 정도로 모든 것을 다 태웠다.

값진 옷감들에겐 치명적인 순간이었으나 나무와 짚, 그리고 버려진 망토 몇 점이 불탔을 뿐 의상들은 무사했다. 한 사람의 허리 천에만 불에 붙었는데, 만약 그가 천우신조의 기지를 발휘해서 병에 든 에일을 부어 바로 끄지 않았다면 그 사람 역시 불에 타고 말았을 것이다.

다친 사람이나 사망자는 없었으나, 이 사고는 킹스멘 극단의 주주들과 극장의 '집주인' 또는 건물주들에게 재정적으로 심각한 타격을 입혔다. 주주인 동시에 건물주였던 셰익스피어의 타격은 특히 더 컸을 것이다. 그러나 최악의 상황은 아니었다. 극단의 의상들과, 질투 어린 시선들에서 고이 보호되던 대본집들은 모두 무사했다. 이것들이 재난의 목전에서 재빠르게 대피되지 않았더라면, 킹스멘 극단은 파산했을지도 모른다. 왜냐하면 의상은 극단에서 가장 큰 투자 지분이 들어가 있는 부분이었고 많은 대본집들은 거의 다 유일한 판본이었기 때문이다. 만약 불이 더 빠르게 번졌더라면 셰익스피어의 연극 중 절반은 — 이미 4절판으로 출간되어 있지 않은 것들 — 출판계로 넘어오는 일 없이 사라졌을 것이다. 그럼에도 상황은 충분히 나빴다. 이 시대는 재난 보험 대책이 없는 세계였고 극장을 다시 지어 올릴 책임은 셰익스피어와 다른 건물주들의 몫으로 넘어올 터였다. 상대적으로 여유 있는 형편에 있었음에도, 이것은 런던을 떠나 이제 킹스멘 극단의 운영 업무에서 한 발 물러난 셰익스피어가 굳이 지출하고 싶지 않은 종류의 자본이었다. 그는 바로 그 시점을 계기로 극장 운영에서 영영 발을 빼기로 결심했는지도 모른다. 마지막 유언장에 극단과 글로브에서 발행받은 유가 증권에 대해 언급하는 대목이 없는 것으로 보아, 그는 유언장을 작성하기 전에 이미 극장 주식과 관련된 자산을 매각했음에 틀림없다. 하지만 이 계약에 대한 기록은 상실되어서 정확한 날짜는 알 수 없다. 상황적으로 유추해서 만약 그가 화재 직후에 주식들을 팔아 버린 것이라면, 셰익스피어는 그 시점에 더욱 확고히 은퇴를 결심했을 것이다.

『태풍』이 결말에 가까워지면서, 프로스페로는 불쑥 "우리의 한바탕 놀이가 이제 끝났구나."라고 선언한다. 마법의 힘으로 딸과 사위를 위해서 만들어 낸 결혼식의 가면극 도중에 갑작스럽게 끼어든 그는 이어서 '배우들의 존재'를 설명한다.

> 모두가 그저 영(靈)들이었으며,
> 공기 속으로, 얇은 공기 사이로 녹아 버리는 것.
> 이 환상을 담는 허망한 직물 천처럼.
> 구름 위로 솟은 탑들, 화려한 궁전들.
> 장엄한 신전들, 위대한 세상 그 자체까지도,
> 그래, 물려받는 그 모든 것들이 다 흩어질 것이다.
> 그리고, 이 헛된 연극이 사라지고 말듯이
> 받침 하나도 남기지 않고 없어지리라.
>
> (4.1.148-56)

1613년 여름, 이 행들은 돌이켜 보면 불가사의하게 닥칠 미래를 예언하고 있는 듯이 보인다. 위대한 글로브 극장이 정말로 재가 되어 흩어졌던 것이다. 셰익스피어는 살아가는 내내 사물들에게서 받는 허무한 감흥에 마음을 빼앗기곤 했다. ─ 그것은 배우라는 직업상 거의 빠져나갈 수 없는 짐이었다. ─ 그리고 극장 화재 사건은 그가 이미 알았던 것과 그의 마법사 주인공이 선언했던 것을 문자 그대로 보여 줬다.

> 우리는 한낱 꿈을 빚어내는
> 재료와 같은 존재들이다, 우리의 작은 생은
> 잠시 깨었다가 다시 잠드는 꿈결 사이에 머문다.
>
> (4.1.56-58)

물론 건물 자체는 언제든 다시 지을 수 있었다. ─ 글로브는 1년 안에 다시 재건되어 공연을 재개했다. ─ 하지만 그 취약성은 1614년 쉰 살 생일을 맞은 셰익스피어가 그 자신과 그의 세상에서 읽어 낼 수 있는 징후의 하나였다. 동생 길버트가 1612년에 마흔다섯의 나이로 죽었고, 1년 후 그의 동생 리처드도 마흔 살을 거의 채우고 세상을 떠났다. 셰익스피어의 어머니 메리는 이 세상에 여덟 명의 자녀를 내보냈다. 그들 중 그때까지 살아 있는 사람은 단 두 사람, 윌과 그의 여동생인 조앤뿐이었다. 우리에게 쉰 살은 아직도 줄어들지 않은 활력을 보유한 나이지만, 그리고 심지어 셰익스피어 시대에도 이를 노령으로 보긴 힘들었지만, 셰익스피어는 그 자신이 제법 고령에 접어들었다고 생각했던 것 같으며, 프로스페로의 이상한 대사인 "내가 하는 세 번째 생각마다 내 무덤에 대한 생각일 것이다."는 아마 그 자신의 내적 반향을 써낸 것이었을 것이다.

어쩌면 이 덧없음에 대한 인식이 셰익스피어로 하여금 삶의 과정에서 모아 온 상당한 양의 자본에 더욱 집착하게 만들었던 것인지도 모른다. 세 사람의 부자 지주들인 아서 메인웨링(Arthur Mainwaring), 윌리엄 레플링엄(William Replingham), 그리고 윌리엄 쿰이 스트랫퍼드 근처의 상당한 대지를 에워싸서 그들의 사유지로 만들려는 인클로저(enclosure) 사업을 시도했는데, 그중에는 셰익스피어가 농작물의 임대 주주로 있는 경작지도 있었다. 인클로저란 ― 뒤죽박죽 섞인 소규모의 대지들과 공용 들판을 모두 정리하여, 보유 대지량을 집중적으로 늘리고, 울타리를 만들고, 경작지에서 얼마간의 토지를 떼어내서 체계적이고 효율적인 목양지로 만드는 것 ― 부유층에게는 인기 있는 경제 전략이었으나 그보다 가난한 사람들에게는 대체로 미움을 받는 방식이었다. 그것은 거대한 대지를 독점 경영함으로써 곡물 가격을 올리고, 관습적으로 인정되어 오던 기존 소시민들의 권리를 파기하며 일자리를 줄이고, 극빈층에게서 구호품을 앗아 가며, 사회적 불만을 야기시키는 일이었다. 스트랫퍼드 노동자 조합은 이러한 인클로저 현상에 공식적으로 격렬하게 반대했다. 셰익스피어의 농작물에 대한 임대차 계약이 위험에 빠질 염려가 있었으므로, 그는 사촌인 마을 서기관 토머스 그린(Thomas Greene)이 주창하는 이 반대 운동에 가담하도록 기대되었을 것이다.

1614년 11월 17일에 오간 이야기에 대해서 그린이 기록한 대화록은, 셰익스피어가 전적으로 몰두하고 있던 이 일상적인 세계의 오돌토돌한 세부 사항들을 생생하게 보여 준다. 한때 그는 위대한 왕들과 왕자들이 거대한 영토를 분할하는 장면을 상상해서 썼던 작가였다.

  이 모든 경계선 중에, 이 선에서 이곳에까지 이르는,
  깊은 숲들과 푸른 평야들이 있고,

자원이 풍부한 강들과 넓게 펼쳐진 초원들이 있는 이곳을,
짐은 그대 내 딸에게 주노라.

(『리어 왕』, 1.1.61-64)

하지만 이제 그가 운영하고 있는 것은 완전히 다른 규모와 다른 이해 관계였다.

내 사촌 셰익스피어가 어제 마을에 들렀길래, 나는 그가 어떻게 할 것인지 보러 갔다. 그는 내게 그들이 가스펠 부시(Gospel Bush) 이상으로는 대지를 포획하지 않겠다는 약속을 했다고 말해 줬고, 그렇게 클롭튼(Clopton) 언저리의 입구까지 쭉 가서(평야로 내려온 산골짜기 부분은 빼고) 솔즈베리네 몫을 가질 것이라고 했다. 그리고 그들은 4월쯤에 땅을 측량한다는데, 일은 그제야 확실히 시작할 것이고 그 전에는 하지 않을 것이라고 말했다. 그리고 그와 홀 씨는 특별한 일은 없을 것이라 생각한다고 했다.

사위 존 홀을 앞세워서, 셰익스피어는 그린에게 자기가 제안된 포획 사업을 반대하면서 조합을 지원하려 하는 건 아니라고 말했다. 정말 그는 "특별한 일은 없을 것"이라고 생각했거나, 아니면 그렇게 생각한다고 주장했다. 셰익스피어가 속았거나 ("그들은 그에게 약속했다…….") 아니면 그 자신이 거짓말을 했던 것인지도 모르지만, 두 달도 지나지 않은 1월 초에 사업은 시작되었다. 주최자인 쿰은 야비하고 호전적인 인물처럼 보였는데, 울타리 대신 더 확실한 경계가 될 수 있도록 도랑을 파라고 명령했다. 논쟁과 험한 말과 폭력이 오갔다. 스트

랫퍼드의 여자들과 아이들, 그리고 가까이에 있는 비숍튼(Bishopton)에서는 인원을 조직하여 현장의 도랑 안에 들어가 시위를 벌였다. 그리고 긴 법정 분쟁이 시작되었다. 셰익스피어는 아마도 그 결과에 무심한 상태로 논쟁에서 한 걸음 물러나 있었던 듯하다. 10월에 이미 그는 사업 주최자들과 계약을 체결해서 만약 자신의 농작물에서 발생하는 이윤이 모두 훼손되는 결과가 생긴다면 "타당하고 만족스러운 금액을…… 연간 또는 일시불로" 받기로 했다. 그는 손해를 감내하지도 않았고, 사촌인 그린을 거들어 그보다 형편이 어려운 사람들의 입장을 대변하지도 않았다. 아마 어떤 사람들이 지적했듯이, 셰익스피어는 농업의 현대화 과정을 지지했으며 장기적으로 보면 그 방법이 모두가 번영할 수 있는 길이라고 생각했던 것인지도 모른다. 사실상 그는 어찌 됐든 별 신경을 쏟지 않았을 가능성이 가장 높다. 이러한 일화는 아주 끔찍한 얘기는 아니지만, 그렇다고 딱히 감동적인 얘기도 아니다. 그저 지독하게 일상적인 내용인 것이다.

햄닛의 불행한 쌍둥이 누이였던 그의 딸 주디스의 결혼과 관련하여 발생했던 어려움에 대해서도 이와 같은 점을 말할 수 있다. 큰딸 수재너는 셰익스피어가 마음에 들어 했던 상대와 결혼했다. 하지만 주디스의 결혼 상대 토머스 콰이니(Thomas Quiney)는 그 어떤 신분의 아버지라도 인상을 찌푸릴 만한 놈팡이였다. 최소한 그는 생판 모르는 상대는 아니었다. 셰익스피어와 콰이니 가정은 수년간 서로 알고 지내는 사이였다. 극작가 앞으로 쓰인 몇 안 되는 희귀한 생존 편지들에서, 신랑의 아버지는 한때 윌에게 대출을 부탁한 적이 있었다. 젊은 콰이니는 스물일곱 살이었고, 직업은 포도주를 담가 파는 양조상인이었다. 주디스는 서른한 살이었다. 윌리엄과 앤의 나이 차만큼은 아니지만, 만약 셰익스피어가 남편은 아내보다 나이가 많아야 한다고 느껴 왔다면 앞으로 계속 이어지게 될 골치 아픈 기분을 불러일으키는 계기로서 충분했을 것이다. 일단 가장 먼저 직면한 문제는 나이보다도 결혼 증명서의 문제였다. 이들은 1616년 사순절 기간 때 결혼하겠다고 고집을 부렸는데, 이때는 특별 허가를 받지 않는 이상 결혼식을 올리는 것이 공식적으로 금지된 기간이었다. 그들은 결혼 허가를 받는 데 실패하자 어쨌든 둘이서 부득불 결혼식을 올렸고, 곧이어 당국에 적발되고 말았다. 우스터 추기경 감독 법원에 출두하여 벌금을 냈어야 할 날짜에 토머스가 모습을 드러내지 않자, 그저 벌금으로 끝나고 말았을 일은 그가 교구 신자 등록부에서 파문되는 결과로 확대되었다. 주디스 역시 이 처벌을 함께 받았을 것이다. 셰익스피어 개인은 평생 종교적 독실함과는 거리가 멀었지만, 항상 문제가 될 만한 행동은 주의 깊게 피하는 자세를 취해 왔기에 — 그것은 그의 삶에서 매우 오래전까지 거슬러 올라가며 체득하게 된 전략이었다 — 이 불쾌한 상황은 그를 속상하게 했을 것이다.

속상할 일은 더 있었다. 주디스와 토머스가 결혼하고 한 달 후에, 마거릿 윌러(Margaret Wheeler)라는 스트랫퍼드의 한 미혼 여성이 아이를 낳다가 사망했고, 아이 역시 유산되었다. 성 관련 범죄는 — 공식적인 설교에서 그대로 언급된 단어로는 "창녀짓, 간음, 그리고 부정함" — 이 시기에 주기적으로 조사와 처벌을 받았으며, 미혼모와 사생아가 발생한 사건은 당사자들이 이미 죽음을 맞았음에도 조사가 종결되지 않고 계속되었다. 스트랫퍼드 같은 작은 마을에서는 그 어떤 사건이라도 관련 비밀이 오랫동안 유지되기 어려웠을 것이다. 1616년 3월 26일, 새신랑 토머스 콰이니는 교구 목사가 주재하는 교회 재판소에서 자신이 이 사건에 연루된 책임자라고 실토했고, 수치스러운 공공 체벌 판결을 받았다. 그는 극빈층에게 5실링을 기부하면서 체벌의 위기를 간신히 모면했다.

    이 당시, 셰익스피어는 이미 이러한 위기에 대처하기에는 육체적으로나 정신적으로 체력이 고갈된 상태였는지 모른다. 이로부터 한 달도 지나지 않아서 그는 세상을 떠나게 되었으니 말이다. 사위에게 가해진 대외적 불명예는 그에게 있어서 당연히 최악의 순간에 발생한 것이었다. 어떤 전기 작가들은 셰익스피어가 본격적으로 임종을 앞둘 만큼 몸이 쇠약해진 것은 콰이니의 자백과 공공의 수치로 얻은 충격에서 기인한다고까지 말한다. 이것은 매우 가능성이 희박한 이야기다. 셰익스피어는 빅토리안 시대의 완고한 도덕주의자가 아니었다.『태풍』에서는 프로스페로가 결혼 전까지 자녀의 엄중한 순결을 요구하는 모습을 그렸지만,『잣대엔 잣대로』와 다른 연극들에서는 충분히 공감할 수 있는 한도에서, 혹은 풍자적인 재미가 느껴지도록 성적인 욕구를 그려 냈다. 또한 뭐니 뭐니 해도, 그의 아내 앤 해서웨이 역시 그가 그녀와 함께 주례 앞에 섰을 때 임신한 상태였다. 셰익스피어는『겨울 이야기』에 등장하는 늙은 목자와 비슷한 감상을 느꼈을지도 모른다. ―"나는 열 살이랑 스물셋 사이의 나이라는 게 아예 없었으면 좋겠어. 아니면 그 기간의 젊은 것들은 내내 들입다 잠만 자든가. 고사이의 놈들이란 그저 처녀들에게 애나 들어서게 하고, 노인들한테 잘못이나 저지르고, 훔치고, 쌈박질이나 해 대니……."(2.2.58-61) ― 하지만 사위의 행동이 폭로됐다고 해서 그가 크나큰 비통함을 느꼈을 리는 만무하다. 그러나 어쨌든 그것은 추문이었고, 가상 속의 오드리나 재케네타가 아닌 실제 자신의 딸이 겪은 수치였다.

사전 결혼식에 대해 알게 된 1월 즈음에 이미 셰익스피어는 몇 달 동안 앓았던 듯하다. 그는 변호사인 프랜시스 콜린스(Francis Collins)를 불렀고, 마지막 유언장 초고를 작성해 달라고 요청했다. 이 문서는 알려지지 않은 이유로 그 당시에는 완성되지 않았지만, 3월 25일, 교회 재판소에서 토머스 콰이니에 대한 판결이 나기 전날에 콜린스가 돌아왔으며, 셰익스피어는 심하게 떨리는 손으로 각 페이지마다 서명을 남기면서 유언장을 완성했다. 유언장에서 밝힌 아내 앤에 대한 내용은 "두 번째로 좋은 침대"라는 유명한 구절을 남길 만큼 형식적이고 씁쓸했다. 하지만 딸 주디스에 대해서는 더 신중하고 영리하게 작성했다. 재산의 대부분은 수재너와 그녀의 남편에게로 돌아갔지만, 주디스도 완전히 배제되지는 않았다. 그녀는 100파운드라는, 상당히 후한 결혼 유산을 즉시 상속받게 되며, 매우 제했적인 조건에서 돈을 더 받을 수 있었다. 콜린스, 혹은 죽어 가는 이의 말을 받아 적었을 서기의 필기는 그가 의미심장한 수정 사항을 반영했음을 보여 준다. "나는 내 사위에게 다음을 상속한다." 셰익스피어는 처음에는 이렇게 시작했다가, 토머스 콰이니의 모습을 떠올리고 나서 황급히 말을 바꾸었다. "사위"라는 글자에 줄이 그어 지워지고 "딸 주디스"라는 말이 이를 대체했다. 유언장은 그녀가 50파운드를 더 받을 수 있다고 밝히고 있는데, 이는 주디스가 나중에 상속받을지도 모르는 전체 재산권에 대한 포기 의사를 밝힐 경우에만 가능하다고 명시되었다. 그리고 그녀 혹은 그녀가 낳을 아이가 세 살이 넘어서까지 살아 있다면, 150파운드가 그들 앞으로 주어질 것이었다. 만약 주디스가 죽고 그녀에게 아이가 없다면, 100파운드는 수재너의 딸 엘리자베스 홀(Elizabeth Hall)에게로 상속되며, 나머지 50파운드는 셰익스피어의 생존한 누이 조앤에게로 가도록 되었다. 주디스의 남편인 토머스 콰이니에게는 단돈 1페니도 돌아가지 않았다. 주디스가 만약 계속 살게 된다면(사실 그녀는 그렇게 되었다.), 그녀는 150파운드의 원금은 그대로 두고 연간 이자만을 받을 수 있었다. 그리고 콰이니는 주디스에게 동일한 금액의 토지를 제공할 경우에만 그 금액을 요구할 수 있었다. 바꿔 말하면 그의 딸 주디스는 아버지의 재산에서 결코 많은 금액을 상속받지 못하며, 이름조차 거론되지 않은 그녀의 남편은 그의 재산에 손가락 하나도 댈 수 없었다.

이게 전부도 아니다. 수많은 소소한 증여 목록 중에서 — 셰익스피어의 검은 토머스 쿰에게, 토머스 러셀에게 5파운드를, "나의 동료들" 존 헤밍, 리처드 버비지 그리고 헨리 컨들에게 각자 반지 하나씩 살 수 있는 돈을 — 그는 둘째 딸에게 기억의 증표도 한 점 남겼다. 주디스는 "넓다란 은도금 그릇"을 받게 될 것이었다. 하지만 사실상 가치 있는 모든 것들은 — 돈, 뉴플레이스 저택, 블랙프라이어스의 집 그리고 "내 모든 헛간들, 마굿간들, 과수원들, 정원들, 토지들, 오두막들" 등 — 모두 수재너와 그녀의 남편과 그 아이들과 그 아이들의 아이들에게로 넘어갔다. 스트랫퍼드의 빈민층을 위한 기부금으로, 이 부유한 인물은 10파운드라는 대단히 소소한 금액을 남겼다. 교회에는 아무것도 남기지 않았으며 지역 학교에도 마찬가지였다. 장래가 유망한 아이를 위해 마련한 장학금도 없었으며, 모범이 되는 하인이나 수습 도제를 위한 공공 포상금도 남기지 않았다. 가족과 친한 친구들로 구성된 지극히 작은 규모의 집단을 제외하면, 그에게는 더 이상 고려할 대상이 없었다. 그리고 심지어 가족 안에서도 거의 모든 재산은, 셰익스피어가 확립하고 장차 끊임없이 지속되기를 바랐던 그 단일한 가계로만 흘러갔다. 앤과 주디스는 이것이 어떤 의미인지 정확히 알았을 것이다.

그의 세계가 얼마나 소규모로 축소되었는지 아는 것은 그가 얼마나 조용히 이 세상을 떠나갔는지를 설명하는 데 도움이 될 것이다. 그의 장례는 1616년 4월 25일이라고 스트랫퍼드 기록부에 남아 있으나 그의 마지막 시간들을 기록한 당대의 이야기는 아무것도 남아 있지 않다. 그는 결코 무시받진 않았다. 그는 생전에 중요한 위엄을 지녔던 사람에 걸맞게 존경받는 태도로 홀리트리니티 교회의 성단소 땅에 묻혔으며, 1630년대에 이미, 스트랫퍼드를 지나쳐 간 무수한 여행객들에게는 익숙할, 장례 기념물이 세워졌다. 하지만 그 당시엔 아무도 그의 병이나 임종에 대해서 기록할 생각을 하지 않았고, 최소한 그러한 과정에서 남아 있는 문서들도 없다. 셰익스피어의 죽음에 대해서 쓴 첫 번째 기록은 1662년부터 1682년까지 스트랫퍼드 교구 목사를 지낸 존 워드(John Ward)가 1660년대 초반에 끄적인 낙서로 남아 있다. 워드는 스트랫퍼드의 가장 유명한 작가의 작품을 읽어 볼 것을, 스스로에게 성실하게 다짐하는 내용을 써 두었다. ㅡ"셰익스피어의 연극들을 꼼꼼히 읽어 보기로 기억할 것, 그리고 그 대사에 숙달하도록 하자. 내가 그 정도도 모르고 있지는 않도록."ㅡ 그리고 그는 그 위대한 작가의 종말에 대해 들은 것을 기록했다. "셰익스피어, 드레이튼, 그리고 벤 존슨이 즐겁게 술자리를 가졌는데, 아마 너무들 폭음을 했던 모양이다. 왜냐하면 셰익스피어는 거기서 유래한 열병으로 죽었기 때문이다."

그러한 즐거운 술자리가 있었다는 것이 상상조차 할 수 없는 얘기는 아니다. 뛰어난 시인이던 마이클 드레이튼(Michael Drayton)은 워릭서 출신이었고 어쩌면 몇몇 사람들이 생각했던 것처럼, 그와 존슨이 주디스의 결혼 잔치에 참석하러 스트랫퍼드에 왔을 수 있다. 하지만 주디스의 결혼에서 그가 아버지로서 기쁨을 느꼈다는 상황적 징후는 보이지 않으며, 또한 열병은 보통 폭음을 원인으로 발병하는 것이 아니다. 워드의 짧은 메모는 아마 믿을 만한 것이 아닐 수 있으며, 이후 17세기 후반에 셰익스피어의 죽음에 대해서 여전히 짤막하게 쓰인 논평보다 특별히 나을 게 없는 것일 수도 있다. "그는 가톨릭교도로서 죽었다." 이러한 언급은, 옥스퍼드의 코퍼스크리스티 컬리지의 사제 목사였던 리처드 데이비스가 남긴 것인데, 가톨릭 신앙을 둘러싼 셰익스피어의 복잡한 관계를 생각할 때 매우 흥미로운 지적이지만, 데이비스가 이 이상의 증거를 제공하고 있지 않으므로, 그저 삶이 끝나는 순간에 아마 그가 시작했던 지점으로 회귀하지 않았을까 하는 느낌을 줄 뿐이다.

만약 우리가 대지 포획을 둘러싼 그의 책략이나, 둘째 딸을 향해 느꼈을 실망감이나, 토머스 콰이니의 불명예나, 아내를 향한 씁쓸한 분노를 다 벗겨 버린다고 해도, 심지어 우리가 스트랫퍼드에서의 삶을 달콤한 목가적 풍경으로 상상한다고 해도 — 시인이 벽을 타고 자라는 나무들에서 익어 가는 복숭아들을 바라보거나 손녀와 노는 장면 — 그의 세계에서 축소와 상실의 감각을 떨쳐 버리기는 어렵다. 너무나도 위대했던 마법사가 놀라운 환영으로 가득했던 재능을 단념하고 고향 집으로 은퇴하여, 일상의 파쇄적이고 얼음 같은 무게 속에 자기 자신을 편입시켜 버린 그런 풍경이므로.

그러나 왕과 반역자 들, 로마 황제와 이국 영웅 들의 삶을 상상했던 사람이었고, 런던 무대의 거친 경쟁의 공간에 혼자 힘으로 자신을 위한 자리를 만들어 낸 그와 같은 사람은 일상적인 것들도 기꺼이 끌어안았을 것이다. 셰익스피어는 최후의 환상적인 극적 실험을 개시한 것이다. 시골 신사의 일상적인 삶, 그가 수년 동안 가문의 문장 구매, 부동산에 대한 투자, 가족을 스트랫퍼드에 남겨 두기로 결정한 일, 고향에서의 사회적 조직망을 주의 깊게 유지하는 것 등으로 오랫동안 준비해 온 역할이었다. 왜 그가 그런 것을 해야 했을까? 부분적으로는 아마도, 상실의 감각이 남아 있었기 때문이리라. 셰익스피어는 그의 믿음, 그의 사랑, 그의 사회적 역할에 대한 질문들로 삶을 시작했다. 그는 동시대인들이 목숨을 바쳐서 지켜 내려 했던 그러한 믿음을 한 번도 가진 적이 없었다. 설령 한때나마 그것을 위한 헌신에 끌렸던 적이 있다 해도 그는 벌써 수년 전에 그것에 등을 돌리고 빠져나왔다. 확실히 말해서, 그는 극장에서의 비전을 그 믿음의 생동하는 잔해들과 뒤섞었지만, 단 한 순간도 무대의 비현실성을 지각하는 시선을 놓친 적이 없었고, 캠피언 같은 사람을 죽음까지 몰고 간 신념과 믿음을 그의 문학적인 환상들이 단순히 대체할 수 있다는 듯이 가장한 적도 없었다. 그리고 분명히 짧게나마 황홀한 축복의 순간들을 경험한 적은 있었을 테지만, 그는 자신이 그토록 강렬하게 쓰고 꿈꾸었던 사랑을 절대 발견하지도 실현하지도 못했다. 이 상실의 감각이라는 관점에서 보면 — 믿음과 사랑의 공허함에 대한 회의적 암시 — 평범한 신사라는 역할을 연기하는 것은 그에게 중대한 성취일 수 있었다.

하지만 일상을 포용한다는 것은 결코 상실과 보상에 대한 문제만은 아니었다. 그것은 전반적인 위대한 상상력의 성취와 그 성격에 대한 문제였다. 배우이자 작가로 활동하는 내내 셰익스피어는 이국적인 지리, 고대의 문화, 전설과 역사로 남은 인물들에 매료되었다. 그러나 그의 상상력은 익숙하고 친밀한 것들에도 가깝게 놓여 있었다. 아니, 오히려 그는 비범한 것들의 중심에서 평범성을 드러내기를 좋아했다. 셰익스피어는 때때로 이러한 특징 때문에 비판을 받아 왔다. 현학자들은 그의 작품에서 토가를 입은 로마인들이 마치 런던 노동자들처럼 머리 위로 모자를 벗어던지는 모습을 불쾌하게 지켜보았다. 예의와 법도를 따지는 비평가들은 코를 푸는 데나 쓰는 손수건이 극중에서 언급되는 것은 너무 품위 없는 일이라고 생각했으며, 심지어 그것이 비극의 중심에 자리한 상징적인 장치라는 점에 기함했다. 그리고 최소한 한 사람의 위대한 문호 — 톨스토이 — 는 나이가 든 리어가 광란 상태에 빠져서 야생의 황야를 누비는 것은 외경심이 아니라 오히려 도덕적인 반감과 미학적인 경멸을 불러일으키는 대상일 때 적절하다고 생각했다.

그것은 사실이다. 셰익스피어의 상상력은 일상의 범주 위로 광활하게 높이 날아가지도 않았고, 형이상학의 장대한 홀에 들어가서 매일매일의 삶을 뒤로 한 채 문을 닫아 버리지도 않았다. 『비너스와 아도니스』에서, 우리는 사랑의 여신의 얼굴에 땀이 송글송글 맺히는 것을 본다. 『로미오와 줄리엣』에서, 슬픔에 빠진 부모들이 줄리엣의 생기 없는 육체를 붙잡고 흐느낄 때, 결혼식을 위해 고용된 음악가들은 그들의 악기를 집어넣으면서 서로에게 조용히 실없는 농담을 건넨다. ― 그리고 그들은 장례식장에서 저녁을 때우기 위해 떠나지 않고 남는다. 『안토니와 클레오파트라』에서 관능적인 클레오파트라의 위풍당당하고 화려한 배를 그려 냈던 관찰자가 또 다른 장면에서는 굉장히 색다른 그림을 묘사하기도 한다. "나는 한 번 그녀가/ 거리에서 마흔

걸음이나 뜀뛰기를 해서 가는 것을 보았다."(2.2.234-35)

그는 일찍이 이런 판단을 했다. 아니, 어쩌면 이 판단이 그를 기다렸을지도 모른다. 자기 안에 무언가 엄청나고 대단한 것이 있으나, 그것은 무에서 유를 만드는, 어느 한 세계를 통째로 형성하는 신과 같은 재능이 아니라 오히려 자기가 지닌 본연의 뿌리들을 결코 잃어버리지 않는 재능이라는 것을. 마키아벨리가 피렌체에서 입지를 상실하고 강제로 은퇴당한 뒤 시골에 머물 시기에 쓴 편지가 있다. 그는 동네 술집에서 어쩔 수 없이 보게 되는 천박한 논쟁과 멍청한 놀이 들에 혐오를 피력했다. 그의 유일한 낙은 저녁에 오는데, 낮 시간 동안 부대낀 범속함 탓에 더러워진 옷들을 벗어 버릴 수 있는 순간이다. 호화로운 가운으로 갈아입고, 그는 책장에서 자기가 사랑하는 작가들의 작품을 꺼낸다. — 키케로, 리비우스, 타키투스 — 그리고 마침내 자신의 지성에 걸맞은 가상의 동료들을 찾았다고 느낀다. 셰익스피어가 보여 주는 감각에서 이보다 더 멀리 벗어날 수는 없을 것이다. 그는 평범한 사람들의 잡담, 사소한 사건들, 바보 같은 놀이들을 보면서 단 한 번도 지루해하지 않았다. 그의 마법사 프로스페로가 행한 가장 고귀한 행위는 마법의 힘을 포기하고 자신이 떠나왔던 장소로 돌아간 것이었다.

아마도 셰익스피어가 집으로 이끌렸던 것은 좀 더 다른 것 — 그의 매우 사적인 삶의 다른 요소들과 달리 — 그저 평범한 눈에 드러나 보이는 동기에 의해서였을지도 모른다. 모든 사람이 그의 유언장에서 아내 앤을 향한 모욕을 눈치챘고, 또한 딸 주디스와 그녀의 망나니 같은 남편에게 드러낸 무시를 느꼈다. 하지만 그 유언장은 또한 그 나름의 조용한 방식으로 아주 인상적인 사랑의 선언을 포함하고 있기도 했다. 무엇이 그를 스트랫퍼드로 다시 이끌었는지를 설명해 줄 수도 있는 그런 사랑 말이다. 셰익스피어가 살면서 가장 강렬하게 매료되었던 여성은, 그보다 스무 살 어린 자신의 딸 수재너였다. 그의 후기극 세 편은 모두 —『페리클레스』, 『겨울 이야기』, 『태풍』— 아버지와 딸의 관계에 중심을 두고 있으며, 무의식적인 근친상간의 욕구에 뿌리내린 깊은 내적 불안에 잠식되어 있는데, 이건 결코 우연이 아니다. 셰익스피어는 자신이 원했던 것을 가장 일상적이고 자연스러운 방식으로 가질 수 있었다. 여생을 딸과 사위와 손녀 가까이에서 보내는 즐거움 말이다. 그는 이 즐거움에 다소 이상하고, 조금 우울한 감상적 측면이 담겨 있다는 점을 이해했다. 그것은 어떤 은밀한 욕구를 공식적으로 단념하고 포기해야만 밀접하고 친근하게 맞아 내릴 수 있는 종류의 기쁨이었고, 그게 바로 이 마지막 연극 장면들에 주어진 과제였다. 하지만 동시에 그러한 기이함은 일상적인 것들의 경계선 안쪽으로 숨어들어 가며 효과적으로 자취를 감춰 버린다. 그리고 바로 그 은폐의 지점이야말로 그가 자신의 일생을 마감하기로 한 곳이었다.

참고 문헌

셰익스피어의 모든 전기적 연구는 많은 세대에 걸친 학자들과 작가들의 성실하고, 때로는 집요하기까지 한 기록 조사와 추측을 필연적 토대로 삼고 있다. 이 대규모 과업의 긴 역사가 Samuel Schoenbaum의 저서 *Shakespeare's Lives*(New York: Oxford University Press, 1970)와 Gary Taylor의 저서 *Reinventing Shakespeare: A Cultural History from the Restoration to the Present*(New York: Weidenfeld and Nicolson, 1989)의 주제가 되었다. Schoenbaum은 셰익스피어 전기에 신화화적 과장과 부조리가 덧붙은 과정의 연대기를 즐겁게 나열하지만, 조소를 표하는 만큼 경탄을 드러내는 부분도 많다.

나는 각고의 노력 끝에 극작가의 삶과 시대에 흥미를 돋우는 몇 가지 새로운 세부점들을 제시해 준 최근의 연구들뿐만 아니라 19세기와 20세기 초의 연구들로부터도 큰 덕을 보았다. 이 연구들은 1934년에 C. J. Sisson이 남긴 영향력 있는 논문 "The Mythical Sorrows of Shakespeare"(in *Studies in Shakespeare: British Academy Lectures*, ed. Peter Alexander[London: Oxford University Press, 1964], 9-32쪽)의 격렬한 공격을 받았으나 Marjorie Garber의 *Shakespeare's Ghost Writers:*

Literature as Uncanny Causality(New York: Methuen, 1987), Leah Marcus의 Puzzling Shakespeare: Local Reading and Its Discontents(Berkeley: University of California Press, 1988), 그리고 Richard Wilson의 Will Power: Essays on Shakespearean Authority(Detroit: Wayne State University Press, 1993)와 같은 최근 학자들의 업적에 의해 다시금 그 가치와 유용성을 인정받았다. 그중 가장 중요한 저서는 J. O. Halliwell-Phillipps의 전 2권으로 구성된 Outlines of the Life of Shakespeare, 10th ed.(London: Longmans, 1898)이다. 또한 유용하고 시사적인 저서들은 Edward Dowden의 Shakspere: A Critical Study of His Mind and Art(London: Henry King, 1876), Frederick Fleay의 A Chronicle History of the Life and Work of William Shakespeare, Player, Poet, and Playmaker(London: Nimmo, 1886), Sidney Lee의 A Life of William Shakespeare(New York: Macmillan, 1898), George Brandes의 William Shakespeare: A Critical Study(New York: Frederick Unger, 1898), Charles Elton의 William Shakespeare, His Family and Friends(London: John Murray, 1904), Charlotte Stopes 의 Shakespeare's Warwickshire Contemporaries(Stratford-upon-Avon: Shakespeare Head Press, 1907), 그리고 David Masson의 Shakespeare Personally(London: Smith, Elder, 1914)이다. Edgar Fripp의 전 2권으로 이루어진 Shakespeare, Man and Artist(London: Oxford University Press, 1938)는 귀중한 정보들이 어지럽게 파묻힌 보물 동굴과 같은 책이어서 나는 이를 반복적으로 캐냈다.

좀 더 최근에 나온 전기들 중에서 가장 꼼꼼하고 참고할 만한 정보가 많으며, 꾸준한 깊이를 보여 주는 저서는 Park Honan의 Shakespeare: A Life(Oxford: Oxford University Press, 1998)이며 나는 이를 자주 참고했다. Jonathan Bate의 훌륭한 논문집 The Genius of Shakespeare(London: Picador, 1997)는 중요한 전기적 이해를 담고 있으며, Katherine Duncan-Jones의 Ungentle Shakespeare: Scenes from His Life(London: Arden Shakespeare, 2001)도 역시 마찬가지다. 그 외에 내가 참고하며 비교했던 셰익스피어의 전기 연구서들은 Marchette Chute의 활기 넘치는 Shakespeare of London(New York: Dutton, 1949), M. M. Reese의 Shakespeare: His World and His Work(London: Edward Arnold, 1953), Stanley Wells의 Shakespeare: A Dramatic Life(London: Sinclair-Stevenson, 1994), Eric Sams의

The Real Shakespeare: Retrieving the Early Years, 1564-1594(New Haven: Yale University Press, 1995), I. L. Matus의 *Shakespeare, In Fact*(New York: Continuum, 1999), Anthony Holden의 *William Shakespeare*(Boston: Little, Brown, 1999), 그리고 BBC 텔레비전 방영 시리즈에 맞춰 집필된 Michael Wood의 *In Search of Shakespeare*(London: BBC, 2003)이다.

신뢰성은 당연히 떨어지고 때로는 매우 부정확하기도 하지만, 셰익스피어의 삶을 가장 예리하게 반영한 저서 중 일부는 픽션의 형태를 취한다. *Nothing Like the Sun: A Story of Shakespeare's Love-Life*(London: Heinemann, 1964)의 저자인 Anthony Burgess는 생생하고 직설적인 셰익스피어 전기 *Shakespeare*(Hammondsworth: Penguin, 1972)도 집필했다. Edward Bond의 희곡 *Bingo*(London: Methuen, 1974), Marc Norman과 Tom Stoppard의 영화 대본 *Shakespeare in Love*(New York: Hyperion, 1998), 그리고 무엇보다도 제임스 조이스의 『율리시스』에 나오는 탁월한 "Scylla and Charybdis" 장을 들 수 있다.

픽션 형태의 자료가 속한 스펙트럼의 다른 한편에는, 모든 셰익스피어 전기의 토대가 되기도 하는 중대한 역사적 문헌들을 모아 둔 사료 모음집들이 있다. 이 책을 쓰면서 내가 자주 참고했던 모음집들 중에는 B. R. Lewis의 *The Shakespeare Documents: Facsimiles, Transliterations, and Commentary*, 2 vols.(Stanford: Stanford University Press, 1940), Samuel Schoenbaum의 *William Shakespeare: Records and Images*(New York: Oxford University Press, 1981), David Thomas의 *Shakespeare in the Public Records*(London: HMSO, 1985), Robert Bearman의 *Shakespeare in the Stratford Records*(Phoenix Mill, UK: Alan Sutton, 1994)가 있으며, 그리고 무엇보다도 Schoenbaum의 *William Shakespeare: A Documentary Life*(New York: Oxford University Press, 1975; 1977년의 축약본으로도 있음)를 주로 참조했다.

또한 빼놓을 수 없는 자료는 E. K. Chambers의 지칠 줄 모르는 끈기가 돋보이는 총 2권으로 구성된 연구서 *William Shakespeare: A Study of Facts and Problems*(Oxford: Clarendon, 1930)와 중요한 세부 사항, 풍부한 각주와 첨부 자료들로 이뤄진 두 권짜리 저서 *Medieval Stage*(London: Oxford University Press, 1903),

그리고 기념비적 업적인 4부작 저서 *Elizabethan Stage*(Oxford: Clarendon, 1923)를 들 수 있다. Geoffrey Bullough의 총 8권으로 구성된 *Narrative and Dramatic Sources of Shakespeare*(New York: Columbia University Press, 1957-1975)는 셰익스피어의 연극 원전에 대해 알려진 거의 모든 자료들을 유용하게 정리한 책이며, 그러므로 셰익스피어에 대한 폭넓고 쉼 없는 독서를 위한 시사적인 안내가 되어 준다. Schoenbaum, Chambers 그리고 Bullough와 같은 학자들이 각기 뼈를 깎는 노력으로 모으고 편집하고 뜯어 본 증거가 이 책의 모든 장마다 드러나 있다. 이어 명시할 참고 문헌들에서, 나는 내가 참조했던 다른 원전들도 1차와 2차를 막론하고 모두 나열했다. 나는 가능한 이 자료들을 주제별로 묶어 각 장마다 나오는 특정한 주제의 순서에 맞게 언급하려고 했다. 셰익스피어와 그의 시대의 또 다른 측면을 조사하고 싶은 독자들이 비평 자료들의 무한한 숲에서 헤매지 않도록 했다.

현대 셰익스피어 학술 연구를 간편하게 짚어 볼 수 있는 지점은 *A Companion to Shakespeare*, ed. David Scott Kastan(Oxford: Blackwell, 1999)와 *New History of Early English Drama*, ed. John D. Cox and David Scott Kastan (New York: Columbia University Press, 1997), 이 소중한 두 권의 논문집을 통해 발견할 수 있으며 나 역시 이들을 반복적으로 참조했다. 이 저서에 수록된 많은 개별 논문들은 내가 여기서 다룬 주제들을 염두에 두고 있다. 이 책에 나오는 모든 셰익스피어 인용문들은 *The Norton Shakespeare*, ed. Stephen Greenblatt, Walter Cohen, Jean E. Howard, and Katharine Eisaman Maus(New York: W. W. Norton, 1997)를 따랐으며 『리어 왕』의 인용구는 합치된 텍스트 버전을 따랐다. 노튼판 『셰익스피어』가 기초한 셰익스피어 작품의 옥스퍼드 편집본은 놀랍도록 세부적인 *Textual Companion*, ed. Stanley Wells and Gary Taylor을 두고 있는데, 나는 이를 매우 귀중하게 이용했으며 또한 소장 중인 「아덴판 셰익스피어 시리즈」의 개별 판본들도 참조했다.

1장   원색 장면들

셰익스피어가 받은 학교 교육에 대해서는 William Baldwin의 두툼한 두 권짜리 저서 *William Shakespeare's Small Latine and Lesse Greeke*(Urbana: University of Illinois Press, 1944)가 종합적이지만 지루하고 압도적인 분량의 내용을 제공해 준다. C. R. Thompson의 *School in Tudor England*(Ithaca: Cornell University Press, 1958)는 도움이 되는 개론서 역할을 한다. Joel Altman의 *The Tudor Play of Mind*(Berkeley: University of California Press, 1978)는 학교에서의 연극 활동과 집필을 연결해 주는 시사적 관점을 선보인다. Roger Ascham의 *The Schoolmaster*(1570)는 라틴 연극의 교수법을 핵심 골자로 하는 엘리자베스 시대의 주된 교육서인데 Lawrence Ryan이 편집한 현대판(Ithaca: Cornell University Press, 1967)으로도 나와 있다.

엘리자베스 문화의 언어 표현에 드러나는 애호 성향을 다루는 고전 연구서는 Rosemond Tuve의 *Elizabethan and Metaphysical Imagery*(Chicago: University of Chicago Press, 1947)다. 이 시기의 문학 저작물에 대한 전반적 맥락에 대해서는 C. S. Lewis의 탁월하나 독선적인 *English Literature in the Sixteenth Century, Excluding Drama*(Oxford: Clarendon, 1954)가 필수적인 연구서로 남아 있다. 셰익스피어의 언어 관계에 대한 무수한 비평들 중에서 Frank Kermode의 *Shakespeare's Language*(New York: Farrar, Straus and Giroux, 2000)는 보다 분명한 이해를 도와줄 수 있는 개론서가 될 것이다.

신비극에 대해서는 V. A. Kolve의 *The Play Called Corpus Christi*(Stanford: Stanford University Press, 1966), Rosemary Woolf의 *The English Mystery Plays*(Berkeley: University of California Press, 1972), 그리고 Glynne Wickham의 *Early English Stages: 1300 to 1660*, 2nd ed.(New York: Routledge, 1980)를 참조해 볼 수 있다. 이보다 앞서 나온 두 권의 책 Willard Farnham의 *The Medieval Heritage of Elizabethan Tragedy*(Berkeley University of California Press, 1935), 그리고 H. C. Gardiner의 *Mysteries' End: An Investigation of the Last Days of the Medieval Religious Stage*(New Haven: Yale University Press, 1946)가 특별히 가치 있는 저서로 여겨진다. Bernard Spivack의 *Shakespeare and the Allegory of Evil*(New York: Columbia University Press, 1958), 그리고 Robert Weimann의 *Shakespeare and the Popular Tradition in the Theater Studies in the Social Dimension of Dramatic Form and Function*(Baltimore: Johns

Hopkins University Press, 1978)은 셰익스피어 연극들의 "도덕극적" 배경에 대한 유용한 안내서다. Andrew Gurr의 논문 "The Authority of the Globe and the Fortune," in *Material London*, ca. 1600, ed. Lena Cowan Orlin(Philadelphia: University of Pennsylvania Press, 2000), 250-267쪽은 연극을 허가하는 데 행사하는 지방 판사 또는 행정관의 권력을 밝혀 준다. 계절별 의식에 대해서는 C. L. Barber의 *Shakespeare's Festive Comedy: A Study of Dramatic Form and Its Relation to Social Custom* (Princeton: Princeton University Press, 1959)과 François Laroque의 *Shakespeare's Festive World: Elizabethan Seasonal Entertainment and the Professional Stage*(Cambridge: Cambridge University Press, 1993)를 참조하도록 하라.

공연자가 학교 학생이든 전문 배우든 연극 공연 전반에 대한 적대감은 Jonas Barish의 *The Antitheatrical Prejudice*(Berkeley: University of California Press, 1981)에서 탐색된 바 있다. 셰익스피어가 연관되어 있을지도 모르는 중요한 순회 극단에 대해 더 알아보고자 한다면 Scott McMillan과 Sally-Beth MacLean이 공저한 *The Queen's Men and Their Plays*(Cambridge: Cambridge University Press, 1998)를 참조하길 바란다.

엘리자베스의 왕실 행차에 대한 주된 기록은 John Nichols, ed., *The Progresses and Public Processions of Queen Elizabeth*, 3 vols.(London, 1823)에서 찾아볼 수 있다. 케닐워스 축제를 묘사한 로버트 랭엄의 편지는 R. J. P. Kuin가 현대판으로 재편집한 *Robert Langham: A Letter*(Leiden: Brill, 1983)에서 인용하였다.

2장   재건의 염원

셰익스피어가 살았던 시골 지방 환경에 대해서는 Mark Eccles의 *Shakespeare in Warwickshire*(Madison: University of Wisconsin Press, 1961)가 간결하지만 놀랍도록 풍부한 개론을 제공한다. C. L. Barber와 Richard Wheeler는 *The Whole Journey: Shakespeare's Power of Development*(Berkeley: University of California Press, 1986)에서, 그리고 *Shakespeare's Personality*, ed. Norman

Holland, Sidney Homan, and Bernard Paris(Berkeley: University of California Press, 1989)에 실린 "Shakespeare in the Rising Middle class"라는 논문에서 셰익스피어와 그의 아버지 사이의 관계에 나타난 정신분석학적 반영을 보여 준다. 셰익스피어 작품에 나타난 기술적 어휘들의 존재에 대해 살펴보려면 David Crystal와 Ben Crystal이 공저한 *Shakespeare's Words: A Glossary and Language Companion*(London: Penguin, 2002)을 참고하기를 권한다. 셰익스피어의 후기 연극에서 나타난 상실과 회복의 양상에 대해서는 Northrop Frye의 *A Natural Perspective: The Development of Shakespearean Comedy and Romance*(New York: Harcourt, Brace and World, 1965)를 참조할 수 있다.

L. B. Wright의 *Middle-Class Culture in Elizabethan England*(Ithaca: Cornell University Press, 1935)는 엘리자베스 사회 구조에 대한 고전적인 혹은 후대의 연구와 경쟁 대상이 되곤 하는 저서이며 Lawrence Stone의 *The Crisis of the Aristocracy: 1558-1641*(London: Oxford University Press, 1986) 또한 그러하다. Felicity Heal과 Clive Holmes가 공저한 *The Gentry in England and Wales, 1500-1700*(Basingstoke, UK: Macmillan, 1994), 그리고 Joyce Youings의 *Sixteenth Century England: The Penguin Social History of Britain*(London: Penguin, 1984)도 참조해 볼 수 있다. 셰익스피어가 속한 사회 계층인 자작농(yeomen)에 대해서는 Mildred Campbell의 *The English Yeoman under Elizabeth and the Early Stuarts*(New Haven: Yale University Press, 1942)를 보라. 양모 거래에 대해서는 Peter J. Bowden의 *The Wool Trade in Tudor and Stuart England*(London: Macmillan, 1962)를 참고할 수 있다. 스트랫퍼드에 대해서는 *Minutes and Accounts of the Corporation Stratford-upon-Avon and Other Records, 1553-1620*, ed. Richard Savage and Edgar Fripp(Dugdale Society, 1921-30) 그리고 동명의 제목으로 증보판이 나온 Levi Fox의 편집본 (Dugdale Society, 1990)에서 찾아볼 수 있다.

셰익스피어 시대의 물가와 급료는 현대 세계와 비교해 측정하긴 어렵지만, 대략적인 참조를 위해서는 Ann Jennalie Cooke의 *The Privileged Playgoers of Shakespeare's London: 1576-1642*(Princeton: Princeton University Press, 1981)에 나오는 당시 런던 급료에 대한 왕실 반포령을 살펴보기 바란다. E. A. J.

Honigmann과 Susan Brock은 셰익스피어와 런던 극장의 동료들이 남긴 유언장 판본들을 정리하여 Playhouse Wills, 1558-1642(Manchester: Manchester University Press, 1993)를 출간했다.

3장 거대한 공포

16세기 가톨릭교도와 개신교도 들 사이의 투쟁에 대해서는 Patrick Collinson의 The Birthpangs of Protestant England(Houndmills, UK: Macmillan, 1988), Debora Shuger의 Habits of Thought in the English Renaissance(Berkeley: University of California Press, 1990), 그리고 Eamon Duffy의 The Stripping of the Altars: Traditional Religion in England c. 1400-c. 1580(New Haven: Yale University Press, 1992)를 참조하도록 하라. 이 저서들은 모두 유용하고, 유익하게 활용할 수 있는 이론적 관점을 제공한다.

셰익스피어와 가족들의 종교에 대해서는 여전히 활기찬 토론이 이뤄지고 있다. Fripp의 저서 Shakespeare, Man and Artist에서는 셰익스피어의 아버지가 청교도였을 것이라는 주장이 제기되었으나 이에 반박하듯 Peter Milward의 Shakespeare's Religious Background(London: Sidgwick and Jackson, 1973)에서는 그의 가톨릭교도 설에 힘을 실어 주는 논의가 요약되어 있다. 존 셰익스피어가 가톨릭교도라는 점은 그의 "영성 유언장"을 통해 확증되는 듯하나 원본이 소실되었고 그 문서의 진위 여부도 도전을 받고 있다. James McManaway의 "John Shakespeare's 'Spiritual Testament'" in Shakespeare Survey 18(1967): 197-205쪽, 그리고 F. W. Brownlow, "John Shakespeare's Recusancy: New Light on an Old Document," in Shakespeare Quarterly 40(1989): 186-191쪽은 이에 대해 유용한 관점을 제시한다. 진위성에 대한 도전은 J. O. Halliwell-Phillips, Outlines of the Life of Shakespeare(1898), 2: 399-404쪽에 정리되었고 Robert Bearman의 "John Shakespeare's 'Spiritual Testament': a Reappraisal" in Shakespeare Survey 56(2003): 184-203쪽에서 다시 활발하게 재개되었으나 가장 최근의 학계에서는 그 사실을 신중히 확정하는 방향으로 흐르고 있다.

E. A. J. Honigmann의 중요한 저서 *Shakespeare: The Lost Years*(Manchester: Manchester University Press, 1985)는 젊은 셰익스피어가 랭커셔와 관련되어 있을 가능성에 주의를 기울였으며, 이는 열정적으로 조사되고 토론되어 온 주제다. Christopher Haigh의 *Reformation and Resistance in Tudor Lancashire*(London: Cambridge University Press, 1975)는 그 지역의 종교 투쟁에 대한 유용한 해석을 제공해 준다. 셰익스피어 연구에 있어 가장 감질나는 발견들이 Richard Wilson의 "Shakespeare and the Jesuits" in *The Times Literary Supplement*(December 19, 1997): 11-13쪽에 보고된 바 있으며 *Shakespeare and the Culture of Christianity in Early Modern England*, ed. Dennis Taylor and David N. Beauregard(New York: Fordham University Press, 2003)에서 깊이 탐색되었다. 여기에도 이를 반박하는 관점이 뒤따르는데, 그중엔 Robert Bearman의 "'Was William Shakespeare William Shakeshafte?' Revisited," *Shakespeare Quarterly 53*(2002): 83-94쪽이 포함된다. Bearman의 논의는 다시 Honigmann의 "The Shakespeare/Shakeshafte Question, Continued," *Shakespeare Quarterly 54*(2003): 83-86쪽에서 재반박되었다. Jeffrey Knapp은 *Shakespeare's Tribe*(Chicago: University of Chicago Press, 2002)에서 성인이 된 셰익스피어가 광범위한 에라스무스 기독교 유파에 헌신했으며, 그 유파의 교조적 교리들을 신중하고 한정적으로 받아들였다고 했다. 또 유파의 교리에서 벗어나는 믿음이나 실천에 대해서도 관용을 나타냈으며, 확고부동하게 공동체 지향적이었다고 열렬히 주장했다. 나는 또한 Wilson의 책 *Secret Shakespeare: Studies in Theatre, Religion, and Resistance*(Manchester: Manchester University Press, 2004)를 출간 전 원고로 읽어 보는 혜택을 누렸는데, 여기서 Wilson은 젊은 셰익스피어가 어떤 방식으로든 랭커셔 예수회 수사들이 결성한 "테러리스트 조직"에 연루되어 있었다고 본다. 그가 광신에 대해 경계하는 태도를 가졌음에도 Wilson은 셰익스피어가 생애 내내 가톨릭교도로 남았다고 주장하며, 자신의 연극에 수많은 가톨릭적 메시지를 은밀히 담아냈다고 말한다.

캠피언에 대해서는 Richard Simpson의 1867년판 전기 *Edmund Campion*(London: Williams and Norgate)이 최고 권위를 지닌 저서로 남아 있다. Evelyn Waugh의 *Edmund Campion*(Boston: Little, Brown, 1935)은 유려한 언어로 쓰였으나 고도로 편향된 관점을 보인다. E. E. Reynolds의 *Campion and Parsons: The Jesuit*

Missions of 1580-1(London: Sheed and Ward, 1980), Malcolm South의 The Jesuits and the Joint Mission to England during 1580-1581(Lewiston, NY: Mellen, 1999), 그리고 James Holleran의 A Jesuit Challenge: Edmund Campion's Debates at the Tower of London in 1581(New York: Fordham University Press, 1999) 또한 참조해 보기를 권한다.

4장 연애, 결혼식, 후회

셰익스피어의 결혼에 대한 주요한 자료의 원천은 J. W. Gray, Shakespeare's Marriage(London: Chapman and Hall, 1905)에 있다. David Cressy의 Birth, Marriage, and Death: Ritual, Religion, and the Life-Cycle in Tudor and Stuart England(New York: Oxford University Press, 1997)는 관혼상제와 같은 생활 행사가 당대에 어떻게 치러졌는지를 알려 주는 친절한 안내서다. 인구 통계상의 수치를 가늠하기 위해 나는 E. A. Wrigley와 R. S. Schofield가 공저한 The Population History of England, 1541-1871(Cambridge, MA: Harvard University Press, 1981)에 의존했다. Anthony Burgess의 Nothing Like the Sun은 템플 그래프턴의 앤 와틀리가 서류 기입상의 오류가 아닌 실존 인물이며 셰익스피어의 잃어버린 사랑이라는 가정하에 쓰인 재미있는 소설이다.

가족의 품에 안긴 셰익스피어를 묘사한 감상적인 그림은 이름이 알려지지 않은 예술가가 남긴 19세기 석판의 모습이며 Schoenbaum의 저서 William Shakespeare: Records and Images, 199쪽에 나와 있다. 「소네트 145번」이 앤 해서웨이를 대상으로 쓴 초기 시일지도 모른다는 생각은 Andrew Gurr의 논문 "Shakespeare's First Poem: Sonnet 145," Essays in Criticism 21(1971): 221-226쪽에서 논의되고 있다.

'두 번째로 좋은 침대'가 "다정한 추억"으로 해석된 관점은 Joseph Quincy Adams를 인용한 Lewis의 The Shakespeare Documents, 2: 491쪽에 드러난 것이며, 셰익스피어의 유언장에 대한 좀 더 현실적인 관점에서의 독해는 E. A. J. Honigmann의 "Shakespeare's Will and Testamentary Traditions," in Shakespeare and Cultural Traditions: The selected Proceedings of the International Shakespeare

Association World Congress, Tokyo, 1991, ed. Tetsuo Kishi, Roger Pringle, and Stanley Wells(Newark: University of Delaware, 1994), 127-137쪽을 참조해 보기 바란다. Frank Harris는 The Man Shakespeare and His Tragic Life-Story(New York: Michael Kennerley, 1909)에서 자기 아내에 대한 미움으로 가득 찬 셰익스피어를 묘사하고 있다. 자신의 뼈를 옮기는 자에게 저주를 내린다는 것이, 곧 자신이 죽은 후에도 자기 곁에 아내가 눕지 못하게 하려는 셰익스피어 나름의 조치일지도 모른다는 관점은 내가 Harris에게서 차용한 것이다. 17세기 후반 셰익스피어의 무덤을 방문했을 때 비석에 적힌 저주가 셰익스피어의 마지막 시라는 말을 들었다는 방문객의 이야기에 대해서는 Chambers의 William Shakespeare, 2:259쪽을 참조할 수 있다.

5장 다리를 건너며

사냥에 대해서는 (그리고 그와 비슷한 불법 행위인 밀렵에 대해서도) Edward Berry의 Shakespeare and the Hunt: A Cultural and Social Study(Cambridge: Cambridge University Press, 2001)를 참조하라. Samuel Schoenbaum가 토머스 루시를 보는 평화적인 관점이 William Shakespeare: A Documentary Life, 107쪽에 나와 있다. Stopes의 Shakespeare's Warwickshire Contemporaries에는 서머빌에 시사적인 관점을 보여 주는 장이 있다. Secret Shakespeare에서 Richard Wilson은 빅토리아 시대 비평가 Richard Simpson에 의해 처음 제기된 관점, 즉 서머빌이 고립된 미치광이가 아니라 심각한 내란 음모 가담자에 더 가깝다는 이론을 되살린다. 이 이론에 따르면 그는 런던탑에서 자살한 것이 아니라, 그가 처형되는 순간에 유죄 입증의 증거가 노출되는 것을 막기 위해 동료 음모자들에게 살해당했다고 한다. (왜 그가 그 순간까지 기다려야 했는지에 대해서는 그다지 명백하지 않다.) 『햄릿』을 쓰기 전 어느 시점에(1600-1601), 셰익스피어는 아마도 루이스 데 그라나다의 『기도와 명상에 대하여』(1582)를 읽었을 것이다. 하지만 그와 서머빌의 관계가 과장되지는 말아야 할 것이다. 루이스의 저서의 또 다른 편집본은 1599년에 출판되었고 이 판본에는 서머빌로 하여금 치명적인 결심을 하도록 이끈 리처드 해리스의 선동적인 헌사가 포함되어 있지 않았다.

계속 증간 중인 Records of Early English Drama(Toronto: University of Toronto

Press, 1979-)는 순회 극단에 대한 매우 소중한 자료다. Peter Greenfield의 "Touring," in *New History of Early English Drama*, ed. John D. Cox and David Scott Kastan(New York: Columbia University Press, 1997), 251-268쪽과 Sally-Beth MacLean, "The Players on Tour," in *Elizabethan Theatre*, vol. 10, ed. C. E. McGee (Port Credit, Ontario: P. D. Meany, 1988), 55-72쪽은 유용하고 시사적이다. 셰익스피어와 퀸스멘 극단의 연결 가능성에 대해서는 McMillan and MacLean의 *The Queen's Men and Their Plays*를 보기를 권한다.

당시 런던이 초행자들에게 어떤 인상을 주었는지 알고 싶다면 가장 먼저 찾아봐야 할 자료는 William Rye의 *England as Seen by Foreigners*(London: John Russell Smith, 1865)다. 또한 A. L. Beier와 Roger Finaly가 공동 편집한 *London 1500-1700: The Making of a Metropolis*(London: Longman, 1986), N. L. Williams의 *Tudor London Visited*(London: Cassell, 1991), Lawrence Manley의 *Literature and Culture in Early Modern London*(Cambridge: Cambridge University Press, 1995), 그리고 David Harris Sacks의 "London's Dominion: The Metropolis, the Market Economy, and the State," in *Material London*, ca. 1600, 20-54쪽도 참조해 볼 수 있다. "한 해 내내 계속되는 축제"라는 말로 런던을 정의 내린 것은 Sacks에게서 인용한 표현이다. 이것의 1차 자료와 이어지는 장은 John Stow의 1598년판 Survey of London에 나와 있는데, C. L. Kingsford가 편집한 현대판(Oxford: Clarendon, 1971)으로도 구할 수 있다.

성직자로서 얻을 수 있는 법적으로 유리한 입지에 대해서는 내가 기고한 논문 "What Is the History of Literature?" *Critical Inquiry 23*(1997): 460-481쪽을 참조하기 바라고, "도덕운(moral luck)"의 관념에 대해서는 Bernard William의 *Moral Luck: Philosophical Papers, 1973-1980*(Cambridge: Cambridge University Press, 1981)을 보면 된다.

6장   도시 근교에서의 삶

Ian Archer는 "Shakespeare's London," in *A Companion to Shakespeare*, ed.

David Scott Kastan(Oxford: Blackwell, 1999), 43-56쪽에서 이 장과 관련한 중요한 설명을 해 주고 있다. 런던의 "유흥 지역"에 대해서는 Steven Mullaney, *The Place of the Stage: License, Play, and Power in Renaissance England*(Chicago: University of Chicago Press, 1987)를 참조하라. 곰 골리기 싸움에 대해서는 S. P. Cerasano의 "The Master of the Bears in Art and Enterprise," *Medieval and Renaissance Drama in England 5*(1991): 195-209와 Jason Scott-Warren, "When Theaters Were Bear-Gardens; or, What's at Stake in the Comedy of Manners," *Shakespeare Quarterly 54*(2003): 63-82를 참조하라. 조랑말 위에 올라탄 원숭이의 광경에 즐거워했던 당대 사람은 1544년에 헨리 8세를 방문한 나헤라 공작(Duke of Najera)의 스페인 비서 수행원이었다.(Chambers의 *Elizabethan Stage*에 인용된 내용이며 Dekker의 인용문과 서더크 광경에 대한 설명 역시 여기서 온다.)

16세기 중반의 한 장의사는 런던의 "온갖 처벌의 전시장"에 대하여 섬뜩한 동시대 기록을 남겼으며, 이는 *The Diary of Henry Machyn, Citiizen and Merchant-Taylor of London, from A.D. 1550 to A.D. 1563*, ed. John Gough Nichols(London: Camden Society, 1848)로 출간되어 있다. 이 Machyn의 일기장은 셰익스피어가 태어나기 전에 기록이 중단되었으나, 그렇다고 해서 그가 그토록 열심히 기록해 온 처벌의 빈도수가 16세기 후반에 와서 상당히 줄었다는 흔적 또한 없다.

셰익스피어 시대의 런던 주요 극장들의 설계와 운영에 대해서는 Chambers의 *Elizabethan Stage*에 더하여, Herbert Berry의 *Shakespeare's Playhouses*(New York: AMS Press, 1987), Andrew Gurr의 *The Shakespearean Stage, 1574-1642*, 3rd ed.(Cambridge: Cambridge University Press, 1992), William Ingram의 *The Business of Playing: The Beginnings Adult Professional Theater in Elizabethan London*(Ithaca: Cornell University Press, 1992), 그리고 Arthur Kinney의 *Shakespeare by Stages*(Oxford: Blackwell, 2003)를 참조해 볼 수 있다. 극장 건축과 재정에 대한 보다 상세한 세부 사항들 중 상당수는 여전히 논쟁 중이다.

엘리자베스 극장 연구와 관련하여 유명한 자료는 단장 필립 헨슬로가 지니고 있던 상세한 장부책이다. *Henslowe's Diary*라고 이름 붙여진 이 책은 R. A. Foakes의 편집으로 출간되었다.(2nd ed.; Cambridge: Cambridge University Press, 2002) 한 가지 문제가 있다면, 이렇게 놀랍고 상세한 기록으로도 비용과 지출의 동시대적 의미를 온전히 이해하기 어렵다는 것이다. 도움이 될 만한 안내서는 Roslyn L. Knutson의 *Playing Companies and Commerce in Shakespeare's Time*(Cambridge: Cambridge University Press, 2001), G. E. Bentley의 *The Profession of Dramatist in Shakespeare's Time, 1590-1642*(Princeton: Princeton University Press, 1971) 그리고 Peter Davison의 "Commerce and Patronage: The Lord Chamberlain's Men's Tour of 1597," in *Shakespeare Performed*, ed. Grace Ioppolo (London: Associated University Presses, 2000), 58-59쪽에 나타나 있다.

노스브룩과 고슨의 연극 무대 비난과 플로리오의 아이러니한 대화 내용은 Chambers의 *Elizabethan Stage*에 편리하게 잘 정리되어 있다. 엘리자베스 당국 관계자들이 느꼈던 불안에 대한 훌륭한 설명은 Lacey Baldwin Smith의 *Treason in Tudor England: Politics and Paranoia*(Princeton: Princeton University Press, 1986)에 나와 있다. 극장을 규제하려는 당국의 시도에 대해서는 Richard Dutton의 *Mastering the Revels*(London: Macmillan, 1991), 그리고 Janet Clare의 "Art Made Tongue-Tied by Authority": *Elizabethan and Jacobean Dramatic Censorship*(New York: St. Martin's, 1990)를 참조하라.

크리스토퍼 말로의 모든 인용문은 『탬벌레인』 2부만 제외하고는 모두 *English Renaissance Drama*, ed. David Bevington, Lars Engle, Katharine Eisaman Maus, and Eric Rasmussen(New York: W. W. Norton, 2002)에서 인용한 것이다. 『탬벌레인』 2부는 Christopher Marlowe의 *Plays*, ed David Bevington and Eric Rasmussen(Oxford: Oxford University Press, 1998) 판본에서 인용했다. 말로가 셰익스피어에게 끼친 영향력에 대한 다수의 문학 비평에는 Nicholas Brooke의 명쾌한 논문 "Marlowe as Provocative Agent in Shakespeare's Early Plays," in *Shakespeare Survey 14*(1961): 34-44쪽이 포함되어 있다.

에드워드 앨린에 대해서는 S. P. Cerasano의 "Edward Alleyn: 1566-1626," in *Edward Alleyn: Elizabethan Actor, Jacobean Gentleman*, ed. Aileen Reid and

Robert Maniura(London: Dulwich Picture Gallery, 1994), 11-31쪽을 참조할 수 있다. 에드워드 앨린이 『탬벌레인』의 최초 주연을 맡았다는 점은 자료로 입증되지 않았으나 그는 그 역할로 유명했고, 내시가 1589년 그를 로마의 명배우 로스키우스에 비유해 언급한 건 앨린이 그 역할을 처음부터 도맡아 했다는 점을 암시한다.

셰익스피어와 인쇄소의 관계에 대해서는 David Scott Kastan의 *Shakespeare and the Book*(Cambridge: Cambridge University Press, 2001), 그리고 Peter W. M. Blayney, *The First Folio of Shakespeare*, 2nd ed.(New York: W. W. Norton, 1996)를 살펴볼 수 있다. 셰익스피어의 독서에 대해서는 Bullough의 총 8권으로 이루어진 *Narrative and Dramatic Sources of Shakespeare*에 더하여, Henry Anders 의 *Shakespeare's Books: A Dissertation on Shakespeare's Reading and the Immediate Sources of His Works*(Berlin: Reimer, 1904), Kenneth Muir의 *The Sources of Shakespeare's Plays*(London: Methuen, 1977), Robert S. Miola 의 *Shakespeare's Reading*(Oxford: Oxford University Press, 2000) 그리고 Leonard Barkan의 "What Did Shakespeare Read?" in *Cambridge Companion to Shakespeare*, ed. Margareta de Grazia and Stanley Wells(Cambridge: Cambridge University Press, 2001), 31-47쪽을 참조했다.

7장 무대를 흔들다

셰익스피어가 활약했던 경쟁적인 세계에 대해서는 James Shapiro의 *Rival Playwrights: Marlowe, Jonson, Shakespeare*(New York: Columbia University Press, 1991), 그리고 James Bednarz의 *Shakespeare and the Poets' War*(New York: Columbia University Press, 2001)를 참조하라. 경쟁자들 사이에 함께 존재 했던 협업에 대해서는 Jeffrey Masten의 *Textual Intercourse: Collaboration, Authorship and Sexualities in Renaissance Drama*(Cambridge: Cambridge University Press, 1997), Jonathan Hope의 *The Authorship of Shakespeare's Plays: A Socio-Linguistic Study*(Cambridge: Cambridge University Press, 1994), 그리고 Brian Vickers의 *Shakespeare, Co-Author: A Historical Study of*

Five Collaborative Plays(Oxford: Oxford University Press, 2002)에서 살펴볼 수 있다. Vickers가 그의 긴 연구에서 집중한 다섯 편의 연극들『타이터스 앤드러니커스』,『아테네의 타이먼』,『페리클레스』,『헨리 8세』그리고『두 귀족 친척들』이 셰익스피어답지 않게 성취도가 가장 낮은 작품들로서 널리 동의받고 있다는 게 놀랍다. 그러면 협업에 대한 가장 최근의 연구에서 나온 이상한 효과는, 결국 셰익스피어가 단독으로 작업할 때 가장 빛나는 창의적 재능을 발휘한다는 전통적 설명을 강화시키는 결과로 이어진다.

셰익스피어와 동시대 지인들이 직업적 삶을 조직하고 실행했던 방식을 이해하는 데 도움이 되는 조언과 정보를 제공하는 자료는 G. E. Bentley의 *The Profession of Dramatist in Shakespeare's Time, 1590-1642*(Princeton: Princeton University Press, 1984), Peter Thomson의 *Shakespeare's Professional Career*(Cambridge: Cambridge University Press, 1992), Andrew Gurr의 *The Shakespearian Playing Companies*(Oxford: Clarendon, 1996) 그리고 Knutson의 *Playing Companies and Commerce in Shakespeare's Time*에서 찾아볼 수 있다. 언제나 신뢰할 수 있는 것은 아니지만 T. W. Baldwin의 *The Organization and Personnel of the Shakespearean Company*(Princeton: Princeton University Press, 1927)는 핵심적인 대부분의 정보들을 나열해 보여 준다. T. J. King의 *Casting Shakespeare's Plays: London Actors and Their Roles, 1590-1642*(Cambridge: Cambridge University Press, 1992), Tiffany Stern의 *Rehearsal from Shakespeare to Sheridan*(Oxford: Oxford University Press, 2000), 그리고 David Bradley의 *From Text to Performance in the Elizabethan Theatre: Preparing the Play for the Stage*(Cambridge: Cambridge University Press, 1992)는 모두 훌륭하다. *Shakespeare as Literary Dramatist*(Cambridge: Cambridge University Press, 2003)에서 Lukas Erne은 셰익스피어가 연극의 공연만큼이나 인쇄물로서의 측면에도 보통 학자들이 인식해 온 것 이상으로 더 많은 흥미를 가지고 있었다고 주장한다.

연기자로서의 셰익스피어에 대해서는 Meredith Skura의 *Shakespeare the Actor and the Purposes of Playing*(Chicago: University of Chicago Press, 1993)을 참고해 볼 수 있다. David Wiles의 *Shakespeare's Clown: Actor and Text in the Elizabethan Playhouse*(Cambridge: Cambridge University Press,

1987) 그리고 David Mann의 *The Elizabethan Player: Contemporary Stage Representation*(London: Routledge, 1991)도 유용하며, Jean Howard의 *The Stage and Social Struggle in Early Modern England*(London: Routledge, 1994)도 도움이 된다.

셰익스피어의 특별한 재능은 그의 동시대인이나 경쟁자 들에 의해 무시당하지 않았다. 그들의 반응 중 일부는 E. A. J. Honigman의 *Shakespeare's Impact on His Contemporaries*(London: Macmillan, 1982), 그리고 총 2권으로 구성된 *Shakespeare Allusion-Book: A Collection of Allusions to Shakespeare from 1591 to 1700*, ed. John Munro(London: Oxford University Press, 1932)에서 찾아볼 수 있다. Emrys Johns의 *The Origins of Shakespeare*(Oxford: Clarendon, 1977)는 이런 재능이 막 만발하기 시작한 순간을 조명하고 있다.

말로의 괴이하고 난폭한 삶은 그의 이야기를 기록한 많은 전기의 주제가 되었다. 그중에는 Charles Nicholl의 매력적인 추측을 보여 주는 *The Reckoning: The Murder of Christopher Marlowe*(London: Jonathan Cape, 1992)가 있고, Constance Kuriyama의 *Christopher Marlowe: A Renaissance Life*(Ithaca: Cornell University Press, 2002), 그리고 David Riggs의 *The World of Christopher Marlowe*(London: Faber, 2004)도 있다.『그린의 은화 한 닢짜리 재치, 백만 번의 회개로 사다』(1592)는 유관한 정보를 부가해 D. Allen Carroll이 편집한 출판본(Binghamton: Center for Medieval and Early Renaissance Studies, 1994)으로 나와 있다.

8장 주인/애인

사우샘프턴이 소네트의 아름다운 젊은 청년이라는 주장에 대해서는 특히 G. P. V. Akrigg의 *Shakespeare and the Earl of Southampton*(Cambridge, MA: Harvard University Press, 1968)을 참고하라. 두 사람 사이를 오가는 중개자가 있었다는 가능성과 그의 주된 업무에 대해서는 Frances Yates의 *John Florio: The Life of an Italian in Shakespeare's England*(Cambridge: Cambridge University Press, 1934)를 참고

해 볼 수 있다.

Joel Fineman은 셰익스피어의 전기에 대해 거의 혹은 아무런 관심이 없었지만, 내가 볼 때 소네트 연작의 가장 정확한 정신분석학적 연구서 *Shakespeare's Perjured Eye*(Berkeley: University of California Press, 1986)를 써냈다. 소네트는 Stephen Boot(New Haven: Yale University Press, 1977), Katherine Duncan-Jones(Arden Shakespeare, 1997) 그리고 Colin Burrow(Oxford Shakespeare, 2002)의 판본을 차용했으며 이들 모두 시에 대해 풍부한 해석과 논평을 제공하는데, Helen Vendler의 *The Art of Shakespeare's Sonnets*(Cambridge, MA: Harvard University Press, 1997)도 마찬가지다. Duncan-Jones 또한 연작에 나오는 주요 인물들의 정체성을 증명하는 과정을 설득력 있고 상세하게 보여 준다. *Shakespeare and the Goddess of Complete Being*(London: Faber and Faber, 1992)에서 Ted Hughes는 『비너스와 아도니스』에 대한 탁월한 해석을 보여 주는데, 그는 이것이 셰익스피어의 전체 시적 성취를 밝혀낼 수 있는 핵심 열쇠라고 본다. Leeds Barroll의 *Politics, Plague, and Shakespeare's Theater: The Stuart Years*(Ithaca: Cornell University Press, 1991)는 공공 보건상의 이유로 극장들이 주기적으로 폐쇄되던 상황을 묘사한다. "Elizabethan Protest, Plague, and Plays: Rereading the 'Documents of Control,'" *English Literary Renaissance 26*(1996): 17-45쪽에서 Barbara Freedman은 흑사병으로 극장 폐쇄가 매번 강행된 건 아니었다고 반박한다.

셰익스피어의 소네트 연작에 나타난 동성애는 최소한 18세기부터 이미 충격적으로 인식되었다. 편집자 George Steevens는 "혐오와 분노가 동일하게 섞인 감정 없이 (그것을) 읽는 것은 불가능하다."라고 발언했다. 셰익스피어가 살고, 일하고 (아마도) 사랑했을, 복잡한 성애 환경에 대해서는 Stephen Orgel의 *Impersonations: The Performance of Gender in Shakespeare's England*(Cambridge: Cambridge University Press, 1996), Alan Bray의 *Homosexuality in Renaissance England*, 2nd ed.(New York: Columbia University Press, 1995) 그리고 Bruce R. Smith의 *Homosexual Desire in Shakespeare's England: A Cultural Poetics*(Chicago: University of Chicago Press, 1991), 또한 동일 저자의 *Shakespeare and Masculinity*(New York: Oxford University Press, 2000)도 참고할 수 있다. Eve Kosofsky Sedgwick은 그녀의 저서 *Between Men: English Literature and Male Homosocial Desire*(New York:

Columbia University Press, 1985)에서 셰익스피어의 소네트 분석에 한 장을 할애하는 데 이 역시 매우 흥미로운 관점을 보여 준다.

9장 사형대에서 터진 웃음소리

Shakespeare and the Jews(New York: Columbia University Press, 1996)에서 James Shapiro는 셰익스피어 시대의 런던에는 중요한 의미를 지닌 유대인 공동체가 존재했으며 이들은 비밀 조직이었을 수도 있다고 주장했다. 이 주장엔 논쟁의 여지가 있지만, Shapiro는 엘리자베스와 제임스 1세 시대에 사회적으로 유대인에 대한 관심이 널리 퍼져 있었다는 증거를 충분히 제시한다. David S. Katz의 *The Jews in the History of England, 1485-1850*(New York: Oxford University Press, 1994)와 Laura H. Yungblut의 *Strangers Settled Here Amongst Us: Policies, Perceptions, and the Presence of Aliens in Elizabethan England*(London: Routledge, 1996)도 또한 참고할 만하다.

"'There Is a World Elsewhere': William Shakespeare, Businessman," in *Images of Shakespeare: Proceedings of the Third Congress of the International Shakespeare Association*, 1986, ed. Werner Habich, D. J. Palmer, and Roger Pringle(Newark: University of Delaware Press, 1988), 40-46쪽에서 E. J. Honigmann은 셰익스피어가 대출업과 그 외 다른 상업 거래 내역에 관여했던 것들을 분석하며 William Ingram도 "The Economics of Playing," in *A Companion to Shakespeare*, ed. David Scott Kastan(Oxford: Blackwell, 1999) 313-327쪽에서 비슷한 연구를 보여 준다.

셰익스피어가 직접 자필로 쓴 장면들이 들어 있을 수 있는 희곡 원고본 중 유일하게 남아 있는 것에 대해서는 Scott McMillin의 *The Elizabethan Theatre and "The Book of Sir Thomas More"*(Ithaca: Cornell University Press, 1987), 그리고 T. H. Howard-Hill이 편집한 *Shakespeare and Sir Thomas More: Essays on the Play and Its Shakespearian Interest*(Cambridge: Cambridge University Press, 1989)

를 참고하기 바란다. 『토머스 모어 경』의 집필 날짜와 이 협업에 셰익스피어가 얼마만큼 참여했는지는 불확실하다. 극본의 초고는 앤서니 먼데이와 다른 사람들이 1592-1593년이나 혹은 1595년에 썼을지도 모르며, 이때 외국인 거주자 "낯선 이들"을 반대하는 소요가 일어나던 시기였다. 셰익스피어는 처음부터 이 일에 관여했을 수도 있지만, 1603년이나 1604년 이후에 무대 공연을 위해 극본을 다듬는 과정에서 그의 집필 분량을 추가했을 수 있다는 것이 더 유력해 보인다.

셰익스피어가 런던에 거주하는 "외국인들" 공동체와 개인적으로 관련되었던 적이 있다는 직접적인 증거는 17세기 초반에 발견되었다. 1604년에, 그리고 아마도 그 이전부터 얼마간 그는 머그웰과 실버 스트리트 길모퉁이의 셋집에 살고 있었다. 그가 이웃들과 공동으로 쓴 건물에는 프랑스인 신교도 크리스토퍼 마운트조이(Christopher Mountjoy)와 그의 아내 마리(Marie)가 살았다. 마운트조이는 1572년 '성 바살러뮤의 대학살'이 발생하고 나서 곧장 영국으로 피신한 인물이었고 여성들의 가발과 머리 장식품을 제조하며 돈을 벌었다. 1612년에 셰익스피어는 마운트조이와 그의 사위 스티븐 벨롯(Stephen Belott) 간에 벌어진 법정 소송에서 증인으로 나섰다. 벨롯은 장인이 딸의 결혼 지참금으로 60파운드를 주기로 했으며 자신 앞으로 200파운드의 유산을 남겨 주기로 약속했다고 주장했다. 양측의 소송 당사자들은 모두 1604년에 셰익스피어가 마운트조이 부부의 부탁을 받고 청년 벨롯이 그들 부부의 딸과 결혼하도록 설득하는 것을 도와주었다고 했으므로, 그가 양쪽을 오간 합의 내역에 대해 잘 알 것이라고 동의했다. 그의 증언에서 셰익스피어는 마운트조이 가족과 벨롯에 대해 둘 다 좋게 이야기했으며 그가 그들을 "10년의 세월 혹은 대충 그 정도 기간 동안" 알고 지냈다고 말했다. 하지만 그는 이들의 결혼 계약에 있어 양측이 합의한 정확한 재정적 내역은 기억나지 않는다고 맹세했다. 이 법적 공방에 관한 문서는 1909년에 발굴되었으며 Samuel Schoenbaum의 *Records and Images*와 Park Honan의 *Shakespeare: A Life*에서 자세히 언급된다.

10장 망자와의 대화

의사가 기록한 일기와 엘리자베스 시대의 자녀를 잃은 부모들이 겪는 슬픔에 대한 문제는 Michael MacDonald의 *Mystical Bedlam: Madness, Anxiety, and Healing* in *Seventeenth-Century England*(Cambridge: Cambridge University Press, 1981)에 기술되어 있다. 셰익스피어의 독백 발전에 대해서는 Wolfgang Clemen의 *Shakespeare's Soliloquies*, trans. C. S. Stokes(London: Methuen, 1987)를 참고하라. 셰익스피어가 『햄릿』과 다른 연극들을 집필하고 퇴고한 과정에 대해서는 John Jones의 *Shakespeare at Work*(Oxford: Clarendon, 1995)에서 찾아볼 수 있다. 햄 넷의 죽음이 셰익스피어에게 끼친 영향에 대해서는 Richard P. Wheeler가 쓴 "Death in the Family: The Loss of a Son and the Rise of Shakespearean Comedy," in *Shakespeare Quarterly 51*(2000): 127-153쪽의 섬세한 정신분석학적 관점을 참고해 볼 수 있다. *Hamlet in Purgatory*(Princeton: Princeton University Press, 2001) 에서 나는 셰익스피어가 산 자와 죽은 자의 관계를 변화시키면서 겪은 일련의 결과들에 대해 길게 풀어 썼다. Roland M. Frye의 *The Renaissance Hamlet: Issues and Responses in 1600*(Princeton: Princeton University Press, 1984)도 참고할 수 있다. 좀 더 넓은 범위에서의 역사적, 문화적, 신학적 쟁점들에 대해서는 Theo Brown 의 *The Fate of the Dead: A Study of Folk-Eschatology in the West Country after the Reformation*(Ipswich, UK: D. S. Brewer, 1979), Clare Gittings의 *Death, Burial, and the Individual in Early Modern England*(London: Croom Helm, 1984) 그리고 Julian Litten의 *The English Way of Death: The Common Funeral since 1450*(London: R. Hale, 1991)와 Cressy의 *Birth, Marriage, and Death*를 참조해 볼 수 있으며 Duffy의 *The Stripping of the Altars*도 살펴볼 수 있다.

11장 왕에게 마법 걸기

Alvin Kernan의 *Shakespeare, the King's Playwright: Theater in the Stuart Court, 1603-1613*(New Haven: Yale University Press, 1995)는 셰익스피어와 제임스 1세의 관계를 논의한다.

『맥베스』와 화약 음모 사건의 관계에 대해서는 Henry Paul의 *The Royal Play of Macbeth*(New York: Macmillan, 1950)와, Garry Wills의 *Witches and Jesuits: Shakespeare's Macbeth*(New York: Oxford University Press, 1995)를 참조해

볼 수 있다. 가우리 백작과 관련한 음모에 대해서는 Louis Barbé의 *The Tragedy of Gowrie House*(London: Alexander Gardner, 1887)를 참고하라. 크레이머와 스프렌거가 쓴 『말레우스 말레피카룸』은 Montague Summers가 출간한 영역본과 편집본(1928; repr., New York: Dover, 1971)으로도 나와 있는데, Summers는 Reginald Scot의 *Discoverie of Witchcraft*(1930; repr., New York: Dover, 1972) 역시 편집하여 출간했다. Keith Thomas의 *Religion and the Decline of Magic*(London: Weidenfeld and Nicolson, 1971)과 Stuart Clark의 *Thinking with Demons: The Idea of Witchcraft in Early Modern Europe*(Oxford: Clarendon, 1997)은 이 시기 사람들의 사고방식에서 오컬트가 가진 지위를 이해하는 데 특히나 도움을 준다. 나는 내가 쓴 논문 "Shakespeare Bewitched," in *New Historical Literary Study: Essays on Reproducing Texts, Representing History*, ed. Jeffrey N. Cox and Larry J. Reynolds(Princeton: Princeton University Press, 1993), 108-135쪽에서 셰익스피어와 마녀 사냥의 관계에 대해 더 상세하게 논의한 바 있다.

12장 일상적인 것의 승리

Bernard Beckerman의 *Shakespeare at the Globe*(New York: Macmillan, 1962), 그리고 Irwin Smith의 *Shakespeare's Blackfriars Playhouse: Its History and Its Design*(New York: New York University Press, 1964)은 둘 다 셰익스피어가 경력 후반부에 활동했던 주요 극장들에 대해 알려 주는 엄청나게 유용한 입문서들이다. 무대 공연에 대해서는 Alan Dessen과 Leslie Thomson가 공저한 *A Dictionary of Stage Directions in English Drama, 1580-1642*(Cambridge: Cambridge University Press, 1999)가 매우 훌륭하며, Dessen의 *Elizabethan Stage Conventions and Modern Interpreters*(Cambridge: Cambridge University Press, 1984) 또한 참고할 만한 책이다. 1613년 7월 2일에 헨리 워튼 경(Sir Henry Wotton)이 조카 에드먼드 베이컨 경(Sir Edmund Bacon)에게 쓴 편지 속에 나오는 글로브 극장의 화재 이야기는 Chambers의 *Elizabethan Stage*, 4: 419-420쪽에서 인용했다.

세계를 향한 의지

셰익스피어는
어떻게
셰익스피어가
됐는가

1판 1쇄 펴냄	2016년 4월 15일
1판 2쇄 펴냄	2016년 5월 9일
2판 1쇄 찍음	2024년 9월 6일
2판 1쇄 펴냄	2024년 9월 13일

지은이 스티븐 그린블랫
옮긴이 박소현
발행인 박근섭, 박상준
펴낸곳 (주)민음사
출판등록 1966. 5. 19 (제16-490호)
서울시 강남구 도산대로 1길 62 강남출판문화센터 (06027)
대표전화 02-515-2000 팩시밀리 02-515-2007
www.minumsa.com
한국어판 ⓒ 민음사, 2016, 2024.
Printed in Seoul Korea

ISBN 978-89-374-2812-8 03800

잘못 만들어진 책은 구입처에서 교환해 드립니다.